S. G. Strumilin
Ökonomische Schriften 1919–1973
Erster Band: Sozialismus und Planung

S. G. Strumilin

Ökonomische Schriften 1919–1973

Erster Band:
Sozialismus und Planung

Herausgegeben in deutscher Sprache
von Ottomar Kratsch

Akademie-Verlag · Berlin
1977

Titel der russischen Originalausgabe:
Академик С. Г. Струмилин
Избранные произведения в 5 томах
Москва 1963–1965 · Издательство «Наука»

In die deutsche Sprache übertragen von Gerhard Krupp

Erschienen im Akademie-Verlag, 108 Berlin, Leipziger Str. 3–4

Lizenznummer: 202 · 100/361/77
Gesamtherstellung: IV/2/14 VEB Druckerei »Gottfried Wilhelm Leibniz«,
445 Gräfenhainichen · 4974
Bestellnummer: 752 714 1 (6213/1) · LSV 0305
Printed in GDR
DDR 28,– M

Inhaltsverzeichnis

Einleitung

Der Name S. G. Strumilins (1877–1974) ist untrennbar mit der Herausbildung und Entwicklung der politischen Ökonomie des Sozialismus, der Theorie und Praxis der sozialistischen Planung, der sozialistischen Statistik und Soziologie verbunden. S. G. Strumilin gehörte nicht nur zu den Begründern, sondern er schuf in vielen Jahren fruchtbaren Schaffens Grundlegendes, das bis auf den heutigen Tag die wissenschaftliche Diskussion anregt und weiter fördert.

Der Sieg der Großen Sozialistischen Oktoberrevolution, dessen 60. Jahrestag die fortschrittliche Menschheit in Würdigung eines der historisch bedeutendsten Ereignisse begeht, legte den Grundstein für die Entwicklung der sozialistischen Produktionsweise.

Mit der sozialistischen Vergesellschaftung der entscheidenden Produktionsmittel wird die jahrhundertelange Trennung der unmittelbaren Produzenten von den Produktionsmitteln aufgehoben. An die Stelle des antagonistischen Klassengegensatzes zwischen den unmittelbaren Produzenten und den Eigentümern der Produktionsmittel tritt eine Assoziation freier Menschen, die gemeinschaftlich über diese Produktionsmittel verfügt und erstmals in der Geschichte die Möglichkeit erhält, diese für die Befriedigung ihrer eigenen Bedürfnisse einzusetzen.

Marx und Engels hatten vorausgesagt, daß die Entstehung und Entwicklung der sozialistischen Produktionsweise untrennbar mit dem Aufbau einer gesamtgesellschaftlichen Planung und Leitung der Volkswirtschaft verbunden sein wird. „Mit der Besitzergreifung der Produktionsmittel durch die Gesellschaft ist die Warenproduktion beseitigt und damit die Herrschaft des Produkts über die Produzenten. Die Anarchie innerhalb der gesellschaftlichen Produktion wird ersetzt durch planmäßige bewußte Organisation ... Der Umkreis der die Menschen umgebenden Lebensbedingungen, der die Menschen bis jetzt beherrschte, tritt jetzt unter die Herrschaft und Kontrolle der Menschen, die nun zum ersten Male bewußte, wirkliche Herren der Natur, weil und indem sie Herren ihrer eignen Vergesellschaftung werden. Die Gesetze ihres eignen gesellschaftlichen Tuns, die ihnen bisher als fremde, sie beherrschende Naturgesetze gegenüberstanden, werden dann von den Menschen mit voller Sachkenntnis angewandt und damit beherrscht. ... Erst von da an werden die Menschen ihre Geschichte mit vollem Bewußtsein selbst machen, erst von da an werden die von ihnen in Bewegung gesetzten gesellschaftlichen Ursachen vorwiegend und in stets steigendem Maße auch die von ihnen gewollten Wirkungen haben. Es ist der Sprung der Menschheit aus dem Reiche der Notwendigkeit in das Reich der Freiheit."[1]

Diese historische Aufgabe, erstmals in der Geschichte ein System der gesamtgesellschaftlichen Planung und Leitung der Volkswirtschaft aufzubauen, erstand vor der Sowjet-

[1] Friedrich Engels, Anti-Dühring, in: K. Marx/F. Engels, Werke (im folgenden MEW), Bd. 20, Berlin 1962, S. 264.

union, die als erstes Land den realen Sozialismus verwirklichte. Für die Lösung dieser Aufgabe gab es damals weder eine wissenschaftlich begründete Methodologie noch irgendwelche praktischen Erfahrungen. Die geeignetsten und den historisch konkreten Bedingungen am besten entsprechenden Formen der planmäßigen Organisation der Wirtschaft mußten erst gesucht werden. Es war ein zutiefst schöpferischer Prozeß, der zudem unter Bedingungen vonstatten ging, die keine „Atempause" für ein allumfassendes Studium der Probleme, für die vorbereitende Erforschung und gründliche Vorbereitung für die Einführung eines Systems der planmäßigen Organisation zuließen. Die ersten Formen entstanden während des Bürgerkrieges und der kapitalistischen Intervention.

W. I. Lenin, der die entscheidenden Grundlagen für die gesamtgesellschaftliche Planung und Leitung der Volkswirtschaft schuf, sagte im März 1918 auf dem VII. Parteitag der KPR (B): „Die Organisierung der Rechnungsführung, die Kontrolle über die Großbetriebe, die Umwandlung des ganzen staatlichen Wirtschaftsmechanismus in eine einzige große Maschine, in einen Wirtschaftsorganismus, der so arbeitet, daß sich Hunderte Millionen Menschen nach einem einzigen Plan richten – das ist die gigantische organisatorische Aufgabe, die uns zugefallen ist."[2] Im April 1918 beauftragte W. I. Lenin die Akademie der Wissenschaften, „Fachleute als Mitglieder einer Reihe von Kommissionen zu berufen zwecks möglichst rascher Ausarbeitung eines Plans für die Reorganisation der Industrie und den ökonomischen Aufstieg Rußlands".[3]

Das erste Projekt der Planung von gesamtgesellschaftlicher Bedeutung, das Anfang 1920 in Angriff genommen wurde, war der Plan zur Elektrifizierung Rußlands (GOELRO). Durch Dekret vom 21. 2. 1920 ist die Staatliche Kommission für die Elektrifizierung Rußlands unter Leitung von G. M. Kržižanovskij zur Lösung dieser Aufgabe gebildet worden. Wenige Tage zuvor, am 23. 1. 1920, hatte W. I. Lenin an Kržižanovskij geschrieben, daß „man die Masse der Arbeiter und der bewußten Bauern durch ein großes Programm für 10–20 Jahre mitreißen" muß.[4] In der Tat, als die ersten Arbeitsergebnisse dieser Kommission am 22. 12. 1920 dem VIII. Gesamtrussischen Sowjetkongreß zur Beratung vorgelegt und von ihm gutgeheißen wurden, zeichnete sich eine Entwicklungsperspektive der sowjetischen Ökonomie ab, die angesichts der außerordentlich schwierigen Lage der Wirtschaft im Jahre 1920, als der Umfang der Industrieproduktion nur 14,1 Prozent des Vorkriegsstandes erreichte, unwahrscheinlich kühn erschien, aber gerade wegen dieser gesellschaftlichen Maßstäbe das gesellschaftliche Aufbauwerk zu orientieren vermochte. Lenin nannte den Plan GOELRO „das zweite Parteiprogramm".[5]

Neben der Ausarbeitung der Perspektiven für die Entwicklung der sowjetischen Ökonomik begannen auch die Arbeiten zur Entwicklung der unmittelbaren Volkswirtschaftsplanung. Auf Beschluß des Rates der Volkskommissare ist am 22. 2. 1921 die Staatliche Plankommission beim Rat für Arbeit und Verteidigung gebildet worden. Ihr wurde die „Ausarbeitung eines einheitlichen gesamtstaatlichen Wirtschaftsplans auf der Grundlage des vom VIII. Sowjetkongreß gutgeheißenen Elektrifizierungsplanes und zwecks allgemeiner Beaufsichtigung und Verwirklichung dieses Plans"[6] zur Aufgabe gestellt. Als

[2] W. I. Lenin, Referat auf dem VII. Parteitag der KPR (B), in: Werke, Bd. 27, Berlin 1960, S. 76/77.
[3] W. I. Lenin, Entwurf eines Plans wissenschaftlich-technischer Arbeiten, in: ebenda, S. 312.
[4] W. I. Lenin, Brief an G. M. Krshishanowski vom 23. Januar 1920, in: Werke, Bd. 35, Berlin 1962, S. 412.
[5] W. I. Lenin, Bericht über die Tätigkeit des Rats der Volkskommissare an den VIII. Gesamtrussischen Sowjetkongreß, in: Werke, Bd. 31, Berlin 1959, S. 511.
[6] Geschichte der KPdSU, Bd. IV, Erster Teil, Moskau 1973, S. 53.

Leiter wurde wiederum G. M. Kržižanovskij berufen, und die Kommission GOELRO ging als Unterkommission in die Staatliche Plankommission ein.

Zu der Zeit, als die Staatliche Plankommission gebildet worden war, konnte der Sowjetstaat noch nicht daran denken, unmittelbar die ganze Industrie wiederaufzubauen. Es mangelte an Rohstoffen, an Brennstoffen und Geldmitteln für die Betriebe, an Lebensmitteln für die Arbeiter sowie an Fachkräften. Deshalb wurden die Plan- und Wirtschaftsorgane angewiesen, in erster Linie die Produktion in den für die Wirtschaft und die Verteidigung wichtigsten Betrieben in Gang zu bringen.[7] Das bestimmte zunächst auch die Maßstäbe der Volkswirtschaftspläne. Lenin schrieb am 19. 2. 1921 in einem Brief an Kržižanovskij: „Ein ganzer, vollständiger, wirklicher Plan ist jetzt für uns eine ‚bürokratische Utopie'. Jagen Sie ihr nicht nach. Sofort, ohne einen Tag oder eine Stunde zu verlieren, muß man stückweise das Wichtigste, ein Minimum an Betrieben herausgreifen und sie in Gang bringen."[8] Dennoch war das Ziel von vornherein ein gesamtgesellschaftlicher Plan. Am 14. Mai 1921 schrieb Lenin an das Präsidium der Staatlichen Plankommission: „Von einem einheitlichen staatlichen Wirtschaftsplan ist bei uns bisher kaum etwas zu spüren. Es überwiegt das Bestreben, alles und jedes zu ‚haben', alle Wirtschaftszweige, sogar alle Betriebe, die uns der Kapitalismus hinterlassen hat. Die Staatliche Plankommission muß die Arbeit so organisieren, daß wenigstens bis zur Ernteeinbringung die Grundlagen eines allgemeinen staatlichen Wirtschaftsplans für die nächste Zeit, für ein oder zwei Jahre, ausgearbeitet sein werden. Als Ausgangspunkt muß man die Ernährung nehmen, denn gerade hier liegt die Wurzel all der vielen Schwierigkeiten."[9]

Mit der Ausarbeitung und Diskussion der ersten Kontrollziffern der Staatlichen Plankommission für das Wirtschaftsjahr 1921/1922 nimmt die Suche nach den Formen und Prinzipien der sozialistischen Volkswirtschaftsplanung konkrete Gestalt an. Dieser Prozeß läßt sich in besonderer Weise anhand der in diesem Band zusammengefaßten Arbeiten Strumilins – „Zum Plan für das Wirtschaftsjahr 1921/1922", „Unsere nächsten Wirtschaftsaufgaben" (1924) und „Über die Kontrollziffern der SPK für das Wirtschaftsjahr 1925/1926" – verfolgen.

Mitte der 20er Jahre begannen zugleich die Arbeiten an der Aufstellung eines Fünfjahrplans zur Entwicklung der Volkswirtschaft der UdSSR, dessen Hauptinhalt die Industrialisierung des Landes sein sollte. Auch dieser Prozeß wird uns in den Arbeiten Strumilins in seiner ganzen Tragweite und Kompliziertheit nahegebracht, vor allem in den Beiträgen „Zur Diskussion über das erste Planjahrfünft" aus dem Jahre 1925, „Die Industrialisierung der UdSSR und die Epigonen der Volkstümlerbewegung" (1927), „Soziale Probleme des Fünfjahrplans" (1929) und „Erste Erfahrungen der Perspektivplanung" aus dem Jahre 1930.

Der Prozeß der Herausbildung des sozialistischen Planungssystems in seiner endgültigen Grundform währte in der Sowjetunion etwa zehn Jahre. Es ist das Ergebnis der schöpferischen Tätigkeit eines großen Kollektivs von Menschen auf allen Ebenen der Volkswirtschaft. Einer, der an leitender Stelle einen überaus maßgeblichen Anteil an diesem Werk hatte, war S. G. Strumilin.

Stanislav Gustavovič Strumilin war 40 Jahre alt, Berufsrevolutionär, als die Oktober-

7 Ebenda, S. 163.

8 W. I. Lenin, Brief an G. M. Krshishanowski vom 19. Februar 1921, in: Werke, Bd. 35, a. a. O., S. 450.

9 W. I. Lenin, An Genossen Krshishanowski. An das Präsidium der Staatlichen Plankommission, in: Werke, Bd. 32, Berlin 1961, S. 387.

revolution siegte. Es war der Beginn einer überaus produktiven theoretischen und praktischen Tätigkeit im Dienste der politischen Ökonomie des Sozialismus, der Planungstheorie und Planungspraxis sowie der Statistik, die über einen Zeitraum von weiteren 57 Jahren bis ins hohe Alter hinein währte. Mehr als 300 Publikationen zeugen von der hingebungsvollen Arbeit Strumilins für die Entwicklung des Kommunismus.

S. G. Strumilin wurde am 29. Januar 1877 geboren und war bis zu seinem Tode, am 25. Januar 1974, einer der führenden Wirtschaftswissenschaftler der Sowjetunion.

Von früh an, seit 1897, als er am Elektrotechnischen Institut in Petersburg studierte, war S. G. Strumilin mit der revolutionären Arbeiterbewegung verbunden. Er wurde dreimal wegen illegaler politischer Tätigkeit zu Gefängnis und Verbannung verurteilt, der er sich durch Flucht entzog. 1903 traf er Lenin in Paris, um mit neuen Aufträgen ins zaristische Rußland zurückzukehren. Strumilin nahm am IV. und V. Parteitag der SDAPR teil. Die ersten Publikationen im Jahre 1905 entsprangen propagandistischer Tätigkeit.

Nach der Oktoberrevolution ist sein Wirken unmittelbar mit dem Aufbau der Volkswirtschaftsplanung verbunden. Seit der Bildung der Staatlichen Plankommission im Jahre 1921 bis 1936 und von 1943 bis 1951 gehörte ihr S. G. Strumilin meist in leitenden Positionen – u. a. als Mitglied des Präsidiums und als Stellvertretender Vorsitzender – an. Anfang der dreißiger Jahre war er zugleich stellvertretender Vorsitzender der Staatlichen Zentralverwaltung für Statistik. Strumilin war viele Jahrzehnte Hochschullehrer und in den zwanziger Jahren Redaktionsmitglied der theoretischen Zeitschrift „Planwirtschaft“. 1931 wurde S. G. Strumilin Ordentliches Mitglied der Akademie der Wissenschaften der UdSSR.

In seinen wissenschaftlichen Publikationen griff S. G. Strumilin stets hochaktuelle Probleme auf, die er mit der für ihn typischen Art der Verbindung von theoretischer Begründung und konkret-statistischer Verifizierung abhandelte. G. M. Kržižanovskij sagte im Vorwort zu einem Sammelband der Werke Strumilins: „Seine fundamentalen Arbeiten zeichnen sich wie immer nicht nur durch die besondere Gedankentiefe und den originellen Zugang aus, sondern auch durch die außerordentliche Breite des verwendeten Materials. Hier widerspiegeln sich Gewohnheiten und Erfahrungen eines gewaltigen Arbeitslebens. Diese Erfahrungen sind von solcher Art, daß sie ihm ein erfolgreiches Schöpfertum auf einer ganzen Breite von Gebieten der sowjetischen Ökonomik und der wissenschaftlich begründeten Statistik ermöglichten.“[10] Kržižanovskij verweist bei dieser Gelegenheit auf eine Stelle in den „Erinnerungen“ Strumilins, wo dieser einen Vergleich zwischen den Elementen der Analyse und der Deduktion anstellt; Strumilin gab der Analyse den Vorzug, weil er fand, daß gerade die Analyse das Neue aufdeckt.

Der erste Beitrag, den wir für die Ausgewählten Schriften Strumilins bestimmten – „Von der Ablieferungspflicht zur Naturalsteuer“ –, ist dafür besonders kennzeichnend. Dieser Beitrag ist Anfang 1921 geschrieben worden, nachdem auf dem X. Parteitag der KPR (B) der Beschluß über den Übergang zur Neuen Ökonomischen Politik (NÖP) gefaßt worden war. S. G. Strumilin verbindet die Darstellung des allgemeinen gesellschaftlichen Zusammenhangs mit sehr detaillierten eigenständigen Berechnungen über die Steuerbelastung der Bauern im zaristischen Rußland und begründete die Höhe der einzuführenden Naturalsteuer in Relation zu den zu erwartenden Realeinkommen unter den neuen gesellschaftlichen und wirtschaftlichen Bedingungen, wobei er den Nachweis führt, daß die vorgesehene Höhe der Naturalsteuer eine wesentliche Erleichterung und Verbesserung der Lage der Bauern bedeutet.

10 S. G. Strumilin, Izbrannye sočinenija, 6. Buch, Moskau 1968, S. 4.

Die Verdienste, die sich S. G. Strumilin bei der Entwicklung der Theorie der sozialistischen Planung erwarb, wurden in den Grundrissen „Geschichte der politischen Ökonomie des Sozialismus“ besonders gewürdigt. Es heißt dort u. a.: „Für die Ausarbeitung der Konzeption einer Plandirektive hatten die Arbeiten Strumilins große Bedeutung. Seine Artikel über die Naturalsteuer, über den Wirtschaftsplan für das Jahr 1921/22, über das Problem der „Preisschere“, über die Währungsreform im Jahre 1924 und über die Kontrollziffern der Staatlichen Plankommission für das Jahr 1925/26 haben eine positive Rolle bei der Entwicklung der Theorie der sozialistischen Planung gespielt.“[11]

Diese wirtschaftspolitischen Arbeiten waren stets mit der theoretischen Diskussion grundlegender ökonomischer Probleme verbunden. Bereits in den ersten Arbeiten der zwanziger Jahre wurden zum Beispiel Probleme der Arbeitsproduktivität, der Arbeitsorganisation, der Rationalisierung und des Nutzeffekts der Investitionen aufgeworfen und umfassend behandelt. Zahlreiche Probleme, die S. G. Strumilin damals erstmalig behandelte, sind manchmal erst viele Jahre später erneut aufgenommen worden. 1924 publizierte er zum Beispiel eine Arbeit über den Nutzeffekt der Volksbildung, die man ganz gewiß zu den Vorläufern der heutigen Bildungsökonomie zählen kann. Ebenfalls in den zwanziger Jahren wurden von ihm auch umfassende Budget-Berechnungen für die Arbeiterhaushalte angestellt und veröffentlicht. Eine umfangreiche Arbeit über den Nationalreichtum, 1928 geschrieben, könnte wichtige methodologische Aspekte für die theoretische Vertiefung dieses Grundproblems der politischen Ökonomie des Sozialismus, das bis heute noch nicht in seinen wesentlichen Beziehungen zu den anderen Kategorien der politischen Ökonomie und in seiner Bedeutung für die Theorie der gesellschaftlichen Effektivität erforscht wurde, beisteuern. In den späteren Jahren folgen eine Reihe größerer, verallgemeinernder Arbeiten zu Grundproblemen der politischen Ökonomie, die bis zu Problemen des allmählichen Übergangs zur höheren Phase des Kommunismus gehen.

Da S. G. Strumilin über viele Jahre zu den jeweils anstehenden theoretischen und wirtschaftspolitischen Problemstellungen gewichtige Beiträge beisteuerte, widerspiegelt sein publizistisches Lebenswerk ein bedeutendes Stück Geschichte der politischen Ökonomie des Sozialismus wie auch der Entwicklung des sozialistischen Wirtschaftssystems in der Sowjetunion. Doch diese Veröffentlichungen haben nicht nur historischen Wert. In der sowjetischen Zeitschrift „Kommunist“ war einmal der folgende Gedanke zu lesen: Wie in der Armee das Studium konkreter Feldzüge die Kriegskunst beherrschen hilft, so gilt es auch in der Wirtschaft, nicht nur die Theorie, sondern auch historische Beispiele der Wirtschaftsführung zu studieren.[12] Für dieses Studium finden wir in den Werken S. G. Strumilins ein überaus reichhaltiges Material.

Die ausgewählten Werke S. G. Strumilins bilden somit eine reiche Fundgrube sowohl für Arbeiten zur Geschichte der politischen Ökonomie des Sozialismus und zur Wirtschaftsgeschichte der UdSSR als auch für die Vertiefung der Forschungen zu einer Reihe von Grundproblemen der politökonomischen Theorie.

Der Akademie-Verlag beabsichtigt, Ausgewählte Schriften S. G. Strumilins in 3 Bänden herauszugeben. Als Vorlage dient eine 5bändige Ausgabe der Werke Strumilins, die auf Beschluß des Präsidiums der Akademie der Wissenschaften der UdSSR in den Jahren 1962–1965 veröffentlicht wurde. Die Beiträge waren in dieser Ausgabe thematisch geordnet:

[11] Autorenkollektiv unter Ltg. von D. K. Trifonow und L. D. Schirokorad, Geschichte der politischen Ökonomie des Sozialismus. Grundrisse, Berlin 1973, S. 131.

[12] Kommunist, 13/1972.

Band 1 – Statistik und Ökonomie
Band 2 – An der Front der Planung
Band 3 – Probleme der Arbeitsökonomik
Band 4 – Abriß der sozialistischen Ökonomik der UdSSR
Band 5 – Probleme des Sozialismus und Kommunismus in der UdSSR.

In der geplanten dreibändigen Ausgabe der Werke Strumilins orientieren wir stärker auf den chronologischen Aspekt, ohne allerdings auf eine bestimmte thematische Gliederung zu verzichten.

Im vorliegenden ersten Band sind Arbeiten aus den zwanziger Jahren zusammengefaßt worden, die vor allem das Entstehen und Werden des Systems der sozialistischen Planung widerspiegeln.

Berlin, den 30. 12. 1976

Ottomar Kratsch

I. Die ersten Pläne zur Entwicklung der Volkswirtschaft der UdSSR

1. *Von der Ablieferungspflicht zur Naturalsteuer*[1]

1.1. Zur Höhe der Steuer

Die ökonomische Lage des Landes forderte gebieterisch von uns eine radikale Reform auf dem Gebiet unserer Ernährungspolitik. Der erste entscheidende Schritt in dieser Richtung, auf dessen Notwendigkeit wir bereits mehrfach hingewiesen haben[2], ist nun heute getan. Wir gehen von der Ablieferungspflicht zur Steuer über. Die allgemeinen Aufgaben und die wichtigsten Konturen dieses Schrittes sind bereits festgelegt. Eine ganze Reihe sehr wesentlicher Einzelfragen harren jedoch noch ihrer Lösung. In welche Richtung müssen wir bei ihrer Entscheidung gehen?

Vor allem stellt die Steuer für uns natürlich nicht nur eines der wichtigsten Elemente speziell der Ernährungspolitik dar, sondern sie ist überhaupt eines der Hauptglieder unserer gesamten Wirtschaftsordnung, das man nicht isoliert von den Gesamtaufgaben des Wirtschaftsplanes und des allgemeinen Aufbaus des Staatshaushaltes des Landes betrachten kann.

Der frühere vorrevolutionäre Staatshaushalt Rußlands begründete sich im wesentlichen auf indirekte Steuern und auf die Einkünfte aus dem Branntweinmonopol, das ebenfalls eine Methode der indirekten Besteuerung war. Die direkten Steuern deckten kaum den zehnten Teil des Staatshaushaltes. Dessen ungeachtet wurden sowohl die direkten als auch die indirekten Steuern letzten Endes auf die werktätigen Klassen abgewälzt, d. h. auf die Bauern und Arbeiter, denn nur die Arbeit schafft materielle Werte.

Es fragt sich, welchen Teil des Nationalproduktes sich der Staat jährlich zur Erfüllung seiner Funktionen aneignete.

1913 erreichten die Ausgaben des Haushalts 3208 Millionen Rubel. Wenn man davon die durch Einnahmen kompensierten Betriebskosten der staatlichen Betriebe in Höhe von 875 Millionen Rubel abzieht, verbleiben Ausgaben in Höhe von 2333 Millionen Rubel. Ausgehend von der Bevölkerungszahl kann man annehmen, daß auf die 50 Gouvernements des europäischen Rußlands 74% dieser Summe, d. h. 1725 Millionen Rubel, entfallen. Wenn man die Haushalte der Landgemeinden mit ungefähr 285 Millionen Rubel und der Städte mit etwa 144 Millionen Rubel hinzuzählt, so erhält man als Gesamtsumme für die 50 Gouvernements 2154 Millionen Rubel. Davon wurden über 30% für die Zwecke der staatlichen Verteidigung ausgegeben, 25,5% für Kultur, Bildung und kommunale Einrichtungen, 17,5% für Zinsen auf ausländische Anleihen, etwa 10,5% für den Unterhalt der Administration und Gerichte, 4,5% für Polizei, Gefängnisse usw. Einige dieser Ausgaben sind bei uns bereits weggefallen (Zahlungen für Anleihen) oder sehr stark gekürzt worden, dafür entstand jedoch eine ganze Reihe neuer Aufgaben, z. B. die riesigen Ausgaben für die soziale Versorgung der Kriegs- und Arbeitsinvaliden und andere. Von diesen Aufgaben können wir auf keinen

[1] Ėkonomičeskaja žizń vom 31. März und 16. April 1921. Hier und im folgenden wird die erste Publikation wiedergegeben.

[2] Ėkonomičeskaja žizń vom 30. Oktober 1920 umd 14. Januar 1921.

Fall zurücktreten. Das heißt, man kann kaum von irgendwelchen wesentlichen Kürzungen der Gesamtausgaben des Staates träumen, die allen seinen arbeitsfähigen Bürgern auferlegt werden müssen. Wir wissen aber nach Berechnungen von S. N. Prokopovič, daß sich das Nationalprodukt der 50 Gouvernements des europäischen Rußlands 1913 auf insgesamt 11805 Mill. Rubel belief, und wenn man hiervon noch die strittige Position „Einkünfte aus dem Handel" in Höhe von 981 Mill. Rubel abzieht, dann verbleiben insgesamt 10124 Mill. Rubel. Der Staat zog von dieser Summe 2154 Mill. Rubel, d. h. 20,9%, für seine Zwecke ab. Das bedeutet, daß jeder Werktätige vor der Revolution für gesamtstaatliche Zwecke nicht weniger als den fünften Teil des Nettoprodukts seiner Arbeit abgab.

War dieser Tribut der Werktätigen an den Staat für sie jedoch tragbar? Belastete sie diese schwere Bürde nicht übermäßig? Um diese Frage beantworten zu können, muß man sich eine klare Vorstellung über den Stand der Arbeitsproduktivität in der gegebenen historischen Situation machen. In der Steinzeit oder in der Bronzezeit wäre das zweifellos ein unangemessener Tribut gewesen, denn selbst in den biblischen Zeiten finden wir keine Abgabe, die über den Zehnten, d. h. den zehnten Teil der Produktion, hinausging. Unter unseren gegenwärtigen Bedingungen dagegen wäre ein Anteil von einem Fünftel durchaus eine leichte Bürde, wenn man sie mit dem vergleicht, was jeder Werktätige vor der Revolution praktisch tragen mußte.

In der Tat wissen wir, daß neben der Bürde der Staatsausgaben jeder Werktätige noch in dieser oder jener Form der kapitalistischen Ausbeutung unterworfen war. Auf dem Gebiet der angewandten Lohnarbeit kann man den Umfang oder die Norm dieser kapitalistischen Ausbeutung recht einfach bestimmen. In der bereits genannten Arbeit von S. N. Prokopovič finden wir die folgende Berechnung des *Netto*produkts der Lohnarbeit und des Arbeitslohnes in der Industrie (in Mill. Rubel).[3]

Tabelle 1

Anwendungsbereich der Arbeit	Nettoprodukt 1913	Arbeitslohn in Mill. Rubel	Arbeitslohn in %
Bergbauindustrie	532	327	61,5
Fabrik-Industrie	1133	470	41,5
Eisenbahntransport	607	234	38,5
Schiffstransport	200	82	41,0
Bauwesen	843	408	48,4
Summe	3315	1521	46,0

Diese Werte bedürfen offensichtlich einer Korrektur. Beim Transportwesen und in einigen anderen Zweigen der Arbeit wird der Lohn der Arbeiter nicht getrennt vom Lohn der Angestellten ausgewiesen und ist daher vollständig in den angeführten Summen enthalten. Für die verarbeitende Industrie wurde in der Tabelle offenbar nur der Lohn der Arbeiter ausgewiesen. Der Lohn der Angestellten betrug nach Varzar etwa 23,3% des Lohnes der Arbeiter, woraus sich eine Erhöhung der Gesamtsumme der Arbeitslöhne um etwa 110 Mill. Rubel ergibt. Das Gesamtergebnis beträgt damit 1631 Mill. Rubel

[3] Erfahrungen bei der Berechnung des Volkseinkommens von 50 Gouvernements des europäischen Rußlands in den Jahren 1900 bis 1913, hrsg. von S. N. Prokopovič, Moskau 1918, S. 84, 85.

oder 49,4% der Nettoproduktivität. Anders gesagt, jeder Proletarier bekam vom Unternehmer nur *die Hälfte* des Produkts seiner Arbeit.

Von dieser Hälfte zahlte er noch einen gehörigen Teil in Form der indirekten Steuern an den Staat, und nur von dem verbleibenden Teil konnte er sich und seine Familie erhalten. In jeder Arbeiterfamilie kommen jedoch auf einen Arbeiter mindestens zwei Esser, damit ergibt sich, daß jeder Arbeiter beim vorrevolutionären Stand der Produktivität mit dem ganzen Produkt seiner Arbeit nicht zwei, sondern mindestens vier bis fünf Esser ernähren konnte. Und wenn der Staat von ihm in Gestalt der Steuer nur den fünften Teil des Produkts seiner Arbeit genommen und ihn von jeder anderen Ausbeutung befreit hätte, dann hätte er ungeachtet dieser Steuer doppelt so gut leben können. Man könnte es auch so formulieren: Die vorrevolutionäre Rate der Arbeitsproduktivität in Rußland überstieg die Rate des Existenzminimums eines verheirateten Arbeiters um etwa das 2,5fache.

Das gilt nicht nur in bezug auf die besser bezahlten qualifizierten Arbeiter, sondern auch bezüglich der einfachen ungelernten Arbeiter. Der unqualifizierte Arbeiter produziert und verbraucht natürlich weniger Werte als ein Mechaniker oder Juwelier, aber er bekam vom Unternehmer auch immer etwa die Hälfte seines Produkts und zahlte von seinem Lohn indirekte Steuern an den Staat, so daß er nur von dem Rest sich und seine Familie erhalten konnte. Das bedeutet, daß auch dessen Produktivitätsrate die des Existenzminimums der Familie ungefähr um das 2,5fache überstieg. Und was auf den ungelernten städtischen Lohnarbeiter zutrifft, das gilt nicht weniger für den Tagelöhner des Dorfes oder den selbständigen Ackerbauer, denn eine Einheit einfacher Arbeit schafft entsprechend der Arbeitswerttheorie auf allen Gebieten der Wirtschaft gleiche Werte.

So kann man annehmen, daß auch die Bauern vor der Revolution ungefähr das 2,5fache ihres Existenzminimums produzierten. Bei einigen von ihnen wird das sehr anschaulich durch die Anwendung der naturalen *Halb*pacht im vorrevolutionären Rußland sichtbar. Wenn der Bauer dem Gutsbesitzer für die Nutzung des Bodens die ganze Hälfte des *Brutto*ertrages abgab und vom Rest alle Abgaben und Steuern bestritt und dennoch irgendwie mit Ach und Krach existierte, dann bedeutet das, daß sein Produktivitätsniveau diese Abgaben ermöglichte. Nicht leicht trugen auch jene Bauern an der Abgabe, die auf eigenem Boden saßen, weil sie in die Abhängigkeit vom Handelskapital gerieten, das ihnen alles Notwendige dreimal so teuer verkaufte und das von ihnen Gelieferte dreimal billiger abnahm.

Die proletarische Revolution, die das Joch des Kapitals abschüttelt, befreit sowohl den Arbeiter als auch den Bauern von einem großen Teil der ihnen aufgebürdeten Abgaben. Der Bauer braucht dem Gutsbesitzer keinerlei Pacht mehr zu zahlen, gleichzeitig wird er auch vor der Ausbeutung durch eine ganze Horde von Blutegeln, den kleinen und großen Zwischenhändlern, geschützt. Die Ablösung aller direkten und indirekten Steuern der alten Zeit durch eine einheitliche Naturalsteuer in Gestalt des fünften Teils des Nettoproduktes seiner Arbeit würde somit für den Bauern eine riesige Erleichterung nicht nur im Vergleich zu dem heute abgeschafften System der Konfiskation aller Überschüsse, sondern überhaupt im Vergleich zu den früheren wirtschaftlichen Verhältnissen darstellen.

Aber es kommen hier Zweifel auf. Wir wissen, daß der Bürgerkrieg und die dadurch hervorgerufenen Zerstörungen den früheren Stand der Arbeitsproduktivität beträchtlich gesenkt haben. Was früher eine leichte Bürde gewesen wäre, könnte heute völlig über die Kräfte gehen. Das hängt davon ab, um wieviel die durchschnittliche Rate der Arbeitsproduktivität gesunken ist.

Wie verhält es sich mit dieser Senkung der Arbeitsproduktivität? Im Ackerbau muß man folgende Fakten konstatieren, wenn man die jährlichen Ertragsschwankungen als zufällige Erscheinung außer acht läßt und nur die Verringerung der Ackerfläche bezogen auf eine Einheit Arbeit in Betracht zieht. Die absolute Anzahl der Landbevölkerung hat sich von 1913 bis 1920 fast nicht verändert, aber der Anteil der Arbeitsfähigen ist infolge der Mobilisierungen und Kriegsfolgen beträchtlich gesunken, und zwar von 45% auf etwa 36%, so daß sich die Anzahl der Arbeitshände in der Landwirtschaft ohne Zweifel etwa um 20% verminderte. Die Ackerfläche ist jedoch noch stärker zurückgegangen. Für 1913 bis 1916 errechnete P. P. Rumjancev nach Daten einer statistischen Erhebung von 1916 einen Rückgang um 7%, und für 1916 bis 1920 ergibt sich nach Daten der Zentralverwaltung für Statistik ein weiterer Rückgang der Anbauflächen um 20,3%. Insgesamt ergibt das im Vergleich zu 1913 eine Verminderung der Anbauflächen um 26%.

P. I. Popov schätzt nach Angaben der Zentralverwaltung für Statistik den Nettoertrag (unter Abrechnung des Saatgutes) an Brotgetreide, Kartoffeln (umgerechnet auf Getreide) und Futtergetreide auf dem Territorium der RSFSR und der angeschlossenen Republiken außer Turkestan für 1913 auf 3 Milliarden Pud und für 1920 auf 1800 Mill. Pud. Durch die Verringerung der Anbaufläche um 26% sind in diesem Jahr 780 Mill. Pud an Nettoproduktion der Jahre 1909 bis 1913 verloren gegangen und durch den Minderertrag weitere 420 Mill. Pud. Der letztgenannte Verlust, bezogen auf die 2200 Mill. Pud einer normalen Produktion, beträgt bei gegebener Anbaufläche etwa 19%. Das Jahr 1920 muß man jedoch als Jahr mit einer ausgesprochenen Mißernte ansehen. Wenn wir künftig auch Ernten einkalkulieren müssen, die gegenüber der Norm von 1909 bis 1913 geringer sind, so ist es doch auf alle Fälle wahrscheinlicher, diese Senkung gemäß der Jahre 1917 bis 1919 im Durchschnitt auf nicht mehr als 10 % zu schätzen. Wir erhielten dann auf einer Fläche, die 74% der Vorkriegsgröße beträgt, eine Nettoernte von 2 Milliarden Pud, d. h. 67% der Nettoernte von 1913 auf dem gesamten oben angegebenen Territorium. Und wenn man diese Ernte auf eine Einheit der Arbeit umrechnet, dann ergibt das eine Senkung der Produktivität in der Landwirtschaft von insgesamt 16% gegenüber der normalen Friedenszeit.

In der verarbeitenden Industrie sank nach den bescheidenen uns vorliegenden Angaben die Arbeitsproduktivität wesentlich stärker. Die Stundenleistung eines Fabrikarbeiters betrug im Jahre 1920 nach diesen Werten nicht mehr als 65%, die tägliche Produktivität belief sich im Zusammenhang mit der Verkürzung des Arbeitstages um 14% auf nicht mehr als 56%, und die jährliche Produktivität erreichte infolge der steigenden Arbeitsausfälle durch Krankheit, Bummelei und Stillstandszeiten kaum 41% des Niveaus der Friedenszeiten.[4]

Für den Eisenbahntransport ist dieser Abfall noch bedeutender, dafür ist er auf anderen Gebieten der Arbeit in der Stadt, die weniger Stillstandszeiten hatten, etwas geringer. Im Mittel kann man für alle Bereiche der städtischen Arbeit annehmen, daß die Jahresleistung je Einheit der Arbeit bis auf 40% des Niveaus von 1913 absank. Wenn man sowohl die städtische als auch die landwirtschaftliche Arbeit in den gegebenen Proportionen nimmt, so erhält man für 1920 eine durchschnittliche Produktivität in Höhe von mindestens 77% der Vorkriegsrate.

Unter Abzug eines fünften Teils von dieser Rate als Steuer verbleiben in der Verfügung des Werktätigen noch mehr als 61% der früheren Produktion, d. h. etwa das 1,5fache des für das vorrevolutionäre Rußland normalen Existenzminimums. Wenn also die vorgesehene Steuer als Ablösung *aller übrigen* Methoden der Beauflagung und Ausbeutung

[4] S. G. Strumilin, Der Verlust an Arbeitsproduktivität, der durch den Bürgerkrieg und die Blokkade hervorgerufen wurde, in: Vestnik truda, 3/1921.

eingeführt wird, dann sind diese 20% der Nettoproduktion durchaus keine übermäßige Belastung.

Die Abgabe von 20% ist nicht hoch. Doch könnte es sein, daß sie umgekehrt im Vergleich zu jenen grandiosen Aufgaben, die sich die proletarische Macht Rußlands heute stellt, zu gering ist?

Darauf ist folgendes zu sagen. Gewiß, je größere Ressourcen wir ohne *Schaden* für die Werktätigen auf den positiven Aufbau des Sozialismus verwenden können, um so schneller würden wir die Hauptaufgaben der proletarischen Revolution erfüllen. Der Sozialismus ist jedoch vor allem angetreten, das Los der Werktätigen zu erleichtern und nicht zu erschweren. Für ihn sind auch jene Mittel, über die der bürgerliche Staat verfügte, völlig ausreichend, um ungleich höhere Ergebnisse durch eine planmäßigere und zielstrebigere Nutzung zu erreichen. Das gilt um so mehr, als auch ein Fünftel des Nettoprodukts der Arbeit allein durch die enorme Steigerung ihrer Produktivität, die uns die sozialistische Rationalisierung ermöglicht, eine von Jahr zu Jahr wachsende Größe darstellen wird, die vollständig ausreichend ist für die Realisierung umfassender gesellschaftlicher Aufgaben.

Wir könnten somit jedem Werktätigen, dem Arbeiter und dem Bauern, ruhig garantieren, daß der Staat auch künftig für seine Leistungen nicht mehr als 20 bis 30% des Nettoprodukts seiner Arbeit fordern wird.

Welche reale Größe stellt diese Steuer im staatlichen Nahrungsmittelfonds dar?

Da das Nettoprodukt der Arbeit beauflagt wird, müssen wir vom Brutto-Ernteertrag nicht nur das Saatgut abziehen, sondern auch einen gewissen Prozentsatz für die Amortisation des lebenden und toten landwirtschaftlichen Inventars und für ähnliche rein produktionsgebundene Kosten. Unter den derzeitigen Bedingungen unserer bäuerlichen Landwirtschaft werden etwa 8,5 Pud Saatgut für 1 Desjatine gebraucht (1 Desjatine = 1,09 ha; d. Hrsg.); für die Amortisation und übrige Kosten kann man etwa 15% der Nettoernte veranschlagen. Das Nettoprodukt der Arbeit beträgt dann unter Abzug dieser Kosten nur 85% des Netto-Ernteertrages oder bei einer mittleren Ernte etwa 70% des Bruttoertrages. Die Steuer in Höhe des fünften Teils des Nettoprodukts macht somit nicht mehr als 17% der Nettoernte oder 14% der Bruttoernte an Getreide in der bäuerlichen Wirtschaft aus. Je Desjatine Roggen ergäbe das bei den Erträgen der letzten Jahre:

Erntejahre	Roggenertrag (in Pud)		Naturalsteuer	
	Brutto	Netto	in Pud	in % der Ernte
1909–1913	52,7	44,2	7,5	14,2
1914–1918	46,0	37,5	6,4	13,9
1920	33,5	25,0	4,2	12,6

Wie wir sehen, müßte der Bauer in Jahren mit einem durchschnittlichen Ernteertrag nach dieser Berechnung etwa jede siebente und in den schlechteren Jahren jede achte Garbe seiner Ernte als Steuer abgeben. Der Staat erhält im ungünstigen Falle, d. h. in einem Jahr mit schlechtem Ertrag wie z. B. 1920, bei einem Netto-Ertrag in Höhe von 1800 Millionen Pud bis zu 306 Millionen Pud Lebensmittel und Futter, in den günstigeren Jahren sind es bei normaler Saatfläche und einem Netto-Ernteertrag in Höhe von 3 Milliarden Pud nicht weniger als 510 Millionen Pud als Naturalsteuer.

Wie groß sind diese Beträge im Vergleich zu jenen Summen, die ohne jegliches Äquivalent über die Ablieferungspflicht aus dem Dorf abgezogen wurden?

Die Ablieferungspflicht des letzten Jahres war wie bekannt auf 450 Millionen Pud Getreide (Fleisch, Milch, Butter, Eier und ähnliche Produkte sind hier nicht berücksichtigt) berechnet. Daneben dürfen wir aber eine andere Steuerpumpe nicht vergessen, nämlich den Papiergeldumlauf, mit dessen Hilfe es der Stadt gelang, für Papier, d. h. dem Wesen nach ohne jedes reale Äquivalent, aus dem Dorf einen beträchtlichen Anteil seiner Produktion herauszupumpen. Freilich gelangen diese Papierchen aus dem Staatssäckel zunächst in die Hände der Arbeiter, doch diese halten sie nicht lange in ihren Taschen fest, und sie gehen vollständig in den Besitz der Ackerbauern über. Mit Hilfe der Druckerpresse wurden im Jahre 1918 aus dem Geldumlauf Werte von nahezu 373 Millionen Goldrubel und im Jahre 1919 für 383,5 Millionen Rubel entnommen. Rechnet man das auf Getreide um und unterstellt, daß Getreide bis zu 4/5 des Gesamtwertes der Produkte des Dorfes ausmacht, die durch die Ablieferungspflicht herausgezogen werden, erhalten wir folgende Summen für Getreide (in Millionen Pud):

Jahre	Pflichtablieferung an Getreide	übrige Produkte	Druckerpresse	Summe (in Mill. Pud)
1918/19	107	27	333	467
1919/20	220	55	342	617

Wie wir sehen, hat das Dorf der Stadt bisher ohne jedes Äquivalent wesentlich mehr gegeben, als von uns als Norm für die Naturalsteuer vorgeschlagen wurde. Natürlich wird das Dorf auch weiterhin in der Stadt seine Überschüsse über die Steuer hinaus absetzen, aber jetzt erhält es die Möglichkeit, sie anstelle von Papier gegen reale Warenwerte abzusetzen. Wie man diesen Warenaustausch mit dem Dorf immer rationeller organisiert und überhaupt das ganze System für die Erhebung der Naturalsteuer aufbaut, das bedarf einer besonderen Betrachtung.

Unabhängig davon jedoch, wie diese Frage gelöst wird, kann man nach den oben dargestellten Überlegungen kaum daran zweifeln, daß die Besteuerung in Höhe von 20 % des Nettoprodukts der Arbeit des Bauern nicht übermäßig hoch und schon gar nicht bedrückend sein wird.

1.2. Die Art und Weise der Steuererhebung

Der Übergang von der Ablieferungspflicht zur Naturalsteuer ist ein bedeutender und entscheidender Schritt auf dem Wege zur radikalen Umgestaltung der Haushaltsbasis unseres nachrevolutionären Staatsaufbaus. Natürlich ist das weder der erste noch der letzte Schritt einer solchen Umgestaltung.

In dem Kampf um die Festigung der neuen sozialen Ordnung hat es die revolutionäre Macht für zweckmäßig erachtet, alle vorhandenen Ressourcen des Landes zu nutzen. Deshalb war die Sowjetmacht genötigt, von den ersten Tagen der Revolution an die Verfügung nicht nur über die gesellschaftlichen Produktionsmittel, sondern überhaupt über alle Errungenschaften des Volkes, über das ganze Produkt seiner vergangenen und gegenwärtigen Arbeit in ihre Hände zu nehmen. Den Werktätigen beließ der Staat dabei nur jenes Minimum an Mitteln, das ihm nach der Befriedigung aller wichtigeren staatlichen Bedürfnisse dafür verblieb. Und weil die letzteren zu groß waren, konnte von keinerlei „Überschüssen" des Produktes die Rede sein, die man in den Händen der Bauern oder anderen Produzenten hätte belassen können.

Darin muß man die Wurzeln für die Ablieferungspflicht und gleichmacherische Tendenzen bei der Arbeitsentlohnung, dieser Grundzüge unserer ökonomischen Politik in der Epoche des Kriegskommunismus, suchen. Sie ergaben sich nicht aus programmatischen Forderungen des Sozialismus oder Kommunismus, sondern aus der durchaus betrüblichen Notwendigkeit zur Selbsterhaltung der neuen Staatsordnung unter den Bedingungen der revolutionären Umstände.

Diese Bedingungen ändern sich jedoch. Der ernsteste Zeitpunkt des Bürgerkrieges ist bereits vorüber. Wir haben die Möglichkeit erhalten, in eine normalere Phase der Planwirtschaft einzutreten. Aber die Restbestände der Produktion vergangener Arbeit sind erschöpft. Und die neue Arbeit, bar jeglicher individueller Stimuli zur Steigerung ihrer Produktion, erbringt im Vergleich zu dem sich entwickelnden Bedarf des sozialistischen Aufbaus zu wenig. Die Interessen der weiteren Selbstbehauptung und Entwicklung der neuen Ordnung erfordern somit nunmehr eine neue Politik. Im Interesse der Steigerung der Arbeitsproduktivität haben wir zunächst für die Arbeiter durch deren Prämiierung und danach auch für die Bauern durch Übergang von der Ablieferungspflicht aller „Überschüsse" zur Abführung eines Anteils ihrer Produktion in staatliche Fonds ein neues Verteilungsprinzip anerkannt. Jeder Werktätige gibt dem Staat nur einen genau bestimmten Anteil seiner Arbeit oder seines Produkts ab, so daß jede Produktivitätssteigerung gleichermaßen sein persönliches Einkommen wie auch das Einkommen des Staates vergrößert.

Für die Bauernschaft haben wir diesen Anteil mit 20% des Nettoprodukts bestimmt; es versteht sich jedoch, daß eine richtige Steuerpolitik die Bauern nicht in eine schlechtere oder günstigere Lage versetzen darf als die Arbeiter oder andere Produzenten wie Heimarbeiter, Handwerker und andere. Deshalb muß die Naturalsteuer mit der Zeit in das allgemeine Steuersystem als besondere Form einer einheitlichen Arbeitssteuer eingehen.

Die Erhebungsmethoden dieser Steuer müssen für die verschiedenen Kategorien der werktätigen Bevölkerung zweifellos unterschiedlich sein. So genügt es z. B., wenn das Reallohnniveau der Lohnarbeiter in staatlichen Betrieben in Höhe von 80% des Nettoprodukts ihrer Arbeit festgelegt wird. Von anderen Kategorien der Werktätigen kann man diese Steuer auch in Form von unmittelbaren Leistungen im Rahmen einer Arbeitsdienstpflicht für gesellschaftliche Arbeiten erheben, die nicht weniger bekannt ist und – sagen wir – 50 Tage im Jahr betragen soll. Für die in Konzessionsbetrieben oder anderen individuellen Wirtschaften beschäftigten Arbeiter muß die Arbeitssteuer von den Besitzern gezahlt werden. Und so weiter. Es ist hier nicht der Ort, in die Einzelheiten dieser Frage einzudringen. Wir verweilen nur bei der Erhebung der Ablieferungspflicht und der Naturalsteuer.

Das Dekret des Gesamtrussischen Zentralen Exekutivkomitees sieht die anteilmäßige Steuerbeauflagung vor. Das könnte z. B. in folgender Weise verwirklicht werden. Es wird bekanntgemacht, daß ein bestimmter Anteil, sagen wir der siebente Teil, des Bruttoertrages aller Getreidearten und Gräser, an Milchprodukten, Eiern und Fleisch (entsprechend dem Viehzuwachs) als Steuer erhoben wird. Jeder Landwirt muß in einer durch Gesetz festgelegten Frist eine bestimmte Erklärung, eine Deklaration abgeben über die Größe seiner Aussaatfläche, über die Ernte, den zu erwartenden Zuwachs an Vieh usw. Auf der Grundlage dieser Erklärungen, die im Bedarfsfalle überprüft werden, werden Ablieferungslisten zusammengestellt, die im Interesse der gesellschaftlichen Kontrolle öffentlich ausgehängt werden. Danach beginnen die örtlichen Organe mit der Steuereinziehung in dem für jeden Hof nach der Ablieferungsliste vorgesehenen Umfang.

Diese Verfahrensweise ist vermutlich zu kompliziert und für unser Dorf wenig zuverlässig. Deshalb ist es wahrscheinlich praktischer, die Produktionsanteile nur vom Gesamtbetrag der Steuern des Landes ausgehend zu berechnen. Nach Aufschlüsselung dieser Summen je Desjatine Boden und pro Kopf des Viehbestandes usw. werden diese Steuersätze veröffentlicht. Bei einer derartigen Aufschlüsselung müßten natürlich die außergewöhnlich großen Unterschiede in den örtlichen Wirtschaftsbedingungen, die Schwankungen der Erträge usw. berücksichtigt werden, so daß die auf die Desjatine bezogenen Veranlagungen für jedes Jahr und jedes Gouvernement und möglicherweise auch für die Kreise verschieden wären. Ein derartiges System garantiert keine vollständige Gleichmäßigkeit der Besteuerung und müßte daher durch bestimmte Korrektive ergänzt werden, z. B. durch das Recht der ärmsten Bauern auf bestimmte Steuerermäßigungen oder gar völlige Befreiung von der Steuer, wenn sich im gegebenen Jahr die festgelegte Veranlagung wegen Mißernten oder anderer Zufälligkeiten als bedrückend erweisen würde. Dafür verhindert dieses System die ausgedehnte Willkür bei subjektiven Deklarationen der Steuerzahler und vereinfacht die Technik der Steuereinziehung.

Bleibt nur die Frage, welche Fläche zum Steuerobjekt gewählt werden soll: nur die Anbaufläche oder die Ackerfläche oder – noch breiter – die gesamte Nutzfläche einschließlich aller Ländereien. In der Presse wurde darauf hingewiesen, daß es besser wäre, die Gesamtfläche zu besteuern, um zu vermeiden, daß Boden ohne gehörige Nutzung angeeignet wird. Das kann aber bei der Buntheit unserer Fruchtfolgeformen – von der Waldrodewirtschaft und der Wechselnutzung bis zur vielfeldrigen Fruchtfolge mit Ackerfutterbau – eine zu große Ungleichmäßigkeit der Besteuerung mit sich bringen. Und das führt einerseits zu bedeutenden Mindereinnahmen an Steuern und andererseits dazu, daß Ländereien verlassen werden. Die Bodenbewirtschaftung ist bei uns nicht abgeschlossen. Es gibt keine genaue Erfassung des Bodens nach Grundstücken für die einzelnen Höfe. Und wenn es um die Erhebung der Steuern geht, dann muß man den konkreten Betrag letzten Endes auf der Grundlage der vom Hofbesitzer selbst angegebenen Anzahl von Desjatinen berechnen. Uns gelingt es somit auch hier nicht, den mit jeglichen Deklarationen dieser Art verbundenen Subjektivismus zu umgehen.

Wesentlich zweckmäßiger erscheint uns deshalb ein anderer Weg. Es sollte nur die *Anbaufläche* besteuert werden. Jedoch nicht die tatsächliche Anbaufläche, sondern jene, die jeder Hof entsprechend einem vorher festgelegten gesamtstaatlichen Anbauplan zu bestellen hat. Bei einem solchen Vorgehen wächst die Realität der verbindlichen Anbaupläne in hohem Grade, weil diejenigen, die diese Pläne nicht vollständig erfüllen, durch erhöhte Besteuerung im Verhältnis zur tatsächlich bestellten Fläche bestraft werden und diejenigen, die mehr bestellt haben, eine Prämie erhalten, weil die über den Plan hinausgehende Anbaufläche überhaupt unbesteuert bleibt. Das Wichtigste besteht aber darin, daß die gesamte Fläche, von der Steuern erhoben werden, immer ganz exakt und rechtzeitig bestimmt sein wird.

Unter den genannten Bedingungen ist der Plan für die Erhebung der Naturalsteuer mit dem gesamtstaatlichen Anbauplan verbunden. Ausgehend von den durch den Anbauplan vorgegebenen Anbauflächen und von der Struktur der landwirtschaftlichen Kulturen für alle Gebiete des Landes sowie unter Nutzung der Daten über den mittleren Ertrag der verschiedenen Kulturen in diesen Gebieten während des letzten Jahrfünfts, kann man unschwer bereits im Herbst sowohl die Bruttoernte aller Kulturen für das bevorstehende Jahr als auch das Nettoprodukt (unter Abzug des Saatgutes und der festgelegten Abzüge für die Amortisation und andere Kosten) berechnen, von denen der angegebene Produktionsanteil als Steuer erhoben wird.

So käme die Gesamtnorm der Naturalsteuer für das gegebene Jahr zustande. Wir wissen nicht, auf welchem Wege die für 1921 veröffentlichten Gesamtnormen der Naturalsteuer in Höhe von 240 Millionen Pud Getreide für Rußland und 117 Millionen

Pud für die Ukraine, insgesamt also 357 Millionen Pud, berechnet worden sind. Wenn man aber von der tatsächlichen Anbaufläche für Getreidekulturen des vergangenen Jahres in Höhe von 59,8 Millionen Desjatinen für die ganze Republik einschließlich der Ukraine ausgeht, sowie von den Erträgen der Jahre 1918 und 1919 in Höhe von 35 Pud Nettoertrag je Desjatine, so ergibt das bei Abzug von 15% für die Amortisation ein Nettoprodukt an Getreide für die Republik im Betrag von 1780 Millionen Pud. 20% Steuer von dieser Produktion betragen 356 Millionen Pud, was fast mit der dekretierten Norm der Naturalsteuer zusammenfällt.

Der Gesamtbetrag der Steuer, der auf obengenannte Weise berechnet wurde, ist nunmehr auf Normen je Desjatine aufzuschlüsseln. Weiter ist die Erhebung in den Kreisen zu vereinfachen. Es wäre jedoch der Gleichmäßigkeit der Besteuerung nicht förderlich, wenn diese Aufschlüsselung schon vorgenommen und publiziert würde, bevor nach dem Stand der Saat die Aussichten für die bevorstehende Ernte bestimmt und in überschlägigen Rechnungen, die sich auf die mittleren Erträge einer Reihe vorangegangener Jahre stützen, die Möglichkeiten für notwendige Korrekturen in bezug auf das gegebene Jahr ermittelt worden sind.

Ohne daß wir uns in die Technik der entsprechenden Kalkulationen vertiefen, weisen wir nur auf deren allgemeine Aufgabe hin. Der Staatshaushalt und der Wirtschaftsplan müssen auf fester Grundlage beruhen, und deshalb darf die Gesamtsumme der Steuer im Zuge ihrer Aufschlüsselung nicht verändert werden. Wenn die Ertragsaussichten höher sind als die mittleren, dann kann man die mittleren Normen je Desjatine senken; wenn der Ertrag niedriger als die mittleren Erträge geschätzt wird, so muß man sie umgekehrt entsprechend erhöhen und zwar so, daß insgesamt in allen Kreisen der durch Dekret festgelegte Betrag der Naturalsteuer vollständig erbracht wird. Was die Aufschlüsselung auf die Kreise angeht, so versteht sich, daß das ganze Schwergewicht der Besteuerung auf die im gegebenen Jahr ertragreichsten und damit mit Getreide am besten versorgten Gebiete und Gouvernements gelegt werden muß, wodurch vollständig klar wird, daß die Steuernormen je Desjatine für die verschiedenen Gouvernements außerordentlich unterschiedlich sein werden.

Wie genau und anpassungsfähig eine solche Kalkulation für die Aufschlüsselung auch sein mag, sie kann uns dennoch keine vollkommene Gleichmäßigkeit der Besteuerung garantieren und schützt uns auch nicht vor einem gewissen Prozentsatz nichterbrachter Steuer, der besonders in Jahren mit geringem Ertrag hoch sein wird. Das muß man im Interesse der Realität der Planberechnungen vorher berücksichtigen und nach und nach einen bestimmten Reservefonds für den Ausgleich von Rückständen oder geringeren Steuereinnahmen schaffen. In ertragreichen Jahren oder in ertragreichen Gebieten könnte eine solche Reserve zum Teil durch eine kaum fühlbare Erhöhung der Besteuerungsnormen je Desjatine gebildet werden. Als allgemeine und wirksame Maßnahme wäre jedoch die Abführung eines bestimmten Prozentsatzes vom dekretierten Gesamtbetrag der Naturalsteuer in den Reservefonds vorzuziehen, ähnlich wie das schon in der Ukraine praktiziert wurde, wo von 117 Millionen Pud Naturalsteuer 18 Millionen Pud, d. h. 15% sofort an einen besonderen örtlichen Fonds zur speziellen Verfügung abgeführt werden.

Die allgemeine Richtlinie über den Reservefonds könnte man in folgender Weise formulieren. Ein bestimmter Prozentsatz, sagen wir 85%, des durch Dekret festgelegten Betrages der Naturalsteuer geht in den allgemeinen staatlichen Fonds ein. Wenn der tatsächliche Eingang diese Norm übersteigt, dann gelangen alle Überschüsse in den örtlichen Fonds mit folgender Verwendung: Die Hälfte der jährlichen Zuführungen wird unmittelbar für Steuernachlässe und zur Unterstützung der ärmsten Steuerzahler des betreffenden Dorfes oder Gebietes verwendet, aus der zweiten Hälfte wird ein Gouvernementsfonds für die Ausgabe von Darlehen für Saatgut und Lebensmittel an die örtliche Bevölkerung im Falle einer Mißernte gebildet. Wenn dieser Reservefonds eine bestimmte Größe erreicht hat, dann könnten die Neueingänge für beliebige andere örtliche Bedürfnisse nach dem Ermessen des Exekutivkomitees des Gouvernements verwendet werden.

Diese Verfahrensweise hätte neben anderen Vorteilen auch den Vorzug, daß sie die ärmsten Schichten der Bauernschaft an der möglichst vollständigen Ablieferung der Steuer durch alle bessergestellten Steuerzahler interessieren würde.

Wir wissen, daß die Revolution die Bauernschaft stark nivelliert hat. Der bevorstehende Übergang von der Ablieferungspflicht zur Naturalsteuer, der mit einer ziemlichen Freiheit des örtlichen Handels verbunden ist, gibt dem Differenzierungsprozeß der Bauernschaft einen beträchtlichen Anstoß. Das braucht die sozialistische Avantgarde des Landes durchaus nicht zu fürchten. Die Differenzierung des Dorfes schafft natürliche Verbündete und Freunde des städtischen Proletariats. Eben deswegen ist es so außerordentlich wichtig, daß die Organisation der Naturalsteuererhebung die heranreifenden Widersprüche zwischen den Interessen der verschiedenen Schichten des sich differenzierenden Dorfes aufdeckt.

Gerade deshalb muß man sehr vorsichtig in der Frage einer progressiven Beauflagung sein, die ohne Zweifel diesen Differenzierungsprozeß stark hemmen würde. Die Steuer ist ein Mittel zur Stimulierung einer höheren Produktivität, aber die progressive Besteuerung ist das beste Mittel zur Senkung dieser Stimuli. Für Arbeiter ist die letzte Begrenzung des Zuverdienstes im Prämienstücklohn gefallen. Wenn ein Arbeiter fünfmal mehr als ein anderer schafft, dann erhält er auch sovielmal mehr Lohn. Hier ist kein Platz für eine progressive Besteuerung. Noch schwieriger wäre es jedoch, diese in bezug auf die Arbeit der Bauern anzuwenden.

Deren Ergebnisse hängen vor allem vom Umfang des gepflügten Bodens und der Aussaat, vom Viehbestand je Wirtschaft und von ähnlichen objektiven Merkmalen ab. Wollte man aber die zweite oder dritte Desjatine, das zweite oder dritte Stück Vieh usw. höher besteuern als das erste, dann erreichte man von zwei Dingen nur eines: entweder jede Desjatine Boden und jeder Kopf des Viehbestandes werden fiktiv auf jedes Mitglied der Familie bis zu den Säuglingen hin überschrieben, oder wenn man die fiktive Teilung unterbindet, stimuliert man die vom Standpunkt des Staates her weit schädlichere tatsächliche Teilung und Zersplitterung der bäuerlichen Wirtschaft. Und in erster Linie würden dabei natürlich die mit soviel Mühe zusammengefaßten kollektiven bäuerlichen Wirtschaften, die Kommunen und Genossenschaften, zerfallen.

Es muß nicht bewiesen werden, daß das nicht unsere Aufgabe sein kann. Deshalb kann eine progressive Steuer für die bäuerliche Wirtschaft nur in Anwendung auf ganze Kreise unabhängig von der Größe der einzelnen Wirtschaften innerhalb der Grenzen dieser Kreise zugelassen werden.

Mit nicht geringerer Vorsicht muß man sich auch zur Frage einer völligen Steuerbefreiung der ärmsten Bauern verhalten. Wie niedrig die Freigrenze für Steuern sein mag, selbst wenn es nur eine oder zwei Desjatinen je Wirtschaft sind, so sind wir durchaus nicht davor bewahrt, daß durch tatsächliche oder scheinbare Teilung sich bis zu 90% aller Wirtschaften unterhalb dieser Freigrenze befinden würden und niemandem mehr Steuern auferlegt werden könnten. Auf der anderen Seite betrachten wir die Naturalsteuer als eine Form der allgemeinen Arbeitssteuer, so daß es hier auch keine prinzipiellen Gründe für irgendwelche Ausnahmen gibt. Nur die Nichtarbeitsfähigen können auf Befreiung von dieser Steuer rechnen. Aber diese unterliegen ihr ohnehin nicht, denn sie arbeiten nicht, und sie schaffen demzufolge kein Produkt, von dem ein Anteil abgeführt werden könnte.

Der Umfang der Anbaufläche sagt uns absolut nichts über die Grenzen des möglichen Arbeitseinsatzes aus. Angenommen, ich besitze nur eine halbe Desjatine Ackerland, aber ich halte einen Laden oder betreibe ein Fuhrgeschäft oder leiste Saisonarbeiten usw. usf. und verdiene mehr als der Nachbar, wenngleich jener 6 Desjatinen pflügt. Welche Begründungen gibt es hier, mich von der Steuer zu befreien? Je weniger Boden ich habe, um so mehr Zeit steht für außerlandwirtschaftliche Arbeit zur Verfügung, und wenn ich arbeite, dann kann ich auch Steuern zahlen, und wenn ich nicht arbeite, muß doch untersucht werden, warum, um durch Steuernachlässe nicht die Faulheit und Schlamperei zu prämiieren. Deshalb eben sind jegliche Senkungen und Befreiungen nur in Einzelfällen möglich, die hinreichend motiviert sind durch Krankheit, Mißernte oder anderes Zusammentreffen ungünstiger Umstände, nicht aber wahllose Befreiungen nach irgendwelchen formalen Merkmalen.

Zur Begründung von Steuersenkungen für bestimmte Kategorien von Steuerzahlern werden noch zwei weitere Merkmale genannt: die Anzahl der Esser und die Höhe des Viehbestandes in der Wirtschaft. Muß man aber das Steuergesetz deshalb durch die Berücksichtigung dieser Merkmale komplizieren? Das ist sehr strittig. Die Erhöhung der Zahl der Arbeiter oder der Stückzahl des Viehbestandes in der Wirtschaft bedeutet doch eine Vergrößerung der Leistungsfähigkeit dieser Wirtschaft. Freilich muß man sowohl die Arbeitskraft als auch das Pferd füttern, aber erstatten diese das nicht durch ihre Arbeit zurück? Wenn man einen Bauern ohne Pferd mit einem vergleicht, der ein Pferd hat, dann wirtschaftet der erste natürlich unter ungünstigeren Bedingungen als der zweite. Er muß sich ein Pferd beim zweiten borgen und das durch zusätzliche persönliche Arbeit bezahlen. Aber die Steuerermäßigung steht nicht dem ersten, sondern dem zweiten zu, der seine Arbeit durch die billigere Arbeit des Pferdes ergänzt und nebenbei durch das Pferd noch zusätzliche Einnahmen hat, indem er es dem Bauern ohne Pferd leiht. Der zweite als der stärkere bedarf jedoch des Steuernachlasses ganz und gar nicht.

Es ist natürlich auch möglich, daß sich in einigen Wirtschaften Überschüsse an Vieh und Arbeitshänden bildeten, die in diesen Wirtschaften nicht vollständig genutzt werden können. In diesem Falle wäre es aber äußerst unrationell, solche Überschüsse in diesen Wirtschaften durch Steuernachlässe zu erhalten. Es gibt keinen vernünftigen Grund dafür, die Chancen solcher Wirtschaften im Wettbewerb mit rationelleren Formen der Wirtschaft auszugleichen. Es liegt nicht in unserem Interesse, durch derartige Vergünstigungen die ökonomischen Vorzüge der Genossenschaften oder Kommunen zu verdecken, die im Gegensatz zu den kleinen bäuerlichen Parzellen alle ihre Arbeitskräfte nutzbringend einsetzen.

Anders liegen die Dinge, wenn man nicht von Essern allgemein spricht, sondern speziell von nichtarbeitsfähigen Essern wie Kindern, alten Leuten und Invaliden. Eine große Anhäufung derartiger passiver Angehöriger in einzelnen Wirtschaften mit geringer Leistungsfähigkeit darf man natürlich nicht ignorieren. Solchen Wirtschaften kann man jedoch wesentlich rationeller durch soziale Fürsorge als durch Steuersenkung helfen.

Zum Abschluß weisen wir noch auf einen weiteren Umstand hin. Wenn wir die Steuern in natura einziehen, dürfen wir die Transportökonomie nicht vergessen. Wir müssen danach streben, aus dem Dorf möglichst wenig Ballast je Werteinheit zu ziehen. Von den Schwarzerdeböden werden wir vorzugsweise Getreide, von den Nichtschwarzerdeböden Lein und überall wo möglich Fette und andere vollwertige Produkte nehmen, aber nur örtlich und in minimalem Umfang Kartoffeln, Gemüse, Stroh und andere weniger wertvolle Güter. Und deshalb muß im Steuergesetz ein Austauschprinzip der Produkte untereinander nach einer bestimmten Äquivalenzskala vorgesehen werden, die so aufgebaut ist, daß es den Bauern selbst vorteilhafter ist, die transportgünstigsten Produkte abzuliefern.

2. *Zum Plan für das Wirtschaftsjahr 1921/22*[1]

2.1. Allgemeine Voraussetzungen

Die Rationalisierung der Wirtschaft hat die folgenden Grundvoraussetzungen:

1. Die staatliche Wirtschaft wie auch die private müssen sich auf der Grundlage einer strengen Übereinstimmung zwischen dem Einnahmen- und dem Ausgabenteil des Haushaltes entwickeln.
2. Dieses Haushaltsgleichgewicht kann nur durch einen gut durchdachten und in allen Teilen präzise ausbilanzierten einheitlichen Wirtschaftsplan gewährleistet werden.
3. Um die Realität dieses Planes gewährleisten zu können, müssen alle aus ihm hervorgehenden Produktionsaufgaben streng mit den für ihre Realisierung bestimmten Ressourcen in Übereinstimmung gebracht sein.
4. Die Genauigkeit sozial-ökonomischer Voraussagen ist gegenwärtig jedoch sehr begrenzt; deshalb muß die reale Durchführung aller Planvorhaben unabhängig davon, daß die Realität der Einzelaufgaben streng zu berechnen ist, außerdem noch durch die Bildung ausreichend großer Reservefonds für unvorhergesehene Fälle gesichert werden.
5. Bei alledem wird der Wirtschaftsplan nur insoweit ein rationeller sein, wie er einen maximalen Nutzungskoeffizienten in bezug auf die Produktions- und Lebensmittelressourcen der Republik gewährleistet.
6. Auf dem Gebiet der Produktion bedeutet das vor allem, von der Zersplitterung der Produktionsressourcen über alle Betriebe zu ihrem konzentrierten Einsatz in den technisch vollkommensten und wirtschaftlichsten Betrieben überzugehen, um sie während des ganzen Jahres unter den günstigsten Bedingungen zu nutzen, d. h. bei *maximaler Auslastung* ohne Stillstandszeiten und Störungen während der Arbeit.
7. Auf dem Gebiet der Verteilung erfordert das unter den gegenwärtigen Bedingungen vor allem eine starke Einengung der Bevölkerungsgruppen, die Pensionen beziehen, um den Lohnfonds, d. h. den Fonds für die Reproduktion der Arbeitskraft, zu vergrößern.
8. Auf dem Gebiet der Entlohnung der Arbeitet bedeutet das den Übergang vom System der Gleichmacherei zum Prinzip der Differenzierung der Lohnnormen, die nicht an der Bedürftigkeit, sondern an der Qualifikation und Produktivität jedes Beschäftigten gemessen werden.
9. Um den Ausnutzungskoeffizienten der Arbeitskraft auf die Friedensnorm zu erhöhen, ist es außerdem notwendig, die Durchschnittsnorm für die Ernährung und Reproduktion der Arbeitskraft auf den entsprechenden Stand zu heben.

Die angeführten Ausgangsthesen sind außerordentlich elementar. Theoretisch würde sie kaum jemand ernsthaft bestreiten wollen. Ihre Aufzählung würde sich auch wirklich nicht lohnen, wenn nicht die traurige Tatsache bestünde, daß nicht eine von ihnen bis jetzt in unserer Wirtschaftspraxis angewendet wird.

Freilich ist es eine weitaus leichtere und dankbarere Aufgabe, auf dem Papier solche

[1] Narodnoe chozjajstvo, 5/1921.

Thesen zu formulieren wie das Prinzip des ausgeglichenen Haushalts, der Einheit des Wirtschaftsplanes, der Realität der Aufgaben, der Bildung ausreichender Reserven, der Erreichung hoher Ausnutzungskoeffizienten beim Einsatz der materiellen Ressourcen und Arbeitskräfte usw., als der Versuch, diese Thesen im Leben zu realisieren. Dennoch müssen sie verwirklicht werden. Dazu müssen sie, versteht sich, zunächst klar und präzise formuliert werden, um danach die erforderliche Widerspiegelung in jenem einheitlichen Wirtschaftsplan zu finden, mit dessen Ausarbeitung wir gegenwärtig beginnen.

Der kleinste Zeitraum, der für die Aufstellung eines Wirtschaftsplanes rationell ist, ist das Jahr. Einer der grundlegenden Zweige der Wirtschaft, der Ackerbau, liefert uns seine Ergebnisse in Gestalt der Ernte nur einmal im Jahr. Die Ernte bestimmt im Landesmaßstab sowohl den Umfang des Reproduktionsfonds der Arbeitskraft für das bevorstehende Jahr als auch der einzelnen Rohstoffonds für eine ganze Reihe von Produktionszweigen. Wir sind außerstande, die Größe dieser Fonds bis zur neuen Ernte zu verändern, weil wir nicht über ausreichende Reservefonds verfügen. Deshalb müssen wir bei der Aufstellung des einheitlichen Wirtschaftsplanes – ob wir wollen oder nicht – damit rechnen, wie mit einer vorgegebenen „unabhängigen Variablen", die die Gesamtheit der zu ihr „kettenförmig" in funktionaler Abhängigkeit stehenden Elemente der staatlichen Wirtschaft wesentlich vorbestimmt.

Daraus ergeben sich Schlußfolgerungen.

Erstens: Da die Ernteerträge bei uns bedeutend schwanken, ist das Jahr nicht nur als die kleinste, sondern auch als die größte Zeiteinheit für einen einigermaßen *realen* und ganzheitlichen Wirtschaftsplan anzusehen.

Zweitens: Als natürlichen Beginn des Wirtschaftsplans müßte man den Zeitpunkt betrachten, zu dem die Ernteergebnisse endgültig bestimmt sind, d. h. etwa den 1. Oktober.

Drittens: Den Ausgangspunkt für die Aufstellung des Wirtschaftsplans 1921/22 sollte die Ermittlung der Ernteerträge des Jahres 1921 bilden.

Zur letztgenannten Schlußfolgerung kommen wir auch auf Grund der folgenden Überlegungen.

Neben der Ernte gehören zweifellos auch der vorhandene Bestand an industriellen Ausrüstungen und der Stand des Transportwesens zu den vorgegebenen Größen des Jahreswirtschaftsplans, die nicht willkürlich vergrößert werden können. Mit diesen Größen müßte ebenfalls in hohem Grade von den ersten Schritten der Planaufstellung an gerechnet werden, wenn zu befürchten wäre, daß unser Plan durch fehlende Ausrüstungen oder Transportmittel begrenzt würde. Bedauerlicherweise befinden sich trotz des hohen Verschleißes der industriellen Ausrüstung und Transportmittel die übrigen Elemente der Produktion in einem noch schlechteren Zustande. Maschinen haben wir nicht viele, aber ein bedeutender Teil von ihnen ist in stillstehenden Betrieben untätig. Lokomotiven gibt es noch weniger, und doch warten viele Hunderte von ihnen auf Brennstoffe und Transportgüter. Das schwächste Kettenglied der Wirtschaft, jenes zum *gegenwärtigen Zeitpunkt* unüberwindbare Minimum, durch das die Gesamtbelastung der Kette bestimmt wird, muß man an anderer Stelle suchen.

Noch weniger Grund gibt es jedoch, dieses schwächste Glied im Mangel an Steinkohle, Erdöl und anderen Brennstoffarten, an Erz, Roheisen, Rohstoffen und Halbfabrikaten zu suchen. Ihr Reproduktionszyklus ist wesentlich kürzer als ein Jahr. Durch eine entsprechende Umstellung des Planes, d. h. durch die Umgruppierung großer Mengen an Lebensmitteln, Arbeitshänden und anderen Ressourcen auf die erforderlichen Zweige der Arbeit, könnten wir folglich bei Bedarf bereits im Verlaufe des ersten Planjahres diese Zweige in volle Übereinstimmung mit den recht begrenzten Bedürfnissen aller übrigen Zweige der Arbeit bringen.

Schließlich wird viel über mangelnde Arbeitshände, insbesondere qualifizierte, geklagt. Doch auch dieser Mangel ist sehr relativ. Die Statistik überzeugt uns davon, daß faktisch in allen fungierenden Betrieben und Einrichtungen – gemessen an den Normen der Friedenszeit – kein Mangel, sondern sogar ein enormer Überschuß an Arbeitshänden zu verzeichnen ist. Alles Elend besteht darin, daß deren Arbeitskraft wegen der gegenwärtigen Ernährungsbedingungen nur äußerst unzureichend reproduziert und folglich auch nur unzureichend genutzt wird.

Hiervon leiten wir die Schlußfolgerung ab, daß das gesuchte Minimum, das im Verlaufe eines Operationsjahres nicht planmäßig beeinflußt werden kann und deshalb in bestimmter Weise den maximalen Umfang unseres Jahresplans vorbestimmt, gerade auf dem Gebiet der Lebensmittelressourcen der Republik liegt, d. h. vor allem beim Ernteertrag gesucht werden muß. Nur von ihm ausgehend könnten wir bestimmen, wie viele Arbeitshände von uns in allen Zweigen der Arbeit voll produktiv eingesetzt werden können. Und weiter, wenn wir die Aufgabe der günstigsten Verteilung dieser Arbeitshände auf die verschiedenen Zweige in Übereinstimmung mit deren Produktivität und unseren Bedürfnissen an den einzelnen Produkten gelöst haben, dann erhalten wir jene Grundproportion der Produktion, die das Ziel des *einheitlichen* Planes darstellt.

Die weitere Ausarbeitung des Gesamtplans unterteilt sich dann in eine Reihe von Einzelaufgaben: 1. die territoriale Aufschlüsselung der Gesamtauflagen für die verschiedenen Produktionen, 2. ihre Aufschlüsselung auf die einzelnen Betriebe und 3. die endgültige Konkretisierung aller speziellen Pläne in einem detailliert ausgearbeiteten kalendarischen Programm für das Operationsjahr.

Die territoriale Aufgliederung der Aufgaben des Gesamtplans unterstellt natürlich das Vorhandensein bestimmter ökonomischer Bezirke oder Gebiete. In dieser Beziehung sind neben Zentralrußland eine Reihe von angrenzenden Gebieten vorgesehen, wie die Ukraine, der Südosten, das Kaukasische Gebiet, Turkestan, Sibirien, das Uraler Gebiet, der Bezirk Petrograd. Einige dieser Randgebiete sind ziemlich selbständig, und zwar nicht nur in ökonomischer, sondern auch in administrativ-politischer Beziehung, z. B. die Ukraine, Georgien, Aserbaidshan und andere. Ungeachtet dessen erfordert das gemeinsame Interesse aller dieser politisch unabhängigen Republiken gebieterisch ihre engste ökonomische Verbindung mit dem Zentrum und die vollständige Unterordnung unter den einheitlichen gesamtstaatlichen Wirtschaftsplan. Die Rückkehr zu wirtschaftlichen Verhältnissen unter der Ordnung von Teilfürstentümern und städtischen Versammlungen würde bei der heutigen Differenzierung der Arbeit für alle „Fürstentümer" noch verhängnisvoller sein als je zuvor.

Das industrielle Zentrum kann seine Wirtschaft nicht ohne die Donezkohle und das Bakuer Öl planen. Aber auch der Plan zur Förderung der Kohle im Donbass oder des Erdöls in Aserbaidshan wäre ohne Verbindung zu den Bedürfnissen des industriellen Zentrums ein leeres und völlig fruchtloses Unterfangen. Das Schicksal des Baumwollanbaus in Turkestan, der nur für ein paar Jahre vom Geschick der Moskau-Wladimirer Textilindustrie getrennt war, ist in dieser Hinsicht in hinreichendem Grade kennzeichnend.

Damit ist der Rahmen für einen einheitlichen Wirtschaftsplan in territorialer Beziehung abgesteckt. Im Unterschied zur herrschenden Praxis, die z. B. zuläßt, daß die Höhe der Naturalsteuer innerhalb der Ukraine völlig selbständig vom Ukrainischen Komitee für Nahrungsgüter festgelegt wird, während sogar solche Großverbraucher wie die Armee und die Eisenbahn, die der Ukraine Dienste leisten, ausschließlich durch das Russische Kommissariat für Lebensmittel versorgt werden, müssen wir in unserer weiteren Planungsarbeit andere Wege gehen. Der Wirtschaftsplan, mit dessen Ausarbeitung die Staatliche Plankommission heute beginnt, muß das Territorium aller Föderativen Sowjetrepubliken ohne jede Ausnahme erfassen.

Natürlich muß man die gesamtstaatlichen Interessen in diesem Plan sehr sorgfältig mit den örtlichen Bedürfnissen jedes einzelnen Gebietes abstimmen. In materieller Beziehung erfordert das die Abzweigung spezieller Reserven für die autonome Verwendung durch die örtlichen Planungsorgane entsprechend den örtlichen Belangen im Gesamtplan. Was die formale Seite der Abstimmung der Planabsichten des Zentrums mit den entsprechenden Vorstellungen der Wirtschaftsorgane der Gebiete anbelangt, so ist für die Fertigstellung des gesamtstaatlichen Planes wahrscheinlich die Organisierung besonderer Plankongresse mit Bevollmächtigten dieser Organe erforderlich.

Eine eingehendere Behandlung dieser Seite ist jedoch nicht Aufgabe der vorliegenden Arbeit. Die Grundvoraussetzungen, von denen aus wir die konkrete Ausarbeitung der ersten Konturen des Wirtschaftsplans für das Wirtschaftsjahr 1921/22 beginnen müssen, haben wir bereits formuliert.

Jetzt können wir unmittelbar zur Ausführung der gestellten Aufgaben übergehen.

2.2. Die Nahrungsmittelressourcen

Entscheidende Bedeutung in unserer Ernährungsbilanz hat das Brot, und deshalb müssen wir vor allem berechnen, was uns die bevorstehende Ernte in Form von Getreide bringen wird. Nach ersten Vorstellungen des Kommissariats für Lebensmittel über den Umfang der Erfassung von Getreide auf dem Wege des Warenaustausches und durch das veröffentlichte Dekret über die Naturalsteuer ergeben sich folgende Daten (in Millionen Pud):

Erfassungsgebiet	Naturalsteuer	Warenaustausch	Summe
RSFSR*	240	150	390
Ukraine	117	75	192
Summe	357	225	582
darunter:			
Brotgetreide	238	225	463

* Unter Einschluß von Sibirien und des Südostens, d. h. des Vorkaukasus, jedoch ohne den Kaukasus, Turkestan und die Krim. Für Turkestan wurde die Naturalsteuer im Umfang von 12,5 Millionen Pud Getreide durch Dekret festgelegt.

Es fragt sich, wie real diese Vorstellungen sowohl in bezug auf den Stand der Ernte als auch nach dem Stand der Organisationserhebung, der Steuer und des Aufkaufs sind und ob genügend Ressourcen für den Warenaustausch vorhanden sind.

Die Anbaufläche für Wintergetreide ist nach Angaben der Zentralverwaltung für Statistik um etwa 5% geringer als im vergangenen Jahr. Über die Anbaufläche von Sommergetreide liegen noch keine genauen Angaben vor. Nach der Schätzung vieler örtlicher Mitarbeiter sind diese Anbauflächen im Zusammenhang mit dem Übergang von der Ablieferungspflicht zur Naturalsteuer bereits größer geworden. Bei gebotener Vorsicht wegen des Fehlens genauerer Daten kann man sie mit der des Vorjahrs gleichsetzen. Die Ertragsaussichten sind noch nicht mit vollständiger Sicherheit bestimmt worden. Nach der für den 15. Juni vorliegenden Punktbewertung schätzt P. I. Popov die bevorstehende Nettoernte an Brotgetreide jedenfalls für nicht geringer als die des vergangenen Jahres. Konkret wurde von ihm in der Staatlichen Plankommission ein Ertrag in Höhe von 1600 bis 1900 Millionen Pud errechnet, während für das Vorjahr für das gleiche Territorium von ihm ein Nettoertrag von 1594 Millionen Pud (ohne Saatgut) ermittelt wurde. Nach späteren Werten der Zentralverwaltung für Statistik für den 1. Juli betrug die Sommergetreidefläche 95% der des Jahres 1920. Der mittlere Ertrag je Desjatine wurde jedoch um 5% höher gegenüber dem Vorjahr bestimmt. Auf diese Weise ergibt sich vorerst ein Bruttoertrag, der nicht geringer ist als der des vergangenen Jahres. Diese Berechnungen bedürfen jedoch sofort einer wesentlichen Korrektur. Die Werte über die Anbauflächen und die Ertragsnormen sind zweifellos stark untertrieben, weil sie aus den subjektiven Schätzungen der örtlichen Bevölkerung hervorgehen, die genau berücksichtigt, daß jeder Fehler in Richtung auf eine Überschätzung der Ernte eine entsprechende Vergrößerung der Ablieferungspflicht oder der Naturalsteuer bedeutet und die es deshalb vorzieht, sich lieber nach unten zu irren. Wie groß ist der Umfang der absichtlichen und unabsichtlichen „Fehler“ dieser Art?

Diesen Fehler kann man leicht bestimmen. Wenn wir uns den Daten über die periodischen Erhebungen zur Ernährung der Bevölkerung zuwenden, finden wir darin ein ausgezeichnetes Kontrollmaterial für die Überprüfung der Genauigkeit bei der uns interessierenden Berechnung der Lebensmittelressourcen. Freilich werden diese Werte ebenfalls durch Befragung der Bevölkerung gewonnen. Im vorliegenden Falle gliedert sich die Untersuchung jedoch in so viele einander kontrollierende Teilfragen, daß in diesem „Kreuzverhör“ kein Raum für allzu willkürliche Abweichungen von der Wahrheit bleibt. Fehler und unwahre Aussagen sind natürlich auch hier möglich. Sie werden jedoch wesentlich leichter aufgedeckt und rechtzeitig aus der Untersuchung entfernt. Einen anderen Nachteil der Ernährungserhebung könnte man im Fehlen der Vollständigkeit sehen. Bei einer hinreichenden Anzahl von Beobachtungen ergibt jedoch auch die Auswahlmethode, wie bekannt, ausgezeichnete Ergebnisse.

Insbesondere auf dem Gebiet der Haushaltsuntersuchungen ergibt die Repräsentativmethode äußerst sichere Koeffizienten auch bei relativ geringer Anzahl von Beobachtungen. So veröffentlichte z. B. der bekannte englische Statistiker und Mathematiker Professor Bowley in der Zeitschrift der englischen „Königlichen Statistischen Gesellschaft“ die folgende Tatsache. Es gelang ihm festzustellen, daß bereits bei 100 Haushalten die Wahrscheinlichkeit einer Abweichung der Mittelwerte von den Größen, die bei vollständiger Erhebung gewonnen werden könnten, 4% nicht übersteigt. Bei 400 Haushalten sinkt der wahrscheinliche Fehler auf 1,5%, bei 1600 Haushalten auf 1%. Das ist eine so erstaunliche Genauigkeit, daß Bowley selbst feststellt: „Man muß schon fest an die Anwendbarkeit der Wahrscheinlichkeitstheorie in der Statistik glauben, um nicht daran zu zweifeln, daß der Mittelwert wirklich so genau ist wie das die Tabelle zeigt.“

Zu dem Gesagten soll hinzugefügt werden, daß die periodischen Erhebungen der Zentralverwaltung für Statistik zur Ernährung, von der wir sprechen, nicht tausend und nicht zweitausend, sondern mindestens 15000 Haushalte erfassen. Das bedeutet, daß der Wert dieses Materials vom Gesichtspunkt der erreichbaren Genauigkeit sehr hoch ist. Wir haben dabei vor allem die Ergebnisse über Ernährungserhebungen für 1920 und 1921 im Auge, die A. E. Losickij der Staatlichen Plankommission vorlegte. Es gab zwei derartige Untersuchungen – im November und im Februar –, wobei die Verbrauchsnormen im Februar im allgemeinen niedriger waren als die im November. Deshalb sind die Ernährungsnormen der Landbevölkerung Sibiriens, des Südostens und der Ukraine, die mangels anderer Werte nur in der Februar-Erhebung geführt werden, wahrscheinlich etwas zu niedrig ausgewiesen. Das gleiche gilt offenbar auch für die Brotverbrauchsnormen in den Städten dieser Gebiete, weil auf sie die Novembernorm für die Städte der produzierenden Gouvernements Zentralrußlands angewendet wurde (unter Abzug der besonders von der Mißernte betroffenen). Bei den Städten der produzierenden Gouvernements des Zentrums sind auch die von Mißernte betroffenen Gouvernements berücksichtigt, wodurch sich die Pro-Kopf-Norm von 11,3 Pud auf 10,4 Pud verringerte.

Die Verbrauchsnormen der Viehwirtschaft sind von A. E. Losickij übernommen. Die Angaben über Bevölkerung, Anbaufläche und Nettoernte für 1920 übernahmen wir aus den letzten Arbeiten P. I. Popovs, und zwar mit allen Korrekturen, die er an früher veröffentlichten Werten vornahm. Die größte dieser Korrekturen ist die Reduzierung der Angaben für Anbaufläche und Ernteertrag des Jahres 1920 gegenüber den in seiner ersten Arbeit über „Die Getreideproduktion der RSFSR“[2] angeführten Daten um 5%. Im Zusammenhang damit veränderten sich auch etwas die Ergebnisse der weiter unten vorgeschlagenen Gegenüberstellung für die Berechnung der Ernte und des Verbrauchs im Vergleich zu jenen Berechnungen, die wir seinerzeit in der Zeitschrift „Ėkonomičeskaja žizń“ vom 16. Juli 1921 veröffentlicht haben. Im allgemeinen hat jedoch die neue Berechnung nur das Auseinanderstreben der verglichenen Werte verstärkt, wovon man sich leicht an Hand der Tabelle 1 überzeugen kann.

Wie wir sehen, ergibt sich ein erstaunliches Resultat. Wenn man den Ergebnissen über die Nettoernte glaubt, dann hätte der durchschnittliche Pro-Kopf-Verbrauch an Brotgetreide in Rußland im abgelaufenen Jahr 1920/21 8,6 Pud nicht übersteigen können. Der effektive Verbrauch erreichte aber nach vorsichtigen Berechnungen 14,4 Pud, d. h. er übertraf diese Rate um ganze 68%. Mit anderen Worten, in den untersuchten Gebieten sind mindestens 676 Millionen Pud oder 31% der realen Nettoernte nicht erfaßt worden.

Bedeutende Vorräte an Lebensmitteln waren aus den vorangegangenen Jahren für 1920 natürlich nicht übriggeblieben. Das ist völlig verständlich. Die Gutsbesitzerwirtschaften gibt es nicht mehr. Der Ausgleich in der Bodenverteilung hat im bäuerlichen Milieu auch den früheren Bauern mit hohem Bodenanteil verschwinden lassen. Es verblieb nur der Mittelbauer, dessen Vorräte auch in alten Zeiten im günstigsten Falle nur eine zweimonatige Verbrauchsnorm erreichten. Seit jener Zeit verringerten sich jedoch die Anbauflächen dieser Mittelbauern nach Daten der Zentralverwaltung für Statistik um 25%. Sie sind deshalb zurückgegangen, weil keinerlei „Vorräte“ bei den Bauern zugelassen werden. Sie wurden als „Überschüsse“ bezeichnet und im Rahmen der Ablieferungspflicht eingezogen. Die Bauern planten demzufolge ihre Wirtschaft nach dem reinen Verbrauchsprinzip, d. h. knapp und ohne jegliche „Vorräte“. Doch die Stadt wollte nicht verhungern und wendete gegenüber dem Dorf ihre Hungermaßnahmen an, indem sie weiterhin aus dem Dorf alle „Überschüsse“ abzog. Von dem normalen Pro-Kopf-Getreideverbrauch in Höhe von 19 Pud (nach Berechnungen L. N. Maress') sank diese Rate im Wirtschaftsjahr 1919/20 bereits auf 15 Pud (nach Untersuchungen von A. E. Losickij).

Es fragt sich, wenn im Dorf zu Anfang des Wirtschaftsjahres 1920/21 noch Vorräte vorhanden gewesen wären, warum sich dann die Bevölkerung 1919/20 so schlecht ernährte. Das kann natürlich kein Weiser erklären. Gewiß kann es sein, daß es irgendwo in den Randgebieten oder im tiefen Sibirien, also jenseits der praktisch erreichbaren Grenzen, auch gegenwärtig noch bestimmte Getreidevorräte gibt. Da sie jedoch nicht zugänglich sind, muß man sie aus den Berechnungen ausschließen. Die ganze Differenz zwischen den Summen des tatsächlichen Verbrauchs und der Nettoernte ist daher allein aus der unzu-

2 P. I. Popov, Die Produktion von Getreide in der RSFSR und den mit ihr föderierten Republiken, Moskau 1921, S. 32.

Tabelle 1. Verhältnis zwischen Getreideproduktion (nach Ergebnissen der Erntestatistik) und tatsächliche

Gebiete und Verbrauchergruppen	Bevölkerung am 28. Aug. 1920 (in Millionen Personen)			Produktion an Brotgetreide im Jahre 1920				
	Landbevölkerung	Stadtbevölkerung	Gesamtbevölkerung	Anbaufläche (in Mill. Desjatinen)	Bruttoernte	Saatgutbedarf	Nettoernte insgesamt	Nettoernte pro Kopf der Landbevölkerung (in Pud) (Sp. 8: Sp. 2)
					in Mill. Pud			
1	2	3	4	5	6	7	8	9
1. RSFSR (Zentralgebiet)								
a) verbrauchende Zone	21,3	4,8	26,1	6,7	214,9	53,7	161,2	7,6
b) produzierende Zone	36,0	4,4	40,4	21,4	586,2	171,5	414,7	11,5
Gebiet insgesamt	57,3	9,2	66,5	28,1	301,1	225,2	575,9	10,0
2. Sibirien	10,7	1,2	11,9	9,0	306,4	72,3	234,1	21,8
3. Südosten	6,1	1,3	7,4	6,8	233,9	54,3	179,6	29,1
drei Gebiete insgesamt	74,1	11,7	85,8	43,9	1341,4	351,8	989,6	13,3
4. Ukraine und Krim	20,9	4,3	25,2	12,8	615,4	102,5	512,9	24,5
vier Gebiete insgesamt	95,0	16,0	111,0	56,7	1956,8	454,3	1502,5	15,8
5. Armee	–	–	–	–	–	–	–	–
6. Staatliches Vieh (617000)	–	–	–	–	–	–	–	–
Insgesamt	–	–	–	–	1956,8	454,3	1502,5	–
Nach Korrektur	–	–	–	–	2632,0	454,0	2178,0	–

* Spalte 15 = Spalte 14: Spalte 4, Spalte 16 = (Spalte 14 – Spalte 10): Spalte 2.

länglichen Berechnung des Nettoernteertrages zu erklären. Wenn aber für 1920 Erträge in Höhe von 676 Millionen Pud nicht erfaßt worden waren, dann würde die gesamte Bruttoernte an Brot- und Futtergetreide dieses Jahres etwa 2632 Millionen Pud betragen, und die Minderschätzung beliefe sich mithin auf 25% dieser Summe.[3]

So steht es um die Genauigkeit der Ernteertragsstatistik der letzten Jahre. Natürlich kann man die Entdeckung des „Fehlerchens" von 600 bis 700 Millionen Pud Ernteertrag sowohl als einen Schlag gegen die Statistik als auch als deren Triumph ansehen, weil der Fehler wiederum durch eine statistische Methode entdeckt und gemessen worden ist. Selbst wenn aber die Aufdeckung solcher Fehler für die Statistik sehr betrüblich wäre, so sind sie für unsere Ressourcen um so tröstlicher. Diese sind offenbar wesentlich größer als jene 8,6 Pud pro Kopf im Jahr, die sich aus den Daten der Nettoertragsrechnung ergeben. Das erklärt hinreichend, warum wir bis zum heutigen Tage noch nicht gestorben sind, und es gibt uns die feste Gewißheit, daß uns dieses Schicksal auch im bevorstehenden Jahr durchaus nicht droht.

Wir können fest damit rechnen, daß wir, wenn die Ernteertragsstatistik die bevorstehende Ernte auf 1600 Millionen Pud Getreide und Futtergetreide schätzt, in Wirklich-

[3] Die angeführte Berechnung der Staatlichen Plankommission wird durch analoge Berechnungen der Zentralverwaltung für Statistik vollständig bestätigt.

Verbrauch der Bevölkerung im Wirtschaftsjahr 1920/21

Ablieferungspflicht vom Ernteertrag 1920		Futterbedarf für das Vieh		Verbleibend für Verbrauch der Bevölkerung *			Tatsächlicher Verbrauch nach Werten der Ernährungserhebungen 1920/21					
insges. (in Mill. Pud)	pro Kopf der Landbevölkerung (in Pud) (Sp. 10: Sp. 2)	insges. (in Mill. Pud)	pro Kopf der Landbevölkerung) (in Pud) (Sp. 12:4)	Gesamtsumme (in Mill. Pud) (Sp. 8: Sp. 12)	pro Kopf (in Pud)		pro Kopf der Bevölkerung (in Pud)			Bevölkerung insgesamt (in Mill. Pud)		
					Gesamtbevölkerung	Landbevölkerung	Landbevölkerung	Stadtbevölkerung	Gesamtbevölkerung	Landbevölkerung	Stadtbevölkerung	Gesamtbevölkerung
10	11	12	13	14	15	16	17	18	19	20	21	22
23,6	1,1	65,0	2,5	96,2	3,7	3,4	14,2	10,0	13,1	304	48	352
117,1	3,3	153,5	3,8	261,2	6,5	4,0	13,2	10,4	12,7	475	46	521
140,7	2,5	218,5	3,3	357,4	5,4	3,8	13,6	10,2	13,1	779	94	873
80,3	7,5	58,3	4,9	175,8	14,8	8,9	14,3	11,3	14,0	153	14	167
58,4	3,6	36,2	4,9	143,4	19,4	13,9	15,8	11,3	15,0	96	15	111
279,4	3,8	313,0	3,7	676,6	7,9	5,4	13,9	10,5	13,5	1028	123	1151
58,8	2,8	123,5	4,9	389,4	15,4	15,8	19,0	10,5	17,6	396	45	441
338,2	3,6	436,5	3,9	1066,0	9,6	7,6	15,0	10,5	14,4	1424	168	1592
–	–	50,0	–	–	–	–	–	–	–	–	–	40
–	–	60,0	–	–	–	–	–	–	–	–	–	–
–	–	546,5	4,8	956,0	8,6	–	–	–	–	–	–	1632
–	–	546,0	–	1632,0	–	–	–	–	–	–	–	1632

keit nicht weniger als 2200 Millionen Pud ernten werden. Bereits aus dieser ersten Annäherung in der Berechnung der Ressourcen für das bevorstehende Jahr kann man einige wichtige Schlußfolgerungen über die Realität der, sagen wir, vorgesehenen Höhe der Naturalsteuer ziehen.

Wie wir sehen, beträgt der vorgesehene Gesamtbetrag knapp 16% der erwarteten Nettoernte an Getreide, in bezug auf die Bruttoernte noch weniger, nämlich 13%, was etwa jede achte Garbe der Ernte ausmacht. Anders gesagt: Von jeweils 23,5 Pud Pro-Kopf-Nettoernteertrag der Landbevölkerung beträgt die Steuer nur 3,8 Pud, und jeweils 20 Pud verbleiben als freier Rest, die Kartoffeln gar nicht gerechnet. Wenn wir als mittlere Pro-Kopf-Verbrauchsnorm der Bevölkerung 14,4 Pud Getreide und 4,4 Pud Futtergetreide annehmen, d. h. insgesamt nicht mehr als 18,8 Pud, dann sehen wir, daß das Dorf uns sogar nach völliger Abdeckung der Steuer noch 84 Millionen Pud Getreide über den Warenaustausch liefern könnte.

Nach dem allgemeinen Stand der Ressourcen wäre demnach die Erfüllung der Naturalsteuer durchaus real. Jedoch erscheint es angesichts der großen Mißernte, unter der 16 Gouvernements mit einer Landbevölkerung von 20 Millionen zu leiden hatten, nicht in vollem Umfang möglich, insgesamt 357 Millionen Pud Naturalsteuer zu erheben. Wahrscheinlich muß man die ganze von der Mißernte betroffene Zone vollständig von der Steuer auf Wintergetreide und zum größten Teil von der Steuer auf Sommergetreide befreien.

Nach vorläufigen Berechnungen wäre das eine Mindereinnahme an Steuern in Höhe von etwa 35 Millionen Pud, wenn man mit 15% des Nettoertrages rechnet. Das senkt die Gesamtsumme der Naturalsteuer auf 322 Millionen Pud. Zieht man davon noch etwa 10% für mögliche Fehlberechnungen bei der Aufschlüsselung und damit im Zusammenhang stehende Ausfälle ab, dann erhält man einen Betrag von 290 Millionen Pud als Naturalsteuer für Rußland und die Ukraine, die wir einbringen können und folglich auch einbringen müssen, koste es was es wolle.

Inwieweit diese Ziffer real ist, kann man leicht aus den nachfolgenden Angaben über den Gang der Arbeiten bei der staatlichen Getreidebeschaffung in den letzten Jahren entnehmen (siehe Tab. 2).

Tabelle 2. Getreidebeschaffung für die Wirtschaftsjahre 1918/19 bis 1920/21 (in Mill. Pud)

Erfassungsgebiet	1918/19	1919/20	1920/21	
			absolut	in %
1	2	3	4	5
1. Zentralgebiet				
a) verbrauchende Gouvernements	4,9	14,6	23,6	6,8
b) produzierende Gouvernements (einschließlich der Gouvernements Tscheljabinsk und Tjumen)	103,0	165,8	134,9	38,9
Summe	107,9	180,4	158,5	45,7
2. Sibirien (ohne die Gouvernements Tscheljabinsk und Tjumen)	–	32,0	62,5	18,0
3. Südosten (Nordkaukasus)	–	–	58,4	16,9
4. Ukraine	–	–	56,8	16,4
5. Turkestan und Aserbaidshan	–	–	8,4	2,4
6. Krim	–	–	2,0	0,6
insgesamt (in Mill. Pud)	107,9	212,4	346,6	100
Steigerung der Erfassung (in %)	100	197	322	–

Die Erfassung des laufenden Wirtschaftsjahres erstreckt sich in der vorliegenden Tabelle nur bis 1. Mai und bezüglich der Ukraine bis 1. März, d. h., es sind hier noch bedeutende Korrekturen nach oben notwendig. Ungeachtet dessen übersteigt der Gesamtbetrag bereits wesentlich jene 290 Millionen Pud Naturalsteuer, die wir uns als reale Aufgabe für das bevorstehende Jahr stellen. Die Beschaffungsorganisation ist bei uns bisher in solchen Tempo gewachsen, daß eine Erhöhung der Aufgaben um 100 Millionen im Jahr keine Utopie ist, insbesondere dann nicht, wenn diese Erhöhung vollständig durch den Warenaustausch erfolgen sollte, wie das im vorliegenden Falle geschieht.[4]

Freilich hat die Sowjetmacht auf diesem Wege keine hinreichenden Erfahrungen. Das tut jedoch nichts zur Sache. Der freie Markt ist der städtischen Bevölkerung nicht zum ersten Mal in jenen Fällen zu Hilfe gekommen, in denen die staatliche Versorgung unzureichend war. Natürlich waren die Warenfonds, über die die städtische Bevölkerung

[4] Tatsächlich ergab die Getreideerfassung im Wirtschaftsjahr 1921/22 in Gestalt der Naturalsteuer und des Warenaustausches 65,6 Millionen dt (400 Millionen Pud), d. h., ungeachtet der starken Mißernte im Wolgagebiet erbrachte sie mehr als die Ablieferungspflicht in den günstigsten Jahren (Große Sowjet-Enzyklopädie, 1. Ausgabe, Bd. 39, S. 704, „Getreidehandel", — S. G. Strumilin 1962).

zu diesem Zweck verfügte, bisher äußerst bescheiden gewesen, und die Marktoperationen reduzierten sich hauptsächlich auf Geschäfte gegen sehr entwertete und unbeständige Geldvaluta. Dennoch erreichte der Umfang dieser Operationen sehr große Ausmaße. Seinerzeit wurde eine äußerst lehrreiche Berechnung zu dieser Frage veröffentlicht.[5] Der Autor publiziert die folgenden Daten, die er durch Schätzung der Kaufkraft des in Umlauf gebrachten Papiergeldes nach dem Vorkriegskurs des Rubel und des Wertes der vom Kommissariat für Lebensmittel erfaßten Mengen ermittelte (in Millionen Rubel):

Kennziffer	1918	1919	1920
In Umlauf gebrachte Geldzeichen			
a) nominell	33952	163751	955223
b) Betrag (in Gold)	523	390	200
Betrag der vom Komitee erfaßten Lebensmittel (in Gold)	127	253	451
Gesamtbetrag in Goldvaluta	650	643	651

Es gibt keinen Zweifel, daß alle Ströme der Papiergeldemission der letzten Jahre zwar vorübergehend durch die Hände der arbeitenden Städter gingen, letzten Endes jedoch beständig in das gleiche Meer der bäuerlichen Geschäftskräfte mündeten, um aus dem Dorf ein entsprechendes Äquivalent in Form dieser oder jener landwirtschaftlichen Produkte herauszuziehen. Die Zahl 650 Millionen Rubel bestimmt somit die Größe jenes hinreichend stabilen Naturalfonds, den das Dorf der Stadt aus seinen Überschüssen bereitstellen konnte. Je mehr von diesem Fonds durch die Ablieferungspflicht abgezogen wurde, um so weniger blieb für den Warenaustausch. Es fragt sich jedoch, welchen Anteil an diesem Naturalfonds die Überschüsse der *Getreide*produktion des Dorfes hatten?

Die Proportionen zwischen den Produkten des Dorfes, die in die Verfügung des Städters gelangten, sind aus dessen Ernährungsbilanz bekannt. Wenn man aus dieser Bilanz Salz, Zucker und ähnliche Erzeugnisse der städtischen Industrie ausnimmt, dann entfallen auf Brotgetreide nicht weniger als 50% des Wertes aller landwirtschaftlichen Produkte zu den gegenwärtigen Preisen. Hieraus erhalten wir, wenn wir das Pud Getreide zu 80 Goldkopeken annehmen und dessen Kauf auf dem freien Markt den Beschaffungsmengen des Kommissariats für Lebensmittel gegenüberstellen, folgende Ergebnisse (in Millionen Pud):

Kennziffer	Aus der Ernte des Jahres		
	1918	1919	1920
Aufkauf durch die Städte	327	244	125
Beschaffung durch das Volkskommissariat für Lebensmittel	108	212	347
Getreide insgesamt	435	456	472

Das ist die minimale Menge an Getreide, die in den letzten drei Jahren aus dem Dorf aufgebracht wurde, weil hier überhaupt der Getreidekauf im Dorf für Salz, Manufakturerzeugnisse und ähnliche Produkte der Stadt nicht berücksichtigt sind.

[5] Izvestija, 117/1921).

Die landwirtschaftlichen Ressourcen des kommenden Jahres sollten wir, wie bereits gesagt wurde, einstweilen für nicht geringer als die Ressourcen des laufenden Jahres veranschlagen. Das heißt, wenn die Naturalsteuer uns nur 290 Millionen Pud erbringt, dann verbleiben für den Warenaustausch im Dorf – ausgehend von den Ergebnissen von 1920 – mindestens 180 Millionen Pud Getreide. Wenn man jedoch berücksichtigt, daß von den 290 Millionen Pud Naturalsteuer mindestens 50 Millionen Pud sofort dem Dorf als Darlehen für Saatgut und Lebensmittel an die Bevölkerung der von Mißernten betroffenen Gouvernements sowie ähnlicher Ausgabepositionen zurückgegeben werden, dann kann man den Anteil der Stadt an der Naturalsteuer nur mit 240 Millionen Pud bewerten, so daß die Ressourcen des Dorfes für den Warenaustausch folglich auf 230 Millionen Pud anwachsen.

Eine direkte Berechnung der entsprechenden Ressourcen, die ausgeht von einem geschätzten Nettoernteertrag für das Jahr 1921 in Höhe von 2200 Millionen Pud, von dem Bedarf der Landbevölkerung in Höhe von 1760 Millionen Pud und von einem Anteil der Stadt an der Naturalsteuer in Höhe von 240 Millionen Pud, ergibt einen für den Warenaustausch verbleibenden Restbetrag von 200 Millionen Pud. Unterstellt man, daß von der städtischen Bevölkerung bis zu 3,5 Millionen Menschen nicht in staatlichen Betrieben und Einrichtungen beschäftigt sind und demzufolge von der staatlichen Versorgung ausgenommen werden, dann muß man den dafür benötigten Fonds auf 50 Millionen Pud schätzen. Damit verbleibt für den staatlichen Aufkauf ein Betrag von 150 Millionen Pud.

Aus diesen Berechnungen wird deutlich, daß die Realität der Annahmen des Komitees für Nahrungsgüter über den Ankauf von Getreide in Höhe von 252 Millionen Pud nicht garantiert ist und daß es deshalb sicherer sein wird, sich in dieser Beziehung auf einen niedrigeren Wert, auf 150 Millionen Pud, einzustellen.

Der Gesamtbetrag von Aufkauf und Erfassung durch das Kommissariat für Lebensmittel würde dann 440 Millionen Pud erreichen. Die Realität dieser Ziffer steht bisher sowohl vom Standpunkt der Schätzung der künftigen Ernte her als auch vom Standpunkt der Leistungsfähigkeit unserer Beschaffungsorganisation außer Zweifel. Allein das Komitee für Nahrungsgüter hat zumindest bisher jährlich die Menge des von ihm erfaßten Getreides um mehr als 100 Millionen Pud erhöhen können. Im bevorstehenden Jahr müßte diese Menge um einen geringeren Betrag erhöht werden, wobei für diese Arbeit der ganze Apparat der Kooperation einbezogen werden und zu diesem Zweck neben dem Zwangsapparat auch ein recht bedeutender Fonds für den Warenaustausch eingesetzt werden kann. Was den letzteren angeht, so dürfte es kaum große Schwierigkeiten bereiten, den notwendigen Warenfonds in Höhe von 120 Millionen Goldrubel bei einer rationellen Wirtschaftsplanung, zu der wir heute übergehen, bereitzustellen.

Bei dem früheren Arbeitsproduktivitätsniveau wäre dafür die Jahresarbeit von 200000 Arbeitern ausreichend. Jetzt ist die Arbeitsproduktivität gesunken, aber im entsprechenden Maße müßten natürlich der Arbeitswert und die Marktpreise für die Produkte dieser Arbeit gestiegen sein. Das heißt, daß für die Produktion des erforderlichen Fonds auch heute kaum eine größere Arbeitsarmee erforderlich ist. Dabei verfügen wir über die Arbeit nicht von 200000, sondern von 2 Millionen Industriearbeitern.

Natürlich haben die angeführten Berechnungen nur vorläufigen Charakter. Mit einer Verschlechterung der Ernteaussichten müßte man, wenn diese eintreten sollte, eine radikale Umbewertung unserer Annahmen über den Umfang der Getreideerfassung vornehmen. Angesichts dessen wird in den folgenden Berechnungen der Plan für die Verteilung der Ressourcen vorsichtshalber in mehreren Varianten aufgebaut. So kann man neben der Ausgangsziffer von 440 Millionen Pud auch mit niedrigeren Größen wie 390 Millionen und 340 Millionen Pud rechnen. Die letztere Variante, die das gesamte Programm der Naturalsteuer und des Warenaustausches für das Russische Kommissariat für Lebensmittel ungefähr auf 240 Millionen Pud basiert, stellt das Minimum dar, das nur unter völlig katastrophalen Bedingungen unterschritten werden könnte.

Auf die Ressourcen an anderen Nahrungsgütern in unserer Ernährungsbilanz braucht man gegenwärtig nicht einzugehen. Wir wissen, daß die Getreideproduktion nach dem Kaloriengehalt 70% dieser Ernährungsbilanz ausmachen. Die Brotgetreidemenge bestimmt folglich vollständig den Gesamtumfang des Bedarfs an allen übrigen Produkten. Auf die inneren Wechselbeziehungen zwischen diesen Produkten in unserem Budget sollte zweckmäßigerweise in anderem Zusammenhang eingegangen werden.

Die Getreideressourcen bestimmen an und für sich den gesamten Wirtschaftsplan für ein ganzes Jahr, bis zur neuen Ernte, voraus. Für die ordnungsgemäße Erfüllung dieses Planes müssen wir nur die Verbrauchsnormen festlegen, die die beste Nutzung der vorhandenen Nahrungsmittelressourcen gewährleisten.

2.3. Die Verbrauchsnormen

Die tägliche Verausgabung von Energie schwankt bei den verschiedenen Arbeiten innerhalb sehr weiter Grenzen: Bei einem erwachsenen Mann mit einem Gewicht von 70 kg zwischen 2400 und 9000 cal. Dabei verbraucht die Mensch-Maschine bis zu 2000 Kalorien für die bloße Aufrechterhaltung im Leerlauf, aber darüber hinaus führt jede Erhöhung des Energieverbrauchs um je 500 kcal nach Berechnungen von Professor B. I. Slovcov zu einer Steigerung der nützlichen Arbeit um bis zu 42500 kpm, was einer Wärmeenergie von 100 kcal entspricht.

Wenn man von dieser Berechnung ausgeht und die Tagesration in Nettokalorien mit p bezeichnet, dann beträgt die maximale nützliche Leistung pro Tag (x)

$$\frac{42500\,(p-2000)}{500} = 85\,(p-2000)\text{ kpm}$$

und der Nutzungskoeffizient der verbrauchten Energie (y)

$$y = \frac{100\,(p-2000)\,\%}{5\,p},$$

wodurch wir die folgenden Relationen zwischen diesen Größen bei unterschiedlicher Norm des täglichen Energieverbrauchs erhalten:

p	x	y, %
2000	0	0
2500	42500	4,0
2750	64000	5,5
3000	85000	6,7
3500	127500	8,6
3750	149000	9,3
4000	170000	10,0
5000	255000	12,0
6000	340000	13,3 usw.

Wie wir sehen, ist der Ausnutzungskoeffizient der verbrauchten Nahrung bei niedrigen Verbrauchsnormen unbedeutend, wächst aber bei hinreichender Erhöhung der Norm schnell an und ist bei 3500 cal doppelt so groß wie bei 2500. Die einzige Schlußfolgerung, die man daraus ziehen kann, ist die, daß jeder Werktätige im Interesse der günstigsten Ausnutzung der Arbeitskraft eine maximale Ration erhalten muß, die er den Arbeitsbedingungen nach ohne Schaden für seine Gesundheit effektiv verwerten kann.

Diese Regel haben sich sogar bereits viele Vertreter der industriellen Großbourgeoisie seit langem nutzbar gemacht. Ein hoher Arbeitslohn, so sagen sie, ist dem Wesen nach für den Betrieb das Billigste. Und der bekannte Amerikaner Ford, Besitzer der größten Automobilwerke, führte bei sich auf dieser Grundlage folgende Ordnung ein. Er gibt seinen Arbeitern mehr als alle Konkurrenten, indem er jedem nicht weniger als 4 Dollar oder 8 Goldrubel pro Tag zahlt, jedoch mit der Bedingung, daß der Arbeiter von diesem Lohn keinerlei Ersparnisse bildet, sondern ihn vollständig verbraucht. Die Agenten Fords wachen aufmerksam über die Einhaltung dieser Bedingungen, und wenn sie sich davon überzeugen, daß irgendein Arbeiter seine täglichen Ausgaben kürzt, um irgendwelche Ersparnisse für schlechte Zeiten zu machen, wird dieser Arbeiter sofort aus dem Betrieb geworfen. Für den Unternehmer ist es vorteilhaft, daß seine Arbeiter unmittelbar möglichst viel Nahrungsenergie in effektive Arbeit im Betrieb umsetzen. Er scheut dafür auch keine Kosten.

In Sowjetrußland, wo die Tarifpolitik nicht durch die Bourgeoisie, sondern durch das zur Macht gekommene Proletariat bestimmt wird, war der Arbeitslohn ungeachtet dessen entgegen allen Erwartungen lange Zeit unverändert nahe dem minimalen Umfang geblieben. Das war natürlich begründet. An ein rationelles Wirtschaften war zur Zeit des erbitterten Bürgerkrieges und der ungeheuren wirtschaftlichen Zerstörungen nicht im Traum zu denken. Der Selbsterhaltungsinstinkt des Proletariats als Klasse konnte nicht zulassen, daß die bescheidenen Reste materieller Ressourcen irgendwelchen privilegierten Gruppen quasi-produktiver Mitarbeiter im Überschuß bereitgestellt würden auf Kosten der Hauptmasse des aller Mittel zum Leben beraubten Proletariats. Hieraus ergab sich unausweichlich jene gleichmacherische Tarifpolitik, die wir bis heute bei uns beobachteten.

Die ganze Industrie arbeitete bei uns zeitweilig mit einem Fünftel oder sogar einem Zehntel ihrer Kapazität bei ständigen Unterbrechungen wegen fehlender Rohstoffe, Brennstoffe oder qualifizierter Arbeitskräfte. Auch das Arbeitsvermögen wurde nur zu einem unbedeutenden Teil genutzt, dafür ernährten sich aber alle Arbeiter schlecht und recht bei der Arbeit und bewahrten ihre potentielle Leistungsfähigkeit für die Zukunft.

Jetzt muß diese Zukunft Gegenwart werden. Die Kriegsperiode geht zu Ende. Wir stehen vor der Aufgabe der Wiedergeburt unserer Wirtschaft. Unter diesen Bedingungen verliert der frühere Kurs der Tarifpolitik seinen Sinn und wird zu einem schädlichen Überbleibsel. Die Bedeutung des Gesagten möchten wir an dem folgenden Beispiel demonstrieren. Es ist bekannt, daß die normale Ernährung des russischen Industriearbeiters nach Haushaltsdaten aus der vorrevolutionären Zeit für einen vollen Esser nicht weniger als 3750 große Nettokalorien pro Tag betrug.

Das Nettoprodukt eines Fabrikarbeiters bestimmt S. N. Prokopovič für 1913 auf 584 Rubel. Bekannt ist ferner, daß der Reallohn unserer Arbeiter unter Abzug der Steuern vom Nominallohn nur 40% des Nettoprodukts betrug, das heißt man kann diesen für 1913 auf 233 Rubel im Jahr beziffern.

Ausgehend von diesen Daten und unter der Annahme, daß die Verminderung des Lohnes sich vor allem auf eine Reduzierung der Ernährung auswirkt, das heißt auf die Verminderung der von den Arbeitern aufgenommenen Energie und auch auf dessen Produktivität, und zwar in den obengenannten Normen entsprechenden Proportionen, erhalten wir die folgenden Ergebnisse (siehe Tabelle 3).

Tabelle 3

Ernährungs-normen (in kcal)	Pro-Kopf-Lohn unter Abzug der Steuern in Rubel	in %	Mehrprodukt (in Rubel)	Nettoproduktivität im Jahr in Rubel	in %	Einsparung an Lohn (in Rubel)	Einbuße an Produktivität (in Rubel)	Netto-verlust (in Rubel)
1	2	3	4	5	6	7	8	9
3750	233	100	351	584	100	–	–	–
3500	217	93	325	542	93	16	42	26
3250	203	87	215	418	72	30	166	138
3000	187	80	148	335	57	46	249	203
2750	170	73	81	251	43	63	333	270
2500	156	67	11	167	29	77	417	340
2250	140	60	– 56	84	14	93	500	407
2000	124	53	–124	0	0	109	584	475

Wie wir sehen, je mehr wir am Lohn und an den Lebensmittelnormen einzusparen uns dünkte, desto größer würde der dadurch verursachte Verlust sein. Nach Angaben aus den Haushalten der allrussischen Zählung von 1918, die von der Arbeitsstatistik des Volkskommissariats für Arbeit durchgeführt wurde, verbrauchte der Arbeiter bei uns im Mittel 2690 cal pro Tag. Seit dieser Zeit hat sich diese Norm etwas erhöht, aber im Mittel wird sie 2750 kcal in den letzten zwei, drei Jahren nicht übersteigen. Das heißt, bei jedem Arbeiter verlieren wir im Jahr etwa 270 Rubel, und bei den 6 Millionen Werktätigen, die in den staatlichen Einrichtungen und Betrieben beschäftigt sind, beträgt der Verlust mindestens 1600 Millionen Goldrubel. Umgekehrt würde eine Rückkehr zu den früheren Ernährungsnormen die reine Arbeitsproduktivität mindestens um das 2,5fache und das Mehrprodukt etwa auf das 4fache steigern.

Würde man die Frage abstrakt stellen, dann könnte man sie etwas anders formulieren. Jede Maschine erreicht den höchsten Ausnutzungskoeffizienten bei voller Belastung. Folglich erfordert auch der Mensch in der Rolle als lebender Motor eine maximale Belastung. Die Ernährungsnormen, die dieser maximalen Belastung entsprechen, sind aber – wie wir aus den Erfahrungen des Arbeitseinsatzes im Ausland und den Daten der Physiologie wissen – wesentlich höher als unsere russischen Normen selbst in Friedenszeiten. Das bedeutet, daß eine einfache Rückkehr zu diesen Normen nicht ausreicht. Man muß sie überschreiten, und zwar möglicherweise nicht um einige Zehnereinheiten, sondern um Hunderte Prozent. Überhaupt, nicht das Existenzminimum, von dem wir bisher nur gesprochen haben, sondern das Existenzmaximum muß das Grundgebot unserer Tarifpolitik unter dem Aspekt der Rationalisierung der Arbeit werden.

Jedoch kann ein derartiger Maximalismus nicht reale Aufgabe des *heutigen* Tages sein. Nicht die physiologischen Grenzen für die Nutzung der Arbeitskraft und nicht die amerikanische Praxis, sondern unsere eigene Wirtschaftserfahrung muß dem Wirtschaftsplan der Russischen Republik zugrunde liegen. Der historisch entstandene Lebensstandard des durchschnittlichen russischen Arbeiters, das durch die ihm bekannten Lebens- und Arbeitsbedingungen im allgemeinen und darunter durch die Bedingungen der vorhandenen Technik, der Ausrüstungen und der gesellschaftlichen Arbeitsteilung im besonderen bestimmt ist, das ist der Ausgangspunkt, von dem aus wir unsere Pläne aufbauen müssen.

Die verschiedenen Proportionen der Verteilung der Arbeit zwischen Fabrik- und Handwerksarbeit, Maschinen- und Handarbeit, gelernter und ungelernter Arbeit und zwischen geistiger und physischer Tätigkeit determinieren die außerordentlich unterschiedlichen Durchschnittsnormen des Verbrauchs des Proletariats. Und um völlig real zu sein, sollten wir sogar für erste Erfahrungen den nach den allgemeinen Umständen der Arbeit und des Lebens unserer Zeit näheren Normen der Kriegsjahre von 1915/16 gegenüber den russischen Normen von 1913/1914 den Vorzug geben. Die landwirtschaftliche Anbaufläche und die Produktion dieses Jahres waren noch normal und zwangen nicht zu einer Kürzung der Ernährungsnormen. Ungeachtet dessen sanken sie im Zusammenhang mit den Veränderungen in den Proportionen der Arbeit in Richtung auf eine Zunahme des Anteils der ungelernten männlichen Arbeit wie auch der Frauen- und Kinderarbeit merklich ab. Wir können nicht daran vorübergehen, denn auch heute beobachten wir das gleiche Bild einer relativen Verminderung der qualifizierten männlichen Arbeit durch die Zunahme ungelernter Arbeitskader und der Frauen- und Kinderarbeit.

In der von N. Svavickij veröffentlichten Arbeit über die Ernährung der Moskauer Arbeiter während des Krieges finden wir die folgenden Daten über die Veränderungen der Normen für das Betriebsessen der Arbeiter in fünf Moskauer Artels.[6]

Tagessätze für die Ernährung in Nettokalorien

Genossenschaft	1913/14	1914/15	1915/16	1916/17
Schlosser	4330	3859	3543	3661
Wäscher	4132	3724	3774	3881
Mechaniker	3993	4022	3720	3259
Färber	3593	3481	3539	3164
Weber	3517	3474	3368	3262
Mittelwert	3913	3712	3588	3445
in %	100	95	92	98

In den Daten für das Wirtschaftsjahr 1916/17 kommen schon die Revolution und die fühlbare Verringerung der Anbauflächen (im Jahre 1916 um 7%) zum Ausdruck und sind deshalb für uns nicht aussagefähig. Doch selbst wenn man bei den Daten für 1915/16 verbleibt, so muß man eine Kürzung der Ernährungsnorm um ganze 8% konstatieren. Hinsichtlich ihrer absoluten Größe muß man annehmen, daß die Normen zu niedrig angesetzt wurden, denn in der gemeinschaftlichen Beköstigung der Artels waren z. B. Tee, Zucker und einige andere Produkte, die in den Artels individuell verbraucht wurden, nicht enthalten. Dabei wurde in den vorrevolutionären Jahren in der Arbeiterfamilie allein für mindestens 250 cal Zucker pro Tag auf einen vollen Esser verbraucht. Die prozentuale Kürzung dieser Normen bis 1915/16 behält jedoch ungeachtet ihrer Unvollständigkeit ihre Bedeutung und Aussagekraft.

Zur Ermittlung der absoluten Höhe der Vorkriegsnormen für die Ernährung des russischen Arbeiters benutzten wir alle dafür geeigneten Materialien aus der bekannten Arbeit über die städtische Ernährung von R. Kabo.[7]

In die Berechnungen gingen 3483 Familienhaushalte mit 18119 Personen ein. Die Gewichtsnormen wurden nach den heute allgemein üblichen Koeffizienten der Zentralver-

[6] Vestnik statistiki, 9–12/1920, S. 75–78.
[7] R. Kabo, Verbrauch und Ernährung der städtischen Bevölkerung Rußlands, Moskau 1918.

waltung für Statistik in cal umgerechnet, wobei die mittlere Pro-Kopf-Norm der Ernährung für die Arbeiterfamilien Petrograds, Saratows, Orenburgs, Bakus, Tulas und des Gouvernements Kostroma in Höhe von 2876 Nettokalorien täglich bestimmt wurde.

Ein voller Esser, wenn man als einen solchen einen vollwertigen Arbeiter im Alter von 30 Jahren und einem Gewicht von 70 kg annimmt, entspricht nach den Haushaltsdaten des Volkskommissariats für Arbeit 1,42 durchschnittlichen Personen. Wenn man als vollen Esser einfach einen durchschnittlichen erwachsenen Mann rechnet und weder die Jugendlichen noch die Alten abzieht, dann beträgt diese Norm nur 97% der erstgenannten und entspricht 1,38 durchschnittlichen Personen. Der kleinere dieser Faktoren ergibt eine Norm von 3968, der größere – von 4080 Nettokalorien pro Tag je voller Esser.

Ausgehend von dieser letztgenannten Norm der Friedenszeit, vermindert um 8% entsprechend der während der Kriegszeit veränderten Zusammensetzung der Arbeiter, erhalten wir eine Norm in Höhe von 3750 cal, die unseres Erachtens die Grundlage für alle Planberechnungen für das Wirtschaftsjahr 1921/22 bilden sollte.

Diese Norm ist bereits durch eine spezielle Kommission der Staatlichen Plankommission unter Teilnahme von Vertretern des Kommissariats für Lebensmittel, der Kommission für Arbeiterversorgung und des Volkskommissariats für Gesundheitswesen bestätigt worden. Das ist nicht verwunderlich. Freilich erfordert die vorgeschlagene Norm, die eine faktische Erhöhung des Verbrauchs des städtischen Arbeiters von 2750 auf 3750 cal, d. h. um 36%, vorsieht, eine große Anspannung der äußerst bescheidenen Nahrungsressourcen des Landes. Je ärmer wir aber sind, um so weniger Recht haben wir zur Verschwendung. Der größte verschwenderische Luxus wäre unter den gegenwärtigen Bedingungen aber gerade eine Praxis, die unsere Arbeiter bei halbem Hunger auf Leerlauf hält, d. h. scharf, aber genau ausgedrückt, eine Praxis der Umwandlung unserer bescheidenen Getreidereserven in unbrauchbaren Dung, anstatt sie in wertvollste Energie produktiver Arbeit umzuwandeln. Hieraus folgt, daß wir die Zahl der zu Versorgenden kürzen müßten, wenn wir nicht genug Ressourcen hätten, nicht aber die Versorgungsnormen.

Für den Vollbeschäftigten mittlerer Qualifikation legen wir somit eine Tagesnorm von 3750 cal fest. Es versteht sich, daß diese mittlere Norm nur der Ausgangspunkt für weitere Berechnungen sein kann. In Abhängigkeit vom Geschlecht der Verbraucher, vom Charakter der Arbeit und den örtlichen Bedingungen der Versorgung in den verschiedenen Gebieten muß diese Norm zweifellos wesentlich differenziert werden, und zwar sowohl in quantitativer Beziehung als auch bezüglich der qualitativen Zusammensetzung der sie bildenden Nahrungsmittel und folglich auch bezüglich des Gesamtwertes. Die Hauptarbeit zur Differenzierung dieser Normen in Übereinstimmung mit dem Charakter der Arbeit müssen die Tariforgane der Gewerkschaften übernehmen. Für einige Verbrauchergruppen, hauptsächlich nichtarbeitende Verbraucher, können wir die notwendigen Berechnungen sofort vorlegen, indem wir von physiologischen und statistischen Werten ausgehen.

Die größte dieser Gruppen bilden die nichtarbeitenden Familienmitglieder. Entsprechend den Daten über den Alters- und Geschlechtsaufbau der städtischen Bevölkerung aus der Volkszählung von 1920 und dem Umrechnungskoeffizienten für Personen verschiedenen Alters und Geschlechts auf einen vollen Esser, der in der Arbeitsstatistik des Allrussischen Zentralrats der Gewerkschaften und des Volkskommissariats für Arbeit angewendet wird, erhalten wir als Ergebnis, daß die mittlere Person 0,697 vollen Essern gleich ist oder umgekehrt, ein voller Esser 1,435 mittleren Personen entspricht, woraus sich eine mittlere Pro Kopf-Norm für den Verbrauch in Höhe von 2614 oder gerundet 2600 cal ergibt. Diese Norm gilt jedoch für die arbeitenden und nichtarbeitenden Mitglieder der Familie insgesamt.

Das Verhältnis zwischen ihnen wird durch folgende Werte bestimmt. Die Volkszählung in Petrograd im Jahre 1918 ergab, daß auf einen Selbständigen im Durchschnitt der gesamten Bevölkerung nicht mehr als 0,80 Unselbständige kamen, wobei in der letztgenannten Zahl auch alle Pfleglinge, Kranken und Gefangenen enthalten sind. In der Gruppe der Lohnarbeit sinkt dieser Faktor auf 0,74 Familienmitglieder je Arbeiter, in der Gruppe der Unternehmer steigt er auf 2,11, d. h. auf fast das 3fache. Beobachtet werden auch bestimmte Schwankungen dieser Verhältnisse in bezug auf die verschiedenen Schichten von Werktätigen, und zwar offensichtlich in der Hauptsache in Abhängigkeit von deren mittlerem Alter und ihrer Qualifikation. So entfallen z. B. bei Hausangestellten u. ä. nur 0,53 nichtarbeitende Familienmitglieder auf einen Werktätigen, bei Fabrikarbeitern sind es dagegen 0,93 und bei Fabrikangestellten sogar 2,11. Innerhalb der Grenzen der verschiedenen Arbeitszweige sind diese Schwankungen jedoch unbedeutend und weichen nur wenig von der mittleren Norm ab. Die Daten Petrograds aus dem Jahre 1918 scheinen jedoch schon etwas veraltet und nicht mehr hinreichend typisch für das ganze Rußland im Wirtschaftsjahr 1921/22. Deswegen schadet es nichts, sie mit Ergebnissen der allrussischen Volkszählung von 1920 zu vergleichen.

Nach Berechnungen des Konsultanten der Staatlichen Plankommission G. S. Polljak auf der Grundlage von Materialien aus der Volkszählung von 1920 beträgt der Anteil der arbeitsfähigen Bevölkerung im Alter von 16 bis 49 Jahren in den Städten bei Frauen 49,5 %, bei Männern 50,2% und im Mittel für Personen beiderlei Geschlechts 49,8%, d. h. die Hälfte der gesamten Stadtbevölkerung des Landes. Seit der Volkszählung erfolgte die Demobilisierung des größten Teils der Armee, so daß sich dieser Prozentsatz durch die demobilisierten Gruppen des städtischen Proletariats noch erhöht hat. Allerdings ist ein Teil der Frauen im Alter bis zu 50 Jahren in der Hauswirtschaft beschäftigt, der Anteil der Hausfrauen im genannten Alter beträgt in Petrograd etwa 4% von der gesamten Bevölkerung, dafür befindet sich jedoch ein bedeutender Teil der Bevölkerung schon vor dem 16. Lebensjahr und auch im Alter über 50 Jahren in Lohnarbeit. Die Berufszählung von 1918 zählte auf jedes Hundert industrieller Arbeiter im Alter von 16 bis 49 Jahren mindestens 17 Personen, die jünger als 16 und älter als 50 Jahre waren. Damit kann man mit Gewißheit sagen, daß unter Abzug der Besitzenden auf jeden städtischen Werktätigen nicht mehr als ein nichtarbeitendes Familienmitglied entfällt.

Ausgehend von diesem Verhältnis kommen wir zu dem Ergebnis, daß jeder Werktätige im Durchschnitt für zwei Personen versorgt werden muß, d. h. nach einer Norm in Höhe von 5200 cal pro Tag. Davon sind für den Werktätigen beiderlei Geschlechts im Durchschnitt 3400 cal festzulegen, wobei berücksichtigt wird, daß Frauen nur 0,8 der männlichen Ration verbrauchen und mehr als 40% der Gesamtzahl der Arbeiter und Angestellten Rußlands ausmachen. Damit verbleibt für das nichtarbeitende Familienmitglied von den 5200 cal der Betrag von 1800 cal. Das ist die Verbrauchsnorm für die Familienmitglieder der Werktätigen.

Die Frontration eines Rotarmisten beträgt – umgerechnet auf Nährstoffe – 2900 cal (siehe Tabelle 4). Aber wenn wir in Betracht ziehen, daß die entsprechenden Normen der amerikanischen Armee 2929, der französischen 2995 und der deutschen 3069 Nettokalorien betragen, dann können wir unsere Soldaten nicht unter schlechtere Ernährungsbedingungen als die Legionen des kriegerischen Imperialismus stellen und müssen deshalb die Ration unserer Rotarmisten auf 3000 Nettokalorien erhöhen. Bemerkt sei, daß durch die neuesten Arbeiten russischer Physiologen festgestellt wurde, daß eine Norm von 3500 Bruttokalorien, die – wenn man die Abfälle abzieht – etwa 3000 cal aufnehmbare Energie ergeben, überhaupt unter russischen Bedingungen als minimal für einen erwachsenen Mann selbst bei durchaus mäßiger physischer Arbeit angesehen werden müssen.

Natürlich kann sich auch diese minimale Norm als *mittlere* Norm für Werktätige verschiedenen Geschlechts und Alters noch als zu gering erweisen. So beträgt z. B. die mittlere Norm für Werktätige der Lohngruppe 1 (am wenigsten schwere Arbeit), innerhalb derer die Frauen nach unseren Daten bis zu 64 % ausmachen, etwa 2600 cal für Werktätige beiderlei Geschlechts, wenn wir von der Durchschnittsnorm in Höhe von 3000 cal für Männer ausgehen.[8]

Diese minimale Norm von 2600 cal müssen wir offenbar für Studenten und Studentinnen und ähnliche Gruppen, die keine physische Arbeit verrichten, anwenden.

Noch niedriger könnte die Norm für Krankenhäuser, Erholungsheime und Sanatorien sein. Im Ruhezustand werden nach den Feststellungen von Prof. B. I. Slovcov nicht mehr als 2400 cal pro Tag erfordert, selbst wenn man die Wiederherstellung des während der Krankheit erlittenen Kräfteverlustes berücksichtigt.

Für die Versorgung von Arbeitslosen, Invaliden, Vorschulkindern und Schulkindern in Horten, Kolonien und Internaten des Volkskommissariats für Bildung genügt die gleiche Norm wie auch für die anderen nichtarbeitenden Familienmitglieder, d. h. 1800 cal pro Tag.

Schließlich muß für Kinder bis zu 3 Jahren, die in Einrichtungen zum Schutz der Kindheit und der Mutterschaft erzogen werden, entsprechend den physiologischen Werten mindestens ein Drittel der Normalration für einen vollen Esser, d. h. nicht weniger als 1250 cal pro Tag, festgelegt werden.

2.4. Die Normalration

Ausgehend von der Zusammensetzung der vorrevolutionären und nachrevolutionären Haushalte der städtischen Arbeiter und unter Berücksichtigung der notwendigen Korrekturen entsprechend den zu erwartenden Ressourcen empfehlen wir als Norm für Berechnungen die folgende mittlere Pro-Kopf-Ration, die nach Multiplikation mit der Bevölkerungszahl den ungefähren Umfang des Bedarfs der Bevölkerung ergibt. Zunächst beginnen wir mit der Tabelle der Lebensmittelnormen (siehe Tabelle 5).

Das sind die Rationen für eine mittlere Person. Um die Ration für einen männlichen Werktätigen in Höhe von 3750 cal zu erhalten, muß man diese mit 1,44 multiplizieren. Die Norm für einen mittleren Arbeiter beiderlei Geschlechts in Höhe von 3400 cal ergibt sich durch Multiplikation mit 1,31. Die Rate für ein nichtarbeitendes Familienmitglied mit einer Ration von 1800 cal beträgt 0,69 der angeführten Daten usw.

Im Vergleich zur kalorischen Zusammensetzung der Ernährung städtischer Arbeiter in den früheren Jahren sind in unserer Tabelle folgende Veränderungen zugelassen worden (siehe Tabelle 6).

Am meisten wurde in unserer Ration bei Fleisch gekürzt. Selbst wenn wir hier Fisch hinzurechnen, weil er Fleisch ersetzen kann, reduzieren wir die Fleischration im Vergleich zur vorrevolutionären Zeit fast auf ein Drittel. Das ist aber durchaus begründet. Allerdings sind im vergangenen Jahr nach Berechnungen von A. E. Losickij in Rußland bis zu 105 Millionen Pud Fleisch verbraucht worden, wobei auf die Städte nicht weniger als 16 Millionen Pud (einschließlich Rindertalg) entfielen, statt der 12 Millionen, die von uns für das bevorstehende Jahr veranschlagt werden. Die Verminderung des Viehbestandes im Lande hat jedoch bereits solche Ausmaße angenommen, daß bei Aufrechterhaltung

[8] $0{,}36 \times 3000 + 0{,}64 \times 3000 \times 0{,}8 = 2616$

Tabelle 4. Nahrungsmittelration für Rotarmisten

Tagesration Nahrungsmittel	Aufnehmbare Kalorien auf 1 Pfund Bruttogewicht	Normen für 1920/21 Hinterland		Front	
		in Pfund	in cal	in Pfund	in cal
1	2	3	4	5	6
Roggenmehl	1216	0,79	960	1,54	1875
Graupen	1312	0,19	250	0,25	328
Kartoffeln	258	–	–	–	–
frischer Kohl	81	–	–	–	–
Rüben, Zwiebeln und ähnliches	172	–	–	–	–
Gemüse	170	0,63	107	0,63	107
Fleisch aller Art	386	–	–	–	–
Frischfisch	158	–	–	–	–
getrockneter und gesalzener Fisch	569	–	–	–	–
Fleisch, Fisch	371	0,25	93	0,50	186
Rindertalg	3372	–	–	–	–
Butter	3324	–	–	–	–
Pflanzenöl	3600	–	–	–	–
Fette	3432	0,05	172	0,08	275
Zucker	1580	0,06	95	0,08	127
Salz	–	0,03	–	0,03	–
Tee	–	0,003	–	0,003	–
Pfeffer	–	0,002	–	0,002	–
Insgesamt	–	2,005	1677	3,115	2898

des Fleischverbrauchs in den bisherigen Grenzen der Landwirtschaft außerordentlich schlimme Folgen drohen. Im Interesse der Wiederherstellung unserer Viehwirtschaft müssen wir den Verbrauch an Fleisch in den nächsten Jahren auf ein Minimum einschränken.

Deshalb ist die Naturalsteuer an Fleisch in der RSFSR für das nächste Jahr auf den Gesamtbetrag von nur 6,5 Millionen Pud festgelegt worden. Die Ukraine fügt wahrscheinlich noch etwa 3 Millionen Pud hinzu. Mit ungefähr 5 Millionen Pud Fleischprodukte rechnete das Kommissariat für Lebensmittel über den Warenaustausch. Wenn man an ein Gebiet denkt, das von einer Mißernte betroffen ist, die ohnedies zur Abschlachtung von Vieh wegen Futtermangels zwingt, dann könnte man im Austausch gegen Getreide dort zweifellos eine solche Menge erfassen. Das alles ergibt aber im günstigsten Falle 14,5 Millionen Pud. Und wenn man noch Abschläge bei der Steuererhebung gewährt und eine bestimmte Reserve für nicht vorhergesehene Bedürfnisse ansetzt, dann wäre es höchst unvorsichtig, mehr als 12 Millionen davon in den Plan aufzunehmen.

Im laufenden Jahr sollen 23 Millionen Pud Fisch beschafft werden. Als völlig real erachtet das Kommissariat für Lebensmittel allerdings nur 15 Millionen Pud. Wir haben in den Plan 14,4 Millionen Pud aufgenommen. Im kommenden Jahr wird sich wahrscheinlich die Fischbeschaffung wesentlich ausweiten. In Friedenszeiten belief sich in Rußland

Normen für 1921/22				Monatsnorm des Staatlichen Plankomitees (in Pfund)
der Staatlichen Plankommission		des Kommissariats für Ernährung		
in Pfund	in cal	in Pfund	in cal	
7	8	9	10	11
1,54	1875	1,33	1620	46,0
1,25	328	0,25	328	7,5
1,0	258	–	–	30,0
0,25	20	–	–	7,5
0,25	43	–	–	7,5
–	–	–	–	–
0,13	50	–	–	4,0
–	–	–	–	–
0,20	114	–	–	6,0
–	–	0,33	123	
0,02	67	–	–	0,5
0,02	66	–	–	0,5
0,03	108	–	–	1,0
–	–	0,07	240	–
0,07	110	–	–	2,0
0,05	–	–	–	1,5
0,003	–	–	–	0,1
0,002	–	–	–	0,06
3,815	3039	–	–	114,16

der Fischfang auf 65 Millionen Pud. Selbst wenn man diese Zahl um etwa 35% kürzt und die Beschaffung von Fisch nur auf 42 Millionen Pud erhöht, wie das von den Leitern der Hauptverwaltung für Fischwirtschaft projektiert wurde, dann kann künftig dadurch unser Defizit an Fleischressourcen in bedeutendem Maße abgedeckt werden. Vorerst können wir jedoch nicht mehr als 3 Pfund je Monat in die Pro-Kopf-Ration aufnehmen. Und das gilt auch nur für die städtische Bevölkerung, denn für die Gesamtbevölkerung würde diese Norm einen Bedarf von 100 Millionen Pud bedeuten, was für lange Zeit ein für uns völlig unerreichbares Ideal bleibt.

Das andere Produkt, das neben dem Fleisch in unserer Ration sehr stark gekürzt wurde, ist der Zucker. Unsere ganze Zuckerindustrie verspricht, uns im laufenden Jahr zwischen 9 und 12 Millionen Pud Zucker zu liefern. Wir halten es für real, den Städtern davon 7,2 Millionen Pud zu geben, was einer Norm von 1,5 Pfund pro Kopf entspricht. Wenn man eine gewisse Reserve für den Warenaustausch mit dem Dorf zurückbehält, dann gibt es keine Möglichkeit, diese Norm zu erhöhen.

Fleisch, Fisch und Zucker betrugen vor 1917 10,2% des Ernährungshaushaltes eines Arbeiters. Im Jahre 1920 waren es 4,2% und nach unserem Projekt 4,6%, das heißt 5,6 Prozentpunkte weniger als die vorrevolutionäre Rate. Natürlich mußte eine so fühlbare relative Kürzung dieser Produkte durch eine entsprechende Erhöhung anderer ausgeglichen werden. Jedoch mit welchen?

Tabelle 5. Mittlere Pro-Kopf-Ration der Staatlichen Plankommission in Höhe von 2600 Nettokalorien und Bedarf der Bevölkerung

Nahrungsgüter	Gehalt an verwertbarer Energie je Pfund (in cal)	Pro-Kopf-Norm des Verbrauchs				Jährlicher Bedarf (in Mill. Pud)	
		Tagesration		pro Monat	pro Jahr		
		in cal	in %	(in Pfund)	(in Pud)	für die Stadtbevölkerung (16 Mill. Einwohner)	für die gesamte Bevölkerung (111 Mill. Einwohner)
1	2	3	4	5	6	7	8
Mehlprodukte	1216	1620	62,4	40,0	12,0	192,0	1333,0
Hirsegrütze	1312	219	8,4	5,0	1,5	24,0	167,0
Getreideprodukte insgesamt	1225	1839	70,8	45,0	13,5	216,0	1500,0
Kartoffeln	258	206	7,9	24,0	7,2	115,2	800,0
Kohl, frisch und gesäubert	68	8	0,3	3,5	1,05	16,8	116,5
übriges Gemüse und Früchte	172	20	0,7	3,5	1,05	16,8	116,5
Fleisch verschiedener Art, Geflügel u. ä.	386	26	1,0	2,0	0,60	9,6	67,0
Rindertalg	3372	56	2,2	0,5	0,15	2,4	16,7
Frischfisch	158	16	0,6	3,0	0,90	14,4	100,0
Pflanzenöl	3600	120	4,6	1,0	0,30	4,8	33,0
Butter	3324	111	4,3	1,0	0,30	4,8	33,0
Milchprodukte	266	112	4,3	12,6	3,78	60,5	420,0
Eier mit Schale	580	7	0,3	0,4	0,11	1,8	12,2
Zucker	1580	79	3,0	1,0	0,45	7,2	55,0
Salz	–	–	–	1,4	0,42	6,7	46,7
insgesamt	–	2600	100,0	100,0	29,8	477,0	3312,0

Tabelle 6. Kalori sche Zusammensetzung einer Arbeiterration (in %)

Nahrungsmittel der Ration	Vor 1917	1920	Normen der Staatlichen Plankommission
Brot und Grütze	68,2	70,2	70,8
Kartoffel	7,7	16,9	7,9
Summe	75,9	87,1	78,7
Gemüse	1,1	1,9	1,0
Fleisch und Fisch	4,6	2,6	1,6
pflanzliche und tierische Fette	10,0	4,8	11,1
Milchprodukte und Eier	2,8	2,0	4,6
Zucker, Honig u. ä.	5,6	1,6	3,0
insgesamt	100,0	100,0	100,0

Die ungeplante Praxis des vergangenen Jahres deckte fast alle ihre Defizite, wie aus Tabelle 6 ersichtlich, durch Kartoffeln, indem sie deren Anteil am Kalorienhaushalt des Arbeiters von 7,7 auf 16,9% erhöhte. Bei einer Pro-Kopf-Norm von 2600 cal müßten für die 16 Millionen Stadtbewohner 15,4 Pud je Einwohner im Jahr und insgesamt 247

Millionen Pud Kartoffeln geliefert werden. Aber auch wenn wir eine solche Kartoffelmenge beschaffen könnten, ohne daß sie erfrieren oder drei Viertel davon verfaulen würden, so wäre diese Erfassung vom Standpunkt der Transportökonomie dennoch äußerst unrationell. Dem Nährwert nach ist ein Pud Kartoffeln höchstens einem Fünftel Pud Mehl, einem Sechstel und weniger Pud Zucker und einem Dreizehntel Pud Fleisch gleichzusetzen. Es bringt unter diesen Bedingungen keinen Vorteil, die Kartoffeln vom Ende der Welt in die Stadt zu transportieren.

Wenn man sich jedoch damit begnügt, daß sich die Städter aus eigenen stadtnahen Gärten, ergänzt durch die Naturalsteuer in Höhe von 60 Millionen Pud in Rußland und etwa 30 Millionen Pud in der Ukraine, versorgen, dann sparen wir bei einem städtischen Gesamtverbrauch von 115 Millionen Pud Kartoffeln beträchtliche Transportarbeiten und folglich auch Kohle ein. Unser Vorschlag, die vorjährigen Proportionen zu verändern durch Substitution von 132 Millionen Pud Kartoffeln und 30 Millionen Pud Gemüseüberschuß gegen eine äquivalente Menge Getreide, Zucker und Fett, die eine Transportmenge von insgesamt 34 Millionen Pud verkörpern, vermindert die Eisenbahntransporte mindestens um 50 Milliarden Pud-Werst im Jahr und den Verbrauch an Brennstoffen mindestens um 7,5 Millionen Pud Donezker Kohle.[9]

Ebenfalls wegen der geringen Transporteignung von Gemüse, die noch um die Hälfte niedriger als bei Kartoffeln ist, erachten wir es nicht für möglich, wie im vergangenen Jahr die Gemüsemenge in der Ration eines Arbeiters im Vergleich zur Friedenszeit zu erhöhen. Es muß gesagt werden, daß die von uns angesetzte Norm in Höhe von 7 Pfund je Monat für die städtische Bevölkerung einen Gemüsebedarf bis zu 33 Millionen Pud darstellt, während die Naturalsteuer uns in Rußland nicht mehr als 14 Millionen Pud und in der Ukraine bis zu 7 Millionen Pud einbringt. Das bedeutet, daß auch bei dieser Norm zu einem bedeutenden Anteil auf die Selbstversorgung der Städter mit Gemüse aus ihren stadtnahen Gärten gerechnet wird. Die faktische Gemüsebeschaffung des Kommissariats für Lebensmittel ergab 1919 in Rußland 9,8 Millionen und 1920 9,7 Millionen Pud. Auf die Selbstversorgung der Städter entfiel somit auch in den vergangenen Jahren ein sehr hoher Anteil des tatsächlichen Verbrauchs.

Weil wir es jedoch nicht für zweckmäßig halten, das Defizit an Fleisch und Zucker durch Kartoffeln und Gemüse zu decken, mußten wir vor allem den Anteil von Brot an der Gesamtration für die Ernährung erhöhen. Die von uns vorgesehene Erhöhung des Anteils von Brot und Grütze von 68,2 auf 70,8 %, das heißt um 2,6 Prozentpunkte gegenüber der Friedensnorm, entspricht gerade der Verminderung des Zuckeranteils von 5,6 auf 3%. Über die Möglichkeit zur Deckung des entsprechenden Bedarfs der städtischen Bevölkerung mit Getreideprodukten, der von uns auf 216 Millionen Pud berechnet wurde, gibt es kaum Zweifel. Diese und sogar eine wesentlich größere Menge an Getreide bringen wir in Rußland und der Ukraine ohne Zweifel selbst bei einer schlechteren als bisher eingeschätzten Ernte ein. Wir brauchen aber Getreide auch noch über diese 216 Millionen Pud hinaus, und deshalb ist es unter Bedingungen einer Mißernte in einer ganzen Reihe von Gouvernements eine bei weitem nicht leichte Aufgabe, die Getreidebilanz für alle Bedürfnisse, für Saatgut, für die Viehfütterung und für die Ernährung sowie für den Reservefonds zu erfüllen. Jedenfalls wäre eine weitere Erhöhung des Getreideanteils im Kalorienhaushalt der Arbeiterernährung bereits unvorsichtig.

Deshalb muß das verbleibende Defizit an Fleisch und Fisch vor allem durch Vergrößerung

9 Nach Berechnungen von Prof. L. K. Ramzin wurden in den Jahren 1909 bis 1913 auf je tausend Pud-Werst je 0,15 Pud und im Jahre 1920 0,29 Pud Einheitsbrennstoff verbraucht, was für 50 Milliarden Pud-Werst zwischen 7,5 Millionen und 14,5 Millionen Pud Brennstoff ausmacht.

des Prozentsatzes anderer tierischer Produkte, wie Eier, Milch, Quark, Käse und anderer, und darüber hinaus teilweise auch durch Fette ergänzt werden, bei denen die Bedarfsdeckung in den letzten Jahren äußerst knapp war. Reichen aber unsere Ressourcen dafür aus?

Die Hauptquelle ist das Milchvieh. Nach Berechnungen von A. Ę. Losickij sind uns über 22 Millionen Kühe verblieben, davon 90% Milchkühe. Früher betrug der jährliche Milchertrag einer Kuh 72 Eimer oder – wenn man den Eimer zu 30 Pfund rechnet – 54 Pud. Berücksichtigt man jedoch, daß sich die Fütterung für mindestens 25% des Kuhbestandes verschlechterte, besonders in den ärmsten Gouvernements, so muß man mit einem auf die Hälfte reduzierten Milchertrag in diesen Gouvernements rechnen. Die Gesamtproduktion an Milch beträgt dann in Rußland und der Ukraine 1260 Millionen Eimer oder 925 Millionen Pud. Nach den in Tabelle 5 angesetzten Normen würde der Bedarf an Milch und Butter (umgerechnet in Milch) für die städtische Bevölkerung nicht mehr als 120 Millionen Pud und für die gesamte Bevölkerung bis 844 Millionen Pud betragen. Die Ressourcen des Landes reichen somit völlig zur Befriedigung dieses Bedarfs aus. Freilich erhalten wir über die Naturalsteuer in Rußland und der Ukraine nicht einmal 50 % der notwendigen Milchprodukte für die städtische Bevölkerung. Aber zweifellos können wir neben der Naturalsteuer allein aus Sibirien über den Warenaustausch bis zu 4 Millionen Pud Butter, Käse und ähnliche Produkte erwerben, und außerdem darf man auch die Selbstversorgung der Bevölkerung durch Käufe auf dem freien Markt nicht vergessen. Man muß der Bevölkerung nur die entsprechenden Mittel in Gestalt der Geldentlohnung geben, damit sie jene Produkte kaufen kann, die wir ihr nicht in natura bereitstellen können.

Die Ressourcen des Landes an Pflanzenöl können nicht genau bestimmt werden. Auf alle Fälle stellt die Erfassung von Pflanzenöl im Umfang bis zu 5 Millionen Pud ungeachtet der stark reduzierten Anbauflächen von Ölpflanzen keine zu große Schwierigkeit dar. Die Naturalsteuer in Rußland erbringt bis zu 50% der erforderlichen Menge. Die Ukraine kann noch einmal 25% beitragen und der Warenaustausch ergibt den Rest.

Der von uns berechnete Bedarf an Eiern bei einer Pro-Kopf-Norm von 3 Stück im Monat, was bei 16 Millionen Menschen bis 580 Millionen Stück ausmacht, wird vollständig allein durch die Naturalsteuer gedeckt, die schon für Rußland bis zu 400 Millionen Eier und in der Ukraine noch einmal bis zu 50% dieser Größe erbringen soll.

Ein besonderes Problem ist der Bedarf an Salz. In Friedenszeiten wurden bei uns bis zu 30 Pfund Salz pro Kopf und Jahr verbraucht. In dieser Norm war jedoch auch der technische Verbrauch enthalten. 1918 wurden in Petrograd nach Haushaltsuntersuchungen des Kommissariats für Arbeit in Arbeiterfamilien ungefähr 1,4 Pfund Salz im Monat oder 17 Pfund im Jahr pro Kopf verbraucht. Im Jahre 1920 sank diese Norm für städtische Arbeiter auf 1,13 Pfund im Monat oder 13,5 Pfund pro Kopf im Jahr. Das ist aber bereits offensichtlich eine karge Ration. Deshalb verbleiben wir bei der Norm von 1918.

Die Besonderheit dieses Bedarfs besteht in der Verpflichtung des Staates, ihn nicht nur in bezug auf die Städter, sondern auch bezüglich der gesamten Landbevölkerung zu sichern. Landwirtschaftliche Produkte beschaffen diese sich selbst. Zucker produziert das Dorf nicht, aber ohne Zucker kann man leicht auskommen. Ohne Salz kommt jedoch niemand aus. Außerdem kann man es durch nichts ersetzen. Deshalb muß unser Programm zur Salzgewinnung auf den Bedarf sowohl der Stadt als auch des Dorfes ausgerichtet sein. Dieser Bedarf wurde von uns auf 46,7 Millionen Pud berechnet, das Programm der Hauptverwaltung für die Salzgewinnung sieht 52 Millionen Pud vor.

Natürlich, wenn die tatsächliche Beschaffung einiger im Programm vorgesehenen Produkte wesentlich erfolgreicher als bei anderen verläuft, dann muß das Kommissariat für

Lebensmittel größere Freiheiten für die gegenseitige Substitution der Elemente einer Normalration gewähren. Die Physiologie setzt uns in dieser Beziehung jedoch bestimmte Grenzen. Im Interesse der Gesundheit muß man eine zu einseitige Nahrung vermeiden: zwischen den Eiweißstoffen, Fetten und Kohlehydraten pflanzlicher und tierischer Herkunft ist es wünschenswert, ein bestimmtes Verhältnis einzuhalten usw. Insbesondere galt bis heute allgemein, daß die Tagesnorm an Eiweiß nicht unter 80 bis 100 g und die an Fetten nicht unter 60 g sinken soll, wobei die Eiweiße tierischer Herkunft nicht weniger als ein Drittel des Gesamtgewichts der pflanzlichen Eiweiße ausmachen sollten. Unsere Praxis zumindest der vergangenen Jahre hat in dieser Beziehung durchaus nicht die genannten Forderungen erfüllt.

Wenn man von einer Norm von 3750 cal ausgeht, dann bieten die Proportionen der Nährstoffe verschiedener Herkunft in der Ration eines Arbeiters nach unseren Werten das folgende Bild (siehe Tabelle 7).

Tabelle 7. Verhältnis der Nährstoffe in der Ration eines Arbeiters bei einer Norm von 3750 Nettokalorien

Herkunft der Nahrungsmittel	Nährstoffe (in g)			Nutzbare Energie	
	Eiweiß	Fett	Kohlehydrate	in cal	in %
1	2	3	4	5	6
1. Nach alten Haushalten vor 1917					
a) pflanzliche Produkte	72	37	640	3265	87,1
b) tierische Produkte	38	32	8	485	12,9
Summe	110	69	648	3750	100,0
2. Nach der Ernährungsuntersuchung von 1920					
a) pflanzliche Produkte	80	23	718	3485	92,9
b) tierische Produkte	18	19	4	265	7,1
Summe	98	42	722	3750	100,0
3. Nach den Normen der Staatlichen Plankommission					
a) pflanzliche Produkte	75	33	648	3274	87,3
b) tierische Produkte	21	38	10	476	12,7
Summe	96	71	658	3750	100,0

Wie wir sehen, entsprach weder die Fettversorgung, noch das Verhältnis der tierischen Eiweiße zu den pflanzlichen im Jahre 1920 den üblichen Vorstellungen von den physiologischen Normen. Wenn man aber noch berücksichtigt, daß die tatsächliche Ration eines Arbeiters im Jahre 1920 im Mittel für einen vollen Esser nur 2800 cal anstelle von 3750 betrug und daß folglich an Eiweißen in dieser Ration insgesamt nur 73 g und an Fetten nicht mehr als 32 g enthalten waren, dann wird das Ausmaß der festgestellten Nichtübereinstimmung mit unseren üblichen Vorstellungen von den physiologischen Normen noch frappierender. In den letzten Jahren sind ausreichende Daten dafür gesammelt worden, um alle unsere alten Vorstellungen auf dem Gebiet der Ernährungsphysiologie einer grundlegenden Überprüfung zu unterziehen. Jedenfalls ist klar, daß die Ernährungsbilanz von 1920, in der die tierischen Produkte zusammengenommen mit knapp 7%, die Kartoffeln allein aber schon mit 17% am Energiehaushalt beteiligt waren, weit vom Idealzustand entfernt ist und daß wir, wie aus der Tabelle ersichtlich ist, nicht nur in quantitativer, sondern auch in qualitativer Beziehung danach strebten, diesen Haushalt nach Möglichkeit in der von uns projektierten Ration an wissenschaftlich begründete Normen anzunähern.

3. *Unsere nächsten Planaufgaben*[1]

Unsere junge Republik zählt von Geburt an insgesamt kaum 7 Jahre, aber ihre Planungsorgane sind noch jünger. Gegenüber der altehrwürdigen Geschichte gleicht ihr dreijähriges Bestehen dem Säuglingsalter, so daß es voreilig wäre, an ihre Arbeit zu übertriebene Forderungen zu stellen. Dabei ist nicht nur die Jugend unserer Planungseinrichtung zu bedenken, sondern auch die Neuartigkeit der Planungstätigkeit selbst und die wirtschaftlichen Umstände, unter denen die Planung entwickelt werden muß.

Unsere Hauptaufgabe auf dem Gebiet der Planwirtschaft ist nicht nur deren Entfaltung auf einer wirtschaftlichen Grundlage, die bei uns landläufig NÖP genannt wird, sondern gleichzeitig auch ihre konsequente Rekonstruktion, d. h. die radikale Umwandlung und Neugestaltung der gesamten Wirtschaft auf neuer, sozialistischer Grundlage. Mit anderen Worten, unsere Hauptaufgabe auf dem Gebiet der Planung ist die *Überwindung der nichtsozialistischen Elemente der NÖP*, also die Überwindung der Spontaneität der kapitalistischen Warenwirtschaft und die praktische Verwirklichung der sozialistischen Wirtschaft.

Es versteht sich von selbst, daß wir uns zur Lösung dieser Aufgabe nicht auf fertige Erfahrungen des bourgeoisen Westens stützen konnten, weil es derartige Erfahrungen dort nicht gibt und nicht geben konnte. Es konnten auch nicht einfach anstelle der fehlenden Erfahrungen wenigstens rein theoretische Modelle der Wirtschaftswissenschaft für unsere Planungstätigkeit genutzt werden. Wir sprechen schon gar nicht davon, daß keine einzige Universität der Welt bis heute einen Lehrstuhl für Planwirtschaft innehat. Die Bourgeoisie braucht solche Lehrstühle nicht. Schlechter für uns ist, daß sich auch die sozialistische Lehre bis heute kaum mit diesem Problem beschäftigt hat. Wir wußten genau, was wir bis zur sozialen Revolution zu tun hatten. Überlegungen darüber, was und wie wir am zweiten und am dritten Tag und um so mehr im siebenten und im achten Jahr nach der Revolution handeln müssen, erschienen uns so akademisch und weit entfernt von den Problemen des Tages, daß wir sie bewußt beiseite schoben und künftigen Generationen überließen.

Jetzt ist es für uns das größte Tagesereignis geworden. Und je weniger wir auf seine Lösung vorbereitet sind, um so mehr Irrtümer und Fehler müssen wir auf diesem Wege in Kauf nehmen. Aber es macht nur der keine Fehler, der nichts tut. Wir lassen uns in unserer Arbeit durch diesen Umstand nicht verwirren.

Worin besteht für uns das grundlegende Problem der Planung? Wir leben unter den Bedingungen der Ware-Geld-Wirtschaft, die im Interesse der Arbeiter und Bauern bei Hegemonie des Proletariats, das bewußt zum Sozialismus strebt, reguliert wird. Aus dieser Voraussetzung ziehen wir zwei grundlegende Schlußfolgerungen.

Erstens: Indem wir den Sozialismus in der Zukunft anstreben, dürfen wir nicht für eine Minute die Lebensinteressen der Arbeiter- und Bauernmassen der Gegenwart vergessen. Mit anderen Worten, weil der Sozialismus bei uns nur durch die Kraft des Proletariats und dabei nur bei aktiver Unterstützung durch die Bauernmassen verwirklicht

[1] S. G. Strumilin, Probleme und Errungenschaften der Planung, in: Ėkonomičeskaja žizń vom 7. November 1924.

werden kann, ist allein der Aufschwung und die Vermehrung dieser Kraft des Proletariats und der wirtschaftlichen Macht der Bauernschaft *bereits auf dem Wege zum* Sozialismus die realste Garantie für eine reibungslose Umwandlung unserer Wirtschaft auf sozialistischer Grundlage in kürzester Frist.

Zweitens: Insofern als wir im Rahmen der Ware-Geld-Wirtschaft planen, müssen die Methoden, die unmittelbar aus den Entwicklungsbedingungen eben dieser Wirtschaftsform hervorgehen, als die zweckmäßigsten für diese Umgestaltung angesehen werden.

Das bedeutet, daß wir uns durchaus nicht anschicken, in der nächsten Zeit die NÖP „abzuschaffen", weil wir uns hinreichend gerüstet fühlen, um deren negative Seiten auf *ökonomische Weise* wesentlich erfolgreicher mit deren eigenen Waffen zu überwinden, und zwar nach der Methode „ein Keil treibt den anderen".

Da die proletarische Revolution die Hauptmasse der Produktionsmittel des Landes nationalisierte und das Proletariat in Gestalt des von ihm organisierten Staatsapparates zum uneingeschränkten Herrscher über riesige Produktionsfonds geworden ist, hat es die Kraft, auch ohne Mißbrauch von Methoden des außerökonomischen Zwangs genügend Wege für die Übernahme der übrigen Produktionsmittel und deren Organisation auf neuer Grundlage zu finden. Es kann und muß sie beherrschen – freilich mit völlig anderer Aufgabenstellung –, es muß über die gleichen Methoden verfügen, mit denen jeder beliebige Finanzkonzern oder Produktionstrust eines kapitalistischen Landes seine Konkurrenten ausschaltet, indem er nämlich der nichtorganisierten Spontaneität der kleinen Warenproduzenten und Händler die höheren Formen der Organisation der Arbeit und der Produktion entgegensetzt und ihnen gegenüber auf dem Markt alle Vorteile dieser Formen zur Geltung bringt.

Das allgemeine Problem der Planung der sozialistischen Akkumulation gliedert sich unter unseren Bedingungen jedoch in eine ganze Reihe von Teilproblemen: 1. auf dem Gebiet der Industrie und des Ferntransports, 2. auf dem Gebiet des Binnen- und Außenhandels und 3. auf dem Gebiet der Landwirtschaft. Auf jedem dieser Gebiete müssen entsprechend dem unterschiedlichen Grade ihrer Planerfassung verschiedene Methoden zur Regulierung und besondere Maßnahmen der Einwirkung angewendet werden.

3.1. Der Industrie-Sektor

Die Großindustrie ist heute bereits zu mehr als neun Zehnteln staatlich, und wir können in ihr am unbeschwertesten die Methoden der direkten planmäßigen Leitung und planmäßigen Rekonstruktion anwenden.

A. Unsere Hauptaufgaben auf diesem Gebiet, die die Verbilligung der Produktion und eine siegreiche Konkurrenz mit dem Privatkapital zum Ziel haben, sind:

1. Die möglichst schnelle Entfaltung der Produktion auf der alten technischen Basis bis zu deren voller Auslastung.
2. Die Verstärkung der Umlauffonds, die für eine solche Entfaltung notwendig sind.
3. Die Wiederherstellung des verschlissenen Kapitals.
4. Die Akkumulation neuer Produktionsfonds.
5. Die technische Rekonstruktion der Industrie auf der Grundlage der Elektrifizierung.
6. Die Rationalisierung auf dem Gebiet der Produktivität und Entlohnung der Arbeit auf der Grundlage ihrer wissenschaftlichen Organisation.

B. Die Grundvoraussetzung einer planmäßigen Lösung dieser Aufgaben unter den Bedingungen der Geldwirtschaft muß die Organisation (bei Beachtung der Grundlagen der wirtschaftlichen Rechnungsführung und einer maximalen Dezentralisierung der unmittelbaren Leitung der Industrie nicht nur in den einzelnen Trusts, sondern auch in entsprechendem Umfang in den einzelnen Betrieben) eines ganzen Systems zentralisierter Fonds für die ganze UdSSR in der Verfügungsgewalt des Obersten Volkswirtschaftsrates mit folgender Bestimmung sein:

1. Umlaufreserve der Industriebank.
2. Amortisationsfonds der Industrie.
3. Grundfonds für die sozialistische Akkumulation.
4. Arbeiterreservefonds.[2]

C. Als Quellen für deren Bildung könnten dienen:

1. Für die Umlaufreserve – die Bankemissionen, die der Industriebank auf der Grundlage zinsloser periodischer Anleihen in einer Höhe übertragen werden, die dem zunehmenden Bedarf des wachsenden Industrieumsatzes im Lande an der zusätzlichen Ausgabe von Geldzeichen für die Zirkulation entspricht und deren Verwendung durch die Kreditpläne der Industriebank im Rahmen der entsprechenden Direktiven der Staatlichen Plankommission und des Rates für Arbeit und Verteidigung reguliert wird.
2. Für den Amortisationsfonds – die Abschreibungen vom Wert der vorhandenen Produktionsgrundfonds in den fungierenden Betrieben, die berechnet und vollständig in die Kalkulation der Selbstkosten nach Normen eingesetzt werden, die periodisch nach Vorlagen des Obersten Volkswirtschaftsrates über die Staatliche Plankommission durch den Rat für Arbeit und Verteidigung überprüft und bestätigt werden.
3. Für den Akkumulationsfonds – das Mehrprodukt in Form einer prozentualen Grundfondsabgabe, oder besser noch (zur Vermeidung jeder fetischisierenden Vernebelung), seiner Abgabe unmittelbar auf den Arbeitslohn, wobei die Rate dieser Abgabe für die Kalkulation der Verbraucherpreise periodisch auf die gleiche Weise bestimmt werden müßte.
4. Als Quelle für den Reservefonds der Arbeit kann jene in der gültigen Kalkulation nicht vorgesehene Einsparung an Arbeitslohn je Erzeugniseinheit dienen, die Ergebnis der steigenden Arbeitsproduktivität und Rationalisierung der Produktion in der Berichtsperiode ist. Die Bestimmung dieser Reserve, die den planmäßigen Gewinn übersteigt, ist die Erzeugung des Arbeitslohnes in nichtrentablen Zweigen der Arbeit und die Finanzierung aller Maßnahmen zur Rationalisierung der Arbeit.

Völlig analog sind unsere Aufgaben auf dem Gebiet des Ferntransportes.

3.2. Der Handels-Sektor

Auf dem Gebiet des Handels verfügte der staatliche Sektor bisher über knapp die Hälfte der Großhandelsumsätze und über nicht mehr als 10 bis 20% der Einzelhandelsumsätze, so daß vor uns neben der unmittelbaren Leitung des staatlichen Handels auf diesem Gebiet die grandiose Planungsaufgabe der indirekten Regulierung des ganzen privaten Handels steht, um ihn den Gesamtplan der Wirtschaft unterzuordnen und stufenweise den ganzen Verteilungsapparat zu beherrschen.

Die speziellen Aufgaben auf dem Gebiet des Handels zur Erreichung der obengenannten allgemeinen Ziele sind:

1. Das Problem einer möglichen Senkung der Zirkulationskosten im staatlichen Handel durch dessen rationellere Organisation.
2. Das Problem einer harmonischen Entfaltung des staatlichen und genossenschaftlichen

[2] Entspricht dem Fonds des Betriebes (d. Hrsg.).

Handelsnetzes zur schrittweisen Erringung fester Positionen auf allen Gebieten und Arten des Groß- und Einzelhandels.

3. Das Problem der Vergrößerung der für diesen Zweck erforderlichen Umlaufressourcen und Grundfonds analog den genannten Aufgaben für die Industrie.
4. Das Problem der Regulierung der Industriepreise: a) im staatlichen Großhandel in Form fester Limite, die periodisch durch das Volkskommissariat für Binnenhandel auf der Grundlage vorhandener Kalkulationen festgelegt werden, und b) im Einzelhandel durch Normierung der Handelsaufschläge in dem staatlichen und kooperativen Handel und der Intervention mit Hilfe von Waren auf dem privaten Markt.
5. Das Problem der Regulierung der landwirtschaftlichen Preise in Übereinstimmung mit den Selbstkosten in der kleinbürgerlichen Produktion und einem ausreichenden Aufschlag für die Erhöhung des technischen und agrikulturellen Niveaus dieser Produktion, einer Regulierung durch die Organisation des kooperativen Aufkaufs, der Primärverarbeitung und des Massenabsatzes der bäuerlichen Produktion über entsprechende staatliche Organe auf dem Binnenmarkt und im Ausland.
6. Das Problem der schrittweisen Unterordnung der Hauptmasse der privaten Kleinhändler mit Hilfe von Kommissionsverträgen, die den Verkäufern einen normierten Einkommensanteil am Umsatz gewährleisten, und ihre Einordnung in den Gesamtplan der Arbeit mit dem Ziel, sie als zusätzliche Handelsagenten des Staates ohne jegliche Expropriation zu gewinnen.

3.3. Der Landwirtschafts-Sektor

Auf dem Gebiet der Landwirtschaft befindet sich die Masse der Produktionsmittel, wenn man die formal nationalisierten, vorläufig aber faktisch überhaupt noch nicht vom Staat angeeigneten Bodenreichtümer (mit Ausnahme der äußerst unbedeutenden Flächen der Sowchosen) außer acht läßt, im individuellen Besitz vieler Millionen kleiner Produzenten. Deshalb erfordert das Problem der Akkumulation staatlicher Produktionsfonds und der Regulierung dieser zersplitterten Privatwirtschaft mit Hilfe indirekter Methoden der ökonomischen und steuerlichen Einflußnahme zu seiner Lösung besondere Überlegungen und Vorsicht.

Zu den speziellen Planaufgaben von erstrangiger Bedeutung gehören hier natürlich vor allem die folgenden:

1. Das Problem der Nutzung des vorhandenen Netzes von Staatsgütern (Sowchosen) als Musterbeispiele, insonderheit und vor allem für die Propagierung des Wirkens aller Vorzüge einer gestiegenen Kultur und Technik bei ausreichender *Vergrößerung* der Ackerfläche der Betriebe bei gesellschaftlicher oder kollektiver Nutzung.
2. Das Problem der Bodenwirtschaft und der planmäßigen Melioration der Landwirtschaft auf Kosten des Staates durch Be- und Entwässerungsarbeiten in einem Umfang, der zur Vermeidung der periodischen Mißernten und Hungersnöte ausreichend ist.
3. Das Problem der Traktorisierung und der Elektrifizierung der Landwirtschaft auf Kosten des Staates und der kooperativen Produktionsvereinigungen im Dorf im Zusammenhang mit dem Problem der Industrialisierung in der Sphäre der saisongebundenen Primärverarbeitung von landwirtschaftlichen Produkten (Stärke und Melasse und ähnliche Produktionsrichtungen), um eine gleichmäßigere Arbeitszeitauslastung der Landbevölkerung während des ganzen Jahres zu erreichen und Erscheinungen einer saisonbedingten Arbeitslosigkeit im Winter entgegenzuwirken.

4. Das Problem der planmäßigen Einbeziehung dünnbesiedelter Räume, um die überschüssigen Arbeitsressourcen des Dorfes rationell auf dem gesamten Territorium der Republik zu nutzen.
5. Das Problem der Akkumulation ausreichender staatlicher Fonds zur Finanzierung aller obengenannten Maßnahmen auf dem Gebiete der Landwirtschaft vor allem durch:
a) prozentuale Abführungen von den Einnahmen des staatlichen Handels aus der Realisierung landwirtschaftliche Produkte auf dem Binnenmarkt und im Ausland;
b) prozentuale Abgaben von der Differenzialrente in der Landwirtschaft (die Organisation ihrer Einführung an Stelle einer einheitlichen Landwirtschaftssteuer ist eines der wichtigsten und vorrangigen Probleme unserer Finanzpolitik).
6. Das Problem der Regulierung der Raten der Rentabilität und der Produktionsakkumulation der kleinen privaten Warenproduzenten in der Landwirtschaft durch Normierung der Aufkaufpreise der staatlichen Organe für landwirtschaftliche Produkte (siehe Punkt 5 in diesem Abschnitt) im Zusammenwirken mit den Raten der Differentialrente und für Einkünfte, die ein festgelegtes Limit übersteigen, auch eine progressive Einkommensbesteuerung.
7. Das Problem der Kollektivierung der Landwirtschaft:
   a) durch Zusammenfassung der kleinen individuellen Produktionseinheiten zu größeren, zu Kollektivwirtschaften (Kolchosen) und Kommunen (Kommunchosen), die die Wirtschaft auf ihr eigenes kollektives Risiko führen, wobei sie lediglich staatliche Kredite, Traktorenausrüstung, Beregnungsanlagen und dergleichen nutzen und ihre gesamte Produktion auf vertraglicher Grundlagen gegen eine bestimmte Kommissionsprovision dem Staat übergeben;
   b) durch Bildung von Staatsgütern (Sowchosen), die das gesamte Wirtschaftsrisiko auf Kosten des Staates übernehmen und die den Produzenten auf der Grundlage eines Vertragslohnes ein höheres Existenzminimum garantieren, als es normalerweise von ihnen in selbständigen kleinen Wirtschaften erreichbar ist.

Wir haben mit der Lösung der genannten Probleme bereits begonnen und dabei nicht geringe Erfolge erzielt.

Das von uns auf dem Gebiet der staatlichen Industrie und des Handels geschaffene System von Trusts, Syndikaten und Handelseinrichtungen mit dem von ihm versorgten ausgedehnten Netz von Kooperativen, die vollständig auf der Grundlage der wirtschaftlichen Rechnungsführung bei maximaler Dezentralisierung der unmittelbaren Leitung arbeitet, ist dennoch durch einen einheitlichen Willen und eine planmäßige Leitung vereinigt, und zwar nicht nur in den seltenen Momenten der Bestätigung von Produktionsprogrammen und Perspektivplänen ihrer Entwicklung, sondern auch in ihrer täglichen Arbeit durch die laufende Bankfinanzierung. Das von uns entwickelte System von Banken – die zentrale Emissionsbank und die speziellen Banken für die Industrie, den Handel, die Landwirtschaft usw. – stellt bereits heute einen mächtigen Apparat des finanziellen Blutkreislaufs dar. Unsere Planungsorgane, die quartalsweise und monatlich die Kreditpläne der Banken mit den allgemeinen Entwicklungsperspektiven der Volkswirtschaft und der laufenden Konjunktur des Augenblickes verbinden und auf diese Weise die Nahrungssäfte der Umlaufressourcen zu den wichtigsten Punkten leiten, halten in ihren Händen jenen zentralen Geldhebel zur Leitung der Volkswirtschaft, wie ihn stärker keine kapitalistische Wirtschaft kennt. Und wenn man noch hinzufügt, daß in den Händen der gleichen Organe sich noch solche zusätzlichen Hebel wie das Außenhandelsmonopol und der gesamte Ferntransport sowie das Zoll- und überhaupt das ganze Steuersystem befinden, dann wird klar, wie groß unsere Planungsmöglichkeiten sind.

Wir beherrschen es natürlich bei weitem noch nicht vollständig. Vor uns steht zum

Beispiel das bei weitem noch nicht gelöste Problem der Schaffung des obengenannten Systems zentralisierter Fonds spezieller Bestimmung: 1. eines Amortisationsfonds, 2. eines Grundfonds der Akkumulation, 3. einer Umlaufreserve, 4. eines speziellen Fonds für die Rationalisierung der Arbeit und ähnlichen Zwecken. Uns scheint, daß wir erst mit der Organisation und ausreichenden Akkumulation eines solchen Systems von Fonds, das für die produktive Nutzung auf allen Gebieten der Wirtschaft sichergestellt wird, die Planungsinitiative vollständig beherrschen. Die Aufgabe des zentralen Planungsorgans läuft dann vor allem darauf hinaus, das Akkumulationstempo aller Produktionsfonds der Republik zu normieren und den Einsatz dieser Fonds zu regeln, wobei ihre Vorhaben auf diesem Gebiet in Form der jährlichen Kontrollziffern und perspektivischen Finanzpläne zur Entwicklung und Rekonstruktion der ganzen Volkswirtschaft insgesamt fixiert werden.

Die geeignetste Arbeitsform für die bilanzmäßige Verknüpfung dieser Finanzen mit dem Staatshaushalt und dem gesamten Wirtschaftsablauf des Landes ist natürlich die jährliche Aufstellung einer Perspektivbilanz der Volkswirtschaft für die ganze Union insgesamt und für ihre einzelnen Bestandteile und Gebiete im besonderen.

Unabhängig von diesen äußeren Formen der Planung sind die Investitionen deren Grundvoraussetzungen. Wir haben z. B. einen umfassenden Plan zur Elektrifizierung, aber wir haben keinen festen Plan für seine Realisierung, weil wir nicht für mehrere Jahre voraussehen können, wieviel Krümel wir aus den laufenden Haushaltsressourcen für die Elektrifizierung herauszulösen vermögen. Es ist undenkbar, daß solche Aufgaben, wie die Elektrifizierung und überhaupt die grundlegende Rekonstruktion der technischen Basis unserer Wirtschaft, ohne Berechnung und Voraussicht der erforderlichen Ressourcen in Form eines *mehrjährigen* Planes gelöst werden können. Wir haben auch noch einen weiteren hinreichend ausgearbeiteten außerordentlich wichtigen Plan für einen Komplex von Maßnahmen in der Landwirtschaft, der unser Land für immer von Mißernten und Hungersnöten schützen soll. Doch auch dieser Plan erfordert spezielle Ressourcen, die nicht in den Rahmen des laufenden Haushaltes passen.

Die Quellen für die Lösung von Aufgaben dieser Art finden sich in unserem Lande, wenn es nicht gar gelingt, sie von außerhalb heranzuziehen. Garantie dafür sind jene Erfolge, die wir bereits bis heute an unserer wirtschaftlichen Front erzielt haben. Unsere Industrie steigert nun schon das dritte Jahr ihre Produktion um einen Prozentsatz von mehreren Zehnereinheiten. In dem gleichen vorher nie gekannten Tempo wuchs auch der Arbeitslohn und mit ihm die Kapazität unseres Marktes. Nicht weniger schnell entwickelte sich auch unser Warenaustausch. Auf der Grundlage dieses allgemeinen Wirtschaftsaufschwungs wurden solche großen Errungenschaften möglich wie eine stabile Währung und ein Haushalt ohne Defizit und das in einem Lande, das gerade eine nie dagewesene Kriegszerstörung und eine ganze Reihe von Mißernten durchgemacht hat.

Die Konkurrenzfähigkeit unserer staatlichen Industrie und des staatlichen Handels wachsen mit jedem Jahr. Wir haben keinen Grund, daran zu zweifeln, daß die Vorteile der Großproduktion und des zentralisierten Absatzes ihre Überlegenheit bereits bald in noch höherem Grade beweisen werden und daß wir das Privatkapital schrittweise aus allen von ihm bei uns errungenen Positionen verdrängen werden.

Ist es jedoch notwendig, für eine solche Überwindung der NÖP eine vollständige „Proletarisierung“ aller Kleinproduzenten und Kleinhändler zu erreichen?

Natürlich nicht. Um die Produktion und den Warenumlauf des Landes zu beherrschen und zum vollständigen Herren des Marktes zu werden genügt es wahrscheinlich, etwa über zwei Drittel der in diesen Wirtschaftszweigen befindlichen Produktionsmittel zu verfügen. Sobald wir nicht nur die Großhandelspreise, sondern auch die Einzelhandelspreise sowohl dem Produzenten als auch dem massenweisen Verbraucher diktieren können, ist die Aufgabe gelöst, die Anarchie der NÖP zu überwinden.

Ob die Reste der Kleinproduzenten und Kleinhändler sich dabei als selbständige „Besitzer" betrachten oder nicht, ändert an der Sache nichts. Indem wir auf ökonomische Weise sowohl die Preise für die Produktion der Bauern als auch die Handelsaufschläge des Einzelhändlers regulieren, verwandeln wir diese in unsere Agenten. Die Kollektivierung der Arbeit in jenem Umfang durchzuführen, der im Interesse ihrer Rationalisierung notwendig ist, stellt dann bereits keinerlei überwindliche Schwierigkeiten mehr dar.

Uns ist selbst noch nicht die Kraft klar, über die wir auf dem Markt bereits verfügen. Der vorjährige Erfolg bei der Schließung der „Schere" sowie auch der Erfolg unserer Geldreform, die sich auf eine Fixierung der Großhandelspreise auf den staatlichen Rubel stützte, war für viele von uns ziemlich unerwartet. Noch schwerer fällt es manchem von uns zu glauben, daß wir schon bald nicht nur verstehen werden, im voraus das wahrscheinliche Tempo des Kapazitätszuwachses unseres Marktes zu berechnen, sondern diesen auch in dem für uns erforderlichen Umfang bewußt *vorauszubestimmen*, indem wir auf das Lohnniveau und die Preise der bäuerlichen Produktion einwirken. Wir selbst zweifeln jedoch in keiner Weise daran, daß diese Probleme bereits sehr bald zu ihrer Lösung heranreifen.

Unsere Errungenschaften der Planung sind auch jetzt bedeutend. Unsere Planperspektiven jedoch übersteigen die Erwartungen nicht nur unserer Klassenfeinde, sondern auch mancher kleingläubiger Freunde.

4. *Über die Kontrollziffern der Staatlichen Plankommission für das Wirtschaftsjahr 1925/26*[1]

4.1. Geben wir „Reihen" oder ein System von Ziffern

Die Bezeichnung „Kontrollziffern" der Staatlichen Plankommission ist in Analogie zu den Haushaltskontrollziffern des Volkskommissariats für Finanzen gewählt worden. Während letztere den Rahmen bildeten, innerhalb dessen sich alle Leitungsorganisationen mit ihren konkreten *Haushalts*vorschlägen für das bevorstehende Jahr bewegen sollten, stecken die „Kontrollziffern der Volkswirtschaft" nach den Vorstellungen der Staatlichen Plankommission den Rahmen ab, in den sich in den Grenzen der möglichen Voraussicht und planmäßigen Voraussagen nicht nur der Staatshaushalt und die konkreten Wirtschaftspläne der einzelnen Leitungsorgane, sondern auch alle spontanen Prozesse des Wirtschaftslebens im Lande, vorausberechnet für ein ganzes Jahr, einfügen sollen.

Das Volkskommissariat für Finanzen formuliert seine Kontrollziffern als Aufgaben für die einzelnen Organe, wobei es bei seinen Berechnungen von den Gesamteinnahmen des bevorstehenden Jahres und dem Bemühen um ein Haushaltsgleichgewicht ausgegangen ist. Die Staatliche Plankommission ging bei ihren Aufgaben zugleich von der Idee eines volkswirtschaftlichen Gleichgewichts aus, aber natürlich von einem wesentlich komplizierteren als es das elementare Haushaltsprinzip darstellt: wir wollten die Beine durch die Hose stecken. Wir hatten die Proportionalität einer krisenfreien Entwicklung der wichtigsten

[1] Aus der Diskussion über erste Erfahrungen der Staatlichen Plankommission bei der Ausarbeitung der volkswirtschaftlichen Perspektiven für 1925/26; „Zur Verteidigung der Kontrollziffern des Staatlichen Plankomitees", in: Planovoe chozjajstvo, 10/1925.

Zweige unserer Volkswirtschaft und vor allem des gesamten Ackerbaus und der Industrie im Auge.

Die Möglichkeit zu einer solchen planmäßigen gegenseitigen Anpassung der Realisierung über den Austausch zwischen Stadt und Land unterliegenden Warenmassen der industriellen und der landwirtschaftlichen Produktion beruht darauf, daß uns zum Zeitpunkt der Zusammenstellung der Kontrollziffern der Ernteertrag bereits bekannt war. Das ist eine gewichtige Tatsache, die von jenen Wirtschaftlern bei uns vollständig unterbewertet wird, die auf eine Verschiebung des Planungsjahres vom Oktober auf den Januar bestehen. Die Ernte ist der Elementarfaktor, der sich am wenigsten einer Regulierung unterwirft. Ist dieser Faktor aber bekannt, dann ist die Frage nach seiner krisenfreien Realisierung eine Frage des Manöverierens zwischen dem Umfang der inneren Produktion von Industriegütern, dem Export und Import der verschiedenen Warengruppen und den Preisrelationen zwischen den industriellen und landwirtschaftlichen Waren auf dem inneren Markt. Alle diese Faktoren lassen sich planmäßig regulieren, wie das bei uns bereits in hinreichendem Grade durch die Erfahrung belegt ist, wenn auch natürlich nur in bestimmten, recht engen Grenzen.

Wir konnten z. B. das Produktionsprogramm unserer Industrie im Hinblick auf die sehr guten Ernteaussichten für 1925 nicht mehr erweitern als es die 100%ige Auslastung der vorhandenen Produktionsmittel dieser Industrie erlaubte. Den Export unserer landwirtschaftlichen Produktion konnten wir nicht über die Aufnahmefähigkeit der ausländischen Märkte und über unsere Transportmöglichkeiten hinaus forcieren, während der Import von Industriewaren an jene Grenzen stieß, die uns von unseren Außenhandels- und Zahlungsbilanzen gezogen sind. Infolgedessen mußten wir, um eine vollständige Bilanzierung bei der Realisierung des Produktenaustausches zwischen der Stadt und dem Dorf zu sichern, auch bestimmte – teils wünschenswerte, teils auch unumgängliche – Verschiebungen auf dem Gebiet der Preisentwicklung in Richtung auf eine Öffnung der Preis„schere“ vorsehen.

Inwieweit es uns gelungen ist, dieses Grundproblem und eine Reihe anderer Planungsaufgaben gleicher Ordnung mit den Kontrollziffern für das Wirtschaftsjahr 1925/26 zu lösen, wird die Zeit zeigen. Aber schon heute werden die Kontrollziffern in den Spalten der Presse und auch im Rat für Arbeit und Verteidigung sehr lebhaft diskutiert. In dieser Diskussion wurde eine ganze Reihe sehr ernsthafter kritischer Bemerkungen vorgebracht, die wir in vollem Umfang in unserer weiteren Arbeit berücksichtigen müssen. Noch größer war jedoch die Zahl solcher Vorwürfe und Angriffe, die man entweder nur einfach als Mißverständnisse werten kann oder als offensichtliche Überschätzung unserer Planungsmöglichkeiten und damit als Ausdruck übertriebener Forderungen an unsere Arbeit.

Der ernsteste und besonders fühlbare Vorwurf, der uns gemacht wurde, war die Bemerkung, daß die Kontrollziffern der Staatlichen Plankommission nicht bilanzmäßig miteinander verbunden seien, daß es kein Bilanzsystem, sondern einfach eine Zahlenreihe darstelle. In unterschiedlicher Form wurde von vielen dieser Vorwurf mit dem Zusatz versehen, daß unsere Ziffern übermäßig global seien und keine konkreten Aufgaben für die einzelnen Industriezweige und Produktionen enthielten.

Wenn man die genannten Vorwürfe in dem Sinne verstehen würde, daß man von uns erwartete, in Form der Kontrollziffern bereits eine vollständig abgeschlossene und im Detail ausgearbeitete Bilanz der Volkswirtschaft für das Wirtschaftsjahr 1925/26 mit aufgeschlüsselten Produktionsplänen für alle Produktionen zu erhalten, dann wären diese Vorwürfe allerdings vollständig gerechtfertigt.

Eine derartige Arbeit haben wir jedoch nicht durchgeführt. Mehr noch, wir konnten sie nicht ausführen und haben uns diese Aufgabe gar nicht gestellt.

Man muß eine Vorstellung davon haben, was eine abgeschlossene Bilanz der Volkswirtschaft eines solchen Landes wie der UdSSR ist.

Vor mehr als einem Jahr, am 21. Juli 1924, wurde der Zentralverwaltung für Statistik vom Rat für Arbeit und Verteidigung die Aufgabe gestellt, eine Bilanz der Volkswirtschaft für 1923/24 zum 1. Oktober aufzustellen und sie in das Staatliche Plankomitee einzubringen. Die Zentralverwaltung für Statistik hat bekanntlich einen riesigen statistischen Apparat und konnte für diesen Zweck Zehntausende Statistiker einsetzen, und trotzdem gelang es ihr weder bis zum Oktober 1924 noch zum Oktober des darauffolgenden Jahres, diese Aufgabe zu erfüllen. Mehr als 8 Monate brauchte sie allein dafür, um in der Zeitschrift „Ėkonomičeskaja žizń“ wenigstens die allgemeinsten Ergebnisse der Arbeit zu veröffentlichen, die nicht weniger global sind als jene, die von uns als Kontrollziffern ausgegeben wurden, aber die detaillierte Bilanz harrt auch heute noch, d. h. 14 Monate nach Beginn der Arbeiten, ihrer Veröffentlichung.

Die Bilanz der Zentralverwaltung für Statistik wird auf Initiative der Staatlichen Plankommission ausgearbeitet. Wir haben das Bilanzschema und die hauptsächlichen methodologischen Hinweise für die Aufstellung dieser Bilanz gegeben. Und wir warten mit großem Interesse auf ihre Verwirklichung. Wollte sich jedoch die Staatliche Plankommission, die insgesamt nur über ein bis zwei Dutzend Ökonomen und etwa die gleiche Anzahl von Statistikern verfügt, selbst mit einer solchen Arbeit befassen, dann würde sie sich unausweichlich in eine völlig tote akademische Einrichtung verwandeln, denn sie würde dafür nicht 14 Monate, sondern mindestens 3 bis 4 Jahre brauchen. Schließlich werden in den Kontrollziffern Bilanzberechnungen nicht nur für ein, sondern für ganze 3 Jahre (1913, 1924/25 und 1925/26) gegeben. Welches praktische Interesse hätte für den Rat für Arbeit und Verteidigung und für das ganze Land eine *perspektivische* Bilanz für das Wirtschaftsjahr 1925/26, die im Jahre 1930 herausgegeben würde?

Die Staatliche Plankommission hatte jedoch noch andere, wahrscheinlich gewichtigere Gründe dafür, nicht danach zu trachten, eine vollständig abgeschlossene, detaillierte Bilanz und einen entsprechenden Wirtschaftsplan für 1925/26 mit *eigenen Kräften* auszuarbeiten. Natürlich würde es für viele Organe eine große Erleichterung sein, wenn sie ohne jegliche eigene Anstrengungen einen völlig fertigen Plan mit detaillierten Aufgaben für jede Produktionsgruppe und für jeden Trust bekommen würden. Nicht umsonst hat uns jedoch W. I. Lenin mehrfach vor einer *Bürokratisierung* der Pläne gewarnt. Man kann sich leicht vorstellen, was für ein oberbürokratisches Werk zustande käme, wenn das Staatliche Plankomitee der UdSSR, das in der Vozdvizenka[2] in Moskau sitzt, die Rolle einer Unionsamme oder irgendeines vormundschaftlichen Vorhersehens für jeden abgelegenen Trust, den man in 3 Jahren nicht erreichen kann, übernehmen würde.

Wir hielten es im Stadium der Aufstellung von Kontrollziffern für unsere Aufgabe, lediglich eine allgemeine Charakteristik über das mögliche Entwicklungstempo der wichtigsten Zweige der Volkswirtschaft zu geben, alle Kennziffern zu einem einheitlichen, abgestimmten Überblick zu systematisieren und sie als allgemeinste Aufgaben jenen Volkskommissariaten zu übergeben, die die konkreten Pläne für das kommende Jahr zusammenstellen werden. Wir beabsichtigen nur, ein abgestimmtes System von Indizes für die voraussichtliche Entwicklung unserer Volkswirtschaft im Wirtschaftsjahr 1925/26 zu geben, damit die einzelnen Organe bei den Arbeiten zu ihrem jeweiligen Bereich auch den allgemeinen Zusammenhang zur Volkswirtschaft als Ganzes im Auge haben. Wir sind davon überzeugt, daß ein vollständig befriedigender *Plan* nur dann entsteht, wenn sowohl die Zentralverwaltung für Statistik als auch alle Wirtschaftsvolkskommissariate, die zur

[2] Die Vozdviženka ist eine Moskauer Straße, die heute Kalininstraße heißt (d. Hrsg.).

Planungsarbeit verpflichtet sind, und zwar jedes auf seinem Gebiet, uns bei dessen Zusammenstellung *helfen.*

Wir verstehen aber nicht, warum einige Organe mehr von uns erwartet haben. Sie haben doch auch nicht vom Volkskommissariat für Finanzen gefordert, als es ihnen die Kontrollziffer für den Aufbau ihres Haushalts vorgab, daß ihnen Sokolnikov eine *fertige Aufschlüsselung* für die Befriedigung aller ihrer Bedürfnisse in den Grenzen der genannten Kennziffern übergebe.

Andere Genossen haben solche Forderungen nicht gestellt. Sie waren offenbar bereit, sich mit dem vorliegenden Umfang der Kontrollziffern zufrieden zu geben unter der Bedingung ihrer besseren Verknüpfung. Sie sehen jedoch deren innere Verknüpfung nicht.

Daran sind wir offenbar selber schuld. Wir haben jede Ziffer nach der Bilanzmethode erarbeitet, haben dies jedoch bei der Aufstellung unserer Tabellen selbst nicht hinreichend deutlich gemacht. Technisch wäre das nicht einfach durchzuführen, weil wir einen solchen Aufbau der Tabellen erreichen müßten, bei dem jede Kennziffer die Entwicklungs*dynamik* dieser oder jener Erscheinung in der Zeit aufdecken müßte. Hätten wir uns jedoch von dieser Aufgabe abgewandt und auf die Werte eines beliebigen Jahres beschränkt, dann könnten wir sie ohne besondere Mühe auch in der Form eines Bilanzschemas darstellen.

So ergibt sich z. B. das Folgende, wenn man zu diesem Zweck die Kontrollziffern für 1925/26 in der Vorkriegsbewertung umstellt (siehe Tabelle 1):

Wir beschränken uns in der angeführten Tabelle nur auf die globalen Summen. Jede von ihnen kann jedoch nach dem Material, das den Kontrollziffern zugrunde liegt, auf Dutzende Einzelsummen aufgeschüsselt werden. Das ganze System von Kontrollziffern verknüpft sich auf diese Weise über die angeführte Bilanz zu einem einheitlichen Ganzen. Derartige Bilanzen kann man aus den Kontrollziffern auch für das Wirtschaftsjahr 1924/25 und für 1913 aufstellen, und zwar nicht nur in der Vorkriegsbewertung, sondern auch in Warenrubel und in Tscherwonez-Valuta[3]. Wir sprechen beispielsweise schon gar nicht von den speziellen Bilanzen für Futtergetreide, die darüber hinaus noch in Naturaleinheiten für ganze 6 Jahre aufgestellt wurden.

Natürlich kann man all diese Bilanzen als äußerst unvollständig, unvollendet und übermäßig global ansehen. Wir geben alle Mängel in dieser Hinsicht im voraus gern zu. Das Vorhandensein eines Bilanzzusammenhanges im System der von uns vorgeschlagenen Kontrollziffern kann man jedoch, wie uns scheint, nur bei polemischer Übertreibung übersehen.

Pjatakov hat uns vorgeworfen, daß die Kontrollziffern selbst keine Antwort darauf geben würden, welche ökonomischen Folgen sich aus der Nichterfüllung dieser oder jener Aufgabe des Staatlichen Plankomitees ergäben.

Das ist natürlich richtig. Wenn, sagen wir, unsere Aufgaben bezüglich der Realisierung aller Warenüberschüsse an bäuerlichem Getreide nur zu 90 oder 85% erfüllt werden, dann ist die einzige automatische Folge dessen – wenn alle anderen Kontrollziffern unverändert bleiben – eine arithmetische Unstimmigkeit der Bilanz, nämlich daß die Summe der Einnahmekonten nicht mit der Summe des vorgesehenen Verbrauchs übereinstimmt. Das befriedigt natürlich weder Pjatakov noch uns, weil aus einer solchen Nichtübereinstimmung der Ziffern noch keine unmittelbaren ökonomischen Schlußfolgerungen hervorgehen.

Wenn man jedoch nicht allzu übertriebene Forderungen an die Arithmetik stellt, selbst wenn sie in einer buchhalterisch einwandfreien Bilanz dargelegt ist, dann dürfte es nicht

[3] Bei der Bilanzierung der Summen in laufenden Preisen darf man nicht vergessen, daß die Überhänge des vergangenen Jahres zu *anderen* Preisen bewertet sind als die Überhänge des laufenden Jahres und daß man sie deshalb über einen Index auf einheitliche Bewertung bringen muß.

Tabelle 1. Perspektivische Bilanz der Produktion der UdSSR für das Wirtschaftsjahr 1925/26 (in Millionen Rubel nach Vorkriegspreisen)

Soll		Haben	
Einnahmekonten	für die Summe	Ausgabenkonten	für die Summe
A. Landwirtschaft		A. Landwirtschaft	
1. Bruttoproduktion		1. Naturalverbrauch und Vorräte	
a) Ackerbau und Viehwirtschaft	10236	a) Produkte des Ackerbaus und der Viehwirtschaft	7099
b) Forstwirtschaft, Fischfang, Jagd	1200	b) Produkte der Forstwirtschaft, des Fischfangs und der Jagd	700
Summe der Produktion	11436	Summe	7799
2. Landwirtschaftlicher Import	189	2. Realisierung	
		a) des landwirtschaftlichen Imports	189
		b) der inneren Produktion des Ackerbaus und der Viehwirtschaft	3137
		c) der Produkte der Forstwirtschaft, des Fischfangs und der Jagd	500
Insgesamt für die Landwirtschaft	11625	Summe der Realisierung	3826
		Insgesamt Produkte der Landwirtschaft	11625
B. Industrie		B. Industrie	
1. Überhänge von 1924/25	280	1. Geldloser Umlauf innerhalb des Trusts	720
2. Bruttoproduktion		2. Realisierung	
a) Fabrikindustrie	5280	a) des industriellen Imports	329
b) handwerkliche Industrie	1370	b) der inneren Produktion	5510
Summe der Produktion	6650	Summe der Realisierung	5839
3. Industrie Import	329	3. Übergang zum Ende des Jahres	700
insgesamt für die Industrie	7259	insgesamt Produkte der Industrie	7259
insgesamt zur Verteilung	18884	insgesamt für A und B	18884

schwer sein, mit Hilfe einer *ökonomischen Analyse* die Folgen einer solchen Störung auf das vorgesehene System der Proportionen – durch Kontrollziffern abgesteckt – abzuschätzen.

Wird jede *beliebige* Störung dieses Systems von einer unausweichlichen Wirtschaftskrise begleitet sein?

Natürlich nicht. Unbedeutende Abweichungen vom vorgesehenen Umfang der Produktion und der Realisierung in einzelnen Zweigen der Wirtschaft lassen sich leicht durch entsprechende Veränderungen der Preise oder der Jahresendbestände für die landwirtschaftlichen und industriellen Vorräte korrigieren. Bedeutendere Abweichungen schaffen jedoch schon eine ganze Reihe schwerer ökonomischer und politischer Schwierigkeiten, die jede Wirtschaftskrise begleiten.

Das von uns für das Wirtschaftsjahr 1925/26 vorgesehene System des Gleichgewichtes ist nicht das einzig mögliche. Wir wollen das an einem Beispiel verdeutlichen. Zur Zeit der Zusammenstellung der Kontrollziffern schätzen wir die Ernte auf 4700 Millionen Pud Getreide, gegenwärtig rechnen wir jedoch wegen des durch eine Regenperiode hervorgerufenen Verlustes und Verderbs mit einem Minderbetrag in Höhe von 5 bis 6% der Bruttoernte. Das ist ein schwerer ökonomischer Verlust für unsere Wirtschaft. Doch so paradox das auch ist, dieser Verlust erleichtert uns nur die Aufgabe, die Endpositionen unseres Wirtschaftsplanes in Übereinstimmung zu bringen. Unsere Möglichkeiten für die Realisierung und den Export der Warenüberschüsse an bäuerlichem Getreide waren sehr begrenzt. Und deshalb mußten wir annehmen, daß trotz maximaler Ausnutzung dieser Möglichkeiten, trotz einer riesigen Anhäufung von Getreidevorräten in den bäuerlichen Wirtschaften und äußerster Steigerung des Getreideverbrauchs und des Verbrauchs an Futter in diesen Betrieben dennoch die Gefahr eines außergewöhnlich starken Absinkens der Getreidepreise auf der einen Seite und eines Warenhungers bezüglich industrieller Erzeugnisse auf der anderen Seite drohte.

Jetzt verlieren diese Gefahren ihre Schärfe. Wir befürchten bereits kein übertriebenes Absinken, sondern ein vom Standpunkt der Exportmöglichkeiten zu hohes Niveau des Getreidepreises. Die Realisierung der Ernte verzögert sich. Wenngleich der Gesamtumfang der Beschaffung auch bei der vom Unwetter nicht betroffenen Ernte für das ganze Jahr die vom Plan vorgesehene Höhe erreichen kann, ist doch bei einem *gleichmäßigeren* Gang der Realisierung die Gefahr eines möglichen Warenhungers im Dorf zu Beginn des Jahres (vor der vollständigen Entfaltung der Arbeit in der Industrie nach dem neuen Programm) merklich gemildert. Damit ergben sich in den Grenzen der früheren Aufgaben des Staatlichen Plankomitees neue wirtschaftliche Proportionen, und offenbar stabilere als in der ersten Variante, die unseren Kontrollziffern zugrunde liegen.

Selbst wenn unsere Hauptaufgabe bezüglich des Umfangs der notwendigen Getreidebeschaffung keine wesentliche Reduzierung in der weiteren Planungsarbeit des laufenden Jahres erfährt, so wirken sich doch die Veränderungen der Zahlen für die gesamte Getreideernte in jedem Falle unweigerlich auch aus auf die Höhe des Naturalverbrauches der Bevölkerung und auf die Getreidevorräte zum Ende des Jahres sowie auf den Verlauf der Getreidepreise, die in unseren Kontrollziffern projektiert sind, weil alle diese Dinge untereinander durch eine unlösbare Bilanzbeziehung verknüpft sind.

4.2. Unsere „Übertreibungen“ und unser „Optimismus“

In einer bestimmten Übertreibung ist der Optimismus eine gesunde Grundlage. Jedenfalls steht den Ideologen der Klasse, die nichts zu verlieren hat außer ihren Ketten, aber die ganze Welt zu gewinnen, ein bestimmter sozialer Optimismus wesentlich besser zu Gesicht als der hoffnungslose Pessimismus überlebter Klassen. Die Ideologen der überlebten Klassen konnten nicht jenen gesunden Optimismus haben, der beim Proletariat aus dem Gefühl des unaufhaltsamen Wachsens seiner Bedeutung, seiner Organisiertheit und seiner sozialen Kraft erwächst. Sie konnten ihn nur durch jenen *Staats*optimismus ersetzen, der dadurch, daß er überall zum Zwecke der Selbstberuhigung nur die „erfreulichen Erscheinungen“ herausgreift, bewußt nichts bemerkt, was die gute Verdauung und die gute Laune des Geistes der herrschenden Klasse verderben könnte.

Die sowjetische Lebensweise ist zu gesund und lebensvoll, um sich mit irgendwelchen Illusionen zu nähren und die Wirklichkeit durch einen *Staats*optimismus aufzuputzen. Haben sich aber nicht dennoch in unsere Kontrollziffern irgendwelche *unbeabsichtigten*

Übertreibungen eingeschlichen, die durch das alle Erwartungen übertreffende Wachstumstempo unserer Wirtschaft in den letzten drei bis vier Jahren hervorgerufen sind?

Eine solche Gefahr ist völlig real. Wir haben uns mehr als einmal in Richtung auf eine Unterschätzung unserer volkswirtschaftlichen Perspektiven geirrt. Deshalb wäre es durchaus keine große Sünde, sich – wenn auch mal in anderer Richtung – zu irren. Jedenfalls ist es die allgemeine Meinung unserer Kritiker, daß wir *dieses Mal* die Perspektiven für das Wirtschaftsjahr 1925/26 übertrieben einschätzen würden. Übertreibungen sehen sie sowohl in den absoluten Größen der Planaufgaben für 1925/26 als auch im Entwicklungstempo der entsprechenden Elemente der Volkswirtschaft.

Worauf begründet sich jedoch diese Meinung?

Gegenwärtig kann man sie – allgemein gesprochen – nur auf zweierlei Weise begründen: Einmal dadurch, daß man unsere Planaufgaben jenen gegenüberstellt, die nach Expertenschätzung der am meisten interessierten Organe als völlig real angesehen werden, und zum anderen dadurch, daß man unsere Berechnungen zur Begründung jener Aufgaben mit parallelen Berechnungen anderer Personen oder Behörden vergleicht.

Praktisch wäre es viel gefährlicher, sich in den Schlußfolgerungen und Aufgaben zu irren. Deshalb wenden wir uns vor allem diesen zu. Man hat uns vorgeworfen, daß wir in unseren Schlußfolgerungen stärker unsere eigenen dynamischen Wachstumskoeffizienten der Volkswirtschaft als die Meinungen der von dem Staatlichen Plankomitee hinzugezogenen Experten berücksichtigt hätten. Es kann sein, daß das stimmt. Wir konnten doch nicht jedem beliebigen Experten ohne jegliche Prüfung seiner intuitiven Prognosen durch eigene Berechnungen aufs Wort glauben. Aber sehen wir, wie groß unsere Abweichungen von den Expertisen sind.

Beginnen wir mit dem Haushalt. Die vorjährige Ziffer betrug 2572 Mill. Rubel. Für 1925/26 erhöhen wir sie auf 3700 Millionen, während die Experten des Volkskommissariats für Finanzen nur auf 3569 Mill. Rubel kommen. Die Differenz beträgt 4%. Welche Genauigkeit hat jedoch bis zum gegenwärtigen Zeitpunkt die Berechnung des Volkskommissariats für Finanzen auf dem Gebiet des Haushaltes erreicht? Darauf geben die Erfahrungen aus dem vergangenen Jahr eine Antwort. Im Jahre 1924 hat das Volkskommissariat für Finanzen für den 14. Oktober eine Kontrollsumme für den Haushalt in Höhe von 2092 Millionen Rubel berechnet, real wuchs diese Ziffer im Zuge der Erfüllung auf 2560 Millionen, das heißt um 22%. So genau sind mithin die Berechnungen des Volkskommissariats für Finanzen.

Es fragt sich, ob man unter diesen Bedingungen die Ziffer des Staatlichen Plankomitees als überhöht betrachten kann. Ist nicht die umgekehrte Annahme richtig, daß die Ziffer des Volkskommissariats für Finanzen untertrieben ist.

Das ist um so wahrscheinlicher, als sich bereits ein paar Monate nach Aufstellung der Kontrollziffern zeigte, daß allein schon die Einkünfte des Transportwesens die ursprünglichen Annahmen sowohl des Volkskommissariats für Finanzen als auch des Staatlichen Plankomitees um ganze 50 Mill. Rubel übersteigen. Man kann kaum daran zweifeln, daß sich ähnlich wie im vergangenen Jahr noch viele andere Einnahmenkonten vergrößern.

Eine andere von uns „überhöhte" Ziffer betrifft die Aufgabe für das Volkskommissariat für Außenhandel, unseren Export von der vorjährigen Ziffer in Höhe von 462 Millionen auf 1100 Millionen Rubel-Tscherwonez, d. h. um 138% zu steigern. Die Aufgabe ist tatsächlich enorm. In der offiziellen Stellungnahme des Volkskommissariats für Außenhandel zu den Kontrollziffern vom 15. September ist mit den Unterschriften von Frumkin und von Prof. Zamengof folgendes vermerkt: „Wie mehrfach vom Volkskommissariat für Außenhandel gesagt wurde, ist die von der Staatlichen Plankommission vorgesehene Ziffer für den Exportplan in Höhe von 1100 Millionen *absolut irreal.*" Hier wird unsere

Abweichung von der Expertise des entsprechenden Organs offensichtlich schon bedrohlich. Welche Ziffern halten jedoch die Experten des Volkskommissariats für Außenhandel selbst für möglich? „Nach Berechnungen des Volkskommissariats für Außenhandel" – lesen wir in dem gleichen Dokument – „werden die *realen Exportmöglichkeiten* der UdSSR für 1925/26 auf 1074 Mill. Rubel geschätzt". Damit beträgt die Kluft zwischen vollkommen „real" und „absolut irreal", die philosophische Köpfe erschrecken, insgesamt nur ganze 2,4%.

Unterstellen wir jedoch, daß wir die Aufgabe für den Export über die „realen" Möglichkeiten um ganze 2,4% überhöht haben, während das Volkskommissariat für Außenhandel nach der Aussage seiner Experten kaum mit den realen Möglichkeiten fertig wird. Derart ist die Expertise von Prof. Zamengof. Während aber die Professoren aus dem Volkskommissariat für Außenhandel eine Überhöhung unserer Exportziffer nachweisen, so beweisen die Professoren aus dem Volkskommissariat für Landwirtschaft das Gegenteil. Prof. Makarov z. B. behauptet kategorisch, daß sowohl die gesamte Warenmasse an landwirtschaftlichen Produkten von uns „untertrieben" als auch „der Exportanteil der landwirtschaftlichen Produkte *noch stärker unterbewertet* worden ist."[4]

Für die Mitarbeiter der Staatlichen Plankommission ist das eine ganz gewöhnliche Sache, daß sich die Experten der verschiedenen Organe fast bei jeder Frage, mit der sie in Berührung kommen, gegenseitig in ihren Einschätzungen „neutralisieren", so wie Ätznatron und Salzsäure. Diejenigen Genossen jedoch, die uns mangelnde Sorgfalt gegenüber den Expertisen der verschiedenen Organe vorwerfen, sollten sich einmal in unsere Lage versetzen. Es würde ihnen verständlicher, warum wir oft genötigt sind, unsere zwar nicht sehr präzisen, aber dafür völlig objektiven „dynamischen Koeffizienten" den außerordentlich kategorischen doch einander ausschließenden Schätzungen der verschiedenen Organe vorzuziehen.

Wie dem auch sei, die Orientierungsziffer für den Export in Höhe von 1105 Mill. Rubel hat bereits die Bestätigung durch den Rat für Arbeit und Verteidigung gefunden. Wenn diese Ziffer auch während der weiteren Präzisierung des Exportplanes oder im Prozeß der konkreten Erfüllung des Planes noch diese oder jene Veränderung erfahren sollte, so hätten wir dennoch nicht unsere Aufgabe erfüllt, den „Export maximal zu forcieren"[5], würden wir diese Ziffer schon gesenkt haben, noch bevor konkrete Anstrengungen gemacht wurden, sie in vollem Umfange zu erfüllen.

Die dritte Kontrollziffer: Die Aufgabe für das Transportwesen, den Umfang des Güterumschlages von 4576 Mill. Pud im vergangenen Jahr auf 6100 Mill. Pud im Jahre 1925/26, d. h. um 33% zu erhöhen.

Im Juli fanden auch die Experten des Volkskommissariats für Verkehr diese Ziffer durchaus überhöht. Jetzt aber hat dieses Organ selbst eine wesentliche höhere Ziffer für den Güterumschlag, nämlich 6410 Mill. Pud, vorgeschlagen. Diese Ziffer ist bereits vom Staatlichen Plankomitee und dem Rat für Arbeit und Verteidigung bestätigt worden. Die tatsächlichen Beladungen der letzten Tage überschreitet sogar die Annahmen dieses erhöhten Planes.[6]

Und weiter: unsere Aufgabe für die Industrie. Wir hatten vorgesehen, die Marktproduktion der Fabrikindustrie von 6480 Millionen auf 7170 Millionen Goldrubel zu erhöhen und auf diese Weise diesen Ausstoß unter Berücksichtigung der vorgesehenen Preissenkung um 11% und in natura um 22% zu steigern. Der Oberste Volkswirtschaftsrat, der

[4] N. Makarov, Die Landwirtschaft der UdSSR und der Entwurf für die Kontrollziffern der Staatlichen Plankommission. in: Ėkonomičeskaja žizń vom 18. September 1925.

[5] Die Kontrollziffern der Volkswirtschaft für 1925/26, Moskau 1926, S. 42.

[6] Im Wirtschaftsjahr 1925/26 sind insgesamt 116, 750 Millionen t oder mehr als 7,1 Milliarden Pud transportiert worden.

gegen diese äußerst vorsichtige Berechnung nicht opponiert hat, geht heute bereits wesentlich weiter. Er projektiert eine Steigerung des vorgesehenen Wachstumstempos der Produktion in seinem Wertausdruck um 39% und mengenmäßig um 50%, wobei die Produktion für den Markt bereits auf 7945 Millionen Goldrubel, d. h. um 10% über den Vorschlag der Staatlichen Plankommission hinaus veranschlagt wird.

Wir wissen noch nicht, inwieweit diese Überschreitungen unserer Vorschläge im Obersten Volkswirtschaftsrat mit den im bevorstehenden Jahr äußerst begrenzten Brennstoffressourcen und den für dieses Programm nötigen, aber nicht weniger beschränkten Importmöglichkeiten für Rohstoffe und Ausrüstungen abgestimmt sind. Jedenfalls, sollten sich die Annahmen des Obersten Volkswirtschaftsrates als real erweisen, dann wären unsere Kontrollziffern eher zu niedrig als überhöht.

Hier ist es am Platze, auch die Frage nach der Akkumulation von Vorräten an Industriewaren zum Ende des Wirtschaftsjahres 1925/26 zu berühren, die in den Kontrollziffern mit einer Summe von 700 Millionen – 280 Millionen = 420 Millionen Vorkriegsrubel angegeben wird. Diese Rücklage betrachten einige Genossen unter den Bedingungen des gegenwärtigen Warenhungers als höchst unwahrscheinlich. Hier wird jedoch außer acht gelassen, daß wir den Warenhunger besonders deutlich nur im ersten Quartal des laufenden Jahres fühlen werden, solange die Industrie sich noch nicht vollständig im vorgesehenen Umfang entfaltet hat und die bäuerliche Nachfrage im Zusammenhang mit der *saisonbedingten* Realisierung einer *riesigen* Ernte besonders groß sein wird. Zum Ende des Wirtschaftsjahres, wenn die Ernte nicht höher als im Durchschnitt liegt, wird sich dieser Bedarf bedeutend ermäßigen, während die Industrieproduktion wesentlich höher sein wird. Nebenher sei vermerkt, daß ein Anwachsen der Vorräte auf 420 Millionen bezogen auf die ganze Jahresproduktion von 1925/26 in Höhe von 6650 Mill. Rubel in Vorkriegsbewertung insgesamt nur 6,3% dieser Produktion beträgt. Sogar unter Hinzurechnung der übertragenen Rückstände von 1924/25 beträgt der gesamte Vorrat 700 Millionen Rubel und erreicht damit nur 10,5% der vorgesehenen Jahresproduktion bei einer Vorkriegsnorm von 20%.

Wie wir sehen, ist der „Optimismus" unserer Berechnung auch auf diesem Gebiet durchaus relativ.

Wenden wir uns jetzt unserer Prognose auf dem Gebiet des Binnenhandels zu. Der gesamte vermittelte Umsatz von Warenwerten soll in der Union nach unseren Berechnungen von 13878 Mill. Rubel-Tscherwonez auf 15560 Millionen, d. h. insgesamt um 12% steigen, darunter im staatlichen und kooperativen Handel um 15,5%. Der kooperative Handel selbst aber plant den Zuwachs seines Umsatzes nicht um 15, sondern um ganze 50% gegenüber dem Vorjahr. Das Volkskommissariat für Binnenhandel bestreitet diese Prognose in seinem Plan für die Versorgung des Landes mit Waren nicht.[7]

Es versteht sich, daß kaum jemand sich mehr als wir über solche Erfolge der Kooperativen freut, wenn sie sich als real erweisen. Aber wenn sogar die Prognose von Centrosojuz bis heute von keiner Seite des übermäßigen Optimismus bezichtigt wurde, dann müssen wir uns entschieden dagegen verwahren, daß die Kontrollziffern der Staatlichen Plankommission in dieser Beziehung als „übertrieben" bezeichnet werden.

Auf dem Gebiet des Kredites sehen die Kontrollziffern eine Entwicklung der jährlichen Verrechnungs- und Kreditoperationen unserer Banken von 1900 Millionen auf 3800 Mill. Rubel-Tscherwonez, d. h. eine Steigerung um 100%, vor. Die Experten des Volkskommissariats für Finanzen gaben bei Prüfung der Kontrollziffern in der Staatlichen Plankommission

[7] Materialien zum Bericht des Volkskommissariats für Binnenhandel an den Rat für Arbeit und Verteidigung, in: Ėkonomičeskaja žizń vom 2. und 9. September 1925.

für das Ende des Wirtschaftsjahrs 1925/26 eine Ziffer von 3600 Millionen an. Die ganze Differenz zwischen diesen Ziffern erklärt sich jedoch daraus, daß das Volkskommissariat für Finanzen in seine Berechnungen nur die Wechsel- und Warenkredite aufgenommen hat und die Staatliche Plankommission noch 200 Mill. Rubel Kredit für Wertpapier – eine Anleihe für den wirtschaftlichen Aufbau – hinzugefügt hat. Damit haben wir auch hier nur die Berechnungen der behördlichen Expertise präzisiert, wobei wir absolut keinen Übertreibungen verfielen.

Schließlich sieht die Staatliche Plankommission auf dem Gebiet des Geldumlaufes vor, die umlaufende Geldmasse innerhalb eines Jahres bis zum Oktober 1926 von 1157 Mill. auf 1973 Mill. Rubel-Tscherwonez, d. h. um 816 Mill. Rubel, zu erhöhen. Um wieviel weichen wir auf diesem Gebiet von der Expertise des Volkskommissariats für Finanzen ab?

Während der Durcharbeitung der Kontrollziffern in der Staatlichen Plankommission wurden die Emissions-Vorstellungen des Volkskommissariats für Finanzen bei uns von Mekler und Šanin entwickelt. Der erstere bestimmte den Umfang der Bankemission für 1925/26 auf 700 Millionen Rubel. Der zweite gab bereits Ziffern, die auf Quartale aufgeschlüsselt waren, und zwar für das erste Quartal 265 Millionen, für das zweite nichts, für das dritte 135 und für das vierte 350 Mill. Rubel, insgesamt also 750 Mill. Rubel für das Jahr. Wenn man zu der letztgenannten Ziffer noch etwa 30 bis 40 Millionen Emission von Münzen für Wechselgeld hinzufügt, dann beträgt die Differenz zwischen dieser Expertise und den Vorschlägen der Staatlichen Plankommission letzten Endes 3 bis 4%.

Dennoch bezeichnete Sokolnikov im Rat für Arbeit und Verteidigung unsere Berechnungen als „inflationär" und wies sie als höchst übertrieben zurück. Sokolnikov selbst aber bestimmt den Geldumlauf bis zum Oktober 1926 auf nicht mehr als 1600 bis 1650 Mill. Rubel. Das bedeutet aber, daß er in dem Jahr nur 450 bis 500 Mill. Rubel in Umlauf setzen will anstelle der 600 bis 750 Millionen, die uns von den Experten der Finanzbehörde genannt wurden.

Wie wollen hier nicht mutmaßen, warum Sokolnikov so stark von den Schätzungen seiner eigenen Experten in bezug auf die Emissionsperspektiven abweicht. Keine Expertise hat, wenn sie sich allein auf die Autorität eines Experten stützt, in unseren Augen eine entscheidende Bedeutung. Er hat jedenfalls seine pessimistische Expertise bisher nicht durch irgendwelche vernünftigen Argumente untermauert.

Unsere Berechnungen im vorliegenden Falle, genauso wie in vielen anderen, gründen wir nicht auf subjektive Schätzungen einzelner Personen, sondern auf spezielle Untersuchungen, die in der Staatlichen Plankommission durchgeführt wurden und deren Methoden und Ergebnisse seinerzeit veröffentlicht worden sind.[8] Es sei vermerkt, daß die praktischen Vorteile unserer Methoden im Vergleich zu Expertenschätzungen bereits durch die Kritik der Erfahrungen auf dem Gebiet der Emissionen im letzten Jahr überprüft werden können. Vor etwa 10 Monaten schätzte Sokolnikov den wahrscheinlichsten Umfang des Geldumlaufs zum Oktober 1925 auf 1000 Millionen Rubel. Diese Expertenschätzung unterstellte vom 1. Oktober 1924 bis zum 1. Oktober 1925 eine Emission in Höhe von 377 Mill. Rubel (1000–623). Etwa zur gleichen Zeit, Anfang Januar 1925, bestimmte eine Kommission der Staatlichen Plankommission mit Hilfe ihrer Methoden den möglichen Umfang der Geldemission für 1924/25 in der Größenordnung von 554 Mill. Rubel, d. h. auf fast des 1 1/2fache der Daten von Sokolnikov. Das ganze Jahr über wurde das Volkskommissariat für Finanzen bekanntlich von Sokolnikov geleitet, und ungeachtet dessen betrug die tatsächliche Emission für 1924/25 ohne jeglichen Schaden für den Kurs unseres

[8] S. G. Strumilin, Unsere Emissionsmöglichkeiten, in: „Planovoe chozjajstvo", 5/1925.

Tscherwonez nicht 377 Millionen, sondern 520 Mill. Rubel. Der Fehler in der Prognose von Sokolnikov betrug somit 143 Millionen oder 38%, während die Fehleinschätzung der Staatlichen Plankommission 33 Millionen oder 6% der vorgesehenen Daten ausmachte.

Welche Schlußfolgerung kann man daraus ziehen?

Die Emissionsannahmen von Sokolnikov waren auch im vergangenen Jahr, wie man sich bei uns ausdrückt, wesentlich „vorsichtiger" als unsere. Die sowjetische Wirklichkeit zieht es jedoch vor, den weniger „vorsichtigen", aber offenbar genaueren Berechnungen der Staatlichen Plankommission zu folgen. Wir zweifeln nicht daran, daß sich im Wirtschaftsjahr 1925/26 das gleiche ereignen wird.

Zuzulassen, daß im ganzen Erntejahr 1925/26 nicht mehr als 500 Millionen Rubel emittiert werden, während allein für das letzte *Viertel* des laufenden Jahres völlig schadlos 297 Mill. Rubel neu ausgegeben wurden, halten wir selbst unter der Flagge der „Vorsicht" nicht für möglich. Natürlich stellt das Staatliche Plankomitee die *Stabilität* unserer Valuta über alle zeitweiligen Vorteile. Solange aber keine reale Gefahr droht, halten wir jene Prognosen für die vorsichtigsten, die mit der größten Genauigkeit durch die ökonomische Wirklichkeit bestätigt werden.

Von diesem Standpunkt her haben die Prognosen der Kontrollziffern für 1925/26 unserer Ansicht nach nicht nur auf dem Gebiet der Emission, sondern auch auf allen anderen Gebieten hinreichende Chancen, daß sie sich als wesentlich vorsichtiger erweisen werden, als das gegenwärtige sehr vielen unserer Kritiker scheint. Mögen diese Prognosen optimistisch sein, aber sie sind durchaus nicht übertrieben. Die Expertenschätzungen der Volkskommissariate sind, wie gezeigt wurde, im allgemeinen durchaus nicht schlechter als die unseren und übertreffen diese in manchen Fällen bezüglich ihres „Optimismus". Man braucht sich darüber jedoch nicht besonders zu wundern. Denn hier, wie auch auf anderen Gebieten des Lebens, wird unser Planungsbewußtsein in bedeutendem Maße durch unser ökonomisches Sein bestimmt.

Dieses Sein birgt in seinem Schoß offenbar so viele Elemente eines überaus lebensvollen und gesunden Optimismus, daß er bis heute auch von den optimistischsten unserer Planer noch nicht eingeholt werden konnte.

4.3. Unser „Maximalismus" oder ihre Mikromanie

In ihrer allgemeinen Bewertung der wirtschaftlichen Perspektiven für das Wirtschaftsjahr 1925/26 sind die Kontrollziffern der Staatlichen Plankommission durchaus nicht überhöht. Jedenfalls geben die Expertisen der entsprechenden Leitungsorgane fast bei allen Elementen der Ziffern die gleiche Größenordnung an, wenn nicht gar mehr.

Woher aber, aus welchen Quellen kam die weit verbreitete Meinung vom übertriebenen Maximalismus unserer Berechnungen?

Liest man sich in die umfangreiche Literatur der kritischen Äußerungen über die Kontrollziffern hinein, kann man diese Quellen unschwer feststellen. Unsere Berechnungen werden ständig den parallelen Berechnungen der Experten aus der Zentralverwaltung für Statistik gegenübergestellt. Der Getreideertrag wird z. B. von N. O. Dubeneckij aus der Zentralverwaltung für Statistik auf nicht höher als 4,2 Milliarden Pud bestimmt, während die Staatliche Plankommission 4,7 Milliarden annimmt; die gesamte landwirtschaftliche Produktion des Wirtschaftsjahres 1925/26 beziffert L. N. Litošenko aus der Zentralverwaltung für Statistik auf 15,6 Milliarden und die Staatliche Plankommission auf 16,3 Milliarden Rubel-Tscherwonez usw.

Es muß gesagt werden, daß für die Kritik der Kontrollziffern der Staatlichen Plankommission alle Professoren der verschiedenen Organe und die Experten nicht nur der Zentralverwaltung für Statistik mobilisiert wurden. Ihre Gutachten und Einschätzungen über unsere Arbeit wimmeln in der ganzen Presse. Von ihnen ein besonderes Wohlwollen gegenüber unserer Arbeit zu erwarten, hatten wir keinerlei Begründung. Einige von ihnen traten noch unlängst mit wissenschaftlichen Vorträgen über die Unmöglichkeit der sozialistischen Ordnung auf, weil die Aufgabe der planmäßigen Voraussicht und Regulierung einer vergesellschafteten Wirtschaft selbst irrational sei. Es nimmt daher nicht wunder, daß die bürgerliche Wissenschaft in Gestalt von Gelehrten dieser Art, nachdem sie ein bestimmtes Mandat erhalten hat, die ersten ernsthaften Erfahrungen einer planmäßigen Vorausschau auf sowjetischem Boden einer Kritik zu unterziehen, nun diese Arbeit mit aller Gewissenhaftigkeit erfüllt. Einen besonderen Eifer entfaltete in dieser Beziehung jedoch Professor Litošenko.

Überall, wo die Daten der Staatlichen Plankommission einer Kritik unterzogen wurden, konnte man Professor Litošenko antreffen. Im Kollegium des Obersten Volkswirtschaftsrates wurden unsere Berechnungen von Professor Litošenko kritisiert. Im Kollegium des Volkskommissariates für Finanzen trat Professor Litošenko mit dem gleichen kritischen Vortrag auf. In den Sitzungen des Rates für Arbeit und Verteidigung über die Kontrollziffern begegnen wir wiederum dem gleichen Professor Litošenko. Gestützt auf die Ergebnisse einer nicht veröffentlichten Bilanz der Zentralverwaltung für Statistik überrechnete Professor Litošenko – nach seiner Darstellung – selbständig alle Berechnungen der Staatlichen Plankommission für das Wirtschaftsjahr 1925/26 und konstatierte, daß diese Berechnungen um ganze Zehnereinheiten von Prozenten überhöht seien.

Wir begrüßen natürlich eine so schmeichelhafte Aufmerksamkeit seitens Professor Litošenkos gegenüber unseren Ziffern und wundern uns über dessen Energie. In der Tat arbeitete die Staatliche Plankommission mit ihrer ganzen Belegschaft und unter Hinzuziehung aller interessierten Leitungsorgane mehr als 4 Monate an den Kontrollziffern, Professor Litošenko aber schaffte es allein, im Verlaufe von nur wenigen Wochen nach der Veröffentlichung unserer Ziffern in der Zeitschrift „Ėkonomičeskaja žizń“ vom 20. August 1925 diese alle neu zu überrechnen, zu kritisieren und zu korrigieren und am 9. September bereits im Kollegium des Obersten Volkswirtschaftsrates über die Ergebnisse seiner Arbeit zu berichten. Wir können dennoch nicht umhin, unser tiefes Bedauern darüber auszudrücken, daß Professor Litošenko diese Arbeit so spät begonnen hat.

Nach unserem Dafürhalten wäre es wesentlich besser gewesen, wenn die Zentralverwaltung für Statistik in Gestalt von Professor Litošenko und der anderen Mitarbeiter mit all ihren Bilanzrechnungen der Staatlichen Plankommission zu dem Zeitpunkt zur Hilfe gekommen wäre, als die Ziffern *ausgearbeitet* wurden und nicht erst dann, wenn sie nur noch mehr oder weniger glücklich kritisiert werden können. Die Staatliche Plankommission hatte darum nachdrücklich und mehrfach gebeten. Zu diesem Punkt gab es auch spezielle Beschlüsse des Rates für Arbeit und Verteidigung. Professor Litošenko fand jedoch ungeachtet seiner ganzen erstaunlichen Beweglichkeit und Energie keine Gelegenheit, rechtzeitig mit allen seinen Bilanzrechnungen zur Staatlichen Plankommission zu kommen.

Wie dem auch sei, die verbesserte und ergänzte Auflage der Kontrollziffern in der Umrechnung von Professor Litošenko ist bisher nicht erschienen. Deswegen können wir sie auch nicht analysieren und mit den unseren vergleichen. Folglich können wir uns nur auf die bekannte Autorität dieses Wissenschaftlers verlassen und ihm aufs Wort glauben, daß nicht er sich in seinen erzpessimistischen Prognosen und Berechnungen geirrt hat, sondern wir.

Die Autorität von Professor Litošenko auf dem Gebiet der Prognose unserer wirtschaftlichen Entwicklung ist uns natürlich gut bekannt. Im Herbst 1923 gab die Zentralverwaltung für Statistik eine Broschüre von Professor Litošenko unter dem Titel „Der bäuerliche Haushalt im Wirtschaftsjahr 1922/23“ heraus, in der der genannte Autor die jährliche Kapazität des bäuerlichen Marktes für Industrieerzeugnisse für das Wirtschaftsjahr 1921/22 auf 325 Mill. und für 1922/23 auf 318 Millionen „goldene“ Rubel schätzte, was – nach seinen Berechnungen – $^1/_7$ des Vorkriegsniveaus bedeutete. Die Broschüre endet mit der Prognose: „Berücksichtigt man den Umfang der Ernte dieses Jahres und das herannahende Auseinanderklaffen für Preise der Produkte der Industrie und der Landwirtschaft, kann man mit hinreichender Begründung annehmen, daß auch im bevorstehenden Landwirtschaftsjahr 1923/24 der quantitative Ausdruck der bäuerlichen Nachfrage gegenüber Produkten der Industrie *den bereits erreichten Stand nicht übersteigt.*“[9]

Das ist der Entwicklungsraum, den unser talentierter Professor, der mit allen Daten der Zentralverwaltung für Statistik bis an die Zähne ausgerüstet war, der sowjetischen Wirtschaft voraussagte.

Es versteht sich, daß hier die Staatliche Plankommission auch noch nicht für einen Groschen optimistisch war. Es gab aber auch noch nicht das elementarste Gefühl für die Realität. In der Staatlichen Plankommission wurde die Arbeit von Professor Litošenko damals schon einer kritischen Analyse unterzogen. Nachdem wir auf eine ganze Reihe von groben Fehlern des Professors hingewiesen haben, kamen wir zu dem Schluß, daß die Kapazität des bäuerlichen Marktes für das Wirtschaftsjahr 1922/23 auf etwa 957 Mill. Rubel geschätzt werden muß und daß sie im Wirtschaftsjahr 1923/24 die Größe von etwa 1530 Mill. Warenrubel erreichen wird.[10]

Unsere Kritik blieb unwidersprochen. Aber schon im Frühjahr 1924 brachte die Zentralverwaltung für Statistik eine neue Ziffer über die Kapazität des bäuerlichen Marktes für 1922/23 heraus, indem sie diese von 318 Millionen auf 560 Millionen erhöhte. In der neuen Broschüre von L. N. Litošenko „Über das Nationaleinkommen der UdSSR“ tritt diese Zahl von 560 Millionen bereits mit der wesentlichen Erklärung auf, daß die Bewertung der Industrieerzeugnisse, die von den Bauern gekauft werden, nach *Vorkriegspreisen* erfolgt sei (S. 54). Das bedeutet, daß man diese Zahl für die Umrechnung in die neue Valuta mindestens mit 1,7 multiplizieren muß. Und wir erhalten dann anstelle von 560 Millionen bereits 960 Millionen. P. I. Popov bestimmte im Dezember 1924 – ebenfalls unter Hinweis auf Haushaltsziffern – diese Größe für 1922/23 bereits auf 600 Millionen Vorkriegsrubel oder 1072 Millionen Rubel-Tscherwonez, und für 1923/24 wurden diese von ihm bereits mit 1618 Mill. Rubel-Tscherwonez „nach Werten der Marktnachfrage“ beziffert.[11]

Diese Zahl hat sich auch nicht lange gehalten. Nach einigen Monaten wuchs in der Bilanz der Zentralverwaltung für Statistik für das Wirtschaftsjahr 1923/24, an der auch P. I. Popov und Professor Litošenko lebhaftesten Anteil nahmen, die uns interessierende Größe bereits auf 3600 Mill. Rubel-Tscherwonez an.[12]

---

[9] L. N. Litošenko, Der bäuerliche Haushalt im Wirtschaftsjahr 1922/23, Ausgabe der Zentralverwaltung für Statistik 1923, S. 57. Kursivdruck von uns.

[10] S. G. Strumilin, Die Kapazität unseres Marktes, Moskau 1924, S. 38/39.

[11] Ėkonomičeskoe obozrenie, Ausgabe 23/24 von 1924, S. LVII.

[12] Ėkonomičeskaja žizń vom 29. März 1925. Professor Litošenko wies im Rat für Arbeit und Verteidigung darauf hin, daß die Zahl der Zentralverwaltung für Statistik in Höhe von 3600 Millionen Rubel nicht voll mit seiner Zahl in Höhe von 560 Millionen Rubel vergleichbar sei, weil hier und dort eine unterschiedliche Zusammensetzung der Industriegüter berücksichtigt worden sei. Wir haben jedoch keine Möglichkeit, die Bedeutung dieser Anmerkung zu prüfen, weil sowohl die 560 Millionen als auch die 3600 Millionen bisher nur als globale Ergebnisse ohne jegliche Aufschlüsselung veröffentlicht worden sind.

Diese Zahl „übertraf" somit letzten Endes, entgegen der Prognose von Professor Litošenko, die von ihm gesetzte Grenze (318 Millionen) mindestens um 1000 %!

Nach einer solchen Konfusion mit den eigenen wissenschaftlichen Prognosen würde es nicht jeder unternehmen, fremde Prognosen zu verbessern. Professor Litošenko jedoch hat das nicht nur übernommen, sondern erhielt auch noch die Approbation dazu von seiten der Zentralverwaltung für Statistik. Und nicht umsonst hat man ihn danach zum internationalen Kongreß nach Rom delegiert, um dort die sowjetische statistische Wissenschaft zu vertreten.

Wieviel Vergnügen dieser Schriftsteller unseren Klassenfeinden im Westen bereiten kann, läßt sich aus dem folgenden Auszug aus der weißen Presse ermessen. In „Bulletin Kotidien" vom 23. September 1925 findet man in einem Artikel über die Kontrollziffern der Staatlichen Plankommission unter anderem folgende Stelle: „Während Trockij sich auf die Zahlenergebnisse der Staatlichen Plankommission in seinen Lobhudeleien über den „sowjetischen Sozialismus" bezieht, erklärt Professor Litošenko (siehe „Torgovo-promyslennaja gazeta" vom 25. September 1925), daß die Personen, die dieses Programm zusammenstellen, die tatsächliche Produktion des Wirtschaftsjahres 1924/25 im Interesse ihrer Sache um 31% und die für 1925/26 vorgesehenen Werte um 30% erhöht haben".

Welcher Stil! Und wieviel Schadenfreude ist in diesen Zeilen! Aber man möge sich beruhigen. Den Interessen *unserer* sozialistischen Sache schadet das nicht. Schließlich kennen sie nicht den Genauigkeitsgrad der Berechnungen von Professor Litošenko. Ihnen ist auch noch nicht in den Sinn gekommen, aus welchen Blütenblättern in unserer roten Republik die weiße Mikromanie der Einschätzung unserer Wirklichkeit und unserer Errungenschaften blüht. Aber wir wissen genau, was diese Schätzungen wert sind. Wir können auch sowohl dem Freund wie dem Feind ohne Fehler voraussagen, daß jeder, der seine sozialen Berechnungen auf die Prognosen und Expertisen von Professor Litošenko aufbaut, sich letzten Endes erheblich verrechnen wird.

Bedauerlicherweise leiden an einer bestimmten Mikromanie bei uns nicht nur die Berechnungen von Professor Litošenko. Auch die Berechnungen der Getreideproduktion, die jährlich von der Zentralverwaltung für Statistik veröffentlicht werden, litten bis zuletzt chronisch an dieser Krankheit. Die Erntestatistik glänzte allerdings auch in zaristischen Zeiten nicht durch hohe Genauigkeit. Aber nach der Revolution erreichten diese Ungenauigkeiten in Richtung auf eine Unterschätzung bisher nicht dagewesene Ausmaße. Mit Hilfe der Bilanzmethode zur Prüfung der Ernten anhand von Daten über den Verbrauch hat die Staatliche Plankommission bereits vor mehreren Jahren die Unbrauchbarkeit für praktische Zwecke jener Anbauflächen und Bruttoernten nachgewiesen, die uns aus den Quellen der Zentralverwaltung für Statistik von N. O. Dubeneckij dargebracht wurden. Wir konnten uns mit diesen Fehlrechnungen der Zentralverwaltung für Statistik schon deshalb nicht zufrieden geben, weil sie unsere ganze Planungsarbeit verfälschten.

In der Tat, es sei nur ein einziges Beispiel angeführt. Die Transportabteilung des Volkskommissariats für Verkehrswesen projektierte einen Fünfjahrplan der Leistungen des Transportwesens für die Jahre 1923 bis 1928, dessen Berechnungen für den Getreidetransport sich auf die Werte der Ertragsstatistik der Zentralverwaltung für Statistik stützten. Wir haben damals schon das Schicksal dieses Planes vorausgesagt.[13]

Das reale Leben hat unsere Schätzung bereits bestätigt. Dieser Plan, der von einer unterbewerteten Basis ausging, sah die Verladung von 5316 Mill. Pud im Wirtschafts-

[13] S. G. Strumilin, Transportwesen und Landwirtschaft, in: Planovoe chozjajstvo, 3/1924.

jahr 1927/28 vor, tatsächlich wurde aber schon im Wirtschaftsjahr 1925/26, d. h. zwei Jahre früher, dieser Umfang um 20% überschritten.

Wir können uns mit solchen Plänen nicht zufriedengeben, und deswegen können wir auch nicht die Daten der Zentralverwaltung für Statistik verwenden, ohne sie einer gründlichen Kritik und Überprüfung zu unterziehen.

Im Verlaufe von zwei Jahren (1924–1925) hat sich die Zentralverwaltung für Statistik Daten über die Ernteerträge in hohem Maße angeeignet, die vom Staatlichen Plankomitee nach Überprüfung vorgeschlagen wurden. Sie sah sich gezwungen, ihre ursprünglichen Ertragsschätzungen um 50% und mehr zu erhöhen.[14] Doch auch jetzt bleibt noch eine Differenz von 10 bis 12%.

Zur Beruhigung unserer Kritiker aus der Zentralverwaltung für Statistik lenken wir ihre Aufmerksamkeit darauf, daß wir die Ergebnisse des Zentralen Statistischen Komitees für 1913 in den Kontrollziffern in Richtung auf eine noch größere Erhöhung, nämlich um ganze 19%, korrigieren mußten. Damit schaffen wir im *Tempo* unserer Errungenschaften seit 1913 jedenfalls keinerlei Übertreibungen.

Wie beabsichtigen nicht, die Bedeutung unserer sowjetischen Statistik herabzusetzen. Sie ist in den letzten Jahren sehr stark gewachsen und überragt bereits jetzt in vieler Beziehung die europäischen Vorbilder. Aber neben den großen Errungenschaften auf einer Reihe von Gebieten kann man nicht bestreiten, daß es große Lebensfremdheit und Zurückgebliebenheit auf anderen Gebieten, besonders auf dem Gebiet der Landwirtschaftsstatistik, gibt. Diese Losgelöstheit vom Leben in einigen Arbeiten der Zentralverwaltung für Statistik bestimmt auch jenen modrigen Akademismus bei der Problemstellung und die offensichtliche Mikromanie bei ihrer Behandlung, auf deren Proben die Staatliche Plankommission in ihrer praktischen Arbeit mehrfach gestoßen ist. Wenn jetzt diese offenbar schon letzten Überbleibsel einer veıalteten Mikromanie der Zentralverwaltung für Statistik den Kontrollziffern der Staatlichen Plankommission gegenüber gestellt werden, um *unsere* Rechenfehler und Übertreibungen zu beweisen, dann müssen wir folgendes sagen: Fehlrechnungen gab es in der Tat viele, aber im vorliegenden Falle nicht auf unserer Seite.

4.4. Unsere „Fehlrechnungen" und „Fehler"

Wenden wir uns nunmehr anderen Proben akademischer Kritik an unserer Planungstätigkeit zu.

Professor Makarov aus dem Volkskommissariat für Landwirtschaft ist ebenfalls mit der Arbeit der Staatlichen Plankommission unzufrieden. Freilich findet er im Unterschied zu Professor Litošenko bei uns – wie oben bereits gesagt – nicht nur Übertreibungen, sondern auch Untertreibungen. Unsere größte Fehlrechnung sieht Professor Makarov jedoch darin, daß die von uns vorgesehenen Investitionen für die verschiedenen Zweige der Wirtschaft durchaus nicht denjenigen Kapitalfonds proportional sind, die durch sie verstärkt werden.

Der verehrte Professor vereinfacht die Aufgabe der Planung offenbar sehr stark, indem er sie auf die Arithmetik einer proportionalen Teilung reduziert. Wenn die ökonomische Politik durch eine einfache Arithmetik ersetzt werden könnte, dann brauchten wir auch keine Staatliche Plankommission. Professor Makarov hat zwar auch in anderer Hinsicht unrecht, aber gerade mit seiner Arithmetik kann man sich nicht einverstanden erklären.

[14] Siehe unseren Artikel „Zur Reform der Ernte-Statistik", in: Planovoe chozjajstvo, 4–5/1924.

Er stellt dem gesamten Kapitalfonds in der Landwirtschaft allein die staatlichen Investitionen für die Landwirtschaft gegenüber. Hieraus folgert er, daß die Staatliche Plankommission den Interessen der Landwirtschaft unzureichende Aufmerksamkeit schenkt. Ist dem aber so? Wir wollen auf der Grundlage der gleichen Kontrollziffern eine andere, eine wahrhaftigere Gegenüberstellung versuchen, die Gegenüberstellung von den *staatlichen Investitionen* mit den *staatlichen Fonds* der entsprechenden Zweige der Wirtschaft. Wir erhalten dann das folgende Bild:

Wirtschaftszweige	Kapitalfonds[15] (in Mill. Rubel)	Investitionen für 1925/26 (in Mill. Rubel)	in % der Fonds
1. Landwirtschaft	354	301	85,0
2. Industrie	4586	880	19,2
3. Städtischer Wohnungsbau	6464	365	5,7
4. Transportwesen	6050	236	3,9
insgesamt	17454	1782	10,2

Wie wir sehen, gibt es auch in dieser Gegenüberstellung keine Proportionalität zwischen den vorhandenen Fonds und den neuen Investitionen. Diese Proportionalität soll aber auch nicht sein. Unsere sozialistischen Vorposten sind am schwächsten auf dem Lande. Um sie zu stärken, gewähren wir dort bei den ersten finanziellen Möglichkeiten – wenn auch nicht absolut, so doch relativ – die höchsten Wachstumsraten der Investitionen. An nächster Stelle steht bei uns die Industrie, denn sie hat bereits die Grenzen in der Auslastung der vorhandenen Fonds erreicht, und ohne unverzügliche Neuinvestitionen würde sie schon im nächsten Jahr keinen Schritt mehr vorankommen. Außerdem wird diese Bewegung in maximalen Grenzen heute nicht nur von den Interessen der Stadt diktiert, sondern in noch höherem Maße von den Interessen des am Warenhunger und an den hohen industriellen Preisen leidenden Dorfes. Der Wohnungsbau erfordert ebenfalls kolossale Investitionen, aber, erstens, stoßen sie auf die Tatsache, daß sie im laufenden Jahr technisch nicht realisierbar sind und, zweitens, soll Hauptfinanzierungsquelle für die Investitionen nach den Vorstellungen der Staatlichen Plankommission nicht der Staatshaushalt, sondern die Erhöhung der Mieten sein. Was das Transportwesen angeht, so hat es noch bei weitem nicht die Vorkriegsauslastung erreicht und kann im Laufe eines weiteren Jahres noch seine Leistungen bei bescheideneren Investitionen erbringen. Man kann zu dieser Einschätzung anderer Auffassung sein. Über einzelne Zahlen kann man streiten. Auf keinen Fall kann man jedoch folgern, daß wir den Interessen des Dorfes in unserem Investitionsplan unzureichende Aufmerksamkeit schenkten. Wenn sich in dieser Beziehung jemand verrechnete, dann natürlich nicht wir.

Das Gesamtvolumen der Investitionen, das die Staatliche Plankommission projektierte, mag übertrieben scheinen. Ist unser reales Akkumulationstempo so hoch, daß es uns die Möglichkeit gibt, jährlich die Kapitalfonds um 10% und mehr zu erweitern?

[15] In der Zeitschrift „Ėkonomičeskaja žizń“ vom 17. Oktober 1925 hat man uns vorgeworfen, daß wir die Kapitalfonds des Transportwesens zu niedrig angegeben hätten. Diesen Vorwurf müssen wir an die Zentralverwaltung für Statistik weitergeben, deren Ziffern wir, weil keine anderen vorhanden waren, die für alle Zweige der Wirtschaft vergleichbar wären, im vorliegenden Falle benutzen mußten. Wir halten jedoch nicht nur die Fonds des Transportwesens für zu gering angegeben, sondern auch alle übrigen. Doch dadurch verliert die angeführte Gegenüberstellung ihre Bedeutung nicht.

Man muß natürlich direkt sagen, daß es noch nicht so hoch ist. Nichtsdestoweniger ist unsere Investitionsziffer kaum übertrieben. Er handelt sich darum, daß in dieser Zahl nicht nur die Akkumulation, sondern auch die Abschreibungen für den Verschleiß der vorhandenen Fonds in Höhe von annähernd 500 Millionen Rubel enthalten sind. Andererseits sind die vorhandenen Kapitalfonds zweifellos stark unterbewertet (wir stützen uns auf Berechnungen der Zentralverwaltung für Statistik). Die reale Akkumulation, die wir für das nächste Jahr zwischen 1 1/4 Milliarden bis zu 1 1/2 Milliarden veranschlagen[16], beträgt somit kaum mehr als 5 bis 6% vom realen Wert unserer staatlichen Fonds in Tscherwonez-Valuta.

In diesem Umfang erachten wir die mögliche Akkumulation bereits heute als völlig real, natürlich bei entsprechenden Direktiven an die zuständigen Wirtschaftsorgane und das Volkskommissariat für Finanzen.

Professor Zamengof aus dem Volkskommissariat für Binnenhandel, der die Version von Professor Litošenko hinsichtlich unserer Übertreibungen unterstützt, hat uns vorgeworfen, daß wir nicht nur die heutigen Daten überhöhen würden, sondern auch die Vorkriegsdaten herabsetzen, um die Wachstumskoeffizienten unserer Wirtschaft aufzubauschen. Als Beispiel dafür, wie tendenziös unsere Zahlen sind, führen wir die Daten der elektrotechnischen Industrie an, für die wir eine Produktion im Wirtschaftsjahr 1925/26 in Höhe von 337% der Vorkriegsproduktion bestimmten. Unser Fehler besteht nach der Meinung von Professor Zamengof darin, daß die Vorkriegsproduktion der Elektroindustrie zu niedrig angesetzt wurde: die Staatliche Plankommission hatte sie mit 32,4 Mill. Rubel angenommen, während der Oberste Volkswirtschaftsrat sie auf 63 Mill. Rubel beziffert.

Das ist eine sehr charakteristische Beschuldigung. Professor Zamengof hat weder die eine noch die andere Zahl geprüft. Er ist jedoch auch ohne Prüfung überzeugt davon, daß man jene Zahl als falsch bezichtigen muß, die die Errungenschaften der sowjetischen Industrie im günstigeren Lichte zeichnet als die andere. Woher nimmt er diese Sicherheit? Warum hat er nicht die Exaktheit der vom Obersten Volkswirtschaftsrat genannten Zahl angezweifelt? Ist diese nicht motivierte Sicherheit nicht tendenziöser – wenn auch in anderer Richtung – als unsere Ziffern?

Um diese Frage vollständig zu beantworten, weisen wir auf folgendes hin: Vor allen Dingen haben wir unsere Kennziffer nicht ausgedacht, sondern aus den „Veröffentlichungen der Zentralverwaltung für Statistik", Band X, Ausgabe 2, Moskau 1922, S. 10, gewonnen. Professor Zamengof, der in jener Zeit selbst in der Zentralverwaltung für Statistik tätig war, kennt sicher den Wert dieser Quelle besser als wir. Jedenfalls, wenn diese Quelle auch mangelhaft sein mag, so stand uns keine bessere zur Verfügung. Die Arbeit „Die Perspektiven der Industrie für 1925/26", der Professor Zamengof seine Ziffer von 63 Millionen entnahm, ist erst nach unseren Kontrollziffern herausgegeben worden, so daß sie schon deshalb von uns nicht genutzt werden konnte. Außerdem versteht

[16] Die staatliche Industrie kann, wenn man etwa 6% vom Umsatz rechnet, im Wirtschaftsjahr 1925/26 bis zu 400 Millionen Rubel Gewinn bringen; der Wohnungsfonds des Staates, wenn man ihn auf 4,6 Milliarden Rubel schätzt, kann bei Erhöhung der Mieten mindestens 5% oder 320 Millionen Rubel erbringen; der Eisenbahntransport kann bei Bruttoeinkünften von 1250 bis 1300 Millionen Rubel und einem Auslastungsfaktor von 80% bis zu 260 Millionen Rubel ergeben; der staatliche Handel ergäbe bei einem Umsatz von 6,3 Milliarden Rubel und einem mit 5% berechneten Gewinn 315 Millionen Rubel und das staatliche Kreditsystem könnte bei einer Berechnung von nur 2% auf die Jahressumme der Kreditoperationen bis zu 124 Millionen Rubel erbringen, woraus sich insgesamt als Summe 1419 Millionen Rubel ergeben, wobei die Einkünfte der Kooperativen nicht berücksichtigt werden.

Professor Zamengof als Statistiker selbst, daß eine Publikation dieser Art keine *Primärquelle* für statistische Angaben über die Vorkriegsproduktion sein kann. Dort gibt es keinerlei Verweise auf Primärquellen. Professor Zamengof kennt wahrscheinlich auch noch andere Veröffentlichungen des Obersten Volkswirtschaftsrates, in denen Kennziffern über die Vorkriegsproduktion der Elektroindustrie enthalten sind. Wir wollen ihn auf alle Fälle an die folgenden erinnern. In der „Russischen Industrie" des Jahres 1923 (S. 371) stand die Zahl 56670000 Rubel, während wir in der „Russischen Industrie" des Jahres 1921 (S. 96) eine noch bescheidenere Zahl finden, nämlich 42213695 Vorkriegsrubel. Wobei alle diese Schätzungen, wie aus dem Text ersichtlich ist, auf der Basis von Listenpreisen angestellt worden sind, d. h. mit einem Aufschlag gegenüber den Verkaufspreisen in Höhe von 30 bis 40%.

Es fragt sich, warum sich Professor Zamengof im vorliegenden Falle so sehr auf die Zahlen des Obersten Volkswirtschaftsrates verließ? Und warum erachtete er in diesem Falle die Bewertung nach der Preisliste von 1914 für am zweckmäßigsten, wo doch alle übrigen Erzeugnisarten bei uns nach den faktischen Verkaufspreisen angegeben wurden? Und warum hat er aus den ziemlich verschiedenartigen Repertoirs an Zahlen des Obersten Volkswirtschaftsrates auf diesem Gebiet die „kräftigste" ausgewählt?

Wirklich nur deshalb, weil er die von uns angeführten Umstände überhaupt nicht kannte und sich aus Leichtfertigkeit an der ersten besten ihm entgegenkommenden Kennziffer festhielt, die ihm am geeignetsten erschien? Für eine arge Bloßstellung der Kontrollziffern der Staatlichen Plankommission?

Hat sich aber unser gelehrter Kritiker in seinen Berechnungen nicht verrechnet?

Von den Auftritten der gelehrten Kritiker der Finanzbehörde hätte die Arbeit von S. G. Čalchušjan „Über die Methoden und Ziffern der Staatlichen Plankommission" auf dem Gebiet des Geldumlaufs und des Kredits[17] die größte Aufmerksamkeit verdient, wenn diese Arbeit nicht einen kleinen Defekt hätte. Dieser Defekt besteht darin, daß sich der Autor überhaupt nicht bemühte, die Methoden der Staatlichen Plankommission kennenzulernen und gegen Methoden kämpft, die wir überhaupt nicht angewandt haben.

So nimmt er z. B. an, daß die Geldmasse im Umlauf von uns ausgehend von dem *Vorkriegs*verhältnis zum Warenumlauf bestimmt wurde. Dabei wurde diese Methode von uns entschieden abgelehnt. Die Vorkriegsproportionen wurden auch hier, wie überall, von uns nicht als Modelle, sondern nur als Vergleichsmaßstab herangezogen. Die Entwicklung der Geldmasse für das kommende Jahr wurde von uns auf Grund der Analyse der *heutigen* Proportionen und des Tempos unserer wirtschaftlichen Entwicklung bestimmt. Das hätte unser strenger Kritiker wissen können, denn der Bericht der Kommission der Staatlichen Plankommission über die Emissionsmöglichkeiten ist vor langem schon veröffentlicht worden.

S. Čalchušjan zieht es jedoch vor, uns solche Methoden zu unterstellen, deren Ablehnung für ihn eine leichtere Aufgabe darstellt.

Unter diesem Aspekt wird natürlich sein Vorwurf nicht qualifizierter, daß wir bei der Berechnung des Warenumlaufs in die *Waren*masse nicht den Umlauf der „Wertpapiere" einbezogen hätten, die er aus irgend einem Grunde als „Warenkapital" bezeichnet. Von einem Ökonomen, dem sogar die einfachsten Begriffe des Marxismus fremd sind, kann man allerdings keinen sachkundigen Gebrauch solcher Termini wie „*Ware*" oder „*Kapital*" erwarten. Wir wundern uns auch nicht über seine kuriose Forderung, die mittlere Jahreskennziffer für den Geldumlauf „wenigstens aus einer 13monatigen Zahl des Jahres" bezüglich der Kontrollziffern abzuleiten, in denen die Daten des Wirtschaftsjahres 1924/25

[17] Finansovaja gazeta vom 18. September 1925.

mit den Kennziffern des Wirtschaftsjahres 1925/26, das noch nicht begonnen hat, *gegenübergestellt* werden. Freilich haben diese Mittelwerte in unserer Methode zur Bestimmung der Kennziffern des Geldumlaufs zum Ende des Wirtschaftsjahres 1925/26 gar keine Rolle gespielt. Richtig ist auch, daß für beide Jahre im Interesse der Vergleichbarkeit das Mittel nur mit der gleichen Methode gewonnen werden konnte und daß wir für die Ableitung des Mittels für die jährliche Geldmasse im Umlauf für 1925/26 nur über zwei und auch nur vorläufige Datenmengen verfügten, nämlich für den Beginn und für das Ende des Jahres. Deshalb hatten wir keinerlei Möglichkeit, den durchaus „bescheidenen" Wunsch von Čalchušjan zu erfüllen, dieses Mittel für das *kommende* Jahr „wenigstens" aus 13 Wertegruppen zu ermitteln.

Wir dürfen uns jedoch über diese originellen Forderungen unseres Kritikers nicht wundern. Nur durch solche Verfahren konnte er bei uns jene „Mängel" und „Fehler" finden, die er mit beneidenswertem Aplomb auf Schritt und Tritt in den Kontrollziffern entdeckt.

Etwas objektiver ist der Kollege Čalchušjans Professor M. V. Ignat'ev in seinen kritischen Konstruktionen. In seinem Artikel über unsere „Prognose der Preisbewegung"[18] erkennt er im großen und ganzen den „kühnen Versuch" des Staatlichen Plankomitees als „durchaus interessant und fruchtbar" an. Das *jährliche* Preisniveau und sogar die *Saisonschwankungen* der Preise nach Monaten kann man nach Meinung von Professor Ignat'ev, wenn auch nur sehr grob wegen der „Unvollkommenheit unseres statistischen Materials", voraussehen. Das bedeutet, daß die Staatliche Plankommission nicht durch übertriebenen Wagemut sündigt, wenn sie sich diese Aufgabe stellt. Das Elend liegt aber darin, wirft uns Professor Ignat'ev vor, daß die Kommission der Staatlichen Plankommission keinerlei Vorausschau gibt, „nicht ein Wort über die sogenannten konjunkturellen *Schwankungen*" des Preisniveaus. Diese werden aber ohne Zweifel auftreten.

Das ist vollständig richtig. Wir haben uns nicht das Ziel gestellt, das Unerfaßbare zu erfassen. Die konjunkturellen Schwankungen, die weder durch säkuläre, ja nicht einmal durch saisonbedingte Ursachen bestimmt werden, sondern nur von diesem oder jenem Zusammentreffen von Umständen des Augenblicks abhängen, die allgemein gesprochen sich nie wiederholen, sind unserer sehr begrenzten Voraussicht nicht zugänglich. Und wir versuchen es nicht, sie vorauszusagen.

Wir strebten wirklich nur danach, nach dem Ausdruck von Professor Ignat'ev, die „Achse, um die die konjunkturellen Veränderungen schwanken", annähernd zu bestimmen. Kann man uns daraus einen Vorwurf machen? Das hängt natürlich von den Zielen unserer Prognose ab.

Wenn Spekulanten unsere Prognose an der Börse für den Termin mit diesen oder jenen Waren benutzen wollten, so würden viele von ihnen zweifellos dabei Pleite gehen. Wir haben die Prognose jedoch zu anderem Zweck aufgestellt. Wir geben uns gern damit zufrieden, daß nicht einer der von uns vorausgesagten Preise im Laufe des ganzen Jahres eintrifft. Wenn nur alle konkreten Schwankungen der Preise sich wirklich um die von uns vorhergesehene Achse drehen, so reicht das völlig für eine krisenfreie Realisierung der gesamten Warenmasse aus der städtischen und landwirtschaftlichen Produktion, die im Wirtschaftsjahr 1925/26 auf den Markt kommen soll.

Professor Keynes scherzte scharfsinnig darüber, als er uns in der Staatlichen Plankommission besuchte, daß wir in Europa mit der Voraussicht der Preise mehr „verdienen" könnten als mit unserem ganzen Export.

Das ist das Ideal eines bürgerlichen Krämers. Für ihn bedeutet der Besitz des „Ge-

[18] Finansovaja gazeta vom 15. September 1925.

heimnisses“ über die künftigen Preise die Möglichkeit, in breitem Umfang zu spekulieren und seine Konkurrenten zu betrügen. Ein umfassenderes volkswirtschaftliches Interesse an einer richtigen Voraussicht der Preise kann er nicht begreifen. Und deshalb weigert er sich, die *Brauchbarkeit* solcher Prognosen anzuerkennen, die für die Zwecke der Spekulation unzureichend sind.

Da uns ein solcher Standpunkt fremd ist, lachen wir über jene, die schadenfroh darüber sind, daß unsere Prognose über das Fallen der Preise im Juli in der Wirklichkeit um 1,6% überboten wurde. Im August betrug diese Abweichung der Preise +3,8%, im September −3,0%. Im Oktober kann eine neue Veränderung des Vorzeichens eintreten. Wir prätendieren nicht auf die Rolle von Hellsehern, die die konkreten Preise für jeden Tag und Monat erraten. Uns genügt es, wenn das allgemeine Preisniveau sich in der vorausgesagten Richtung bewegt und nicht zu sehr von der vorgesehenen Kurve des Absinkens abweicht.

Wenn Professor Ignat'ev in dieser Beziehung mehr vermag, dann soll er es probieren.

Zum Abschluß noch eine kleine Bemerkung. Professor Ignat'ev glückte es nicht nur, unsere Prognose der monatlichen Preisbewegung durch die Gegenüberstellung mit den konkreten konjunkturellen Preisschwankungen zu blamieren. Als Zugabe entdeckte er bei uns auch noch einen *arithmetischen* Fehler. Wie groß dieses Glück ist, kann man mindestens daran ermessen, daß dieser einzige Fehler dieser Art von einem ganzen Dutzend Professoren herausgeangelt wurde, die unsere Kennziffern unbarmherzig durchgeschüttelt haben. Was ist das für eine Trophäe?

„Nebenher“, stellt unser glücklicher Kritiker fest, „wollen wir die Gelegenheit nutzen, eine arithmetische Korrektur in die Kennziffern des Berichtes der Kommission einzufügen. Die Warenmasse der Industrie nach Vorkriegspreisen macht nicht 5510, sondern 5561 aus, weil 83% (Koeffizient für den Warenausstoß der Industrie) von 6,7 Milliarden Rubel eben die letztgenannte Zahl ergeben“.

Der Fall ist wirklich einzigartig. Einen arithmetischen Fehler kann man durch keinerlei Erörterung bestreiten. 83% von 6,7 Milliarden sind glatt 5561 Millionen, nicht mehr, aber auch nicht weniger. Wie soll man hier einen derartigen Fall nicht nebenher „nutzen“?

Aber welches Pech. Professor Ignat'ev hat *nebenher* die Kontrollziffern „aufgerundet“, in denen er seinen bedeutenden Fehler gefunden hat. Es ist ohne Zweifel *sein* Fehler, denn wenn man die tatsächlichen Kontrollziffern benutzt, nicht 83, sondern nur 82,9% nimmt, und nicht von 6,7 Mrd. sondern von 6650 Mill. Rubel ausgeht, wie es bei uns in Tabelle 1 auf Seite 50 und in Tabelle 2 auf Seite 56 lautet, dann erhalten wir entgegen der Meinung unseres Kritikers gerade jene Zahl von 5510, die er bestreitet.

Wir können somit auch dieses „nebenher“ gefundene Fehlerchen des Professors Ignat'ev ganz und gar nicht auf unsere Rechnung schreiben.

Ach, unsere Kritiker aus den Kreisen der Professoren haben kein Glück! Sie bemühen sich wirklich selbstlos, uns zu verwunden, wenn nicht mit unseren, dann wenigstens mit ihren eigenen Fehlschlüssen und Fehlrechnungen.

Verwundbare Stellen gibt es in unserer Arbeit natürlich viele. Diese liegen aber offenbar auf einer anderen Ebene, die weit offener ist für eine *freundschaftliche* Kritik durch Personen, die mit uns auf den gleichen sozialistischen Positionen stehen als für Vertreter der uns dem Geiste nach völlig fremden bürgerlichen Wissenschaft.

Wie dem auch sei, das erste Examen vor diesen uns durchaus nicht wohlgesinnten Examinatoren haben die Kontrollziffern der Staatlichen Plankommission bestanden, ohne fühlbaren Schaden zu nehmen. Natürlich müssen sie noch ein anderes, weit ernsteres Examen bestehen, nämlich das vor der Realität unseres Wirtschaftslebens. Die Ergebnisse dieses zweiten Examens werden sich aber noch nicht so bald zeigen. Ob sie ebenso günstig ausfallen werden für die Planwirtschaft im allgemeinen und für die, die die Kontrollziffern ausgearbeitet haben, im besonderen, lohnt sich nicht zu erraten.

Wir werden leben und wir werden sehen.[19]

4.5. Staatlicher Plan oder „bäuerliche Pläne"

Das Wirtschaftsjahr 1925/26 begannen wir in bezug auf die Planung besser gerüstet als jedes beliebige Jahr zuvor. In den vorangegangenen Jahren verfügten wir nur über Pläne und Produktionsprogramme für einzelne, besonders wichtige Zweige unserer Wirtschaft. Im August erarbeitete sich die Staatliche Plankommission der UdSSR bereits für einen Gesamtüberblick die mögliche Entwicklung der gesamten Volkswirtschaft als Ganzes für das Wirtschaftsjahr 1925/26 insgesamt und legte – ausgehend von dieser allgemeinen Wirtschaftsperspektive – den obersten Machtorganen diese oder jene konkreten operativen Pläne zur Bestätigung vor.

Die Mitarbeiter der Staatlichen Plankommission, und nicht nur sie allein, betrachteten bisher diesen Umstand als eine große wirtschaftliche Errungenschaft, offenbar ist das jedoch bei weitem noch nicht die allgemeine Ansicht.

Die von der Staatlichen Plankommission herausgegebenen „Kontrollziffern der Volkswirtschaft für das Wirtschaftsjahr 1925/26" wurden bereits bei der ersten Beratung im Sommer von einigen unserer Wirtschaftler sehr unfreundlich aufgenommen. Die Mehrzahl der Angriffe war jedoch ganz offensichtlich nicht stichhaltig, und die ernsthaften Einwände reduzierten sich lediglich darauf, daß die Arbeit der Staatlichen Plankommission in einigen Teilen noch wesentlicher Ergänzungen bedarf und daß einige der vorgesehenen Ziffern im Zusammenhang mit der sich verändernden wirtschaftlichen Konjunktur noch merklichen Korrekturen und Veränderungen unterworfen sein würden.

Diese Einwände konnten trotz ihrer zweifelsfreien Berechtigung die außerordentliche Bedeutung jener gesellschaftlichen Orientierung, die die Kontrollziffern der Staatlichen Plankommission gaben, in keiner Weise erschüttern. Und sie taten es auch nicht. Am deutlichsten zeugt davon die jüngste Einschätzung unserer wirtschaftlichen Lage im Zusammenhang mit den Kontrollziffern der Staatlichen Plankommission, die das Zentralkomitee unserer Partei auf dem Oktoberplenum (1925) gab.

Im Leitartikel der „Pravda" vom 15. Oktober 1925, der die „Ergebnisse des Plenums des ZK der Partei" zusammenfaßt, lesen wir: „Ungeachtet der vorhandenen Stockungen bei der Getreidebeschaffung, trotz der für diese Periode ungewöhnlichen Preisbewegung für Getreideproduktion, die in hohem Grade durch die Witterungsbedingungen, den erheblichen Mangel an Industriewaren und den in diesem Jahre fehlenden Steuerdruck begründet ist, ungeachtet aller dieser Erscheinungen, *haben wir keinen Grund, auf jene Berechnungen für das bevorstehende Jahr zu verzichten, die ihren Ausdruck in den Kontrollziffern der Staatlichen Plankommission gefunden haben. Es bleiben auch die ökonomischen Maßnahmen in Kraft, die von der Staatlichen Plankommission im Zusammenhang mit den Kontrollziffern festgelegt wurden.*"[20]

[19] Tatsächlich wurde der Plan für das Wirtschaftsjahr 1925/26 bezüglich der Bruttoproduktion der erfaßten Industrie in vergleichbaren Preisen um 9% übererfüllt (5745 Millionen bei einer Planauflage in Höhe von 5280 Millionen Rubel in Vorkriegspreisen). Dabei beliefen sich die Investitionen in der Industrie auf 872 Millionen Goldrubel, um 1% weniger als der Plan, der ein Volumen von 880 Millionen vorsah. „Die Kontrollziffern der Volkswirtschaft für 1925/26", Ausgabe 3, Moskau 1926, S. 36, 54 und „Die Kontrollziffern der Volkswirtschaft der UdSSR für 1927/28", Moskau 1928, S. 487, 504 (d. Hrsg.).

[20] Hervorhebungen – S. G. Strumilin.

Das Plenum des ZK garantiert natürlich damit ebensowenig wie die Staatliche Plankommission selbst, daß die Kontrollziffern der Staatlichen Plankommission hundertprozentig zutreffen werden. Wir lesen an gleicher Stelle: „Die endgültigen Voraussetzungen unserer Berechnungen für das bevorstehende Jahr klären sich wahrscheinlich zum Dezember, zum Zeitpunkt, wenn der Parteitag zusammentritt. Aus diesem Grunde entschloß sich das Plenum des Zentralkomitees, die Partei nicht durch irgendwelche endgültigen Einschätzungen über die wirtschaftliche Situation zu binden, sondern es entschied, diese dem Parteitag zu überlassen und für die nächste Periode jene Orientierung in Kraft zu lassen, die ihren Ausdruck in den Kontrollziffern gefunden hat."

Diese maßgebende Entscheidung erlangt für uns besondere Bedeutung angesichts des prinzipiellen Streites über die Kontrollziffern, der seinerzeit von Sokolnikov hervorgerufen wurde.

Schon am 18. September 1925 wandte Sokolnikov im Rat für Arbeit und Verteidigung gegenüber den Kontrollziffern zugleich mit vielen anderen, weniger wesentlichen Einwänden die folgende, unseres Erachtens besonders vieldeutige Überlegung ein.

Die Bedeutung der Kontrollziffern der Staatlichen Plankommission sei für die praktische Arbeit schon deshalb „minimal", weil sie durchaus nicht das Problem der krisenfreien Entfaltung unserer Wirtschaft lösen würden. Es handelt sich darum, daß die wirtschaftliche Basis für alle unsere Planannahmen für das Wirtschaftsjahr 1925/26 die Ernte der Landwirtschaft des Jahres 1925 ist. Diese Ernte liegt im Lande zum Zeitpunkt der Zusammenstellung unserer Pläne bereits vor, aber sie ist durchaus noch nicht in unseren Händen. Die Lösung der Aufgabe, vor der die Staatliche Plankommission steht – so stellt Sokolnikov fest –, „wäre natürlich sehr leicht, *wenn eine organisierte und planmäßige Nutzung aller jener Ressourcen, über die das Land auf der Grundlage des vergangenen Wirtschaftsjahres verfügt, wirklich möglich wäre. Das ist jedoch gerade nicht der Fall.*" Sokolnikov stellt weiter fest: „Eine große Menge von Elementen befindet sich außerhalb unseres Planungswillens, und da wir eine solche Ordnung haben, bei der auf der einen Seite eine Vielzahl kleinster spontaner *Pläne* und die Marktkonjunktur existieren, und auf der anderen Seite unsere Pläne, so ist gerade das an sich die *objektive* Vorbereitung für eine ganze Reihe von Krisen."

Die von uns nach dem Stenogramm wiedergegebenen Bemerkungen Sokolnikovs im Rat für Arbeit und Verteidigung fanden danach ihre weitere Entwicklung in jener durchaus klaren Entgegensetzung von staatlichem Plan und „Bauernplan", die 2 Monate später in seinem Vortrag vom 20. November 1925 im Geschäftsklub (Delovoj Klub) erfolgte. Doch bereits das, was er im Rat für Arbeit und Verteidigung im September gesagt hatte, ging schon so weit über das unmittelbare Ziel – die Einschätzung der Kontrollziffern der Staatlichen Plankommission für das Wirtschaftsjahr 1925/26 – hinaus, daß es schon damals u. a. die folgende Erwiderung von seiten des Vertreters des Volkskommissariats der Arbeiter-und-Bauern-Inspektion, V. P. Miljutins, hervorrief: „Sokolnikov hielt im Grunde genommen eine Rede gegen die Planwirtschaft. Seine Rede richtete sich nicht nur gegen die Kontrollziffern, sondern gegen die Planwirtschaft überhaupt".

Tatsächlich, ob Sokolnikov es wollte oder nicht, der Eindruck seiner Rede war eben dieser. Gewiß, die Marktbeziehungen wurden bei uns ernsthaft und auf lange Dauer wieder hergestellt und niemand will die NÖP vorläufig ablösen. Wenn das aber eine solche „Ordnung" schafft, daß die Erfüllung der staatlichen Pläne *objektiv* auf den Widerstand von 22 Millionen bäuerlicher Pläne stößt, wobei diese 22 Millionen „Bauernpläne" nach dem Urteil von Sokolnikov „real verwirklicht werden", während auf dem Gebiet *unserer* Pläne – nach seinem ziemlich energischen Ausdruck – „alles zum Teufel geht", dann ist eine solche Ordnung in keiner Weise mit der Planwirtschaft in Einklang zu bringen.

Doch Sokolnikov selbst zieht durchaus noch keine Schlußfolgerung über die Fruchtlosigkeit einer Planung überhaupt unter den Bedingungen der NÖP. Er besteht darauf, „daß unser Plan anpassungsfähig" sei an die „Marktsituation" oder was dasselbe ist, an die sich in ihr spontan summierenden Forderungen von 22 Millionen bäuerlicher Pläne. Und Sokolnikov selbst entwickelt zur Verwirklichung dieser Aufgabe das folgende Programm: Unsere Hauptaufgabe auf dem Gebiet der Entwicklung der Volkswirtschaft ist „die maximale Forcierung der Landwirtschaft", ohne Furcht dabei vor „jener Disproportion zwischen der Landwirtschaft und der Industrie, über die man jetzt so klagt", weil „die Voraussetzung für die Entwicklung unserer Industrie gerade in der Möglichkeit besteht, solche Überschüsse der landwirtschaftlichen Produktion im Lande zu haben, die auf den äußeren Markt gelenkt werden können".

Dieses „Bauernplan"programm des Volkskommissariats für Finanzen, das von Sokolnikov als Gegengewicht zur Orientierung der Staatlichen Plankommission mit seinem – nach Einschätzung unserer Kritiker – offenkundig „industriellen Hang" vorgebracht wurde, verdient höchste Aufmerksamkeit.

Für uns als Mitarbeiter der Staatlichen Plankommission ist dieser Hang zum „bäuerlichen Plan" des Volkskommissariats für Finanzen zutiefst unkorrekt und völlig unannehmbar. Wollten wir Sokolnikov zustimmen, daß eine *„organisierte und planmäßige"* Nutzung der landwirtschaftlichen Ressourcen bei uns *unmöglich* sei, dann wäre das gleichbedeutend mit einer Absage nicht nur an die Kontrollziffern für 1925/26, sondern auch an *jegliche Planungstätigkeit im Rahmen der gesamten Volkswirtschaft überhaupt.* Dabei gibt es dafür entschieden keinerlei Begründungen. Die Pläne für die Erfassung landwirtschaftlicher Produkte werden zwar nicht immer zu 100%, aber sie werden stets erfüllt. Wir wirken auf die Preise des bäuerlichen Marktes ein, wenn auch nicht ohne Anstrengungen, sobald sich dieses als notwendig erweist. Gerade deshalb können wir uns überhaupt nicht jener ausgeprägten Unterschätzung unserer Planungsmöglichkeiten im Programm Sokolnikovs anschließen, die uns als höchste ökonomische Weisheit empfiehlt, zur Vermeidung von Krisen die Pläne den *Marktumständen „anzupassen"*. In den kapitalistischen Ländern befolgt jeder Unternehmer von jeher diesen „weisen" Rat, indem er sich mit seinen „Plänen" nach Kräften den Forderungen der Marktanarchie anpaßt, doch das beseitigt weder die Krisen noch mildert es sie, im Gegenteil, es vertieft und verschärft sie nur. Wenn wir nicht in eine klägliche kleinbürgerliche Utopie verfallen wollen, dann können wir nichts besseres von einer solchen Planung erwarten, die ihre Wege und Ziele der Anarchie des Marktes unterwirft, indem sie sich an die Marktumstände anpaßt. Nein, der einzige zuverlässige Weg zu der gesündesten und krisenfreien Entfaltung unserer sozialistischen Wirtschaft besteht nicht darin, sich an diese *anzupassen*, sondern darin, diese selbst unseren Planungsbestrebungen zu *unterwerfen.*

Noch weniger annehmbar ist für uns aber der Entwicklungsweg, der im Programm des „bäuerlichen Plans" enthalten ist, nämlich eine disproportionale Verstärkung des Entwicklungstempos der Landwirtschaft gegenüber dem der Industrie. Natürlich wird jeder Impuls, der die Landwirtschaft voranbringt, *indirekt* auch einem entsprechenden Aufschwung der städtischen Industrie dienen, weil alle Zweige der Wirtschaft unlösbar miteinander verkettet sind. Für uns ist es jedoch bei weitem nicht gleichgültig, welches Glied dieser Kette sich in jedem gegebenen Augenblick als das stärkste und bestimmende für die weitere kontinuierliche Entwicklung erweist. Die Idee Struves von der Entwicklung der Produktivkräfte unabhängig davon, wohin diese Entwicklung führe, reizt uns durchaus nicht. Die allgemeine Aufgabe, die wir in den Kontrollziffern der Staatlichen Plankommission formulierten, ist nicht nur eine einfache Vorwärtsentwicklung, sondern die Entwicklung zum *Sozialismus.* Und unter diesem Gesichtspunkt nutzen wir auch die kleinste gegebene Möglichkeit, um das *sozialistische* Glied – die staatliche Industrie – im Vergleich zum *kleinbürgerlichen* Glied – der bäuerlichen Wirtschaft – schneller voranzutreiben, wir nutzen diese Möglichkeit ohne jegliche Schwankungen.

Wir wissen, daß es in unseren Reihen nicht wenige Skeptiker gibt, die dagegen einwenden, daß unsere Möglichkeiten in der genannten Beziehung äußerst begrenzt seien, zumal eine forcierte Entwicklung der sozialistischen Elemente unserer Wirtschaft *auf Kosten* einer höheren Steuerbelastung zum Nachteil der Lebensinteressen der bäuerlichen Massen politisch unzweckmäßig sei.

Wenn man jedoch die qualifizierten Skeptiker aus dem Volkskommissariat für Finanzen hört, dann erweist sich, daß für eine harmonische Entwicklung der Industrie im gleichen Schritt mit der Landwirtschaft oder gar für ein Überholen der Landwirtschaft durch die Industrie bei uns und überhaupt unter den gegenwärtigen Bedingungen keinerlei objektive Voraussetzungen vorliegen. „Wir müssen konstatieren" – erklärt uns Šanin trostlos –, „daß unsere Landwirtschaft sich *unzulässig langsam* entwickelt". Die Entwicklung der Industrie aber wird nach den Vorstellungen des gleichen Autors „*unausweichlich* hinter der Entwicklung der Landwirtschaft *zurückbleiben*". Nach seinen Worten „müssen wir uns von jener *fehlerhaften Vorstellung lösen*, daß bei einem fehlenden Kapitalzustrom von außerhalb in der gegenwärtigen Periode die Nachfrage der Bauernschaft durch unsere eigene Industrie gedeckt werden könne, daß wir *imstande seien, ein Gleichgewicht herzustellen* zwischen diesen beiden Sphären der Volkswirtschaft, „ohne zu einem ausländischen industriellen Angebot" Zuflucht zu nehmen.[21]

Von einer solchen glänzenden Perspektive eines *unausweichlichen* Zurückbleibens der sowjetischen sozialistischen Industrie sogar hinter dem „unzulässig langsamen" Entwicklungstempo unserer armseligen bäuerlichen Landwirtschaft könnte man wirklich das kalte Grausen bekommen und mit einer schuldigen Verbeugung zum westlichen Kapitalismus mit seinen Waren und Kapitalien oder gar zum Teufel selbst und seiner Großmutter gehen. Zum Glück fehlt jedoch dem grabestiefen Pessimismus unserer Skeptiker jeder reale Boden.

Die beste Antwort an diese Skeptiker wäre der Rat, sich mit den konkreten Entwicklungswegen unserer Wirtschaft in den letzten Jahren bekanntzumachen. Die Lage der Bauern hat sich in diesen Jahren ohne Zweifel in jeder Beziehung verbessert, die Steuerbürde ist geringer geworden, die Einkünfte der bäuerlichen Wirtschaften sind gestiegen, und dennoch sind die sozialistischen Elemente in der Volkswirtschaft schneller gewachsen als deren privatkapitalistischen Bestandteile.

Von sehr großem Interesse ist in dieser Beziehung die Entwicklung der Einkünfte der verschiedenen sozialen Schichten unserer städtischen und ländlichen Bevölkerung. Unter Benutzung von Daten über die Einkommenssteuer für die nichtproletarischen Schichten der Bevölkerung, über die bäuerlichen Haushalte und unter Berücksichtigung der Löhne für das Proletariat haben die Mitarbeiter der Staatlichen Plankommission errechnet, daß das individuelle Einkommen der einzelnen Bevölkerungsgruppen in den letzten Jahren wie folgt gewachsen ist (siehe Tabelle 2).

Diese Berechnungen sind ziemlich vage. Dennoch sagen sie etwas ganz Bestimmtes aus, nämlich daß der spezifische Anteil der landwirtschaftlichen Bevölkerung in der Wirtschaft des Landes selbst in ertragreichen Jahren im günstigsten Falle stabil ist, der Anteil der kleinbürgerlichen Gruppen der städtischen Bevölkerung stark fällt, während der Anteil der proletarischen rasch ansteigt. Und diese „Proletarisierung" bedeutet durchaus nicht, daß irgendjemand verarmt, denn in Umrechnung auf einen Werktätigen wurden

[21] Ėkonomičeskaja žizń vom 3. Dezember 1925.

Tabelle 2. Entwicklung der gesamten individuellen Einkünfte der Bevölkerung der UdSSR[22]

Bevölkerungsgruppen	in Mill. Rubel-Tscherwonez			in %		
	1922/23	1923/24	1924/25	1922/23	1923/24	1924/25
1	2	3	4	5	6	7
A. Landwirtschaftliche						
1. bäuerliche Wirtschaften	4292	6646	8055	60,8	59,1	57,0
2. Landarbeiter-Armee	118	264	305	1,7	2,3	2,2
Summe	4410	6910	8360	62,5	61,4	59,2
B. Nichtlandwirtschaftliche						
3. Arbeiter, Angestellte Arbeitslose	1357	2660	3969	19,2	23,7	28,1
4. übrige Gruppen	1293	1680	1801	18,3	14,3	12,1
Summe	2650	4340	5770	37,5	38,6	40,8
insgesamt	7060	11250	14130	100,0	100,0	100,0
Darunter:						
a) Proletariat	1475	2924	4254	20,9	26,0	30,3
b) übrige	5585	8326	9876	79,1	74,0	69,7

alle Bevölkerungsgruppen – sowohl in der Stadt als auch auf dem Lande – nicht ärmer, sondern im Gegenteil, sie werden jedes Jahr, im Vergleich zum vorangegangenen Jahr, wesentlich reicher. Man muß hier noch hinzufügen, daß das Nettoeinkommen der gesellschaftlichen Wirtschaft der Union, d. h. der staatlichen, kommunalen und kooperativen Betriebe, bei uns im Wirtschaftsjahr 1922/23 insgesamt 326 Mill. Rubel betrug, im Wirtschaftsjahr 1923/24 auf 515 Mill. Rubel anstieg und daß wir für das Wirtschaftsjahr 1924/25 diese Nettoeinkommen in der Staatlichen Plankommission auf mindestens 1025 Mill. Rubel-Tscherwonez veranschlagen. Das bedeutet aber, daß auch die Gesamtressourcen der vergesellschafteten Wirtschaft bei uns bedeutend schneller wachsen als die gesamten Einkünfte aller nichtproletarischen Bevölkerungsgruppen.

Wenn dem aber so ist, wo ist dann der Boden für jenen Pessimismus, der unserer sozialistischen Industrie empfiehlt, hinter der Marktsituation zurückzubleiben, die sich mit unserer wohlgemeinten Einwirkung aus den zu erwartenden Erfolgen von 22 Mill. „Bauernplänen" ergibt"?

Wir persönlich sehen keinerlei Begründung für einen solchen Pessimismus. Im Gegenteil, wir denken, daß ein schneller Aufschwung der industriellen Wirtschaft für das Aufblühen unseres sowjetischen Dorfes wesentlich mehr bringen wird als eine ökonomische Politik, die unsere Industrie in ihrer Entwicklung zu einem unausweichlichen Zurückbleiben hinter der ökonomischen Entwicklung des Dorfes verurteilt. Die heutige Rückständigkeit in der Entwicklung unserer staatlichen Industrie gemessen an der Nachfrage des Dorfes, die zum Warenhunger und zu den hohen Preisen für Industriewaren im Vergleich zu landwirtschaftlichen Produkten führt, trifft unsere Bauern ohnehin schon zu schwer, als daß man diese Disproportion zum Ideal der Planwirtschaft erheben könnte.

Wenn ungeachtet dessen die Idealisierung dieser Disproportion, die nicht nur die sozialistische Front unserer Wirtschaft, sondern auch die Interessen der Bauernmassen selbst

[22] Siehe B. Guchman. Die Summe der Einkünfte in der UdSSR, in Planovoe chozjajstvo, 12/1925 (annähernde Berechnungen).

angreift, der Planorientierung der Staatlichen Plankommission entgegengesetzt wird, dann muß man zu diesem Streit die breiteste gesellschaftliche Aufmerksamkeit mobilisieren. Wir müssen zu dieser Frage die Meinung nicht nur einzelner Leiter unserer inneren Politik, sondern die der ganzen Partei genau kennen.

Welches Kettenglied unserer wirtschaftlichen Entwicklung muß an die erste Stelle gerückt werden? Das der Staatlichen Plankommission oder das des „bäuerlichen Plans"?

Die obenstehenden Zeilen waren bereits niedergeschrieben, als wir eine neue Lösung des von Sokolnikov hervorgerufenen Streites erhielten, dazu noch eine, die für uns von höchster Autorität ist.

Dieser Streit fand seine Widerspiegelung in den Diskussionen zum politischen Bericht des Zentralkomitees an den XIV. Parteitag unserer Partei.

In dem genannten Rechenschaftsbericht des Zentralkomitees der Partei lesen wir: „Es gibt zwei Generallinien: Die eine geht davon aus, daß unser Land noch lange ein Agrarland bleiben müsse, daß es landwirtschaftliche Erzeugnisse ausführen und Maschinen einführen, daß es dabei bleiben und sich auch in Zukunft in der gleichen Bahn weiterentwickeln müsse. Diese Linie fordert im Grunde genommen den Abbau unserer Industrie ... Diese Linie bedeutet eine Abkehr von den Aufgaben unseres Aufbaus. Das ist nicht unsere Linie.

Es gibt eine andere Generallinie, die davon ausgeht, daß wir alle Kräfte aufbieten müssen, um unser Land zu einem wirtschaftlich selbständigen, unabhängigen, auf dem inneren Markt basierenden Land zu machen ... Diese Linie erfordert die maximale Entfaltung unserer Industrie, jedoch nach Maßgabe und im Einklang mit den Hilfsquellen, die uns zur Verfügung stehen. Sie lehnt die Politik der Verwandlung unseres Landes in ein Anhängsel des kapitalistischen Weltsystems entschieden ab. Das ist unsere Aufbaulinie, die die Partei einhält und die sie auch künftig einhalten wird. Diese Linie ist unerläßlich, solange es eine kapitalistische Umkreisung gibt."[23]

Diese grundlegende These im politischen Rechenschaftsbericht bestritt auf dem Parteitag – wie bekannt – am entschiedensten Sokolnikov. Er hat jedoch in seinem Beitrag zu diesem Streit absolut nichts Neues beigetragen. Das Wesen des Streites über die vorliegende Frage aber wurde auf dem Parteitag mit den folgenden Worten zusammengefaßt: „... daß Sokolnikov hier dem Wesen der Sache nach als ein Anhänger der Dawesierung unseres Landes auftritt ... Was verlangt der Dawesplan? Er verlangt, daß Deutschland die für die Reparationsleistungen nötigen Gelder aus den Märkten, besonders aus unseren sowjetischen, herauspreßt. Was folgt daraus? Daraus folgt, daß Deutschland uns Produktionsausrüstungen liefern soll, daß wir diese einführen und landwirtschaftliche Erzeugnisse ausführen sollen. Wir, d. h. unsere Industrie, würden dadurch an Europa gefesselt werden. Das eben ist die Grundlage des Dawesplanes."[24]

Der agrarische Hang Sokolnikovs, Šanins und Co. in der Frage nach den Entwicklungswegen unserer Wirtschaft entspricht in der Tat vollkommen dieser Charakteristik.

Der kapitalistische Westen möchte uns in seine Kolonie verwandeln, von uns Getreide und landwirtschaftliche Rohstoffe erhalten und seine Industrieproduktionen bei uns absetzen. Das ist vollkommen verständlich. Sollen wir ihm jedoch in dieser Beziehung entgegenkommen? Und wenn ja, dann in welchem Grade? Natürlich sind wir durch unser Eintreten in den äußeren Markt zu irgend etwas gezwungen. Nur, muß man diese Notwendigkeit zu einer Planungstugend erheben? Auf der Jagd nach den Vorteilen,

[23] J. W. Stalin, Politischer Bericht des Zentralkomitees an den XIV. Parteitag der KPdSU (B) in: Werke, Bd. 7, Berlin 1952, S. 259/260.

[24] Ebenda, S. 308.

die uns dieses Eintreten in den äußeren Markt bietet, kann man schließlich alle seine prinzipiellen Voraussetzungen verlieren. Denn der kapitalistische Markt bringt uns nicht nur irgendetwas, sondern er fordert auch eine entsprechende Kompensation. So fordert er z. B. schon ganz eindringlich von uns zum ersten die Abschaffung des Außenhandelsmonopols, dann fordert er die Bezahlung der zaristischen Schulden, und danach, wenn wir die Bereitschaft zeigen, uns schnell an alle seine „Plan"direktiven „anzupassen", wird er noch viel mehr fordern.

Wenn Sokolnikov konsequent ist, wird er es wahrscheinlich nicht mit der Erfüllung seines „bäuerlichen" Programms bei solchen Perspektiven bewenden lassen. Zum Glück beabsichtigt die Partei durchaus nicht, ihm auf diesem Wege zu folgen. Wir denken, wenn die UdSSR den äußeren Markt braucht, dann braucht dieser Markt auch unsere Rohstoffe in nicht geringerem Maße, und wenn dem so ist, dann sollte dieser sich lieber unseren Plänen „anpassen", als daß wir uns seinen Begierden unterwerfen.

Der XIV. Parteitag hat seinen Willen in der genannten Beziehung durch folgende Formel mit Bestimmtheit ausgedrückt: „Für die UdSSR ist die ökonomische Selbständigkeit zu gewährleisten, die die UdSSR davor bewahrt, zu einem Anhängsel der kapitalistischen Weltwirtschaft zu werden, darum muß man den *Kurs auf die Industrialisierung des Landes halten* und auf die Entwicklung der Produktion von Produktionsmitteln sowie die Bildung von Reserven für das ökonomische Manövrieren".[25]

Diese Entscheidung, so kann man hoffen, beseitigt jede Diskussion. Sie gibt uns die Grundlage dafür, auch weiterhin unsere Wirtschaft nach einem Staatsplan und nicht nach einem „Bauernplan" aufzubauen. Und damit setzen wir einen Punkt hinter diese Angelegenheit.

4.6. Plan und operatives Manövrieren

Im Prozeß der Beratung unserer Wirtschaftspläne für das Wirtschaftsjahr 1925/26 entstand neben dem grundlegenden Streit über die Generallinie unserer Planung noch ein anderer, für uns nicht weniger interessanter Meinungsstreit, und zwar über die Wechselbeziehungen und die relative Bedeutung des Wirtschaftsplanes zum operativen Manövrieren.

Viele Ökonomen, besonders Mitarbeiter des Volkskommissariats für Finanzen, begannen in diesem Herbst eine energische Kampagne zur allgemeinen Überprüfung aller unserer Wirtschaftspläne für 1925/26, indem sie alle im Herbst auf dem Gebiet der Beschaffung und des Exportes von Getreide aufgetretenen Schwierigkeiten fast ausschließlich auf Mängel in unserer generellen Planorientierung zu Beginn des Wirtschaftsjahres zurückführten.[26] Wir erwiesen uns als Opfer schlechter Pläne, die *„unsere Möglichkeiten zum Manövrieren beschränkten"*, erklärte beispielsweise Sokolnikov kategorisch in dem bereits genannten Vortrag im Geschäftsklub am 20. November 1925.

Das ist eine so ernste Beschuldigung, daß man sie nicht ohne Antwort lassen kann. Unwillkürlich erhebt sich bei uns die Frage, von welchen Plänen hier gesprochen wird? Geht es um die operativen Pläne der zentralen Leitungsorgane oder um jene allgemeine Planorientierung, die bereits im August in den Kontrollziffern der Staatlichen Plankommission gegeben wurden? Und wir müssen es direkt sagen: wenn von den letzteren gesprochen wird, dann verfallen unsere Kritiker hier in einen tiefen Irrtum.

[25] XIV. Parteitag der KPdSU (B). Stenografischer Bericht, 1926, S. 27/28.

[26] Siehe den Artikel von Jurovskij und Šanin „Zur Überprüfung des Volkswirtschaftsplanes" in der Zeitschrift „Ėkonomičeskaja žizń" 262 u. 276/1925), den Vortrag von Sokolnikov im Geschäftsklub am 20. November 1925 und andere Äußerungen.

Die Kontrollziffern der Staatlichen Plankommission haben bedauerlicherweise niemandes Freiheiten beschränkt. Das wird am besten daraus ersichtlich, daß sogar eine so bescheidene Direktive in diesem Dokument wie die Forderung, daß alle Wirtschaftsorgane bis zum 15. September 1925 konkrete Korrekturen zu den Planvorschlägen der Staatlichen Plankommission vorlegen sollen, bis heute noch nicht von einem Leitungsorgan erfüllt worden ist. Nicht besser steht es natürlich um eine ganze Reihe von Plandirektiven.

Nehmen wir zum Beispiel das Gebiet des Arbeitslohns. Die Staatliche Plankommission hat unter Berücksichtigung der Ressourcen des kommenden Wirtschaftsjahres und des wünschenswerten Tempos für die sozialistische Akkumulation eine Steigerung des monatlichen Arbeitslohnes für Industriearbeiter einschließlich des Mietzuschlages um 16% (in Rubel-Tscherwonez) projektiert, um ihn auf diese Weise auf eine durchschnittliche Höhe von 48 Rubel-Tscherwonez (ohne Mietzuschlag auf 45 Rubel) im Wirtschaftsjahr 1925/1926 zu heben. Währenddessen ging aber der Abschluß der Kollektivverträge seinen gewohnten Gang. Die Direktiven der Kontrollziffern engten niemandes Freiheit ein, und schon im September 1925 erreichten wir einen durchschnittlichen Arbeitslohn in Höhe von 55 Rubel und 89 Kopeken für die ganze Union. Im Verlaufe des Jahres wird diese Zahl zweifellos weiter anwachsen. Die Direktive der Kontrollziffern über die Erhöhung der Mieten wurde ebenfalls nicht erfüllt. Im Ergebnis dessen aber häuft sich in den Händen der städtischen Bevölkerung mehr Geld an, als wir ihr Waren anbieten können.

Das schafft uns verständlicherweise große Schwierigkeiten, weil der städtische Arbeiter immer noch in der Stadt die für ihn notwendigen Waren findet, im Dorf hingegen wird der Warenhunger dadurch noch mehr verschärft. Ist aber die Staatliche Plankommission, deren Direktiven nicht erfüllt wurden, an diesen Schwierigkeiten in irgendeiner Weise schuld? Aber manchmal schieben sogar diejenigen, die gewollt oder nicht gewollt diese Schwierigkeiten hervorriefen, indem sie die Orientierungen der Staatlichen Plankommission ignorierten, ihr als erste die Schuld für die Ergebnisse ihrer eigenen Tätigkeit zu. Wir erinnern uns z. B. an das Auftreten von Uglanov auf der Moskauer Parteikonferenz. Heute noch sprach er sich selbst für eine weitere Erhöhung der Löhne für die Textilarbeiter ab 1. Januar 1926 aus, und morgen schon lesen wir seine bitteren Vorwürfe gegen die Staatliche Plankommission, daß sie übermäßig schnell den Arbeitslohn im Lande erhöhe.[27] Welche Schlußfolgerungen ergeben sich aus dem Dargestellten?

Eine erste Schlußfolgerung könnte die Erkenntnis sein, daß es ganz und gar nicht einfach ist, unter unseren Bedingungen das spontane Wachstum des Arbeitslohnes durch Plandirektiven aufzuhalten. Jedenfalls ist diese Aufgabe wesentlich schwerer, als über diesen oder jenen Plan zu schimpfen, ohne sich gar der Mühe zu unterziehen, sich mit ihm gründlich vertraut zu machen. Eine andere Schlußfolgerung ist für uns zur Zeit jedoch wichtiger. Wir würden diese Schlußfolgerung so formulieren: Wir kämpfen nur erst für die Planwirtschaft. Bisher sind die Direktiven der Planungsorgane oftmals selbst den Mitarbeitern, die sie zu erfüllen haben, nicht bekannt. Wie könnten sie also deren Freiheit zum Manövrieren einschränken?

Die Kontrollziffern enthalten bisher viele derartige Direktiven, die in der Luft hängen. Neben den Direktiven über den Arbeitslohn und über die Überprüfung des Wohnungsgesetzes kann man hierzu noch die Direktive über die Senkung der Industriepreise und viele andere weniger wichtige zählen. Aber auch jene Direktiven, die bereits in die von den höheren Organen bestätigten operativen Pläne der Volkskommissariate und Ämter eingegangen sind, z. B. in Pläne für die Erfassung, für den Export, für den Import usw., lassen weite Möglichkeiten für das Manövrieren offen.

[27] Pravda vom 12. und 13. Dezember 1925.

Gemäß dem Vermächtnis von W. I. Lenin sind wir keineswegs geneigt, unsere Pläne zu bürokratisieren. Im Rahmen der allgemeinen und zudem gewöhnlich auch nur äußerst orientierenden Charakter tragenden Aufgabe ist es den operativen Leitungsorganen überlassen zu manövrieren, soweit sie dazu fähig sind. Die strategischen Dispositionen der Staatlichen Plankommission an der wirtschaftlichen Front sind weit entfernt von jener detaillierten Reglementierung, durch welche sich die oft verspottete alte deutsche Strategie von Phull mit ihrer Beschreibung des Kampfes auszeichnete: „Die erste Kolonne marschiert ... die zweite Kolonne marschiert ... die dritte Kolonne marschiert ...“ Wir wissen seit langem, daß derartige Beschreibungen nur für Paraden gut sind, nicht aber für ernsthafte Operationen in der wirklichen Kampfsituation.

Das Schlimme ist nur, wenn wir uns als Neulinge dieser Sache beim Aufstellen der Pläne nicht selten verrechnen, dann erweist sich der Bereich des wirtschaftlichen *Manövrierens*, in dem sich alle diese Fehlrechnungen während der Durchführung ausgleichen müßten, als ein noch weniger ausgetretener Pfad für unsere Leitungsorgane. Deshalb werden oft alle Schwierigkeiten in der operativen Arbeit der zentralen Leitungsorgane mit „schlechten Plänen“ erklärt, sogar dort, wo man vor allem von *unklugen Manövern* sprechen müßte.

Wahrhaftig, betrachten wir nur die Planungspraxis des laufenden Jahres.

Unsere „Fehler in den Planberechnungen“ des laufenden Jahres haben sich schon mit hinreichender Genauigkeit bestimmen lassen. Der Hauptfehler des Wirtschaftsplanes, der von uns bereits zu Beginn des Monats August 1925 aufgestellt worden war, bestand darin, daß wir den Gesamtumfang der Getreideernte überschätzt haben. Wir konnten nicht voraussehen, daß eine für diese Zeit ungewöhnlich lange Regenperiode, die während der Getreideernte begann, zum Verderb von über 230 Mill. Pud Getreide führt. Freilich, bezogen auf die Gesamternte, ist das ein Verlust von ganzen 5%, aber in bezug auf die Warenüberschüsse an bäuerlichem Getreide erhöht er sich schon auf 20 bis 25%, und im Verhältnis zu dem für den *Export* bestimmten Kontingent ist der Anteil noch größer.

Wie groß ist das Ausmaß der Korrekturen, die wir in den ursprünglichen operativen Plänen im Zusammenhang mit den genannten „Fehlberechnungen“ vornehmen mußten?

Am meisten mußte der Plan für den Getreideexport gekürzt werden. Von 380 Mill. Pud reduzieren wir ihn nach der minimalen Variante auf 235 Mill. Pud und nach der maximalen Variante auf 265 Mill. Pud, d. h. mindestens um 30%. Im Zusammenhang damit vermindert sich der gesamte Plan für den Warenexport von 1100 Mill. Rubel auf 817 bis 920 Mill. Rubel (nach zwei Varianten), d. h. mindestens um 17%. Ferner vermindert sich in Zusammenhang mit der Exportreduzierung auch der Importplan für die Wareneinfuhr von 950 Mill. Rubel[28] nach der Kontrollziffer auf 735 bis 812 Mill. Rubel, d. h. mindestens um 15%.

Da die Volkswirtschaft ein zusammenhängendes System von Elementen darstellt, zieht natürlich die Störung des durch die Kontrollziffern vorgegebenen Gleichgewichtes in einem Teil dieses Systems eine ganze Reihe von Veränderungen bei anderen Elementen nach sich. So kann man bereits jetzt voraussehen, daß auch auf dem Gebiet der durch die Kontrollziffern vorgesehenen Emissionen sowie im Umfang der Verrechnungs- und Kreditoperationen und der Einlagen unseres Kreditsystems entsprechende Kürzungen eintreten werden. Wenn die Bauernschaft für etwa 200 bis 300 Mill. Rubel weniger Produktion realisiert, als angenommen wurde, dann wird auch die Summe ihrer Akkumula-

[28] Im ersten operativen Plan war der Import einschließlich eines Reservefonds auf 1009 Mill. Rubel festgelegt worden.

tion in Geldform bei sonst gleichen Bedingungen geringer sein als die früher vorausgesehene, und zwar in der gleichen Größenordnung. In den Kontrollziffern wurde ein Emissionsbetrag, der den Bedarf für den Geldumlauf und die Akkumulation umfaßte, in Höhe von etwa 816 Mill. Rubel pro Jahr vorgesehen, wobei die bäuerliche Akkumulation mit nicht weniger als 200 Mill. Rubel veranschlagt wurde. Wenn man jetzt die letztgenannte Summe abzieht, erhält man einen umlaufenden Geldbetrag zum Ende des Wirtschaftsjahres in Höhe von ungefähr 1760 Mill. Rubel, das sind etwa 10% weniger, als die entsprechende Kontrollziffer vorsah.[29]

Bedeuten alle diese durchaus bedeutsamen Korrekturen aber irgendeine merkliche Einengung des Gesamtumfangs unserer wirtschaftlichen Tätigkeit im Wirtschaftsjahr 1925/26?

Kaum. Es handelt sich darum, daß unsere Kontrollziffern offensichtlich Fehlberechnungen über unsere Ressourcen nicht nur in Richtung auf eine Überschätzung, sondern auch solche in Richtung auf deren Unterschätzung enthielten. Es genügt zu sagen, daß unser Haushalt – wenn auch unter Anspannung – letzten Endes auf einen Betrag von 4000 Mill. Rubel anwuchs, während im Sommer 1925 das Volkskommissariat für Finanzen 3560 und die Staatliche Plankommission 3700 bis 3800 Mill. Rubel[30] vorsahen, was eine Erhöhung gegenüber den ursprünglichen Annahmen um mindestens 200 bis 300 Mill. Rubel bedeutet. Die Investitionen für die Volkswirtschaft aus staatlichen Mitteln, die nach den Kontrollziffern der Staatlichen Plankommission für das Wirtschaftsjahr 1925/26 in Höhe von 1782 Mill. Rubel festgelegt worden waren, wachsen nach neuesten Berechnungen auf einen noch grandioseren Betrag an. Die Tätigkeit unserer Industrie entfaltet sich ungeachtet aller Schwierigkeiten bezüglich des Imports von Rohstoffen und Ausrüstungen in einem größeren Rahmen als in den Kontrollziffern vorgesehen. Das Verkehrswesen arbeitet nach einem gegenüber den Kontrollziffern des Staatlichen Plankomitees erhöhten operativen Plan.

Das alles überzeugt uns davon, daß im großen und ganzen die in den Kontrollziffern enthaltene Planvorgabe für Richtung und Maßstäbe unserer wirtschaftlichen Entwicklung trotz all der genannten Korrekturen ihre orientierende Bedeutung behält. Hätte man mehr von den Kontrollziffern erwarten können?

Wir antworten darauf mit den Worten eines uns am wenigsten geneigten Kritikers, nämlich Sokolnikovs, der sagte: „Man müßte mindestens ein Ökonom vom Typ eines mittelalterlichen Alchimisten sein, um sich vorzustellen, daß es möglich wäre, im voraus einen Plan aufzustellen, der entschieden alles berücksichtigt, alle Schwankungen der internationalen Konjunktur, alle Schwankungen des Wetters, alle Schwankungen des Marktes usw. Das ist eine vollständig unmögliche Sache“.[31]

Wenn dem aber so ist, und darin besteht kein Zweifel, dann hätte Sokolnikov nicht so kategorisch behaupten dürfen, daß wir bei allen von uns durchgemachten Schwierigkeiten „das Opfer *schlechter Pläne* wurden“. An Pläne ohne Fehlberechnungen können nur Alchimisten glauben. Doch all jenen Schwankungen des Wetters und der Konjunktur, die im Plan nicht vorauszusehen sind, kann und muß man durch operative Manöver begegnen. Natürlich ist ein *voller* Erfolg solcher Manöver undenkbar, solange wir nicht

29 Wir erinnern daran, daß nach den Vorstellungen des Volkskommissariats für Finanzen vom *Sommer* diese Kennziffer zum 1. Oktober 1926 mindestens 1907 (1157+750) Mill. Rubel betragen sollte und nach Angabe von Sokolnikov im Rat für Arbeit und Verteidigung vom 18. September 1600 bis 1650 Mill. Rubel für den *Umlauf* + etwa 250 Mill. Rubel für die *Akkumulation* erreichen sollte.

30 Ohne Valutahaushalt.

31 Vortrag Sokolnikovs im Geschäftsklub am 20. November 1925.

über ausreichende Reserven verfügen. Diese Reserven sind in unseren Plänen vorgesehen, doch sie wurden leider bis jetzt bei weitem nicht im notwendigen Umfang mobilisiert. Ungeachtet dessen kann kaum jemand die Möglichkeit und Notwendigkeit, durch rechtzeitige Manöver unvermeidbare Fehlberechnungen des Planes zu korrigieren, bestreiten.

Was ist auf diesem Gebiet von unseren operativen Organen im Herbst 1925 geleistet worden?

Darüber ist in den letzten Monaten schon viel gesprochen und geschrieben worden. Die Epopöe der Getreidebeschaffung stellt sich uns gegenwärtig in folgender Weise dar. Vom Himmel fiel monatelang auf das ungeerntete Getreide ein pausenloser Regen, zugleich kam vom Zentrum über die Vertreter der Getreidebeschaffung ein reicher Regen von Geldscheinen aus dem Volkskommissariat für Finanzen und ein Strom von nötigenden Telegrammen aus dem Volkskommissariat für Binnenhandel: erfaßt, erfaßt, erfaßt! ... Es kam wenig Getreide auf den Markt, und die Preise bauschten sich auf. Währenddessen untergruben sich die Getreidebeschaffer gegenseitig die Wege und zerstörten Brücken, um dem Konkurrenten ein weiteres Fuder Getreide abzujagen. Nennt man das ein rechtzeitiges und kluges operatives Manöver?

Wir wollen die Beispiele dieser Art nicht vermehren. Als Antwort auf den Vorwurf schlechter Pläne können wir nur raten: „Arbeitet lieber, anstatt euch wie Klatschbasen anzustellen", und die konzentrierte Aufmerksamkeit auf einen außerordentlich wertvollen Aphorismus desselben Sokolnikov zu lenken, den er in seinem Vortrag im Geschäftsklub vorbrachte: „Es genügt nicht zu planen, man muß auch manövrieren können".

II. Ausgangsbedingungen und methodologische Grundfragen der ersten Volkswirtschaftspläne

1. *Probleme der Rationalisierung der Arbeit*

1.1. Unsere Arbeitskräfteressourcen und ihre Perspektiven[1]

Der Grundfonds, der jegliche Volkswirtschaft bestreitet, das ist die lebendige Arbeitskraft des betreffenden Landes oder Volkes. Jede Verminderung oder Erweiterung dieses Fonds hat enorme Auswirkungen auf das allgemeine Tempo der wirtschaftlichen Entwicklung, selbst in den fortgeschrittensten Ländern des Kapitalismus. Um die Bedeutung des Gesagten zu demonstrieren, genügt es, das Entwicklungstempo der Produktivkräfte in Frankreich mit einer fast konstanten Bevölkerungszahl mit dem der Vereinigten Staaten von Amerika zu vergleichen, für das eine kolossale Zunahme des Potentials an lebendiger Arbeitskraft – geschuldet nicht nur dem natürlichen Zuwachs, sondern auch der Immigration aus anderen Ländern – kennzeichnend ist. Unter den Ursachen, die es den Vereinigten Staaten ermöglichten, nicht nur Frankreich, sondern auch eine ganze Reihe anderer führender Mächte der alten Welt hinsichtlich des ökonomischen Entwicklungsstandes weit zu überflügeln, nimmt das kolossale Wachstum der arbeitsfähigen Bevölkerung der transatlantischen Republik ohne Zweifel einen der ersten Plätze ein.

Wenn das sogar für solche Länder wie die Vereinigten Staaten gilt, für die eine gewaltige Entwicklung der Technik und umfassendste Anwendung der natürlichen energetischen Ressourcen, des Dampfes und der Elektrizität neben der lebendigen Kraft der menschlichen Arbeit kennzeichnend ist, was muß man dann in bezug auf Rußland sagen? In der Energiebilanz der Volkswirtschaft Rußlands nahmen Dampf und Elektrizität einen mehr als bescheidenen Platz ein. Selbst in der Fabrikindustrie entfielen im Jahre 1916 auf einen Arbeiter nicht mehr als 1,23 PS installierter Leistung, während z. B. in Großbritannien schon 1907 dieser Faktor 1,55 und in den Vereinigten Staaten im Jahre 1921 sogar 3,7 betrug und somit den Stand des vorrevolutionären Rußlands um das Doppelte übertraf. Man muß hinzufügen, daß in den Vereinigten Staaten im Durchschnitt auf 25 Einwohner ein Industriearbeiter kam, während in Rußland kaum auf 50 Einwohner ein Arbeiter entfiel. Was die Landwirtschaft anbetraf, die in Rußland vorherrschte, so spielte die Anwendung von Dampf und Elektrizität hier überhaupt keine Rolle. Eine um so größere Rolle kommt – zumindest für die nächsten Jahre – der einfachen Muskelkraft der unqualifizierten menschlichen Arbeit zu. Über welche Arbeitskräfteressourcen verfügt nun Rußland? Vor dem Weltkrieg, 1914, waren sie sehr bedeutend. Von den 166 Mill. Einwohnern des Russischen Reiches waren etwa 70 Mill. in der materiellen Produktion beschäftigt. Nach statistischen Massenerhebungen betrug die Nettoproduktion eines durchschnittlichen russischen Arbeiters in der Industrie und im Transportwesen 635 Rubel und in der Landwirtschaft mindestens 300 Rubel im Jahr. Als Durchschnittswert für alle Arten der Arbeit kann man eine Größe von 370 Rubel annehmen. Das gesamte Leistungspotential dieser gewaltigen Armee von 70 Mill. Menschen belief sich somit auf mindestens 25900 Mill. Rubel im Jahr.

Sechs Jahre Krieg unter den Bedingungen einer außerordentlich schweren Blockade

[1] In: Wirtschaftlicher Aufbau, 2/1922.

fügten Rußland einen unermeßlichen Schaden bezüglich aller seiner Ressourcen und vor allem an der Hauptressource der jungen Republik der Arbeit, an ihrer Arbeitskraft, zu. Über die Ausmaße dieser Verluste kann man anhand des nachstehenden Diagramms 1 urteilen.

Diagramm 1

Lebensbaum der Bevölkerung der UdSSR im Jahre 1920

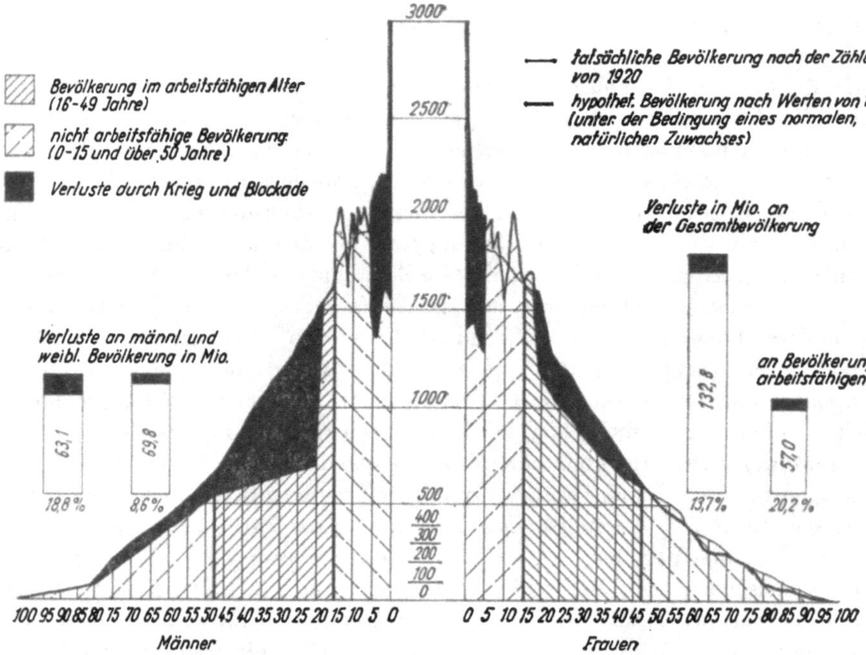

In diesem Diagramm ist die Verteilung der Bevölkerung Sowjetrußlands in den Grenzen bis 1939 nach Altersgruppen dargestellt. Auf der linken Hälfte des Diagramms ist die männliche Bevölkerung, auf der rechten Seite die weibliche Bevölkerung aufgeführt. Die äußeren Konturen bringen die normale Bevölkerungszahl für die entsprechenden Altersgruppen im Jahre 1920 (nach Berechnungen) zum Ausdruck, während die inneren die vorhandene Einwohnerzahl nach den gleichen Altersgruppen (nach Ergebnissen der Zählung vom 28. August 1920) ausweisen. Die schwarzen Einbrüche in diesem Diagramm bezeichnen die unwiderbringlichen Bevölkerungsverluste während des Krieges und der Blockade. Wie wir sehen, hat der Krieg die wertvollsten Gruppen der arbeitsfähigen Bevölkerung und das jüngste Kindesalter am stärksten dezimiert. Insgesamt erreichten die Verluste die Höhe von 21 Mill. Menschen bei einer Gesamtbevölkerung von 154 Millionen, das sind 13,6%. Für die arbeitsfähigen Altersgruppen von 16 bis 49 Jahren steigt jedoch dieser Prozentsatz auf 20 und speziell für Männer im arbeitsfähigen Alter sogar auf 29%.

Berücksichtigen wir vorerst nur die Verluste an Gefallenen und vorzeitig infolge der Epidemien der Kriegszeit im blühenden Arbeitsalter Verstorbenen, so erhalten wir für das Jahresende 1920 folgende Ergebnisse: (s. Aufstellung auf S. 75).

Doch das ist noch nicht alles. Zu den Gefallenen und Verstorbenen muß man noch jene Krüppel und Invaliden beiderlei Geschlechts hinzuzählen, die während der Kriegszeit arbeitsunfähig wurden. Nach den vorläufigen Daten derselben Erhebung (1920) gab

Die Bevölkerung der UdSSR 1920 im Alter von 16 bis 49 Jahren

Anzahl (in Mill. Einwohner)	Männer	Frauen	insgesamt
Das Soll nach Berechnungen	35,6	35,7	71,3
Das Ist nach der Bevölkerungszählung	25,3	31,7	57,0
Differenz	10,3	4,0	14,3

es unter den Männern 3,1 Mill. und 1,3 Mill. weibliche Invaliden im Alter von 16 bis 49 Jahren, insgesamt 4,4 Mill. Arbeitsunfähige. Der Gesamtverlust erreichte auf diese Weise 18,7 Mill. Arbeitskräfte von insgesamt 71,3 Mill. Mit anderen Worten, das Leistungspotential der Arbeitskräfte, das für Sowjetrußland – selbst unter Berücksichtigung der eingeengten Grenzen – auf mindestens 26,4 Milliarden Rubel pro Jahr zu veranschlagen war, verminderte sich im Ergebnis des Krieges und der Blockade mindestens um 6,9 Milliarden Rubel oder um 26%.

Wir zweifeln nicht daran, daß auch andere Länder im Ergebnis des Krieges grausame Verluste erlitten haben. Doch hat kaum eines von ihnen, selbst Deutschland und Österreich nicht, einen so schrecklichen Verlust an seinen Arbeitskräften erlitten.[2]

Dessenungeachtet entwickelt sich die Arbeitskräftebilanz Rußlands für die nächsten Jahre bei weitem nicht gar so schlecht, wie das auf den ersten Blick scheinen mag. Um sich davon zu überzeugen, genügt es, die gleiche Graphik aufmerksamer zu betrachten. Es geht darum, daß sie nicht nur das oben genannte Defizit – die traurige Hinterlassenschaft aus der Vergangenheit – widerspiegelt, sondern auch die weit helleren Perspektiven der Arbeitskräfteentwicklung in der nächsten Zukunft.

Um welche Perspektiven handelt es sich?

Wie aus dem Diagramm hervorgeht, blieb Schulter an Schulter mit dem tiefen Einbruch, der sich während des Krieges in den arbeitsfähigsten Gruppen gebildet hatte, ein ganzes Dutzend jüngerer Altersgruppen, der heranwachsenden Arbeiterjugend, erhalten, die zur Ablösung bereit ist. Und erst später, wenn nach ihnen die sechs Kriegsjahrgänge heranwachsen, wird ein neuer Einbruch sichtbar, der nach einem weiteren Jahrzehnt für die Arbeitskräftebilanz des Landes schwere Folgen bringt.

Die bisher veröffentlichten Ergebnisse aus der Zählung von 1920, die die Zentralverwaltung für Statistik zu einem außerordentlich günstigen Zeitpunkt zum Ende unseres Bürgerkrieges durchführte, lassen uns bei richtiger Anwendung auf Jahrzehnte im voraus auf unsere Zukunft blicken. Natürlich können solche Ereignisse wie die Hungersnot im Wirtschaftsjahr 1921/22 und andere, die wir im gegenwärtigen Moment nicht voraussehen können, in gewissem Sinne jegliche Prognose, die sich über eine Reihe von Jahren erstreckt, beeinträchtigen. Dennoch müssen auf jeden Fall jene Tendenzen des Künftigen, die schon heute vollständig in unserer Gegenwart verborgen sind, in ihrer ganzen Größe aufgedeckt werden. Kein ernsthafter Politiker und Ökonom kann an ihnen vorbeigehen, weil eine Prognose, die sich auf solche unverrückbaren Tatsachen wie die gegebenen Proportionen zwischen den verschiedenen Altersgruppen der Bevölkerung begründet,

2 Der dänische Statistiker Dering berechnete die Gesamtverluste der Bevölkerung in den wichtigsten Teilnehmerländern des Weltkrieges wie folgt: Großbritannien verlor 1,85 Mill. Menschen bzw. 4% der Bevölkerung, Italien entsprechend 2,2 Mill. bzw. 6,4%, Frankreich 3,34 Mill. bzw. 8,4%, Österreich-Ungarn 5,8 Mill. bzw. 11%, Deutschland 6,3 Mill. bzw. 9,3%; Rußland verlor nach unseren Berechnungen über 21 Mill. Menschen bzw. 13,6% der Bevölkerung. (Vestnik statistiki, 5–8/1920, und Voprosy truda, Moskau 1921, S. 43).

Tabelle 1. Wahrscheinliche Alters- und Geschlechtszusammensetzung der Bevölkerung Sowjetrußlar

Jahre	Männer							Frauen		
	insgesamt	darunter im Alter von 0–15 absolut	%	16–49 absolut	%	50–100 absolut	%	insgesamt	darunter i. Alter 0–15 absolut	%
1	2	3	4	5	6	7	8	9	10	11
1920	63,1	28,6	45,4	25,3	40,1	9,2	14,5	69,8	27,3	39,1
1921	63,8	28,4	44,5	26,1	40,9	9,3	14,6	70,3	27,0	38,4
1922	64,6	28,2	43,7	26,9	41,6	9,5	14,7	70,9	26,8	37,8
1923	65,4	27,9	42,7	27,9	42,6	9,6	14,7	71,5	26,5	37,1
1924	66,4	27,4	41,3	29,2	44,0	9,8	14,7	72,2	26,0	36,0
1925	67,3	27,5	40,8	29,9	44,4	9,9	14,8	73,0	26,2	35,8
1926	68,3	27,2	39,8	31,1	45,5	10,0	14,7	73,9	26,0	35,1
1927	69,4	27,2	39,2	32,0	46,2	10,2	14,6	74,8	26,0	34,8
1928	70,5	27,0	38,3	33,2	47,1	10,3	14,6	75,7	25,8	34,1
1929	71,7	27,1	37,7	34,2	47,8	10,4	14,5	76,7	25,8	33,6
1930	72,9	27,0	37,1	35,4	48,5	10,5	14,4	77,7	25,8	33,2
1931	74,1	27,3	36,8	36,2	48,9	10,6	14,3	78,7	26,1	33,2
1932	75,4	28,1	37,2	36,6	48,6	10,7	14,2	79,8	26,9	33,7
1933	76,8	29,1	37,9	36,9	48,0	10,8	14,1	80,9	27,8	34,4
1934	78,1	29,8	38,2	37,4	47,8	10,9	14,0	82,1	28,7	34,9
1935	79,5	30,8	38,8	37,7	47,4	11,0	13,8	83,3	29,7	35,6
1936	80,5	31,7	39,5	37,8	46,9	11,0	13,6	84,4	30,7	36,4
1937	82,1	32,8	40,0	38,2	46,5	11,1	13,5	85,5	31,6	37,0
1938	83,3	33,6	40,4	38,6	46,3	11,1	13,3	86,5	32,3	37,4
1939	84,7	34,3	40,5	39,1	46,2	11,3	13,3	87,7	33,1	37,7
1940	86,1	34,9	40,6	39,8	46,2	11,4	13,2	88,7	33,6	37,9
1941	87,3	35,5	40,7	40,4	46,2	11,4	13,1	89,8	34,2	38,1

ebenso zuverlässig ist wie die Voraussage, daß auf den Winter der Frühling und der Sommer folgen und danach der Herbst usw.

Um diese Prognosen zahlenmäßig zu untermauern, empfehlen wir die nachfolgenden Berechnungen. Ausgehend von den Daten aus der Zählung von 1920 über die gegebene Alters- und Geschlechtsstruktur von einer normalen Geburtenrate je 1000 Einwohner im ehefähigen Alter (18 bis 49 Jahre) und einer normalen Sterblichkeit jeder Altersgruppe, ist es nicht schwer, die wahrscheinliche Alters- und Geschlechtszusammensetzung der Bevölkerung für 1921 und für jedes beliebige nachfolgende Jahr zu berechnen. Eine derartige Arbeit, deren hauptsächliche Ergebnisse wir anführen wollen, ist in der Staatlichen Plankommission unter der Leitung von E. M. Tarasov durchgeführt worden (vgl. Diagramm 2). Aus Gründen der Platzersparnis geben wir hier anstelle einer jahrgangsmäßigen Unterteilung nur die globalen Ergebnisse für die drei wesentlichen Altersgruppen (siehe Tabelle 1).

Die angeführten Berechnungen haben natürlich einen sehr bedingten Charakter. Die Normen für die Sterblichkeit und die Geburtenhäufigkeit, die wir in unseren Berechnungen bedingt als konstant angenommen haben, ändern sich in Wirklichkeit recht fühlbar mit den Veränderungen in der Wirtschaft des Landes. Doch die beständigen Tendenzen in der Evolution der Wirtschaft verändern sich zu langsam, als daß sie sich auf die jährlichen Schwankungen im natürlichen Zuwachs der Bevölkerung auswirken könnten.

1920—1941 (in Millionen Einwohner zum Ende des Jahres)

…uen				insgesamt beiderlei Geschlechts						
…unter im Alter von				insgesamt	darunter im Alter von					
…49		50–100			0–15		16–49		50–100	
…olut	%	absolut	%		absolut	%	absolut	%	absolut	%
	13	14	15	16	17	18	19	20	21	22
…,7	45,4	10,8	15,5	132,8	55,8	42,0	57,0	43,0	20,0	15,0
…,4	46,0	10,9	15,6	134,0	55,4	41,4	58,4	43,6	20,2	15,1
…,1	46,7	11,0	15,5	135,4	55,0	40,6	60,0	44,3	20,4	15,1
…,9	47,4	11,1	15,5	136,9	54,4	39,7	61,8	45,1	20,7	15,2
…,0	48,5	11,2	15,5	138,6	53,4	38,6	64,2	46,3	21,0	15,1
…,5	48,7	11,3	15,5	140,3	53,7	38,3	65,4	46,6	21,2	15,1
…,6	49,6	11,3	15,3	142,2	53,1	37,4	67,7	47,6	21,4	15,0
…,4	50,0	11,4	15,2	144,2	53,2	36,8	69,4	48,2	21,6	15,0
…,4	50,7	11,5	15,2	146,2	52,8	36,1	71,6	49,0	21,8	14,9
…,3	51,3	11,6	15,1	148,4	52,8	35,6	73,6	49,6	22,0	14,8
…,3	51,8	11,6	15,0	150,6	52,8	35,1	75,6	50,2	22,2	14,7
…,8	51,8	11,8	15,0	152,8	53,4	34,9	77,0	50,4	22,4	14,7
…,0	51,4	11,9	14,9	155,2	54,9	35,4	77,7	50,0	22,6	14,6
…,1	50,8	12,0	14,8	157,7	56,9	36,1	78,0	49,4	22,8	14,5
…,2	50,3	12,2	14,8	160,2	58,5	36,5	78,6	49,1	23,1	14,4
…,3	49,6	12,3	14,8	162,8	60,5	37,2	79,0	48,5	23,3	14,3
…,4	49,1	12,3	14,5	165,0	62,5	37,9	79,2	48,0	23,3	14,1
…,4	48,4	12,5	14,6	167,5	64,5	38,5	79,6	47,5	23,5	14,0
…,6	48,1	12,6	14,5	169,8	66,0	38,8	80,1	47,2	23,7	14,0
…,9	47,8	12,7	14,5	172,3	67,3	39,1	81,0	47,0	24,0	13,9
…,3	47,6	12,8	14,5	174,7	68,5	39,2	82,0	47,0	24,2	13,8
…,6	47,4	13,0	14,5	177,1	69,7	39,4	83,0	46,8	24,4	13,8

Die zufälligen Schwankungen aber, die unter dem Einfluß solcher Ursachen wie dem Wechsel zwischen ertragreichen und ertragsarmen Erntejahren entstehen, gleichen sich im Laufe einer Reihe von Jahren bis zu einem gewissen Grade aus. Eine so außergewöhnliche Hungersnot jedoch, wie wir unlängst im Wolgagebiet durchmachten, muß natürlich in Rechnung gestellt werden. Die notwendige Korrektur wird eingefügt werden, wenn wir dafür über ausreichende Daten verfügen. Man kann aber schon im voraus sagen, daß selbst eine solche Korrektur jenes Bild nicht wesentlich verändert, das uns die Tabelle gibt. Die Hungersnot zerstört Leben, ohne auf Geschlecht und Alter zu achten. Es kann sein, daß die schwächsten Kindergruppen anteilmäßig etwas stärker als die anderen leiden, doch im Gesamtverhältnis der Altersgruppen im Maßstab des ganzen Landes verändert sich dadurch wenig. Der Krieg wirkte sich gerade umgekehrt auf die stärksten Altersgruppen aus und führte in ihnen zu einer solchen Verödung, die sich noch im Verlaufe ganzer Jahrzehnte auswirken wird. Jene kolossalen Ausbuchtungen und Einbrüche im Kurvenverlauf nach den einzelnen Altersgruppen, wie sie der Krieg verursacht hat, können durch keinerlei Umstände aufgehoben werden. Für die Verstorbenen gibt es keine Auferstehung, und auf ihren Anteil entfällt keinerlei natürlicher Zuwachs. Zu welchen Schwankungen im *Verhältnis* zwischen den Arbeitsfähigen und der Gesamtzahl der Esser das im Laufe der nächsten 20 Jahre führen wird, zeigen Tabelle 1 und die Diagramme der Bevölkerung von 1931 bis 1941 (Diagramme 2 und 3).

Diagramm 2 Lebensbaum der Bevölkerung der UdSSR für 1931

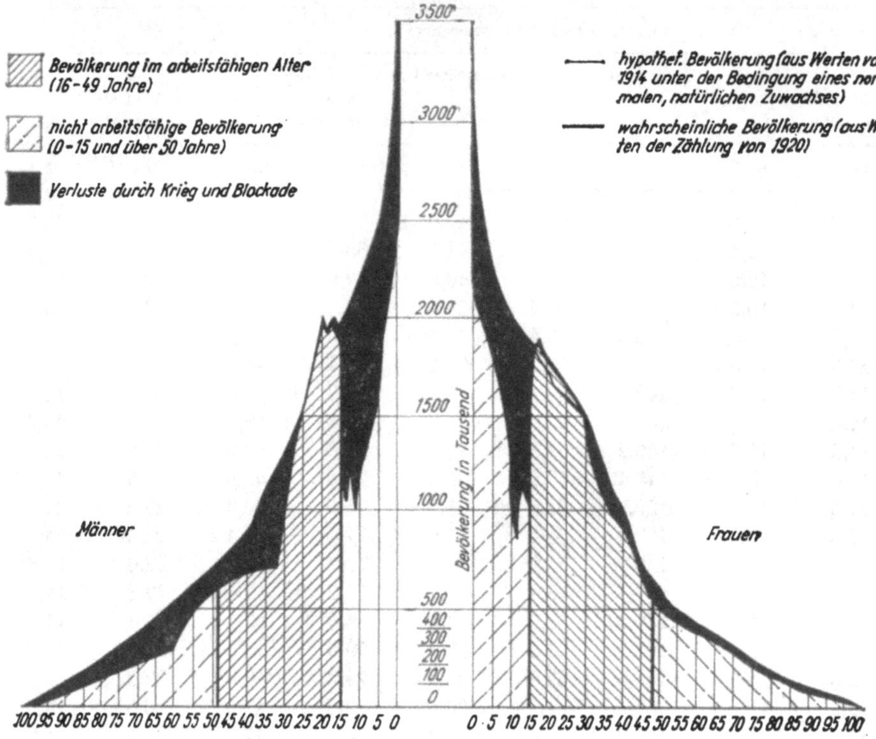

Hier lenkt vor allem die Tatsache der absoluten und relativen Verminderung der Kindergruppe der Bevölkerung im Laufe einer ganzen Reihe von Jahren die Aufmerksamkeit auf sich. Der verlangsamte Zuwachs an Kindern hört nicht mit dem Kriegsende auf, sondern wirkt infolge der stark reduzierten Elterngruppe auf den Gesamtzuwachs der Bevölkerung im Laufe ganzer Jahrzehnte fort. Freilich beginnt der relative Anteil der Altersgruppe bis 15 Jahre ab 1932 schon etwas zu wachsen, doch bis 1941 erreicht er bei weitem noch nicht seine normale Höhe (im Jahre 1914 betrug dieser Anteil 40,6 %).

Die Bevölkerungsverluste Sowjetrußlands durch Krieg und Blockade beschränken sich somit nicht nur auf jene 21,2 Mill. Einwohner, die durch die Zählung des Jahres 1920 ermittelt worden waren. Ihnen ist es bestimmt, im Verlaufe von Jahrzehnten noch weiter anzuwachsen. Welches Ausmaß diese Verluste nach 10 und 20 Jahren erreichen werden, kann man aus Tabelle 2 ersehen.

Wie wir sehen, erhöhen sich die Gesamtverluste der Bevölkerung von 21,1 Mill. Einwohner im Jahre 1920 bis 1931 auf 32,5 Mill. und zum Jahresende 1941 sogar auf 42,3 Mill. Doch bezüglich der arbeitsfähigen Bevölkerung sehen die Dinge etwas anders aus. Im ersten Jahrzehnt, solange sich die arbeitsfähige Gruppe aus den Kindern im Alter von 7 bis 15 Jahren auffüllte, der Gruppe also, die vom Krieg am wenigsten betroffen worden war, steigt das Ausmaß der Verluste nicht nur nicht an, sondern es vermindert sich sogar sowohl in relativen als auch in absoluten Zahlen. Erst im zweiten Jahrzehnt beginnt sich die kriegsbedingte Verminderung der Geburten auf die Zahl der heranwachsenden Gruppen im arbeitsfähigen Alter auszuwirken. Der Verlust an Arbeitskräften beginnt ab 1932 erneut von Jahr zu Jahr anzusteigen und erreicht zum Jahresende 1941 die Höhe von 18,6 Mill. Werktätigen gegenüber 14,3 Mill. im Jahre 1920.

Diagramm 3 Lebensbaum der Bevölkerung der UdSSR für 1941

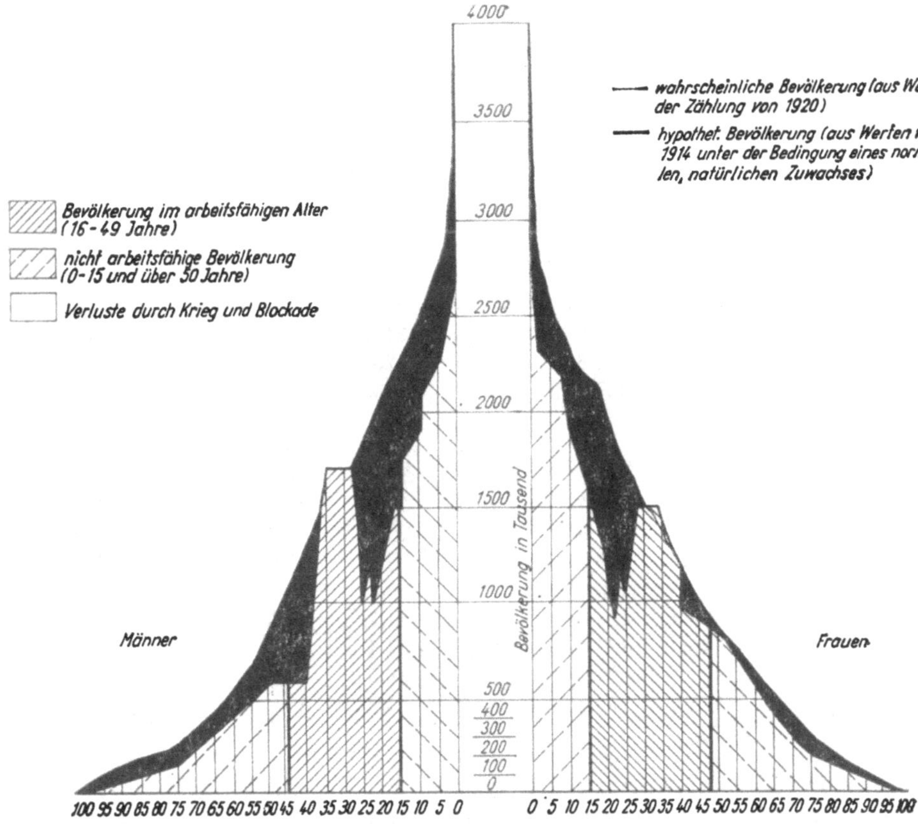

Im Zusammenhang damit verändert sich das Verhältnis zwischen Arbeitern und der Gesamtzahl an Essern für die angeführten zwei Jahrzehnte in diametral entgegengesetzten Richtungen (vgl. Diagramm[4]).

Das ist die zweite außerordentlich wichtige Schlußfolgerung, die aus den Ergebnissen der Tabelle 1 hervorgeht. Der Umfang dieser Schwankungen und der Charakter der Kurve sind anhand der Ergebnisse aus Tabelle 3 recht anschaulich erkennbar.

Während im Jahre 1920 insgesamt 43 Werktätige im Alter zwischen 16 und 49 Jahren auf je 100 Einwohner kamen, erhöht sich ihr Anteil bis zum Jahre 1931 auf 50,4, d. h. um 17% gegenüber der Rate von 1920; bis 1941 fällt sie dagegen wieder auf 46,8%, d. h. um 7% gegenüber dem Anteil von 1931. Mit anderen Worten, auf einen Werktätigen in der genannten Altersgruppe entfielen im Jahre 1920 2,3 Esser, im Jahre 1931 dann weniger als 2 Esser und im Jahre 1941 wiederum 2,14 Esser.

In dieser Abfolge der sich einander ablösenden Arbeitergenerationen unterschiedlichen Leistungspotentials liegen alle grundlegenden Entwicklungsetappen für den Aufbau eines Perspektivplanes der sowjetischen Volkswirtschaft begründet, zumindest für ein ganzes Jahrzehnt.

In der Tat, es sei die folgende hypothetische Berechnung aufgeführt. Wir unterstellen, daß es uns nach dem Kriegsende schon ab 1922 gelungen wäre, das Vorkriegsniveau des Lebensstandards der Werktätigen wiederherzustellen, wozu Ausgaben in Höhe von insgesamt etwa 120 Rubel im Jahr pro Kopf der Bevölkerung ausreichend sein würden, und damit das Vorkriegsniveau der Arbeitsproduktivität zu erringen, d. h. ein Netto-

Tabelle 2. Wahrscheinliche Anzahl der Bevölkerung Sowjetrußlands im Zeitraum von 1920 bis 1941, einschließlich der Armee (in Millionen Einwohnern zum Ende des jeweiligen Jahres)

Jahre	Bevölkerungszahl				Bevölkerungsverlust im Ergebnis			
	unter Berücksichtigung des Einflusses		ohne Berücksichtigung des Einflusses					
	von Krieg und Blockade							
	insgesamt beiderlei Geschlechts	darunter im Alter von 16–49 Jahren	insgesamt beiderlei Geschlechts	darunter im Alter von 16–49 Jahren	bezogen auf die gesamte Bevölkerung absolut	%	im Alter von 16–49 Jahren absolut	%
1	2	3	4	5	6	7	8	9
1920	132,8	57,0	154,0	71,3	21,2	13,8	14,3	20,1
1921	134,0	58,4	156,6	72,5	22,6	14,5	14,1	19,5
1922	135,4	60,0	159,3	73,7	23,9	15,0	13,7	18,6
1923	136,9	61,8	162,0	75,0	25,1	15,5	13,2	17,6
1924	138,6	64,2	164,8	76,4	26,2	15,9	12,2	16,0
1925	140,2	65,4	167,6	77,7	27,3	16,3	12,3	15,8
1926	142,3	67,7	170,4	78,9	28,2	16,6	11,2	14,2
1927	144,2	69,4	173,3	80,3	29,1	16,8	10,9	13,6
1928	146,2	71,6	176,2	81,6	30,0	17,0	10,0	12,3
1929	148,4	73,6	179,2	83,0	30,8	17,2	9,4	11,2
1930	150,6	75,6	182,3	84,5	31,7	17,4	8,9	10,5
1931	152,9	77,0	185,4	85,8	32,5	17,5	8,8	10,1
1932	155,2	77,7	188,5	87,3	33,3	17,7	9,6	11,0
1933	157,7	78,0	191,7	88,8	34,0	17,8	10,8	12,2
1934	160,2	78,6	195,0	90,3	34,8	17,8	11,7	12,9
1935	162,8	79,0	198,3	91,9	35,5	17,9	12,9	14,0
1936	165,0	79,2	201,7	93,5	36,7	18,3	14,3	15,3
1937	167,5	79,6	205,1	95,0	37,6	18,4	15,4	16,2
1938*	169,8	80,1	208,6	96,6	38,8	18,6	16,5	17,1
1939	172,3	81,0	212,1	98,3	39,8	18,8	17,3	17,6
1940	174,7	82,0	215,7	99,9	41,0	19,0	17,9	18,0
1941	177,1	83,0	219,4	101,6	42,3	19,3	18,6	18,4

* Wir erinnern daran, daß durch die Volkszählung vom 17. Januar 1939 in der UdSSR eine Gesamtzahl von 170,5 Millionen Einwohnern ergab (Anmerkung der Redaktion).

produkt von ungeführ 370 Rubel je Werktätiger im Jahr. Wir unterstellen ferner, daß für die nichtproduktiven Tätigkeiten der Soldaten, Schüler und ähnlicher Gruppen insgesamt nicht mehr als 5 bis 6 Mill. Personen im arbeitsfähigen Alter abgezweigt zu werden brauchen. Dann kann man, ausgehend von normalen Koeffizienten der Geburten und Sterblichkeit und unter Abzug von 4,4 Mill. Invaliden und 6 Mill. nichtproduktiver Werktätiger, eine hypothetische Arbeitskräftebilanz Sowjetrußlands für die nächsten Jahre mit den folgenden Daten aufstellen (siehe Tabelle 3).

Wie wir sehen, bemessen sich die Arbeitskräfteressourcen Rußlands, selbst unmittelbar nach den Zerstörungen des Krieges und nach den bescheidensten Berechnungen, in Dutzenden von Milliarden Rubel pro Jahr, wobei sie das Verbrauchsminimum der Bevölkerung beträchtlich übersteigen.

Die angeführten Ziffern lassen jedoch klar erkennen, daß die Arbeitsarmee in Rußland während des ersten Jahrzehnts weit schneller als die Gesamtbevölkerung wächst, während man in den darauffolgenden Jahren umgekehrt ein Stagnieren und ein Zurückbleiben

Tabelle 3. Perspektivische Arbeitskräftebilanz Sowjetrußlands für 1922 bis 1941

Jahre	Zugang: Anzahl der Arbeiter (in Mill.)	Zugang: ihre Produktion (in Milliarden Rubel)	Abgang: Anzahl der Esser (in Mill.)	Abgang: ihr Unterhalt (in Milliarden Rubel)	Überwiegen der Einkünfte (in Milliarden Rubel)	Jahre	Zugang: Anzahl der Arbeiter (in Mill.)	Zugang: ihre Produktion (in Milliarden Rubel)	Abgang: Anzahl der Esser (in Mill.)	Abgang: ihr Unterhalt (in Milliarden Rubel)	Überwiegen der Einkünfte (in Milliarden Rubel)
1	2	3	4	5	6	7	8	9	10	11	12
1921	48,0	17,8	134,0	16,1	1,7	1932	67,2	24,8	155,2	18,6	6,2
1922	49,6	18,4	135,4	16,3	2,1	1933	67,6	25,0	157,7	18,9	6,1
1923	51,4	19,0	136,9	16,4	2,6	1934	68,2	25,2	160,2	19,2	6,0
1924	53,8	19,9	138,6	16,6	3,3	1935	68,6	25,4	162,8	19,6	5,8
1925	55,0	20,3	140,3	16,8	3,5	1936	68,8	25,5	164,9	19,8	5,7
1926	57,3	21,2	142,2	17,1	4,1	1937	69,2	25,6	167,5	20,1	5,5
1927	59,0	21,8	144,2	17,3	4,5	1938	69,7	25,8	169,8	20,4	5,4
1928	61,2	22,6	146,2	17,5	5,1	1939	70,6	26,1	172,3	20,7	5,4
1929	63,2	23,4	148,4	17,8	5,6	1940	71,6	26,5	174,7	21,0	5,5
1930	65,2	24,1	150,6	18,1	6,0	1941	72,5	26,8	177,1	21,3	5,5
1931	66,6	24,6	152,9	18,4	6,2						
Summe von 1922–1931	–	215,3	–	172,3	43,0	Summe von 1932–1941	–	256,7	–	199,6	57,1

des Zuwachses an Arbeitskräften gegenüber der Gesamtzahl der Bevölkerung beobachten kann. In dieser Beobachtung lassen wir sozusagen die alte biblische Legende wieder auferstehen, derzufolge den 7 fetten Jahren 7 magere Jahre folgen, und die Voraussicht der prähistorischen ägyptischen Plankommission, die es vermochte, einen klugen Plan der staatlichen Wirtschaft für eine ganze Reihe von Jahren im voraus aufzustellen und damit richtiggehend die Jahre des Überflusses für die mageren Jahre zu nutzen.

Diagramm 4

Kurve der Veränderungen des Anteils der Zahl der Werktätigen an der Gesamtzahl der Esser für die Zeit von 1920 bis 1941

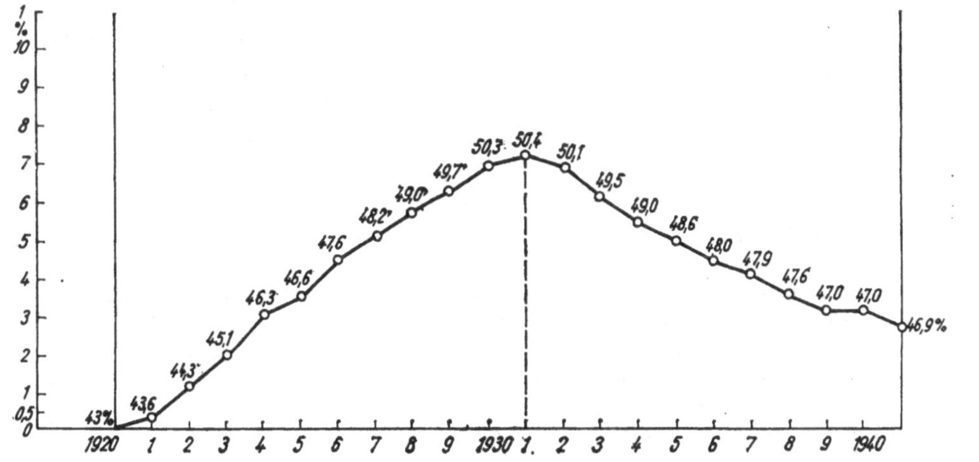

Tabelle 4. Die Zusammensetzung der Bevölkerung Sowjetrußlands nach Alter und Geschlecht im Jahre 1920, einschließlich der Armee* (in tausend Einwohnern)

Altersgruppen	nach der Zählung vom 28. August 1920			nach dem normalen Zuwachs ab 1914 (Berechnung)			Rückgang (−) oder Zuwachs (+)		
	männlich	weiblich	beide Geschlechter	männlich	weiblich	beide Geschlechter	männlich (Sp. 5–Sp. 2)	weiblich (Sp. 6–Sp. 3)	beide Geschlechter (Sp. 7–Sp. 4)
1	2	3	4	5	6	7	8	9	10
0	1609	1472	3081	2880	2710	5590	− 1271	− 1238	− 2509
1	1587	1470	3057	2300	2195	4495	− 713	− 725	− 1438
2	1671	1516	3187	2330	2210	4540	− 659	− 694	− 1353
3	1344	1271	2615	2290	2180	4470	− 946	− 909	− 1855
4	1455	1417	2872	2140	2060	4200	− 685	− 643	− 1328
5	1897	1770	3667	2010	1920	3930	− 113	− 150	− 263
6	2138	2013	4151	1980	1885	3865	+ 158	+ 128	+ 286
7	2011	1984	3995	1915	1830	3745	+ 96	+ 154	+ 250
8	2114	2052	4166	1900	1815	3715	+ 214	+ 237	+ 451
9	1889	1772	3661	1860	1765	3625	+ 29	+ 7	+ 36
10	2105	1959	4064	1830	1735	3565	+ 275	+ 224	+ 499
11	1585	1515	3100	1790	1695	3485	− 205	− 180	− 385
12	2159	2062	4221	1770	1680	3450	+ 389	+ 382	+ 771
13	1845	1773	3618	1720	1655	3375	+ 125	+ 118	+ 243
14	1644	1632	3276	1680	1640	3320	− 136	− 88	− 44
15	1540	1612	3152	1650	1625	3275	− 110	− 133	− 123
16	1569	1668	3237	1590	1600	3190	− 21	+ 68	+ 47
17	1323	1533	2856	1540	1570	3110	− 217	− 37	− 254
18	1068	1445	2513	1495	1540	3035	− 427	− 95	− 522
19	787	1242	2029	1440	1480	2920	− 653	− 238	− 891
20–24	3666	5865	9531	6590	6740	13330	− 2924	− 875	− 3799
25–29	3629	5150	8779	5960	6120	12080	− 2331	− 970	− 3301
30–39	7010	8219	15229	9830	9800	19630	− 2820	− 1581	− 4401
40–49	6283	6512	12795	7200	6850	14050	− 917	− 338	− 1255
50–59	4560	5166	9726	4990	4920	9910	− 430	+ 246	− 184
60–69	2862	3125	5987	3210	3260	6470	− 348	− 135	− 483
70 und mehr	1720	2540	4260	1810	1820	3630	− 90	+ 720	+ 630
0–15	28593	27290	55883	32045	30600	62645	− 3452	− 3310	− 6762
16–49	25335	31634	56969	35645	35700	71345	− 10310	− 4066	− 14376
50 und mehr	9142	10831	19973	10010	10000	20010	− 868	+ 831	− 37
Summe	63070	69755	132825	77700	76300	154000	− 14630	− 6545	− 21175

* Die Ergebnisse der Spalten 2 bis 4 sind nach den Daten aus der Volkszählung berechnet, die im „Statistischen Jahrbuch“ der Jahre 1918 bis 1920 veröffentlicht worden sind. Die Korrektur, die Armee betreffend (3 Millionen männliche), wurde auf die Altersgruppen nach Angaben der Zentralverwaltung für Statistik aufgeschlüsselt, die uns freundlicherweise von V. P. Efremov mitgeteilt wurden. Die Summe der Spalte 7 ist in folgender Weise berechnet worden. Nach Ergebnissen des Zentralen Statistischen Komitees (ZSK) für den 1. Januar 1914 gab es in Rußland (ohne Finnland) 175,1 Millionen Einwohner, darunter in der Fernöstlichen Republik 1,8 Millionen und in den übrigen Teilen, die heute von Sowjetrußland abgetrennt sind, 28,3 Millionen.

Eine ähnliche Aufgabe steht heute auch vor den Planungsorganen der sowjetischen Republik der Arbeit. Es versteht sich von selbst, daß eine solche Aufgabe unter den Bedingungen des von uns durchlebten Zeitraums nicht einfach zu lösen ist.

Gestützt allein auf ihre eigenen Ressourcen, ohne jeden Zustrom von Mitteln von außerhalb, wird es Sowjetrußland nicht leicht haben, alle seine wirtschaftlichen Möglichkeiten in jenem Tempo zu entwickeln, wie das die Umstände des Augenblicks erfordern. Doch der Fakt, daß im Laufe eines ganzen Jahrzehnts alljährlich etwa eine halbe Million frischer Arbeitskräfte die Reihen ihrer Arbeitsarmee auffüllen werden, bleibt trotzdem eine Tatsache.

In diesem Jahrzehnt wird die ganze Bresche, die der Krieg in die arbeitsfähige Gruppe geschlagen hat, mit Überschuß ausgefüllt. Es ist nicht zu befürchten, daß alle diese neuen Millionen von Werktätigen ohne Arbeit bleiben werden. In Rußland ist der Ackerbau allein, ganz zu schweigen von der Industrie, fähig, bei entsprechender Entwicklung Dutzende Millionen neuer Arbeitskräfte aufzunehmen, wobei der Absatz seiner Produkte auf dem Binnen- wie auf dem Weltmarkt völlig gesichert ist.

Gleichzeitig muß der Perspektivplan der sowjetischen Volkswirtschaft für das erste Jahrzehnt nach dem Krieg die Gefahr einer erheblichen Verschlechterung der Sachlage im darauffolgenden Jahrzehnt berücksichtigen. Die zu erwartende erneute relative, wenn nicht gar absolute Verminderung der menschlichen Arbeitskraft kann nur durch eine entsprechende Entwicklung der industriellen Technik und durch die erweiterte Anwendung der Energie der Naturkräfte ausgeglichen werden.

Die Staatliche Plankommission Rußlands, die für das nächste Jahrzehnt ein hinreichend umfassendes Programm zur Elektrifizierung Rußlands ausarbeitete, unternimmt ihrerseits in dieser Hinsicht alles nur Mögliche, um diese Gefahr abzuwenden. Inwieweit ihr das gelingen wird, wird die nächste Zukunft zeigen.

Nachtrag zu diesem Beitrag aus dem Jahre 1963:

Seit der Zeit, da diese Zeilen geschrieben wurden, sind bereits mehr als 40 Jahre vergangen. Die sowjetischen Planer sind im Zusammenhang mit dem neuen Programm der ökonomischen Entwicklung des Landes für den Zeitraum von 1960 bis 1980 aufs neue vor die Aufgabe gestellt, das bevorstehende Wachstum der Bevölkerung und dessen Alterszusammensetzung für ganze 20 Jahre im voraus zu bestimmen. Es erhob sich die Frage auch nach der möglichen Genauigkeit entsprechender Berechnungen. Kehrt man aus diesem Anlaß zu den oben angeführten Berechnungen zurück, die im Auftrage der Staatlichen Plankommission bereits im Jahre 1921 ausgeführt worden waren, dann möchte man diese gern mit Ergebnissen aus der Zählung von 1939 vergleichen. Dazu muß man jedoch vor allem bemerken, daß die Zählungen der Jahre 1920 und 1939 an verschiedenen Stichtagen, nämlich zum 28. August und zum 17. Januar, durchgeführt wurden und auch unterschiedliche Territorien erfassen, denn die Fernöstliche Republik, Chiwa und Buchara sind erst nach der Zählung von 1920 in die UdSSR eingegliedert worden. V. N. Starovskij schätzt diese Ausweitung des Territoriums auf einen Bevölkerungszuwachs von etwa 5 Mill. Einwohnern. Doch neben dieser durchaus wesentlichen Korrektur muß man auch die außergewöhnliche Mißernte des Jahres 1921 im Wolgagebiet berücksichtigen, der nach Berechnungen der 20er Jahre ebenfalls mindestens 5 Mill. Einwohner zum Opfer fielen.

In den perspektivischen Berechnungen über die Entwicklung der Bevölkerung Korrekturen für derartige außergewöhnliche Möglichkeiten vorzusehen, wie sie die Veränderung der Grenzen oder unvorhergesehene Hungersnöte und Seuchen darstellen, konnte natürlich nicht zu den Aufgaben der Volkswirtschaftsplanung in den 20er Jahren gehören. Doch wollte es der Zufall, daß sich in diesem Falle diese beiden wichtigsten Korrekturen zu unserer Berechnung gegenseitig ausglichen und nur eine dritte Korrektur bezüglich der unterschiedlichen Stichtage verbleibt. Diese Differenz zwischen dem August und dem 17. Januar beträgt fast 5 Monate oder 0,4 Jahre. Die Bevölkerung der UdSSR erreichte am 28. August 1938 nach unserer Berechnung 169,8 Mill. Einwohner, der jährliche Zuwachs beträgt 2,5 Mill. und für 0,4 Jahre 1,0 Mill. Nach unseren Berechnungen ergibt sich per 17. Januar 1939 eine Bevölkerungszahl in Höhe von 170,8 Mill., während die Zählung für das gleiche Datum 170,6 Mill. Einwohner ausweist. Das bedeutet, daß der Fehler der Planer aus dem ersten Aufgebot in diesem Falle 0,3 Mill. Einwohner nicht überstieg oder geringer als 0,2% war.

Natürlich ist ein solch genaues Zusammentreffen mit der erreichten Zielgröße nur als ein glücklicher Umstand für die sowjetischen Planer zu werten. Auch eine bedeutend geringere Genauigkeit in derartigen Berechnungen würde als völlig hinreichend anerkannt werden. Auf alle Fälle läßt es hoffen, daß auch die neuen Berechnungen der Arbeitskräfteressourcen der UdSSR für die Perspektive von 1960 bis 1980 sich auf der Höhe der heutigen Anforderungen erweisen werden.

1.2. Energetik und Arbeit[3]

Nach der Lehre von Marx werden die Tauschwerte, die in der modernen Gesellschaft für den Massenabsatz auf dem Markt produziert werden, *nur durch Arbeit* geschaffen, d. h. durch die gesellschaftlich nützliche Tätigkeit *des Menschen*, wenngleich die Arbeit dabei durchaus nicht als *einziger* Faktor der Produktion *betrachtet wird*. Außer der Arbeit werden in der Produktion die Kräfte der Natur, Werkzeuge, Material, die Arbeit lebender Antriebe (z. B. der Pferde) und die Energie mechanischer Motoren genutzt. Doch der Mensch verbraucht nur seine Kräfte, weil die Materie und die Kräfte der Natur unerschöpflich sind, deshalb bewertet er in jedem seiner Produkte nur seinen, den menschlichen Aufwand an Arbeit. Weder die Arbeit der Pferde noch die mechanische Energie der Motoren schafft von diesem Standpunkt aus auch nur ein Jota *zusätzlichen* Marktwertes. Natürlich hat der Mensch weder die Pferdekraft noch die mechanische Energie umsonst. Sie kosten ihn ebenfalls Arbeit. Doch auch nur in dieser Maßeinheit werden sie von ihm im Prozeß des Austausches gegen andere Güter bewertet. Im Prozeß der Produktion wiederum werden sie in die Kalkulation des Produkts nur im Umfang ihres Marktwertes einbezogen, d. h. sie *übertragen* ihren Wert auf die Bewertung des Produkts, ohne neuen zu schaffen.

Konkret bedeutet das folgendes. *Ökonomisch* sollen und können die Arbeit des Menschen und die Arbeit eines Pferdes oder einer Maschine einander durchaus nicht in ihrem energetischen Ausdruck äquivalent sein. Von dieser Seite her sind die vergeblichen Versuche einiger „Berechner", die Bestimmung des Arbeitswertes der Waren in Bezug zu setzen

Einwohner, was für Sowjetrußland in seinen heutigen Grenzen 145 Millionen Einwohner ergibt. Eine Gegenüberstellung der Ergebnisse des ZSK über die Bevölkerung des Jahres 1916 mit den Ergebnissen der Zählungen von 1916 und 1917 nach Berechnungen von V. A. Zajcev zeigte, daß man die ersten als um 5,2% überhöht ansehen muß. Vermindert man die Summe von 1914 um 5,2%, dann erhält man anstelle von 145 Millionen 137,5 Millionen Einwohner. Der normale Zuwachs vom 1. Januar 1914 ab bis zum 28. August 1920 mit 1,7% im Jahr ergibt 12% und 16,5 Millionen Einwohner. Woraus sich die gesuchte Summe von 154 Millionen ergibt. Deren Aufschlüsselung auf die Geschlechter wurde nach den letzten Ergebnissen des ZSK und auf die Altersgruppen nach den Relationen der Zählung von 1897 von 50 Gouvernements des europäischen Rußlands durchgeführt.

[3] Problemy ėkonomiki truda. Skizzen und Versuche, in: Voprosy truda, 1925.

zu der Menge der für ihre Produktion verausgabten Arbeit *von Menschen*, Pferden und mechanischer Motoren oder zu der entsprechenden Summe des energetischen Aufwands auf Kalorienbasis, offenbar nicht durchdacht und prinzipiell unsinnig. Das sei am Beispiel demonstriert. Auf dem russischen Markt der Vorkriegszeit konnte man die folgenden *Tausch*-Äquivalente feststellen: Der Arbeitstag eines unqualifizierten Arbeiters war = 1 Rubel in Gold = 2,8 Pfund Butter = 6,5 Pfund Zucker = 40 Pfund Schwarzbrot = 66 Pfund Hafer = 114 Pfund Erdöl = 400 Pfund Donezkohle. Wie genau diese Marktrelationen dem Arbeitsaufwand für die Reproduktion der genannten Güter entsprachen, ist schwer zu sagen. Doch daß sie im großen und ganzen diesen entsprachen, erfordert kaum besondere Beweise. Wenn man jedoch von den *energetischen* Äquivalenten der gleichen Güter ausgeht und annimmt, daß ein Arbeitstag physischer Arbeit dem Verbrauch von etwa 4000 cal entspricht, so erhalten wir völlig andere Relationen. Und zwar: Ein Arbeitstag = 0,98 Pfund Erdöl = 1,1 Pfund Butter = 1,4 Pfund Donezkohle = 2,5 Pfund Zucker = 4,6 Pfund Brot = 5 Pfund Hafer. Daraus können wir folgern, daß auf dem Markt die gleiche Einheit von Wärmeenergie, die Kalorie, die in Butter enthalten ist, 45mal teurer bewertet wurde als die im Erdöl oder 110mal teurer als die in der Donezkohle enthaltene Kalorie. Bei einer solch weiten Skala der Marktbewertungen für eine „Kalorie" diese in die Rolle eines stabilen Maßstabes für den *Wert* der Waren erheben zu wollen, ist natürlich völlig absurd. Ungeachtet dessen bleibt die Kalorie in der *energetischen* Bilanz stets eine konstante Größe.

Wenn man eine Arbeitseinheit der verschiedenen Motore und des Menschen unter dem Aspekt des Aufwands für die Reproduktion dieser Einheit, z. B. einer Kraftstunde Arbeit vergleichsweise bewerten will, dann ergibt sich deren ökonomische Ungleichwertigkeit aus den folgenden Daten. Eine Dampfmaschine erfordert für die Leistung von 1PS nach den Vorkriegsberechnungen für den Aufwand an Brennstoff und Amortisationen nicht mehr als 5 Kopeken, ein Pferd verbraucht für die gleiche Leistung für Futter und Amortisation seiner Aufzucht etwa 14 Kopeken, während der Mensch mit einer Kraft von $^1/_{12}$ PS bei einer täglichen Bezahlung für einen 8stündigen Arbeitstag mindestens 1 Rubel 50 Kopeken[4] verbraucht.

Das bedeutet, daß uns die Reproduktion unserer eigenen Arbeitsenergie sowohl im Geldausdruck als auch umgerechnet auf den Arbeitsaufwand des Menschen etwa 10mal teurer kommt als eine gleiche Menge Arbeitsenergie des Pferdes und etwa 30mal teurer als die gleiche Menge mechanischer Energie.

Ungeachtet dessen ist unter dem *Aspekt der Mechanik* eine „Kraftstunde" menschlicher Arbeit – weil diese technisch durch Pferde- oder mechanische Energie substituierbar ist – einer „Kraftstunde" der Arbeit des Pferdes oder einer Dampfmaschine völlig äquivalent. Hieraus sollte die ökonomische Bedeutung jeglicher Mechanisierung der Arbeit klar sein. Wenn man überall dort, wo es möglich ist, die teuren Kalorien (Butter, Zucker, Brot) durch billige (Hafer und Kohle) ersetzt oder, was das gleiche ist, die teure menschliche Energie durch die weit billigere Energie des Pferdes, des Dampfes oder der Elektrizität substituiert, dann wird es dem Menschen möglich, den eigenen Arbeitsaufwand um ein vielfaches zu senken oder bei gleichem Arbeitsaufwand das Dutzendfache mehr Produkte zu erzeugen.

Wenden wir uns nunmehr den Daten über unsere tatsächlichen Errungenschaften auf dem Gebiet der Mechanisierung der Arbeit zu. Nach Berechnungen der Staatlichen Plankommission wird die relative Bedeutung der menschlichen Arbeit in der gesamten Energiebilanz Rußlands durch folgende Daten bestimmt[5] (siehe Tabelle 5).

[4] $2^1/_8$ Arbeitstag $\times$ 12 = 1,5 Arbeitstage eines Tagelöhners.
[5] Trudy Gosplana, Buch IV, Moskau 1923, S. 40.

Tabelle 5. Die energetischen Ressourcen der UdSSR im Jahre 1920

Antriebsart	Anzahl der Motoren oder Antriebsanlagen			Mittlere Leistung arbeitender Motoren oder Anlagen in PS
	insgesamt	darunter: arbeitende		
		absolut	in % zu Sp. 2	
1	2	3	4	5
A. Mechanische Motoren	–	–	–	–
darunter				
1. In der Industrie	231580	187400	81,0	21,5
2. Beim Eisenbahntransport				
a) Dampflokomotiven	19500	6510	33,4	383,0
b) Werkstätten und Wasserpumpen	1260	1260	(100,0)	24,6
im Transportwesen				
a) Binnenschiffahrt	4194	2860	68,2	195,0
b) Hochseetransport	1361	1003	73,7	228,0
c) Automobiltransport	21520	11018	51,2	14,5
3. In der Landwirtschaft (Traktoren)	1442	350	24,0	50,0
B. Lebendige Motoren	–	–	–	–
darunter				
1. Bevölkerung*	46744000	46744000	(100,0)	0,08
2. Zugtiere	23862500	23862500	(100,0)	0,66
alle Motoren	–	–	–	–

* Arbeitsfähige zwischen 16 und 49 Jahren

Der Anteil der Menschen am energetischen Aufwand für mechanische Arbeiten betrug nach dieser Bilanz bereits im Jahre 1920 in Rußland nicht mehr als 18%, während der Anteil der Maschinen sich auf 37,3%, d. h. auf das Doppelte, und der Anteil der Zugtiere auf 44,7% belief.

Der gesamte Umfang der mechanischen Arbeit wird hier in Höhe von 44,6 Milliarden Kraftstunden pro Jahr ausgewiesen.

Wenn man diese grob nach den oben angeführten Normen bewertet, nämlich mit 5 Kopeken für eine Kraftstunde mechanischer Energie, 14 Kopeken für die gleiche Einheit der Arbeit von Zugtieren und 1,5 Rubel entsprechend für die menschlicher Muskelarbeit, dann erhalten wir die folgenden Summen:

Mechanische Energie	16,6× 5 Kop. =	830 Mill. Rubel –	5,3%
Tierische Energie	20,0× 14 Kop. =	2800 Mill. Rubel –	17,9%
Energie menschlicher Arbeit	8,0×150 Kop. =	12000 Mill. Rubel –	76,8%
Summe	44,6× 35 Kop. =	15630 Mill. Rubel –	100 %

Am Gesamtbetrag des Aufwands für die verbrauchte Energie in Höhe von 15,6 Milliarden Rubel hat die menschliche Arbeit bereits einen weitaus größeren Anteil als Tier und Maschine. Wenn wir jedoch gezwungen wären, die gesamte Arbeit von Tier und Maschine

…esamtleistung		Anzahl			Arbeitstage im Jahr	
…tausend PS	in % zur Summe	Arbeitstage im Jahr	Arbeitsstunden pro Tag	pro Jahr	in Millionen PS-Stunden	in % zur Summe
6	7	8	9	10	11	12
7537	27,9	–	–	–	16626	37,3
4020	14,9	291,3	8,6	2500	10020	22,5
2490	9,2	366,0	5,3	1940	4830	10,8
64	0,2	291,3	8,6	2500	160	0,4
558	2,1	195,0	9,6	1870	1042	2,3
299	0,9	366,0	4,6	1682	385	0,9
159	0,6	291,3	4,0	1165	185	0,4
17	–	90,0	3,0	270	4	–
…9470	72,1	–	–	–	28020	62,7
…3740	13,8	266,0	7,8	2150	8040	18,0
…5730	58,3	127,0	10,0	1270	19980	44,7
…7007	100,0	–	–	–	44646	100,0

durch menschliche Arbeit zu ersetzen, dann müßten wir anstelle von 15,6 Milliarden Rubel dafür wenigstens 67 Milliarden Rubel, d. h. das 4,3fache, aufwenden. Mit anderen Worten, unter sonst gleichen Bedingungen müßten wir entweder 4,3mal mehr arbeiten oder in der entsprechenden Größenordnung unser Lebensniveau senken.

Doch nicht nur die Vorstellung vom Nichtvorhandensein der Maschinen, sondern auch von Arbeitstieren würde uns auf eine Kulturstufe der Urgesellschaft zurückwerfen. Unterstellen wir, daß wir nur auf jenen unseren Tagen weit näheren Zeitpunkt zurückkehren würden, als es bei uns noch keine mechanischen Antriebe gab. Dann erforderte der Einsatz allein der mechanischen Energie in der vorliegenden Energiebilanz durch teurere Muskeltiere zusätzliche Aufwendungen im Gesamtbetrag von 24 Milliarden Rubel, oder, wenn wir den Tag Muskelarbeit mit 1 Rubel bewerten, ebensoviel Milliarden menschlicher Arbeitstage. Das aber bedeutet eine Erhöhung des vorhandenen Arbeitsaufwands für die Energieproduktion auf etwa das Dreifache.

Grob gesagt, die vorhandene Mechanisierung der Arbeit verkürzt unsere Arbeit, indem sie ihre Produktivität steigert, oder, was dem gleichbedeutend ist, sie erhöht unseren Lebensstandard bei gleichen Aufwendungen mindestens auf das Dreifache gegenüber jenem Stand, den wir ohne Motoren erreicht haben würden.

Dennoch war die von uns in Rußland erreichte Stufe der Mechanisierung der Arbeit durch Nutzung der billigsten Energieressourcen und der unentgeltlichen Naturkräfte leider noch zu gering, besonders wenn man sie mit anderen Ländern vergleicht, die vor uns den Weg der Mechanisierung der Arbeit beschritten haben. Als Beispiel seien einige Vergleichswerte angeführt, die bezüglich einiger Länder allerdings schon veraltet sind.

Die Mechanisierung der Arbeit der Industriearbeiter ist im zaristischen Rußland (in den Grenzen der UdSSR bis 1939; d. Verf.) im Vergleich zu den wichtigsten Großmächten des kapitalistischen Westens durch folgende Zahlen charakterisiert:

Wenn wir die Leistung einer mechanischen PS als das 12fache der Muskelkraft des Arbeiters setzen, dann können wir feststellen, daß in Rußland auf eine Arbeitskraft 14,7 mechanische Einheiten kamen, dagegen in Großbritannien – selbst nach sehr veralteten Werten – 18,4 und in den Vereinigten Staaten 39 mechanische Kräfte. Bereits aus den angeführten Relationen wird deutlich, daß in der Industrie die menschliche Arbeit überall im Vergleich zur Arbeit mechanischer Antriebe eine äußerst bescheidene Rolle spielt. Die mechanische Energie übersteigt den Verbrauch an Arbeitsenergie um Dutzende Male. Dem Wesen nach reduziert sich die Rolle des Arbeiters hier lediglich auf die Bedienung der Maschine. Während aber in Rußland ein Arbeiter einen Maschinenkomplex bedient, entfällt in Amerika auf einen Arbeiter mindestens das 2,6fache.

Zu welchen Ergebnissen führt nun die genannte Rückständigkeit der russischen Industrie? Sie widerspiegelt sich vor allem in einem niedrigeren Niveau der Produktivität und Bezahlung der Arbeit im Vergleich zu den Ländern mit einem höheren Mechanisierungsgrad der Arbeit. In der amerikanischen verarbeitenden Industrie ergaben sich für das Jahr 1914 in Umrechnung auf einen Arbeiter: eine Bruttoproduktion pro Jahr in Höhe von 3446 Dollar oder 6700 Rubel in Gold und ein Lohn in Höhe von 580 Dollar oder 1128 Rubel. In der russischen Fabrik- und Bergwerksindustrie wurde die Bruttoproduktion je Arbeiter für 1913 auf insgesamt 2163 Rubel und der Arbeitslohn auf etwa 300 Rubel geschätzt.

Der Mechanisierungsgrad der industriellen Arbeit war, wie bereits festgestellt wurde, in den Vereinigten Staaten ungefähr 2,6mal höher als in Rußland. Die Leistung eines Arbeiters war dort 3,1mal höher als in Rußland, der Nominallohn sogar 3,8mal, d. h. er betrug fast das Vierfache. Natürlich erklärt sich der letztgenannte Umstand auch durch die höhere Intensität der Arbeit des amerikanischen Arbeiters sowie aus seiner höheren Qualifikation. Nicht von ungefähr bedient er fast die dreifache Anzahl von Maschinen, die eine *sachkundige* Pflege und auf alle Fälle eine weit höhere Qualifikation verlangen als die grobe Muskelarbeit eines unqualifizierten Arbeiters. Doch die Möglichkeit, für die Arbeit fast viermal mehr zu bezahlen als bei uns, ohne dabei irgendetwas an der Profitrate einzubüßen, bietet sich dem amerikanischen Kapitalisten nur dadurch, daß durch die Mechanisierung der Arbeit in entsprechendem Maße auch deren Produktivität gesteigert werden konnte. Es fragt sich, ob unser proletarischer Staat, ohne sein politisches und ökonomisches Gewicht zu beeinträchtigen, auch weiterhin in den genannten Relationen hinter den kapitalistischen Ländern zurückbleiben kann.
Natürlich nicht.

Tabelle 6. Energieausstattung der Arbeit

Länder	Jahr der Erhebung	Anzahl der Arbeiter (in tausend)	Leistung der Motoren	
			in tausend PS	auf 100 Arbeiter
1. USA	1919	9096	29504	325
2. Großbritannien	1907	6880	10203	148
3. Rußland (in den Grenzen der UdSSR)	1916	2343	2892	123
4. Frankreich	1906	3757	3191	85
5. Italien	1911	2304	1621	70

Wir können nicht sofort einen solchen Sprung in der Erhöhung des Mechanisierungsgrades der Arbeit vollziehen, der uns an die Spitze aller anderen Länder bringen würde. Doch wir müssen auf jeden Fall ein solches Entwicklungstempo in der Energiewirtschaft wählen, um mit jedem Jahr näher an die Länder heranzukommen, die vor uns rangieren, bevor wir diese überholen.

Welches Tempo ist erforderlich dafür?

Die Vereinigten Staaten, die in den letzten Jahren besonders große Erfolge bei der Mechanisierung der industriellen Arbeit erzielten, haben vor uns die folgenden Rekorde aufgestellt:

Tabelle 7

Jahre	Leistung der primären Kraftanlagen		Wachstum der Leistung (in %)	
	in tausend PS	je Arbeiter	insgesamt	je Arbeiter
1899	10098	2,14	100	100
1904	13488	2,47	134	115
1909	18675	2,82	185	132
1914	22437	3,19	222	149
1919	29505	3,24	292	151

Die gesamte installierte Leistung der Kraftanlagen erhöhte sich in der verarbeitenden Industrie hier, wie wir sehen, im ersten Jahrzehnt um 85%, im zweiten um 58%. Die Mechanisierung der Arbeit erhöhte sich im ersten Jahrzehnt um 32% und im zweiten um 14%.

In Rußland vollzog sich die Mechanisierung der Fabrikindustrie in der vorrevolutionären Periode ebenfalls in einem recht hohen Tempo. 1890 entfielen auf einen Arbeiter 0,23 PS, im Jahre 1900 0,64, 1908 dann 0,92 und im Jahre 1916 schließlich 1,23 PS, was einem Zuwachs im ersten Jahrzehnt um 178% und in den letzten 16 Jahren um 92% entspricht. Man kann sagen, daß dieses Tempo das amerikanische übertrifft.

Doch nach der Revolution trat ein gewisser Stillstand ein. Freilich dadurch, daß sich die Anzahl der beschäftigten Arbeiter auf fast die Hälfte reduzierte, erreicht der „Mechanisierungsgrad" ihrer Arbeit nicht selten heute fast den amerikanischen Stand. Doch das ist eine zeitweilige Erscheinung, die zudem nur kurzfristig wirkt. Unsere Industrie wird in sehr schnellem Tempo wiederhergestellt, die Anzahl der Arbeiter vergrößert sich jährlich um 200000 bis 300000, während sich die Leistung der Kraftmaschinen infolge der Abnutzung sogar verringert. Hinzu kommt, daß sich im ersten Jahrzehnt nach dem Kriege durch die enorme Verminderung der Geburtenzahlen bei erhöhter Kindersterblichkeit das Verhältnis zwischen den Reserven an Arbeitskräften und der Anzahl der nichtarbeitenden Familienangehörigen günstiger gestaltet als im folgenden Jahrzehnt, in dem diese Reserven relativ rasch zurückgingen. Das Problem der Mechanisierung der Arbeit stellt sich uns daher noch weit schärfer.

Eine um so größere Aufmerksamkeit verdient der von der Staatlichen Kommission zur Elektrifizierung Rußlands (GOELRO) bereits im Jahre 1920 vorgelegte Plan zur Elektrifizierung Rußlands. Wie bekannt, soll der Aufbau von 30 Kraftwerken der *ersten Stufe* nach diesem Plan im Verlaufe von etwa einem Jahrzehnt einen Zuwachs von 1750000 kW oder 2380000 PS neu installierter Leistung erbringen. 1920 wurde für Sowjetrußland eine Gesamtkapazität in Höhe von etwa 7537000 PS ermittelt (davon in der Industrie 4020000), die sich auf alle Tätigkeitsbereiche erstreckte, was bedeutet, daß der im GOELRO-Plan vorgesehene Leistungszuwachs der Kraftmaschinen insgesamt 32% in einem Jahrzehnt beträgt, was bedeutend hinter dem analogen amerikanischen Entwicklungstempo zurückbleibt (58% für 1909 bis 1919). Um so weniger Grund gab es natürlich, diesen in seinen Ausmaßen recht bescheidenen Plan auf die lange Bank zu schieben.

Noch vor zwei bis drei Jahren schien es uns, als würde dieser Plan unsere Ressourcen für seine Realisierung bei weitem übersteigen. Wir erinnern daran, daß allein schon der Bau der Kraftwerke, einschließlich der Aufwendungen für die Elektrifizierung der Eisenbahnen, einen jährlichen Aufwand von mehr als hundert Millionen Rubel erforderte, bei einem Gesamtbetrag des Aufwands in Höhe von 1,2 Milliarden Rubel. In den Jahren des Bürgerkrieges und der Blockade war das natürlich ein Aufwand, der über die Kräfte ging. Doch bereits im Wirtschaftsjahr 1922/23 konnten wir nicht weniger als 300 Millionen Rubel in Gold aus den Mitteln des Haushaltes und der Banken in unsere Industrie investieren. Heute aber, da unsere Industrie von Monat zu Monat gesundet und immer weniger Haushaltsmittel für Neuinvestitionen benötigt, erscheint es uns schon nicht mehr als eine drückende Last, einige hundert Millionen Rubel im Jahr für Investitionen zur Elektrifizierung der Industrie einzusetzen.

Wir möchten noch hinzufügen: Ohne Zweifel wird es uns bald gelingen, den Plan zur Elektrifizierung Rußlands, wie er von der GOELRO festgelegt wurde, in sehr viel schnellerem Tempo zu verwirklichen, als das bis heute geschah. Die ersten realen Ergebnisse aber, die wir bei seiner Verwirklichung erzielen konnten, ermöglichen es uns, auch das weitere Programm zur Mechanisierung der Arbeit in noch größerem Ausmaße zu entwickeln. Dieser Weg ist für uns sowohl politisch als auch ökonomisch eine völlig unausweichliche Voraussetzung, um siegreich aus der kapitalistischen Umkreisung in die Arena der sozialistischen Wirtschaft einzutreten. Die Mechanisierung der Arbeit in ihren modernsten Formen, der Elektrifizierung, das ist die Losung, die auf unserer Fahne geschrieben sein sollte. Eben darin liegt das Unterpfand des Sieges!

Nachtrag zu diesem Beitrag aus dem Jahre 1962:

Nach vielen Jahren zu diesem Thema zurückkehrend, können wir nunmehr einige Ergebnisse unserer Vorwärtsentwicklung auf dem Gebiete der Energetik und der Energieausstattung der Arbeit zusammenfassen.

Vor allem muß gesagt werden, daß es schon in der ersten Fünfjahrplanperiode der Industrialisierung bis 1932 gelang, die ursprünglichen Ziele des Planes zur Elektrifizierung unseres Landes merklich zu übertreffen. Der GOELRO-Plan, im Dezember 1920 vom VIII. Allrussischen Sowjetkongreß beschlossen, war vom Rat der Volkskommissare am 21. Dezember 1921 endgültig bestätigt worden. Dieser Plan verpflichtete dazu, in einem Zeitraum von 10 bis 15 Jahren 30 Kraftwerke mit einer Gesamtleistung von 1500000 kW zu errichten. Außerdem sollte die Kapazität der vorhandenen Kraftwerke um 250000 kW erweitert werden. Gegen Ende des Jahres 1920 betrug die installierte Leistung in den fungierenden und in den stilliegenden Kraftwerken insgesamt nicht mehr als 1149000 kW, wovon – der abgerechneten Jahresproduktion nach zu urteilen – nur 20% in Betrieb waren. Hieraus schließen wir, daß zur Erfüllung des Plans eine Gesamtleistung für alle Kraftwerke in Höhe von 2899000 kW erreicht werden mußte (1149 + 1750). Mit anderen Worten: Die vorhandene Leistung mußte im Verlaufe von 10 bis 15 Jahren auf das 2,5fache erhöht werden. Der tatsächliche Zuwachs der Kapazitäten und der Produktion von Elektroenergie vollzog sich in der UdSSR in dem folgenden Wachstumstempo[6] (siehe Tabelle 8).

Wie wir sehen, begann sich der GOELRO-Plan in den ersten Jahren nach seiner Bestätigung zunächst nur sehr langsam umzusetzen, doch dann mit einer beständigen Be-

[6] G. M. Kržižanovskij, Elektroenergetik, Moskau-Leningrad 1933, S. 563.

Tabelle 8. Das Wachstum der Elektroenergie in der UdSSR *

Jahre	Leistung der Kraftwerke		Energieerzeugung		Jahre	Leistung der Kraftwerke		Energieerzeugung	
	in tausend kW	in %	in Mill. kWh	in %		in tausend kW	in %	in Mill. kWh	in %
1	2	3	4	5	6	7	8	9	10
1913	1098	96	1945	374	1930	2875	250	8368	1609
1916	1192	104	2575	495	1931	3972	346	10686	2055
1920	1149	100	520	100	1932	4677	407	13540	2604
1925	1397	122	2925	563	1937	8235	717	36173	6956
1926	1586	138	3508	675	1940	11193	974	48309	9290
1927	1698	148	4205	809	1950	19614	1707	91226	17544
1928	1905	166	5007	963	1955	37246	3242	170225	32736
1929	2296	200	6224	1197	1960	66721	5807	292274	56207

* Quelle: G. M. Kržižanovskij, Elektroenergetik, Moskau-Leningrad 1933, S. 563; Die Volkswirtschaft der UdSSR im Jahre 1958, S. 215 und Die Volkswirtschaft der UdSSR im Jahre 1961, S. 213.

schleunigung. Während in den Jahren 1918 und 1919 der gesamte Leistungszuwachs 3500 kW nicht überstieg, betrug er in den folgenden beiden Jahren bereits 1200 kW; am 4. Juni 1922 wurde das erste große Gebietskraftwerk in Kaschir, das sich auf die Kohle des Moskauer Gebietes begründete, mit einer Leistung von 40000 kW in Betrieb genommen. In dem Jahrfünft von 1922 bis 1927 betrug der Leistungszuwachs 512000 kW, und in den folgenden 5 Jahren (1927 bis 1932) belief er sich bereits auf 3 Mill. kW.

Der im GOELRO-Plan vorgesehene Zuwachs der Leistung in Höhe von 1750000 kW ist bereits zu Beginn des Jahres 1931 erreicht worden, d. h. der Plan wurde sogar in weniger als 10 Jahren erfüllt. Dabei wuchs die Leistung aller Kraftwerke in nur 12 Jahren von 1920 an auf mehr als das *Vierfache*, und die Produktion an Elektroenergie stieg auf mehr als das 26fache! Das war ohne Zweifel ein außerordentlicher Sprung nach vorn. Er überflügelte erheblich das Wachstum der Dampfmaschinen. Aber auch die Gesundung der mobilen Energetik, des Transportwesens, erbrachte einen bedeutenden Zuwachs. Insgesamt wuchs das ganze System von Kraftanlagen und Motoren der UdSSR in den Jahren 1920 bis 1937 in einem außerordentlichen Tempo[7].

Die Gesamtleistung aller Antriebsmechanismen wuchs bedeutend schneller als die arbeitsfähige Bevölkerung zunahm, so daß sich deren Energieausstattung und die Produktivität ihrer Arbeit entsprechend erhöhten. Das Wachstumstempo der Energetik war in der UdSSR bedeutend höher als in den kapitalistischen Ländern, doch im absoluten Niveau blieb sie noch sehr stark hinter der amerikanischen zurück. Im Jahre 1932 z. B. war die Elektroenergieerzeugung der Kraftwerke der UdSSR gegenüber den USA noch um etwa 20 Jahre zurück, doch dafür stieg diese in der UdSSR in dem einen Jahrzehnt von 1930 bis 1940 von 8,37 auf 48,3 Milliarden kWh, d. h. fast auf das 6fache, während ihr Zuwachs in den USA in den gleichen Jahren insgesamt nur 55% betrug. In den Jahren des zweiten Weltkrieges waren jedoch unsere Kapazitätsverluste in den zerstörten Kraftwerken weitaus höher als die Gesamtkapazität, die wir bis 1932 erreicht hatten, und wenngleich wir auch bezüglich des Niveaus der Elektroenergieerzeugung schon seit langem den ersten Platz in Europa einnehmen, so bleibt der Rückstand gegenüber den USA immer noch sehr bedeutend.

7 Trudy Gosplana, Buch IV, Moskau 1923, S. 40 (Ergebnisse für 1920); Ja. I. Joffe und L. M. Cyrlin, Die UdSSR und die kapitalistische Welt, Moskau-Leningrad 1934, S. 24.

Tabelle 9. Energetische Ausrüstung der UdSSR 1920 bis 1937 (in tausend kW)*

Kennziffern	Jahre		
	1920	1932	1937 (Plan)
1	2	3	4
I. Stationäre Energetik			
1. Kraftwerke	1149	4696	10900
2. Mechanische Motoren	1857	1898	2023
Insgesamt (absolut)	3006	6594	12923
dito (in %)	100	219	430
II. Mobile Energetik			
1. Lokomotiven (ohne innerbetrieblichen Transport)	1833	12100	19059
2. Schiffsmotoren (Handelsflotte)	579	600	1350
3. Automobilpark	117	1610	17400
4. Traktorenpark in der Landwirtschaft	12	3240	12100
5. Innerbetrieblicher Transport	–	180	360
Insgesamt (absolut)	2541	17730	50269
dito (in %)	100	698	1978
Gesamtergebnis (absolut)	5547	24325	63192
dito (in %)	100	439	1139

* Quelle: Trudy Gosplana, Buch IV, Moskau 1923, S. 40; Ja. A. Joffe und L. M. Cyrlin, Die UdSSR und die kapitalistische Welt, Moskau-Leningrad 1934, S. 24.

Tabelle 10.

Jahre	Kapazität		Jahre	Kapazität	
	absolut	in %		absolut	in %
1879	2,54	100	1909	13,93	548
1889	4,43	174	1914	16,74	659
1899	7,53	296	1919	22,01	867
1904	10,06	396	1923	25,17	991

Die Kapazitätsentwicklung der primären Antriebsanlagen in der verarbeitenden Industrie der USA, einschließlich der Motore mit Fremdbezug von Strom, im Zeitraum von 1879 bis 1923 ist an den Daten der Tabelle 10 abzulesen (in Mill. kW)[8].

In der sowjetischen Industrie erhöhten sich die Kapazitäten der Antriebsmechanismen in den Jahren 1927 bis 1937 von 2,7 Mill. auf 12,3 Mill. kW, d. h. um 355%, und es wurde damit in 10 Jahren etwa ein Weg vollzogen, für den die USA ungefähr 30 Jahre gebraucht haben (von 1879 bis 1909). Und dennoch bleibt sie der Gesamtleistung des Antriebsapparates nach noch mindestens um 28 Jahre hinter der amerikanischen Industrie zurück. Von da an hat sich die sowjetische Energetik weiter nach vorn entwickelt (siehe Tabelle 11).

[8] V. Vejc, Potentielle und kinetische Produktivkräfte der Weltwirtschaft, Buch I, Moskau 1927, S. 163 bis 173, vgl. Planovoe chozjajstvo, 9/1925, S. 153.

Tabelle 11. Die energetischen Kapazitäten der sowjetischen Industriebetriebe* (in Millionen kW)

Jahre	Mechanischer Antrieb	Elektrischer Antrieb	Energetische Kapazität insgesamt absolut	Energetische Kapazität insgesamt in %	Kapazität der Elektroaggregate
1	2	3	4	5	6
1927	1,1	1,6	2,7	100	0,0
1928	1,0	2,0	3,0	111	0,0
1932	1,2	4,3	5,5	204	0,2
1937	2,1	10,2	12,3	456	1,4
1940	2,7	14,2	16,9	626	2,0
1950	4,1	26,4	30,5	1130	5,2
1955	5,7	46,3	52,0	1926	9,2
1960	8,7	78,0	(86,7)	3211	–

* Quelle: Die Industrie der UdSSR, Moskau 1936, S. 44; Die Industrie der UdSSR. Statistischer Sammelband, Moskau 1937, S. 19.

Wie wir sehen, erhöhte sich in der Industrie der UdSSR allein in den 10 Jahren seit 1950 die Gesamtkapazität der Kraftmaschinen, die die Arbeitsmaschinen antreiben, von 30,5 auf 86,7 Mill. kW um 184%. Je Beschäftigten wuchs sie um 80% von 2,16 auf 3,9 kW, während die Arbeitsproduktivität – bezogen auf die jährliche Bruttoproduktion – sogar um 104% stieg und damit das Wachstum der Energieaustattung übertraf. Auf einen Arbeiter entfielen dabei 1960 nicht weniger als 4,67 kW oder bis zu 6,3 PS installierter Leistung, und allein für die Antriebsprozesse wurden bis zu 9490000 kWh mechanischer und elektrischer Energie pro Jahr verbraucht.

Dem Umfang nach übertraf die Elektroenergieproduktion bereits zum Jahre 1955 das Niveau Englands um das Doppelte, ganz zu schweigen von den anderen Ländern Westeuropas, in denen das Niveau der Elektroenergetik niedriger war. Doch die USA, die sich jenseits des Ozeans befinden, fern vom Kriegsschauplatz, haben während der Jahre des zweiten Weltkrieges nicht nur keine Kapazitäten für die Elektroenergieerzeugung eingebüßt, sondern konnten sie steigern.

Im Jahre 1937 war der Elektroenergieverbrauch pro Kopf der Bevölkerung in der UdSSR gegenüber 1913 auf das 15,4fache gestiegen, während der Pro-Kopf-Verbrauch an Elektroenergie in den USA im gleichen Zeitraum nur auf das 4,9fache anwuchs. Die UdSSR hat die USA vor allem bezüglich des Wachstumstempos der Energetik überholt, bleibt jedoch dennoch erheblich gegenüber den USA hinsichtlich des Niveaus der Energie- und Elektroenergieausstattung der Arbeit zurück.

Für den Energieverbrauch je effektiv geleistete Arbeitsstunde in der sowjetischen Großindustrie verfügen wir für den Zeitraum von 1927 bis 1937 über die folgenden Kennziffern (vgl. Tabelle 12).

Aus den angeführten Daten geht hervor, daß die Energieausstattung der Industriearbeiter im Verlaufe von 10 Jahren auf das 2,5fache gewachsen ist, während die Elektroenergieausstattung auf das 4fache stieg. Allein in den 5 Jahren von 1932 bis 1937 erhöhte sich der Gesamtverbrauch an Energie je Arbeiter von 3020 auf 5700 kWh, d. h. um 88,7%, darunter der Verbrauch an Elektronenergie von 2100 auf 4370 kWh oder um 108%.[9]

Dabei wuchs die Energieausstattung der Arbeiter in der Produktion von Produktions-

[9] Ergebnisse der Erfüllung des zweiten Fünfjahrplanes zur Entwicklung der Volkswirtschaft der UdSSR, Moskau 1939, S. 88.

Tabelle 12. Entwicklung der Energieausstattung der Arbeit in der UdSSR *

Jahre	Kapazität der Antriebe am Jahresende		Energieverbrauch pro Jahr (in Mill. kWh)		Energie-	Elektroenergie-
	absolut	in %	absolut	in %	ausstattung der Arbeit (in kWh)	
1	2	3	4	5	6	7
1927	2706	100,0	5887	100,0	1,26	0,64
1928	2972	109,8	6528	110,9	1,30	0,69
1929	3296	121,8	7401	125,7	1,42	0,82
1930	3717	137,4	9039	153,5	1,48	0,95
1931	4344	160,5	10900	185,2	1,59	1,07
1932	5504	203,4	12982	220,5	1,67	1,16
1933	6894	254,8	15551	264,2	1,86	1,37
1934	8286	306,2	19945	338,8	2,19	1,63
1935	9522	351,9	(20400) **	346,5	2,50	(1,86)
1937	12300	454,5	(26700)	453,6	(3,15)	2,64 ***

* Quelle: Der sozialistische Aufbau in der UdSSR, Moskau 1936, S. XXXVI.
** Hier und im folgenden sind Berechnungswerte des Autors in Klammern gegeben.
*** Große Sowjet-Enzyklopädie. Band UdSSR, S. 1096.

mitteln schneller als in der Produktion von Konsumtionsmitteln und übertraf bereits zum Beginn des zweiten Fünfjahrplanes die Energieausstattung der Arbeiter in der Abteilung II um das *Doppelte.* Ein kW mechanischer Energie kann man der Leistung nach etwa 16 Arbeitern unter Bedingungen der Handarbeit *gleichsetzen.* Das heißt, man kann sagen, daß in der sowjetischen Industrie auf jeden Arbeiter bereits im Jahre 1937 wenigstens 50 ihm der Kraft nach gleiche mechanische Helfer entfielen, die die Produktivität der lebendigen Arbeit erhöhten, wobei jeder von ihnen ohne Ermüdung nicht nur 8 Stunden am Tag arbeiten kann, sondern soviel wie notwendig, um die Produktion in 2 oder 3 Schichten zu versorgen.

Zum Vergleich führen wir an, daß nach Berechnungen von Amerikanern im Jahre 1939 auf jeden Arbeiter in der Industrie der USA eine installierte Kapazität in Höhe von 4,75 kW (oder 6,4,PS) entfiel. Wegen des unterschiedlichen Schichtregimes ist diese Kennziffer nicht völlig mit unseren Parametern der Energieausstattung vergleichbar. Da sie jedoch den Stand unserer Energieausstattung von 1937 wesentlich übersteigt, sollte sie die Aufmerksamkeit der sowjetischen Forscher auf sich lenken. Zugleich ist bekannt, daß sich die Elektroenergieausstattung der Arbeiter in der sowjetischen Industrie von 1928 bis 1953 auf mehr als das 5fache erhöhte, während sie in der gleichen Zeit in den USA nur auf das 2,5fache stieg.[10]

Die Entwicklung der Energetik in der Landwirtschaft der UdSSR wird am deutlichsten durch das Wachstum des Traktorenparkes und seiner Kapazität gekennzeichnet. Für die Wirtschaft insgesamt kann man die folgenden Zahlen anführen (vgl. Tabelle 13):

Bis 1931 wurde der Traktorenpark der Sowjetunion vor allem durch Importe aufgefüllt. Ab 1932 wird er vollständig von der eigenen Produktion beliefert. Nach dem Großen Vaterländischen Krieg setzt sich das Wachstum der landwirtschaftlichen Energetik in sehr hohem Tempo fort. Im Jahre 1955 verfügte die Landwirtschaft der UdSSR – ungeachtet der Kriegsverluste – über mehr als 840000 Traktoren, 350000 Mähdrescher, 540000 Last-

[10] A. Notkin, Der technische Fortschritt und das vorrangige Wachstum der Produktion von Produktionsmitteln, in: Voprosy Ekonomiki, 12/1955, S. 30.

Tabelle 13. Traktorenpark der UdSSR*

	Daten zum Jahresende	Anzahl der Traktoren (in tausend)	deren Leistung (in Mill. PS) Zugleistung	Gesamtleistung	Daten zum Jahresende	Anzahl der Traktoren (in tausend)	deren Leistung (in Mill. PS) Zugleistung	Gesamtleistung
	1920	0,35	0,017	0,017	1935	380	6,53	...
1. Okt.	1924	2,56	0,026	0,05	1937	456	8,39	...
1. Okt.	1927	24,5	0,25	...	1940	531	10,3	17,6
1. Okt.	1928	26,7	0,28	0,5	1950	595	14,0	22,3
	1930	72,1	1,00	...	1955	840	21,7	35,3
	1932	148,5	2,23	...	1960	1122	(29,8)	50,3

* Quelle: Der sozialistische Aufbau der UdSSR, Moskau 1936, S. 249; Große Sowjet-Enzyklopädie, Band UdSSR, S. 860–872; Die Volkswirtschaft der UdSSR im Jahre 1956, S. 155, 163; Die Volkswirtschaft der UdSSR im Jahre 1960, S. 482, 485.

kraftwagen und viele andere Maschinen. Berücksichtigt man, daß die Vorkriegskapazität nicht vor 1947/48 wiederhergestellt war, bedeutet dieses Wachstum eine *Verdoppelung* der Kapazität des Traktorenparks in etwa 6 bis 7 Jahren.

Hier muß man auch die Errungenschaften bei der Elektrifizierung der Landwirtschaft der UdSSR in den Nachkriegsjahren hinzufügen. Im Jahre 1928 betrug die Kapazität aller ländlichen Kraftwerke 29500 kW mit einer Elektronenergieerzeugung in Höhe von 33,8 Mill. kWh.[11]

Zum Jahresende 1938 erhöhte sich die Kapazität dieser Kraftwerke auf dem Lande auf 162000 kW mit einer Produktion von 237 Mill. kWh, gegen Jahresende 1940 erreichte ihre Kapazität bereits 265000 kW, und zum Jahresende 1940 erhöhte sie sich im Vergleich zu 1940 noch einmal auf das 15,4fache. Die ländlichen Kraftwerke produzieren in der Gegenwart (1961) bis zu 6,5 Milliarden kWh Energie.[12]

Insgesamt gesehen, vollzogen sich in der Kapazitätsstruktur der mechanischen Antriebe und tierischen Zugkräfte in der Landwirtschaft der UdSSR seit 1916 die folgenden bedeutenden Veränderungen. Im Jahre 1916 hatten die Arbeitstiere in der energetischen Bilanz der Landwirtschaft einen spezifischen Anteil in Höhe von 99,2%, während der Anteil der mechanischen Antriebe kaum 0,8% erreichte. Im Jahre 1928 entfielen auf die mechanischen Antriebe 4%, 1932 – 22,2%, 1940 – 78% und zum Jahresende 1961 bereits 97,3% der Gesamtkapazität in der Landwirtschaft, wovon auf den Anteil der Traktoren 33,6%, auf die Lastkraftwagen 39,8%, auf die Motoren der Mähdrescher 15,7% und auf die Elektroanlagen und übrigen mechanischen Motoren 8,2% entfielen.[13]

Alles in allem betrachtet wuchs die Kapazität aller mechanischen Antriebe und der Arbeitstiere in der Landwirtschaft von 1916 bis zum Ende des Jahres 1961 auf das 6,9fache, und die Arbeitsproduktivität stieg in den Kolchosen und Sowchosen auf mehr als das 4fache.

Die Effektivität der Energetik ist in der Landwirtschaft nicht hoch, weil infolge der Saisongebundenheit der Mehrzahl landwirtschaftlicher Arbeiten diese nur einige Monate im Jahr vollständig genutzt wird.

In der Industrie der UdSSR sind sowohl die Energieausstattung als auch die Arbeits-

[11] Große Sowjet-Enzyklopädie, 1. Ausgabe, Band UdSSR, S. 873 (34,8 Millionen kWh).

[12] Die Volkswirtschaft der UdSSR im Jahre 1961, S. 218, 412.

[13] Die Landwirtschaft der UdSSR 1935, Moskau 1936, S. 22, 200, 202. Ein Pferd ist mit 0,75 PS angesetzt.

produktivität bedeutend schneller gewachsen als in der Landwirtschaft. Die jährliche Pro-Kopf-Leistung der Arbeiter wuchs von 1928 bis 1954 auf mehr als das 6fache und übertraf damit das amerikanische Tempo wesentlich. Für den Zeitraum von 1940 bis 1960 kann man insbesondere die folgende Gegenüberstellung bringen (vgl. Tabelle 14):

Tabelle 14. Jährliche Pro-Kopf-Leistung der Arbeiter * (in %)

Jahre	UdSSR	USA
1940	100	100
1950	137	126
1955	198	151
1960	270	179

* Quelle: Die Volkswirtschaft der UdSSR im Jahre 1960, S. 171.

Wie wir sehen, erreicht das Wachstumstempo der Pro-Kopf-Leistung in den USA im Durchschnitt (im geometrischen Mittel) nicht einmal 2% im Jahr. Dagegen beträgt es in der UdSSR – wenn man die Jahre des Krieges und des Wiederaufbaus ausklammert – mindestens das 3fache, im besonderen stieg die Pro-Kopf-Leistung von 1950 bis 1955 um 44%, was eine jährliche Wachstumsrate von über 7% ergibt. Wenn wir dennoch hinsichtlich des Niveaus der Arbeitsproduktivität hinter den USA zurückbleiben, dann ist die Hauptursache dafür der Abstand in der Energieausstattung der Arbeit. So sind wir z. B. bezüglich der Produktion von elektrischer Energie, nachdem wir sie von 1913 bis 1960 auf das 137fache steigern konnten, knapp an das Niveau herangekommen, das die USA 1946 erreicht haben, der Rückstand beträgt somit 15 Jahre. Doch diese 15 Jahre sind, bei dem dreimal höheren Wachstumstempo der Produktivität im Verlaufe von einem Fünfjahrplan, im schlimmsten Falle in zwei Fünfjahrplänen zu schaffen. Und das ist für uns die wichtigste Aufgabe der nächsten Jahre.

Die Energetik ist der entscheidende Faktor im Wettbewerb um das höchste Niveau der Arbeitsproduktivität.

1.3. Rationalisierung der Arbeit und Überstunden[14]

Die Rationalisierung der Arbeit

Die Frage nach dem Erfolg der Arbeit in einem Arbeiterstaat ist die Frage nach Ziel und Sinn seiner Existenz. Zugleich ist es eine Frage über Leben und Tod. Unsere Überzeugung vom endgültigen Sieg des Sozialismus begründet sich immer vor allem darauf, daß der Sozialismus die produktivste Form der Wirtschaft ist. Wir wissen bestimmt, daß in der historischen Abfolge der Wirtschaftsformen immer die produktivste von ihnen den Sieg davontrug. Deswegen muß nach dem politischen Sieg des Proletariats die möglichst vollständige und schnelle Erschließung aller ökonomischen Vorzüge der neuen Ordnung und aller in ihr verborgenen Produktionsmöglichkeiten zur zentralen Aufgabe der Arbeiter-und-Bauernmacht werden.

Drei Jahre angestrengten Kampfes für den Sozialismus haben wir schon hinter uns. Auf dem politischen Gebiet sind wir dem vollständigen Sieg schon sehr nahe. Doch wie

[14] Vestnik Truda, 1+2/1921.

stehen die Dinge auf dem Gebiet der Wirtschaft? Wie steht es um die Erfolge unserer Arbeit? Mit welchen Ergebnissen und Perspektiven auf diesem Gebiet treten wir in das vierte Jahr der Sowjetmacht ein?

Spricht man von dem Erreichten, kann man es sehr unterschiedlich werten. Alles hängt davon ab, woran wir unsere Errungenschaften messen. So ist der Stand der Arbeitsproduktivität im Vergleich zu dem Stand von 1913 immer noch recht niedrig. Wenn wir sie jedoch mit dem vergleichen, was wir in den ersten Monaten des Bürgerkrieges erlebten, so müßten wir bereits jetzt einen enormen Fortschritt feststellen.

Man darf nicht vergessen, daß die Arbeitsproduktivität bei uns bereits lange vor der Oktoberrevolution unaufhaltsam zu fallen begann. Mit Beginn des ersten Weltkrieges gab es dafür mehr als genug Ursachen. Die Mobilmachung pumpte aus der Produktion die stärksten und qualifizierten Werktätigen heraus und ersetzte sie durch Frauen und Kinder. Dann kamen die Kriegsgefangenen auf den Arbeitsmarkt. Gleichzeitig nutzten sich mit jedem Jahr des Krieges die Ausrüstungen mehr und mehr ab und verminderten sich die Vorräte an Rohstoffen und Brennstoffen.

Das unausweichliche Absinken der Leistung der Maschinen wurde durch eine entsprechende Verlängerung des Arbeitstages ausgeglichen. Das half natürlich nur wenig. Die Produktivität fiel die ganze Zeit über. Ungeachtet dessen wuchsen die Kriegsprofite der Kapitalisten weiter an. Doch zugleich damit verstärkte sich in den Reihen des Proletariats eine tiefe Müdigkeit und die Ablehnung der unfreiwilligen Arbeit zum Nutzen seiner ewigen Ausbeuter.

Es ist nicht verwunderlich, daß in den ersten Tagen nach der Revolution, als die Arbeiter sich endlich als Herren der Lage fühlten, sie auch unverzüglich ihren Sieg durch die Erleichterung der Bedingungen für ihre qualvolle Arbeit realisieren wollten. Eine ihrer ersten Forderungen bestand darin, die Geschwindigkeit einiger Arbeitsmechanismen um 10 bis 20% zu vermindern. Ferner wurde etwa im gleichen Verhältnis der Arbeitstag verkürzt, und es wurden die Akkordlohnsätze abgeschafft, die die Intensität der Arbeitsstunde auf das Doppelte oder nahezu das Doppelte erhöhten. Die Autorität der Unternehmer und ihrer nächsten Helfershelfer aus der Administration sank auf ein Minimum. Ingenieure und Meister wurden mitunter auf Schubkarren aus den Betrieben auf die Müllkippen hinauskomplimentiert. Wenn auch dabei nicht wenig wirklich unnützer kapitalistischer Müll dorthin gebracht wurde, so verließen doch zusammen mit diesem Müll nicht selten auch solche für die Betriebe nützlichen Dinge den Betrieb wie die Arbeitsdisziplin. Die Arbeiter bekamen auf diese Weise eine gewisse „Atempause". Doch die Arbeitsproduktivität sank noch tiefer, mitunter betrug sie nur noch ein Zehntel vom Stand in der „guten alten Zeit des Kapitalismus".

Die „alte Zeit" war jedoch niemals gut für den Arbeiter gewesen. Das russische Proletariat hatte keine Lust, zu ihr zurückzukehren. Für irgendwelchen Urlaub gab es während der Revolution weder Zeit noch Ruhe. Die Errungenschaften des Proletariats mußten fortwährend mit der Waffe in der Hand gegen die Angriffe sowohl der inneren als auch der äußeren Feinde verteidigt werden. Doch eine Verteidigung unter den heutigen Bedingungen des Krieges zu organisieren, das bedeutet nicht nur die Armee an der Front zu organisieren, sondern auch die industrielle Arbeit im Hinterland. Das russische Proletariat hat diese Aufgabe schon in hohem Maße erfüllt und damit eine ganze Reihe von Siegen erfochten. Schließlich stand ihm als Feind nicht nur die russische, sondern die gesamte Weltbourgeoisie gegenüber. Allein schon diese eine Tatsache mag als Maßstab für jene kolossalen organisatorischen Anstrengungen dienen, zu denen das russische Proletariat befähigt war. Man müßte jedoch noch die gesamte Situation berücksichtigen, unter der diese Ergebnisse erzielt worden waren: Kriegszustand unter den Bedingungen schrecklichster Armut und Hungersnot, äußere und innere Blockade. Der russische Arbeiter war bis zu den letzten Tagen durch die Kräfte der Entente von der äußeren Welt abgeschnitten. Aber noch bitterer war für ihn jene Abgeschnittenheit von allen sogenannten „kulturellen" Kräften innerhalb des Landes, die nach der Oktoberrevolution offenbar wurde. Diese Abgeschiedenheit ist bis zur heutigen Zeit bei weitem noch nicht überwunden. Wenn es das Proletariat dennoch vermochte, seinen Sieg zu organisieren, dann hat es diesen nur seinen eigenen Kräften zu verdanken.

Unter solchen Bedingungen waren Fehler unvermeidlich, mitunter dabei recht betrübliche. Es ist nützlich, sie zu nennen, um zu vermeiden, daß sie sich in der Zukunft wiederholen, wenngleich viele von ihnen in der Vergangenheit kaum vermieden werden konnten.

Der Hauptfehler im Kampf für eine hohe Produktivität muß darin gesehen werden, daß wir bis heute in diesem Kampf die ganze Zeit über den Weg des geringsten Widerstandes gegangen sind, was gleichzeitig auch der der geringsten Möglichkeiten und minimalen Ergebnisse ist.

In der Tat standen vor uns drei Wege: die Erhöhung der Arbeitsintensität, die Mechanisierung der Arbeit und die Rationalisierung der Arbeit. Der am meisten zugängliche war ohne Zweifel der erste von ihnen. Und auf dieses Ventil begannen wir auch nach allen Kräften zu drücken. Die Wiedereinführung des Akkordlohnes, die Prämierung in Geld- und Naturalform, der Kampf gegen die Arbeitsbummelei, die Propagierung der Subbotniks und schließlich die Verlängerung des Arbeitstages durch obligatorische Überstunden auf 10 und sogar 12 Stunden am Tag, all das sind Methoden zur Steigerung der Produktivität, die zu Lasten der physischen Kräfte des Arbeiters gehen. Nicht alle von diesen physischen Kräften sind gleichwertig und gleich zweckmäßig und manche vielleicht unzweckmäßig. Bei ihrer Auswahl wurde nicht abgewogen, nicht gewertet. Ob uns zwei oder sogar vier zusätzliche Überstunden eines erschöpften und schlecht genährten Arbeiters viel bringen, ist nicht berechnet worden. Die Bewegung zur Erhöhung der Intensität der Arbeit kam von unten, von den Arbeitern selbst über ihre Gewerkschaftsverbände. Keine Opfer für die Festigung des errungenen Sieges scheuend und die Notwendigkeit fühlend, daß für dieses Ziel eine hochproduktive Arbeit so schnell wie möglich erreicht werden muß, griffen die Arbeiter, die nun in die Lage des Herrschers über die gesellschaftliche Produktion gekommen waren, natürlicherweise vor allem zu jenen alten Mitteln, die sie bei den früheren Herren gelernt hatten. Das war historisch unumgänglich und in bestimmtem Maße zweckmäßig. Aber es erwies sich als ziemlich unzulänglich.

Die Einführung von Formen des materiellen Anreizes bei der Entlohnung erhöhte die Arbeitsintensität in einigen Betrieben auf das 5- bis 6fache. Aber selbst die Gesamtheit der oben angeführten Maßnahmen konnte bis zum heutigen Tage nicht jenen Stand der Intensität vollständig wiederherstellen, den er unter der kapitalistischen Ordnung im Jahre 1913/14 hatte. Die mittlere Stundenleistung unseres Fabrikarbeiters ist heute (im Jahre 1920) nicht höher als zwei Drittel der Vorkriegsleistung, und die Tagesleistung ist unter Berücksichtigung der Verkürzung des Arbeitstages nicht höher als 50⁰/₀ des Standes von 1913. Und das ist schon sehr viel, denn der menschliche Organismus kann nicht – gleich einer beliebigen Maschine – Energie aus dem Nichts schaffen. Nach den Bedingungen der heutigen Ernährung beträgt die Energiezufuhr unserer Arbeiter für die Arbeit nur etwa 46⁰/₀ der früheren Rate. Dadurch ist auch jene Intensität, die erbracht wird – selbst bei allem Heroismus unserer fortgeschrittenen Arbeiter –, nur durch Auszehrung des Organismus, durch erhöhte Anfälligkeit gegen Krankheit, Sterblichkeit usw. möglich. Im Ergebnis geht all das, was durch außergewöhnliche Intensität gewonnen wird, durch Arbeitsversäumnisse wegen Krankheit und ähnliche Ursachen wieder verloren.

Unterstellen wir jedoch, daß wir durch Verbesserung der Ernährungsbedingungen die Intensität der früheren Jahre wieder erreichen würden, d. h. die Ergiebigkeit der Arbeit noch etwa verdoppeln könnten. Würde das ausreichen, um sich mit dem kapitalistischen Westen vergleichen zu können oder ihn gar zu überholen und um auf diese Weise allen und jedem die Vorzüge der sozialistischen Wirtschaftsordnung zu beweisen? Natürlich nicht.

Aber wir müssen und können dies tun. Wir müssen und wir können beweisen, daß die Arbeiter nicht darum die proletarische Revolution verwirklichten, um nach wie vor ständig 10 bis 12 Stunden am Tag schwere unangenehme Arbeit zu leisten und die letzten Kräfte für ein Stück trockenen Brotes anzuspannen. Wir haben die Mittel dafür. Doch sie sind nicht dort, wo sie gesucht werden.

Auf dem Gebiet der Erhöhung der Arbeitsintensität können wir nicht mit den Spezialisten der bourgeoisen Ausbeuter konkurrieren, die den letzten Schweißtropfen aus den Arbeitern herauspressen, schon deshalb nicht, weil das die Interessen zum Schutze der Arbeit nicht zulassen.

Recht schwierig wäre es auch, mit dem kapitalistischen Westen auf dem Gebiet der Mechanisierung der Arbeit zu wetteifern. Die Nutzung der vervollkommneten Technik bietet im Sozialismus weitaus größere Möglichkeiten als unter den Bedingungen des Kapitalismus. Und wir haben bereits nicht wenige Schritte zur Realisierung dieser Möglichkeiten getan. Es genügt zu erinnern an die Arbeiten zur Elektrifizierung Rußlands, an den Bau neuer Eisenbahnen und Erdölleitungen, an die Mechanisierung der Torfgewinnung usw. usf. Doch unter den Bedingungen der kapitalistischen Umkreisung und der direkten und indirekten Blockade sowie bei der allgemeinen technischen Rückständigkeit des russischen Maschinenbaus sind überaus rasche und entscheidende Errungenschaften auf diesem Gebiet nicht zu erwarten.

Auf welchem Gebiet aber können wir mit dem Westen wetteifern? Bei der Realisierung welcher Möglichkeiten haben wir bereits heute ihm gegenüber unzweifelhafte Vorteile? Die Antwort ist nicht schwer. Die kapitalistische Wirtschaft des Westens ist anarchisch. Wir haben sie gerade deshalb verurteilt, weil sie als Ganzes, als Volkswirtschaft genommen, äußerst unrationell geführt wird, mit einem riesigen Aufwand an menschlicher Arbeit, die räuberisch und ergebnislos vertan wird. Nur ein paar Beispiele mögen zur Illustration dienen. Welche riesige Menge an Arbeit wird vertan für die gegenläufigen Transporte gleicher Waren, die verschiedenen Besitzern gehören?

Wieviel Arbeit der Hausfrauen könnte durch gesellschaftliche Ernährung und gesellschaftliche Erziehung der Kinder gewonnen werden? All diese unnötigen Aufwendungen der kapitalistischen Wirtschaft stellen solche Bleigewichte dar, daß der Wettstreit jeder anderen – sogar einer technisch rückständigeren, doch von diesem Gewicht freien – Wirtschaft mit ihr außerordentlich erleichtert wird.

Wir haben uns die Hände noch nicht völlig freigemacht für die Durchsetzung der sozialistischen Grundlagen, aber wir haben schon jetzt einen bedeutenden Vorzug gegenüber der kapitalistischen Welt, denn wir können unsere Wirtschaft planmäßig führen. Und wir müssen diesen Vorzug vollständig nutzen. Nur dank dieses Vorzuges gelang es uns, obwohl wir nur über bescheidene Ressourcen verfügen, diese zur notwendigen Zeit und am erforderlichen Ort zu konzentrieren, um eine Reihe von Siegen an der Kriegsfront zu erringen. Darin liegt gleichermaßen auch das Unterpfand unseres Sieges an der Front der Arbeit. Die Rationalisierung der Wirtschaft, die Konzentration aller Mittel und Kräfte dort, wo sie in bester Weise genutzt werden können, das ist die Aufgabe des Tages. Ein einheitlicher kluger Wille, ein einheitlicher Wirtschaftsplan, das ist es, worin sich das Lager der dicken Brieftaschen in der ganzen Welt nicht mit uns vergleichen kann. Wir können, wenn es uns vonnöten ist, Tausende kleiner Betriebe mit niedriger Technik schließen, um die Arbeit dort zu verstärken, wo diese Technik Dutzende und Hunderte Male höher entwickelt ist. Wir können allen unechten Aufwand, der von der kapitalistischen Wirtschaft überkommen ist, aufheben und damit Hunderttausende Arbeitshände einsparen. Wir können sie dorthin lenken, wo sie uns zum gegebenen Zeitpunkt am wichtigsten sind. Und wir werden den Sieg erringen. Auf dem Gebiet der Wirtschaftslenkung haben wir es noch nicht gelernt, mit dieser Waffe richtig umzugehen. Deshalb vermögen wir ihren Wert noch nicht gebührend einzuschätzen. Doch die vergangenen drei Jahre des Kampfes und die erreichten Siege lassen daran keinen Zweifel, daß wir es lernen werden, sie vollkommen zu beherrschen.

Die Steigerung der Arbeitsproduktivität im gesamtstaatlichen Maßstab ist eine Funktion der Rationalisierung der Wirtschaft. Der einheitliche Wille und der einheitliche durchdachte Plan, das ist das Banner, auf dem für uns die prophetischen Worte geschrieben stehen: Wir siegen!

Überstundenarbeit

Die Notwendigkeit zur möglichst schnellen Wiederherstellung unserer Industrie stellt vor uns in ganzer Größe das Problem der vorteilhaften Nutzung der vorhandenen Arbeitskräfteressourcen.

Diese Ressourcen sind nicht groß. Die Zahl der Arbeitshände, die den leitenden Organen zur Verfügung stehen, ist höchst unzureichend. Im Zusammenhang damit sind unsere Gewerkschaften in der letzten Zeit ziemlich stark zur Anwendung von Überstunden übergegangen. Bereits zum April 1920 wurden in unserer sowjetischen Industrie 107767 Beschäftigte gezählt, die regulär 10 Stunden am Tag arbeiteten, und 44676 Beschäftigte, die je 12 Stunden am Tag tätig sind. In einzelnen Betrieben wurde auch ein noch längerer Arbeitstag praktiziert. Zum Beispiel arbeiteten in der Moskauer Fabrik „Goznak" über 3000 Arbeiter im selben Monat April im Durchschnitt 16,6 Stunden am Tag. An die Realität dieser Tatsache möchte man nicht glauben. Und dafür gibt es Gründe. Die Leichtigkeit, mit der von den Gewerkschaften die Zustimmung zur Anwendung von Überstunden zu erhalten ist, schuf eine äußerst ausgedehnte Praxis von fiktiven Überstunden zur Umgehung der sehr engen Tarifbarrieren. Diese Praxis ist allgemein bekannt. Die „Korrekturen" zum Tarif, die dadurch entstehen, sind natürlich äußerst unvollkommen, da es jedoch keinerlei andere gibt, wurden sie mit allen Bürgerrechten genutzt. Man braucht sich unter solchen Bedingungen natürlich nicht zu wundern, wenn man hin und wieder *auf dem Papier* nicht nur einen 16stündigen, sondern auch einen 30stündigen Arbeitstag findet. In unserem Falle geht es jedoch nicht um solche Fiktionen. Das Problem besteht darin, daß die fiktiven Stunden mit echten Geldzeichen bezahlt werden, deren Produktion um so mehr Arbeit erfordert, je mehr von diesen Zeichen ausgegeben werden. Und in der Fabrik „Goznak" arbeiteten die Arbeiter wirklich 15 bis 16 Stunden am Tag.

Es versteht sich, daß weder im Kodex der Arbeitsgesetze noch in den Tarifordnungen solche Normen für den Arbeitstag vorgesehen sind. Doch uns interessiert hier nicht die formale Abweichung vom Buchstaben des Gesetzes. Die staatliche Notwendigkeit steht über dem Buchstaben. Wenn es zur Rettung der Revolution nötig wäre, sogar bis zu 18 Stunden am Tag zu arbeiten, würde die sowjetische Arbeiterklasse natürlich auch dieses Opfer ohne jede Schwankungen auf sich nehmen. Die Frage ist aber, inwieweit ein solcher Weg der Rettung zweckmäßig ist.

Zur Beantwortung dieser Frage müssen wir an einige elementare Wahrheiten erinnern, die man im Interesse der Sache auch nicht für eine Minute vergessen darf.

Wir haben immer gegen eine Verlängerung des Arbeitstages gekämpft, und zwar nicht nur, um die Gesundheit der Arbeiter zu erhalten, sondern auch im Interesse eines erfolgreichen Produktionsablaufs, denn ein normaler Arbeitstag ist die erste und unerläßliche Bedingung für eine maximale Arbeitsproduktivität.

Den Menschen kann man mit jeder beliebigen anderen Maschine vergleichen. Er ist ein lebendiger Motor. Sein Vorzug gegenüber den mechanischen Motoren besteht in seiner höheren Elastizität. Er kann sich an Arbeiten der verschiedensten Eigenschaften bezüglich der erforderten Leistung, der Geschwindigkeit und der Dauer anpassen. Die Gesamtmenge an Energie, über die er verfügt, ist aber natürlich recht begrenzt und wird unter verschiedenen Bedingungen längst nicht mit dem gleichen Nutzungsfaktor verbraucht.

Durch die Praxis ist erwiesen, daß die günstigsten Arbeitsbedingungen unter dem Aspekt der Ergebnisse jene sind, bei denen der Mensch nur ein Drittel des Tages mit einem Drittel seiner maximalen Kraft und mit einem Drittel der für ihn maximal erreichbaren Geschwindigkeit oder Intensität arbeitet. Jeder Versuch, in bezug auf auch nur einen dieser Momente die oben genannte Norm zu überschreiten, führt mit naturhistorischer Unausweichlichkeit zu einer entsprechenden Senkung der beiden anderen, wobei sich das Gesamtergebnis der Arbeit vermindert.

Mathematisch kann dieses für uns außerordentlich wichtige Gesetz der günstigsten Ausnutzung der Arbeitskraft durch die folgende Formel von Mašek ausgedrückt werden:

$$\frac{p'}{p}+\frac{v'}{v}+\frac{t'}{t}=3,$$

wobei p, v und t die normalen Werte für die Anstrengung in kg, für die Geschwindigkeit in m und für die Arbeitszeit in Stunden und p', v' und t' irgendwelche anderen beliebigen Werte der gleichen Größen sind.[15]

Ausgehend von dieser Formel, ist unschwer zu errechnen, zu welchen Ergebnissen der Mißbrauch von Überstundenarbeit führen muß. Nehmen wir eine sehr einfache Verrichtung, das Heben einer Last, z. B. von Wasser aus einem Brunnen. Der normale Arbeitstag t ist nach Werten der Physiologie[16] gleich einem Drittel des Tages oder 8 Stunden. Die normale Anstrengung eines erwachsenen Werktätigen p ist gleich einem Drittel seiner Kraft, d. h. etwa 28 kg. Schließlich setzen wir als normale Geschwindigkeit v für das Heben einer solchen Last die experimentell berechnete Größe von $v=0{,}25$ m/s. Die tägliche Arbeit $pvt \times 60 \times 60$ beträgt dann 200000 kg/m. Wenn wir nun den Arbeitstag für diese Arbeit verkürzen oder verlängern, dann erhalten wir nach der Formel von Mašek die folgende Reihe:

Arbeitstag (in Stunden)	Anstrengung (in kg)	Geschwindigkeit (in m/s)	tägliche Arbeitsleistung (in tausend kpm)	(in %)
4	28	0,375	150	75
6	28	0,312	188	94
8	28	0,25	200	100
10	28	0,187	188	94
12	28	0,125	150	75

15 Siehe die außerordentlich interessante Broschüre von Professor V. M. Gorjačkin, Die Arbeit lebendiger Motoren, Moskau 1914.

16 I. M. Sečenov, Abriß der Arbeitsbewegungen des Menschen, Moskau 1901.

Da zeigt es sich, was uns die Überstunden bringen. Die Zugabe von zwei Überstunden erbringt anstelle der erwarteten Vergrößerung eine Kürzung der täglichen Leistung um 6%, und wenn man noch einmal zwei Stunden hinzufügt, dann beträgt die Arbeitsleistung überhaupt nur noch 75% der normalen.

Das sind theoretische Berechnungen. Da es noch keine richtige Rechnungslegung der Betriebe gibt, können wir sie gegenwärtig nicht völlig zuverlässig mit konkreten Daten aus unserer Produktionspraxis belegen. Dennoch wollen wir einige Zahlen und Fakten anführen.

Als wir aus den Monatsberichten einer ganzen Reihe von Betrieben die Monate mit der kürzesten Dauer des Arbeitstages den Monaten mit den längsten Arbeitstagen gegenüberstellten, fanden wir heraus, daß in allen jenen Fällen, in denen wir vergleichbares Material vorliegen hatten, sich der Prämien-Stücklohn-Zusatzverdienst der Arbeiter – ausgedrückt im prozentualen Verhältnis zu ihrem Tariflohn – umgekehrt proportional zur Länge des durchschnittlichen Arbeitstages im entsprechenden Monat verhielt. Zur Illustration seien z. B. einige Zahlen (für 1919 bis 1920) angeführt (vgl. Tabelle 15).

Die angeführten Daten beziehen sich vorzugsweise auf den Beginn des Jahres 1920, als wegen fehlender Roh- und Brennstoffe in einigen Betrieben, wie wir sehen, der Arbeitstag auch kürzer als acht Stunden war. Gleichzeitig hatten aber andere Betriebe der gleichen Produktion offenbar einen Überfluß an Roh- und Brennstoffen und gingen verstärkt zur Überstundenarbeit über. Zu welchen Ergebnissen eine so unplanmäßige Verteilung der Materialien und lebendigen Kräfte führte, zeigt die Tabelle: je kürzer der Arbeitstag, um so höher die Stundenleistung und der Zusatzverdienst der Arbeiter, und umgekehrt. Einer durchschnittlichen Verlängerung der Länge des Arbeitstages von 7,8 auf 8,9 Stunden pro Tag, d. h. um 14%, entspricht eine Verminderung der Verdienstrate von 220 auf 174% des Tariflohnes, d. h. um 21%. Doch dieser Verlust an Arbeitslohn widerspiegelt auch einen Verlust an Produktivität.

Wenn man unterstellt, daß die Höhe des Lohnzuschlages der Intensität der Arbeit entspricht, dann ergeben sich aus der angeführten Tabelle die folgenden Werte:

Gruppe von Betrieben	Gewinn an Arbeitszeit in %	Verluste an Intensität (in %)	
		insgesamt	je Prozent Arbeitszeitzuwachs
1– 6	19	28	1,5
7–12	15	18	1,2
13–17	8	16	2,0

Mit anderen Worten: Die Verluste an Intensität wachsen bedeutend schneller als der Gewinn an Arbeitszeit, und folglich erbringen uns die Überstunden anstelle von Gewinn einen direkten allgemeinen Produktivitätsverlust des Betriebes.

Wenn man die Zusatzverdienste der Monate mit der geringsten Überstundenzahl mit denen der höchsten Überstundenzahl vergleicht, dann zeigt sich für jeden der gegebenen Betriebe die in der Formel von Mašek dargestellte Abhängigkeit, wie wir sehen, sehr ausdrucksvoll. Bei weniger starken Schwankungen in der Länge des Arbeitstages zwischen den einzelnen Monaten mag diese Abhängigkeit wegen einer ganzen Reihe zufälliger Einflüsse in diesem oder jenem Einzelfalle auch nicht zum Ausdruck kommen. Doch bei einer irgendwie bedeutenden Anzahl von Beobachtungen ist ihre Darstellung ohne Schwierigkeiten möglich.

Da uns die Abrechnung von 26 Großbetrieben für einen Viermonatszeitraum vorlag,

Tabelle 15. Die Schwankungen des Prämien-Stücklohn-Zusatzverdienstes mit der Veränderung des Arbeitstages

Bezeichnung des Betriebes	Beobachtungszeitpunkt	Arbeitstag von bis	Zusatzverdienst (in %) von bis
1. Ishorsker Werk	April–Jan.	5,5– 7,9	122– 83
2. Zweite Staatliche Tabakfabrik (ehemals Gabaj)	Dez.–Jan.	6,6– 7,7	40– 30
3. Moskauer Metallwerk	März–Febr.	6,8– 8,2	204– 66
4. Jaroslawsker Hauptwerkstätten der nördlichen Eisenbahn	Juli–Juni	7,0– 8,6	178–107
5. Tulaer Lokomotivwerkstatt	Mai–April	7,3– 8,0	68– 41
6. Perowsker Waggonwerkstatt der Moskau-Kasaner Eisenbahn	Juli–April	7,5– 8,0	195– 80
im Durchschnitt		6,8– 8,1	134– 69
7. Hauptwerkstätten Kaluga der Eisenbahn-Sysran-Wjasma	Juli–Sept.	7,7– 8,4	101– 85
8. Wwedensker Feintuch-Fabrik (ehemals Nossow-Fabrik)	Feb.–April	7,7– 8,6	58– 46
9. Moskauer Staatliches Armaturenwerk	Okt.–Jan.	7,7– 8,6	156– 38
10. Moskauer Hauptwerkstätten der Alexandrowsker Eisenbahn	Juli–Aug.	8,0– 8,7	123–111
11. Werkstätten für Kleinreparaturen	Juli–Mai	8,0– 9,4	152–111
12. Schuisker Maschinenbaubetrieb (1919)	Okt.–Nov.	8,4–10,7	70– 41
im Durchschnitt		7,9– 9,1	110– 72
13. Putilow-Werk (1919–1920)	Feb.–Dez.	8,5– 9,7	77– 61
14. Muromsker Lokomotivwerkstätten der Moskau-Kasaner Eisenbahn	Mai–Aug.	8,6– 9,4	108– 81
15. Petersburger Hauptwerkstätten für Lokomotiven der Nikolajewsker Eisenbahn	Aug.–Juli	8,9– 9,2	129– 90
16. Hauptwerkstätten für Eisenbahnwagen der Nikolajewsker Eisenbahn	März–Jan.	8,9–10,2	122– 88
17. Erster Nishegorodsker Maschinenbaubetrieb (1919)	Okt.–Nov.	9,3– 9,5	143– 90
im Durchschnitt		8,9– 9,6	116– 82
im Durchschnitt aller 17 Betriebe		7,8– 8,9	120– 74

wandten wir dafür das folgende Verfahren an. In Anwendung auf jeden Betrieb wurden die einzelnen Monate zweifach mit den Ziffern von 1 bis 4 bewertet: Einmal nach der Rangfolge der steigenden Länge des durchschnittlichen Arbeitstages, und zum anderen in der Reihenfolge nach dem wachsenden Zusatzverdienst. Diese Ziffern stellen somit eine völlig objektive Bewertung auf der Grundlage eines 4-Punkt-Systems für die Länge des Arbeitstages und für die entsprechende Intensität der Arbeit dar. Nach der Aufschlüsselung aller 104 Berichte auf die vier Gruppen entsprechend der Rangfolge der wachsenden Dauer des Arbeitstages und nach Errechnung der mittleren Punktzahl der Intensität für jede Gruppe erhalten wir, ungeachtet der offensichtlichen Unzulänglichkeit eines großen Teils des Materials, die folgende völlig gesetzmäßige Abhängigkeit:

Arbeitstag	1	2	3	4
Intensität der Arbeit	3,0	2,9	2,2	1,8

Die Intensität der Arbeit ist folglich um so niedriger, je länger der Arbeitstag ist, und umgekehrt. Dabei gleicht – wie schon oben festgestellt wurde – die Verlängerung des Arbeitstages durchaus nicht den entsprechenden Abfall der Intensität aus. Doch das ist noch nicht alles. Die Verlängerung der Arbeitstages zieht auch noch andere äußerst ungünstige Folgen nach sich, nämlich ein Ansteigen der Arbeitsbummelei und die Erhöhung des Krankenstandes der Arbeiter.

Im Grunde genommen liegt darin nichts Unerwartetes. Eine lange Arbeitsdauer ermüdet – selbst bei niedrigstem Grad der Produktivität – mehr als eine kürzere, wenn auch angespanntere. Das kommt daher, daß die Ermüdung das Ergebnis einer Vergiftung des Organismus mit den eigenen Abbaustoffen während des Arbeitsprozesses ist. Je länger wir diese giftigen Zerfallsprodukte in unserem Organismus bewahren, um so vollständiger ist demzufolge die Vergiftung, selbst wenn unsere erneuten Anstrengungen bereits so minimal sein sollten, daß sie schon keine neue Dosis dieses Giftes dem Organismus mehr zuführen.

Hieraus wird klar, daß der auf diese Weise vergiftete Organismus bereits nicht mehr mit einer normalen Erholung auskommt, sondern ihrer Ausdehnung bedarf, anderenfalls würde er seine Widerstandsfähigkeit gegenüber den äußeren und inneren Erkrankungsursachen verlieren und erkranken. Konkret führt das dazu, daß die weniger gewissenhaften Werktätigen ihre Erholungsdauer durch Bummelschichten selbst vergrößern, während die gewissenhafteren erkranken.

Man kann das anhand folgender Ergebnisse einer statistischen Massenerhebung illustrieren. Die Moskauer Arbeitsstatistik gibt uns die Möglichkeit, auf der Grundlage von Daten der Abrechnung für die Monate vom Oktober 1919 bis zum März 1920, die über 30000 Arbeiter mit 3 Millionen Arbeitstagen erfassen, folgenden Vergleich anzustellen (vgl. Tabelle 16).

Wie wir sehen, ist der Arbeitstag in den Großbetrieben durch Überstundenarbeit um 0,6 Stunden oder etwa 8% länger als in den kleinen Betrieben. Die durchschnittliche Anzahl

Tabelle 16. Arbeitstage und Bummelschichten in a) kleinen (bis 50 Arbeiter) und b) großen (über 500 Arbeiter) Betrieben

	Okt.	Nov.	Dez.	Jan.	Feb.	März	für 6 Monate
1. Arbeitstag (in Stunden)							
a) Kleinbetriebe	7,4	8,0	7,9	7,8	8,0	8,0	7,9
b) Großbetriebe	8,2	8,2	8,3	8,1	8,6	9,5	8,5
2. Nichterscheinen wegen Krankheit (in Tagen)							
a) Kleinbetriebe	0,1	1,7	1,7	1,3	1,9	2,2	8,9
b) Großbetriebe	1,5	1,5	2,0	1,6	2,1	2,2	10,9
3. Bummelschichten aus unzulässigen Gründen (in Tagen)							
a) Kleinbetriebe	0,1	0,7	0,6	1,4	1,9	1,2	5,9
b) Großbetriebe	2,6	1,9	2,8	2,0	1,9	2,0	13,2
Ausfälle insgesamt							
a) Kleinbetriebe	0,2	2,4	2,3	2,7	3,8	3,4	14,8
b) Großbetriebe	4,1	3,4	4,8	3,6	4,0	4,2	24,1

von Arbeitstagen im Halbjahr je Arbeiter betrug in diesen Betrieben 95, das bedeutet, daß durch Überstundenarbeit zusätzlich Arbeitsstunden je Werktätiger im Halbjahr gewonnen wurden. Doch in Zusammenhang damit war die Anzahl der Ausfalltage wegen Krankheit und Bummelschichten in den Großbetrieben um 63% höher als in den kleinen, so daß der Gesamtverlust an Arbeitszeit aus diesen Gründen im Halbjahr 9,3 Tage oder – wenn man den Arbeitstag mit 7,9 Stunden rechnet – 73 Stunden je Werktätiger erreicht.

Man kann annehmen, daß diese Ausfälle wegen Krankheit und Arbeitsbummelei in den Großbetrieben noch höher wären, wenn es nicht noch Stillstandszeiten gäbe, die in den Großbetrieben 20,5 Tage im Halbjahr ausmachten, während sie in den Kleinbetrieben in derselben Zeit nur 4,2 Tage betrugen. Die zusätzliche Erholungszeit durch Stillstandszeiten beugte Krankheiten vor und verminderte die Bummelschichten. Doch selbst wenn man die Stillstandszeiten unberücksichtigt läßt, so wird dennoch deutlich, daß ein Ausfall von 73 Arbeitstunden bei einem Gewinn von 57 Stunden nicht als Beweis für die Zweckmäßigkeit von Überstunden gelten kann.

Nicht rationeller ist von diesem Standpunkt her auch die Sonntagsarbeit, mit der in der Gegenwart nicht selten Mißbrauch getrieben wird. Eine Verminderung der sonntäglichen Erholung auf weniger als 4 bis 5 Tage im Monat muß unausweichlich zu einer entsprechenden Erhöhung des Krankenstandes und der Bummelschichten führen. Zur Illustration dieser Feststellung führen wir die folgenden Fakten über die sonntägliche Überstundenarbeit im Putilow-Werk in der Zeit von Januar 1919 bis April 1920 an. Im Durchschnitt kämen während dieser 16 Monate auf jeden Arbeiter insgesamt 93 Tage sonntäglicher Erholung oder 5 bis 8 Tage im Monat. Doch davon waren 21 Tage oder 23% durch Überstundenarbeit an Sonn- und Feiertagen belegt, wodurch sich die sonntägliche Erholung durchschnittlich um 1,3 bis 4,5 Tage je Monat verkürzte. In den einzelnen Monaten schwankt diese Rate jedoch recht erheblich, sie reichte von 2,6 bis 7,1 Tagen. Wenn man die Monate mit der größten Häufung von Feiertagen mit den übrigen vergleicht, erhält man folgendes Bild:

Monatsgruppen	Monate	Mittlere Anzahl von Tagen im Monat			
		Erholung	Krankheit	Bummelschichten	Krankheitstage und Bummelschichten insgesamt
1. Mit überdurchschnittlicher Zahl an Feiertagen	8	5,8	2,4	3,2	5,6
2. Mit unterdurchschnittlicher Zahl an Feiertagen	8	3,2	2,9	4,0	6,9

Wie wir sehen, wird fehlende sonntägliche Erholung durch eine recht fühlbare Vergrößerung des Krankenstandes und der Bummelschichten um 1,3 Tage im Monat oder um 23% begleitet. Die Reduzierung der Anzahl von Sonn- und Feiertagen unter eine bestimmte Grenze erbringt somit keinen Gewinn an Arbeitszeit. Wenn man noch die geringere Produktivität der Feiertagsarbeit berücksichtigt und die Aufwendungen hinzurechnet, die durch einen gesteigerten Krankenstand der Arbeiter hervorgerufen werden, dann wird das äußerst Unrationelle solcher Arbeiten noch offensichtlicher.

Welche Schlußfolgerungen ergeben sich aus all dem Gesagten? Solange unsere Gewerkschaften ihre Hauptaufmerksamkeit darauf richteten, unter den Massen einen angespannten Willen zur Arbeit zu fördern, konnten wir die Ausweitung von Überstunden- und Sonntagsarbeit sogar mit einer gewissen Befriedigung betrachten. Es bewies, daß das

Proletariat Sowjetrußlands zu solchen Opfern bereit war, zu denen in den bürgerlichen Ländern keine Macht und keine Kraft die Arbeiter bewegen könnten. Doch jetzt, da unsere Gewerkschaften eine umfassende Produktionspropaganda aufgenommen haben, ändert sich die Sachlage.

Die Produktionspropaganda muß eine bewußte Einstellung des Werktätigen zu seiner Arbeit zum Ergebnis haben. Vor allem muß sie ihn eine rationellere Nutzung seiner Arbeit lehren. Doch können wir ihm in diesem Falle Überstunden und Sonntagsarbeit empfehlen? Welchen Erfolg könnte eine Propagierung der Rationalisierung der Arbeit erringen, die aus dem Munde eines Verteidigers so unvernünftiger Methoden ihrer Nutzung käme. Müßte ein solcher schlechter Propagandist früher oder später nicht aus dem Munde derer, die er belehren will, die bittere Antwort hören: Heile dich selbst!

Wir haben überhaupt keinen Grund, etwas in der Arbeitspraxis zu verteidigen, was wir in der Theorie schon lange verworfen haben. Die Forderungen, die in den Paragraphen unserer Gesetze über die Arbeit niedergelegt sind, sollen nicht nur deshalb verwirklicht werden, weil es Forderungen des Gesetzes sind, sondern auch deshalb, weil es vernünftige Forderungen sind, ohne deren Erfüllung es keine Rationalisierung der Arbeit gibt und auch nicht geben kann.

Um einen maximalen Wohlstand der Gesellschaft zu erreichen, muß jeder Werktätige ihr alles geben, wozu er fähig ist, das heißt ein Maximum seiner Produktivität. Dieses Maximum ist bei jedem Werktätigen und bei jeder Arbeit anders. Die Rationalisierung erfordert ein detailliertes Studium des Arbeiters und der Arbeit, um eine solche Verteilung der Arbeitskräfte zu finden, die die beste Nutzung der individuellen Fähigkeiten der verschiedenen Werktätigen in Übereinstimmung mit den individuellen Besonderheiten der verschiedenen Arbeiten gewährleistet. Bei bestimmten Arbeiten überwiegt der Kraftaufwand, bei anderen mehr das Können. Bei manchen Arbeiten ergibt sich das beste Ergebnis bei 8stündiger Arbeitszeit, bei anderen bei 7- oder 6stündiger. Der erfolgreiche Einsatz der Werktätigen bei richtiger Organisation der Arbeit gibt bessere Ergebnisse, ein uneffektiver Einsatz dagegen schlechtere. Keinesfalls kann jedoch das, was uns eine solche wissenschaftliche Organisation und Rationalisierung der Arbeit nicht bringt, durch Überstunden oder durch Sonntagsarbeiten erzielt werden, soweit wir diese auch über die Schranken hinaus forciert haben mögen, zum Schaden der Gesundheit der Arbeiter und des eigenen gesunden Verstandes.

2. *Qualifikation und Begabung*[1]

Die Analyse der Faktoren zur Qualifikation der Werktätigen gehört zu den interessantesten, zugleich aber auch zu den kompliziertesten Problemen. Das gilt um so mehr, als die bürgerliche Wissenschaft des Westens sich für dieses Problem bisher überhaupt nicht interessiert hat und wir auf diesem Gebiet selbständig die analytischen Grundlagen schaffen müssen.

Die russischen Arbeitsstatistiker interessierten sich für diese Problematik schon vor einigen Jahren und führten während dieser Zeit eine ganze Reihe von Untersuchungen durch, die recht wertvolle Ergebnisse brachten. Einige davon sind bereits veröffentlicht worden.[2]

[1] Materialien zur Statistik der Arbeit, in: Voprosy truda, 15/1924.

[2] Siehe z. B. neben den schon genannten die folgenden Arbeiten: L. Magaziner, Zur Methodologie der Analyse der Qualifikationsfaktoren der Angestellten, in: Golos rabotnika, 4–7/1920;

Zunächst haben wir nur die einfachsten Arten der physischen Arbeit untersucht: die Arbeit der Schlosser, Dreher, Drucker, Tabakarbeiter, der Gerber und der Eisenbahner. Wir beschränkten die Analyse darauf, die wechselseitige Abhängigkeit zwischen der Bewertung der Qualifikation in Form der Normen für die Entlohnung oder der Tarifgruppen und solchen elementaren Faktoren wie Geschlecht, Alter, Ausbildungsdauer und Bildungsstand aufzudecken. Danach aber, als es uns gelungen war, diese empirischen Abhängigkeiten so weit aufzudecken, daß man sie ohne Mühe in diese oder jene algebraische Formel kleiden konnte, gingen wir zur Analyse der Qualifikation von Büroarbeit und überhaupt der sogenannten „geistigen Arbeit" über.

Natürlich erwiesen sich auch hier solche Faktoren wie Lebensalter, praktisches Dienstalter und Bildungsstand als die wichtigsten und in jedem Falle als die entscheidenden Faktoren für die Bestimmung der Leistungsfähigkeit, oder – allgemeiner gesagt – der Qualifikation dieser oder jener Art der geistig Tätigen; doch das spezifische Gewicht jeder dieser Faktoren veränderte sich im Vergleich zur physischen Arbeit ganz erheblich. Besonders erhöhte sich hier die Bedeutung des Bildungsniveaus.

Allein die Ergebnisse der Aneignung von Bildung hängen nicht nur von der Art der Schule, die durchlaufen wurde, und von der Anzahl der in ihr verbrachten Schuljahre ab, sondern auch vom Grad der individuellen geistigen Begabung der verschiedenen Werktätigen. Vor uns entstand das Problem, auch diesen Faktor der Qualifizierung in unsere Analyse einzubeziehen.

Wir bezweifeln natürlich nicht, daß dies ein sehr schwieriges Unterfangen ist und daß uns bei dem Versuch seiner statistischen Analyse in der ersten Zeit nicht wenige grobe Fehler unterlaufen werden, die die verschiedenen diplomierten Ignoranten und Sykophanten der Zunft der Weisen laut zum Himmel schreien und „protestieren" lassen wird und daß nur sehr wenige der Leute, die wirklich etwas von der Sache verstehen, bereit und fähig wären, uns zu helfen, diese Fehler zu korrigieren. Doch ohne uns davon irgendwie beirren zu lassen, haben wir mit Unterstützung des Zentralinstituts für Arbeit und der Zentralen Kommission für die Verbesserung der Lage der Wissenschaftler (ZKVLW), die an einem Erfolg derartiger Untersuchungen am meisten interessiert sind, unseren ersten Versuch unternommen. Der Versuch besteht darin, daß wir allen Wissenschaftlern Moskaus vorschlugen, in einem zugesandten Fragebogen durch die subjektive Selbsteinschätzung nach einer Punkteskala ihre individuellen Fähigkeiten und Neigungen zu bestimmen, um ihre allgemeine oder spezielle Begabung auf diesem oder jenem Gebiet aufdecken zu können. Die Hauptschwierigkeit einer solchen Selbsteinschätzung besteht aber darin, daß es keinerlei *objektives* Maß gibt, mit dem sie ihre Fähigkeiten an einem durchschnittlichen Niveau in ihrem gesellschaftlichen Umkreis messen könnten.

Mit geringfügigen Modifikationen wurden analoge Fragebogen an Lehrkräfte, an Ingenieure, Statistiker und Schachspieler versandt. Doch besonders wertvolle Ergebnisse erwarten wir aus dem Studium der Begabung der Wissenschaftler und Pädagogen; denn sie müssen ex professio in den Unterrichtsstunden, in den Seminaren und Laboratorien, bei Aufnahmeprüfungen und bei Diplomen die Fähigkeiten und wissenschaftlichen Ergebnisse ihrer Hörer und Schüler nach Punkten bewerten. Und mit welcher Genauigkeit sie das tun! Viele von uns erinnern sich wahrscheinlich an die Praxis der Aufnahmeprüfungen im Leningrader Technologischen Institut oder in anderen Einrichtungen,

E. Smitten, Die Qualifikationen der Petersburger Tabakarbeiter, in: Vestnik truda, 10–11/1921; B. Babynin, Die familiäre Bürde und die soziale Versorgung der Arbeiter, in: Vestnik truda, 10–11/1921, und viele andere.

wo die Erfolge der Examinierten von den Professoren nach einer Fünf-Punkte-Skala mit der Genauigkeit bis zu einem *viertel* Punkt bewertet wurden! . . . Doch wenn es ihnen nicht schwer fällt, mit einer solchen Genauigkeit *fremde* Fähigkeiten bei einem Examinanden zu bestimmen, dem sie einmal im Leben für eine halbe Stunde begegnen, müßte dann für sie die Aufgabe nicht leichter sein, ohne falsche Bescheidenheit, aber auch ohne Eigenlob ihre eigenen Talente und Begabungen zu bestimmen?

Für Leute, die besonders vorsichtig oder peinlich genau sind, bietet der Fragebogen die Möglichkeit, die eigene Selbsteinschätzung durch eine „Fremdeinschätzung" aus der Schulzeit (nach der Erinnerung) und der Gegenwart, im reifen Alter, zu überprüfen und zu stützen. Eine solche Überprüfung für den gegenwärtigen Zeitpunkt ist durchaus nicht so schwierig. Es genügt, wenn jeder der Befragten seinen Fragebogen jemandem aus seinem Kollegenkreis, der in seinen Augen ausreichendes Vertrauen genießt, übergibt mit der Bitte, die entsprechende Spalte nach seiner Einschätzung auszufüllen, wobei er ihm seinerseits im Falle der Notwendigkeit den gleichen Dienst anbieten kann. Es ist natürlich schwieriger, sich an die Bewertung der *Schule* durch Lehrer oder Kollegen zu erinnern. Doch deren besondere Bedeutung besteht darin, daß bei ihrem Vorhandensein neben der Werteskala für das reife Alter ein Vergleich dieser Bewertungen über den Zeitverlauf möglich wäre. Schließlich ist die Frage danach, welche unserer Fähigkeiten uns vererbt worden sind und welche in diesem oder jenem Grade durch die tätige Ausübung erworben wurden, bei weitem noch nicht erforscht. Machen unsere „Talente" mit wachsendem Lebensalter eine Evolution durch, und in welche Richtung entwickeln sie sich? Das ist eine der wichtigsten Fragen beim Studium der Qualifikation der Werktätigen. Gerade deshalb ist die parallele Ausfüllung der Spalten durch fremde oder eigene Bewertungen der Fähigkeiten im Schulalter und im Erwachsenenstadium außerordentlich wünschenswert.

Unser Fragebogen erhielt keine ausreichend weite Verbreitung; doch einige hundert Antworten haben wir bereits erhalten. Inwieweit das ganze Experiment glücklich erfolgreich war, wagen wir noch nicht zu beurteilen, weil sehr viel nicht nur von der Qualität, sondern auch von der Menge der Antworten abhängt. Soweit man aus der Verarbeitung der erhaltenen Antworten schließen kann, die auf unsere Bitte Professor B. N. Babynin vornahm, entspricht die Qualität des zusammengetragenen Materials allen Anforderungen und Erwartungen.

Wir wollen einige Beispiele aus den allgemeinen Ergebnissen dieser Versuchsarbeiten anführen. Von uns sind nur 247 Fragebogen von Wissenschaftlern, die von der Kommission für die Verbesserung der Lage der Wissenschaftler (KVLW) registriert sind, bearbeitet worden, und dennoch zeigte sich die wechselseitige Abhängigkeit des Qualifikationsniveaus der verschiedenen Kategorien dieser Wissenschaftler von deren Begabung mit aller nur möglichen Bestimmtheit.

Als Maßstab für eine erste Gruppierung der Wissenschaftler entsprechend ihrer Qualifikation nutzten wir die Kategorien der Kommission, die für jeden Wissenschaftler persönlich auf der Grundlage einer Einschätzung seiner wissenschaftlichen Arbeiten und Forschungen festgelegt worden waren. Wie bekannt, gehören die jüngsten Wissenschaftler nach dieser Gruppierung zur ersten Kategorie, während die bedeutendsten, die europäische Anerkennung fanden, der fünften Kategorie zugeordnet werden. Wegen des geringen Anteils der Wissenschaftler dieser letzten Kategorie (sowohl unter den Wissenschaftlern überhaupt als auch unter denen, die geantwortet haben), waren wir gezwungen, vorerst die vierte und die fünfte Kategorie zu einer Gruppe zusammenzufassen. Nach objektiven Merkmalen, d. h. nach Lebens- und Dienstalter, unterteilen sich die Wissenschaftler, die geantwortet haben, nach den folgenden Kategorien (siehe Tabelle 1):

Tabelle 1. Wissenschaftler der Hauptstadt

Kategorien der KVLW [3]	Anzahl der Antworten	Lebensalter (in Jahren)	Mittleres Dienstalter (in Jahren)		
			von Beginn der Berufstätigkeit	in der Forschung	in der Lehre
1	2	3	4	5	6
1	107	39,7	19,0	14,0	9,2
2	100	46,8	26,2	20,9	13,4
3	31	50,8	30,9	26,4	17,5
4	7	59,3	35,9	36,1	31,4
5	2	68,5	43,0	43,0	45,0
1–5	247	44,8	24,1	19,1	12,9

Der allgemeine Eindruck, den wir aus der angeführten Zusammenstellung gewinnen, ist der, daß der ganze Unterschied zwischen den Wissenschaftlern verschiedenen Ranges allein von deren Lebensalter abhängt. Die bedeutenden Gelehrten sind um 20 Jahre älter als die jungen, und sie haben ein höheres Dienstalter in der Forschung, anders gesagt, sie

Tabelle 2. Begabung der Wissenschaftler (in Punkten nach einer Fünf-Punkte-Skala)

Fähigkeiten	Qualifikation					
	Kategorien				mittlere Punktzahl (1–5)	
	1	2	3	4–5	absolut	in % zum Minimum
1	2	3	4	5	6	7
I. Allgemeine Fähigkeiten						
1. Visuelles Gedächtnis	3,96	3,96	4,10	4,78	4,01	112,6
2. Beharrlichkeit	3,90	3,95	4,16	4,55	3,98	111,8
3. Fähigkeit zum analytischen Denken	3,85	3,99	4,13	4,56	3,97	111,5
4. Fähigkeit zu synthetischen Verallgemeinerungen	3,80	4,03	4,10	4,44	3,96	111,2
5. Auffassungsgabe	3,83	3,89	4,19	4,33	3,92	110,1
6. Konzentrationsfähigkeit	3,81	3,85	3,94	4,22	3,86	108,4
7. Aktivität	3,72	3,85	3,87	4,67	3,83	107,6
8. Phantasie	3,76	3,85	3,74	4,11	3,81	107,0
9. Allgemeines Gedächtnis	3,71	3,80	3,87	4,56	3,80	106,7
10. Selbstbeherrschung	3,71	3,81	3,77	4,22	3,78	106,2
11. Allgemeine Willenskraft	3,62	3,71	3,84	4,22	3,70	103,9
12. Entschiedenheit	3,48	3,61	3,55	4,33	3,57	100,3
13. Erfindungsgabe	3,36	3,69	3,58	4,33	3,56	100,0
Allgemeine Begabung (2–13)	3,71	3,83	3,90	4,38	3,81	107
das gleiche in %	100	103	105	118	103	–
II. Spezielle Fähigkeiten						
1. Mathematische	3,43	3,56	3,68	4,11	3,54	–
2. Philologische	3,62	3,58	3,52	4,11	3,61	

[3] Kommission zur Verbesserung der Lage der Wissenschaftler.

waren länger auf dem wissenschaftlichen Gebiet tätig, und deswegen ist auch ihre Qualifikation höher. Wenn man jedoch die Fähigkeiten jeder dieser Gruppen von Gelehrten analysiert, so wie sie sich nach ihrer Selbsteinschätzung im reifen Alter darstellen, dann entdeckt man die folgenden Beziehungen (siehe Tabelle 2).

Die angeführte Tabelle, in der alle befragten Fähigkeiten und Charakterzüge der Wissenschaftler nach einer abnehmenden Punktebewertung angeordnet sind, ist sehr bezeichnend. Es war empfohlen worden, die „durchschnittlichen" Fähigkeiten mit 3 Punkten zu bewerten. Dieser Durchschnitt sollte sich dabei nicht nur auf die Wissenschaftler der gegebenen Kategorie oder aller Kategorien überhaupt beziehen, sondern auf alle der Umgebung mit gleichem Bildungsniveau, unabhängig von ihrem Beruf. Und wie das zu erwarten war, ergab sich eine mittlere Begabung der Wissenschaftler, die etwas über der 3 lag, wobei dieser Durchschnittswert merklich mit der zunehmend anerkannten Qualifikation der betreffenden Wissenschaftlergruppen ansteigt.

Man kann kaum irgendeine Zufälligkeit in diesem Zusammentreffen der subjektiven Selbsteinschätzung mit den objektiven Merkmalen der höheren Qualifikation unterstellen. Eine solche „Zufälligkeit" wäre zu gesetzmäßig. Natürlich könnte man annehmen, daß die Wissenschaftler, die noch nicht zu den anerkannten gehören, eben wegen dieses Nichtanerkanntseins weniger selbstbewußt und deswegen bescheidener in der Selbsteinschätzung ihrer Begabungen sind; doch durch eine nähere Analyse des Materials aus den Fragebogen wird diese Hypothese durchaus nicht hinreichend bestätigt. Vor allem schätzen auch nichtanerkannte Wissenschaftler ihre Begabungen außerordentlich unterschiedlich ein. Während einige von ihnen diese möglicherweise unterschätzen, gibt es andere, die sie umgekehrt sehr hoch einschätzen. Das ist völlig verständlich, weil für sie als Vergleichsmaßstab nicht das hohe Niveau der Begabungen der hervorragenden Wissenschaftler gilt, sondern das Durchschnittsniveau der gewöhnlichen studentischen Masse, die mit dieser wissenschaftlichen Jugend konkurriert. Ferner, und das ist das wichtigste, wenn von Hunderten von Wissenschaftlern, die beispielsweise der zweiten Kategorie angehören, im Verlaufe der Zeit kaum 30% oder um diese Größe herum in die nächsthöhere Kategorie übergehen sollen, dann darf man schon a priori annehmen, daß der Grad der Begabung bei dieser Auswahl eine gewisse Rolle spielen muß. Wenn aber dieses Niveau für die dritte Kategorie insgesamt nur um 0,07 Punkte oder um 2% über dem Durchschnittsniveau der Begabungen der zweiten Kategorie liegt, dann fällt es schwer, einen solchen geringfügigen Unterschied als *übertrieben* auf Grund irgendwessen „Bescheidenheit" oder „Unbescheidenheit" anzusehen.

Doch wenn man anerkennt, daß eine erhöhte Begabung unabänderlich von einer höheren Qualifikation der entsprechenden Gruppe von Wissenschaftlern begleitet ist, dann ist es interessant festzustellen, welche „Begabungen" gerade die charakteristischen sind, die eine maximale Entwicklung in der gesamten Gruppe der befragten Wissenschaftler erlangen. Wie wir aus unserer Tabelle entnehmen, erreichten das visuelle Gedächtnis und die Beharrlichkeit bei unseren Wissenschaftlern maximale Werte, was natürlich vor allem auf die Ausdauer und den Eifer dieser Wissenschaftler zurückzuführen ist; minimale Werte erlangen dagegen Entschiedenheit und Erfindungsgabe, das heißt die Fähigkeiten für originelle schöpferische Kombinationen. Das bedeutet, daß diese Wissenschaftler, in ihrer Masse betrachtet, vor allem *Handwerker der Bücherproduktion* sind. Sie nutzen mehr ihr Gedächtnis und ihre Ausdauer, als irgendwelche schöpferischen Begabungen. Darin ist nichts Seltsames, denn hohe schöpferische Begabungen sind in jedem, selbst dem erlesensten Medium, eine seltene Erscheinung. Um so interessanter ist es, daß die Bewertung für „Erfindungsgabe" den größten Sprung von den niedrigen Kategorien der Wissenschaftler zur höchsten aufweist (+29%). In der letzten Gruppe nimmt die „Erfindungsgabe“ in der Reihenfolge der Fähigkeiten bei weitem nicht mehr den letzten Platz ein.

Wir wollen vorläufig jedoch noch nicht auf die Bewertung der einzelnen Fähigkeiten eingehen. Es ist angebracht, auf deren Untersuchung zurückzukommen, wenn es möglich wird, nach der Beobachtung einer größeren Anzahl von Antworten, die außerordentlich vielschichtigen Gruppen von Wissenschaftlern in eine ganze Reihe von homogenen Untergruppen zu unterteilen – nach den sozialökonomischen, historisch-philologischen, physikalisch-mathematischen und anderen Wissenschaftlern. Dann wird besser sichtbar werden, welche Kombination von Fähigkeiten für das Studium jedes speziellen Wissenszweiges am günstigsten ist. Einstweilen stellen wir nur eine allgemeine Beobachtung fest. Aus der oben angeführten Tabelle kann man bereits schließen, daß der Wissenschaftler, wenn man nach der überwiegenden Entwicklung der verschiedenen Fähigkeiten urteilt, mehr ein reflektierender Typ als ein Willenstyp ist. Wenn man der Gruppe der Willensfähigkeit neben der allgemeinen Willenskraft die „Selbstbeherrschung“, „Beharrlichkeit“, „Entschiedenheit“ und „Aktivität“ zuordnet, dann ergibt das eine mittlere Punktezahl für diese Positionen in Höhe von nicht mehr als 3,78 für alle Wissenschaftler, während das „abstrakte Denken“ (Analyse und Synthese), „Auffassungsgabe“, „Erfindungskraft“, „Gedächtnis“ und „Phantasie“ nicht weniger als 3,84 Punkte ergeben. Natürlich stellt diese Schlußfolgerung an sich für uns nichts Unerwartetes dar. Könnte man es etwa als unerwartet ansehen, daß der „Wille“ der Wissenschaftler auch nach ihrer Selbsteinschätzung demnach wesentlich über dem allgemeinen Durchschnittsniveau liegen würde? Doch wäre es verfrüht, an der Zuverlässigkeit dieser Aussage zu zweifeln, bevor diese Tatsache nicht den Ergebnissen analoger Untersuchungen für eine Reihe anderer Berufe gegenübergestellt werden kann.

Ein funktionaler Zusammenhang zwischen Begabung und Qualifikation kann auch aus anderen Gruppierungen des Fragebogenmaterials gefunden werden. Wenn man z. B. die mittlere Punktezahl der allgemeinen Begabung jedes Fragebogens als Grundlage der Gruppierung wählt, erhält man die folgende sehr charakteristische prozentuale Verteilung der befragten Wissenschaftler (vgl. Tabelle 3).

Wie wir sehen, sind sowohl geringe als auch hohe Begabungen in allen Wissenschaftlerkategorien der Kommission für die Verbesserung der Lage der Wissenschaftler zu beobachten. Der Anteil der Wissenschaftler mit einer geringeren Begabung fällt jeweils mit dem Übergang zur nächsthöheren Kategorie, während der Anteil der Wissenschaft-

Tabelle 3. Prozentuale Verteilung der Wissenschaftler nach Gruppen

Kategorien der KVLW	Gruppierung nach Begabung (nach Punkten)			
	bis 3,1	3, 2–4	über 4	insgesamt
1	9,4%	73,8%	16,8%	100%
2	8,0%	63,0%	29,0%	100%
3	6,5%	58,1%	35,4%	100%
4–5	0,0%	22,2%	77,8%	100%
1–5	8,1%	65,6%	26,3	100%
Durchschnittliche Punktebewertung der Begabung	2,91	3,68	4,40	3,81
Mittlere Kategorie nach KVLW	1,60	1,65	2,12	1,77
Durchschnittliches Lebensalter (in Jahren)	42,4	43,5	48,3	44,8

ler mit hoher Begabung entsprechend steigt. Am einfachsten kann man das dadurch erklären, daß die weniger Begabten nach und nach aus den Reihen der Wissenschaftler ausscheiden und in andere Beschäftigungen überwechseln oder gegenüber den Gleichaltrigen zurückbleiben und lange in den unteren Qualifikationskategorien verbleiben. Möglich ist jedoch auch eine andere Erklärung, daß nämlich der erhöhte Anteil von Begabten in den Gruppen von älteren Wissenschaftlern in bestimmtem Maße darauf zurückzuführen ist, daß die Begabung unter dem Einfluß der langjährigen Ausübung dieser oder jener Fähigkeiten selbst anwächst.

Zugunsten der letztgenannten Hypothese kann man folgende Tatsache aus unserem Fragebogen anführen. Beim Vergleich der mittleren Punktebewertung für die Begabung insgesamt in all jenen Fragebogen, die „fremde" Bewertungen in zwei Zeilen enthielten (121 Stück), zeigte sich, daß im „reifen" Alter die Begabungen 3,97 Punkte erreichten gegenüber 3,93 Punkten „im Schulalter" (vgl. Tabelle 4).

Tabelle 4. „Gesamtbegabung" der Wissenschaftler

Kategorien der KVLW	Anzahl der Wissenschaftler	im Durchschnitt		Bewertung der Begabung		
		Alter	Dauer der wissenschaftlichen Tätigkeit	nach „fremder" Einschätzung für die Zeit der		nach Selbsteinschätzung im reifen Alter
		in Jahren		Schule	Reife	
1	2	3	4	5	6	7
1	64	38,7	13,1	3,81	3,86	3,74
2	41	46,2	20,1	4,09	4,12	3,96
3	14	49,3	25,2	3,94	3,94	3,75
4	2	62,0	41,0	4,73	4,77	4,77
1–4	121	42,9	17,3	3,93	3,97	3,83

Der Unterschied ist nicht groß, und dennoch stützt er die Auffassung, daß die „Begabung" im bestimmten Sinne dieses Wortes eine veränderliche, eine der Entwicklung fähige Größe ist. Dafür spricht, wie es scheint, auch noch eine andere Tatsache.

Wenn man alle Wissenschaftler in jeder der von der KVLW befragten Kategorien jeweils in 3 Altersgruppen aufteilt und die Veränderungen der Punktebewertung für die Begabung in Relativdaten zum Ausdruck bringt, wobei die Bewertung der jüngsten Gruppe = 100 gesetzt wird, dann erhält man das folgende Bild (siehe Tabelle 5).

Nicht weniger als zwei Drittel der untersuchten Fähigkeiten wachsen in bestimmter Weise mit zunehmendem Lebensalter, wenn auch mitunter nur um eine unbedeutende Größe. Das übrige Drittel erbringt mit steigendem Lebensalter keinen merklichen Zuwachs oder fällt sogar etwas. Den bedeutendsten Zuwachs kann man bei solchen Eigenschaften wie „Selbstbeherrschung" (fast um 14%), „Aktivität" und „Gedächtnis" feststellen. Dagegen nehmen die Fähigkeiten zur „Synthese" und „Analyse" und die „Beharrlichkeit" ab. Doch im allgemeinen wird für alle 15 Fähigkeiten insgesamt ein bestimmtes Wachstum des durchschnittlichen Niveaus der Begabung festgestellt.

Wegen der geringen Anzahl der befragten Wissenschaftler bedarf diese Tendenz jedoch einer gründlichen Überprüfung durch eine ganze Reihe von Kontrollgruppierungen unter Heranziehung weit umfangreicheren Fragebogenmaterials.

Da wir auf diese Frage nach der detaillierten Bearbeitung einer ganzen Reihe weiterer Fragebogenmaterialien, die gegenwärtig gesammelt werden, noch zurückkommen werden,

Tabelle 5. Entwicklung der Begabung von Wissenschaftlern mit steigendem Lebensalter

Fähigkeiten	Kategorien und Alter											
	1. Kategorie (110 Wissenschaftler)			2. Kategorie (100 Wissenschaftler)			3. Kategorie (31 Wissenschaftler)			1.–3. Kategorie (241 Wissenschaftler)		
	bis 40 Jahre	40–50	über 50 Jahre	bis 40 Jahre	40–50	über 50 Jahre	bis 40 Jahre	40–50	über 50 Jahre	bis 40 Jahre	40–50	über 50 Jahre
1	2	3	4	5	6	7	8	9	10	11	12	13
1. Selbstbeherrschung	100	113,5	125,4	100	101,1	102,7	100	88,0	108,3	100	105,1	113,8
2. Aktivität	100	98,4	104,0	100	109,3	121,4	100	111,4	112,6	100	104,6	112,3
3. Gedächtnis	100	99,5	110,0	100	106,0	113,8	100	105,8	116,1	100	102,9	112,2
4. Mathematische Fähigkeiten	100	95,9	110,0	100	112,5	111,0	100	100,0	109,1	100	103,3	110,4
5. Konzentrations-fähigkeit	100	102,1	108,1	100	111,0	116,0	100	82,2	87,5	100	103,3	108,7
6. Philologische Fähigkeiten	100	100,3	110,4	100	98,3	103,4	100	102,9	97,4	100	99,8	105,8
7. Entschiedenheit	100	96,3	94,9	100	99,7	107,4	100	127,3	136,7	100	101,7	105,5
8. Allgemeine Willenskraft	100	105,4	105,7	100	96,8	102,4	100	85,0	101,5	100	99,2	103,8
9. Auffassungsgabe	100	102,1	100,3	100	98,5	102,8	100	106,7	117,6	100	101,2	103,6
10. Erfindungsgabe	100	93,7	94,7	100	101,4	112,0	100	102,9	102,7	100	98,0	102,8
1–10 dynamische Fähigkeiten	100	100,7	106,4	100	103,5	109,3	100	101,2	109,0	100	101,9	107,9
11. Phantasie	100	94,3	94,3	100	97,7	103,7	100	113,8	119,4	100	98,4	101,2
12. Visuelles Gedächtnis	100	100,0	99,5	100	95,8	101,2	100	100,0	104,5	100	98,3	100,9
13. Analyse	100	95,9	100,3	100	97,0	100,0	100	88,9	95,3	100	95,5	99,5
14. Beharrlichkeit	100	92,5	98,3	100	101,8	101,8	100	93,3	90,2	100	96,5	98,7
15. Synthese	100	98,7	97,4	100	94,8	99,8	100	96,5	95,5	100	96,8	98,2
11–15 statische Fähigkeiten	100	96,4	98,0	100	97,4	101,3	100	98,5	100,9	100	97,0	99,7
1–15 alle Fähigkeiten insgesamt	100	99,3	103,6	100	101,4	106,6	100	100,4	106,3	100	100,3	105,1

wollten wir zunächst nur die Aufmerksamkeit der akademischen Kreise auf das von uns gestellte Problem lenken, weil wir zutiefst davon überzeugt sind, daß Probleme dieser Art die öffentliche Aufmerksamkeit und die aktive Mitwirkung bei ihrer Lösung verdienen.

Gegenwärtig verfügen wir über Material für die Analyse des Standes der Begabungen in zwei Berufen – für Wissenschaftler und Statistiker. Von Wissenschaftlern haben wir zur Bearbeitung 313 Fragebogen erhalten, von Statistikern 240. Diese Anzahl ist natürlich für die Durchführung hinreichend tiefgründiger Kombinationsanalysen ziemlich klein; doch wenn wir die *allgemeinen Ergebnisse* der gegenwärtig durchgeführten Arbeiten mit den Ergebnissen aus den *Versuchs*arbeiten am gleichen Material für 247 Wissenschaftler und 145 Statistiker vergleichen, dann können wir uns davon überzeugen, daß die Vergrößerung des Materials auf das 1,5- bis 2fache unsere Ergebnisse nur um die durchaus unbedeutende Größe von etwa einem Prozent verändert hat. Damit haben wir es offenbar mit hinreichend beständigen Merkmalen zu tun, und unsere wesentlichsten Schlußfolgerungen bedürfen kaum einer ernsthaften Korrektur, selbst wenn wir ein wesentlich größeres Fragebogenmaterial nutzen würden.

In der unten folgenden Tabelle 6 sind zum Vergleich mit den Ergebnissen aus Tabelle 2 die summarischen Bewertungen der Fähigkeiten der Wissenschaftler sowie der Statistiker nach zwei Berechnungen angeführt (vgl. Tabelle 7).

Wie wir sehen, wurde die allgemeine Begabung der 313 Wissenschaftler mit einem Durchschnittswert von 3,78 Punkten zum Ausdruck gebracht, während er für 247 Wissenschaftler mit 3,81 Punkten ausgewiesen wurde. Doch auch diese Senkung des Niveaus der Fähigkeiten in der untersuchten Gruppe um 0,8% läßt sich zu einem bestimmten Teil durch die unproportionale Zunahme der Fragebogenanzahl aus den jüngsten Gruppen von Wissenschaftlern erklären. Wenn man die für jede Gruppe mittleren Punktwerte nach einem gleichen Verhältnis wägt, erhält man im Ergebnis eine noch geringere Abweichung:

Tabelle 6. Mittlere Punktwertung der allgemeinen Begabung

Kategorien der KVLW	Gewicht der Gruppe (in %)	nach Tabelle 2	nach Tabelle 7	Differenz (in %)
1	44,7	3,71	3,71	0,0
2	40,6	3,83	3,81	–0,5
3	11,8	3,90	3,83	–1,8
4–5	2,9	4,38	4,38	0,0
1–5	100,0	3,81	3,78	–0,5

Die durchschnittliche Bewertung der Begabung erhöht sich bei den Statistikern im Vergleich zu den Proberechnungen von 3,36 auf 3,38 Punkte, d. h., sie veränderte sich ebenfalls nur um 0,6%. Etwas größer ist die Differenz ebenfalls bezüglich der einzelnen Fähigkeiten. Eine sehr bemerkenswerte Stabilität ist dabei auch in der Rangfolge der Fähigkeiten entsprechend ihrer Dynamik vom Maximum zum Minimum sowohl unter den Wissenschaftlern als auch unter den Statistikern nach beiden Berechnungen festzustellen.

Um so bemerkenswerter ist der Unterschied zwischen den Gruppen der Statistiker und Wissenschaftler insgesamt. Das mittlere Niveau der Gesamtbegabung ist in der Gruppe der Statistiker – nach ihrer Selbsteinschätzung – um ganze 0,4 Punkte oder um 10,6% niedriger als das der Wissenschaftler. Mehr noch, dieses Niveau liegt sogar noch wesentlich unter dem Niveau der jüngsten Wissenschaftlergruppe der ersten Kategorie, nämlich um ganze 9%. Offenbar spielt die Begabung für die Karriere eines Wissenschaftlers eine wesentlich höhere Rolle als für die Tätigkeit eines Statistikers.

Darin liegt aber auch nur wenig Unerwartetes. Der Beruf des Statistikers hebt sich vom Niveau anderer Berufe der Intelligenzarbeit nicht besonders ab. Einer Erklärung bedarf höchstens die Tatsache, daß die Begabung unserer Statistiker insgesamt dennoch mit 3,38 Punkten bewertet wurde, d. h. höher als die „durchschnittliche" Norm, die bedingungsgemäß mit 3 Punkten angesetzt worden war. Wenn man jedoch berücksichtigt, daß mit den Fragebogen für Statistiker faktisch nur die qualifizierteste Spitze dieses Berufes erfaßt wurde, dann ruft auch diese Tatsache keine Verwunderung hervor.

Hebt man jene Fähigkeiten heraus, die bei Wissenschaftlern eine besondere Entwicklung erfahren und die Durchschnittsnorm der Fähigkeiten insgesamt übertreffen, dann erweisen sich für Wissenschaftler offenbar als besonders wichtig die folgenden: 1. visuelles Gedächtnis, 2. die Beharrlichkeit, 3. die Fähigkeit zum abstrakten Denken (Analyse und Synthese), 4. die Auffassungsgabe, 5. die Aktivität, 6. die Konzentrationsfähigkeit und 7. die Phantasie. Für Statistiker ergibt sich eine etwas andere Reihenfolge. Bei ihnen sind mehr als andere Fähigkeiten entwickelt: 1. visuelles Gedächtnis, 2. die Konzentrationsfähigkeit, 3. die Auffassungsgabe, 4. mathematische Fähigkeiten, 5. das Gedächtnis überhaupt, 6. die Beharrlichkeit und 7. die Fähigkeit zum abstrakten Denken. Wie wir sehen, verlagert sich bei den Statistikern das abstrakte Denken vom 3. auf den 7. Platz, dafür rückt aber die Konzentrationsfähigkeit, die für Rechenarbeiten so wichtig ist, auf den 2. Platz vor. Charakteristisch für sie ist auch, daß die mathematischen Fähigkeiten einen vorderen Platz einnehmen. Für Wissenschaftler, unter denen in unserem Falle die Philologen bedeutend gegenüber den Mathematikern überwogen, erwiesen sich diese Fähigkeiten durchaus nicht als erstrangig.

Wenn man die Wissenschaftler entsprechend ihren Spezialrichtungen in Gruppen unterteilt, so ergibt sich für jede von ihnen – wie auch bei den Statistikern – eine besondere Rangfolge der am meisten entwickelten Fähigkeiten (siehe Tabelle 8).

In die angeführte Gruppierung sind Wissenschaftler der IV. und V. Kategorie nach der KVLW wegen ihrer geringen Anzahl überhaupt nicht aufgenommen worden. Sehr ungleichmäßig vertreten ist auch die III. Kategorie der KVLW in den verschiedenen Spezialrichtungen, woraus sich wenig vergleichbare *absolute* Punktwerte für die Begabung dieser Spezialrichtungen ergeben. In der Gruppe der befragten Gesellschaftswissenschaftler ergab es sich zufällig, daß kaum Wissenschaftler mit höchster Qualifikation erfaßt wurden, so daß ihre „Begabung" im Vergleich zu den anderen Gruppen zu niedrig bewertet worden ist. Doch hängt die Rangfolge der für jede Gruppe wichtigsten Fähigkeiten nicht von den absoluten Punktwerten ab. Durch Analyse diese Rangfolge konnten wir einen recht kennzeichnenden psychologischen Paß für die untersuchten Spezialrichtungen aufstellen.

Bei den Naturwissenschaftlern erreichen zum Beispiel die stärkste Entwicklung: 1. visuelles Gedächtnis, 2. Phantasie und 3. Beharrlichkeit. Bei den Mathematikern beobachten wir schon eine etwas andere Neigung. Hier stehen an erster Stelle: 1. Fähigkeit zur Analyse, 2. mathematische Fähigkeiten und erst an dritter Stelle das visuelle Gedächtnis. Bei den Gesellschaftswissenschaftlern (Ökonomen und Juristen) finden wir an erster Stelle ebenso wie bei den Mathematikern die Fähigkeit zur Analyse, danach folgt 2. die Auffassungsgabe und 3. die Fähigkeit zur Synthese, während das visuelle Gedächtnis und besonders die mathematischen Fähigkeiten wesentlich weiter zurücktreten. Bei den Philologen und Philosophen stechen, wie zu erwarten war, am meisten die *philologischen Fähigkeiten* hervor, und dann folgen die für das abstrakte Denken charakteristischen Fähigkeiten zur *Synthese und Analyse.* Wendet man sich den angewandten

Tabelle 7. Begabung von Wissenschaftlern und Statistikern (in Punkten nach einer Fünfpunkteskala)

Fähigkeiten	Moskauer Wissenschaftler (313 Personen)						Statistiker		
	1	2	3	4–5	aller Kategorien		2. Ausarbeitung		1. Ausarbeitung
	Kategorien der KVLW				absolut	relativ	absolut	relativ	(145 Personen)
1	2	3	4	5	6	7	8	9	10
I. Allgemeine Fähigkeiten									
1. Visuelles Gedächtnis	3,96	3,94	3,94	4,78	3,97	105,6	3,63	107,1	3,56
2. Beharrlichkeit	3,87	3,97	4,00	4,55	3,95	105,1	3,44	101,5	3,46
3. Fähigkeit zur Analyse	3,85	3,97	4,00	4,56	3,94	104,8 }	3,42	100,8	3,39
4. Fähigkeit zur Synthese	3,76	3,93	4,03	4,44	3,88	103,1 }			
5. Auffassungsgabe	3,79	3,87	4,00	4,33	3,87	103,0	3,55	104,7	3,53
6. Aktivität	3,74	3,82	3,94	4,67	3,83	101,9	3,38	99,7	3,35
7. Konzentrationsfähigkeit	3,74	3,87	3,83	4,22	3,81	101,2	3,57	105,2	3,50
8. Phantasie	3,81	3,77	3,83	4,11	3,81	101,2	3,40	100,3	3,42
9. Selbstbeherrschung	3,68	3,80	3,71	4,22	3,75	99,6	3,40	100,3	3,42
10. Gedächtnis überhaupt	3,64	3,76	3,69	4,56	3,73	99,2	3,50	103,2	3,48
11. allgemeine Willenskraft	3,58	3,70	3,80	4,22	3,68	97,8	3,18	93,8	3,17
12. Erfindungsgabe	3,53	3,68	3,60	4,33	3,62	96,3	3,18	93,8	3,17
13. Entschiedenheit	3,49	3,56	3,49	4,33	3,54	94,2	3,16	93,2	3,12
Begabung insgesamt (2–13)	3,71	3,81	3,83	4,38	3,78	100,5	3,38	99,7	3,36
das gleiche (in relativen Größen)	98,2	100,8	101,3	115,9	100,0	–	89,4	–	–
II. Spezielle Fähigkeiten									
14. Mathematische F.	3,45	3,53	3,74	4,11	3,53	93,9	3,52	103,9	3,50
15. Philologische F.	3,51	3,56	3,49	4,11	3,55	94,4	3,07	90,6	3,05
Durchschnittlicher Punktwert für 15 Fähigkeiten	3,68	3,78	3,81	4,37	3,76	100,0	3,39	100,0	3,37

darunter:									
a) Fähigkeiten zum Denken (3–5, 7–8, 10, 12)	3,73	3,84	3,85	4,36	3,81	101,2	3,44	101,4	3,41
b) Willensfähigkeiten (2, 6–7, 9, 11)	3,68	3,78	3,80	4,38	3,76	100,0	3,36	99,1	3,34
Anzahl der Beobachtungen	140	127	37	9	313	–	240	–	145

*in Prozent zum mittleren Punktwert

Wissenschaften zu, so treten hier bei den Ingenieuren aller Art, bei Ärzten und Militärspezialisten an die erste Stelle: 1. das visuelle Gedächtnis und 2. die Beharrlichkeit, darauf folgt 3. die Auffassungsgabe, während die Philologie ganz an das Ende rückt.

Visuelles Gedächtnis und Beharrlichkeit, das sind ohne Zweifel Qualitäten, die jenem „Augenmaß und Druck" sehr verwandt sind, auf die Suvorov seine glänzenden Erfolge auf dem Schlachtfeld zurückführte. Nach den Ergebnissen unserer Tabelle zu urteilen, spielen diese Suvorovschen Qualitäten auch auf dem Felde der Wissenschaft eine hervorragende Rolle. Freilich entspricht hinter dem Buch oder im Laboratorium dem Begriff des militärischen Drucks eher der Begriff der Ausdauer und des Fleißes beim Verfolgen eines einmal gestellten Zieles. Doch der hohe Wert dieser Qualitäten, wie wir sie auch unter den verschiedenen Bedingungen nennen mögen, verliert dadurch nichts von seiner Bedeutung. Sie sind in allen Sphären des Lebens wertvoll.

Es gibt aber auch andere Qualitäten oder spezifische Besonderheiten, deren Wert nur unter speziellen Bedingungen oder auf speziellen Gebieten der menschlichen Tätigkeit voll zum Tragen kommt. Als Beispiel nennen wir die mathematischen oder noch besser die philologischen Fähigkeiten. Die letzteren stehen bei den Philologen an erster Stelle, dafür treten sie bei den Gesellschaftswissenschaftlern schon auf den 11. Platz zurück, und bei den Mathematikern, Naturwissenschaftlern und Ingenieuren spielen sie offensichtlich überhaupt keinerlei Rolle, denn sie nehmen dort den letzten Platz ein. Fast das gleiche kann man von den mathematischen Fähigkeiten sagen. Während sie bei den Mathematikern die höchste Entwicklung erfahren, rangieren sie selbst bei den Ingenieuren schon auf dem 7. Platz, und in allen übrigen Wissenschaftszweigen treten sie noch weiter zurück, bei den Gesellschaftswissenschaftlern und Philologen nehmen sie den letzten (15.) Platz ein. Es ist charakteristisch, daß diese speziellen Fähigkeiten irgendwie über eine sich gegenseitig ausschließende Popularität verfügen. Auf einem speziellen Arbeitsgebiet, wo eine von ihnen die höchste Ausbildung erfährt, erlangt die andere nur eine minimale Entwicklung und umgekehrt. Eine dehnt sich buchstäblich auf Kosten der der anderen aus.

Möglicherweise sollte man zur Gegenüberstellung mit der tariflichen Qualifikation als Maßstab für die Begabung nicht die „allgemeine" Begabung (für alle Fähigkeiten), sondern nur jene spezifischen nehmen, die für den vorliegenden Beruf am charakteristischsten sind. Leider ergeben unsere Beobachtungen jedoch für dieses Ziel kein hinreichendes Material.

Hauptanliegen unserer Arbeit war es, den Einfluß der Begabung auf die tarifliche Bewertung der Arbeit aufzudecken. Für diesen Zweck sind Wissenschaftler wenig geeignet, weil deren Qualifikation keine hinreichende Widerspiegelung in den Tarifgruppen findet. Deshalb wenden wir uns den Statistikern zu.

Nachdem wir alle Fragebogen für Statistiker in 5 Gruppen ent-

Tabelle 8. Begabung der Wissenschaftler verschiedener Spezialrichtungen (nach Punkten)

Fähigkeiten	Spezialrichtungen (der Wissenschaft)					
	Angewandte Wissenschaften	Philologische Wissenschaften	Gesellschaftswissenschaften	Physikalisch-mathematische Wissenschaften	Naturwissenschaften	im Durchschnitt
1	2	3	4	5	6	7
I. Allgemeine Fähigkeiten						
1. Visuelles Gedächtnis	4,3	3,93	3,69	3,97	4,00	3,95
2 Beharrlichkeit	4,03	3,94	3,62	3,97	3,87	3,93
3. Analyse	3,91	3,97	3,83	4,10	3,76	3,92
4. Synthese	3,84	3,98	3,74	3,87	3,82	3,86
5. Auffassungsgabe	3,95	3,70	3,81	3,95	3,76	3,85
6. Aktivität	3,90	3,87	3,60	3,63	3,76	3,80
7. Konzentrationsfähigkeit	3,84	3,94	3,64	3,68	3,76	3,80
8. Phantasiie	3,78	3,88	3,62	3,82	3,89	3,80
9. Selbstbeherrschung	3,68	3,93	3,69	3,74	3,58	3,73
10. Allgemeines Gedächtnis	3,81	3,78	3,57	3,69	3,34	3,70
11. Allgemeine Willenskraft	3,70	3,84	3,33	3,68	3,53	3,66
12. Erfindungsgabe	3,69	3,60	3,31	3,76	3,47	3,60
13. Entschiedenheit	3,65	3,49	3,33	3,45	3,45	3,52
Allgemeine Begabung (2 – 13)	3,82	3,83	3,59	3,78	3,67	3,76
II. Spezielle Fähigkeiten						
14. Philologische F.	3,37	4,12	3,40	3,32	3,34	3,53
15. Mathematische F.	3,79	3,01	3,17	4,05	3,42	3,52
Durchschnittlicher Punktwert für 15 Fähigkeiten	3,80	3,80	3,56	3,78	3,65	3,74
darunter:						
a) Denkfähigkeiten	3,83	3,84	3,65	3,84	3,69	3,79
b) Willensfähigkeit	3,80	3,83	3,54	3,69	3,66	3,74
Anzahl der Beobachtungen	117	67	42	40	38	304

sprechend der wachsenden Begabung unterteilten, bestimmten wir zunächst für jede dieser Gruppen das durchschnittliche Lebensalter, das Dienstalter und den Bildungsstand (in Jahren), danach dann auch die Qualifikation nach dem 17-Stufen-Tarifsystem (1923). Danach trugen wir unter Berücksichtigung der früher untersuchten Abhängigkeiten zwischen Lebensalter, Dienstalter und Bildung einerseits und der tariflichen Einstufung der Angestellten andererseits[4] die notwendigen Korrekturen ein, um eine „normalisierte" Qualifikation für alle Gruppen nach dem durchschnittlichen Lebensalter, Dienstalter in der Statistik und der durchschnittlichen Bildung zu erhalten. Um zufällige Abweichungen auf Grund der geringen Anzahl von Beobachtungen zu vermeiden, egalisierten wir die erhaltene Qualifikationskurve und übertrugen dann die Tarifgruppen auf ein achtstufiges Netz von Tarifkoeffizienten.

Das Ergebnis dieser Arbeit ist in der folgenden Tabelle dargestellt (siehe Tabelle 9).

Wie wir sehen, ist der Einfluß der Begabung auf die Tarifbewertung der Arbeit nicht zu bestreiten. Mit steigender mittlerer Punktzahl der Fähigkeiten wächst in der betreffenden Gruppe von Statistikern auch ihre durchschnittliche Qualifikation (Spalte 9), ungeachtet der grundsätzlichen Gleichheit „aller übrigen Bedingungen" für diese Gruppe.

Doch besondere Aufmerksamkeit verdienen zwei Umstände: 1. Der allgemeine Verlauf der Qualifikationskurve, die im Unterschied zu anderen früher untersuchten Kurven nach unten gebogen ist, d. h. einen progressierenden Zuwachs für jede letzte Begabungseinheit ergibt, und 2. die allgemeine Geringwertigkeit des Zuwachses an Qualifikation für jede Begabungseinheit.

Zur Erklärung der ersten dieser Besonderheiten muß man zunächst auf die Bedingtheit unserer Maßeinheit für die Begabung hinweisen. Das Lebensalter, das Dienstalter und den Bildungsgrad haben wir nach Jahren gemessen. Das ist durchaus ein objektives Maß. Die Fähigkeit bewerten wir aber nach qualitativen Merkmalen („hervorragend", „überdurchschnittlich", „durchschnittlich", „unterdurchschnittlich", „schlecht") oder mit entsprechenden Punkten. Ein solches Maß ist weitaus schlechter. Wer kann uns garantieren, daß die Differenzeneinheit zwischen der 5 und der 4 auf dieser Skala gleichwertig ist der Differenzeneinheit zwischen der 4 und der 3?

Dem Wesen nach müssen höhere Fähigkeiten in dieser oder jener Beziehung zu einer höheren *Produktivität* der Arbeit eines auf dem betreffenden Gebiet begabten Werktätigen gegenüber dem weniger begabten führen. Am wahrscheinlichsten ist, daß diese Tatsache ihre Widerspiegelung auch in einer höheren tariflichen Einstufung der Arbeit der begabteren Werktätigen findet. Weil wir aber auf dem Gebiet der geistigen Arbeit noch nicht die *qualitativen* Unterschiede in den von verschiedenen Personen ausgeführten Tätigkeiten auf quantitative zurückführen können, kann die tarifliche Einstufung hier nicht als ein irgendwie befriedigender Maßstab für die Begabung dienen. Sagen wir so, Puškin erhielt für einen Vers einen 10-Rubel-Schein, und ein gewöhnlicher Verseschmied erhält $^1/_4$ Rubel. Folgt daraus, daß ein Vers Puškins 40mal künstlerischer ist als ein Vers eines gewöhnlichen Poeten oder daß Puškin selbst 40mal begabter ist als dieser?

Natürlich folgt das nicht daraus. Zur Erklärung dieser Tatsache genügt es einfach zu sagen, daß die Verse Puškins *künstlerisch wertvoller* sind als die Schöpfungen gewöhnlicher Dichter. Doch man muß hinzufügen, daß unsere Gesellschaft solche Talente wie Puškin dutzende Male seltener als gewöhnliche Poeten hervorbringt. Man braucht in der Analyse der Bedeutung dieser „Seltenheit" für die Marktbewertung nicht weiter zu gehen, wenn man sich einfach auf die allgemein bekannte Wirkung des Gesetzes von Angebot und Nachfrage bezieht. Man kann hinter der genannten „Seltenheit" auch die Widerspiegelung der Wirkung eines anderen Gesetzes sehen. Wenn man die Verse Puškins unter dem Aspekt der gesellschaftlich notwendigen Arbeit zu ihrer Produktion betrachtet, dann kann man nicht daran vorübergehen, daß dazu auch jener große Teil unfruchtbarer Ausgaben hinzuzurechnen ist, den die Gesellschaft für die Erziehung vie-

[4] Siehe Tabelle 14, 17 und 19 in der Arbeit „Die Bedeutung der Volksbildung für die Volkswirtschaft", S. 148, 151, 153 der vorliegenden Ausgabe.

Tabelle 9. Begabung und Qualifikation von Statistikern

Gruppen nach der allgemeinen Begabung (nach Punkten)			Anzahl der Beobachtungen	Empirische Daten					Errechnete Qualifikation			
				Lebensalter	Dienstalter		Bildungsstand	Tarifstufe	normalisiert	ausgeglichen	Tarifkoeffizient	
Nr.	von–bis	im Mittel		in Jahren	allgemein	in der Statistik			nach Gruppen		absolut	relativ
0	1	2	3	4	5	6	7	8	9	10	11	12
1	1,73–3,00	2,72	49	36,55	16,04	11,22	10,86	13,91	13,66	13,66	5,20	100,0
2	3,09–3,27	3,18	52	34,62	15,24	9,13	10,33	13,37	13,71	13,71	5,23	100,6
3	3,36–3,45	3,40	43	35,37	15,05	8,60	11,21	13,49	13,73	13,73	5,24	100,7
4	3,55–3,64	3,59	43	34,00	14,60	8,49	11,98	14,21	14,20	13,82	5,29	101,6
5	3,73–4,82	4,00	53	36,66	16,66	19,79	11,09	14,55	14,36	14,36	5,44	104,8
1–5	1,73–4,82	3,38	240	35,49	15,64	9,72	11,06	13,91	–	–	–	–

ler Dutzender wenn nicht Hunderter von untalentierten Poeten und Poetlein aufwendet, bevor aus ihrer Mitte wenigstens einer hervorgeht, der Puškin gleicht. So oder anders, man darf jedenfalls das Phänomen, daß außergewöhnliche Fähigkeiten und Talente selten sind, nicht ignorieren.

Doch was trägt unser Fragebogen zur Aufklärung dieser Erscheinung bei?

Wie aus dem Fragebogen ersichtlich ist, sind die Talente genauso selten wie die Unbegabtheiten, denn in jeder Gruppe überwiegt die goldene Mitte zahlenmäßig. Wenn man als Maß der Begabtheit und der Unbegabtheit die mittlere Punktezahl aus der Selbstbewertung der Wissenschaftler und Statistiker nimmt, dann erhält man die folgende Verteilung (siehe Tabelle 10).

Wenn man alle Fragebogen nach dem Durchschnittsniveau der Begabung Gruppen zuordnet, die sich voneinander jeweils um einen halben Punkt unterscheiden, und setzt man die Mitgliederzahl der zahlreichsten Gruppen gleich 100, dann erkennt man, daß diese Gruppen die zentrale Stellung nach der durchschnittlichen Punktebewertung der Begabung einnehmen. Die Stärke aller übrigen Gruppen, die über oder unter diesem Begabungsniveau stehen, fällt schnell ab. Die Steigerung oder Senkung dieses Niveaus, die in arithmetischer Progression nur Zehntelprozente ausmacht, wird dabei von einer Verminderung der Anzahl von Personen in den entsprechenden Gruppen in einer geometrischen Progression um das Dutzendfache begleitet.

Statistiker, die um einen Wertpunkt höher begabt sind als der Durchschnitt, sind bereits 8mal seltener anzutreffen als mittelbegabte, und solche, die die Durchschnittsnorm um 1,5 Punkte übertreffen, gibt es 20- bis 25mal seltener als durchschnittlich Begabte. Es ist kein Wunder, daß diese erhöhte Seltenheit sich auch in Tabelle 9 in einer gewissen überhöhten tariflichen Qualifikation widerspiegelt.

Dennoch ist aber die Erhöhung des Tarif-

Tabelle 10. Verteilung der Statistiker und Wissenschaftler nach der allgemeinen Begabung

Gruppen nach Begabung (nach Punkten) Nr.	von – bis	Statistiker: Anzahl der Personen absolut	relativ	Statistiker: durchschnittlicher Punktwert absolut	relativ	Wissenschaftler: Anzahl der Personen absolut	relativ	Wissenschaftler: durchschnittlicher Punktwert absolut	relativ
0	1	2	3	4	5	6	7	8	9
1	bis 2 einschl.	2	2,2	1,82	55	–	–	–	–
2	2,0 – 2,5	5	5,6	2,27	69	–	–	–	–
3	2,5 – 3,0	40	44,4	2,77	84	14	10,2	2,85	75
4	3,0 – 3,5	90	100,0	3,28	100	70	51,0	3,33	88
5	3,5 – 4,0	76	84,5	3,70	113	137	100,0	3,78	100
6	4,0 – 4,5	11	12,2	4,24	129	58	42,3	4,26	112
7	4,5 – 5,0	4	4,4	4,64	141	12	8,7	4,72	125
1 – 7	über alle Gruppen	228	253	3,36	102	291	212	3,76	99,5

koeffizienten um 4 bis 5 % bei einer Differenz in der Begabung in der Größenordnung von 1,3 Bewertungspunkten, die wir in Tabelle 9 beobachten, so unbedeutend, daß wir gezwungenermaßen zu folgender Schlußfolgerung gelangen müssen. Offenbar ist für jene alltägliche Arbeit, mit der sich die Statistiker und ähnliche gewöhnliche Vertreter der Geistesarbeit befassen, überhaupt keine besonders hohe Begabung erforderlich. Da folglich die Rede nicht von einzelnen, außerordentlich begabten Persönlichkeiten wie Puškin und Tolstoj ist, die immer außerhalb jeglicher tariflicher Norm stehen, braucht man den Faktor der Begabung überhaupt nicht in die praktischen Berechnungen einzuführen. Jedenfalls hält seine Bedeutung keinem Vergleich mit solchen wichtigen Faktoren der tariflichen Qualifikation wie Lebensalter, Dienstalter und besonders Bildungsstand bei einer *massenweisen* Bewertung der geistigen Arbeit stand.

Damit könnten wir unsere Arbeit beenden. Doch neben den Fähigkeiten ermittelte unser Fragebogen auch noch die spezifischen Neigungen oder Antipathien der befragten Statistiker und Wissenschaftler. Es fragt sich, worin die Rolle dieser Neigungen im Rahmen der allgemeinen psychologischen Besonderheiten der geistigen Arbeit besteht.

Die Neigung oder Antipathie wurde im Fragebogen genauso bewertet wie die Fähigkeiten, nämlich nach einem 5-Punkte-System mit folgender Bedeutung der Bewertungspunkte: 1 – ich hege Antipathie, 2 – ich mag es nicht leiden, 3 – ich bin gleichgültig, 4 – ich fühle Neigung, 5 – es fesselt mich.

Das durchschnittliche Niveau der Neigungen wurde für die Wissenschaftler verschiedener Spezialrichtungen und Statistiker mit den folgenden Daten bestimmt (siehe Tabelle 11).

In dieser Tabelle ließen alle Wissenschaftler und Statistiker – wie zu erwarten war – eine maximale Neigung zu jener wissenschaftlichen Disziplin erkennen, die sie als Spezialrichtung gewählt hatten. Doch im allgemeinen erfreut sich die Kunst selbst im Wissenschaftlermilieu einer größeren Sympathie als die Wissenschaft. Die praktische Tätigkeit steht in dieser Reihenfolge noch weiter hinten, besonders die Handels- und Industrietätigkeit und das Militärwesen, denen gegenüber Antipathie fast in allen Gruppen energisch zum Ausdruck kommt. Gegenüber dem Militärwesen z. B. verhält man sich selbst in der Gruppe der angewandten Wissenschaften sehr kühl, wenngleich die durchschnittliche Punktebewertung durch die Einbeziehung von Spezialisten des Militärwesens etwas erhöht ist.

Tabelle 11. Neigungen der Wissenschaftler und Statistiker (nach Wertungspunkten)

Gegenstand der Neigung	Wissenschaftler auf dem Gebiet der						
	angewandten Wissenschaften	Philologischen Wissenschaften	Gesellschaftswissenschaften	Physikalisch-mathematischen Wissenschaften	Naturwissen schaften	Spezialrichtungen insgesamt	Statistiker
1	2	3	4	5	6	7	8
1. Schöngeistige Literatur	4,03	4,64	4,22	4,08	3,95	4,19	4,12
2. Musik	4,10	4,12	4,12	4,15	4,00	4,11	3,97
3. Bildende Kunst	3,82	4,25	3,69	4,05	3,89	3,94	3,59
4. Theater	3,79	3,94	3,79	3,69	3,71	3,80	3,88
1–4 Kunst überhaupt	3,93	4,24	3,97	3,99	3,89	4,01	3,89
5. Naturgeschichte	4,11	3,46	3,69	4,20	4,66	3,99	3,40
6. Physikalisch-mathematische Wissenschaften	3,86	3,04	3,17	4,78	3,89	3,71	3,54
7. Philosophie	3,36	4,08	3,95	3,85	3,68	3,71	3,31
8. Angewandte Wissenschaften	4,39	2,92	2,95	3,78	3,54	3,65	3,32
9. Gesellschaftswissenschaften	3,47	3,76	4,50	3,15	3,26	3,61	4,00
10. Philologische Wissenschaften	2,94	4,30	3,36	3,18	2,79	3,31	3,08
5–10 Wissenschaften überhaupt	3,59	3,60	3,60	3,82	3,64	3,66	3,44
11. Gesellschaftliche Tätigkeit	3,65	3,60	4,15	3,19	3,45	3,62	3,44
12. Technische Tätigkeit	4,08	2,68	2,79	3,60	3,08	3,39	3,00
13. Landwirtschaftliche Tätigkeit	3,43	2,90	2,95	3,25	3,61	3,24	3,29
14. Militärwesen	2,56	1,70	2,36	1,89	1,92	2,18	1,78
15. Handels- und Industrietätigkeit	2,35	1,90	2,20	1,95	1,95	2,12	2,24
11–15 Praktische Tätigkeiten	3,21	2,56	2,89	2,78	2,80	2,91	2,75
16. Körperkultur und Sport	3,47	2,98	3,29	3,38	3,53	3,35	3,13
17. Schachspiel	3,04	2,94	3,40	3,41	3,26	3,15	3,28
18. Glücksspiele	1,66	1,58	1,90	1,73	1,76	1,70	2,02
Durchschnittswert für 1–18	3,45	3,27	3,36	3,41	3,33	3,38	3,24
Ausgewählte Spezialrichtung (als Wissenschaft)	4,67	4,76	4,66	4,84	4,68	4,71	4,04
Anzahl der Beobachtungen	117	67	42	40	38	304	228

Wendet man sich den Neigungen im einzelnen zu, so kann man feststellen, daß von den Künsten die weiteste Anerkennung die schöngeistige Literatur, besonders bei den Philologen und Gesellschaftswissenschaftlern findet, während die Musik besonders unter den Mathematikern verbreitet ist. Von den Wissenschaften erfährt die Naturwissenschaft das allgemeinste Interesse, die Philologie dagegen das geringste. Auf dem Gebiet der praktischen Tätigkeiten erhalten die Neigungen zur gesellschaftlichen Tätigkeit die höchste Punktebewertung. Dem Sport sind die Naturwissenschaftler am meisten zugeneigt und die Philologen am wenigsten. Zum Schachspiel zieht es am meisten die Mathematiker und Gesellschaftswissenschaftler, während die Philologen ihm gegenüber mehr als gleichgültig sind. Glücksspielen gegenüber verhalten sich die Gelehrten offensichtlich alle sehr negativ.

Aufmerksamkeit verdient die Tatsache, daß bei den gegenüber den Wissenschaftlern weniger begabten Statistikern auch das Niveau der Neigungen in allen Positionen wesentlich niedriger ist als bei den Wissenschaftlern. Teilt man die Wissenschaftler und Statistiker ihrerseits in Gruppen verschiedener Begabung ein, dann überzeugt man sich davon, daß die genannte Abhängigkeit zwischen dem Niveau der Fähigkeiten und den Neigungen in allen Gruppen vorhanden ist (siehe Tabelle 12).

Tabelle 12. Neigungen bei Personen unterschiedlicher Begabungen (nach Punkten)

Gegenstand der Neigung	Wissenschaftler mit einer allgemeinen Begabung von			Statistiker mit einer allgemeinen Begabung von		
	3,12	3,51	4,07	3,05	3,50	3,99
1	2	3	4	5	6	7
1.–4. Künste	3,82	3,92	4,09	3,78	4,01	4,02
5.–10. Wissenschaften	3,53	3,59	3,71	3,34	3,46	3,70
11.–15. Praktische Tätigkeit	2,78	2,84	3,00	2,66	2,81	2,97
16. Körperkultur und Sport	3,29	3,25	3,34	3,03	3,19	3,32
17. Schach	3,19	3,19	3,14	3,09	3,29	3,77
18. Glücksspiele	1,81	1,58	1,72	2,08	1,96	1,93
Neigungen insgesamt (1–18)	3,25	3,30	3,45	3,14	3,29	3,46
dito (in Relativzahlen)	100	101,5	106,2	100	104,8	110,2
Ausgewählte Spezialrichtung	4,41	4,63	4,83	3,89	4,11	4,33
dito (in Relativzahlen)	100	105,1	109,7	100	105,6	111,5
Anzahl der Fragebogen	54	55	182	122	57	49

Aus der angeführten Tabelle geht hervor, daß sich Begabung und Neigungen in einer außerordentlich engen Wechselbeziehung zueinander befinden. Wodurch das zu erklären ist, bleibt für uns noch eine unklare Frage. Doch jedenfalls ist für uns völlig klar, daß angesichts der festgestellten wechselseitigen Abhängigkeit der Einfluß der Neigungen und Antipathien auf die Entwicklung der Qualifikation der Werktätigen geistiger Arbeit nicht losgelöst vom Niveau der Begabung untersucht werden kann.

Wir haben bereits gesehen, daß die Begabung eine äußerst bescheidene Rolle bei der Herausbildung dieses oder jenes Niveaus der tariflichen Qualifikation spielt. Daraus ist auch die Rolle der Neigungen in dieser Hinsicht abzuleiten.

3. *Die Bedeutung der Volksbildung für die Volkswirtschaft*[1]

Das Vorhaben der Staatlichen Plankommission, den Entwurf eines Zehnjahrplans für die Entwicklung eines Netzes von Schulen des Volkskommissariats für Bildung mit den allgemeinen Perspektiven für die Rekonstruktion unserer Volkswirtschaft im allgemeinen und mit dem Bedarf des Landes zur Reproduktion von qualifizierten Arbeitskräften im besonderen zu verbinden, stellte uns aufs neue, wenn auch auf neue Art, vor das Problem der volkswirtschaftlichen Bedeutung der für uns wichtigsten Faktoren der Qualifizierung der Arbeit.

Methodologische Versuche für das Herangehen an die statistische Analyse dieser Faktoren der Qualifikation der Arbeit wurden von uns bereits mehrfach seit 1918 unternommen. In unseren früheren Arbeiten mußten wir uns jedoch wegen der unzureichenden Menge der in die Untersuchung einbezogenen Beobachtungen auf die elementarsten Gruppierungen des Materials beschränken, und dementsprechend haben wir nur die herausstechendsten Wechselbeziehungen mit der Genauigkeit einer ersten Näherung aufgedeckt.

Indem wir z. B. nacheinander in unterschiedlichen Gruppierungen die Qualifikation mit dem Lebensalter, dem Dienstalter und mit dem Bildungsstand verglichen, wurde völlig offensichtlich, daß zwischen allen diesen genannten Faktoren und der beruflichen Qualifikation des Arbeiters ein außerordentlich enger funktionaler Zusammenhang besteht. Doch den genauen Charakter und den formelmäßigen Ausdruck dieses Zusammenhanges konnten wir nicht bestimmen, weil der Einfluß jedes dieser Faktoren im einzelnen in unseren Gruppierungen durch die verborgenen Einflüsse der anderen Faktoren, die in der jeweiligen Gruppierung außerhalb der Beobachtung bleiben, verkompliziert wurde. Bei der Gruppierung unserer Berufskarten beispielsweise nach dem Merkmal des steigenden Bildungsniveaus, um ein paralleles Anwachsen der tariflichen Qualifikation nachweisen zu können, gingen wir von der Annahme „sonst gleicher Bedingungen" in der Beziehung der zu vergleichenden Gruppen zur von uns untersuchten Qualifikation aus. Aber diese Unterstellung fand bei weitem nicht immer ihre Bestätigung, weil sich die Gruppen von Arbeitern mit unterschiedlicher Bildung gewöhnlich ziemlich merklich auch nach dem Lebensalter wie auch nach dem Dienstalter voneinander unterschieden, ganz zu schweigen von einer Reihe anderer Merkmale, deren Einfluß auf die Qualifikation von uns überhaupt noch nicht untersucht wurde.

Aus diesem Grunde haben wir uns, sobald sich uns die Möglichkeit bot, ein umfassenderes Material für die Untersuchung heranzuziehen, dafür entschieden, zur Methode der Anwendung möglichst detaillierter Kombinationsgruppierungen für die zu untersuchenden Qualifikationsfaktoren überzugehen.

[1] Planovoe chozjajstvo 9 u. 10/1924.

3.1. Physische Arbeit und Schulausbildung

Uns standen etwa 50000 Berufskarten von Leningrader Arbeitern zur Verfügung – das Material einer Neuregistrierung der Mitglieder der Metallarbeitergewerkschaft im Jahre 1919 –, doch für die Bearbeitung des gesamten Materials hatten wir weder die Mittel, noch sahen wir dafür eine besondere Notwendigkeit.

Durch eine Vorabermittlung der Beständigkeit der zu beobachtenden Merkmale kamen wir zu Erkenntnissen über die notwendige Menge an Material, das zur Erreichung einer dem Charakter des Materials nach möglichen und den Untersuchungszielen entsprechenden Genauigkeit der Ergebnisse in die Arbeit einbezogen werden muß. Und als sich erwies, daß für diese Zwecke im Rahmen der ausgewählten Gruppe von Berufen nicht mehr als 2000–3000 Beobachtungen erforderlich sind, wählten wir für die Bearbeitung zunächst ungefähr 2600 der am vollständigsten ausgefüllten Karten von Arbeitern aus, die in den mechanischen Abteilungen an Werkzeugmaschinen arbeiten, d. h. vor allem Dreher, Fräser, Hobler, Bohrer und ähnliche Werkzeugmaschinenarbeiter.

Die Qualifikation wurde auf unseren Karten durch die Tarifgruppen eines 12stufigen Tarifnetzes und dem Tarifsatz bestimmt. Doch weder die Tarifgruppen noch besonders die Tarifsätze erschienen uns in den Jahren 1918–1919 als ein hinreichend aussagekräftiges Maß für die Qualifikation. Man sollte annehmen, daß bei ausreichend freier Konkurrenz auf dem Arbeitsmarkt die Vorkriegsbewertungen der Arbeit unterschiedlicher Qualifikation den Anforderungen an einen solchen Maßstab weit eher entsprachen. Der Vergleich dieser Bewertungen für die verschiedenen Berufe vom Vorabend des Krieges mit den Tarifgruppen dieser Berufe in den Jahren 1918/1919 zeigte jedoch das folgende Ergebnis: Wenn man die Vorkriegsbewertung der Qualifikation, die der ersten Tarifgruppe nach dem Kriege entspricht, gleich 1 setzt, dann erhalten wir für die 9. Tarifgruppe einen 2,6mal höheren Wert, für die 12. Tarifgruppe einen 3,2mal höheren Wert usw. Ausgehend von diesen Verhältnissen, war es nicht schwer, die Tarifgruppen auf eine solche Vorkriegsbewertung umzurechnen, wobei wir die als Maßstab der Qualifikation verwendete Maßeinheit, die der Qualifikation eines Arbeiters der ersten Tarifgruppe entspricht, als „Arbeitseinheit" der Qualifikation oder abgekürzt „Tred" bezeichneten.[2]

Zur Bestimmung der Konstanz jener Merkmale, die untersucht werden sollten, und des wahrscheinlichen Fehlers der Mittelwerte bei unterschiedlicher Anzahl der Beobachtungen, verwandten wir das folgende Verfahren.

Durch eine rein mechanische Aufteilung der Karten – je eine nach links und eine nach rechts – bildeten wir aus den von uns für die Untersuchung ausgewählten 2602 Karten von Werkzeugmaschinenarbeitern zunächst zwei Gruppen von je 1301 Karten; danach wurden von jeder nochmal zwei Gruppen und von diesen wiederum je zwei Gruppen gebildet. Insgesamt erhielten wir 8 Gruppen. Danach wurden für jede Gruppe einzeln das mittlere Lebensalter in Jahren, der Bildungsstand und das Berufsalter (ebenfalls in Jahren) sowie die tarifliche Qualifikation in Tred ausgerechnet. Das Ergebnis ist folgendes (siehe Tabelle 1).

Wie wir sehen, ergeben bereits Gruppen von 325 Arbeitern bei einer rein *mechanischen* Auswahl aus einer Gesamtmasse durchaus konstante Werte über das durchschnittliche Dienstalter im Beruf, über den Bildungsstand, das Lebensalter und über die tarifliche Qualifikation der Gruppe. Die maximale Abweichung vom Mittel übersteigt beim Berufsalter nicht den Wert von 11,3 %, beim Bildungsstand – von 7,5%, beim Lebensalter –

[2] Der Übergang von den Tarifgruppen zu Treds erfolgt nach der Formel $x = 1 + 0{,}2\ (n - 1)$, wobei x die Anzahl der Treds und n die Nummer der Gruppe im 12-Gruppen-Tarif bezeichnet.

Tabelle 1. Konstanz der untersuchten Merkmale

Gruppen von Maschinenarbeitern		Mittlere Größen				Abweichungen (in %) von der mittleren Größe nach			
Nr.	Anzahl der Unter-suchungen	Alter	Bildungs-stand	Berufs-alter	Qualifika-tion (in Tred)	Alter	Bildungs-stand	Berufs-alter	Quali-fikation
		in Jahren							
1	2	3	4	5	6	7	8	9	10
1	326	30,92	2,54	13,80	2,45	−5,2	+6,3	− 7,6	+0,4
2	325	33,17	2,38	16,62	2,42	+1,8	−0,4	+11,3	−0,8
3	325	32,06	2,31	15,14	2,43	−1,7	−3,3	+ 1,4	−0,4
4	325	32,34	2,51	14,39	2,47	−0,8	+5,0	− 3,6	+1,2
5	326	34,11	2,21	15,49	2,49	+4,6	−7,5	+ 3,8	+2,0
6	325	33,45	2,41	15,27	2,50	+2,6	+0,8	+ 2,3	+2,5
7	325	31,75	2,36	14,05	2,32	−2,6	−1,3	− 5,9	−4,9
8	325	32,99	2,42	14,65	2,44	+1,2	+1,3	− 1,9	0,0
1−2	651	32,05	2,46	15,21	2,43	−1,7	+2,9	+ 1,9	−0,4
3−4	650	32,20	2,41	14,76	2,45	−1,2	+0,8	− 1,1	+0,4
5−6	651	33,78	2,31	15,38	2,50	+3,6	−3,3	+ 3,0	+2,5
7−8	650	32,37	2,39	14,35	2,38	−0,7	−0,0	− 3,9	−2,5
1−4	1301	32,12	2,44	14,99	2,44	−1,47	+1,84	+ 0,40	0,0
5−8	1301	33,08	2,35	14,87	2,44	+1,47	−1,84	− 0,40	0,0
1−8	2602	32,60	2,39	14,93	2,44	0,0	0,0	0,0	0,0

von 5,2% und bei der Qualifikation – von 4,9 %. Bei Vergrößerung der Gruppen auf 650 Mann vermindern sich diese Abweichungen merklich, und bei 1300 Beobachtungen gehen sie schon nicht mehr über eine Größe von 1,5 bis 2% hinaus.

Die mittleren Abweichungen für dieselben Gruppen sind natürlich noch geringer. Nimmt man die einfachen arithmetischen Mittel der absoluten Werte dieser Abweichungen, dann erhält man die folgenden Reihen (Tabelle 2):

Tabelle 2. Mittlere Größen der Abweichungen

Nr.	Umfang der Gruppe nach der Anzahl der Beobachtungen	Mittlere Abweichungen (in %) nach			
		Berufsalter	Bildungsstand	Lebensalter	Qualifikation
1	325/6	3,9	3,2	2,6	1,5
2	650/1	2,5	1,8	1,8	1,4
3	1301	0,4	1,8	1,5	0,0

Aus der Wahrscheinlichkeitstheorie ist bekannt, daß sich der mittlere Fehler bei der Ermittlung von Durchschnittswerten aus einer Teilmasse statt aus der Gesamtheit der zu untersuchenden Fakten umgekehrt proportional zur Quadratwurzel aus der Anzahl der Beobachtungen verhält. Unter Benutzung dieser Abhängigkeit und ausgehend von den oben gezeigten Abweichungskoeffizienten für die Gruppen zu je 325 Karten, kann man etwa folgende Genauigkeitsskala der Durchschnittswerte für die von uns untersuchten Merkmale in Abhängigkeit von der Größe der Gruppen aufstellen.

Die Genauigkeit der Beobachtungen ging bei der Ausführung unserer Berufskarten nicht über ein Jahr bezüglich des Lebensalters, 0,5 Jahre bei Berufsalter und Bildungsniveau, eine Tarifgruppe sowie 0,2 Tred bei der Qualifikation nicht hinaus. In Prozenten zu den Mittelwerten für alle 2602 Werkzeugmaschinenarbeiter beträgt diese Genauigkeit nicht mehr als 3% in bezug auf das Lebensalter, 3,3% beim Dienstalter im

Tabelle 3. Koeffizienten der Abweichung

Umfang der Gruppe	Wahrscheinlicher Fehler (in %) nach			
(Anzahl der Karten)	Berufsalter	Bildungsstand	Lebensalter	Qualifikation
10	23,1	18,0	14,8	8,5
20	16,4	12,7	10,5	6,0
50	10,0	8,0	6,7	3,8
100	7,0	5,7	4,7	2,7
200	5,0	4,0	3,3	1,9
500	3,1	2,5	2,1	1,2
1000	2,2	1,8	1,5	0,9
10000	0,7	0,6	0,5	0,3

Beruf, 8% bei der Qualifikation und 20,5 % beim Bildungsstand. Bei den Berechnungen eine wesentlich höhere Genauigkeit erreichen zu wollen, als die Genauigkeit der Primärbeobachtungen selbst hergibt, wäre natürlich ein völlig nutzloser Verbrauch an Kräften. Deshalb sahen wir keinen Grund, für die von uns gestellten Ziele Gruppen von mehr als 300–400 Karten zusammenzustellen. Wie jedoch die Auswertung zeigte, ergaben sich die gesuchten Gesetzmäßigkeiten oft auch bei viel weiter ins einzelne gehenden Gruppierungen des Materials.

Die Hauptgruppierung sollte nach unserem Plan Schwankungen der durchschnittlichen Qualifikation in Abhängigkeit von allen drei untersuchten Faktoren ergeben: dem Lebensalter, den Berufsjahren und der Bildung. Zu diesem Zweck wurde das Material zunächst nach Altersgruppen (8 Gruppen) aufgeteilt, jede Gruppe wurde danach wiederum in Untergruppen nach den Berufsjahren untergliedert (13 Gruppen), schließlich wurden diese Untergruppen in noch kleinere Gruppen entsprechend dem Bildungsstand zerlegt (11 Gruppen), und erst für diese letzteren wurde die durchschnittliche Qualifikation in Tred errechnet. Doch bei einer solch detaillierten Gruppierung entfielen von den uns zur Verfügung stehenden 2602 Karten nicht mehr als 2–3 Karten auf jede Gruppe, so daß wir sogleich gezwungen waren, sie wieder in drei summarische Tabellen zusammenzufassen, wobei in jeder je weitere 2 der zu beobachtenden Faktoren kombiniert wurden, während der Reihe nach ein dritter außerhalb der Beobachtung blieb.

Die ganze recht komplizierte Arbeit zur Kennzeichnung und Berechnung des Materials wurde entsprechend der von mir vorgeschlagenen Methode sehr sorgfältig von Professor B. N. Babynin durchgeführt und zu einem bedeutenden Teil von ihm auch bereits veröffentlicht.[3] Deswegen beschränken wir uns hier nur auf das, was zur Erklärung der Methodologie der Arbeit und ihrer Endergebnisse notwendig ist.

Unsere Aufgabe bestand darin, durch Isolierung den Einfluß eines jeden der zu beob-

[3] Vestnik statistiki, Buch XV, 12/1923, S. 103–123. In der weiteren Ausarbeitung der Grundtabellen geht Professor Babynin eigene Wege, gelangt jedoch zu analogen Schlußfolgerungen wie wir.

achtenden Faktoren auf die Qualifikation im einzelnen zu untersuchen, indem aufeinanderfolgend die jeweiligen anderen Begleitfaktoren ausgeschlossen wurden. Um zu zeigen, welchen Weg wir dazu ausgewählt haben, sei vor allem die folgende kleine Tabelle angeführt (siehe Tabelle 4).

In dieser Tabelle haben wir Werktätige einiger höchster Gruppen nach dem Lebensalter und dem Berufsalter ausgesondert, weil die Kombinationen zwischen hohem Lebensalter und geringer Anzahl von Berufsjahren oder zwischen großer Berufserfahrung und niedrigem Lebensalter sehr selten und deswegen wenig aussagekräftig sind. Doch auch innerhalb der in die Tabelle aufgenommenen Altersgruppen erhielten wir eine ganze Reihe recht kleiner Gruppen. Diese Gruppen mit einer Anzahl von weniger als 10 Beobachtungen sind von uns in Klammern gesetzt worden. Wir haben bereits oben gesehen, daß die theoretische Genauigkeit der Durchschnittswerte, die aus einer solch kleinen Anzahl von Beobachtungen errechnet wurden, unter 15–23% der errechneten Größe liegt. Die Feststellung eines gesetzmäßigen Steigens oder Sinkens der Qualifikationskoeffizienten in den *einzelnen* vertikalen oder horizontalen Zeilen unserer Tabelle in Abhängigkeit vom zunehmenden Lebensalter oder der Berufsjahre wäre nur dann mit Sicherheit begründet, wenn der Unterschied zwischen den benachbarten Koeffizienten diesen Prozentsatz übersteigt.

Das ist jedoch nicht der Fall, weshalb unsere Reihen in einzelnen Zeilen keine völlig bestimmten Gesetzmäßigkeiten wiedergeben. Weit ausgeprägter zeigen sie sich in den Summenzeilen, in denen die Anzahl der Beobachtungen im Mittel auf 140–160 ansteigt und der wahrscheinliche Fehler auf 5–6% abfällt. Hier übersteigt die Differenz zwischen benachbarten Koeffizienten der Qualifikation in allen Fällen diese 5–6%, so daß es keinen vernünftigen Grund gab, die aufgefundenen Gesetzmäßigkeiten dem Einfluß des Zufalls zuzuschreiben. Allgemein kommt die Gesetzmäßigkeit darin zum Ausdruck, daß sich mit der steigenden Berufserfahrung (gemessen in Jahren) auch die Qualifikation erhöht, während sie mit zunehmendem Lebensalter zunächst bis zum 30. bis 34. Jahr steigt und dann, nach Erreichung ihres Maximums, wieder absinkt. Eine Abweichung von dieser Gesetzmäßigkeit beobachten wir nur in einer Gruppe, und zwar in der Gruppe mit einem Berufsalter von weniger als einem Jahr, in der die Qualifikation über dem Niveau der folgenden Gruppe mit größerer Berufserfahrung liegt. Doch ist die Anzahl der Beobachtungen in dieser Gruppe nicht groß und das mittlere Lebensalter höher als in den folgenden Gruppen, möglicherweise waren auch andere *versteckte* Faktoren, z. B. eine hohe Schulbildung, eine völlig ausreichende Erklärung für diese Abweichung, wenn wir alle Faktoren untersuchen könnten.

Um den Einfluß des unterschiedlichen Lebensalters in den verschiedenen, nach der Berufsdauer gebildeten Gruppen auszuschließen, verwenden wir ein Verfahren, das unter dem Terminus „Normalisierung" oder „Standardisierung der Mittelwerte" bekannt ist. Diese Methode wird recht häufig bei der Berechnung der mittleren Sterblichkeit für verschiedene Berufs- oder andere soziale Gruppen angewandt und besteht darin, daß die zu vergleichenden Gruppen auf eine völlig vergleichbare Alterszusammensetzung zurückgeführt werden. In unserem Falle (Tabelle 4) gingen wir von der Annahme aus, daß alle unsere Gruppen, die nach der unterschiedlichen Berufserfahrung gebildet worden waren, entsprechend ihrer Alterszusammensetzung im gleichen Verhältnis in Untergruppen aufgeteilt wurden wie ihre Gesamtheit in Spalte 9, die einem durchschnittlichen Lebensalter von 23 Jahren entspricht. Arithmetisch ergibt sich eine solche „normalisierte Qualifikation" für ein *mittleres Alter* von 23 Jahren durch aufeinanderfolgende Multiplikation der Faktoren für die Qualifikation jeder vertikalen Spalte mit der entsprechenden Anzahl von Beobachtungen in Spalte 9, nachdem die Summe dieser Produkte für

Tabelle 4. Qualifikation in Beziehung zu Lebensalter und Berufsdauer (in Tred)

Altersgruppen (nach Jahren)	Gruppen von Werkzeugmaschinenarbeitern mit Berufserfahrung (in Jahren)							für alle Gruppen			
										Qualifikation	
	0	1	2	3	4	5–6	7–9	Anzahl der Beobachtungen	Berufserfahrung in Jahren	mittlere gewogene	normalisiert bei Berufserfahrung von 4,3 Jahren
1	2	3	4	5	6	7	8	9	10	11	12
13–19	0,94	0,96	1,09	1,37	1,49	1,78	2,26	470	3,2	1,37	1,58
20–24	(1,73)	(1,67)	1,50	1,93	1,97	2,17	2,39	186	5,3	2,16	2,00
25–29	(2,67)	(1,07)	1,71	2,07	2,26	2,33	2,55	142	5,7	2,43	2,18
30–34	(2,10)	(1,40)	2,05	2,14	2,48	2,24	2,42	92	5,3	2,29	2,21
35–39	(2,16)	(1,84)	2,40	(1,93)	1,91	(2,35)	2,45	50	4,3	2,16	2,19
40–44	(1,80)	(2,00)	1,52	(1,80)	1,88	(2,20)	2,18	39	4,0	1,92	1,97
für alle Gruppen											
Anzahl der Beobachtungen	56	73	115	147	160	229	199	979	4,3	–	–
mittleres Alter	22	21	20	21	23	23	26	–	–	–	
mittlere Qualifikation	1,31	1,12	1,22	1,59	1,79	2,08	2,42	–	–	1,81	–
normalisierte Qualifikation beim Alter von 23 Jahren	1,55	1,24	1,43	1,70	1,82	2,02	2,35	–	–	–	–

jede Spalte durch die Gesamtsumme der Beobachtungen nach Spalte 9, d. h. durch 979 geteilt wird.

Ähnlich ist in Spalte 12 die nach dem Lebensalter normalisierte Qualifikation *bei einer mittleren Berufserfahrung* von 4,3 Jahren durch Ausschluß des Einflusses unterschiedlicher Berufserfahrung auf die Qualifikation der untersuchten Altersgruppen ermittelt worden. Unter Benutzung der genannten Methode der Normalisierung in Anwendung auf das gesamte in den Arbeitstabellen zusammengefaßte Material mit in einigen Fällen notwendigen Interpolationen erhalten wir für den Altersfaktor der Qualifikation die folgende Ergebnistabelle (siehe Tabelle 5).

Durch die Aufnahme von Gruppen mit langer Berufserfahrung liegen die mittleren Qualifikationskoeffizienten dieser Tabelle etwas höher als in Tabelle 4. Doch der allgemeine Charakter der Gesetzmäßigkeit hat sich dadurch nicht verändert.

Das Verfahren zur Ermittlung der Koeffizienten, die in den Spalten 3–6 ihren Platz gefunden haben, erfordert keine besondere Erklärung. Die Methode zur Berechnung der *normalisierten* Qualifikation – bezogen auf die gleiche Berufserfahrung oder den gleichen Bildungsstand – in den Spalten 7 und 8 ist oben dargestellt. Doch in Spalte 9 sind wir bereits einen Schritt weiter gegangen. Es handelt sich um den Versuch, durch die Reduzierung auf ein einheitliches Niveau der Berufserfahrung und des Bildungsstandes gleichzeitig zwei Faktoren auszuschließen und somit ein Bild von der Veränderung der Qualifikation unter dem Einfluß allein des Lebensalters zu erhalten. Wie wurde dabei vorgegangen?

Da wir bereits für jede Altersgruppe die Größe (K) festgestellt haben, um die die empirischen Daten der Qualifikation korrigiert werden müssen, um die Qualifikation *bei sonst gleichen Bedingungen* zu erhalten, die einer anderen früher vorgegebenen Größe der Berufserfahrung (K_1) oder des Bildungsstandes (K_2) entspricht, vereinfacht sich diese Aufgabe außerordentlich. Um von der empirischen Berufserfahrung (s) zur gegebenen (11,1 Jahre) zu gelangen – bei sonst gleichen Bedingungen –, genügt es, die empirisch gewonnene Qualifikation K um eine Größe zu korrigieren, die gleich $K_1 - K$ ist. In gleicher Weise genügt es, für den Übergang von Bildungsstand (e) zum vorgegebenen von 2,4 Jahren eine Korrektur um $K_2 - K$ vorzunehmen. Um zugleich von den empirischen Werten für die Berufserfahrung und dem Bildungsstand auf die vorgegebenen Größen übergehen zu können, ist es somit – bei sonst gleichen Bedingungen – ausreichend, wenn der empirischen Größe K die Summe beider Korrekturen hinzugefügt wird, wodurch sich die gesuchte Größe K_3 aus der folgenden Formel ergibt:

$$K_3 = K + (K_1 - K) + (K_2 - K) = K_1 + K_2 - K.$$

Auf diese Weise erhielten wir die Spalte 9. Allerdings wird die oben hervorgehobene Voraussetzung – „unter allen sonst gleichen Bedingungen“ – durch die von uns vorgeschlagene Methode der Normalisierung nicht völlig erreicht. Erstens mußten wir Gruppen wegen zu geringer Anzahl von Karten überhaupt ausscheiden, um diese Methode anwenden zu können, und zweitens haben wir, indem wir die Methode der Gewichtung nach der *mittleren* Anzahl von Beobachtungen für *alle* Gruppen anwandten, den spezifischen Anteil in jeder Zeile und in jedem Glied nicht nur für jene Koeffizienten verändert, die wir bewußt auf einen bestimmten mittleren Standard zurückführen wollten, z. B. auf das durchschnittliche Lebensalter oder mittlere Berufsalter in Tabelle 4, sondern auch jene, die in dieser Tabelle außerhalb unserer Beobachtungen blieben, z. B. der Bildungsstand. Kontrollrechnungen über den Umfang der sich hieraus ergebenden Abweichungen zeigten jedoch, daß diese nicht sehr bedeutend sind. So betrug der mittlere Bildungs-

Tabelle 5. Lebensalter und Qualifikation von Werkzeugmaschinenarbeitern

Altersgruppen (nach Jahren)	Anzahl der Beobachtungen	Empirische Durchschnittswerte				Normalisierte Qualifikation (in Tred) bei			Ausgeglichene Qualifikation	
		Lebensalter (*t*)	Berufserfahrung (*s*)	Bildungsstand (*e*)	Qualifikation (*K*) in Tred	Berufserfahrung 11,1 Jahre (K_1)	Bildungsstand 2,4 Jahre (K_2)	Berufserfahrung 11,1 Jahre Bildungsstand 2,4 Jahre (K_3)	in Tred	in % zum Maximum
		(in Jahren)								
1	2	3	4	5	6	7	8	9	10	11
13–19	470	17	3,2	2,5	1,37	2,22	1,37	2,22	2,22	88,2
20–24	238	22	7,1	2,8	2,27	2,44	2,21	2,38	2,38	94,5
25–29	361	27	10,5	2,8	2,64	2,55	2,58	2,49	2,49	98,8
30–34	390	32	14,4	2,5	2,72	2,53	2,71	2,52	2,52	100,0
35–39	405	37	19,0	2,4	2,80	2,52	2,79	2,51	2,51	99,8
40–44	336	42	21,8	2,1	2,80	2,37	2,83	2,40	2,48	98,5
45–49	222	47	24,8	1,9	2,74	2,37	2,79	2,42	2,42	96,1
50–77	180	55	30,5	1,8	2,73	2,19	2,76	2,22	2,22	88,2
13–77	2602	32,6	14,8	2,39	2,45	–	–	–	–	–

stand in Tabelle 5, wo wir für die Normalisierung die größte Anzahl von Karten aussondern mußten – nämlich 499 von 2602 –, bei einer Anzahl von 2602 Karten –, 2,39 Jahre, während er nach Aussonderung von 499 Karten auf 2,44 stieg; nach einer anderen Gewichtung – nach der *Normalisierung* – sank er wieder auf 2,4 Jahre ab. Derartige Abweichungen brauchen wir bei unserer Genauigkeit des Primärmaterials nicht zu berücksichtigen. In einzelnen Altersgruppen sind die Abweichungen möglicherweise auch stärker fühlbar, doch insgesamt deckt unsere Methode in der ersten Näherung offenbar dennoch, ungeachtet der genannten Defekte, die gesuchten Gesetzmäßigkeiten mit hinreichender Bestimmtheit auf.

Die in Spalte 9 der Tabelle 5 errechnete Koeffizientenreihe stellt bei graphischer Darstellung eine sehr glatte Kurve dar, in der die Altersgruppe von 40–44 Jahren die einzige Ausnahme bildet. Gleicht man diese Reihe nach dem Kurvenverlauf aus, dann erhält man anstelle von 2,4 Tred für die genannte Altersgruppe 2,48 Tred. Diese Korrektur beträgt 3,3% der ermittelten Größe. Theoretisch ergibt sich für diese Gruppe mit 336 Beobachtungen nur eine *mittlere* wahrscheinliche Abweichung von 1,5%. Erinnert man sich jedoch daran, daß die Genauigkeit unserer Primärbeobachtungen für die Qualifikation 8% nicht übersteigt, dann ist die Wahrscheinlichkeit einer zufälligen Abweichung eines einzelnen Gliedes in unserer Reihe um 3,3% nicht übertrieben, und eine geglättete Reihe ist durchaus geeignet, um die gesuchte Gesetzmäßigkeit zu charakterisieren.

Diese Gesetzmäßigkeit besagt, daß man nach Eliminierung des Einflusses der Schulbildung und der Berufsausbildung den Einfluß des Lebensalters auf die Qualifikation oder Qualität der physischen Arbeit durch die folgenden Worte charakterisieren kann: Bis zu 32 Jahren, d. h. bis zur vollständigen Entfaltung der physischen Kräfte des Arbeiters, steigt dessen Qualifikation ständig an, aber danach beginnt mit dem weiter zunehmenden Alter das natürliche Absinken der Kräfte und eine sinkende Marktbewertung der Qualifikation des alternden Arbeiters.

Diese Schlußfolgerung könnte man für äußerst banal halten, weil sie unserer täglichen Erfahrung völlig entspricht, wenn sie nicht ein quantitatives Maß für die zu untersuchende Erscheinung abgäbe. Wir wissen auch ohne statistische Fragebogen vieles über die zerstörenden Kräfte des Alters, doch daß sich das Alter auf unsere Arbeitsfähigkeit schon nach dem 32. Lebensjahr auswirkt, das konnten wir ohne diese Untersuchungen nicht wissen. Noch weniger konnten wir ohnedies wissen, in welchem Tempo diese Arbeitsfähigkeit in den verschiedenen Altersgruppen steigt und sinkt.

Der Einfluß der Berufserfahrung auf die Qualifikation wird von uns nach der gleichen Methode in der folgenden Tabelle aufgezeigt (siehe Tabelle 6).

Wie wir sehen, steigt mit den Berufsjahren die Qualifikation im Unterschied zum Lebensalter während des gesamten Arbeitslebens. Freilich wächst die Qualifikation in den ersten Jahren der Berufstätigkeit schneller als in den darauffolgenden, sie steigt jedoch beständig mit dem Wachstum der Berufserfahrung. Dabei unterscheiden sich die ermittelten Koeffizientenreihen der Qualifikation kaum von den nach einer geglätteten Kurve errechneten, wenn man von den extremen Gliedern dieser Reihe absieht. Doch auch hier übersteigt die Größe der Abweichung die Genauigkeit der Primärbeobachtungen selbst in der Gruppe mit der geringsten Anzahl von Beobachtungen (60 Karten) nicht. Im Durchschnitt geht die Abweichung für alle Punkte beider Reihen nicht einmal über die Größe von 0,8% hinaus.

Im Vergleich zum Lebensalter stellen die Berufsjahre natürlich einen wesentlich aktiveren Faktor der Qualifikation dar. Während sich in Zehnjahresabständen des Lebensalters das mittlere Qualifikationsniveau der entsprechenden Gruppe von Arbeitern um nicht mehr als 12% verändern kann, werden die Schwankungen der Qualifikation in Abhängigkeit von der Berufserfahrung in Hunderten Prozent gemessen. Und selbst in der Periode der raschesten Erhöhung des Qualifikationsniveaus, die zwischen dem 17. und 22. Jahr liegt, steigt diese pro Lebensjahr um ganze 0,04 Tred, während die ersten Jahre der Berufstätigkeit einen jährlichen Zuwachs von nicht weniger als 0,15 Tred erbringen, d. h. sie wächst hier etwa 3- bis 4mal schneller als unter dem Einfluß des Lebensalters.

Die Werte der Spalte 9 in Tabelle 6 sind hier, wie auch in Tabelle 5, nach der folgenden Formel errechnet worden: $K_3 = K_1 + K_2 - K$. Die Koeffizienten, die in den Spalten 7 und 8 in Klammern gesetzt worden sind, wurden aus den entsprechenden Koeffizienten der Spalten 6 erhalten, wobei diesen unmittelbar die Korrekturen für die Differenzen im Lebensalter (29,6 Jahre $- t$) und Bildungsstand (2,4 Jahre $- e$), die wir nach den Tabellen 5 und 7 errechnet haben, angefügt wurden.

Der Einfluß des Bildungsstandes auf die Qualifikation ist von uns auf der Grundlage der Daten aus der gleichen Ausarbeitung in Tabelle 7 dargestellt.

Am schwierigsten war es, den Bildungsstand der Arbeiter genau durch die Anzahl der für die Schulbildung aufgewendeten Jahre auszudrücken. Wir gruppierten das Material nach Typen der durchlaufenen Schule: Zweijahres-Schulen, Dreijahres-Schulen usw. Diejenigen, die die 2jährige Schule nicht beendet hatten, ordneten wir dem Bildungsstand von 1 bis 2 Jahren zu und rechneten hierzu auch alle des Lesens und Schreibens kundigen Arbeiter, die keine Schule besucht hatten. Doch offenbar entspricht die Ausbildung

Tabelle 6. Berufserfahrung und Qualifikation von Werkzeugmaschinenarbeitern

Gruppen nach Berufser-fahrung (nach Jahren)	Anzahl der Beobachtungen	Empirische Mittelwerte				Normalisierte Qualifikation (in Tred) bei			Ausgeglichene Qualifikation	
		Berufserfahrung	Lebensalter	Bildungsstand	Qualifikation	Alter: 29,6 Jahre	Bildungs-stand: 2,4 Jahre	Alter: 29,6 Jahre und Bildungsstand: 2,4 Jahre	in Tred	in % zum Maximum
		in Jahren			(in Tred)					
1	2	3	4	5	6	7	8	9	10	11
0– 1	60	0,5	23,8	2,1	1,40	(1,48)	1,43	1,51	1,37	100
1– 2	76	1,5	21,7	2,4	1,15	1,51	1,17	1,53	1,53	112
2– 3	116	2,5	20,1	2,1	1,22	1,68	1,24	1,70	1,68	123
3– 4	149	3,5	21,5	2,4	1,60	1,87	1,62	1,89	1,82	133
4– 5	160	4,5	23,2	2,3	1,79	1,97	1,77	1,95	1,95	142
5– 7	233	6,0	23,8	2,3	2,08	2,11	2,08	2,11	2,11	154
7–10	206	8,5	26,7	2,8	2,41	2,35	2,36	2,30	2,32	170
10–15	355	12,5	30,7	2,6	2,70	2,62	2,69	2,61	2,62	190
15–20	357	17,5	34,6	2,5	2,84	2,82	2,82	2,80	2,80	204
20–25	391	22,5	39,5	2,3	2,88	2,89	2,89	2,90	2,90	212
25–30	268	27,5	42,5	2,2	2,90	(2,94)	(2,93)	2,97	2,99	218
30–35	137	32,5	46,8	2,3	2,95	(3,07)	(2,97)	3,09	3,08	225
35 und mehr	94	(40)	53,4	2,1	2,91	(3,19)	(2,96)	3,24	3,22	235
0–35 und mehr	2602	14,8	32,6	2,39	2,45	–	–	–	–	–

Tabelle 7. Bildungsstand und Qualifikation von Werkzeugmaschinenarbeitern

Gruppen nach Bildungsstand (in Jahren)	Anzahl der Beobachtungen	Empirische Daten: Bildungsstand in Jahren	Lebensalter	Berufserfahrung	Qualifikation (in Tred)	Normalisierte Qualifikation (in Tred) bei Alter: 32,7 Jahre	Berufserfahrung: 14,8 Jahre	Alter: 32,7 Jahre Berufserfahrung: 14,8 Jahre	Ausgeglichene Qualifikation in Tred	in % Minimum
1	2	3	4	5	6	7	8	9	10	11
0	72	0	43,7	17,3	2,27	1,88	2,23	1,84	1,84	100
1–2	840	1,5	34,4	15,4	2,43	2,39	2,42	2,38	2,38	124
2	531	2	31,3	13,7	2,36	2,39	2,40	2,43	2,37	129
3	632	3	31,8	15,1	2,48	2,47	2,47	2,46	2,52	137
4	317	4	30,1	14,4	2,47	2,58	2,48	2,59	2,63	143
5	146	5	30,0	14,6	2.66	2,67	2,61	2,62	2,73	148
6	44	6	30,3	14,0	2,81	(2,82)	(2,84)	2,85	2,80	152
7–12	20	8	26,8	11,0	2,66	(2,69)	(2,85)	2,88	2,88	157
0–12	2602	2,39	32,6	14,8	2,45	–	–	–	–	–

autodidaktischer Arbeiter einem höheren Bildungsstand als dem nach einem oder $1^1/_2$ Jahren Schulunterricht im Kindesalter. Wenn man jedenfalls den Einfluß des Bildungsstandes auf die Qualifikation nach einer geglätteten Kurve so ausgleichen will, daß die Summe der Abweichungen der empirischen Punkte, die in Spalte 9 bestimmt wurden, von der geglätteten Kurve (Spalte 10) gleich 0 ist, dann muß man die Qualifikation, die dem Bildungsstand von 1–2 Jahren entspricht, merklich senken. Dessenungeachtet übersteigt auch hier das mittlere Ausmaß der Abweichungen der empirisch ermittelten Punkte von der geglätteten Kurve in der absoluten Höhe nicht die Größe von 0,05 Tred oder 2% der von uns errechneten mittleren Qualifikation. Dieser Fehler ist wesentlich geringer als die Abweichung unserer Primärbeobachtungen.

Arbeiter mit einer Schulbildung von 6 bis 7 Jahren und mehr erwiesen sich als eine außerordentlich kleine Gruppe, so daß wir diese Gruppe nicht in die Arbeitstabelle zur Berechnung der normalisierten Qualifikation nach der obengenannten Methode aufnehmen konnten. Aus diesem Grunde wurden die Qualifikationskoeffizienten für diese Gruppe, die in Klammern (in den Spalten 7 und 8) enthalten sind, von uns unmittelbar durch Korrektur zur Spalte 6 nach den Ergebnissen aus den Tabellen 5 und 6 errechnet.

Der schulischen Ausbildung widmen die Arbeiter, wie wir sehen, nur eine sehr geringe Anzahl von Jahren. Doch auch diese 2 bis 3 Jahre steigern deren Qualifikation um Dutzende Prozent. Wenn man sich auf die ausgeglichenen Reihen der wechselseitigen Abhängigkeiten zwischen der Qualifikation (K) und dem Lebensalter (t), der Berufserfahrung (*s*) und der Schulbildung (*e*) stützt, die in den Tabellen 5, 6 und 7 angeführt sind, dann kann man leicht die funktionale Beziehung zwischen ihnen auch durch eine algebraische Formel darstellen. Der bekannte Mathematiker Professor L. K. Lachtin hat auf unsere Bitte hin die folgende, sehr einfache Formel einer quadratischen Gleichung ausgewählt, die hinreichend genau den gesuchten funktionalen Zusammenhang zwischen den genannten Größen wiedergibt:

$$K = 2{,}53648 - 0{,}002719\,(t - 37) - 0{,}0008644\,(t - 37)^2 + 0{,}12471\,(e - 2{,}36) + 0{,}04937\,(s - 11{,}06).$$

Nach dieser Formel hat ein Werktätiger im Alter von 17 Jahren und ohne Berufserfahrung und Schulbildung eine Qualifikationsstufe von 1,43 Tred (3. Tarifgruppe), ein Werktätiger im Alter von 55 Jahren mit Hochschulbildung (13 Jahre) und 32 jähriger Berufserfahrung dagegen in Höhe von 4,58 Tred, was der 24. Tarifgruppe nach dem 35stufigen Tarifsystem bzw. der 13. bis 14. Gruppe nach dem 17stufigen System entspricht. Doch die Formel von Professor Lachtin vereinfacht etwas die Abhängigkeit der Qualifikation von der Berufserfahrung und Schulbildung. Die Bedeutung von *K* wird bei sehr kleinen oder bei den höchsten Werten für die Berufserfahrung und den Bildungsstand merklich überbewertet, und nur bei den mittleren Größen für *K* und *e* wird eine hinreichend genaue Größe von *K* angegeben.

Von besonderem Interesse ist ein Effektivitätsvergleich bei der Erhöhung der Qualifikation zwischen der Schulbildung und der betrieblichen Ausbildung während der Arbeit.

Wie aus den Tabellen 6 und 7 ersichtlich ist, ergibt der Zuwachs an Qualifikation in den ersten Jahren der Berufstätigkeit und der Ausbildung die folgenden Werte (siehe Tabelle 8).

Wenn man nur die Koeffizienten des Endergebnisses betrachtet, muß man schließen, daß ein Jahr Schulbildung etwa das 2,6fache mehr an Qualifikationszuwachs ergibt als ein Jahr Betriebserfahrung. Doch die Durchschnittskoeffizienten sagen hier wenig aus. Wenn man sich nämlich den jährlichen Kennzahlen für den Qualifikationszuwachs zuwendet, dann muß man hinsichtlich der physischen Arbeit folgern, daß allein die ersten drei Schuljahre dem Arbeiter zweifellos mehr bringen, als ihm die gleiche Zeit Betriebsausbildung geben würde. Es wäre jedoch ein großer Fehler, hieraus zu schließen, daß für Werktätige physischer Arbeit der Besuch einer 3jährigen Schule ausreichend wäre. Vor allem wäre das deshalb ein Fehler, weil die schulische und die betriebliche Ausbildung einander nicht ausschließen, sondern sich ergänzen, denn das Arbeitsalter beginnt nach unseren Gesetzen erst mit dem 16. Lebensjahr, während das Schulalter mit dem 7. anfängt. Und folglich ist alles das, was die Schule dem Arbeiter geben kann, für ihn in seiner weiteren Berufstätigkeit ein reiner Gewinn. Man kann die Frage jedoch umfassender stellen.

Für uns kann hier nicht nur der Gewinn des einzelnen Arbeiters, den er aus der Schulbildung auf Kosten des Staates erhält, von Interesse sein, sondern auch die gesamtstaatlichen Interessen im Hinblick auf die billigste und effektivste Ausbildung der qualifizierten Arbeit. Dem einzelnen Arbeiter mag die Schulbildung in beliebigen Dosen äußerst wünschenswert und nützlich sein, weil er sie kostenlos erhält; doch fragt sich, ob der Staat, der die Ausgaben für diese Bildung trägt,. bei jeglicher Dosierung diese Ausbildung in eine entsprechende Steigerung der Produktivität der Volkswirtschaft umsetzen kann oder nicht, und wenn nicht, welcher Grad der Schulbildung und welche Aufwendungen für die Schule pro Arbeiter stellen dann unter diesem Gesichtspunkt die vorteilhafteste Verwendung des Nationaleinkommens im Interesse seines weiteren Wachstums dar?

Tabelle 8. Mittlerer Qualifikationszuwachs (in Tred)

Jahre	Für ein Jahr der Berufserfahrung	Für ein Jahr des Bildungsstandes
1.	0,16	0,30
2.	0,15	0,23
3.	0,14	0,15
4.	0,13	0,11
5. – 7.	0,11	0,08
7. – 9.	0,08	0,04
0 – 9	0,12	0,12
10 – 19	0,04	–
20 – 29	0,02	–
30 – 40	0,018	–
0 – 40	0,46	0,12

Dieses rein wirtschaftliche Herangehen an das Problem der Volksbildung schließt natürlich nicht die politische und jede andere Wertung ihrer Bedeutung aus. Wenn man uns z. B. beweisen wollte, daß es wirtschaftlich „vorteilhafter" wäre, nicht einen Groschen für die Bildung der Arbeiter auszugeben, sondern ihre Arbeit schon vom 8. Lebensjahr an in den Fabriken und Betrieben auszubeuten, wie das in der „guten alten Zeit" der Fall war, dann wüßten wir unter allen Aspekten zu werten, *für wen eben* das „am vorteilhaftesten" wäre, und wir würden uns kaum von derartigen Vorteilen verleiten lassen. Doch die *wirtschaftliche* Seite der Volksbildung unberücksichtigt zu lassen, haben wir um so weniger Grund, als von dieser Seite dem Proletariat durchaus nicht irgendwelche rückständigen Bestrebungen drohen.

Für die rationelle Lösung der Aufgabe, die optimale Dauer der Schulbildung der Arbeiter festzustellen, ist es erforderlich zu bestimmen, was dem Arbeiter und dem Staat jedes zusätzliche Ausbildungsjahr bringt und was es der Arbeiterfamilie und dem Staat insgesamt kostet.

Der Vorteil, der jedem weiteren Jahr Schulbildung entspricht, ist von uns – ausgedrückt in einem entsprechenden Qualifikationszuwachs – in Tabelle 9 errechnet worden.

Wir gehen hier von der Annahme aus, daß die Schulzeit mit dem 16. Lebensjahr abschließt. Mit diesem Alter beginnt der Arbeiter auch seine Berufstätigkeit. Die mittlere Dauer der Arbeitsfähigkeit eines solchen Arbeiters, der das 16. Lebensjahr erreicht hat, wurde von uns nach den Tabellen der Sterblichkeit und der Invalidität von Maleševskij mit 37 Jahren bestimmt. Unter Benutzung der Tabellen 5 bis 7 zur Bestimmung des mittleren Qualifikationszuwachses für jedes Lebensjahr, für jedes Berufsjahr und für jedes Bildungsjahr sowie nach der Bewertung der Qualifikation eines Arbeiters mit einem Arbeitsleben von 26,5 Jahren, einem Lebensalter von 42 Jahren und einer Schulbildung von 2 Jahren in Übereinstimmung mit Tabelle 6 in Höhe von 2,86 Tred, wobei wir die Daten der Tabelle insgesamt nur um eine Größe von 0,04 Tred korrigieren mußten, erhielten wir ohne Mühe auch alle übrigen Koeffizienten der Tabelle 9. Was sagen diese aus?

Die durchschnittliche Qualifikation eines Arbeiters ohne Schulbildung wurde für das ganze Arbeitsleben mit 2 Tred bewertet, was der 6. Tarifgruppe nach dem alten System oder einem Tarifkoeffizienten von 2,0 entspricht. Nach den Allgemeinen Kollektiv-Ver-

Tabelle 9. Entwicklung der Qualifikation von Werkzeugmaschinenarbeitern (1919)

Alter	Berufserfahrung	Qualifikations-zuwachs	Qualifikation (in Tred) bei einem Bildungsstand von (in Jahren)							
in Jahren			0	1	2	3	4	5	6	8
1	2	3	4	5	6	7	8	9	10	11
16	0,5	–	0,43	0,73	0,96	1,11	1,22	1,31	1,38	1,46
17	1,5	0,20	0,63	0,93	1,16	1,31	1,42	1,51	1,58	1,66
18	2,5	0,19	0,82	1,12	1,35	1,50	1,61	1,70	1,77	1,85
19	3,5	0,17	0,99	1,29	1,52	1,67	1,78	1,87	1,94	2,02
20	4,5	0,16	1,15	1,45	1,68	1,83	1,94	2,03	2,10	2,18
21	5,5	0,15	1,30	1,60	1,83	1,98	2,09	2,18	2,25	2,33
22	6,5	0,14	1,44	1,74	1,97	2,12	2,23	2,32	2,39	2,47
27	11,5	0,50	1,94	2,24	2,47	2,62	2,73	2,82	2,89	2,97
32	16,5	0,23	2,17	2,47	2,70	2,85	2,96	3,05	3,12	3,20
37	21,5	0,10	2,27	2,57	2,80	2,95	3,06	3,15	3,22	3,30
42	26,5	0,06	2,33	2,63	2,86	3,01	3,12	3,21	3,28	3,36
47	31,5	0,03	2,36	2,66	2,89	3,04	3,15	3,24	3,31	3,39
52	36,5	0,01	2,35	2,65	2,88	3,03	3,14	3,23	3,30	3,38
16–53	18,5	–	2,0	2,30	2,53	2,68	2,79	2,88	2,95	3,03
Veränderungen (in %)		–	100	115	126,5	134	139,5	144	147,5	151,5
Qualifikationszuwachs		–	–	0,30	0,23	0,15	0,11	0,09	0,07	0,08

trägen für April bis Juni 1924 betrug der Lohn in der ersten Tarifgruppe für die russischen Fabrikarbeiter im Durchschnitt 11,75 Rubel-Tscherwonez im Monat, was einen Betrag bis zu 141 Rubel-Tscherwonez im Jahr ergibt. Nach dieser Bewertung würde unser ungebildeter Hilfsarbeiter ohne Schulbildung im Verlaufe seines ganzen Lebens (37 Jahre) einen Lohn in Höhe von $37 \times 2 \times 141 = 10434$ Rubeln erhalten, während ein Arbeiter mit einer einjährigen Schulbildung 15% oder 1565 Rubel mehr bekäme. Auf dieser Grundlage sollte das erste Schuljahr vom Standpunkt des Einkommensbudgets einer Arbeiterfamilie hier bewertet werden. Das zweite Schuljahr ergibt schon weniger, nämlich insgesamt 1200 Rubel, das dritte Jahr – 782 Rubel, das vierte – 574 Rubel, das fünfte – 470 Rubel, das sechste – 365 Rubel und das siebente und achte noch weniger, insgesamt 208 Rubel.

Solcherart ist die einkommensmäßige Bedeutung der Schulbildung für das Einkommen des Arbeiters. Doch im Wirtschaftshaushalt des Landes ist sie unvergleichlich höher. Der Umstand ist der, daß der Arbeiter nicht nur seinen Lohn durch das Produkt seiner Arbeit vollständig deckt, sondern darüber hinaus ein Produkt für die Gesellschaft schafft. Das Mehrprodukt, das mit steigender Arbeitsproduktivität und der zunehmenden Qualifikation des Arbeiters wächst, betrug nach bescheidensten Berechnungen in der vorrevolutionären Zeit mindestens 100% vom Arbeitslohn.[4] Daraus folgt, daß sich für den Haushalt des Landes die einkommensmäßige Bedeutung der Schule etwa verdoppelt.

Betrachten wir nunmehr, was uns jedes Jahr Schulbildung kostet. Nach den Daten der Staatlichen Plankommission ergibt sich der jährliche Unterhalt für einen Schulkomplex der Grundschule mit 40 Schülern bei uns in Rußland aus der folgenden Berechnung:

Tabelle 10. Ausgaben für den Schulunterricht

Ausgabenart	im Jahre 1913		für 1924/25*	
	Vorkriegs-Rubel	Prozent	Rubel-Tscherwonez	Prozent
1. Laufende Wirtschaftsausgaben	263,60	31,7	199,00	24,9
2. Lehrausgaben	115,00	13,8	147,00	18,4
3. Schreibwaren	33,70	4,0	54,20	6,8
4. Bezahlung der Lehrkräfte	420,00	50,5	399,60	49,9
Summe	832,30	100	799,80	100

* Unter Berücksichtigung der beabsichtigten Erhöhung der Entlohnung für Lehrer auf 30 Rubel im Monat.

[4] Über das Verhältnis zwischen dem Arbeitslohn und der Produktion eines Arbeiters kann man nach den unten angeführten Daten über die Produktion der russischen Großindustrie für 1913 urteilen. Die gesamte Bruttoproduktion der Großindustrie Rußlands in den Grenzen der Sowjetunion bis 1939 belief sich auf die Summe von 5621 Millionen Rubel. Wenn man hiervon den Wert der Roh- und Brennstoffe (2963,5 Millionen Rubel), den Aufwand für die Instandhaltung der Anlagen und Bauten (281,0 Millionen Rubel), die Amortisationen (250,9 Millionen Rubel) und die Versicherungen (168,6 Millionen Rubel) abzieht, dann ergibt der Rest eine Nettoproduktion in Höhe von 1957 Millionen Rubel. Der Arbeitslohn der Arbeiter und Angestellten einschließlich aller Ausgaben, die mit dem Unterhalt von Arbeitern (62,8 Millionen Rubel)

Auf einen Schüler berechnet, kostet das nicht mehr als 20–25 Rubel pro Jahr.

Die tatsächlichen Aufwendungen sind in den letzten Jahren, besonders wenn man die sinkende Kaufkraft des Goldes nach dem Kriege berücksichtigt, unvergleichlich niedriger als die Vorkriegsnorm. Wir haben aber hier die Kalkulationsgröße auf 800 Rubel erhöht, weil wir die gegenwärtig beabsichtigte Erhöhung der Monatsgehälter für die Lehrertätigkeit auf 30 Rubel ins Auge fassen, während im abgelaufenen Unterrichtsjahr 1922/23 der Lehrer auf dem Lande bei uns im Durchschnitt nicht mehr als 15 Rubel-Tscherwonez im Monat verdient hat, d. h. knapp 50% der vorgesehenen Norm.

Man muß jedoch die außerordentlich ungleichmäßige Verteilung in der Zusammensetzung der verschiedenen Klassen berücksichtigen. Wir führen deshalb zusätzlich zu den obengenannten Angaben noch die folgenden, detaillierten Berechnungen an, die auf faktische Daten aus der statistischen Abrechnung gegründet sind.

Faktisch kommen in unserer Grundschule nach den Ergebnissen der Schulzählung von 1920[5] auf einen Lehrer im Mittel nicht mehr als 35 Schüler. Doch in Abhängigkeit von der unterschiedlichen Größe der jüngeren und der älteren Altersgruppen in der Schule wurden die Lehrer in diesen Gruppen höchst unterschiedlich eingesetzt. Vor allem ist der Prozentsatz der Sitzenbleiber in den jüngeren Gruppen höher als in den älteren, deshalb werden für das Durchlaufen des ersten Schuljahres auf je tausend Schüler etwa 1190 Schuljahre aufgewendet, das sind 19% mehr, als die Norm vorsieht; für die gesamte Schulausbildung der ersten Stufe werden bei uns statt 5000 Jahren je tausend Abgänger 5320 Schuljahre aufgewendet, das liegt insgesamt um 6,4% über der Norm. Wir sind der Meinung, daß sich der Aufwand an Unterrichtszeit nicht mit der abnehmenden Klassenfrequenz in den höheren Schulklassen vermindert. Doch berechnet je Schüler, wächst er damit dagegen beständig umgekehrt proportional zur Klassenfrequenz. Und während für die Ausbildung von je tausend Schülern in der untersten Gruppe insgesamt 16 Jahre Lehrerarbeit *erforderlich* sind, sind für je tausend Schüler in der 5. Gruppe mindestens 44,5 Jahre dieser Arbeit aufzuwenden, d. h. das 2,8fache davon. 4jährige und 5jährige Ausbildungen waren 1920 bei uns bei weitem noch nicht in allen Grundschulen üblich, so daß die Zahl der Schüler, die im Durchschnitt auf eine Schule und eine Klasse entfallen, in bezug auf die älteren Gruppen nicht identisch ist. Doch berechnet auf eine Klasse, ist die Anzahl der Schüler in der 5. Gruppe im Durchschnitt 2,8mal kleiner als in der ersten.

Die durchschnittliche Anzahl von Unterrichtstagen betrug in der Grundschule – nach den Ergebnissen der Erhebung – insgesamt 142 Tage im Jahr, während sich die mittlere Anzahl der Unterrichtsstunden eines Grundschullehrers in der Woche auf 27 und pro Tag auf 4,5 Stunden belief. Auf dieser Grundlage ist es leicht, die Gesamtsumme des Zeitaufwandes für den Unterricht sowohl von seiten der Schüler als auch bezüglich der Unterrichtsarbeit zu bestimmen. Das allgemeine Ergebnis ergab, daß im Durchschnitt für die Absolvierung einer 5jährigen Schulausbildung in der ersten Stufe pro Schüler 5,32 Schuljahre oder 755 Unterrichtstage benötigt werden, wobei für seine Betreuung 0,18 Jahre oder 26 Schultage oder 116 Schulstunden an Lehrerarbeit aufgewendet werden.

und Prämiierung von Angestellten (43,5 Millionen Rubel) zusammenhängen, erreichte 982,7 Millionen Rubel, d. h. knapp 50% der Nettoproduktion. Der Arbeiter produzierte somit vor der Revolution etwa das Doppelte dessen, was er an Arbeitslohn erhielt.

5 Veröffentlichungen der Zentralverwaltung für Statistik, Band XII, Ausgabe II, Moskau 1924. Damals zählten zur ersten Stufe die ersten fünf Schuljahre, während heute bekanntlich das 5. Jahr zum Programm der zweiten Sufe gehört.

Tabelle 11. Ungefähre Kosten des Unterrichts im Jahre 1924*

Schultyp und Schuljahr	Anzahl der Schüler		auf 1000 Schüler							
	auf 1000 Schüler der 1. Gruppe	auf je 1		Arbeit der Schüler		Anzahl der Pädagogen	Arbeit der Pädagogen			in 1000 Rubel
		Schule	Klasse (Studienjahr)	in Schuljahren	in 1000 Unterrichtstagen		in Schuljahren	in 1000 Unterrichts-		
								tagen	stunden	
1	2	3	4	5	6	7	8	9	10	11
1. Stufe (1920)	1000	36	36	1190	169	16,0	19,1	2,71	12,2	8,9
1. Jahr	611	22	22	1143	162	26,3	30,1	4,27	19,2	14,0
2. Jahr										
3. Jahr	412	15	15	1083	154	38,6	41,8	5,95	26,8	19,5
4. Jahr	225	8	(14)	1070	152	41,3	44,2	6,27	28,2	20,6
1.–4. Jahr	2248	81	–	4280	608	–	135,3	19,20	86,4	63,0
5. Jahr	101	4	(13)	1064	151	44,5	47,3	6,72	30,3	22,0
Summe 1.–5. Jahr	2349	85	–	5320	755	28,9	182,5	25,92	116,7	85,0
2. Stufe (1920)										
6. Jahr	58,2	45	45	1050	160	38,5	40,4	6,14	23,5	21,1
7. Jahr	41,4	32	32	1050	160	55,0	57,7	8,77	33,5	30,1
8. Jahr	28,4	22	22	1050	160	81,0	85,1	12,90	49,5	44,4
9. Jahr	20,6	16	(14)	1050	160	118,3	124,2	18,90	72,5	64,8
Summe für										
für 6.–9. Jahr	148,6	115	–	4200	640	61,6	307,4	46,71	179,0	160,4
für 5.–9. Jahr	249,6	–	–	5264	791	–	354,7	53,43	209,3	182,4
für 1.–9. Jahr	2497,6	–	–	9520	1395	–	489,9	72,63	295,7	245,4
Hochschulen (1923/24)										
I (10.) Jahr	10,6	277	277	1050	170	56,5	59,4	9,63	14,9	62,0
II (11.) Jahr	9,0	235	235	1050	170	66,6	70,0	11,33	17,6	73,0
III (12.) Jahr	5,9	154	154	1050	170	101,6	106,7	17,3	26,8	111,2

IV (13.) Jahr	2,5	65	(1000)	1050	170	156,3	164,0	26,6	41,2	171,0
V–VI (14.) Jahr	1,6	26	(65)	1050	170	241,0	253,0	41,0	63,5	264,0
I–V Jahr	29,0	757	–	5250	850	93,0	653,1	105,9	164,0	681,2
1.–14. Jahr	2526,6	–	–	14770	2245	–	1143,0	178,5	459,7	926,6

*Berechnet nach den Daten der Zentralverwaltung für Statistik und des Volkskommissariats für Bildung. Das Schuljahr für die erste Stufe ist mit 142 Tagen, für die zweite mit 152 Tagen, für Hochschulen mit 162 Tagen angenommen worden; die Zahl der Unterrichtsstunden eines Lehrers pro Woche ist für die erste Stufe mit 27, für die zweite mit 23 und für Hochschulen mit 9,3 Stunden gesetzt worden. Der Tarifkoeffizient für Pädagogen der ersten Stufe wurde berechnet auf 3,3, für die zweite Stufe auf 3,7 und für Hochschulen auf 7,4. Ausgehend von dem Lohn eines Arbeiters der ersten Tarifgruppe in Höhe von 11,75 Rubel-Tscherwonez ergibt das entsprechend für Lehrer der ersten Stufe 38,8 Rubel, der zweiten Stufe 43,5 Rubel und für die Professur 87 Rubel im Monat. Der Koeffizient der Sitzenbleiber ist für die erste Stufe nach Massenerhebungen (in 8 Gouvernements) berechnet worden; unter denen, die die Zwei-Klassen-Schule abschließen, ist ihr Anteil niedriger als unter denen, die vorzeitig ausscheiden, deshalb sind die Summen der Spalten 5 und 6 für die 1. Stufe kleiner als die Additionssumme ergeben würde; für die Mittelschulen und Hochschulen wurde wegen des Fehlens statistischer Angaben die Anzahl der vorzeitigen Abgänger für alle Jahre mit 5 % angenommen. Nebenamtliche Pädagogen konnten nicht berücksichtigt werden, weshalb die Anzahl in Spalte 7 etwas überhöht ist.

Die Qualifikation der Arbeit der Lehrer in den Schulen der ersten Stufe wurde nach den Daten aus derselben Erhebung für Lehrer bestimmt:

	männl.	weibl.	für beide Geschlechter
1. Durchschnittliches Alter (in Jahren)	31,5	27,3	28,3
2. Durchschnittliche Dauer der pädagogischen Tätigkeit (in Jahren)	8,0	6,7	7,0
3. Mittlerer Bildungsstand (in Jahren)	6,9	8,0	7,8

Ausgehend von einer normalen Bewertung der Büroarbeit entsprechender Qualität auf der Grundlage der gegebenen Koeffizienten, die bei uns gelten (siehe weiter unten die Tabellen 14, 16 und 17), wird der durchschnittliche Tarifkoeffizient eines Lehrers der ersten Stufe mit 3,3 im Verhältnis zur Bewertung der einfachen Arbeit in der ersten Tarifgruppe bestimmt. Folglich sind – in Umrechnung auf die einfache Arbeit – für die Absolvierung einer 5jährigen Schulausbildung in der ersten Stufe etwa $0{,}18 \times 3{,}3 = 0{,}59$ Jahreseinheiten Lehrerarbeit erforderlich. Wenn man eine solche Einheit auf der Grundlage der gegebenen Tarifnormen für physische Arbeit mit 141 Rubel-Tscherwonez bewertet und berücksichtigt, daß die Arbeit der Lehrer nur 50% des Gesamtaufwandes für den Unterricht in der Grundschule ausmacht, dann ergibt sich, daß die Schulausbildung in der ersten Stufe mit einer durchschnittlichen Schulzeit von 5,32 Jahren $0{,}59 \times 141 \times 2 =$ 166 Rubel-Tscherwonez kosten würde, was je Schuljahr einen Betrag von etwa 31 Rubel ergibt.

Bei der heutigen Norm für die Entlohnung der Tätigkeit von Lehrern ist diese Zahl ohne Zweifel stark überhöht, denn sie unterstellt kein durchschnittliches Monatsgehalt für den Lehrer in Höhe von 30, sondern von 38,8 Rubel-Tscherwonez. Aber selbst wenn wir von diesen überhöhten Normen ausgehen, erhalten wir die folgende Nutzen- und Aufwandsrelation in Abhängigkeit von jedem Jahr Grundschulbildung (in Rubel-Tscherwonez).

Wie wir sehen, übertrifft der Nutzen aus der

Schuljahre	Aufwendungen	Nutzen	Bilanz
1.	17,80	1565	+1547,20
2.	28,00	1200	+1172,00
3.	39,00	782	+ 743,00
4.	41,20	574	+ 532,80
5.	44,00	470	+ 426,00
1.–5.	170,00	4592	+4421,00
für das 1. bis 4. Jahr	126,00	4121	+3995,00

Steigerung der Arbeitsproduktivität die entsprechenden Aufwendungen des Staates für die Schulbildung um das 27,6fache. Dabei sind die staatlichen Investitionen bereits nach $1^1/_2$ Jahren mit reichlich Überschuß zurückgeflossen, und im Verlaufe der folgenden 35,5 Jahre erzielt der Staat ein jährliches Reineinkommen auf dieses „Kapital“ ohne jeglichen Aufwand.

Eine rentablere Anlage des „Kapitals“ ist kaum denkbar, selbst in einem Lande mit solch unbegrenzten Möglichkeiten wie in unserem Sowjetrußland.

Und dabei haben wir noch gar nicht jene Vorteile berücksichtigt, die der Arbeiter gleichzeitig dadurch erhält, daß sich sein Lohn erhöht.

Im Jahre 1924 wurde in der Staatlichen Plankommission die Ausarbeitung eines Planes zur Entwicklung des Schulnetzes abgeschlossen, das für die Realisierung der allgemeinen Schulpflicht erforderlich ist. Nach diesem recht bescheidenen Plan sind wir erst am Ende des Jahrzehnts vom Beginn der Reform an in die Lage versetzt, der gesamten Bevölkerung im Kindesalter von 8 bis 12 Jahren eine Ausbildung in der Grundschule zu sichern, und das auch nur, weil im nächsten Jahrzehnt infolge der geburtenarmen Kriegsjahrgänge ein merkliches Anwachsen dieses Bevölkerungsteils nicht zu erwarten ist. Die Grundschulbildung für nur 4 Kinderjahrgänge zu gewährleisten, das ist weiß Gott keine besondere Errungenschaft. Und dennoch erfordert diese außerordentlich notwendige Reform Aufwendungen von solch großen Ausmaßen von uns, daß es uns sehr schwer fällt, schon heute mit ihrer Verwirklichung zu beginnen.

Dabei braucht man nur die Höhe dieser Aufwendungen dem positiven ökonomischen Effekt gegenüberzustellen, der durch die Steigerung der Produktivkräfte des Landes erreicht wird, um ermessen zu können, welche Verluste jedes Jahr der Verzögerung dieser Reform für uns bedeutet.

Weiter unten bringen wir eine Tabelle, die eine solche Gegenüberstellung enthält. Die Berechnung beschränkt sich insgesamt nur auf das Territorium der RSFSR (ohne Mittelasien, den Fernen Osten und ohne die Autonomen Republiken), das nur 73% der Schüler aus der gesamten schulpflichtigen Bevölkerung der UdSSR umfaßt. Im Gesamtbetrag der Aufwendungen sind die Ausgaben für die Instandhaltung und Ausstattung der Schulen sowie für die Ausbildung der notwendigen Lehrkräfte vollständig enthalten, während der Investitionsaufwand für den Aufbau neuer Schulen im Betrag von 257 Mill. Rubel bei einem Gesamtvolumen in Höhe von 1037 Mill. aufgenommen wurde, weil der Aufbau des größeren Teiles davon von der Staatlichen Plankommission auf das zweite Jahrzehnt verschoben wurde, wobei damit gerechnet wird, fertige Gebäude zu mieten. Bei der Ermittlung des wirtschaftlichen Effekts für diesen Aufwand sind die folgenden Umstände berücksichtigt worden. Das Durchschnittsalter der Kinder zum Zeitpunkt des Schuleintritts in die Schule der ersten Stufe liegt nach den uns vorliegenden Ergebnissen nicht unter 9 Jahren, für den Durchlauf einer 4jährigen Schulausbildung werden ungefähr 4,3 Jahre benötigt, so daß das Alter der Schulabgänger folglich etwa 13,3 Jahre beträgt; bis zum Eintritt in den Arbeitsprozeß müssen sie noch etwa 3 Jahre warten. Aus diesem Grund wird sich der positive Effekt der Ausbildung nicht eher als 4 Jahre nach Beginn der Reform bemerkbar zu machen beginnen. Diejenigen, die nach 3jähriger Ausbildung die Grundschule beenden, gehen ein Jahr später zur Arbeit, die mit einer 2jährigen Ausbildung 2 Jahre später usw.

Unter Berücksichtigung dieser Reihenfolge beim Eintritt in das Arbeitsleben und der tatsächlichen Verteilungsverhältnisse zwischen den Personen, die aus den verschiedenen Klassen der Grundschule abgehen, sowie ihrer relativen Qualifikation haben wir berechnet, daß im Durchschnitt je Schüler die Summe des Gesamtzuwachses der tariflichen Bewertung ihrer Qualifikation für die 37 Jahre ihrer sich anschließenden Arbeitstätigkeit insgesamt bis zu 1220 Rubel beträgt. Das ergibt pro Jahr etwa 33 Rubel; doch nach der Ordnung, wie die Arbeitsaufnahme erfolgt, erbringen die ersten Jahre nach Abschluß des betreffenden Schuljahres überhaupt noch kein Ergebnis, im 4. Jahr werden erst 34% davon realisiert, im fünften dann 58%, im sechsten 78%, und erst im siebenten Jahr nach Beendigung der Schule werden die gesamten 100% des erwarteten Effektes erzielt. Mit der Einführung des obligatorischen Besuchs der Grundschule sinkt der Anteil der Personen, die aus den unteren Klassen abgehen, so daß sich der allgemeine Effekt der Grundschule erhöht, doch diesen Umstand beziehen wir vorläufig nicht in unsere Berechnungen ein. Im Ergebnis erhalten wir das folgende Bild (siehe Tabelle 12).

Die Aufwendungen für die Durchführung der Reform betragen während des Jahrzehnts mehr als 1600 Mill. Rubel. Das ist natürlich eine gewaltige Zahl. Doch der Effekt dieses Aufwandes, der die Produktivität der lebendigen Arbeitskraft des Landes steigert, muß für den gleichen Zeitraum auf mindestens 69 Milliarden Rubel veranschlagt werden, was das 43fache ist. Dabei werden die Investitionen bereits zum Ende des ersten Jahrzehnts mit Überschuß durch die entsprechende Steigerung des Nationaleinkommens zurückgeflossen sein, und die jährliche Rentabilität des Aufwandes wird in den darauffolgenden drei Jahrzehnten mehr als 125% betragen. Die finanzielle Belastung durch die Reform verspürt das Land nur in den ersten 5 bis 6 Jahren ihrer Verwirklichung.

In dieser annähernden Berechnung haben wir unterstellt, daß die Durchschnittsgrößen für die Qualifikationssteigerung im Ergebnis der Grundschulausbildung, die wir für Fabrikarbeiter, speziell für Werkzeugmaschinenarbeiter berechnet haben, auf alle Arten der physischen Arbeit angewendet werden können. In dieser Unterstellung liegt absolut nichts Unglaubwürdiges. Wenn man jedoch davon ausgeht, daß die übergroße Mehrheit unserer Bevölkerung in der Landwirtschaft tätig ist, die vorerst noch mit archaischen Methoden und Arbeitsmitteln arbeitet, darf man annehmen, daß eine entsprechende Erhöhung ihrer Schulbildung einen noch höheren positiven Effekt als in der maschinellen Industrie ergeben würde, weil sie nicht nur einen Anstoß zur Erhöhung der persönlichen Eignung der Werktätigen selbst bedeuten, sondern auch für eine außerordentlich radikale Rationalisierung der überaus primitiven Bedingungen ihrer Wirtschaft.

Die Schule der zweiten Stufe kommt uns ohne Zweifel bereits wesentlich teurer zu stehen. Hier wird etwa das Doppelte an Lehrerleistungen aufgewendet, die zudem noch qualifizierter sind.

Senkt man den Prozentsatz der Schüler, die die Schulen der zweiten Stufe nicht schaffen, auf 5%[6], dann kann man aus Tabelle 11 ersehen, daß für die Beendung einer solchen Schule in 4,2 Jahren insgesamt 0,307 Jahre oder 46,7 Unterrichtstage oder 179 Unter-

[6] Für die Schulen der ersten Stufe betrug der Anteil der Sitzenbleiber in den Landschulen von 8 Gouvernements im Durchschnitt 16% der Gesamtzahl von Eingeschulten.

Tabelle 12. Effektivität der allgemeinen Ausbildung (nach dem Zehnjahresplan der Reform in der RSFSR – ohne Mittelasien, das Fernostgebiet und die Autonomen Republiken)

Jahr der Reform	Anzahl der Kinder zwischen 8 und 11 Jahren (in Mill.)	Anzahl der			Aufwendungen der Republik aus der Reform für				Wirtschaftlicher Effekt dieses	
		Schulkomplexe	Schüler	Lehrer	Unterhaltung der Schulen	Bau von Schulen	Ausbildung von Lehrern	insgesamt	Aufwandes insgesamt in 37 Jahren (in Mill. Rubel)	für das betreffende Jahr (in Mill. Rubel)
		in 1000 Rubel			in Mill. Rubel					
1	2	3	4	5	6	7	8	9	10	11
1.	8,24	101,2	4048	108,3	81,7	9,1	14,0	104,8	4940	–
2.	7,33	105,9	4236	113,1	86,2	20,2	15,1	121,5	5165	–
3.	6,46	113,1	4542	120,2	92,0	21,0	16,3	129,3	5540	–
4.	6,14	122,6	4904	129,8	102,4	20,0	18,0	140,4	5980	–
5.	5,75	133,5	5340	141,7	112,7	20,0	19,1	151,8	6520	45,6
6.	5,75	138,5	5540	146,7	114,6	22,0	18,9	155,5	6760	125,4
7.	6,13	148,5	5940	156,7	124,0	25,0	19,5	168,5	7250	236,6
8.	6,63	163,5	6540	171,7	136,6	30,0	20,0	186,6	7980	385,2
9.	7,33	183,6	7344	191,7	155,1	40,0	20,6	215,7	8960	544,8
10.	8,23	208,7	8348	216,2	176,8	50,0	21,3	248,1	10170	714,4
1.–10.	–	–	–	–	1182,1	257,3	182,8	1622,2	69265	2052,0

richtsstunden an Lehrerarbeit aufgewandt werden müssen. Das Qualifikationsniveau dieser Arbeit wird nach der Erhebung durch die folgenden Daten über die Lehrer gekennzeichnet[7]:

	männlich	weiblich	männlich und weiblich
1. Durchschnittliches Alter (in Jahren)	31,6	32,1	31,8
2. Durchschnittliche Dauer der pädagogischen Tätigkeit (in Jahren)	8,6	6,8	7,7
3. Mittlerer Bildungsstand (in Jahren)	10,6	10,4	10,5

Nach der normalen Bewertung der Leistung von Angestellten müßten wir den durchschnittlichen Tarifkoeffizienten für diese Lehrer auf das 3,7fache im Vergleich zur einfachen Arbeit (1. Tarifgruppe) bestimmen. Bei einem Grundlohn für die erste Tarifgruppe in Höhe von 11,75 Rubel (141 Rubel im Jahr) ergibt das ein Monatseinkommen von 44,50 Rubel oder ein Jahreseinkommen in Höhe von 520 Rubel. Das bedeutet für den durchschnittlich 4,2 Jahre dauernden Aufenthalt in einer 4jährigen Schule der zweiten Stufe pro Schüler, der die Schule abschließt, in Umrechnung auf die einfache Arbeit 0,307 × 3,7 = 1,14 Jahreseinheiten Lehrerleistung im Betrag von 141 Rubel × 1,14 = 160 Rubel, und wenn man den gleichen Betrag für die übrigen Ausgaben hinzurechnet, ergibt das einen Aufwand in Höhe von insgesamt bis 320 Rubel, was pro Ausbildungsjahr Ausgaben in Höhe von 76 Rubel sind.

Das ist ein recht bescheidener Betrag im Vergleich zu den Vorkriegsnormen. 1913 betrug nach einer Auskunft des Volkskommissariats für Bildung der Gesamtaufwand für den Unterhalt pro Schüler in den Gymnasien und Realschulen für Knaben im Durchschnitt 172,50 Rubel, und nur in den Gymnasien für Mädchen, die die wesentlich billigere Arbeit von weiblichen Lehrkräften ausbeuteten, sank dieser Aufwand auf jährlich 75,50 Rubel pro Schülerin. Doch auch diese bescheidene Norm ist für den Ausgabensatz, den wir errechneten, noch zu hoch, wenn wir ihn mit den tatsächlichen Ausgaben des Volkskommissariats für Bildung für Mittelschulen in den letzten Jahren vergleichen. So ergibt sich z. B. nach den Orientierungsdaten der Haushaltsrechnung für 1923/24 für je eine Schule der 2. bis 4. Stufe ein durchschnittlicher Kreditbetrag in Höhe von 3116 Rubel-Tscherwonez pro Jahr, was bedeutet, daß bei einer durchschnittlichen Belegung der Schulen mit 115 Schülern pro Schüler nicht mehr als 27 Rubel aufgewendet werden. Und selbst wenn man unterstellt, daß diese Summe sich durch zusätzliche Spenden der Eltern verdoppelt, so erreicht sie dennoch nicht den von uns errechneten Satz in Höhe von 76 Rubel pro Schüler. Ungeachtet dessen erhalten wir, wenn wir diesen Satz für die Berechnung der Kosten für die Schulbildung in den Schulen der 2. Stufe einsetzen, die folgende Bilanz für Aufwand und Ergebnis, die sich aus der weiteren Erhöhung des Bildungsstandes der Werktätigen physischer Arbeit ergibt (siehe Tabelle 13).

[7] Einschließlich der Instrukteure für physische Arbeit in den Mittelschulen.

Tabelle 13. Aufwand-Ergebnis-Bilanz (in Rubel)

Schuljahr	Aufwand	Ergebnis	Bilanz
Schule der 1. Stufe			
1.–4. Jahr	126,00	4121	3995,00
5. Jahr	44,00	470	426,00
Schule der 2. Stufe			
6. Jahr	42,20	365	322,80
7. Jahr	60,20	208	147,80
8. Jahr	88,80	208	119,20
6.–8. Jahr	191,20	781	589,80
5.–8. Jahr	235,20	1251	1015,80
9. Jahr	128,50	–	–
6.–9. Jahr	319	–	–

Aus der angeführten Gegenüberstellung kann man sich leicht davon überzeugen, daß die Bedeutung der Schule der 2. Stufe zur Qualifikation der physischen Arbeit bereits bedeutend bescheidener als die der Grundschule ist. Doch auch hier erhalten wir bei einem Aufwand für den Unterricht in den 5. bis 8. Klassen in Höhe von 235,20 Rubeln einen Produktivitätszuwachs des Arbeiters im Wert von 1251 Rubel während eines Arbeitslebens von 37 Jahren, d. h., dieser Aufwand wird mit einem Plus von 430% zurückerstattet. Die Investitionsaufwendungen amortisieren sich dabei bereits im Verlaufe der ersten sieben Jahre, danach beträgt der jährliche Reingewinn des Landes im Verlaufe von 30 Jahren mehr als 14%.

3.2. Geistige Arbeit und Bildungsstand

Der Einfluß des Bildungsstandes auf die Qualifikation der physischen Arbeit der Fabrikarbeiter ist bedeutend größer, als man gewohnt ist anzunehmen. Um so mehr muß man erwarten, daß dieser Einfluß der Schulbildung auf die Qualifikation der sogenannten „geistigen" Arbeit der Angestellten noch bedeutender sein wird.

Zur statistischen Ermittlung der relativen Rolle der verschiedenen Qualifikationsfaktoren auf dem Gebiet der Büroarbeit stützten wir uns auf die Daten von „Formularkarten" aus zwei großen Moskauer Einrichtungen, dem Volkskommissariat für Lebensmittel und dem Moskauer Postamt, wo diese Formulare mit größerer Sorgfalt ausgefüllt worden waren als an anderen Stätten. Bei der Auswahl dieser Einrichtungen ließen wir uns auch von der Überlegung leiten, daß wir es hier mit einer solchen Anwendung der Büroarbeit – auf dem Gebiet des Postdienstes und der Verteilung – zu tun haben, deren gesellschaftliche Notwendigkeit völlig unbestritten ist. Eine Steigerung der Produktivität der Arbeit kann für uns auf diesem Gebiet besonders fühlbare Formen annehmen. Die Rolle der Bildung, die quantitativ und qualitativ den Erfolg dieser Art von Arbeit erhöht, zeigt sich hier am anschaulichsten und sehr kennzeichnend.

Unter Anwendung der gleichen Methoden, derer wir uns in bezug auf die Leningrader Werkzeugmaschinenarbeiter bedienten, bezogen wir insgesamt etwa 2800 Karten in die Bearbeitung ein (für 1762 Angestellte des Postamtes aus dem Jahre 1923). Doch bei vielen dieser Karten waren die Spalten nicht ausgefüllt worden, die sich auf die Dienstjahre bezogen. Aus diesem Grunde mußten sich die Beobachtungen dieses Merkmals letzten Endes auf die Anzahl von 2307 Karten beschränken.[8]

Eine andere Schwierigkeit ergab sich daraus, daß die Qualifikation in unseren Karten durch Tarifgruppen des 17stufigen Tarifsystems zum Ausdruck gebracht wurde. Um eine Vergleichbarkeit dieser Angaben mit den Daten über die Werkzeugmaschinenarbeiter in Tred herstellen zu können, wendeten wir das folgende Verfahren an. Der Begriff des Tred, d. h. einer Einheit einfachster Arbeit, entspricht vom Standpunkt der Entlohnung her dem heute allgemein gebräuchlichen Begriff des Tarifkoeffizienten. Wenn der Tariflohn der 17. Tarifgruppe gleich dem des achtfachen Grundlohns der 1. Gruppe ist, dann bringt dieser Tarifkoeffizient zum Ausdruck, daß ein Tag oder eine Stunde Arbeit des Werktätigen mit der höchsten Qualifikation acht Einheiten einfachster Arbeit entspricht, d. h., sie wird acht Treds gleichgesetzt. Bedauerlicherweise hat sich die Entlohnung der Arbeit nach den unterschiedlichen Tarifgruppen in den letzten Jahren in den verschiedenen Einrichtungen sehr stark verändert. Weniger variierten natürlich die Relationen bei der Entlohnung zwischen diesen Gruppen oder Tarifkoeffizienten. Aber wir mußten von dieser Grundlage ausgehen, um völlig bedingt jenes Tarifnetz zu ermitteln, das nach unseren Kenntnissen gegenwärtig bei der Bezahlung der entsprechenden Kategorien massenhaft auftretender Büroarbeit am meisten angewandt wird. Gehälter, die über den Tariflöhnen lagen, haben wir in die Berechnung nicht aufgenommen, weil sie die Grenzen der allgemein anerkannten Sätze überschritten.

In den nachfolgenden Tabellen bringen wir die Qualifikation jeweils in Tarifgruppen nach dem 17stufigen System als auch in der Umrechnung in Tred zum Ausdruck, wobei wir die Skala zur Umbewertung der Tarifgruppen in Tred anwandten:

1. Stufe = 1,0 Tred	10. Stufe = 3,4 Tred
2. Stufe = 1,2 Tred	11. Stufe = 3,8 Tred
3. Stufe = 1,4 Tred	12. Stufe = 4,2 Tred
4. Stufe = 1,6 Tred	13. Stufe = 4,8 Tred
5. Sutfe = 1,8 Tred	14. Stufe = 5,4 Tred
6. Stufe = 2,1 Tred	15. Stufe = 6,0 Tred
7. Stufe = 2,4 Tred	16. Stufe = 7,0 Tred
8. Stufe = 2,7 Tred	17. Stufe = 8,0 Tred
9. Stufe = 3,0 Tred	

Um die völlige Genauigkeit einer solchen Umrechnung zu erreichen, müßte für die Aufteilung des Materials jede Karte gekennzeichnet werden, wie wir das bereits bezüglich der Werkzeugmaschinenarbeiter getan hatten. Doch im vorliegenden Fall gelang uns das nicht, so daß wir die Umrechnung für *Gruppen*koeffizienten der Qualifikation durchführten, was eine gewisse Ungenauigkeit der auf diese Weise gewonnenen Ergebnisse zur Folge hat. Durch die Ungleichmäßigkeit in den Wachstumsverhältnissen zwischen Qualifikation und Tarifgruppen führt das von uns angewendete Umrechnungsverfahren zu etwas herabgesetzten Ergebnissen, wie man sich leicht anhand von Erfahrungswerten überzeugen kann. Doch dieser Minderbetrag bewegt sich nach unseren näherungsweisen Berechnungen in den Grenzen von maximal 8% der berechneten Größe, wobei in allen Fällen die Abweichungen in die gleiche Richtung gehen und deshalb keinen bedeutenden Einfluß auf das Verhältnis zwischen den zu vergleichenden Größen haben können. Nach

[8] Siehe den Artikel von B. N. Babynin, der an dieser Arbeit sehr regen Anteil nahm, in: Vestnik statistiki, Buch XVII, April–Juni 1924, S. 107.

Tabelle 14. Alter und Qualifikation von Angestellten

Altersgruppen (in Jahren)	Anzahl der Beobachtungen	Empirische Werte				Normalisierte Qualifikation bei			Qualifikation geglättet		
		Alter	Berufserfahrung	Bildungsstand	Qualifikation (in Tarifgruppen)	einer Berufserfahrung von 9,33 Jahren	einem Bildungsstand von 4,2 Jahren	einer Berufserfahrung von 9,33 Jahren, Bildungsstand von 4,2 Jahren	in Tarifgruppen	absolut	relativ
		in Jahren								in Tred	
1	2	3	4	5	6	7	8	9	10	11	12
15–24	206	20,6	3,68	4,61	7,45	8,55	7,29	8,39	8,39	2,82	88
25–34	647	29,6	7,90	5,27	9,40	10,11	8,81	9,52	9,52	3,21	100
35–44	806	39,2	13,16	3,91	9,49	8,72	9,66	8,89	9,35	3,14	98
45–54	507	48,9	19,09	3,32	9,09	7,88	9,63	8,42	8,42	2,83	88
55–71	141	59,6	29,29	3,86	9,08	7,58	9,19	7,69	7,10	2,43	76
15–71	2307	38,2	13,13	4,22	9,34						

diesen Vorbemerkungen wollen wir uns nunmehr unmittelbar den Ergebnistabellen zuwenden.

Das Lebensalter übt bei der geistigen Arbeit – wie wir sehen – den gleichen Einfluß auf die Qualifikation aus wie auch bei der physischen Arbeit: Anfangs, bis etwa zum 30. Lebensjahr, eine steigernde Wirkung, danach aber eine vermindernde. Das ist um so interessanter, als man dieses Abfallen durch eine Abnahme der *physischen* Kräfte mit steigendem Alter nicht erklären kann, weil bei der Büroarbeit die Verausgabung von physischer Kraft allgemein gesprochen keine wesentliche Rolle spielt. Man kann demzufolge nur annehmen, daß die geistigen Kräfte des Menschen mit wachsendem Lebensalter parallel mit den physischen merklich schwächer werden.

Auf den ersten Blick mag es recht unerwartet erscheinen, daß diese geistigen Kräfte schon sehr früh, bereits nach dem 30. Lebensjahr, nachzulassen beginnen. Um diesen Umstand zu prüfen, entschieden wir uns zu folgendem Verfahren. Wir wählten die Ergebnisse aus Schachturnieren, die von hervorragenden Meistern dieses Metiers bestritten wurden, und entschieden, diese einer systematischen Durcharbeitung in Kombination mit dem Alter der Sieger und der Besiegten zu unterziehen. E. M. Tarasov, der diese Arbeit auf sich nahm, untersuchte zwei Gruppen: eine Gruppe, aus der die unentschieden gespielten Partien eliminiert worden waren – hier konnten 1455 Partien verwendet werden, das Ergebnis aus 43 Wettkämpfen der Jahre von 1863 bis 1911 und aus 34 internationalen Turnieren von 1890 bis 1914, und eine andere größere Gruppe, in der die unentschieden gespielten Partien mit einem halben Punkt bewertet wurden – hier konnten die Ergebnisse aus mehr als 7000 Partien genutzt werden, die in diesen Turnieren gespielt worden waren.

Das theoretische Können kann man hier bei allen Teilnehmern als gleichwertig ansehen, anders hätten sie nicht in die Gruppe der Meister gelangen können. Die praktische Erfahrung kann im Schach an und für sich kaum eine wesentliche Bedeutung haben, denn mit Ausnahme der ersten, allgemein bekannten Züge stellt jede Partie eine vollständig neue, sich nicht wiederholende Kombination von Stellungen dar. Folglich können hier keinerlei durch lange Erfahrung angelernte schablonenhaften Verfahren helfen. Was aber den Einfluß des individuellen Talents jedes der Meister anbelangt, so ist dieser

Tabelle 15. Alter und Erfolgsquote von Schachspielern (einschließlich der unentschiedenen Partien)

Alter in Jahren		Anzahl der Partien		Anteil der Siege in %		Erfolge (in % zum Maximum)
von – bis	im Durchschnitt	gespielt	gewonnen	empirisch	geglättet	
1	2	3	4	5	6	7
bis 20	19,5	60	31,5	52,5	52,5	85,8
20–22	21,0	225	122,5	54,5	54,4	89,0
22–26	24,4	1176	697,5	59,3	58,1	95,0
26–30	28,1	1777	1055,0	59,4	59,9	98,0
30–36	32,6	2501	1532,0	61,2	61,2	100,0
36–42	39,2	2469	1455,0	59,0	59,7	97,7
42–48	45,0	1546	886,0	57,2	56,7	92,8
48–55	51,1	1311	685,0	52,2	52,2	85,4
55 und älter	59,5	1006	456,0	45,4	45,4	74,3
Summe	38,0	12071	6920,5	57,3	–	–

hier schon deshalb ausgeschlossen, weil in die Untersuchung die Partien *von jeweils denselben Meistern* aufgenommen wurden, die sie während ihrer *verschiedenen Altersstufen* in ihrer Schachkarriere gespielt haben. Das Talent verhinderte jedoch nicht, daß sie in dem einen Lebensabschnitt größere Energie aufbrachten und mehr Spielerfolge im Spiel zeigten als in anderen. Wir wollen sehen, in welchem Altersabschnitt eine maximal geistige Energie bei sonst mehr oder weniger ausgeglichenen Einflüssen anderer Art erreicht wird (siehe Tabelle 15).

Wie wir aus Tabelle 15 ersehen, liegt dieser Altersabschnitt bei Schachspielern zwischen dem 32. und 33. Lebensjahr. Die empirische Zahlenreihe fällt dabei fast mit der kontinuierlichen Kurve nach Lekall zusammen. Der durchschnittliche prozentuale Anteil der gewonnenen Partien liegt in dieser Tabelle über 50. Das ist daraus zu erklären, daß von einem Teil der Schachspieler, die offenbar zu den schwächeren gehörten, das Alter nicht bekannt war, so daß deren Partien aus der Berechnung ausgeschlossen werden mußten. Es versteht sich von selbst, daß wir in Spalte 3 eine *doppelte* Zählung der Partien haben, die dem Alter nach jedem der beiden Partner, die am Spiel teilnahmen, zugeordnet sind. Leider konnten wir in dieser Gruppierung nicht ermitteln, welche Altersgruppe der *besiegten* Spieler der jeweiligen Altersgruppe der Sieger entsprach. Doch ausgehend von den allgemeinen Bedingungen des Turnierwettkampfes, wonach jeder Teilnehmer mit allen übrigen, unabhängig von derem Alter, antreten muß, darf man annehmen, daß die gesuchte Altersgruppe in der Nähe des 38. Lebensjahres liegt, d. h. nahe dem mittleren Durchschnittsalter aller Turnierteilnehmer.

Für die folgende Tabelle sind nur jene Partien verwendet worden, bei denen das Alter beider Partner zum Zeitpunkt der Spielaustragung bekannt war. Und hier bestätigt sich die soeben getroffene Annahme vollauf (siehe Tabelle 16).

Tatsächlich erwies sich das Durchschnittsalter der Verlierer in allen Gruppen – wie das zu erwarten war – etwas höher als das Alter der Gewinner, doch war der Altersunterschied der einzelnen Gruppen (die Spalten 5 und 7) nicht größer als 2 bis 3 Jahre. Daher ergab die Korrektur zur Reduzierung aller Partner der von uns zu untersuchenden Spielergruppen auf das gleiche Alter durch die obengenannte Methode der Normalisierung nur recht unbedeutende Ergebnisse. Sowohl die empirischen Größen für den prozentualen

Tabelle 16. Alter und Spielerfolg von Schachspielern (unter Ausschluß der unentschiedenen Partien)

Alter (in Jahren)		gespielte Partien	davon				Prozentualer Anteil der Siege			Erfolg (in % zum Maximum)
			gewonnen		verloren					
von – bis	im Durchschnitt		Partien	gegen Spieler im Alter von	Partien	gegen Spieler im Alter von	empirisch ermittelt	normalisiert	geglättet	
1	2	3	4	5	6	7	8	9	10	11
bis 24	21,5	223	120	39,6	103	36,4	53,8	50,4	50,4	88,4
25–29	27	606	340	38,4	266	35,4	56,1	56,0	56,0	98,0
30–34	32	463	263	39,4	200	35,7	56,7	57,1	57,1	100,0
35–39	37	455	229	40,0	226	37,8	50,0	51,1	55,6	97,5
40–49	43,8	593	283	40,4	310	38,0	48,5	47,5	51,3	90,0
50–59	54,5	463	198	38,8	265	35,8	42,8	40,7	40,7	71,4
60–70	63,4	107	22	32,6	85	35,7	20,6	20,9	20,9	36,7
Summe	38	2910	1455	39,8	1455	36,6	50,0	–	–	–

Anteil der Gewinne als auch die normalisierten Werte bringen ein und dieselbe Gesetzmäßigkeit zum Ausdruck, die ihr Minimum bei etwa dem 32. Lebensjahr erreicht. Doch die Tatsache, daß eine geringere Anzahl von Beobachtungen als in Tabelle 15 vorlag, ergibt hier eine recht fühlbare Abweichung von der gleitenden Kurve (Spalte 10) für die Altersgruppe zwischen dem 37. und dem 44. Lebensjahr, was in Tabelle 15 nicht zu beobachten war.

Sehr charakteristisch ist, daß die geglätteten Kurven, die die Abhängigkeit der Qualifikation vom Lebensalter beschreiben, in allen Fällen – sowohl bezüglich der physischen Arbeit als auch in Anwendung auf die Büroarbeit und auch auf das Spiel der Schachspieler (vgl. Tabellen 5, 14, 15 und 16) – nicht nur der Form und dem Moment des Maximums nach identisch sind, sondern daß sie auch im Zahlenausdruck für das Fallen der Kurve bei den entsprechenden Altersgruppen einander recht nahe kommen. Wenn man das Maximum gleich 100 setzt, dann läßt sich die Qualifikation der jüngeren und der älteren Altersgruppen zahlenmäßig wie folgt ausdrücken:

Alter (in Jahren)	Qualifikation nach den Tabellen Nr. 5	Nr. 14	Nr. 15	Nr. 16
22	94,5	92,0	91,5	91,0
32	100,0	100,0	100,0	100,0
42	98,5	95,0	94,0	92,5
52	90,5	86,0	84,0	76,0

Am wenigsten wirkt sich – wie wir sehen – der Einfluß des Alters auf die physische Arbeit der Werkzeugmaschinenarbeiter aus, etwas stärker schon auf die geistige Arbeit der Angestellten, und am stärksten ist dieser Einfluß auf das Spiel der Schachspieler, das die maximale Anspannung der geistigen Energien erfordert. Kennzeichnend ist hier unter anderem auch der Unterschied zwischen

11*

Tabelle 17. Berufserfahrung und Qualifikation von Angestellten

Gruppen nach Berufs-erfahrung (in Jahren)	Anzahl der Be-obach-tungen	Empirische Werte				Normalisierte Qualifikation bei				Qualifikation geglättet	
		Berufs-erfahrung in Jahren	Alter	Bildungs-stand	Qualifikation (in Tarif-gruppen)	einem Alter von 35,1 Jahren	einem Bildungs-stand von 4,2 Jahren	einem Alter von 35,1 Jahren und einem Bil-dungs-stand von 4,2 Jahren	In Tarif-gruppen	in Tred absolut	relativ
1	2	3	4	5	6	7	8	9	10	11	12
0– 2	270	1,39	28,8	3,86	6,87	7,03	7,27	7,43	7,0	2,40	100
3– 4	131	3,59	28,4	5,95	9,36	8,99	8,02	7,65	7,8	2,64	110
5– 9	590	7,04	34,5	4,31	8,76	8,65	9,07	8,96	8,96	2,99	125
10–14	419	11,97	36,2	4,27	9,71	9,59	9,90	9,78	10,1	3,44	143
15–19	415	16,89	41,1	3,65	10,04	10,46	10,75	11,17	11,0	3,80	158
20–24	190	21,72	45,6	3,89	10,17	(10,97)	10,64	11,44	11,6	4,04	168
25–29	144	26,90	49,2	4,33	10,92	(12,07)	(10,77)	11,92	11,92	4,16	173
30–50	148	35,59	56,3	4,82	10,53	(12,53)	(9,93)	11,93	11,93	4,17	174
0–50	2307	13,13	38,2	4,22	9,34	–	–	–	–	–	–

den Daten der Tabellen 15 und 16. In Tabelle 16 wurde der Spielerfolg nur an den gewonnenen Partien gemessen, d. h. die unentschieden ausgegangenen Partien wurden nicht gewertet. Doch ein Unentschieden ist wesentlich leichter zu erreichen als ein Sieg. Und wir sehen, daß auch hier die Erfolgsquote mit dem zunehmenden Lebensalter um so schneller fällt, je mehr Energie zur Erreichung dieses Erfolges eingesetzt werden muß. Zu einem Unentschieden hätte bei einigen der älteren Spieler das Pulver noch ausgereicht, doch zu einem Sieg langte es nicht mehr.

Besonders katastrophal sinkt die geistige Energie nach dem 60. Lebensjahr ab. Schachspieler, die älter sind als 65 Jahre, von denen es nach unseren Werten aber nur sehr wenige gibt, erzielen nur einen Sieganteil von 20%. Diese Tatsache ist äußerst lehrreich unter dem Aspekt der wissenschaftlichen Organisation der Arbeit. Nicht von ungefähr brachten alle siegreichen Revolutionen aus ihrer Mitte Führer im blühendsten Alter hervor und, wie uns die Erfahrung lehrt, schlugen diese Führer an allen Fronten stets die alten Minister und Generäle der überlebten Ordnung.

Überleitend zur Untersuchung der Rolle der Berufserfahrung bei der Büroarbeit, sei die folgende Tabelle angeführt (siehe Tabelle 17).

Das Anwachsen der Qualifikation mit der steigenden Berufserfahrung ist auch hier, wie schon bei der physischen Arbeit, besonders in den ersten Berufsjahren fühlbar, obgleich es sich im Verlaufe der gesamten Arbeitsperiode des Werktätigen fortsetzt. Doch hier muß man einen sehr wesentlichen Einwand machen. Man darf nicht vergessen, daß dieses Ergebnis als Durchschnittswert für eine sehr vielgestaltige Gruppe von Angestellten, angefangen bei den Boten und Wächtern bis zu den verantwortlichsten Organisatoren der kollektiven Arbeit in den untersuchten Einrichtungen gewonnen wurde. Würden wir den Einfluß der Berufserfahrung getrennt für einzelne Berufe untersuchen, dann könnten wir uns leicht davon überzeugen, daß der Zuwachs an Qualifikation bei steigender Berufserfahrung für viele von ihnen schon recht bald beendet ist; für andere, qualifiziertere Berufe hört er später auf. Und nur bei den kompliziertesten Arbeitsgebieten, für die möglicherweise selbst die Erfahrung eines ganzen begrenzten Menschenlebens für eine völlige Orientierung nicht ausreicht, ist ein solcher Zuwachs bis zum Ende zu beobachten.

Im Vergleich zu den Werkzeugmaschinenarbeitern wird der Einfluß der Berufserfahrung auf die Büroarbeit aus der folgenden Gegenüberstellung ersichtlich (siehe Tabelle 18).

Wie wir sehen, bringt die Berufserfahrung den Arbeitern einen wesentlich größeren Qualifikationszuwachs als den Angestellten. Doch dieser ganze zusätzliche Zuwachs entfällt auf die ersten 5 Jahre der Berufstätigkeit, denn in den nachfolgenden 25 Jahren Berufstätigkeit kommen bei den Arbeitern insgesamt nur 1,03 Tred hinzu, das ist sogar etwas weniger als bei den Angestellten (+1,38).

Der ziemlich steile Anstieg der Qualifikation bei den Arbeitern im Vergleich zu den

Tabelle 18. Berufserfahrung von Arbeitern und Angestellten

Berufserfahrung (in Jahren)	Qualifikation			
	Arbeiter		Angestellte	
	in Tred	in %	in %	in Tred
0	1,28	100	100	(2,21)
2	1,61	126	111	2,45
5	2,00	156	126	2,78
10	2,42	189	147	3 26
20	2,85	223	179	3,95
30	3,03	237	188	4,16

Angestellten in den ersten Jahren der Berufstätigkeit erklärt sich natürlich dadurch, daß die für sie notwendigen physischen Erfahrungen recht schnell im Verlaufe der ersten Arbeitsjahre erworben werden, während die folgenden Jahre der Berufstätigkeit bei vielen von ihnen dem nichts oder fast nichts mehr in dieser Beziehung hinzufügen. Die psychischen Fertigkeiten aber, die bei der Büroarbeit eine wesentlich größere Rolle spielen, werden zu einem bestimmten Teil bereits in der Schule vermittelt, so daß sie mit zunehmender Berufserfahrung im weiteren gleichmäßiger gesteigert werden.

Die Bedeutung der Schulausbildung für die Büroarbeit kommt in der folgenden Tabelle zum Ausdruck (siehe Tabelle 19).

Tabelle 19. Bildungsstand und Qualifikation von Angestellten

Gruppen nach dem Bildungsstand (in Jahren) von – bis	Anzahl der Beobachtungen	Empirische Werte				Normalisierte Qualifikation bei				Qualifikation geglättet	
		Bildungsstand in Jahren	Alter	Berufserfahrung	Qualifikation (in Tarifgruppen)	einem Alter von 38,2 Jahren	einer Berufserfahrung von 13,1 Jahren	einem Alter von 38,2 Jahren und einer Berufserfahrung von 13,1 Jahren	in Tarifgruppen	absolut in Tred	relativ
1	2	3	4	5	6	7	8	9	10	11	12
0 – 2	922	1,86	42,1	13,47	7,89	7,30	7,77	7,18	7,18	2,45	100
3 – 4	501	3,29	34,9	10,85	8,13	8,23	8,53	8,63	8,80	2,95	120
5 – 7	567	5,32	36,7	15,17	10,65	10,74	10,46	10,55	10,55	3,62	148
8 – 9	131	8,11	36,7	14,18	12,21	12,33	12,28	12,40	12,33	4,40	180
10 – 12	127	11,37	36,9	11,22	13,48	13,49	13,49	13,50	13,50	5,10	208
13 – 18	59	13,75	37,1	10,25	14,47	14,44	14,02	13,99	13,99	5,40	220
0 – 18	2307	4,22	38,2	13,13	9,34	–	–	–	–	–	–

Der Bildungsstand hat offenbar eine entscheidende Bedeutung für die Erhöhung der Qualifikation bei geistiger Tätigkeit. Während die zunehmende geistige und physische Reife im Alter von 16 bis 30 Jahren die Qualifikation des Angestellten bei sonst gleichen Bedingungen nur um 0,85 Tred erhöht, und wenn eine 14jährige Berufserfahrung zu einer Steigerung um 1,34 Tred führt, dann ergibt die höhere Bildung, die einer Schulausbildung von 14 Jahren entspricht, einen Qualifikationszuwachs von 3,81 Tred, d. h. mindestens 2,8mal mehr als eine entsprechende Berufserfahrung von der gleichen Dauer.

Wir sagen mindestens, weil wir es in Tabelle 19 mit mittleren Koeffizienten zu tun haben, die für recht unterschiedliche Kategorien der Büroarbeit ermittelt worden sind. Dabei steht außer Frage, daß eine hohe Schulbildung nur in einer hochqualifizierten Arbeit *vollständig* genutzt wird. Daraus folgt aber, daß bei einer solchen Arbeit die Schulbildung noch zu einem bedeutenderen Qualifikationszuwachs führen muß, als das in Tabelle 19 angedeutet ist.

Um diese Behauptung auf ihre Richtigkeit hin zu prüfen, führen wir noch eine Tabelle an, die sich auf die Angestellten im Volkskommissariat für Lebensmittel bezieht, wobei wir der Gruppierung die Tarifgruppen dieser Angestellten zugrunde legten (siehe Tabelle 20).

Hier sind bereits durch die Methode der Gruppierung die weniger qualifizierten Gruppen

Tabelle 20. Qualifikation der Angestellten des Volkskommissariats für Lebensmittel im Jahre 1921

Tarif-gruppen	Anzahl der Beobachtungen	Empirische Werte (in Jahren)			Normalisierte Qualifikation				
		Alter	Berufserfahrung	Bildungsstand	Tarifgruppen	in Tarifgruppen bei			in Tred
						einem Alter von 36,5 Jahren	einer Berufserfahrung von 18,9 Jahren	einem Alter von 36,5 Jahren und einer Berufserfahrung von 18,9 Jahren	
1	2	3	4	5	6	7	8	9	10
1.– 5.	233	35,5	19,82	2,26	4,83	4,80	4,71	4,68	1,74
6.– 8.	151	35,6	18,83	3,66	7,62	7,60	7,63	7,61	2,64
9.–11.	123	35,8	19,41	4,89	9,84	9,82	9,77	9,75	3,30
12.–14.	174	37,4	18,30	8,95	13,22	13,24	13,30	13,32	4,99
15.–17.	114	37,8	17,42	10,02	15,73	15,76	15,92	15,95	6,95
1.–17.	795	36,5	18,89	5,51	9,54	–	–	–	–

von Mitarbeitern (1. bis 8. Tarifgruppe) deutlich von den qualifizierteren abgehoben. Lebensalter und Berufserfahrung erwiesen sich bei dieser Gruppierung recht nahe den Mittelwerten aller Gruppen, so daß die notwendigen Korrekturen zur Berechnung der normalisierten Qualifikation – für diese Mittelwerte des Lebensalters und der Berufserfahrung – ziemlich unbedeutend waren. Doch was unterscheidet diese Gruppen voneinander? Wie aus der Tabelle ersichtlich, ist es allein der Bildungsstand. Charakteristisch ist jedoch, daß bei dieser Gruppierung die Qualifikation der Angestellten mit jedem weiteren Bildungsjahr wesentlich schneller wächst als nach Tabelle 19. Und während in Tabelle 19 jedes folgende Jahr Schulunterricht einen immer geringeren Zuwachs an Qualifikation bringt, beobachten wir hier für die höheren Gruppen umgekehrt eine Beschleunigung des Qualifikationszuwachses im Vergleich zur Erhöhung des Bildungsstandes.

Das kommt am deutlichsten im Verlauf der entsprechenden Kurven selbst zum Ausdruck, doch auch die folgende zahlenmäßige Gegenüberstellung ist hinreichend aussagekräftig. Nach Tabelle 19 ergibt sich in den höchsten Bildungsgruppen pro Jahr höhere Bildung ein Zuwachs von 0,12 bis 0,13 Tred, während nach Tabelle 20 der entsprechende Zuwachs in der höchsten Tarifgruppe der Angestellten eine Größenordnung von 1,8 Tred erreicht, das ist etwa das 15fache.

Um diese Differenz zu erklären, kann man noch die folgende Überlegung anführen. In Tabelle 19 besteht die höchste Bildungsgruppe nur aus Personen mit Hochschulausbildung, doch ein Teil dieser Gruppe ist schon seit langem im Dienst und konnte seinen Vorteil nutzen, indem er sich im Dienst in die höheren Tarifgruppen hinaufgearbeitet hat. Der andere Teil der Gruppe wiederum begann erst seinen Dienst und konnte seinen – vorerst *potentiellen* – Vorteil der Bildung noch nicht zur Geltung bringen und befindet sich deshalb noch in niedrigeren Tarifgruppen. Im Ergebnis dessen kann sich die durchschnittliche Qualifikation einer solchen Gruppe als erheblich vermindert erweisen im Vergleich zur höchsten Tarifgruppe der Tabelle 20, in der Personen konzentriert sind, die bereits die 15. bis 17. Tarifgruppe erreicht haben, d. h. Personen, die ihre Qualifikation bereits voll zur Geltung bringen konnten. Und insofern als sie bei dieser hohen Qualifikation zur höchsten Bildung verpflichtet sind, wird diese hier auch *voll* in der tariflichen Bewertung berücksichtigt.

Die potentiellen Vorzüge der Bildung, die vorläufig nicht in der tariflichen Bewertung der Werktätigen zur Geltung kommen, sind für uns jedoch nur von rein theoretischem Interesse. Deshalb können wir bei der Berechnung des wirtschaftlichen Effekts der Schulbildung getrost die Koeffizienten der Tabelle 19 verwenden. Was geben uns diese?

Im Vergleich zur physischen Arbeit spielt die Bildung bei der Büroarbeit eine wesentlich größere Rolle im Prozeß der Steigerung der Qualifikation des Werktätigen. Natürlich kann man zum Vergleich nur die ersten Jahre des Schulunterrichts heranziehen. Nachfolgend seien beispielsweise einige Zahlen genannt:

Tabelle 21. Schulbildung

Schuljahr	Qualifikationszuwachs (in Tred)		
	bei Arbeitern	bei Angestellten	Differenz (in %)
1.	0,30	0,43	43
2.	0,23	0,40	74
3.	0,15	0,35	133
4.	0,11	0,33	200
5.	0,09	0,32	256
6.	0,06	0,31	417
7.	0,04	0,30	650
1. – 7.	0,98	2,44	149
darunter			
1. – 4.	0,79	1,51	91

Wie wir sehen, führt die Mittelschulbildung in einer 7klassigen Schule bei den Angestellten zu einem fast 2,5mal höheren Qualifikationszuwachs als bei den Arbeitern. Ja selbst die 4jährige Grundschule bringt dem Angestellten eine Qualifikationssteigerung, die um 90% höher ist als beim Arbeiter. So liegen die Dinge auch bei dem heutigen herabgesetzten Tarifsystem für die Entlohnung der Angestellten mit einem Tarifkoeffizienten von 1 : 8. Die oben angeführte Berechnung über die Rentabilität der allgemeinen Grundschulausbildung, die sich auf die Sätze für die Bewertung der physischen Arbeit stützten, müßte folglich unter Berücksichtigung der Büroarbeit noch erhöht werden.

Doch ein völlig anderes Bild ergibt sich bei dem Versuch, die Rentabilität der *höheren* Bildung nach den Koeffizienten der Tabelle 19 zu bestimmen.

Ausgehend von dem Tarifsatz der ersten Tarifgruppe in Höhe von 11,75 Rubel und unter der Annahme, daß auf diesen Tarifsatz nach der heute bei uns bestehenden Tarifpraxis bereits ein Jugendlicher im Alter von 16 Jahren und ohne jegliche Berufserfahrung und Bildung Anspruch hat, errechneten wir durch Hinzufügen der Anzahl derartiger elementarer Löhne für jedes Jahr Lebensalter, Berufserfahrung und Bildung (nach den Tabellen 14, 17 und 19) die Anzahl derartiger elementarer Sätze und den Gesamtbetrag des Verdienstes für die gesamte Arbeitsperiode eines Angestellten. Bei einem Bildungsstand bis zu 8 Jahren rechneten wir allgemein den Beginn dieser Periode ab dem 16. Lebensjahr, für jedes zusätzliche Bildungsjahr verschoben wir auch das anfängliche Lebensalter beim Dienstantritt jeweils um ein Jahr und verkürzten dementsprechend die Gesamtdauer der Dienstjahre. Aus dieser Berechung ergab sich eine ungefähre Größe für die Gehaltssumme, die ein Angestellter im Verlaufe der gesamten Arbeitsperiode seines Lebens bei unterschiedlichem Bildungsstand erzielt. Für die Berechnung der Bildungskosten benutzten wir die Sätze aus Tabelle 11, wobei wir diese verdoppelten, um die sonstigen Ausgaben neben dem Aufwand für die Arbeit der Lehrer zu berücksichtigen.[9] Im Ergebnis erhielten wir folgende Gegenüberstellung (siehe Tabelle 22):

Tabelle 22. Wirtschaftlicher Effekt der Bildung bei Angestellten (bei einem Tarifsystem 1 : 8)

Alter bei Berufsbeginn (in Jahren)	Summe der Jahre		Tarifgruppe	Tarifkoeffizient		Gesamtes Lohneinkommen		Effekt der Bildung (in Rubel)	Ausbildungskosten (in Rubel)	Bilanz	
	Bildung	Arbeit		berechnet	ausgeglichen	lebenslängl. in Sätzen d. 1. Tarifgr. (Sp. 3 × Sp. 6)	in Rubel (Sp. 7 × 140 Rubel)			Gesamt Sp. 9– Sp. 10	für das letzte Ausbildungsjahr
1	2	3	4	5	6	7	8	9	10	11	12
16	0	37	6,91	2,37	2,37	87,7	12278	–	–	–	–
16	1	37	8,56	2,87	2,87	106,2	14868	2590	18	2572	2572
16	2	37	9,89	3,36	3,36	124,3	17402	5124	46	5078	2506
16	3	37	11,06	3,82	3,85	142,5	19950	7672	85	7587	2509
16	4	37	12,01	4,20	4,31	159,5	22330	10052	126	9926	2339
16	5	37	12,81	4,69	4,76	176,1	24654	12376	170	12206	2280
16	6	37	13,59	5,15	5,18	191,7	26838	14560	212	14348	2142
16	7	37	14,34	5,60	5,57	206,1	28854	16576	272	16304	1956
16	8	37	14,89	5,93	5,94	219,8	30772	18494	361	18133	1829
17	9	36	15,30	6,30	6,30	226,8	31752	19474	491	18983	850
18	10	35	15,63	6,64	6,63	232,0	32480	20202	615	19587	604
19	11	34	15,90	6,90	6,90	234,6	32844	20566	761	19805	218
20	12	33	16,15	7,15	7,15	236,0	33040	20762	983	19779	– 26
21	13	32	16,38	7,38	7,38	236,2	33068	20790	1325	19465	–314
22	14	31	16,60	7,60	7,60	235,6	32984	20706	1853	18853	–612

Die Rentabilität der Grund- und Mittelschule steht nach dieser Berechnung außerhalb jedes Zweifels. Doch dafür deckt die Hochschule – beginnend mit dem 3. Studienjahr – bei weitem nicht die Aufwendungen für die Ausbildung und jene Lohneinbußen, die mit dem späteren Eintreten in das Berufsleben verbunden sind. Dabei wächst das Defizit mit jedem folgenden Ausbildungsjahr und erreicht insgesamt im Verlaufe einer fünfjährigen Hochschulausbildung den Betrag von etwa 130 Rubel pro Absolventen. Die Ausbildungskosten für Hochschulen wurden von uns dabei zu einem Betrag von 1362 Rubel angenommen. Wenn man berücksichtigt, daß die Ausbildung an der Hochschule in den letzten Jahren völlig kostenlos ist, dann drückt sich die Rentabilität dieser Schule für den *Studierenden* dennoch in dem recht hohen Betrag von mehr als 1200 Rubel aus. Der Drang zur Hochschule, die in den letzten Jahren ihre Tore besonders den Werktätigen weit

[9] Als Maßstab für die Qualifikation der wissenschaftlichen Mitarbeiter an den Hochschulen setzten wir – bei einem Alter von 45 Jahren, einer Berufserfahrung von 24 Jahren und einem Bildungsstand von 13 bis 14 Jahren (siehe unsere Arbeit „Qualifikation und Begabung") – einen Tarifkoeffizienten von 7,4, was den Tarifgruppen 16 bis 17 entspricht. Ausgehend vom Tarifsatz der Tarifgruppe 1 in Höhe von 11,75 Rubel ergibt das ein Monatseinkommen von 87 Rubel, die tatsächliche Bezahlung nach dem Haushalt für das Wirtschaftsjahr 1923/24 erreichte jedoch nur den Betrag von 60 Rubel, während nach einer Berechnung des „normalen" Bedarfs für 1924/25 vom Zentralvorstand der Gewerkschaften für Bildung etwa 1000 Rubel im Jahr oder 83 Rubel im Monat angegeben wurden.

öffnete, hat somit nicht nur ausreichend ideelle Antriebe, sondern auch rein ökonomische Grundlagen. Allen war klar, daß das Land bald, sehr bald dringend viele Ärzte und Lehrer und mehr noch Ingenieure und Techniker brauchen wird. Doch zum gegenwärtigen Zeitpunkt, da die wirtschaftliche Basis durch die Kriegszeit und Blockade stark eingeengt und der Staatshaushalt reduziert ist, fühlte man eine gewisse „Überproduktion" von Angehörigen der Intelligenz.

Diese auf den ersten Blick in höchstem Grade paradoxe Erscheinung widerspiegelt jedoch sehr real die Situation im Verhältnis zwischen Nachfrage und Angebot bei Werktätigen mit Intelligenzberufen. Tatsächlich war diese Überproduktion sehr relativ. Auf dem Lande blieben bei uns Millionen Kranker ohen jegliche medizinische Hilfe, doch verfügten wir über keine Mittel, um Ärzte zu bezahlen, und so blieben die Ärzte zu Tausenden ohne Arbeit in den großen Städten und haupstädtischen Zentren. In unserem Lande waren 70% der Bevölkerung Analphabeten, doch wir hatten nichts, um die Lehrer zu bezahlen und sie ergänzten zu Zehntausenden das Heer der Arbeitslosen. Aber obwohl die zahlungsfähige Nachfrage nach Intelligenzarbeit in diesen Jahren stark sank, erweiterte sich während der Revolution die Produktion neuer Kader der Intelligenz in den Hochschulen sogar recht bedeutend. Im Jahre 1913 wurden bei uns nicht mehr als 90000 Studenten gezählt, 1923 aber waren es fast 200000, d. h. 122% mehr.

Auf die Entlohnung der Intelligenzarbeit wirkte sich das natürlich sehr stark aus. Im Jahre 1913 erreichte der Durchschnittslohn eines mit physischer Arbeit Beschäftigten, wenn wir von jenen Proportionen in der Produktion ausgehen, wie sie den heutigen Relationen in der Industrie entsprechen, den Jahresbetrag von 300 Rubel. Nach dem durchschnittlichen Tarifkoeffizienten des Jahres 1923, der für Arbeiter bei der entsprechenden Zusammensetzung 2,15 erreichte, ergibt das für die erste Tarifgruppe einen Jahreslohn bis zu 140 Vorkriegsrubel, das sind monatlich 11,60 Rubel oder etwa 50 Kopeken pro Tag. Das Gehalt eines ordentlichen Professors erreichte 1913 3000 Rubel im Jahr, der Leiter einer Abteilung in zentralen Einrichtungen erhielt genausoviel.[10] Das entspricht einer Stellung in der 17. Tarifgruppe nach den heutigen Tarifen, doch das gegenwärtige Gehalt erreicht in der 17. Gruppe im Durchschnitt nicht einmal 1200 Rubel im Jahr. Mit anderen Worten, während im Jahre 1923 die Arbeit eines Werktätigen der 17. Tarifgruppe nur 8mal höher als die einfache Arbeit der 1. Tarifgruppe bewertet wurde, betrug in der Vorkriegszeit dieses Verhältnis mindestens 20 : 1, d. h. es war mindestens 2,5mal so hoch.

Es fragt sich nunmehr: würde die Hochschulbildung auch bei der Vorkriegsbewertung der Intelligenzarbeit verlustbringend sein?

Um auf diese Frage zu antworten, führen wir eine entsprechende Näherungsrechnung durch. Ausgehend von einer Relation von 20 : 1 und unter der Annahme, daß jede nachfolgende Tarifgruppe um den gleichen Prozentsatz höher bezahlt werden soll wie die vorangegangene, würden wir für die Vorkriegszeit im Vergleich zum heutigen achtfachen System das folgende hypothetische Tarifsystem erhalten (vgl. Tabelle 23).

Wenn wir diese Relationen für die Umrechnung der Koeffizienten in Tabelle 22 (Spalte 4) auf Vorkriegswerte verwenden und dabei einen Jahresgrundlohn für die erste Tarifgruppe für 1913 in Höhe von 140 Vorkriegsrubeln annehmen, dann erhalten wir andere Größen für den wirtschaftlichen Effekt der Schulausbildung. Natürlich würden sich bei einer höheren Entlohnung der Intelligenzarbeit auch die Kosten für die schulische Ausbildung

10 Wir sprechen schon nicht von solchen Stellen wie dem Direktor eines Departements, der 8000 Rubel im Jahr erhielt, vom Vizedirektor (5000 Rubel) usw.; im Zentrum erhielten sogar „Sachbearbeiter der 5. Klasse" 3750 Rubel im Jahr. Noch höher waren, wie bekannt, die Gehälter von Ingenieuren und ähnlichen Spezialisten mitHochschulbildung in Privatstellung.

Tabelle 23. Zwei Tarifsysteme

Gruppe	Tarifkoeffizient beim System 1:8	Tarifkoeffizient beim System 1:20	Gruppe	Tarifkoeffizient beim System 1:8	Tarifkoeffizient beim System 1:20
1.	1,0	1,00	10.	3,4	5,38
2.	1,2	1,21	11.	3,8	6,49
3.	1,4	1,45	12.	4,2	7,83
4.	1,6	1,75	13.	4,8	9,44
5.	1,8	2,11	14.	5,4	11,39
6.	2,1	2,55	15.	6,0	13,74
7.	2,4	3,07	16.	7,0	16,38
8.	2,7	3,70	17.	8,0	20,00
9.	3,0	4,46			

pro Schüler in einer entsprechenden Relation erhöhen. Und tatsächlich belief sich – nach Vorkriegswerten – die Ausbildung eines Studenten an der Hochschule nach unterschiedlichen Berechnungen einschließlich der Studiengebühren auf einen Betrag in der Größenordnung zwischen 260 bis 300 Rubel, während sie im Jahre 1923/24 nach dem Haushalt nur 77 Rubel-Tscherwonez pro Jahr ausmachte.[11] Der Aufwand pro Schüler in der Mittelschule betrug 1913 (einschließlich der Schulgebühren) mindestens 116,50 Rubel, während er 1923/24 nach der Haushaltsrechnung kaum 27 Rubel erreichte.[12]

Wenn man jedoch auch diese Differenz berücksichtigt, die besonders für die höheren Klassen der Mittelschule und für die Hochschulen von Bedeutung wird, da hier Lehrkräfte mit erhöhter Qualifikation erforderlich sind, und wenn man alle notwendigen Veränderungen an den Daten der Tabelle 22 vornimmt, dann erhält man für die Vorkriegszeit die folgende, natürlich sehr näherungsweise Berechnung (siehe Tabelle 24).

Wie wir sehen, amortisieren sich nach der Vorkriegsbewertung der Arbeit die Aufwendungen für die Hochschulausbildung vollständig. Allerdings hat unsere hier dargestellte näherungsweise Berechnung nur illustrierende Bedeutung. Ihre Glaubwürdigkeit kann jedoch auch noch durch einige theoretische Überlegungen gestützt werden.

Die spontanen Gesetze des Marktes mußten ohne Zweifel bei der Bewertung der Arbeit auch die Kosten für die Reproduktion der hochqualifizierten Arbeit berücksichtigen. Wenn für die Ausbildung eines Arztes oder Ingenieurs ein 4jähriges Hochschulstudium nicht ausreichend ist, so daß eine 5jährige Ausbildung erforderlich wird, dann muß auf dem Markt auch dieses *letzte*, das fünfte Ausbildungsjahr vollständig bezahlt werden. Anders gäbe es keine hinreichenden Stimuli für die Studenten, dieses zusätzliche Jahr hinter dem Buch zu verbringen, und auch nicht für die Gesellschaft, die damit verbundenen

[11] Nach den Kalkulationen des Ministeriums für Volksbildung im Haushaltsjahr 1913 wurden bei insgesamt 48628 Studenten für den Unterhalt der Hochschulen aus Staatsmitteln 7652 Mill. Rubel verausgabt. Die Aufwendungen für Baumaßnahmen betrugen 2101 Mill. und für die Ausbildung von Professoren wurden 0,320 Mill. Rubel benötigt. Hinzu kamen die Studiengebühren in Höhe von 2639 Mill. Rubel, nicht gerechnet andere spezielle Mittel und Kapitalien. Die Summe der angeführten Positionen – 12,7 Mill. Rubel – ergibt pro Studenten einen Betrag von mindestens 261 Rubel. Der Betrag von 77 Rubel nach den Haushaltskalkulationen für das Haushaltsjahr 1923/24 enthält nicht die zusätzlichen Zuwendungen aus örtlichen Mitteln und von Wirtschaftsorganen, doch auch wenn man diese Mittel hinzufügt, würde bestenfalls ein Betrag von 100 bis 120 Rubel pro Jahr erreicht werden.

[12] 1913 belief sich der Haushalt für 1598 Gymnasien und Realschulen mit 540000 Schülern auf den Betrag von 62,9 Mill. Rubel.

Tabelle 24. Wirtschaftlicher Effekt der Ausbildung von Angestellten (bei einem Tarifsystem von 1 : 20)

Alter bei Berufsbeginn (in Jahren)	Anzahl der Jahre		Tarifgruppe	Tarifkoeffizient		Arbeitseinkommen auf Lebensdauer		Bildungseffekt (in Rubel)	Ausbildungskosten (in Rubel)	Saldo	
	Bildung	Arbeit		ermittelt	geglättet	nach Tarifsätzen der ersten Gruppe (Sp. 3 × Sp. 6)	in Rubel (Sp. 7 × 140 Rubel)			insgesamt (Sp. 9— Sp. 10)	für das letzte Ausbildungsjahr
1	2	3	4	5	6	7	8	9	10	11	12
16	0	37	6,91	3,02	3,02	111,7	15638	–	–	–	–
16	1	37	8,56	4,13	4,13	152,8	21392	5754	18	5736	5736
16	2	37	9,89	5,28	5,28	195,4	27356	11718	46	11672	5936
16	3	37	11,06	6,57	6,57	243,1	34034	18396	102	18294	6622
16	4	37	12,01	7,85	7,85	290,4	40656	25018	164	24854	6560
16	5	37	12,81	9,13	9,13	337,8	47292	31654	230	31424	6570
16	6	37	13,59	10,59	10,45	386,6	54124	38486	314	38172	6748
16	7	37	14,34	12,19	11,77	435,5	60970	45332	435	44897	6725
16	8	37	14,89	13,48	13,05	482,8	67592	51954	612	51342	6445
17	9	36	15,30	14,59	14,25	513,0	71820	56182	871	55311	3969
18	10	35	15,63	15,53	15,35	537,2	75208	59570	1069	58501	3190
19	11	34	15,90	16,29	16,29	553,9	77546	61908	1302	60606	2105
20	12	33	16,15	17,09	17,09	564,0	78960	63322	1658	61664	1058
21	13	32	16,38	17,86	17,86	571,5	80010	64372	2205	62167	503
22	14	31	16,60	18,63	18,63	577,6	80864	65226	3050	62176	5

Geldaufwendungen zu tragen: Wir bekämen nicht die notwendige Anzahl von Ärzten und Ingenieuren, wenngleich ein gewisser Überschuß beispielsweise bei Lehrern und Advokaten vorhanden sein könnte. Unsere Berechnungen bestätigen diese Überlegungen vollauf.

Die Hochschulausbildung rentiert sich nach dieser Berechnung nicht nur im *Durchschnitt* aller Ausbildungsjahre, sondern auch in bezug auf das letzte Studienjahr, das die wenigsten Studenten absolvieren und das am teuersten ist.

Man muß dieser Tatsache eine andere gegenüberstellen, die aus allen unseren Tabellen hervorgeht. Die in Tarifgruppen ausgedrückte, mit jedem folgenden Ausbildungsjahr zunehmende Qualifikation weist ungeachtet der wachsenden Kosten für diese Ausbildung in den höheren Altersgruppen eine sinkende Wachstumsrate auf. Dieses *„Gesetz“ der sinkenden Produktivität der Schulausbildung*, das völlig analog der gleichen sinkenden Produktivität jedes folgenden Jahres der Berufstätigkeit in bezug auf den Qualifikationszuwachs ist, verdient unsere besondere Aufmerksamkeit.

Woraus ist diese Tatsache zu erklären? Das ist eine Frage, die noch sehr wenig untersucht ist. Möglicherweise haben wir es hier einfach mit der größeren Elastizität und Aufnahmefähigkeit des jungen Gehirns zu tun, dessen unberührtes Neuland nach der ersten Bearbeitung eine besonders reiche Ernte hervorbringt, dann aber nach und nach in dem Maße, wie das Gehirn mit den verschiedenen Schulweisheiten und Tausenden angelernter bedingter Reflexe vollgestopft wird, verliert sich diese Elastizität, unsere Gehirntätigkeit wird *mechanisch*, wir reagieren gewohnheitsmäßig nach einer einmal angelernten Schablone auf alle neuen Eindrücke, und alles, was wir an Schnelligkeit und Genauigkeit durch solche Gewohnheitsreaktionen gewinnen, verlieren wir an Fähigkeit zur schöpferischen Aufnahme neuer Erkenntnismethoden und Arbeitsverfahren. Möglich, daß wir zur Erklärung des genannten Gesetzes noch eine Reihe weiterer Überlegungen aus anderen Wissenschaftsgebieten über den Menschen und die menschliche Gesellschaft heranziehen müssen. Doch die Tatsache bleibt bestehen.

Die Qualifikation des Werktätigen, d. h. sein Vermögen zu arbeiten und seine wirtschaftliche Produktivität, steigen – nach den Bewertungen auf dem Markt zu urteilen – langsamer an, als die Zahl der Jahre zunimmt, die für seine Schulausbildung aufgewandt wird. Aber wenn das richtig ist, dann findet die hohe Rentabilität der Ausbildung in der Grundschule wie auch in der Mittelschule gegenüber der Hochschulbildung in diesem „Gesetz" des sinkenden Produktivitätszuwachses der Schulausbildung eine hinreichende Erklärung. Wenn nach den Gesetzen des Marktes der Arbeitslohn des Werktätigen vollständig den Aufwand für die Ausbildung in dem seinen Ergebnissen nach am wenigsten produktiven letzten Schuljahr realisieren muß, so sind die in dieser Beziehung produktiveren Schuljahre ohne Zweifel um so rentabler, je höher deren Produktivität und je geringer die mit ihnen verbundenen Schulkosten sein werden.

Hier kann sich jedoch die folgende Frage erheben: Kann in bezug auf die geistige Arbeit ebenso, wie wir es hinsichtlich der physischen Arbeit tun, der Begriff der qualifizierteren, Arbeit mit dem Begriff der geschickteren und *produktiveren* Arbeit identifiziert werden, wo es doch hier keinerlei sichtbare Produktion gibt? Die Arbeit eines Lehrers oder Arztes, so hoch sie auch bewertet sein mag, ist doch überhaupt nicht vergleichbar mit der produktiven Arbeit des Schmiedes oder des Drehers, denn die geistige Arbeit schafft keine Marktwerte.

In Aussagen dieser Art verbirgt sich neben Wahrem jedoch eine nicht geringe Dosis an Irrigem. Natürlich kann man die Arbeit des Lehrers oder des Arztes nicht als Produktionsarbeit ansehen, dessenungeachtet kann sie, selbst vom Standpunkt des kapitalistischen Unternehmers, mehr oder weniger produktiv sein.

Seinerzeit haben die Physiokraten nur die Arbeit in der Landwirtschaft als produktiv angesehen. Doch bereits *Adam Smith* hat diesen Begriff bedeutend erweitert, indem er ihm jegliche Arbeit zuordnete, die *Waren produziert.* An einigen Stellen findet man bei ihm eine noch weitergehende Definition: Seiner Auffassung nach muß man zur produktiven Arbeit jede Lohnarbeit rechnen, wenn sie sich für den Unternehmer nicht nur amortisiert, sondern ihm darüber hinaus noch einen *Mehrwert* bringt. Zu dieser letzteren, weitestgehenden Definition ist auch *Karl Marx* gelangt, wobei er lediglich einwandte, daß „produktive und unproduktive Arbeit hier immer vom Standpunkt des Geldgebers, des Kapitalisten aus(geht), nicht des Arbeiters".

An anderer Stelle nennt *Marx* diese kapitalistische Bewertung der Produktivität „relativ", im Unterschied zur „absoluten", die bei einer anderen Gesellschaftsordnung am Platze wäre, der die Ausbeutung fremd ist: „Die bloße Existenz einer Kapitalistenklasse, also des Kapitals, beruht auf der Produktivität der Arbeit, aber nicht auf ihrer absoluten, sondern auf ihrer relativen Produktivität. Zum Beispiel: Wäre ein Arbeitstag nur hinreichend, um den Arbeiter am Leben zu erhalten, d. h. sein Arbeitsvermögen zu reproduzieren, so wäre, absolut gesprochen, die Arbeit produktiv, weil sie reproduktiv wäre, d. h. die von ihr konsumierten Werte (gleich dem Wert ihres eignen Arbeitsvermögens) stets ersetzte. Allein, sie wäre nicht produktiv im kapitalistischen Sinn, weil sie keinen Mehrwert produzierte." [13]

[13] Karl Marx, Theorien über den Mehrwert. Erster Teil, in: MEW, Bd. 26.1, Berlin 1965, S. 128; ebenda, S. 122/123.

Von diesem Standpunkt her sind sowohl bei der Warenproduktion als auch bei der Produktion von Dienstleistungen die geistige Arbeit und die Handarbeit, der Hilfsarbeiter und der Ingenieur, der Schriftsteller und der Clown, die Estradensängerin und selbst die Prostituierte aus einem öffentlichen Haus im Sinne der kapitalistischen Produktion gleich *produktiv*, weil sie Lohnarbeit verrichten und ihre Unternehmer bereichern.[14]

In gleichem Maße sind ohne Zweifel die Dienstleistungen des Schullehrers, der in der Produktion der für den kapitalistischen Markt wichtigsten Ware, der Arbeitskraft, tätig ist, oder die Dienstleistungen des Arztes, der nach einem Ausdruck von Marx mit der ständigen „Reparatur" dieser Ware, der Arbeitskraft, beschäftigt ist, produktiv. Natürlich wiederum einzig unter der Bedingung, daß sie für einen Unternehmer arbeiten, der aus ihrer unbezahlten Arbeit Mehrwert herauspreßt, wie das z. B. in privaten Lehranstalten, die von Karl Marx „Lehrfabriken" genannt wurden, in privaten Krankenhäusern und ähnlichen kapitalistischen Betrieben üblich ist.[15]

Doch wenn man sich von diesem privatwirtschaftlichen Standpunkt löst, der für die kapitalistische Gesellschaft so charakteristisch ist und sich auf die gesellschaftliche Position begibt, die uns unter den Bedingungen der Sowjetordnung eigen ist, nach der man als produktivste Arbeit jegliche Arbeit anerkennen muß, die in höchstem Grade nicht einzelne Personen, sondern die Gesellschaft als Ganzes bereichert, dann ergäbe sich natürlich eine völlig andere Klassifikation der unterschiedlichen Arten der Arbeit nach den Merkmalen ihrer Produktivität. So könnten wir z. B. die Arbeit einer Prostituierten, die in einem öffentlichen Hause fault, nicht als produktiv genutzt ansehen, während wir die Arbeit des Lehrers und des Arztes in unserer Republik, in der alle Fabriken nationalisiert worden sind, als hinreichend produktiv nicht nur in jenen Lehr- und Heil„fabriken", die kapitalistisch nach dem Profitprinzip organisiert sind, sondern auch in allen übrigen staatlich organisierten Einrichtungen, die der Steigerung der Produktivität der gesellschaftlichen Arbeit dienen, betrachten.

In welchem Maße die Arbeit des Lehrers diese Produktivität steigert, haben wir oben bereits gesehen. Es genügt darauf zu verweisen, daß selbst bei der heutigen, bei weitem noch nicht glänzenden Organisation des Unterrichtswesens für die Produktion jedes Werktätigen, der die Hochschule abschließt, im Prozeß der Ausbildung nicht mehr als 13,2 Jahre einfacher Arbeit aufgewendet werden, die aber zu einer Produktivitätssteigerung des Werktätigen führt, die – berechnet auf die gesamte Arbeitszeit während seines Lebens – eine Größenordnung von 148 Jahren einfacher Arbeit der ersten Tarifgruppe, d. h. das 11fache des Arbeitsaufwandes für seine Ausbildung erreicht.[16]

In welchem Maße unter diesem Gesichtspunkt die Arbeit des Arztes produktiv ist, der die Arbeitsfähigkeit vieler Hunderter von ihm geheilter Arbeiter verlängert, ist schwer zu sagen. Doch auch der wirtschaftliche Effekt der ärztlichen Arbeit ist – allgemein genommen – zu berechnen, und ohne Zweifel würde er in sehr respektablen Größen zum Ausdruck kommen.

Das gleiche könnte man wahrscheinlich auch für eine ganze Reihe weiterer Vertreter der geistigen Arbeit – Wissenschaftler, Schriftsteller und Künstler – sagen, für deren Berufstätigkeit der wirtschaftliche Effekt in der kapitalistischen Gesellschaft überhaupt nicht berücksichtigt wird. Dabei steht für uns außer Zweifel, daß die von ihnen geschaf-

[14] Ebenda, S. 128, 134, 136.

[15] Ebenda, S. 137.

[16] Vgl. in Tabelle 11 und 22 die Anzahl der Lehrjahre pädagogischer Arbeit, umgerechnet auf einfache Arbeit, nach den in der Anmerkung zur Tabelle 11 gegebenen Tarifkoeffizienten und danach verdoppelt unter Berücksichtigung aller übrigen Aufwendungen der Schule.

fenen kulturellen Werte durch Hebung des kulturellen Niveaus des Landes nicht ohne Einfluß auch auf die materielle Basis jeder Volkswirtschaft bleiben, auf die produktiven Ressourcen und die lebendigen Produktivkräfte.

Bei der planmäßigen Gestaltung der Rekonstruktion unserer Volkswirtschaft auf der neuen sozialistischen Grundlage darf man nicht nur solche mächtigen materiellen Faktoren dieser Rekonstruktion berücksichtigen wie die Elektrifizierung, sondern auch solche weit weniger wahrnehmbaren wie die Volksbildung, ohne die selbst der gelungenste Plan zur Elektrifizierung schwer zu verwirklichen wäre.

4. *Der Nationalreichtum Rußlands und der UdSSR*[1]

4.1. Rußland und die Großmächte des Westens

Die Angaben über unseren Nationalreichtum aus der Zeit des Zarismus sind außergewöhnlich spärlich und wenig vertrauenswürdig. Von den russischen Gelehrten hat sich fast niemand mit entsprechenden Berechnungen befaßt. Wenn sie sich manchmal dieser Frage zuwandten, dann benutzten sie gewöhnlich kritiklos die fertigen Berechnungen ausländischer Autoren ohne jegliche Analyse. So werden einige globale Nationalreichtumsvergleiche Rußlands mit anderen Großmächten bei S. I. Gulišambarov angeführt, die er aus Arbeiten von Mulhall entnommen hat.[2] Es gibt auch neuere Gegenüberstellungen der gleichen Art zu Beginn des Weltkrieges von Professor S. A. Falkner in dem unter seiner Redaktion herausgegebenen Sammelband.[3] Aber auch hier werden die Daten über Rußland mit einem recht wertlosen Hinweis auf eine ausländische Quelle (Newmark) angeführt. Der Genauigkeitsgrad, für den diese Quelle hinsichtlich der genannten Daten sich verbürgt, ist nicht höher als 40%. Welchen Anteil dabei die Bewertung des Bodens und die ganz und gar irrealen Papier„werte" einnehmen, ist nicht bekannt. Die Methode ihrer Berechnung und der Umfang des Territoriums, auf das sie sich beziehen, ist von der Redaktion nicht angegeben worden. Wenn man die Bruttoergebnisse für ganz Rußland den Durchschnittswerten pro Kopf der Bevölkerung in derselben Tabelle gegenüberstellt, dann ergibt sich, daß die Bevölkerung Rußlands 1914 nach den Daten über Vermögenswerte insgesamt 141 Millionen Menschen betrug, nach den Daten über das Jahreseinkommen wären es dagegen 182 Millionen.[4] Weshalb gerade in solchem Maße nicht vergleichbare Daten ohne jegliche Erläuterung miteinander verglichen werden, ist schwer zu sagen. Es ist jedoch möglich, daß die Herausgeber des Sammelbandes sich selbst keine klare Rechenschaft über die genaue Bedeutung der gegenübergestellten Zahlen gegeben haben.

[1] Abrisse der sowjetischen Wirtschaft. Moskau – Leningrad 1928.

[2] S. I. Gulišambarov, Rußland in der Weltwirtschaft und in der Reihe der Großmächte zur Zeit der Thronbesteigung Alexanders des Dritten und Nikolaus des Zweiten in den Jahren 1881 bis 1894, Aschchabad 1911, S. 33 und 68; Mulhall, Statistical Dictionary, 1884, und Industries and Wealth of Nations, 1896.

[3] Die Weltwirtschaft in der Zeit von 1913 bis 1921, Statistisches Jahrbuch, Verlag des Gesamtrussischen Zentralverbandes der Konsumgenossenschaften, Moskau 1922, S. 289. Vgl. auch V. Vojtinskij, Die ganze Welt in Zahlen, Buch 1, Berlin 1925, S. 160.

[4] Die erste Zahl entspricht der Bevölkerung von 60 Gouvernements des europäischen Rußlands zu Beginn des Jahres 1914, die zweite der Bevölkerung ganz Rußlands einschließlich Finnlands zum Ende desselben Jahres.

Bereits das Gesagte verweist auf den Grad der Vorsicht, die gegenüber derartigen Daten geboten ist, bei denen ihr wissenschaftlicher Wert und ihre Bedeutung uns nicht genügend bekannt sind. Dessen ungeachtet wollen wir zum Nachweis ein paar der allgemeinsten Gegenüberstellungen anführen. Unter Benutzung der obengenannten Quellen und versehen mit den notwendigen Korrekturen zur besseren Vergleichbarkeit[5], können wir den Nationalreichtum und das Nationaleinkommen der sieben wichtigsten Großmächte mit den Daten ausweisen, die in Tabelle 1 angefügt sind.

Tabelle 1. Nationalvermögen und Nationaleinkommen der Großmächte (in Millionen Goldrubel)

	Nationalvermögen			Nationaleinkommen		
	1881	1894	1914	1881	1894	1914
Vereinigte Staaten	88000	153000	397400	13100	29200	67400
Großbritannien (ohne Kolonien, mit Irland)	82500	111200	137100	11800	13400	21600
Frankreich	76100	91700	113400	9100	11400	14250
Deutschland	64300	79200	156600	8000	12600	19200
Rußland	40500	60300	140900	6110	9360	16400
Österreich-Ungarn	33400	43500	58550	5580	6820	10120
Italien	22200	29900	42400	2730	4130	7630
Summe	407000	568800	1046350	56420	86910	156600
Das gleiche in % zu 1881	100,0	140,0	257,0	100,0	154,0	278,0

Wenn wir uns auch durchaus nicht für die vollständige Vergleichbarkeit der angegebenen Ziffern verbürgen, so können wir doch feststellen, daß zu Beginn der betrachteten Periode Rußland sowohl bezüglich des Gesamtreichtums als auch in bezug auf das Jahreseinkommen den 5. Platz unter den Großmächten einnahm, während es zum Zeitpunkt des Weltkrieges schon an 4. Stelle bezüglich des Einkommens und an 3. Stelle bezüglich des Nationalreichtums stand. Diese Beobachtung kann man für alle jüngeren kapitalistischen Staaten verallgemeinern. Ihr Reichtum wächst zweifellos in einem schnelleren Tempo an als der der alten Bastionen des Kapitalismus wie England und Frankreich. Interessant ist aber, daß der entscheidende Faktor in dieser Beziehung offenbar nicht so sehr das schnellere Tempo der ursprünglichen Akkumulation der jungen Länder ist, als vielmehr das Wachstum der Bevölkerung, das das der alten Länder überflügelt. Wenn wir nämlich die verglichenen Länder nach dem abnehmenden Bevölkerungszu-

[5] Der Vergleichbarkeit wegen nehmen wir Rußland von 1881 und 1894 in den alten Grenzen von 1914 an, und zwar hier und bei allen weiteren Berechnungen ohne Finnland, wobei wir die Bevölkerung nach den Angaben der Zentralverwaltung für Statistik ohne Korrektur auf 175,1 Millionen beziffern. Dementsprechend beträgt der Nationalreichtum Rußlands im Jahre 1914 bei uns anstelle von 113400 Mill. Rubel für 141 Mill. Einwohner 140900 Mill. Rubel (der Dollar ist bei den Umrechnungen = 1 Rubel und $94^1/_3$ Kopeken gesetzt worden). Das Nationaleinkommen Rußlands ist für 1914 in den gleichen Grenzen nach Prokopovič auf 16400 Mill. Rubel angenommen worden. Kleinere Korrekturen mußten auch für andere Länder eingefügt werden, weil auch für diese die Bevölkerungszahlen nach dem Einkommen und nach dem Nationalreichtum nicht immer genau übereinstimmten.

Tabelle 2. Bevölkerungszahl, Nationalvermögen und Nationaleinkommen der Großmächte (in Relativzahlen; Werte von 1881 = 100)

	Bevölkerung		Nationalvermögen		Nationaleinkommen	
	1894	1914	1894	1914	1894	1914
Vereinigte Staaten	135	198	174	452	223	515
Rußland	125	179	149	348	153	268
Deutschland	114	150	123	244	158	240
Österreich-Ungarn	120	138	130	175	122	181
Großbritannien	111	131	135	166	114	183
Italien	109	123	135	191	151	280
Frankreich	102	105	120	149	125	157
im Mittel	119	155	140	257	154	278

wachs ordnen, erhalten wir die folgenden Reihen für das Wachstum des Nationalreichtums und des jährlichen Nationaleinkommens (Tabelle 2).

Wie wir sehen, nehmen in der Tabelle 2 die Vereinigten Staaten, deren Bevölkerung sich nicht nur durch natürlichen Zuwachs, sondern auch durch die Einwanderungen vergrößert, den ersten Platz ein. Das Wachstum der Bevölkerung bedeutet vor allem aber eine wachsende Arbeitsarmee, von deren Händen allein alle Reichtümer geschaffen werden. Das ist der Grund, weshalb die Vereinigten Staaten in bezug auf das Wachstumstempo des Nationalreichtums den ersten Platz einnehmen. Den zweiten Platz in dieser Reihenfolge hat Rußland inne, den dritten Deutschland. Frankreich aber, das den minimalsten Bevölkerungszuwachs hat, nimmt auch bezüglich des Wachstumstempos des Nationalreichtums den letzten Platz ein.

Eine gewisse Ausnahme stellt in Tabelle 2 Italien dar. Bei sehr geringem Wachstumstempo der Bevölkerung hat es, wenn man den vorliegenden Berechnungen des Nationaleinkommens glauben darf, einen sehr hohen Einkommenszuwachs. Alle diese Berechnungen sind aber – allgemein gesprochen – nur annähernd, weshalb man der genannten Abweichung keine große Bedeutung beimessen sollte.[6]

In Tabelle 2 ist bemerkenswert, daß der Bevölkerungszuwachs im Durchschnitt für alle Länder wesentlich hinter dem Zuwachs des Nationalreichtums und in noch höherem Maße gegenüber dem jährlichen Zuwachs des Nationaleinkommens zu laufenden Preisen zurückbleibt. Wenn man annimmt, daß die Anzahl der produktiv Tätigen im Lande proportional zur Bevölkerung wächst, dann könnte man aus dem Wechselverhältnis zwischen dem Nationaleinkommen in vergleichbaren Preisen und der Bevölkerung unschwer auf einen wesentlichen Fortschritt auf dem Gebiet der Qualifikation und der Arbeitsproduktivität im letzten Jahrzehnt vor dem Kriege schließen. In 13 Jahren, nämlich von 1881 bis 1894, erhöhte sich die Effektivität der Arbeit im Durchschnitt aller sieben Großmächte demnach um 29% und während des gesamten Zeitraums von 33 Jahren um 80%. Bedauerlicherweise sind die Preise für die verschiedenen Jahre und Länder in den angeführten Daten nur begrenzt vergleichbar.

6 Der Genauigkeitsgrad der Berechnungen für Italien beträgt nach den Angaben unserer Quelle nicht mehr als 30%, d. h., er erreicht nur ein Drittel der Exaktheit der Berechnungen für England. Es würde genügen zu unterstellen, daß das Nationaleinkommen Italiens bis 1884 nur um 20% unterbewertet und für 1914 um die gleiche Größe überbewertet sei, dann würde sich das Wachstumstempo des Nationaleinkommens in diesem Land in voller Übereinstimmung mit seinem Platz bezüglich des Bevölkerungszuwachses unter den anderen Mächten befinden.

Eine anschaulichere Vorstellung über die Entwicklung der Effektivität der Arbeit in den verschiedenen Ländern während der untersuchten Periode ergeben die Gegenüberstellungen, die in Tabelle 3 aufgeführt sind.

Tabelle 3. Nationalvermögen und Nationaleinkommen im Durchschnitt pro Kopf der Bevölkerung

	Nationalvermögen			Nationaleinkommen		
	1881	1894	1914	1881	1894	1914
	Absolute Zahlen (in Rubel)					
Großbritannien (ohne Kolonien)	2363	2861	3008	338	344	473
Frankreich	2022	2393	2868	242	297	360
Vereinigte Staaten	1751	2264	4010	262	432	680
Deutschland	1380	1542	2305	177	246	284
Österreich-Ungarn	902	981	1143	150	154	198
Italien	780	967	1210	96	134	218
Rußland	413	491	805	62	46	94
im Durchschnitt	1230	1440	2040	170	220	305
	Relativzahlen (%)					
Vereinigte Staaten	100	129	229	100	165	260
Italien	100	124	155	100	140	227
Deutschland	100	112	168	100	139	160
Rußland	100	119	195	100	123	152
Frankreich	100	118	142	100	123	149
Großbritannien	100	122	127	100	102	140
Österreich-Ungarn	100	109	127	100	103	132
im Durchschnitt	100	117	166	100	129	180

Wie wir sehen, nimmt Rußland in der Rangordnung der Länder nach der absoluten Höhe ihres Reichtums und Einkommens pro Kopf der Bevölkerung den letzten Platz unter den Großmächten ein. Wenn man jedoch die Aufmerksamkeit auf das relative Tempo des jährlichen Nationaleinkommenszuwachses richtet und folglich auch auf die Effektivität der Arbeit, dann rückt Rußland auf den 4. Platz vor und überholt dabei Großbritannien und Frankreich deutlich. Dem Tempo des Anwachsens des Nationalreichtums nach würde es sogar einen noch höheren Platz einnehmen, nämlich den 2. Platz unmittelbar nach den Vereinigten Staaten. Aber leider sind die Berechnungen des Nationalvermögens, auf die wir uns stützen, noch weniger vertrauenswürdig als die Berechnungen des Nationaleinkommens. Es ist daher nicht möglich, irgendwelche wichtigen Schlußfolgerungen auf der Grundlage dieser Vergleiche zu ziehen.

Man muß außerdem noch hinzufügen, daß die Ermittlung der Vermögen und Einkommen für *unterschiedliche* Zeiträume und in *verschiedenen* Ländern, ausgedrückt in Goldvaluta, auch dann noch von einer vollen Vergleichbarkeit der absoluten Daten weit entfernt wäre, wenn diese Valuta wesentlich stabiler wäre, weil die Kaufkraft des Goldmaßstabes in Zeit und Raum während der untersuchten Periode um mehrere Dutzend Prozent schwankte. Wenn man z. B. die Kaufkraft des Goldrubels, in Waren ausgedrückt, für 1914 in Rußland = 100 setzen würde, dann müßte man sie für 1894 mit 151 angeben. Analog dazu wurde durch die bekannten Haushaltsuntersuchungen des englischen Departments of Labour für 1905 bis 1909 festgestellt, daß der amerikanische Golddollar in der Umrechnung auf Warenvaluta in Deutschland um 27%, in Frankreich um 32%, in England um 45% und in Belgien sogar um 56% teurer wäre als in den Vereinigten Staaten. Würde man das Gold durch einen anderen, stabileren Wertmaßstab ersetzen, dann könnten wir somit völlig andere Relationen für die Vergleichsgrößen sowohl nach der Zeit als auch nach dem Raum erhalten.

In den Fällen jedoch, in denen die Unterschiede zwischen den verschiedenen Zeitpunkten und Zeiträumen nicht Dutzende, sondern Hunderte von Prozenten betragen, wie das meistens in unseren Tabellen der Fall ist, können auch sehr große Fehler das Gesamtbild nicht wesentlich verändern.

Für Rußland kann man noch die folgenden detaillierten Daten über die Zusammensetzung des Nationalvermögens für den Zeitraum von 1864 bis 1894 nach Berechnungen von Mulhall anführen (Tabelle 4).

Tabelle 4. Nationalreichtum Rußlands (in Mill. Pfund Sterling)

	1864	1882	1888	1894
Gesamtvermögen				
Boden	670	1940	1514	2113
Vieh u. ä.	360	345	576	597
staatliche und gesellschaftliche Anlagen	?	224	(310)	?
Gebäude	550	880	900	892
Möbel und Hausinventar	275	440	450	446
Eisenbahnen	20	309	314	349
Flotte	?	7	?	?
Fabriken	59	?	?	127
Waren	280	60	120	515
Edelmetalle	40	34	50	101
Verschiedenes	564	104	1566	1285
insgesamt	2818	4343	5800	6425
%	100	154	206	228
Nationalreichtum insgesamt (ohne Boden)	2148	2403	4286	4312
%	100	112	200	201

Wir würden es für richtig halten, in den Begriff des Nationalreichtums nur jene materiellen Güter einzuschließen, deren Wert durch die in ihnen vergegenständlichte gesellschaftliche Arbeit bestimmt ist. In der ausländischen Statistik werden in diesen Begriff aber auch solche Vermögensarten einbezogen wie der Grundbesitz, dessen Preis unter den Bedingungen des Kapitalismus das kapitalisierte Einkommen seiner Eigentümer darstellt, während er unter unseren Bedingungen, wo der Boden nationalisiert ist und keinen Preis hat, überhaupt nicht zum Nationalreichtum gerechnet werden kann. Nach Berechnungen von Mulhall erhöhte sich die Bewertung des Bodens in Rußland im Verlaufe von 30 Jahren um 215% und übertraf damit das Wachstum aller übrigen sachlichen Elemente des Nationalreichtums, das 100% nicht überschreitet. Im übrigen deckt Mulhall weder die Quellen noch die Methoden seiner Berechnungen auf. Deshalb können sie nur mit sehr großer Vorsicht benutzt werden.

Von wesentlich größerem Interesse ist für uns die kürzlich abgeschlossene Arbeit von A. L. Vajnštejn zur Berechnung des Nationalreichtums Rußlands des Jahres 1914.[7] Wir entnehmen ihr hier nur die allgemeinen Ergebnisse (Tabellen 5 und 5a).

Tabelle 5. Nationalreichtum Rußlands (ohne Finnland) zum Beginn des Jahres 1914 (in Mill. Goldrubel)

Wirtschaftszweig	Art des Vermögens				
	Bauten und Anlagen	Ausrüstungen	Waren und Material	übriges Vermögen	Summe
Land- und Forstwirtschaft	9797	2489	3368	8201	23855
Industrie					
zivile Industrie	1705	1563	2028	–	5296
Rüstungsbetriebe und Werften	38	55	47	–	140
Eisenbahnwerkstätten	20	23	21	–	64
kommunale Industriebetriebe	326	197	142	–	665
Transportwesen					
Eisenbahn- und Schiffstransport	3705	1861	162	–	5728
Autotransportstraßen	754	–	–	–	754
Waren auf dem Transportwege	–	–	680	–	680
Post und Fernmeldewesen	111	14	1	2	128
städtische Fonds					
städtische Wirtschaft und Stadtgestaltung	1101	98	6	35	1240
Wohnraumfonds, Handelsgebäude u. ä.	7959	231	2328	144	10662
staatliche Einrichtungen					
militärische	706	955	693	135	2489
übrige	317	60	59	–	436
Kulturstätten	960	161	–	–	1121
Münzen und Edelmetalle im Umlauf und in Vorräten	–	–	2175	–	2175
häusliches Vermögen der Bevölkerung	–	–	–	11788	11788
insgesamt	27499	7707	11710	20305 *	67221 **
%	41,0	11,5	17,5	30,0	100,0

* darunter: lebendes Inventar 7367 Mill., Pflanzungen 1055 Mill. und Inventar für den häuslichen Gebrauch 11883 Mill. Rubel. Passivsaldo bei Abrechnungen mit dem Ausland 7284 Mill. Rubel.

** Außerdem sind von uns in den Grenzen des Russischen Reiches für 50,8 Milliarden Rubel Boden und für 28,6 Milliarden Rubel Waldflächen nach den Preisen und den Holzschätzungen des Jahres 1914 berücksichtigt worden. Damit kann der gesamte Nationalreichtum des Russischen Reiches für den Vergleich mit den anderen Ländern für 1914 auf 146,6 Milliarden Rubel in Gold oder auf 75,4 Milliarden Dollar geschätzt werden.

7 A. L. Vajnštejn, Wissenschaftliche Arbeiten zur Statistik, 1957, Nr. III, S. 142.

Tabelle 5a. Soziale Struktur des Eigentums

Wirtschaftszweig	Kapitalistischer Sektor	Staatl. kommunaler Sektor	Sektor der arbeitenden Bevölkerung im Dorf	in der Stadt	Summe
Land- und Forstwirtschaft	12952	1071	9832	–	23855
Industrie	5227	902	–	36	6165
übrige Zweige	12604	10394	–	240	23238
Münzen und Edelmetalle	454	1598	90	33	2175
insgesamt berücksichtigt	31237 *	13965	9922	309	55433
in %	56	25	18	1	100
häusliches Vermögen der Bevölkerung	–	–	–	–	11788

* Einschließlich des Vermögens der bäuerlichen Bourgeoisie.

Es ist außerordentlich kennzeichnend für ein solches Agrarland, wie es das zaristische Rußland darstellt, daß von den 55,4 Milliarden Goldrubel an materiellen Fonds auf den Anteil der Landwirtschaft, Boden und Wald sogar nicht gerechnet, 43% des Nationalreichtums entfallen, während die städtischen Fonds zusammengenommen nicht mehr als 25% ausmachen, der Transport 13% erreicht und der Anteil der Industrie insgesamt sich auf nicht mehr als 11,3% beläuft. Interessant ist auch die soziale Struktur in der Verteilung aller materiellen Fonds des Landes. Auf die Bourgeoisie und die Gutsbesitzer entfielen 56% dieser Fonds (darunter auf die Agrarier nicht weniger als 23%, den Boden nicht gerechnet), zum staatlichen und kommunalen Eigentum gehörten 25% und für die gesamte arbeitende Bevölkerung des Landes verblieben weniger als 19%. Natürlich müssen auch die Berechnungen von Vajnštejn bei einer Reihe schwer zu erfassender Konten noch geprüft und korrigiert werden. Z. B. bewertet Vajnštejn das gesamte häusliche Eigentum der Bevölkerung einschließlich Möbel, Geschirr, Gerätschaften, Kleidung und Schuhe, Wäsche und Übriges insgesamt mit 11,8 Md. Rubel. Unterdessen ist nach unseren Inventarlisten dieses Vermögen für das Wirtschaftsjahr 1922/23, nach den Mühsalen von Krieg und Blockade, schon für Arbeiterfamilien in Höhe von 114 bis 126 Rubel pro Kopf zu Preisen von 1913 berechnet worden. In bourgeoisen Kreisen würde es sich als noch wesentlich höher erweisen. Aber wenn wir nur einen Betrag von jeweils 120 Rubel für 160 Mill. Einwohner annehmen würden, dann ergäbe das schon insgesamt 19,2 Milliarden, d. h. um 78% mehr als Vajnštejn errechnete. Ich stimme mit seinen Berechnungen auch in anderen Positionen nicht überein. Insgesamt gesehen stellt es jedoch die einzige Zusammenfassung aller vorhandenen Daten und Berechnungen über den Nationalreichtum Rußlands zum Jahre 1914 dar und ist natürlich bezüglich der Qualität wesentlich höher einzuschätzen als die Berechnungen von Mulhall und anderen ausländischen Autoren.

Von höchstem Interesse sind für uns die Vergleiche über das Tempo, in dem die Bereicherung in den verschiedenen Ländern anwächst. Für diese Zwecke sind jedoch Berechnungen der Nationalreichtümer nach ihrer gebrauchswertmäßigen Bedeutung zu unveränderten Preisen am besten geeignet. Für die USA insbesondere kann man derartige Daten für eine ziemlich große Anzahl von Jahren anführen. Als eines der jüngsten Länder des Kapitalismus haben die Vereinigten Staaten in ihrer Entwicklung eine ganze Reihe älterer Länder überholt. Für alle diese Länder ist jedoch auch der folgende Umstand kennzeichnend.

Die Entwicklung der kapitalistischen Länder verläuft außerordentlich ungleichmäßig, und zwar nicht nur in der Beziehung, daß sich die Länder des jungen Kapitalismus schneller entwickeln als die alten, sondern auch innerhalb eines bestimmten Landes führen die Anarchie der kapitalistischen Produktion und periodische Krisen zu einer nicht unerheblichen Ungleichmäßigkeit der Entwicklung im Zeitablauf. Man kann das am besten am Beispiel der Vereinigten Staaten von Nordamerika demonstrieren (Tabelle 6).

Tabelle 6. Entwicklung des Nationalvermögens der Vereinigten Staaten von Nordamerika *

Jahr	Nomineller Betrag des Nationalvermögens in Mill. Rubel	Jahresdurchschnittliche Zuwachsrate in der letzten Periode	Bevölkerung in Mill. Einwohnern	Index der Großhandelspreise (1912 = 100)	Realer Umfang des Nationalvermögens in Preisen von 1912		Jahresdurchschnittliche Zuwachsrate für die Periode	
					Gesamtsumme	pro Kopf der Bevölkerung in Rubel	Gesamt summe	pro Kopf der Bevölkerung in Rubel
1840	7380	–	17,0	118	6188	362	–	–
1850	13855	6,60	23,2	93	14910	644	9,18	+5,93
1860	31400	8,52	31,4	95	33080	1051	8,29	+5,03
1870	58400	6,41	38,6	145	40320	1045	2,00	–0,06
1880	84780	3,79	50,2	91	93200	1857	8,75	+6,17
1890	126400	4,07	63,1	89	141950	2252	4,31	+1,99
1900	172000	3,13	76,1	81	212200	2792	4,10	+2,13
1904	208100	4,88	82,6	92	226080	2740	1,51	–0,10
1912	361900	7,16	95,1	100	362000	3710	6,05	+3,94
1922	622800	5,59	109,9	159	392000	3570	0,80	–0,36

* Quelle: S. A. Falkner, Die Vereinigten Staaten in der Weltwirtschaft. Moskau-Leningrad 1926, S. 27.

Wie wir sehen, verlief die reale Mehrung des Reichtums in diesem Lande mit einem im buchstäblichen Sinne des Wortes *fieberhaften* Tempo: Da gibt es riesige Sprünge nach vorn, eine Verlangsamung und einen vollständigen Stillstand im Wachstum oder sogar einen Rückgang in der Entwicklung.

Die Ergebnisse in Tabelle 6 enthalten auch eine Bewertung des Bodenbesitzes. Deshalb führen wir noch die neuesten Daten unter Aussonderung des Bodenbesitzes aus den Gesamtsummen an und vergleichen die Entwicklung des Nationalreichtums (ohne Boden) in laufenden und in konstanten Preisen des Jahres 1929 (Tabelle 7).

Die angeführten Ergebnisse enthalten auch den Saldo aus den Verrechnungen mit dem Ausland, der sein Vorzeichen ändert und in den letzten Jahren im Zusammenhang mit den Kapitalanlagen der Amerikaner außerhalb der Grenzen ihres Landes schnell wächst. Der Bodenpreis stieg in den USA von 1900 bis 1949 um 417%, während sich die sachlichen Güter in laufenden Preisen auf mehr als das 12fache erhöhten. Zum größten Teil ist dieses Wachstum allerdings durch die Entwertung des Dollars zu erklären, die in diesen Jahren das 3,7fache betrug. In Umrechnung auf Dollars des Jahres 1929 wuchs der Nationalreichtum der USA im Verlaufe von 58 Jahren insgesamt um 344%, und wenn man das Wachstum der Bevölkerung in dieser Zeit von 76 auf 173,2 Mill. Einwohner berücksichtigt, dann erhöhte sich dieser Reichtum pro Kopf der Bevölkerung in 58 Jahren nur um 128%. Die jahresdurchschnittliche Zuwachsrate erreicht nicht einmal 1%. Bei brüderlicher

Tabelle 7. Entwicklung des Nationalreichtums der USA in den Jahren von 1900 bis 1958 (in Milliarden Dollar) *

Jahr	in laufenden Preisen insgesamt	darunter sachliche Güter	Bodenbesitz	Saldo der Abrechnungen mit dem Ausland	Sachliche Güter in Dollar des Jahres 1929 absolut	in %
1900	87,7	59,1	30,9	– 2,3	122,6	100
1905	117,1	76,5	42,6	– 2,0	146,2	119
1910	152,0	99,6	54,5	– 2,1	175,8	143
1915	191,8	126,9	65,2	– 0,3	202,6	165
1920	374,4	264,6	103,4	6,3	230,2	188
1925	384,2	272,9	101,6	9,7	273,3	223
1930	410,0	293,4	104,0	12,6	322,7	263
1935	344,9	256,1	82,6	6,1	297,1	242
1940	424,2	331,2	92,2	0,8	329,6	269
1945	570,6	441,5	128,1	1,1	331,5	270
1950	1054,7	852,0	189,8	13,4	405,7	331
1955	1384,3	1130,7	238,2	15,4	494,3	403
1958	1682,1	1366,9	290,9	24,3	544,4	444

* Quelle: Statistical Abstract of the United States, 1960, S. 326/327

Teilung bekäme jeder Amerikaner im Jahre 1958 von diesem Reichtum etwa 3200 Dollar mit der Chance, diesen Reichtum im Jahr um etwa 30 Dollar zu vermehren. Bei einem Arbeitseinkommen der amerikanischen Arbeiter von mehr als 3000 Dollar pro Jahr ist dieser durchschnittliche Zuwachs des Pro-Kopf-Reichtums für das reichste Land der kapitalistischen Welt nicht gar so hoch. Es handelt sich aber darum, daß zwischen den Milliardären und den Arbeitern in den USA keinerlei brüderliche Teilung der Reichtümer praktiziert wird. Die Milliardäre pressen Milliarden heraus, während die Ersparnisse der Arbeiter bei der erste Krise oder bei einer Stockung und dem Verlust der Arbeit spurlos verschwinden. Deshalb sollte man auch nicht von einem *durchschnittlichen* „Reichtum" des Milliardärs und des Arbeitslosen sprechen. Aber auch der allgemeine Nationalreichtum ist in den Ländern des Kapitalismus nicht übermäßig stabil. In den Jahren periodischer Krisen wächst er generell nicht, sondern vermindert sich sogar, und diese fieberkurvenhaften Entwicklungen sind bekanntlich für die ganze kapitalistische Welt charakteristisch.

Die Oktoberrevolution, die bei uns die Möglichkeit der Planwirtschaft eröffnete, stellt für die UdSSR einen hinreichend radikalen Impfschutz gegenüber diesem kapitalistischen Fieber dar. Wir haben alle Chancen für ein gesundes wirtschaftliches Wachstum ohne *Krisen und Einbrüche.* Das bedeutet aber eine solche Beschleunigung unseres Wachstumstempos im Vergleich zu den kapitalistischen Ländern, das früher oder später auch ein übermäßig strenges Regime der Ökonomie und jegliche andere Erscheinungen eines erzwungenen Asketismus der werktätigen Massen bei uns überflüssig macht.

Natürlich haben die Lasten des Krieges und der Revolution, in noch größerem Maße aber die Lasten der Konterrevolution von 1918 bis 1920, die wirtschaftliche Entwicklung der UdSSR für lange Zeit aufgehalten. Nach Berechnungen der Staatlichen Plankommission näherten wir uns erst im Wirtschaftsjahr 1925/26 im Niveau der Produktion und des Nationaleinkommens dem Vorkriegsniveau von 1913.

Wir führen hier nur die wichtigsten Ergebnisse dieser Berechnungen an (Tabelle 8 und Tabelle 9).

Tabelle 8. Die Bruttoproduktion der UdSSR (in Mill. Rubel)*

Wirtschaftszweig	1913 in den Grenzen des Russischen Reiches	UdSSR	1925/26 UdSSR in Rubel-Tscherwonez	1925/26 UdSSR in Preisen von 1913 absolut	in % zu Spalte 3
Landwirtschaft					
Ackerbau und Viehwirtschaft	11770	10225	13987	10165	99,4
Forstwirtschaft	974	812	1558	923	113,7
Fischfang und Jagd	259	244	339	201	82,3
Summe	13003	11281	15886	11289	100,0
Industrie					
Fabrikindustrie	7690	6354	10355	5850	92,1
handwerkliche Industrie	1695	1395	1916	1083	77,6
Summe	9385	7749	12271	6933	89,4
Akzise	816	691	915	517	74,8
Summe einschl. Akzise	10201	8440	13186	7450	88,3
Bauwesen					
Neubauten und Generalüberholungen	958	787	1286	562	71,3
Landbau	591	487	769	513	105,4
Summe	1549	1274	2055	1075	84,3
Transportwesen					
Eisenbahntransport	1186	970	1406	1068	110,0
Flußschiffahrt	154	144	138	110	76,4
Seeschiffahrt	116	95	45	31	32,6
Straßentransport	377	329	197	243	73,9
Summe	1833	1538	1786	1452	94,4
Post- und Fernmeldewesen	121	105	134	127	120,8
Handelsumsatz	11775	9703	20986	9470	97,6
insgesamt	38482	32341	54033	30863	95,3

* Quelle: Die Perspektiven für die Entwicklung der Volkswirtschaft der UdSSR in den Jahren von 1926/27 bis 1930/31, Verlag der Staatlichen Plankommission der UdSSR, 1927, S. 23.

Tabelle 9. Das Nationaleinkommen der UdSSR (in Mill. Rubel) *

Wirtschaftszweig	1913 in den Grenzen des Russischen Reiches	UdSSR	in Rubel-Tscherwonez	1925/26 UdSSR in Preisen von 1913	
				absolut	in % zu Spalte 3
Landwirtschaft					
Ackerbau und Viehwirtschaft	7740	6720	9138	6681	99,4
Forstwirtschaft	793	661	1268	751	113,7
Fischfang und Jagd	259	244	339	201	82,3
Summe	8792	7625	10745	7633	100,0
Industrie					
Fabrikindustrie	3075	2541	4141	2342	92,2
handwerkliche Industrie	902	742	1020	576	77,6
Summe	3977	3283	5161	2918	88,9
Akzise	816	691	915	517	74,8
Summe einschließlich Akzise	4793	3974	6076	3435	86,4
Bauwesen					
Neubauten und Generalüberholungen	433	354	579	253	71,6
Landbau	266	219	346	231	105,4
Summe	699	573	925	484	84,5
Transportwesen					
Eisenbahntransport	807	669	872	663	99,2
Flußschiffahrt	105	98	94	75	76,4
Seeschiffahrt	67	55	26	18	32,6
Straßentransport	377	329	197	243	73,9
Summe	1356	1151	1189	999	86,9
Post- und Fernmeldewesen	103	89	144	108	121,4
Handelsspanne	1365	1126	2492	1098	97,6
insgesamt	17108	14538	21571	13757	94,7
Einkommen pro Kopf in Rubel	102,2	104,1	152,0	97,1	93,4

* Quelle: wie in Tabelle 8, S. 171.

4.2. Der Nationalreichtum der UdSSR

Nach der Oktoberrevolution erfolgte die vollständigste Ermittlung des Nationalreichtums der UdSSR sowohl bezüglich des Vermögens als auch bezüglich des Nationaleinkommens durch die Zentralverwaltung für Statistik in ihrer „Bilanz der Volkswirtschaft der UdSSR für 1923/24“[8].

Die allgemeinsten Ergebnisse dieser Berechnungen bezüglich des Vermögens sind in Tabelle 10 wiedergegeben.

Die in vieler Hinsicht interessanten Berechnungen, die hier angeführt wurden, erforderten von der Zentralverwaltung für Statistik einen enormen Arbeitsaufwand. Jedoch wie alle Berechnungen dieser Art, enthalten sie dennoch so viele Bedingtheiten und Lücken, daß sie nur zur allgemeinen Orientierung genutzt werden können. Der besondere Wert dieser Berechnungen liegt darin, daß sie den relativen Anteil des vergesellschafteten privatwirtschaftlichen Sektors in unserem Lande aufdecken. Wir verfügen jedoch mit den angeführten Berechnungen bei weitem nicht über widerspruchsfreie Ziffern, denn die Genauigkeit der Berechnungen des Nationalreichtums ist in den verschiedenen Sektoren außerordentlich unterschiedlich. So ist z. B. das landwirtschaftliche Inventar ohne Berücksichtigung des Verschleißes der vergangenen Jahre, d. h. überhöht, angegeben, während beim Vermögen des Eisenbahntransportwesens dieser Verschleiß Berücksichtigung fand, wobei zudem die Ziffer noch um etwa 700 Mill. niedriger ausgewiesen wurde als in der offiziellen Bilanz der Behörde für den gleichen Zeitpunkt zu Preisen von 1913.[9] Abweichungen der gleichen Größenordnung von den Bilanzwerten können wir auch bei anderen Wirtschaftszweigen und Vermögensarten feststellen.

Außerordentlich seltsam erscheinen auch einige Koeffizienten für die Umrechnung der Vorkriegsbewertungen auf die heutigen Bewertungen. Es ist auch kaum richtig, daß bei der Berechnung des Vermögens die Umlauffonds des Landes, d. h. die Vorräte an Waren und Material in der Produktion, in den Kanälen der Zirkulation und bei den Verbrauchern, deren Betrag sich auf viele Milliarden Rubel beläuft, nicht einbezogen worden sind. Und wenn man die Vergleichbarkeit der Daten für die Vorkriegsjahre in den vorhandenen Berechnungen ausländischer Autoren im Auge hat, dann hätte man auch alle möglichen Börsenwerte, die Wertpapiere staatlicher Anleihen (und zwar der inneren und der äußeren) und dergleichen zinstragender Papiere berücksichtigen müssen.

Um eine Vorstellung darüber zu vermitteln, welche Rolle dieses *Wertpapier*vermögen in den Berechnungen des Volksvermögens der kapitalistischen Länder spielt, verweisen wir nur darauf, daß sie in Italien 24,9% nach den Daten von 1908/09, in Frankreich 48,8% und in Großbritannien sogar 56,5% des Gesamtbetrags ausmachten.[10] Wir wissen nicht, welchen Anteil die Papierwerte in jener Ziffer von 140 Milliarden Rubel einnehmen, mit der oben das Nationalvermögen für das Vorkriegsrußland von 1914 angegeben wurde. Man muß jedoch annehmen, daß auch in diese Ziffer Papierwerte mit einem hinreichend hohen Betrag eingegangen sind, möglicherweise mit nicht weniger als 20 bis 30 Milliarden Rubel.[11]

[8] Veröffentlichungen der Zentralverwaltung für Statistik, Band XXIX, Moskau 1926.

[9] Zusammengefaßte Bilanz der Eisenbahnen und anderer Einrichtungen des Eisenbahntransportwesens für 1923/24, Moskau, Verlag des Volkskommissariats für das Verkehrswesen, 1925.

[10] V. Vojtinskij, Die ganze Welt in Zahlen, Buch 1, S. 185.

[11] Allein an Staatsanleihen und garantierten zinstragenden Papieren waren bei uns bis zum 1. Januar 1914 für über 19 Milliarden Rubel herausgegeben worden, und die private Emission zinstragender Papiere überstieg in den letzten Jahren vor dem Krieg die der staatlichen bedeutend.

Tabelle 10. Das Volksvermögen der UdSSR per 1. Oktober 1924

Vermögensart	Wirtschaftssektor (in Mill. Rubel-Tscherwonez)				Gesamtergebnis	
	gesellschaftlicher			privater	Mill. Rubel-Tscherwonez	zu Vorkriegspreisen
	staatlicher	kooperativer	Summe			
Landwirtschaft						
Zugvieh	16,4	–	16,4	2486,4	2502,8	2195,5
übriges Vieh und Geflügel	7,2	–	7,2	2431,3	2438,5	2139,1
landwirtschaftliches und Transportinventar	–	–	–	1634,8	1634,8	1257,5
Bienenhaltung	–	–	–	23,6	23,6	20,7
Summe	23,6	–	23,6	6576,1	6599,7	5612,8
Industrie						
Bauten	2858,9	89,8	2948,7	258,0	3206,7	1669,0
Maschinen und Geräte	2351,2	76,0	2427,2	306,6	2733,8	1698,1
sonstiges Inventar	228,1	3,6	231,7	1,5	233,2	117,7
Summe	5438,2	169,4	5607,6	566,1	6173,7	3484,8
darunter						
in der Fabrikindustrie	5383,7	105,3	5489,0	39,5	5528,5	3108,9
in der Handwerkindustrie	54,5	64,1	118,6	526,6	645,2	375,9
Bauwesen						
städtische Bauten *	(5771,7)	–	(5771,7)	(3779,8)	9551,5	5451,2
ländliche Bauten	(400,0)	–	(400,0)	10653,4	11053,4	8842,7
darunter:						
Wohnbauten	(267)	–	(267)	7105,0	7372,0	5900,0
Wirtschaftsbauten	(133)	–	(133)	3548,4	3681,4	2942,7
Summe in Stadt und Land	6171,7	–	6171,7	14433,2	20604,9	14293,9
Städtisch-kommunale Anlagen	338,0	–	338,0	–	338,0	(338)
Transportwesen						
Eisenbahnen	5330, 3	–	5330,3	–	5330,3	4806,9
Flußschiffahrt	194,5	–	194,5	–	194,5	156,1
Seeschiffahrt	256,9	–	256,9	–	256,9	206,9
örtliches Transportwesen	268,6	–	268,6	–	268,6	229,2
darunter:						
Straßen	120,6	–	120,6	–	120,6	109,4
Autotransport	70,2	–	70,2	–	70,2	54,4
Straßenbahnen	77,8	–	77,8	–	77,8	65,4
Summe	6050,3	–	6050,3	–	6050,3	5399,1
Boden						
genutzte Fläche	50204,2	–	50204,2	–	50204,2	50204,2
nicht genutzte Fläche	9426,1	–	9426,1	–	9426,1	9426,1
Summe	59630,3	–	59630,3	–	59630,3	59630,3

Tabelle 10 (Fortsetzung)

Vermögensart	Wirtschaftssektor (in Mill. Rubel-Tscherwonez)				Gesamtergebnis	
	gesellschaftlicher			privater	Mill. Rubel-Tscherwonez	zu Vorkriegspreisen
	staatlicher	kooperativer	Summe			
Ergebnis	77652,1	169,4	77821,5	21575,4	99396, 9	88758,9
in % zum Gesamtbetrag	78,1	0,2	78,3	21,7	100,0	–
Ergebnis ohne Boden						
Wohnungsfonds						
absolut	6038,7	–	6038,7	10884,8	16923,5	11135,0
in %	35,7	–	35,7	64,3	100,0	–
Produktionsfonds						
absolut	11983,1	169,4	12152,5	10690,6	22843,1	17994,0
in %	52,4	0,7	53,1	46,9	100,0	–
Ergebnis in Mill. Rubel	18021,8	169,4	18191,2	21575,4	39766,6	29129,0
in %	45,4	0,4	45,8	54,2	100,0	–

* Von den 278,1 Mill. Rubel, die nicht auf die Besitzer städtischer Bauten aufgeteilt sind, sind dem privaten Besitz 110,1 Mill. und dem staatlichen Besitz 168 Mill. Rubel zugeschlagen (proportional verteilt).

Schon daraus wird deutlich, daß jeglicher Vergleich der von der Zentralverwaltung für Statistik für 1924 errechneten Daten über den Nationalreichtum der UdSSR mit irgendwelchen anderen Berechnungen, die nach anderen Methoden ausgeführt wurden, äußerst riskant wäre. Ohne Vergleichsmaßstab sind die absoluten Zahlen der obenangeführten Berechnung wenig aussagekräftig.

4.3. Der Reichtum Rußlands an Boden und Waldungen

Wenn wir den Nationalreichtum Rußlands für 1914 in Tabelle 10 mit dem enormen Betrag von etwa 140 Milliarden Goldrubel bewerten, dürfen wir eines nicht vergessen: In diese Summe geht nach der im Ausland allgemein üblichen Verfahrensweise zur Bewertung von Nationalreichtümern nicht nur die ganze vergegenständlichte und in gegenständlicher Form akkumulierte Arbeit der Nation ein, sondern auch ein bedeutender Teil des kapitalisierten Einkommens der Nation.[12] Hier geht vor allem der gesamte Wert des ganzen Bodens, d. h. die kapitalisierte Rente des ganzen Landes ein, und dann offenbar auch der Wert der Aktien und ähnlicher „Wertpapiere", die sich im Lande im Umlauf befinden. Der Wert der Aktien wird aber bekanntlich nicht nach dem persönlichen Vermögen der Aktiengesellschaften bestimmt, sondern nach der Höhe der an die Aktionäre der Kredit-, Handels- und Industriebetriebe ausgegebenen Dividenden, so daß dieser Wert ebenfalls nichts anderes als den kapitalisierten Gewinn der entsprechenden Betriebe darstellt. Die Kapitalisierung der Rente und jeglicher anderer Einkünfte, die nicht aus Arbeit resultieren, ist jedoch nichts anderes als die Bewertung – natürlich in maskierter Form – der vorliegenden *Produktivität der Arbeit* im gegebenen Lande

[12] Bei der Bewertung allein der gegenständlichen Güter bei A. L. Vajnštejn sinkt dieser Betrag sogleich auf 67 Milliarden Rubel, d. h. auf weniger als die Hälfte.

und die Vorwegnahme jenes Anteils der noch nicht vergegenständlichten Arbeit, der unter den im Lande gegebenen Bedingungen von der ökonomisch herrschenden Klasse, d. h. den Eigentümern des Bodens und des Kapitals, im Laufe der nächsten Jahre angeeignet werden kann.

Wir wenden uns keineswegs dagegen, daß der Reichtum des Volkes nicht allein durch die Höhe der von ihm angehäuften toten Werte bestimmt wird, sondern auch durch die Menge und Qualität der lebendigen Arbeitskraft, über die dieses Volk zu jedem gegebenen Zeitpunkt verfügt, denken aber dennoch, daß die Ermittlung und Bewertung dieser lebendigen Produktivkräfte des Landes ohne jegliche Maskierung erfolgen sollte, ohne sie durch eine kapitalisierte Rente, „Wert"papiere und dergleichen Fetische zu ersetzen. Inwieweit das die Ergebnisse der Bewertung des „Nationalreichtums" in der von uns vorgeschlagenen Interpretation als *valutierte Summe der Produktivkräfte des betreffenden Landes* verändert, werden wir im folgenden erkennen können. Vorerst bemühen wir uns darum, die Grundelemente des Nationalreichtums Rußlands unter Anwendung der in dieser Beziehung allgemein üblichen Bewertungsmethoden zu ermitteln.

Wie oben bereits festgestellt wurde, gab es in der russischen ökonomischen Vorkriegsliteratur bislang nicht einen einzigen selbständigen Versuch, den Nationalreichtum Rußlands zu berechnen. Günstiger liegen die Dinge in dieser Beziehung mit dem National*einkommen*. Hierzu gibt es zwei spezielle Arbeiten, die wir des öfteren nutzen werden.[13] Es gibt aber für die Bewertung des National*reichtums* Rußlands, speziell seiner einzelnen Bestandteile, eine ganze Menge von Quellen.

Beginnen wir mit der Berechnung des Bodenreichtums Rußlands. Die gesamte Bodenfläche Rußlands (ohne Finnland) belief sich vor dem Krieg auf 2142,5 Mill. ha. Davon wurden nicht mehr als 50 Mill. ha nach dem Krieg bis zum Ende 1920 von Rußland abgetreten. Somit verblieben mindestens 2090 Mill. ha. Um eine anschauliche Vorstellung von dieser Größe zu erhalten, stellen wir sie den unten angegebenen Flächen der anderen Großmächte gegenüber.[14]

	Mill. ha	%
Rußland	2142,5	100,0
Vereinigte Staaten	783,3	36,6
Österreich-Ungarn	67,5	3,2
Deutschland	54,1	2,5
Frankreich	53,6	2,5
Großbritannien (ohne Kolonien)	31,3	1,5
Italien	28,7	1,3
Summe (ohne Rußland)	1018,5	47,6

Wie wir sehen, ist Rußland etwa 40mal reicher an Boden als selbst so große Länder wie Deutschland und Frankreich. Leider stellt der Boden an sich noch keinerlei Wert dar. Nur dort, wo jemand ist, der seine Arbeit anlegt, beginnt er einen bestimmten Preis zu

[13] Erfahrungen einer näherungsweisen Berechnung des Nationaleinkommens nach seinen verschiedenen Quellen und nach seinen Volumina in Rußland. Materialien zum Entwurf einer Anordnung über die staatliche Einkommenssteuer, St. Petersburg 1906, 95 Seiten, und Erfahrungen bei der Berechnung des Nationaleinkommens von 50 Gouvernements im europäischen Rußland für die Zeit von 1900 bis 1913, unter der Redaktion von S. N. Prokopovič, Moskau, Verlag der Allrussischen Genossenschaftskongresse, 1918, 86 Seiten.

[14] In den Grenzen von 1914.

erlangen. Die riesigen Räume Rußlands aber sind äußerst schwach besiedelt, und gewaltige Reserven an Bodenfläche bleiben bis heute ohne jegliche Nutzung und damit ohne jede Wertbestimmung.

Wie eng der Zusammenhang zwischen den Bodenpreisen und der Besiedelungsdichte ist, kann man aus den folgenden Gegenüberstellungen entnehmen. Die vom Departement für Steuereinnahmen herausgegebenen „Materialien zur Statistik der Bewegung des Bodenbesitzes in Rußland" gestatten es, die Entwicklung des Bodenpreises im europäischen Rußland für einen Zeitraum von fast 50 Jahren zu verfolgen.[15] Wenn man diese Preise mit der Entwicklung der Bevölkerung im früheren Russischen Reich (ohne Finnland) vergleicht, so erhält man die Reihen, die in Tabelle 11 wiedergegeben sind.

Tabelle 11. Bevölkerungsdichte und Bodenpreis

Jahr	Bevölkerungsdichte		Bodenpreis für 1 ha	
	auf 1 km²	%	Rubel	%
1870	12,8	100	18,3	100
1880	14,8	116	20,7	113
1890	17,9	140	37,2	203
1900	20,2	158	63,1	345
1910	24,4	190	101,8	556

Die Bodenpreise sind in 40 Jahren auf das 5,5fache gestiegen und haben den Bevölkerungszuwachs wesentlich überholt. Freilich kosteten 20 Kreditrubel zum Ende des Jahres 1870 in Gold nicht weniger als 25 Rubel der spätesten Ausgabe. Deswegen sind die in Goldvaluta ausgedrückten Bodenpreise in 40 Jahren nicht auf das 5,5fache, sondern auf das 4,4fache gewachsen. Wenn man noch eine Korrektur hinsichtlich der Verbilligung des Goldes im Vergleich zu den Waren in 40 Jahren einführt, dann sinkt diese Ziffer noch um einige weitere Dutzend Prozent. Das läßt jedoch die Kurven für das Wachstum der Bevölkerung und für die Bewertung des Bodens nur etwas näher aneinanderrücken.

Eine analoge Abhängigkeit zwischen den genannten Faktoren läßt sich nicht nur hinsichtlich der Zeit, sondern auch in bezug auf den Raum beobachten. In der Ausgabe XXIV der „Materialien zur Statistik der Bewegung des Bodenbesitzes" sind Daten angegeben, die in Tabelle 12 wiedergegeben sind.

Hier wird besonders deutlich, daß die Bevölkerungsdichte auf die Erhöhung des Bodenpreises völlig unabhängig von den natürlichen Qualitäten des Bodens wirkt. Bei hinreichender Anlage von Arbeit können, wie ersichtlich, die Nichtschwarzerdeböden sogar einträglicher und wertvoller sein als die Schwarzerdeböden. Leider bestimmt die Tabelle 12 nicht mit ausreichender Genauigkeit die durchschnittliche Bevölkerungsdichte in den äußeren Gruppen von Kreisen (1. und 6. Zeile). Wenn man aber die 2. und die 5. Gruppe vergleicht, kann man sich unschwer davon überzeugen, daß der Erhöhung der Bevölkerungsdichte von 35 auf 65 Einwohner je 1,14 km², d. h. um ungefähr 85%, ein Zuwachs der Bodenpreise um 76%, d. h. um fast die gleiche Größe, entspricht.

Unter Benutzung einer anderen Quelle, die sich auf eine Bodenbewertung durch die

[45] Materialien zur Statistik zur Bewegung des Bodenbesitzes in Rußland, Ausgabe XXIV, Petrograd 1915, S. IX. In der Schwarzerdezone kostete in den Jahren 1907 bis 1909 ein ha Boden im Durchschnitt 114 Rubel und im Nichtschwarzerdegebiet 53 Rubel (ebenda, S. XIV).

Tabelle 12. Der Bodenpreis je Hektar und die Bevölkerungsdichte für die Jahre 1907 bis 1909 in 432 Kreisen des europäischen Rußland *

Gruppe von Kreisen nach der Dichte der Landbevölkerung je 1,14 km² (1 Werst)		Schwarzerdegouvernements (245 Kreise)		Nichtschwarzerdegouvernements (187 Kreise)		insgesamt für 432 Kreise und 43 Gouvernements	
von–bis	im Durchschnitt	Rubel	%	Rubel	%	Rubel	%
bis 30 Einwohner	?	78	100	39	100	54	100
31–40 Einwohner	35	104	133	83	213	92	170
41–50 Einwohner	45	128	164	84	215	100	185
51–60 Einwohner	55	134	172	82	210	125	231
61–70 Einwohner	65	169	217	88	226	161	298
Über 70 Einwohner	?	212	272	292	749	217	400

* Quelle: Kauf und Verkauf von Boden in den drei Jahrzehnten von 1863–1892, Ausgabe IV, St. Petersburg 1901 und folgende. Insgesamt sind für 1893–1910 25 Ausgaben herausgegeben worden, die letzte, die XXV. Ausgabe für 1910, erschien im Jahre 1917.

Landbanken stützt[16], haben wir eine analoge Gruppierung der 40 Gouvernements des europäischen Rußlands nach jüngeren Daten zum Zeitpunkt des Beginns des Weltkrieges durchgeführt. Indem wir diese Gouvernements nach einem fallenden Koeffizienten der Dichte der Landbevölkerung je 1 km² ordnen und jeweils in Gruppen von je 5 Gouvernements zusammenfassen, erhalten wir die in Tabelle 13 dargestellte Übersicht.

Tabelle 13. Dichte der Landbevölkerung und Bodenpreise nach den Bewertungen durch die Banken in 40 Gouvernements des europäischen Rußlands im Jahre 1914

Gruppen von Gouvernements	Bevölkerung je km²		Preis je ha	
	Einwohner	%	%	Rubel
1	71,6	100	100	145,9
2	53,5	74,7	75,5	110,1
3	48,6	67,9	73,6	107,4
4	40,8	57,0	60,6	88,4
5	35,7	49,9	37,1	54,2
6	29,8	41,6	33,2	48,5
7	19,7	27,5	26,2	38,2
8	6,7	9,4	14,9	21,7

In Tabelle 13 beobachtet man eine so vollkommene Parallelität zwischen dem Sinken des Bodenpreises und der fallenden Bevölkerungsdichte und umgekehrt, daß man die folgende Schlußfolgerung formulieren könnte: Jeder zusätzliche Einwohner je km² oder, was dasselbe ist, je 100 ha Boden, verteuert jeden dieser 100 ha um 2 Rubel oder in einer Größenordnung um diesen Betrag. Übersetzt in die Sprache der Arbeit bedeutet das Folgendes: Jeder zusätzliche Arbeiter, der bei uns im Durchschnitt auf 2 Einwohner kommt, steigert durch seine tägliche Arbeit die Einträglichkeit des Bodens und folglich auch den allgemeinen „Reichtum" Rußlands um 400 Rubel.

[16] Statistik der langfristigen Kreditierung in Rußland für das Jahr 1913, St. Petersburg 1915, Ausgabe 1.

Bereits aus dem Gesagten wird klar, daß von der riesigen Bodenfläche Rußlands nur die mehr oder weniger bevölkerte, d. h. die tatsächlich in Nutzung genommene und durch Arbeit fruchtbar gemachte Fläche einer Geldbewertung unterliegt. Zu dem Teil des Bodens, der landwirtschaftlich genutzt wird, zählen wir im europäischen Rußland die gesamte geeignete landwirtschaftliche Nutzfläche, die mit Steuern belegt wird.[17] In den Randgebieten haben wir nur jene durch seßhafte Bevölkerung in Nutzung genommenen geeigneten Bodenflächen aufgenommen, die als solche durch die Zählung von 1917 berücksichtigt wurden.[18] Auf diese Weise ist die Bodennutzung durch Nomaden, die nicht er-

Tabelle 14. Umfang und Wert der landwirtschaftlichen Nutzflächen in Rußland im Jahre 1914

Gebiet	Fläche			Wert der landwirtschaftlichen Nutzflächen nach der Bewertung der Banken	
	Gesamtsumme in Mill. ha	darunter in landwirtschaftlicher Nutzung			
		Mill. ha	% zu Sp. 2	für 1 ha Rubel	insgesamt Mill. Rubel
Nordgebiet (2 Gouv.)	124,4	66,8	53,7	17,3	1161,6
Seengebiet (4 Gouv.)	33,4	26,1	78,1	25,9	674,3
Zentrales Industriegebiet (6 Gouv.)	29,6	27,0	91,2	49,5	1339,1
Zentrales Ackerbaugebiet	29,8	27,6	92,8	128,4	3548,5
Westgebiet (4 Gouv.)	20,6	17,8	86,2	49,2	874,9
Mittelwolgagebiet (5 Gouv.)	28,7	25,7	89,8	79,4	2039,7
Voruralgebiet (3 Gouv.)	60,5	54,5	90,1	20,4	1108,9
Gebiet der unteren Wolga (3 Gouv.)	57,6	25,4	43,2	52,5	1331,3
Kleinrussisches Gebiet (3 Gouv.)	15,7	14,2	90,4	134,2	1905,2
Südwestgebiet (3 Gouv.)	13,4	12,0	89,4	132,2	1584,4
Noworossisker Gebiet (4 Gouv.)	35,9	21,7	60,5	104,6	2272,9
Summe	449,6	318,8	71,0	56,0	17840,8
Nordkaukasus (5 Gouv.)	25,9	17,5	67,7	111,3	1952,1
Transkaukasien (7 Gouv.)	19,0	2,0	10,3	65,0	127,2
Steppengebiet (4 Gouv.)	183,7	11,9	6,5	58,1	690,0
Sibirien (6 Gouv.)	1074,4	21,7	2,0	31,4	681,3
Ferner Osten (3 Gouv.)	174,3	4,4	2,6	100,6	439,2
Turkistan	169,5	7,6	4,5	194,8	1486,0
Summe	1646,8	65,1	4,0	82,6	5375,8
Insgesamt für die UdSSR	2096,4	383,9	18,3	60,2	23216,6
Von Rußland abgetreten*	46,4	36,3	78,2	101,6	3683,3
insgesamt für das frühere Imperium (ohne Finnland)	2142,8	420,2	19,6	64,0	26899,9

* Einschließlich Bessarabien (4,5 Mill. ha), das von Rumänien okkupiert ist. Die Bodenflächen in den Gouvernements, die nur einen Teil ihres Territoriums verloren haben, sind nur näherungsweise berechnet worden.

17 Statistisches Handbuch, St. Petersburg 1906, Ausgabe 1, S. 36.

18 Ergebnisse der Allrussischen landwirtschaftlichen und Bodenzählung 1917 nach Gouvernements, in: Veröffentlichungen der Zentralverwaltung für Statistik, Band V, Ausgabe 1, Moskau

faßt werden kann, völlig ausgelassen worden. Nicht einbezogen wurden auch für das asiatische Rußland alle sogenannten Kabinett- und sonstigen staatlichen Wälder und Bodenflächen. Multipliziert man diese Nutzflächen mit der durchschnittlichen Hektarbewertung des Bodens für die einzelnen Gouvernements, mit der die Landbanken für 1913 rechneten, dann erhält man Tabelle 14.

In der Tabelle 14 setzt vor allem der außergewöhnlich niedrige Anteil des insbesondere in den Randgebieten von der Bevölkerung in die landwirtschaftliche Nutzung genommenen Bodens in Erstaunen. Dennoch beläuft sich seine Gesamtbewertung für das ganze ehemalige Imperium (ohne Finnland) auf die enorme Summe von 26900 Millionen Rubel. Wenn man hierzu noch die 104,9 Mill. ha *genutzter* Fläche des Staatswaldes in den Randgebieten Rußlands hinzuzählt, die von uns in der Tabelle 14 nicht berücksichtigt wurden, dann erhält man nach mittleren Bodenpreisen der entsprechenden Gouvernements noch einmal annähernd 7535 Mill. Rubel. Die Banken haben den Boden jedoch – wie der Vergleich mit den tatsächlichen Preisen bei Geschäftsabschlüssen in den entsprechenden Jahren ausweist – stark unterbewertet, so daß der Wert des Bodens im Durchschnitt für das ganze europäische Rußland von 1913 um 46% erhöht werden muß. Fügt man die angegebenen Korrekturen ein, so erhält man einen Wert der landwirtschaftlich genutzten Bodenflächen Rußlands in den Grenzen des ehemaligen Imperiums für 1914 von 50,8 Milliarden Rubel, und, wenn man die verlorengegangenen Flächen abzieht, in den Grenzen der UdSSR von 44,8 Milliarden Rubel.

Doch das ist noch nicht der gesamte Boden. Man muß noch die Bodenfläche der städtischen Anlagen, der Fabriken, Bergwerke und Eisenbahnlinien hinzurechnen.

Wir haben in die Bewertung des Bodens von landwirtschaftlicher Bedeutung auch die Waldfläche einbezogen, jedoch ohne speziell in dieser Bewertung den Wert des vorhandenen Holzbestandes in den erfaßten Forsten zu berücksichtigen. Diesen Wert hätte die berücksichtigte Fläche sogar in dem Falle, wenn das gesamte Holz bereits geschlagen und der Boden sich somit in Felder und Wiesen verwandelt hätte. Das auf dieser Fläche gewachsene Holz stellt jedoch einen selbständigen und dabei völlig realen Wert dar, weil für die Reproduktion des geschlagenen Holzes eine nicht geringe Menge an Zeit und Arbeit erforderlich ist.

Die gesamte Waldfläche in den Grenzen der UdSSR beziffert sich heute auf 920 Mill. ha, wovon der bewirtschaftbare Anteil bis zu 598 Mill. ha beträgt. Wenn man hiervon jedoch die riesigen Flächen der nichterschlossenen Wälder Sibiriens abzieht und in die Berechnung nur jene bewirtschaftbaren Waldflächen aufnimmt, die vom Forstdepartement erfaßt wurden, dann erhalten wir für 1913 etwa 270 Mill. ha Wald in den Grenzen des ganzen Russischen Reiches, darunter 204,8 Mill. ha Staatsforst und 47,2 Mill. ha sonstige Waldflächen.

Ausgehend von der Höhe der Abgabe nach der Anzahl der Baumstämme und des Holzvorrates auf diesen Flächen erhalten wir eine Bewertung der von uns berücksichtigten Waldungen, die in Tabelle 15 wiedergegeben ist.

In Tabelle 15 kommt deutlich das gleiche Gesetz zum Ausdruck, das wir bereits bei der Bewertung der landwirtschaftlichen Bodenflächen beobachten konnten. Die Bewertung des Waldes ist vor allem eine Funktion der *Bevölkerungsdichte* des Territoriums. Die riesigen Waldflächen Sibiriens stellen unter den gegenwärtigen Bedingungen für uns einen geringeren Wert dar als, sagen wir, die 23mal kleinere Fläche in der Ukraine, weil im dünnbesiedelten Sibirien die Bewertung eines Kubikklafters Holz im Vergleich zur Ukraine nur ein Siebenundzwanzigstel beträgt.

1921. Für die Gouvernements, für die keine Zählungsergebnisse veröffentlicht wurden, sind die entsprechenden Summen nach dem Verhältnis der Anbaufläche zu den übrigen Nutzflächen in den benachbarten Gouvernements berechnet.

Tabelle 15. Der Waldreichtum Rußlands im Jahre 1913

Gebiet	mögliche Nutzfläche 1000 ha	Holzvorräte				durchschnittliche Abgabe nach Anzahl der Baumstämme Rubel je m³
		insgesamt		auf 1 ha		
		Mill. m³	Mill. Rubel	m³	Rubel	
Nordgebiet (2 Gouv.)	67240	12011	6566	178	97,4	0,55
Nordwestgebiet (5 Gouv.)	13170	2560	2009	195	152,6	0,78
Westgebiet (2 Gouv.)	3699	1252	1630	338	440,5	1,30
Zentrales Industriegebiet (10 Gouv.)	15210	3892	3399	256	223,5	0,87
Nordostgebiet (3 Gouv.)	31150	7783	4095	250	131,5	0,53
Wolgagebiet (5 Gouv.)	5535	1356	1010	245	182,9	0,75
Schwarzerdegebiet (5 Gouv.)	3240	690	882	213	272,5	1,28
Südostgebiet (6 Gouv.)	1399	279	86	200	61,6	0,31
Ukraine (9 Gouv.)	4073	937	1566	230	485,0	1,67
Kirgisien (5 Gouv.)	5918	1454	561	246	94,9	0,38
Sibirien (8 Gouv.)	95410	23834	1540	249	16,2	0,06
Turkestan (4 Gouv.)	12400	3097	1010	249	81,4	0,33
Transkaukasien (8 Gouv.)	3048	756	280	249	91,7	0,37
Summe für die UdSSR (72 Gouvernements)	261492	59901	24634	229	94,2	0,41
für die abgetretenen 17 Gouvernements	8540	2221	3970	260	465,0	1,79
insgesamt für das frühere Imperium (89 Gouvernements)	270032	62122	28604	229	115,3	0,46

4.4. Der Wohnungsfonds

Städtische Immobilien

Bei der Bewertung der städtischen Liegenschaften, darunter auch des Bodens, können wir auf verschiedene Weise vorgehen. Die Hauptschwierigkeit, die man dabei überwinden muß, besteht darin, daß bei der Bewertung städtischer Liegenschaften gewöhnlich sowohl für den Boden als auch für die Gebäude eine summarische Bewertung vorliegt. Deshalb haben wir es sofort mit beiden genannten Elementen unseres Nationalreichtums zu tun.

Die vollständigste Berechnung der städtischen Immobilien in bezug auf den städtischen Boden und die genutzten Bauten finden wir in den Untersuchungen des Zentralen Statistischen Komitees für die Jahre 1904 und 1910.[19] Die Materialien dieser umfangreichen Untersuchung sind leider in außerordentlich unbearbeiteter Form, ohne jegliche Zusammenfassung der Daten für die einzelnen Städte wenigstens nach Gouvernements, herausgegeben worden. Wenn man jedoch die entsprechenden Berechnungen durchführt und

[19] Die Städte Rußlands im Jahre 1904, St. Petersburg 1906, S. 410ff., und Die Städte Rußlands im Jahre 1910", St. Petersburg 1914, 158 Seiten.

Tabelle 16. Die Städte Rußlands in den Jahren 1904 und 1910

Gebiet und Siedlungstyp	Anzahl der Gouvernements	Anzahl der Siedlungen		Bevölkerung (in tausend Einwohnern)		Anzahl der Wohnbauten (in tausend)		Bodenfläche (in tausend ha) besiedelte Fläche		nicht besiedelte Fläche	Gesamtfläche
		1904	1910	1904	1910	1904	1910	1904	1910	1904	1910
1. Städte											
Europäisches Rußland	50	672	678	13787	16118	1153	1343	319,4	329	1203	1532
Weichselgebiet	10	115	120	2416	2821	78	106	27,7	24	96	120
Kaukasus	12	50	51	1266	1488	152	147	34,6	36	159	195
Mittelasien	9	49	51	1090	1330	162	170	38,2	70	184	254
Sibirien	8	49	50	634	946	70	83	20,8	22	293	315
Summe	89	935	950	19189	22703	1615	1859	440,7	481	1935	2416
Zuwachs in 6 Jahren (1904=100)	—	100	102	100	118	100	115	100	109	—	—
2. Siedlungen städtischen Typs											
Europäisches Rußland	50	114	183	1909	3135	265	461	139,3	178	2027	2205
Weichselgebiet	10	6	8	156	249	6	6	1,5	1	2	3
Kaukasus	12	54	84	731	1075	114	200	48,6	86	1568	1654
Mittelasien	9	—	1	—	24	—	4	—	0	1	1
Sibirien	8	1	2	7	14	1	2	0,3	0	13	13
Summe	89	175	278	2803	4497	386	673	189,7	265	3611	3876
Zuwachs in 6 Jahren (1904=100)	—	100	159	100	161	100	174	100	140	—	—
3. Städte und Siedlungen											
Europäisches Rußland	50	786	861	15696	19253	1419	1804	458,8	507	3230	3737
Weichselgebiet	10	121	128	2568	3070	85	112	29,2	25	98	123
Kaukasus	12	104	135	1997	2563	265	346	83,2	122	1727	1849
Mittelasien	9	49	52	1090	1354	162	174	38,2	70	185	255
Sibirien	8	50	52	641	960	71	95	21,1	22	306	328
Summe	89	1110	1228	21992	27200	2002	2531	630,5	746	5546	6292

Zuwachs in 6 Jahren (1904 = 100)	–	100	111	100	124	100	126	100	118	–	–
in den abgetrennten Gebieten	18	235	250	4617	5418	225	288	73,7	81	224	305
in den Grenzen der UdSSR	71	875	978	17375	21782	1777	2243	556,8	665	5322	5987

Quelle: Berechnet nach den Daten aus der Untersuchung des Zentralen Statistischen Komitees mit Korrekturen für die Auslassung bei der Erhebung. Die Gesamtsumme dieser Korrekturen bezüglich der Anzahl von Wohnbauten übersteigt nicht 1% der Summe, sie ist bezüglich der besiedelten Fläche kleiner als 5% und bezüglich der Gesamtfläche kleiner als 9%.

die möglichen Korrekturen auf der Grundlage weiterer Quellen bei einigen durchaus unbedeutenden Auslassungen und Fehlern in den genannten Untersuchungen einfügt, so erhält man die folgenden Ergebnisse (Tabelle 16).

Zum Vergleich der Daten aus Tabelle 16 mit anderen Quellen fügen wir hinzu, daß nach früheren Berechnungen des Zentralen Statistischen Komitees die städtische Bevölkerung Rußlands im Jahre 1904 (zum Ende des Jahres) 18,4 Millionen und im Jahre 1910 22,7 Millionen Einwohner betrug, was fast mit den entsprechenden Ergebnissen der Tabelle zusammenfällt. Die Gesamtfläche städtischen Bodens betrug in den 50 Gouvernements des europäischen Rußlands auch nach der Untersuchung von 1905 2230000 ha; wir erhielten für 1910, wenn man nur die Städte im engeren Sinne dieses Wortes berücksichtigt, wesentlich weniger, insgesamt nur 1532000 ha, aber wenn man hierzu auch die Bodenfläche der Vororte, Kleinstädte und anderer Siedlungen städtischen Typs hinzurechnet, wesentlich mehr, nämlich 3737000 ha. Der Unterschied erklärt sich hier offensichtlich durch die Unbestimmtheit des Begriffes „städtischer Boden". Im engeren Sinne gehört hierzu nur der Boden der Städte als juristische Person, im weiten Sinne auch der Boden aller Bürger sowohl innerhalb des Stadtbildes als auch im Vorstadtgebiet, das die natürliche Reserve für die Ausdehnung jeder Stadt darstellt. In den kleineren Siedlungen städtischen Typs gehört hierzu sogar das Ackerland eines bestimmten Teils der Einwohner, die den Ackerbau noch nicht aufgegeben haben.

Freilich sind in die Tabelle 16 neben den „Städten aller Größenordnungen" nur solche Ansiedlungen unter anderen Bezeichnungen eingegangen, deren Bevölkerung 10000 Einwohner übersteigt. In der Mehrzahl der Fälle sind das sehr große Fabriksiedlungen, die überhaupt nicht zum Ackerbau neigen. Es gibt darunter jedoch auch solche großen Handelsplätze und Stanizen, besonders im Kuban, die über riesige *Ackerflächen* verfügen. Um eine Doppelerfassung des Bodens landwirtschaftlicher Bestimmung zu vermeiden, bewerten wir als städtischen Boden nur jenen Teil der Fläche, der in Tabelle 16 berücksichtigt worden ist. Ausgehend von der bewohnten Fläche städtischen Bodens (746000 ha im Jahre 1910) fügen wir also nur eine solche Reserve nichtbewohnter Fläche hinzu, die für Städte im engen Sinne dieses Wortes charakteristisch ist, d. h. ungefähr 400%, und wir erhalten somit für die Bewertung in den Städten und Siedlungen für 1904 eine Bodenfläche von 3,2 Mill. ha und für 1910 von 3,7 Mill. ha städtischen Bodens.

Die durchschnittliche Größe des *Privat*besitzes betrug in den Städten nach den Daten über die unentgeltliche Bewegung städtischer Liegenschaften (Vererbungen und Schenkungen) für 1905 bis 1910 etwa 0,5 ha.[20]

[20] „Materialien zur Statistik der Bewegung des Bodenbesitzes in der Zeit von 1905 bis 1910". Das Material umfaßt etwa 18000 Übertragungsschriften, dennoch aber für einzelne Jahre zu wenig, um eine bestimmte steigende oder sinkende Tendenz des mittleren Besitzumfanges zu zeigen; sollte es eine solche Tendenz geben, dann würde sie jedenfalls eher zum Wachstum als

Die Anzahl der Besitzungen kann man nach der Zahl der Wohngebäude bestimmen, indem man davon ausgeht, daß nach den Ergebnissen aus der Erhebung von 1923 auf 100 städtische bebaute Besitzungen (Hofplätze) in der UdSSR insgesamt – einschließlich der zerstörten Häuser – 130 Wohnbauten[21] entfallen und etwa 110 nicht zum Wohnen bestimmte Gebäude, wozu Verwaltungsgebäude, Handelseinrichtungen und Zweckbauten aller Art wie Lager, Scheunen, Pferdeställe und Garagen gehören.[22]

Wir erhalten somit ausgehend von den Daten aus Tabelle 16 und dem darin zum Ausdruck gekommenen Wachstumstempo der Städte die folgenden Ergebnisse, die die Bewegung der städtischen Liegenschaften im letzten Jahrzehnt vor dem Weltkrieg kennzeichnen (Tabelle 17).

Tabelle 17. Entwicklung der städtischen Liegenschaften

Jahr	Bevölkerung Mill. Einwohner	%	Anzahl der Besitzungen Tausend	%	deren Fläche in 1000 ha	Gesamtfläche des städtischen Bodens 1000 ha	%
1904	22,0	100	1540	100	840	3160	100
1910	27,2	123	1941	126	1060	3710	117
1914	32,2	147	(2260)	147	(1231)	(4110)	130

Der von uns auf der Grundlage der Daten für 1904–1910 berechnete Zuwachs der Gesamtfläche an städtischem Boden (bewohnter Teil + Reserve) für den Zeitraum von 1910 bis 1914 bleibt, wie wir sehen, etwas gegenüber dem tatsächlichen Bevölkerungszuwachs zurück. Das ist jedoch durchaus wahrscheinlich, da sich das Wachstum der Städte nicht nur durch eine Ausdehnung ihrer Fläche und die wachsende Anzahl von Besitzungen vollzieht, sondern auch durch *Verdichtung* der Zahl von Gebäuden und Einwohnern auf einer gegebenen Fläche.

Die Fläche des privaten Besitzes nimmt nach unserer überschlägigen Berechnung etwa ein Drittel (1914 = 30%) der städtischen Gesamtfläche einschließlich der Flächen für Gärten und Boulevards, Straßen, städtische Weideländer und andere gesellschaftliche Flächen ein. Sie ist jedoch dennoch wesentlich größer als die gesamten „bewohnten" städtischen Flächen, d. h. zu ihrem Bestand gehören auch die wesentlich billigeren vorstädtischen Gärten, Kahlflächen und ähnliche Ländereien. Das muß vermerkt werden, weil wir es im folgenden mit der Schätzung nur der privaten Besitzungen zu tun haben werden. Schließlich sind die städtischen Plätze und Boulevards nicht Gegenstand des Kaufs und Verkaufs.

Wenn wir zur Bewertung der oben errechneten städtischen Besitzungen übergehen, können wir vor allem einige Ergebnisse aus den Berechnungen des Nationaleinkommens

zur Verminderung neigen: In den Jahren 1905–1907 kommen 0,52 ha und in den Jahren 1908–1910 durchschnittlich 0,59 ha auf einen Fall.

21 Früher (Planovoe chozjajstvo, 7/1925) nahmen wir nach den unvollständigen Daten aus der Zählung von 1920 fälschlicherweise an, daß 108 Wohngebäude auf 100 Besitzungen kommen, was zu einer gewissen Überschätzung der Anzahl von Besitzungen und ihrer Taxierung in unseren früheren Berechnungen führte.

22 Für 30 Gouvernements entfielen nach den Daten, die in den „Bulletins" der Zählung von 1923, Nr. 1–3, veröffentlicht wurden, auf 697000 bebaute Besitzungen 1683000 Wohnhäuser und sonstige Gebäude (242%), darunter Verwaltungsgebäude ohne Wohnraum 31400, Handels- und Industriegebäude 216000 und Hilfsgebäude 412000.

Rußlands für das Jahr 1904 benutzen.[23] Die Rentabilität der städtischen Immobilien wurde für dieses Jahr in der obengenannten Arbeit auf 7% ihres Wertes geschätzt, und man kann folglich ohne Schwierigkeit von der Rentabilität zum kapitalisierten Wert der entsprechenden Besitzungen übergehen. Allerdings beziehen sich diese Rentabilitätsberechnungen nur auf die Städte im engeren Sinne dieses Wortes, und es werden nicht alle Gebiete Rußlands erfaßt (es fehlen die Daten für Sibirien und für 8 Gouvernements Mittelasiens) und auch nicht alle Arten von Besitzungen. Die Rentabilität von Besitzungen, deren Jahreseinnahmen unter tausend Rubel im Jahr liegen, ist nur für die Städte in den 50 Gouvernements des europäischen Rußlands bestimmt worden. Wenn wir aber die Daten aus der Tabelle 16 nutzen und unterstellen, daß es in den Siedlungen überhaupt keine Besitzungen gibt, deren Jahreseinnahmen tausend Rubel übersteigen, dann können wir ohne besondere Mühe die genannten Lücken schließen. Wir erhalten dann die Ergebnisse, die in Tabelle 18 wiedergegeben sind.

Die gesamten Jahreseinnahmen der städtischen Immobilien in Höhe von 477,6 Mill. Rubel entsprechen bei einer jährlichen Rentabilität von 7% einem Kapitalwert dieser Immobilien in Höhe von 6830 Mill. Rubel, der je ha bebaute Besitzung einen Wert von 8140 Rubel, für eine Besitzung allein 4430 Rubel und je städtisches Wohnhaus mit Boden und Nebengelaß einen Wert in Höhe von 3410 Rubel ergibt. Diese Bewertung kann von uns jedoch nicht ohne wesentliche Korrekturen akzeptiert werden. Sie erfolgte im vorliegenden Falle auf der Grundlage von Auszügen aus den Steuerbüchern der städtischen Verwaltungen und aus Materialien der Steuerämter nach dem Gesetz vom 8. Juni 1893, wobei nur dann Korrekturen vorgenommen wurden, wenn die Werte gegenüber der Bewertung von 1904 übermäßig veraltet waren. Dabei wissen wir aus anderen Quellen, um wieviel derartige „gesetzliche" Bewertungen von den tatsächlichen Marktpreisen der Immobilien abweichen. Nach massenhaft vorliegende Daten für ein ganzes Jahrfünft (1902–1906) ist der durchschnittliche Bodenpreis in den Kreisen von 47 Gouvernements des europäischen Rußlands durch die Gouvernements-Steuerämter bei unentgeltlichen Eigentumsveränderungen (Schenkung, Erbschaft) in Höhe von 50,1 Rubel je ha festgelegt worden, während bei den Akten des Kaufs und Verkaufs ein Preis von 84,4 Rubel, d. h. 68% über der gesetzlichen Bewertung, gezahlt wurde.[24] Wenn wir unsere Ziffer in Höhe von 6830 Mill. Rubel um diese Differenz korrigieren, dann erhalten wir einen Betrag in Höhe von 11470 Mill., wobei sich die mittlere Bewertung eines Besitzes von 4430 auf 7460 Rubel erhöht.

[23] Versuch einer näherungsweisen Berechnung der Volkswirtschaft, St. Petersburg 1906, Tabellen XI, XII und XIII.

[24] Materialien zur Statistik der Bewegung des Bodenbesitzes, Ausgabe XXIV, S. VI und vorangegangene Ausgaben. Insonderheit unterscheiden sich die entsprechenden Daten für 1904 in noch höherem Maße, nämlich um 109% (47 Rubel Bewertung und 98,1 Rubel bei Kauf-Verkaufs-Transaktionen). Für die einzelnen Jahre finden wir folgende Relationen (in Rube je ha):

Jahr	Bei Transaktionen	Bewertung durch Bodenbanken	Steuerämter
1902	67,8	56	65,4
1903	82,8	58	48,4
1904	90,0	61	43,1
1905	82,3	61	45,0
1906	99,3	62	43,1
1902/06	84,4	60	50,1

Tabelle 18. Rentabilität der städtischen Immobilien 1904 in Rußland*

Gebiet	Anzahl der Gouvernements	Anzahl der Besitzungen mit Einnahmen in Höhe			Gesamteinnahmen (in Mill. Rubel) nach Besitzungen mit Einnahmen in Höhe			mittlere Einnahmen (in Rubel) je Besitzung mit Einnahmen in Höhe		
		bis 1000 Rubel	über 1000 Rubel	insgesamt	bis 1000 Rubel	über 1000 Rubel	insgesamt	bis 1000 Rubel	über 1000 Rubel	insgesamt
Europäisches Rußland	50	1044857	46143	1091000	143,4	214,3	357,7	137	4644	329
Polnisches Königreich	10	57877	7523	65400	(7,9)	37,6	45,5	(137)	4995	696
Kaukasus	12	199953	4047	204000	(27,4)	12,4	39,8	(137)	3070	195
Transkaspisches Gebiet	1	8522	151	8673	(1,2)	0,3	1,5	(137)	2113	173
übrige mittelasiatische Besitzungen	8	113647	(2280)	115927	(15,6)	(6,9)	22,5	(137)	3040	194
Sibirien	8	53523	(1077	54600	(7,3)	(3,3	10,6	(137)	3040	194
insgesamt	89	1478379	61221	1539600	(202,8)	274,8	477,6	(137)	4495	310
%	–	96,0	4,0	100,0	48,4	57,6	100,0	44	1450	100
darunter Gebiete, die von Rußland abgetrennt wurden	18	159081	13919	173000	(21,8)	57,2	79,0	(137)	4106	457
%	–	92,0	8,0	100,0	27,6	72,4	100,0	30	899	100
insgesamt in den Grenzen der UdSSR	71	1319298	47302	1366600	(181,0)	217,6	398,6	(137)	4600	292
%	–	96,5	3,5	100,0	45,4	54,6	100,0	47	1575	100

* Für Sibirien und die mittelasiatischen Besitzungen wurden die Proportionen der Rentabilität und die mittleren Bewertungsnormen angewandt, die sich im Mittel für die übrigen Randgebiete Rußlands (Kaukasus und transkaspische Gebiete) ergaben. Näherungsweise berechnete Größen sind in Klammern angegeben. Deren Summe in der Tabelle übersteigt nicht 10% der Gesamtsumme der Einkünfte.

Aus anderen Materialien kann man die Daten der Steuerstatistik für 1912 zur Bewertung der städtischen Immobilien herausziehen. Nach den Daten einer speziellen „Zählung" der Besitzungen in 1869 Städten, Vor- und Kleinstädten von 87 Gouvernements Rußlands, die im Jahre 1911 zur Umgestaltung der staatlichen Vermögenssteuer für städtische Immobilien gemäß dem Gesetz vom 6. Juni 1910 ab 1912 durchgeführt wurde, ergeben sich die Beiträge, die in Tabelle 19 dargestellt sind.[25]

Zur Abschätzung ihrer Vollständigkeit und Genauigkeit muß man folgende Umstände berücksichtigen. Von wem und auf welche Weise die genannte Zählung durchgeführt wurde, ist in der erwähnten Ausgabe des Departements für Abgaben nicht genannt. Jedenfalls kann man diese Zählung nicht als umfassend und erschöpfend betrachten. Vor allem ist die Zählung in vier Gebieten Rußlands (im Transkaspischen Gebiet, Uralgebiet und in den Gebieten Turgai und Jakutsk) mit einer städtischen Bevölkerung von 170000 Einwohnern überhaupt nicht durchgeführt worden. Außerdem wurden jene teilweise recht großen Fabrik- und Handelsniederlassungen städtischen Typs gar nicht erfaßt, die – unabhängig von ihren Ausmaßen – formal nicht als Städte oder Kleinstädte bezeichnet werden. Hierzu gehören solche Ansiedlungen wie z. B. das „Dorf" Sormowo mit 40000 Einwohnern, die „Siedlung" Jusowka mit 48000 Einwohnern, die „Staniza" Kamenkaja mit 50000 Einwohnern, der „Chutor" Atamanski mit 24000 Einwohnern, der „Gutshof" Shirardow mit 42000 Einwohnern und der noch eindrucksvollere „Gutshof" Baluty-Nowy mit 97000 Einwohnern usw. usf. Insgesamt zählten wir nach den Daten von 1910 namentlich 167 derartige ausgelassene Ansiedlungen mit einer Bevölkerung von 3393000 Einwohnern. Ferner haben wir sogar unter den „Städten" und „Kleinstädten" im offiziellen Sinne dieses Wortes nach den Daten von 1910 insgesamt 485 Ansiedlungen mit einer Einwohnerzahl von mehr als 10000 Einwohnern ermittelt, während unsere „Zählung" nur insgesamt 429 derartige Ansiedlungen erfaßt hat. Das bedeutet, daß mindestens 56 recht große Städte ganz und gar ausgelassen worden sind. Insgesamt sind nach unseren Berechnungen bei der Zählung über 5 Millionen Einwohner der städtischen Bevölkerung und mehr als 500000 Besitzungen verlorengegangen. Damit beträgt die Korrektur der Fehler in der Registration zwischen 22% (nach der Bevölkerung) und 34% (nach der Anzahl der Besitzungen) im Verhältnis zu den Ergebnissen aus der Zählung von 1911.

Wenn man für die Schätzung des Wertes der von der Zählung ausgelassenen Besitzungen den mittleren Prozentsatz (28%) ansetzt, dann erhöht sich der Wert der in Tabelle 19 berücksichtigten städtischen Immobilien von 11,3 auf 14,5 Milliarden Rubel.

Die Schätzung der Steuerorgane ist aber zweifellos zu niedrig angesetzt. Um sich davon zu überzeugen, genügt es, folgende Daten anzuführen. Mehr als zwei Drittel der steuerbeauflagten Besitzungen, nämlich 1151000, erbrachten nach den Ergebnissen der Zählung für 1912 insgesamt 27,8 Mill. Rubel Nettoeinkommen, und ihr Wert wurde folglich auf 556 Mill. Rubel geschätzt, was im Mittel je Besitzung Jahreseinnahmen in Höhe von 24,20 Rubel bedeutet, während der volle Wert zusammen mit dem Boden 484 Rubel betragen würde. Gleichzeitig ist uns jedoch bekannt, daß der Gebäudewert eines mittleren Bauernhofes ohne Land vor dem Krieg 557 Rubel erreichte, während die Miete sogar in den Kleinstädten (bis 10000 Einwohner) und Siedlungen im Jahre 1910 für 1–3 Zimmer nicht weniger als 109–116 Rubel im Jahr betrug.[26] Selbst wenn man von dieser Ziffer 40% für Ausgaben zur Werterhaltung der Häuser und ähnliches absetzt, dann beträgt das Nettoeinkommen einer Wohnung trotzdem noch 65–70 Rubel, während die Einnah-

[25] Statistik der direkten Steuern und Abgaben. Die staatliche Vermögenssteuer für städtische Immobilien 1912, Ministerium für Finanzen, Departement für Abgaben, St. Petersburg 1914, 889 Seiten.

[26] Vergleiche Tabelle 25.

Tabelle 19. Wert und Einträglichkeit der städtischen Immobilien Rußlands nach den Daten aus der

Städte mit einer Bevölkerung von	Anzahl der Städte, Vor- und Kleinstädte	Anzahl der besteuerten Vermögen (Besitzungen)			
		Wohnbauten	Bodenparzellen	Handels- und Industriebauten	Summe
Über 1 Million Einwohner	2	35038	6487	3488	45013
400000–1 Million Einwohner	4	35433	4761	1844	42038
200–400000 Einwohner	6	61664	10702	2933	75299
100–200000 Einwohner	17	103499	8611	7600	119710
50–100000 Einwohner	50	192883	14861	10319	218063
25– 50000 Einwohner	96	241865	20065	17093	279023
10– 25000 Einwohner	254	337877	28340	26265	392482
5– 10000 Einwohner	245	167259	18566	11700	197525
2– 5000 Einwohner	179	73520	9315	5319	88154
unter 2000 Einwohner	1016	224041	8429	14592	247062
Summe	1869	1473079	130137	101153	1704369
%	–	86,5	7,6	5,9	100,0
darunter nach Gruppen					
1– 7 (über 10000)	429	1008259	93827	69542	1171628
8–10 (unter 10000)	1440	464820	36310	31611	532741

* Die Bewertung erfolgte für einen Teil der Besitzungen nach deren Bruttoeinnahmen unter Abzug Teil nach dem Wert der Besitzungen ausgehend von der gesetzlichen Bewertung ihrer Nettorentabi- unterliegen", nach der zweiten Methode die übrigen 12,5% berechnet worden.

men für die ganze Besitzung nur mit 24,20 Rubel veranschlagt wurden. Natürlich kann man nicht unterstellen, daß zwei Drittel der städtischen Besitzungen billiger sind als ein gewöhnlicher Bauernhof. Nimmt man an, daß jede dieser Besitzungen wenigstens über eine Wohnung in der Größenordnung von 1–3 Zimmern verfügt, dann muß man ihre gesamte Einträglichkeit auf mindestens das 2,8fache erhöhen. Es würde jedoch ein großes Risiko bedeuten, wenn man diese Korrektur auf alle Besitzungen ausweiten würde, weil in großen Häusern, in denen Wohnungen vermietet werden, ihre Einträglichkeit natürlich weit genauer ermittelt wird.

Zur Bestimmung des wahrscheinlichen Ausmaßes, nach dem die Daten über die Einträglichkeit im Durchschnitt aufgewertet werden müssen, wenden wir uns der Tabelle 20 zu, die eine Bewertung der Bruttoeinnahmen von Wohnbauten und sonstiger Immobilien enthält.

Die Bruttoeinnahmen aus 1473000 Wohngebäuden beliefen sich nach den Daten aus Tabelle 20 im Jahre 1912 auf 751 Mill. Rubel oder auf 518 Rubel im Jahr je Besitzung. Wenn man – nach den Daten aus der Zählung von 1923 – je Besitzung 1,3 Wohngebäude und 1,6 Wohnungen mit jeweils zwei Zimmern je Wohnhaus rechnet, dann erhält man ein Bruttoeinkommen je Wohnung in Höhe von 249 Rubel und je Zimmer im Ausmaß von 14,1 m² in Höhe von 125 Rubel pro Jahr. Diese Größen kann man schon den Mietsnormen gegenüberstellen (siehe Tabelle 25).

Nach Untersuchungen des Zentralen Statistischen Komitees betrug die durchschnitt-

staatlichen Steuererhebung im Jahre 1912*

Summe der besteuerten Einnahmen (netto), in Tausend Rubel				Wert des besteuerten Vermögens, in Mill. Rubel			
Wohnbauten	Bodenparzellen	Handels- und Industriebauten	Summe	Wohnbauten	Bodenparzellen	Handels- und Industriebauten	Summe
149379	4413	24090	177882	2987,6	88,3	481,8	3557,7
81517	1858	7667	91042	1630,3	37,2	153,3	1820,8
41908	1982	7724	51614	838,2	39,6	154,5	1032,3
37357	1999	9603	48959	747,1	40,0	192,1	979,2
54131	2269	10371	66771	1082,6	45,4	207,4	1335,4
41837	1940	9627	53404	836,7	38,8	192,5	1068,0
34439	1692	6442	42573	688,8	33,8	128,8	851,4
13355	644	1942	15941	267,1	12,9	38,8	318,8
5192	293	713	6198	103,8	5,9	14,3	124,0
9855	345	1570	11770	197,1	6,9	31,4	235,4
468970	17435	79749	566154	9379,3	348,8	1594,9	11323,0
82,8	3,1	14,1	100,0	82,8	3,1	14,1	100,0
440568	16153	75524	532245	8811,3	323,1	1510,4	10644,8
28402	1282	4225	33909	568,0	25,7	84,5	678,2

der Kosten für Instandhaltung, Amortisation und andere Betriebskosten und für einen anderen
lität in Höhe von 5%. Nach der ersten Methode sind 87,5% aller „Einnahmen, die der Besteuerung

liche Wohnungsmiete im Jahre 1910 in Rußland je Wohnung in der Größe von 1–3 Zimmern 224 Rubel pro Jahr, das durchschnittliche Ausmaß dieser Wohnungen belief sich – nach der Zählung von 1923 – auf 1,55 Zimmer. Daraus ergibt sich ein Bruttoeinkommen je Wohnzimmer in Höhe von 144 Rubel, d. h. eine Größe, die den vom Departement für Abgaben errechneten Wert um 15% übersteigt. Geht man von diesen Daten aus, dann beträgt der Gesamtwert der städtischen Immobilien 1921 nicht 14,5 Milliarden, sondern 16,7 Milliarden Rubel.

Die prozentuale Verteilung dieses Betrages auf die verschiedenen Arten des Besitzvermögens und nach Gebieten kann aus den Daten der Tabelle 21 ermittelt werden (ohne die Korrektur der Lücken in der Registratur und der Unterbewertung der Einnahmen).

Wie wir sehen, machen die Handels- und Industriebesitzungen, auf deren Bewertung wir noch einmal in einem anderen Zusammenhang zurückkommen müssen, weil sie sich nicht nur in Städten befinden, insgesamt 14,1% des Wertes des Gesamtbetrags der städtischen Immobilien aus. Die 39302 einkommenslosen Besitzungen staatlicher und gesellschaftlicher Einrichtungen, die nicht der Besteuerung unterliegen, sind hier überhaupt nicht berücksichtigt worden, ebenso auch nicht die Privatbesitzungen mit einem Jahreseinkommen von nicht mehr als 4 Rubel 17 Kopeken (83049 Besitzungen). Diese Auslassungen müssen jedoch für den Gesamtbetrag nicht von Gewicht sein. Wenn man den Netto„ertrag" der Verwaltungen nach der Norm der Kategorie mit dem höchsten

Tabelle 20. Bruttoeinnahmen und Unterhaltskosten der städtischen Immobilien Rußlands im Jahre

Städte mit einer Bevölkerung von	Bruttoeinnahmen aus dem Besitzvermögen			
	Wohngebäude	Bodenparzellen	Handels- und Industriegebäude	Summe
mehr als 1 Million Einwohner	228000	5160	30230	263390
400000–1 Million Einwohner	120300	2334	11400	134034
200000–400000 Einwohner	66200	2405	10170	78775
100000–200000 Einwohner	64300	2500	13270	80070
50000–100000 Einwohner	93400	2830	14700	110930
25000– 50000 Einwohner	71600	2400	14070	88070
10000– 25000 Einwohner	58200	2130	9420	69750
5000– 10000 Einwohner	23030	806	2950	26786
2000– 5000 Einwohner	9130	360	1153	10643
unter 2000 Einwohner	16860	427	2350	19637
Summe	751020	21352	109713	882085
im Durchschnitt je Besitzung, Rubel	510	164	1086	518

* In die von der Besteuerung befreiten Unterhaltskosten sind hier neben den Ausgaben für Instand- und Abschläge für wahrscheinliche Liegezeiten der Gebäude auch die Beträge der ländlichen und Steuern und Abgaben. Staatliche Steuer für immobiles Vermögen für 1912"). Die städtische Taxations- 1910 von 1091303 Besitzungen, deren staatlicher Steuerbetrag für 1912 auf 25,8 Millionen Rubel Tabellen errechnet wurden, betrug (außer dem Königreich Polen, wo sie sich auf 10% beliefen), dann Wenn auch die ländlichen Steuern die gleiche Höhe erreichten, dann dürfen für die Unterhaltskosten kommens angenommen werden, während die Gesamtsumme der städtischen und ländlichen Taxations-

Einkommen, nämlich der Wohngebäude aus Stein, bedingt bewertet (1165 Rubel im Jahr), dann würde die Gesamtsumme ihrer Einnahmen die Höhe von 45,7 Mill. Rubel oder 8% des Betrages in Tabelle 19 erreichen. Von noch geringerer Bedeutung ist die Auslassung der Besitzungen mit geringstem Einkommen. Ausgehend von deren Grenznorm in Höhe von 4 Rubel 17 Kopeken müßte man deren Einnahmen mit höchstens 346000 Rubel im Jahr oder 0,06% des Betrages in der oben angeführten Tabelle annehmen.

Leider ist es auch auf der Grundlage der Ergebnisse dieser Tabelle nicht möglich, eine Relation zwischen dem Wert der städtischen Bauten und der Bewertung des Bodens, auf dem sie errichtet wurden, herzustellen. Doch wir erfahren aus ihr, daß 1912 der durchschnittliche Nettoertrag einer unbebauten Bodenparzelle 109 Rubel im Jahr erreichte, woraus als Preis eines solchen Grundstücks 109,1 mal 20 = 2182 Rubel je Parzelle bestimmt werden kann, bei einer Korrektur um 15% wegen Unterbewertung mit 2510 Rubel. Die durchschnittliche Bewertung eines bebauten Wohnbesitzes ergibt nach der gleichen Tabelle, ohne Korrektur, eine Größe von 318,3 mal 20 = 6366 Rubel und mit Korrektur von 7320 Rubel. Wenn man unterstellt, daß die mittleren Flächen der bebauten und der unbebauten Grundstücke annähernd gleich sind, so folgt daraus, daß der Anteil des Bodens mindestens 2510 Rubel von 7320 Rubel oder 34,2% beträgt. Dieser Prozentsatz ist jedoch offensichtlich zu niedrig angesetzt, da die unbebauten Grundstücke sich nach der allgemeinen Regel nur in den Randgebieten der Städte befinden, wo der Boden am billigsten ist, so daß dieser Wert nicht als Maßgröße für die Bewertung des Bodens in den bebauten Teilen der Stadt genutzt werden kann. Wir müssen uns für diesen Zweck deshalb nach einer anderen Quelle umsehen.

1912 (in tausend Rubel)*

Unterhaltungskosten der Besitzungen				Kostensatz im Verhältnis zum Bruttoeinkommen der Vermögen			
Wohngebäude	Bodenparzellen	Handels- und Industriegebäude	Summe	Wohngebäude	Bodenparzellen	Handels und Industriegebiete	Summe
78621	747	6140	85508	34,5	14,4	20,3	32,8
38783	476	3733	42992	32,3	20,4	32,8	32,1
24292	423	2446	27161	36,6	17,5	24,0	34,5
26943	501	3667	31111	41,9	20,1	27,7	38,8
39269	561	4329	44159	42,0	19,7	29,5	39,8
29763	460	4443	34666	41,5	19,2	31,6	39,3
23761	438	2978	27177	40,8	20,4	31,6	39,0
9675	162	1008	10845	42,0	20,1	34,2	40,4
3938	67	440	4445	43,2	18,5	38,2	41,7
7005	82	780	7867	41,6	19,2	33,2	40,0
282050	3917	29964	315931	37,5	18,4	27,3	35,8
191	30	296	180	–	–	–	–

haltung, Erhaltung und Schutz des Eigentums, für Unterhaltung und Reparatur der Fahrbahnen städtischen Taxationssteuer aufgenommen worden (Artikel IX der Arbeit „Statistik der direkten steuer betrug nach einem Hinweis in der gleichen Ausgabe (S. 889) 28,6 Millionen Rubel im Jahre veranschlagt war. Wenn der letzte Betrag nach dem Gesetz 6% der Nettoeinnahmen, die in unseren muß man die städtische Taxationssteuer mindestens mit 6,4% der gleichen Nettoeinnahmen ansetzen. im engeren Sinne dieses Wortes (ohne Steuern) statt 35,8% nicht mehr als 27,6% des Bruttoeinsteuer etwa 12% der Bruttoeinnahmen ausmacht.

Zur Bestimmung des Anteils, der von der Gesamtbewertung der städtischen Besitzungen auf die Bauten und auf den bebauten Boden entfällt, können wir uns auf die Statistik der Verschuldungen städtischer Immobilien in den Bodenbanken stützen. Die Bewertungen der Banken sind im Vergleich zu den Verkaufspreisen ebenfalls zu niedrig. Für 1914 muß man sie auf der Grundlage der Daten des Jahrfünfts von 1902 bis 1906 für 46 Gouvernements des europäischen Rußlands um 42% erhöhen. Aber wenn wir diese Werte mit den Bewertungen für die Versicherung der Gebäude von verschuldeten Besitzungen vergleichen, dann bestimmen wir auch die gesuchte Relation, weil bei den Bewertungen der Gebäude für die Versicherung in den Städten keine Tendenz zur Unterbewertung erkennbar ist, so daß wir folglich hinreichend vergleichbare Daten erhalten (Tabelle 22).

Wie wir sehen, sind die Bewertungen der Bodenbanken ohne Korrektur so niedrig, daß sie mitunter, wie sich das z. B. in bezug auf das Baltikum ergibt, das gesamte Vermögen einschließlich des Bodens niedriger bewerten als allein schon der Versicherungswert der Gebäude ausmacht. Wenn man jedoch die von uns berechneten Korrekturen zugrunde legt, dann ist der Gegenwert der Immobilien in den Städten im Jahre 1904 um 57% höher als der Wert der Gebäude, im Jahre 1914 sogar um 75%. Die mittlere Bewertung der verpfändeten Besitzungen wuchs dabei in 10 Jahren von 38900 Rubel auf 52100 Rubel, d. h. um 34%.

Aus diesen Daten kann man zwei Schlußfolgerungen ziehen. Erstens, die Bewertung der verpfändeten Besitzungen auf 40000 – 50000 bei einem mittleren Wert für Rußland von nicht mehr als 7000 Rubel (1904) zeigt, daß hauptsächlich die der Bebauungsintensität nach teuersten Besitzungen bei den Banken verpfändet wurden. Bei den weniger

Tabelle 21. Anzahl der immobilen städtischen Besitzungen, die der Besteuerung unterliegen, und der Betrag ihrer besteuerten (Netto)Einnahmen im Jahr 1912*

Gebiet und Kennziffer	Wohnungsbesitz Stein-häuser	Holz-häuser	Gemischt	insgesamt	Handels- und Industriebesitzungen	Bodenparzellen unbebaut	durch Pächter bebaut	insgesamt	Gesamtergebnis für alle steuerbeauflagten Besitzungen
1. *Europäisches Rußland* (50 Gouvernements)									
Anzahl der Besitzungen	147220	921479	106225	1174924	76552	69640	24059	93699	1345175
Summe der Einnahmen, tausend Rubel	229369	76413	54633	360415	60514	8101	5486	13587	434516
Einkommen je Eigentümer, Rubel	1557,0	83,0	51,5	307,0	791,0	116,3	228,0	145,0	323,0
2. *Königreich Polen* (10 Gouvernements)									
Anzahl der Besitzungen	35048	40981	3803	79832	2813	5735	579	6314	88959
Summe der Einnahmen, tausend Rubel	58296	4556	1947	64799	6385	711	18	729	71913
Einkommen je Eigentümer, Rubel	1667,0	111,0	53,3	811,7	2270,0	124,0	33,0	115,4	909,0
3. *Kaukasus* (14 Gouvernements)									
Anzahl der Besitzungen	75544	24216	26350	126110	15101	14924	5832	20756	161967
Summe der Einnahmen, tausend Rubel	20786	1149	3043	24978	8328	1209	813	2022	35328
Einkommen je Eigentümer, Rubel	275,0	47,4	115,5	198,0	552,0	81,1	139,5	97,6	218,0
4. *Steppengebiet* (3 Gouvernements)									
Anzahl der Besitzungen	4446	15054	4531	24031	2385	896	638	1534	27950
Summe der Einnahmen, tausend Rubel	501	1469	691	2661	569	59	82	141	3371
Einkommen je Eigentümer, Rubel	112,6	96,2	152,4	110,8	239,0	66,0	128,0	92,2	120,0

5. *Turkestan* (3 Gouvernements)									
Anzahl der Besitzungen	7318	7	804	8129	1386	2632	146	2778	12293
Summe der Einnahmen, tausend Rubel	2376	1,3	375	2752	1055	292	19	311	4118
Einkommen je Eigentümer, Rubel	325,0	185,7	266,0	388,0	762,0	110,9	130,2	112,0	335,0
6. *Sibirien* (7 Gouvernements)									
Anzahl der Besitzungen	1079	56705	2269	60053	2816	2823	2053	4876	67745
Summe der Einnahmen, tausend Rubel	3142	7499	2724	13365	2898	192	454	646	16909
Einkommen je Eigentümer, Rubel	2912,0	132,2	1200,5	222,6	1029,1	68,0	221,1	132,5	249,0
7. *Zaristisches Reich insgesamt* (87 Gouvernements)									
Anzahl der Besitzungen	270655	1058442	143982	1473079	101053	96650	33307	129957	1704089
Summe der Einnahmen, tausend Rubel	314470	91087	63413	468970	79749	10564	6872	17436	566155
Einkommen je Eigentümer, Rubel	1161,9	86,1	440,4	318,4	789,2	109,3	206,3	134,2	332,2
8. *Gebiete, die von Rußland losgelöst wurden* (18 Gouv.)									
Anzahl der Besitzungen	34563	198684	19859	253106	12339	8120	2774	10894	276339
Summe der Einnahmen, tausend Rubel	81974	19062	6805	107841	12032	1796	255	2051	121924
Einkommen je Eigentümer, Rubel	2371,7	95,9	342,7	426,1	75,0	221,2	91,9	188,3	441,2

* Statistik der direkten Steuern und Abgaben. Staatliche Steuer von städtischen immobilen Besitzungen für 1912, St. Petersburg 1912, Verlag des Ministeriums der Finanzen.

Tabelle 22. Städtische Immobilien, die bei den Banken verpfändet sind (nach 13 Banken)

Gebiet	Anzahl der verpfändeten Besitzungen		Versicherungswert der Gebäude (in Mill. Rubel)		Bankbewertung der verpfändeten Vermögen (in Mill. Rubel)			
					ohne Korrektur		mit Korrektur	
	1904	1914	1904	1914	1904	1914	1904	1914
47 Gouvernements des europäischen Rußlands	60330	57838	1657,7	1986,1	1753,3	2290,5	2488	3340
Baltikum	7370	9295	118,9	252,1	113,4	232,2	161	339
Königreich Polen	6934	11514	222,8	379,3	339,9	588,7	482	860
Kaukasus und Transkaukasien	9819	13405	119 7	176,8	145,4	233,8	207	341
Sibirien und Turkestan	2488	3390	25,0	39,3	28,2	58,8	40	86
insgesamt	86941	95442	2144,1	2833,6	2380,2	3404,0	3378	4966
in % zum Versicherungswert	–	–	100	100	111	120	157	175
in den abgetrennten Gebieten	21389	34425	420,8	1004,4	570,2	1303,4	810	1902
in % zum Versicherungswert	–	–	100	100	136	130	193	189
in den Grenzen der UdSSR	65552	60967	1723,3	1829,2	1810,0	2100,6	2568	3064
in % zum Versicherungswert	–	–	100	100	105	115	149	167

Quelle: Statistik des langfristigen Kredits in Rußland, Ausgabe des Kongreßkomitees der Vertreterkongresse von Einrichtungen des Bodenkredits für 1904 und 1914. Die Korrektur für die Unterbewertung ist für 1904 mit 42% und für 1914 mit 46% angenommen worden.

oder überhaupt nicht bebauten Besitzungen würde wahrscheinlich der Bodenanteil am Wert noch höher als bei den intensiver bebauten sein. Wenn wir die Relationen, die wir in Tabelle 22 errechneten, auf alle städtischen Besitzungen anwenden, dann überhöhen wir somit keinesfalls den Anteil des Bodens am Gesamtwert. Zweitens zeigt die Tatsache, daß mit dem Wachsen der Gesamtbewertung der verpfändeten Besitzungen sich der Wertanteil des Bodens im Verhältnis zum Wertanteil der Gebäude erhöht, der Wert der städtischen Immobilien vor allem durch eine schnelle Verteuerung des Bodens in den wachsenden städtischen Siedlungen steigt.

Unter Benutzung der oben angeführten Daten erhalten wir die Berechnungen, die in Tabelle 23 wiedergegeben sind.

Als Gesamtwert für städtische Gebäude erhalten wir für 1914 in den Grenzen der UdSSR einen Betrag von 10357 Mill. Rubel, was etwa 5200 Rubel je Gebäude oder bis zu 4000 Rubel je Wohngebäude ergibt, wenn man den Wert aller nichtbewohnten Nebengelasse

Tabelle 23. Wert der städtischen Immobilien in Rußland für 1904 und 1914*
(Berechnungen)

Gebiet	Anzahl der Besitzungen in Tausend	Gesamtwert (in Mill. Rubel)			Wert je Besitzung (in Rubel)		
		Bauten	Boden	Summe	Bauten	Boden	Summe
1904							
Europäisches Rußland (50 Gouv.)	1091,0	5760	2840	8600	5280	2610	7890
Weichselgebiet (10 Gouv.)	65,4	506	585	1091	7740	8950	16690
Kaukasus	204,0	553	403	956	2710	1976	4686
Sibirien und Mittelasien	179,2	520	312	832	2900	1740	4640
insgesamt im Russischen Reich	1539,6	7339	4140	11479	4770	2690	7460
dito in %	–	64	36	100	64	36	100
darunter:							
in den abgetr. Gouvern.	173,0	983	913	1896	5680	5280	10960
in den Grenzen der UdSSR 1914	1366,6	6356	3227	9583	4660	2364	7024
Gesamtes früheres Imperium (89 Gouv.)	2260,0	12240	9175	21415	5420	4060	9480
dito in %	–	57	43	100	57	43	100
darunter:							
in den abgetr. Gouvern.	265,0	1883	1677	3560	7105	6326	13431
in den Grenzen der UdSSR	1995,0	10357	7498	17855	5190	3760	8950

* Die Anzahl der Besitzungen für 1914 ist errechnet worden, indem von Werten des Jahres 1910 und dem Bevölkerungszuwachs zwischen 1910 und 1914 ausgegangen wurde. Der Zuwachs der mittleren Bewertung der Bauten von 1904–1914 wurde aus den Daten der Aktienversicherung ermittelt. Der Wert des Bodens wurde aus den Relationen zum Wert der Bauten gewonnen (s. Tabelle 22). Der Wert der Besitzungen für 1904 (Spalte 8) wurde aus der 7%igen Kapitalisierung der Daten über die Einkommen errechnet (Tabelle 18, Spalte 11), mit einer Korrektur für die Unterbewertung in Höhe von 68%.

wie Scheunen, Garagen, Pferdeställe usw., die zu einem Wohngebäude gehören, hinzurechnet.

Der Wert derartiger Nebengelasse ist, im einzelnen genommen, natürlich wesentlich geringer als der mittlere Wert eines Wohngebäudes. Zusammengenommen machen diese jedoch ohne Zweifel eine bedeutende Größe in der Gesamtsumme der städtischen Werte aus. O. A. Kvitkin bestimmte diese Größe für 1923 in Höhe von 731 Mill. Rubel oder 10,9% des Wertes der Wohngebäude („Bilanz der Volkswirtschaft der UdSSR 1923/24", S. 103f.).

Natürlich müßte man außer den zum Hof gehörigen Nebengebäuden aus der Gesamtsumme noch den Wert der Verwaltungen, Kirchen, Theatergebäude, Speicher, Handelsgebäude und ähnlicher städtischer Bauten aussondern. Unberücksichtigt bleibt hier auch jener bedeutende Teil des städtischen Bodens, der nicht auf Besitzungen verteilt ist.

Nach einer Untersuchung von 1910 machen Straßen, Plätze, kommunale Gärten und Boulevards in den Städten verschiedener Gouvernements zwischen 5 und 30% der besiedelten Stadtfläche aus. Als Durchschnittswert kann man für diesen Anteil mindestens 15% ansetzen, so daß folglich sein gesamter Flächenanteil in ganz Rußland – grob gerechnet – für 1904 auf 75000 ha, für 1910 auf 111000 ha und für 1914 – bei gleichem Wachstumstempo – auf 118000 ha geschätzt werden kann. Der Wert des Bodens (ohne Gebäude) in den bebauten städtischen Besitzungen läßt sich aus den oben angeführten Daten für 1914 mit einem Betrag von etwa 7450 Rubel je ha oder 75 Kopeken je m^2 bestimmen. Nach dieser Bewertung ergibt die Gesamtfläche der städtischen Straßen, Gärten, Boulevards einen Betrag von mindestens 876 Mill. Rubel. Aber auch nach dieser Korrektur verbleibt für das Jahr 1914 noch eine Fläche von wenigstens 2524000 ha unbebauter Vorstadtfläche (Ödland, Weiden und dergl.), die bisher überhaupt noch nicht in unsere Schätzung einbezogen wurde. Wenn man diese Fläche im Durchschnitt

Tabelle 24. Veränderung des Wertes der städtischen Immobilien in 89 Gouvernements Rußlands in der Zeit von 1904 bis 1914 *

Art der Immobilien	je Besitzung			je Einwohner		
	1904 Rubel	1914	Zuwachs in %	1904 Rubel	1914	Zuwachs in %
Rußland insgesamt						
Gebäude	4770	5420	13,6	334	380	13,8
Boden	2690	4060	51,0	188	285	51,7
Ergebnis für 89 Gouvernements	7460	9480	27,1	522	665	27,4
In den Grenzen der UdSSR						
Gebäude	4660	5190	11,4	366	394	7,7
Boden	2364	3760	59,0	186	285	53,2
Ergebnis für 71 Gouvernements	7024	8950	27,4	552	679	23,0

* Die Bevölkerung der Städte und Siedlungen ist für die vorliegende Tabelle, ausgehend von den Daten für 1910 nach Tabelle 17 unter Hinzurechnung des tatsächlichen Zuwachses im Zeitraum 1910–1914 nach Daten für die Städte allein (ohne Siedlungen), berechnet worden. Die Gesamtgröße für Rußland – einschließlich der Siedlungen – ist mit 32,2 Mill. Einwohnern angenommen, für die abgetretenen Gouvernements mit 5,93 Mill.

wenigstens zum doppelten Preis der landwirtschaftlichen Nutzfläche in den Gebieten mit der höchsten Dichte der Landbevölkerung (3 kleinrussische Gouvernements) ansetzt, das heißt etwa mit 393 Rubel je ha, dann erhält man etwa noch eine weitere Milliarde Rubel. Die städtischen Bodenflächen aller Arten ergeben folglich für das Jahr 1914 einen Gesamtbetrag in Höhe von etwa 11051 Mill. Rubel für ganz Rußland bei einem mittleren Preis von 2700 Rubel je ha oder 343 Rubel je Einwohner.

Wenn wir jedoch von diesen Korrekturen absehen und uns nur dem Wert der Immobilien zuwenden, die in Tabelle 23 bewertet wurden, dann erhalten wir das Wachstumstempo der städtischen Werte für ein Jahrzehnt, das in Tabelle 24 gezeigt ist.

Der durchschnittliche Wertzuwachs in Umrechnung auf eine städtische Besitzung in Höhe von 27,4% im Verlaufe von 10 Jahren mag auf den ersten Blick als ziemlich bedeutend escheinen. In Wirklichkeit ist das aber ein rein nomineller Zuwachs, der nur das Ergebnis der Entwertung des Goldrubels im genannten Jahrzehnt widerspiegelt. Nach zusammenfassenden Übersichten über die Warenpreise betrug die durchschnittliche Verteuerung von 79 Waren in der Tat 31% in der Zeit von 1904 bis 1914. Wenn man sich jedoch den Preisen des Bodens und der Gebäude im einzelnen zuwendet, so muß man schließen, daß der Preiszuwachs bei den Gebäuden wesentlich hinter dem mittleren Teuerungstempo anderer Waren zurückgeblieben ist, während dagegen die Bodenpreise dieses Tempo merklich übertrafen. Dennoch haben wir keine Veranlassung, dieses Teuerungstempo für den städtischen Boden als überhöht anzusehen.

Dieses beschleunigte Wachstum der Preise für den städtischen Boden widerspiegelte nur das entsprechende Steigen der Grundrente in den Städten während der gleichen Zeit. Wenn man als Maßstab dafür das Anwachsen der Mieten für Wohnungen nimmt, dann ergibt sich nach den von uns auf der Grundlage von Untersuchungen über die Städte durch das Zentrale Statistische Komitee durchgeführten Berechnungen das Bild, das in Tabelle 25 gezeigt ist.

Für einzelne Städte wurde die Wohnungsmiete im Fragebogen des Zentralen Statistischen Komitees in der Mehrzahl der Fälle nur in ihren Von-bis-Werten, ohne gewogenes Mittel für die Stadt insgesamt angegeben. Daher können die von uns errechneten Koeffizienten keinen besonderen Anspruch auf Genauigkeit erheben. Außerdem wurden in einigen Fällen die Daten des Fragebogens offensichtlich zu niedrig angegeben.[27]

Ungeachtet dessen ergeben diese Fragebogen dennoch, da über 1000 Städte erfaßt wurden, ein hinreichend zuverlässiges Material für die Gegenüberstellung zum gesamten Rußland.

Tabelle 25 zeigt vor allem, in welch enger Beziehung die Höhe der Wohnungsmiete zur Größe der Stadt steht. Je größer die Stadt, um so teurer ist die Wohnung. Das kann nicht vom unterschiedlichen Wert der Bauten in den Städten verschiedener Größenordnung abhängen. Freilich überwiegen in den großen Städten die teureren Steinhäuser gegenüber den billigen Holzhäusern in Kleinstädten. Man darf jedoch nicht vergessen, daß zwar ein m³ Steinbauwerk – sagen wir – 120 Rubel kostet und Holzbauwerk entsprechend 40 Rubel, d. h. nur ein Drittel davon, daß dafür aber die steinernen Gebäude bis zu 300 Jahre dienen, während die Holzhäuser nur bis zu 75 Jahre, d. h. ein Viertel dieser Zeit, halten. Die Amortisation des Gebäudewerts geht somit bei Steinhäusern

[27] So wird für Petrograd ein Jahresbetrag von 215 Rubel für 1900 angegeben, obwohl dort schon im Jahre 1890 eine Wohnung mit 2 Zimmern 233 Rubel im Jahr kostete („St. Petersburg nach der Zählung vom 15. Dezember 1890", St. Petersburg 1893). Im Mittel wurde für Wohnungen aller Größen 1 Zimmer in Petrograd im Jahre 1890 mit 128 Rubeln berechnet, wobei in Wohnungen für reine Wohnzwecke dieser Satz 115 Rubel und bei Wohnungen für Wohnzwecke und Handwerk oder Handel 196 Rubel betrug.

Tabelle 25. Jahresmiete für Wohnungen in den Städten Rußlands in den Jahren 1904 und 1910 (für eine Wohnung in der Größe von 1–3 Zimmern*)

Gruppen der Städte und Gebiete	Anzahl der Städte		Bevölkerung (in tausend Einwohner)		Jahresmiete für eine Wohnung		
					Rubel		Zuwachs
	1904	1910	1904	1910	1904	1910	(in %)
Siedlungen	175	278	2803	4497	71	109	53,5
Städte bis 10000 Einwohner	552	512	2731	2500	79	116	46,8
Städte von 10–50 Tausend Einwohner	318	355	6666	7494	118	172	45,9
Städte von 50–100 Tausend Einwohner	45	57	3070	4107	186	277	48,9
Städte von 100–200 Tausend Einwohner	14	17	2563	2667	220	286	30,0
Städte von 200–1000 Tausend Einwohner	4	7	1627	2897	241	361	49,6
Städte über 1000 Tausend Einwohner	2	2	2532	3038			
insgesamt für Rußland (89 Gouv.)	1110	1228	21992	27200	152	224	47,5
für die UdSSR (71 Gouv.)	875	678	17375	21782	150	208	38,7
darunter nach Gebieten:							
Europäisches Rußland	786	861	15696	19253	141	201	42,5
Königreich Polen	121	128	2568	3070	173	328	88,9
Kaukasus	104	135	1997	2563	181	211	16,6
Mittelasien	49	52	1090	1355	197	306	54,8
Sibirien	50	52	641	959	174	282	62,6

* Errechnet nach „Die Städte Rußlands in den Jahren 1904 und 1910", herausgegeben vom Zentralen Statistischen Komitee. Die Zahl für Petrograd – 215 Rubel für das Jahr 1900 – ist für die Jahre 1904 und 1910 entsprechend der durchschnittlichen Verteuerung der Wohnungen in den anderen Städten erhöht worden. Die mittleren Wohnungsmieten in allen Gruppen und Gebieten sind mit ihrer Bevölkerungszahl gewichtet worden.

mit einem bedeutend geringeren Betrag in die Wohnungsmiete ein als bei Holzhäusern. Daraus wird somit ersichtlich, daß die Verteuerung der Wohnungen mit dem Wachstum der Städte ausschließlich durch die Verteuerung des städtischen Bodens hervorgerufen wird. Offenbar wirkt hier das gleiche Gesetz wie bei dem landwirtschaftlich genutzten Boden. Je dichter die Bevölkerung und je mehr menschliche Arbeit produktiv je Flächeneinheit verausgabt wird, desto größer sind die Möglichkeiten der juristischen Eigentümer dieses Bodens, aus ihrer Nutzung einen größeren Tribut von den Früchten dieser aus der auf der gegebenen Fläche vergegenständlichten gesellschaftlichen Arbeit zu erlangen. Die Kapitalisierung dieses wachsenden Tributs spiegelt sich in den Bodenpreisen wider. Das ist der Grund, warum die Preise für den Boden sowohl in den Städten als auch auf dem Lande eine direkte Funktion seiner Besiedelungsdichte darstellen.

Unsere Daten ergeben eine durchschnittliche Verteuerung der Wohnungen für den Zeitraum von sechs Jahren in Höhe von 47%. Für den 10jährigen Zeitraum bis 1914 kann man nach der Zinseszinsformel folglich eine Steigerung auf 90% annehmen. Wie wir sehen, übertrifft diese Steigerungsrate den von uns in Tabelle 24 errechneten Preiszuwachs städtischen Bodens je Besitzung bedeutend. Daraus können wir folgern, daß die Normen in Tabelle 24 kaum überhöht sein können.

Von großem Interesse wäre eine direkte Berechnung des Wertes der städtischen Gebäude nach ihren räumlichen Ausmaßen und nach den Normen aus der „Sammlung von Regeln und Normen für Bauarbeiten“ oder anderen Bewertungsnormen für die Baukosten je m^3. Leider ist das nach dem Zustand der vorliegenden Abrechnungsmaterialien äußerst schwierig. Selbst die neueste Erhebung von 1923 enthält nicht die Raummaße des Wohnungsfonds. Es gibt nur sehr näherungsweise Berechnungen dieser räumlichen Ausmaße auf der Grundlage der nutzbaren Wohnfläche des Wohnraumfonds. Nach einer Berechnung von O. A. Kvitkin, die für die Bilanz der Volkswirtschaft angestellt wurde, erreichte der mittlere Rauminhalt eines städtischen Gebäudes im Jahre 1923 407 m^3, und die mittleren Baukosten eines m^3 wurden von ihm nach den Bewertungen durch die Gemeinden in Höhe von 6 Rubel 42 Kopeken angenommen. Er neigt dazu, die Abschläge für den Verschleiß für das Jahr 1914 in Anlehnung an unsere Minimalabschläge recht niedrig anzusetzen, sie betragen bei ihm mindestens 11%.[28] Für das Jahr 1923 erhöht Kvitkin den durchschnittlichen Verschleißgrad wegen der in den Vorkriegsjahren ausgelassenen Reparaturen bei Steinbauten auf 25% und bei Holzbauten auf 30%.

Die Erhebung von 1923 erfaßte – wie bekannt – nicht nur Städte, sondern auch Siedlungen städtischen Typs mit einer Bevölkerung ab 500 Einwohner. In den Berechnungen für 1904 und 1910 sind dagegen von den Siedlungen nur jene enthalten, die mehr als 10000 Einwohner hatten. Schon daraus wird deutlich, daß die mittleren Raumausmaße der Häuser in den Vorkriegsstädten größer als die heutigen sein mußten. Das wird auch dadurch bestätigt, daß der Anteil der Wohngebäude aus Stein 1923 kaum 14,8% erreichte, während er im Jahre 1910 22% betrug, was fast das 1½fache ist. Unterstellt man aber, daß sich die räumlichen Ausmaße der Häuser aus Stein, aus Holz oder in gemischter Bauweise – im einzelnen betrachtet – wenig verändert haben, dann kann man auch den mittleren Rauminhalt der Häuser der Vorkriegsperiode bestimmen. Was jedoch die Bewertungen eines m^3 durch die Gebietsverwaltungen betrifft, die Kvitkin benutzte, so erscheinen sie mir entschieden zu niedrig angesetzt. Man darf nicht vergessen, daß sie zum Zwecke der Besteuerung erfolgten, und bei der klassenmäßigen Zusammensetzung unserer städtischen und ländlichen Verwaltungen vermögen sie kaum mit exakter Genauigkeit die Wirklichkeit widerzuspiegeln. Außerdem muß man bedenken, daß bei diesen Bewertungen weit häufiger der tatsächliche Wert der Bauten, der die Abnutzung bereits berücksichtigte, als der Anschaffungswert der Gebäude angewendet wurde.

Wesentlich besser geeignet für unsere Zwecke scheinen die Bewertungen durch die Versicherungsagenten nach dem tatsächlichen Wert der Bauten zu sein. Wir verfügen in dieser Beziehung über ein umfangreiches Material. Für das Jahr 1914 z. B. waren nach zusammenfassenden Daten der Aktien-Versicherungs-Gesellschaften im ganzen Russischen Reich 1280000 städtische Gebäude versichert, nicht gerechnet die Versicherung der Fabrik- und Fabrikhilfsgebäude, Hafenanlagen, Theater und Speicher. Die Gesamtbewertung dieser Gebäude belief sich auf 4557 Mill. Rubel, wobei eine recht eingehende Aufschlüsselung nach der materiellen Beschaffenheit der Wände und Dächer vorliegt. Die einzige Schwierigkeit besteht darin, daß in der genannten Versicherungssumme der Gebäude nicht nur Wohnhäuser enthalten sind, sondern auch Bauten, die nicht Wohnzwecken

[28] Ausgehend von dem sehr hohen Wachstumstempo unserer Städte veranschlagten wir das mittlere Alter der städtischen Bauten für das Jahr 1914 auf 25 Jahre. Unter dieser Bedingung beträgt der Verschleiß der städtischen Bauten im Jahre 1914, ausgehend von einer Nutzungsdauer der Steinhäuser von 300 Jahren und bei Holzhäusern von 75 Jahren („Handbuch des russischen Agronomen“, Petersburg 1920, S. 16), ungefähr 11%. Bei einer geringeren Nutzungsdauer – von 100–200 Jahren für Steinhäuser und 30–60 Jahren für Holzhäuser – würde diese Rate bis zu 30% erreichen.

dienen. Unterstellt man jedoch, daß das Verhältnis der einen zu den anderen im Jahre 1914 etwa das gleiche war wie das nach der Erhebung für 1923 ermittelte, dann kann auch diese Schwierigkeit in bestimmtem Grade überwunden werden.

In der gegenwärtigen Berichterstattung der staatlichen Versicherung wird die Bewertung von Wohnbauten und übrigen Nebengebäuden für die Versicherungssteuer gesondert angegeben. Doch der Versicherungssteuer unterliegen nur private Besitzungen, d. h. die kleinsten und deshalb durchaus nicht für die ganze Masse typischen städtischen Bauten. Außerdem sind diese Bewertungen mit den Vorkriegsbewertungen auch in einer anderen Beziehung nicht vergleichbar. Da die Bewertung in Rubel-Tscherwonez erfolgte, ergibt sie z. B. für das Wirtschaftsjahr 1924/1925 eine mittlere Bewertung der privaten Wohngebäude für die RSFSR insgesamt in Höhe von 806 Rubel. Nach den Angaben der Zentralverwaltung für Statistik beträgt der mittlere Rauminhalt derartiger Bauten 243 m^3, und der Index für die Umrechnung in Vorkriegspreise beträgt 1604 zum 1. Oktober 1924. Hieraus würde sich eine Vorkriegsbewertung dieser Gebäude von knapp 2,1 Rubel je m^3 ergeben, während sie nach der Bewertung der Zentralverwaltung für Statistik unter Berücksichtigung des Verschleißes mindestens 4 Rubel je m^3 betragen müßte, d. h. fast das Doppelte. Offenbar sind die heutigen Bewertungen der staatlichen Versicherung entschieden zu niedrig angesetzt.[29] Wenn man sie aber nur dazu benutzt, um die *Relationen* zwischen den Bewertungen für Wohngebäude und denen für die übrigen Gebäude sowie für eine differenzierte Bewertung von Gebäuden, die nicht Wohnzwecken dienen, entsprechend dem verwendeten Baumaterial – Stein-, Holz- oder gemischte Bauweise – zu ermitteln, dann kann man zuverlässige Koeffizienten erhalten.

Bei Anwendung dieser Koeffizienten kann man feststellen, daß die Nebengebäude mit fester Überdachung aus Stein mit etwa $1/_{11}$ des Wertes der Wohngebäude anzusetzen sind. Holzgebäude mit Blechdach sind 8,5mal, Holzgebäude mit nicht festem Dach 5,7mal billiger usw.[30] Bezüglich der Verwaltungs- und Handelsgebäude kann man bedingt unterstellen, daß sich ihr Versicherungswert bei gleichen Größenausmaßen der Gebäude nicht von der Bewertung der Wohngebäude unterscheidet. Aus der Erhebung für 1923 wissen wir, daß die Gesamtzahl derartiger Bauten ungefähr 37,5% aller Gebäude, die nicht Wohnzwecken dienen, ausmacht. Unter den Stein- und Gemischtbauten ist dieser Anteil natürlich etwas größer[31], bei den Holzbauten geringer (etwa 36%). Ausgehend von diesen Annahmen und unter Verwendung der Ergebnisse aus der Erhebung von 1923 und der Bewertungen der Versicherungsgesellschaften erhalten wir für das Jahr 1914 für das Gebiet des Russischen Reiches (ohne das Königreich Polen, das Baltikum und Finnland) das in Tabelle 26 wiedergegebene Ergebnis.

Wie wir sehen, ist der Wert der Nebengebäude nach diesen Berechnungen noch niedriger, als in den Daten von Kvitkin veranschlagt (730,6 Mill. Rubel). Dagegen ergibt die von ihm überhaupt nicht berücksichtigte Kategorie der Verwaltungs-, Handels-, Lager- und ähnlichen Gebäude eine durchaus bedeutende Größe, nämlich den Betrag von etwa 2 Milliarden Rubel. Allein die Verwaltungsgebäude, die nach der Erhebung von 1923 die Größenordnung von 100000 übersteigen und deren Flächenanteil etwa 26% des gesamten bebauten städtischen Bodens einnimmt, müßten einen hohen Anteil an dieser Zahl haben. Was die Wohngebäude selbst angeht, so erlangen sie nach den angeführten Be-

[29] Beginnend mit dem Wirtschaftsjahr 1924/25 führt die Staatliche Versicherung eine Umbewertung der Gebäude durch, doch diese Arbeit ist für ein ganzes Jahrfünft berechnet.

[30] Vergleiche auch I. K. Voronov. Die Stadt Woronesh. Bevölkerung und unbewegliches Vermögen, in: Materialien für die Bewertung der städtischen immobilen Vermögen, Woronesh 1903.

[31] Wir haben 50% angenommen.

Tabelle 26. Wohnraumfonds der Städte der UdSSR im Jahre 1923 nach der Vorkriegsbewertung der Versicherungen (ohne Armenien und Georgien)

Bauten	Anzahl der Bauten (in tausend)				Bewertung in Vorkriegsvaluta							
	insgesamt	darunter			im Mittel für ein Bauwerk (Rubel)				insgesamt (in Mill. Rubel)			
		Wohnbauten	Verwaltungs- und Handelsgeb.	Nebengebäude	insgesamt	Wohnbauten	Verwaltungs- und Handelsgeb.	Nebengebäude	insgesamt	darunter Wohnbauten	Verwaltungs- und Handelsgeb.	Nebengebäude
Steinbauten												
mit fester Bedachung	550	344	103	103	11610	13995	13995	1265	6388	4815	1443	130
mit nichtfester Bedachung	74	35	19	20	993	1290	1290	241	74	45	24	5
insgesamt	624	379	122	123	10351	12830	12830	1098	6462	4860	1467	135
Bauten in gemischter Bauweise												
mit fester Bedachung	94	80	7	7	3628	3881	3881	488	341	311	27	3
mit nichtfester Bedachung	24	13	5	6	(663)	836	836	142	16	11	4	1
insgesamt	118	93	12	13	3023	3451	2615	330	357	322	31	4
Holzhäuser												
mit fester Bedachung	1616	996	223	397	1186	1514	1514	179	1917	1509	337	71
mit nichtfester Bedachung	2562	1099	527	936	333	477	477	84	854	524	252	78
insgesamt	4178	2095	750	1333	668	971	786	112	2771	2033	589	149
Ergebnis	4920	2567	884	1469	1948	2772	2348	197	9590	7215	2087	288
dito in %	–	100	34,5	57,1	–	100	84,7	7,1	–	100	28,8	4,0

wertungen ebenfalls einen wesentlich höheren Betrag, als Kvitkin in der „Bilanz" der Zentralverwaltung für Statistik errechnete.

Wenn man die Daten der Zentralverwaltung für Statistik über die räumlichen Ausmaße und den Bauwert der Wohngebäude für das Jahr 1923 nimmt und diese Normen auf die Vorkriegsjahre anwendet, dann kann man die folgende sehr interessante Gegenüberstellung erhalten, die in Tabelle 27 wiedergegeben ist.

In Tabelle 27 lenkt vor allem die folgende Tatsache die Aufmerksamkeit auf sich. Nach der Zahl der vorhandenen Gebäude ist der Wohnraumfonds im Jahre 1923 nicht geringer als vor dem Kriege, aber er ist es dem Rauminhalt und dem Wert nach sogar in bedeutendem Maße. Hier muß man jedoch berücksichtigen, daß sich die Anzahl der Steinhäuser und der Häuser in gemischter Bauweise in Tabelle 27 um einen sehr erheblichen Betrag, nämlich um 262000, vermindert hat. Wenn wir das mit den Angaben aus der Erhebung von 1923 vergleichen, aus denen hervorgeht, daß 316000 Häuser während der Zeit der Revolution zerstört wurden, dann finden wir eine völlig ausreichende Erklärung dafür. Natürlich wurden auch Holzhäuser zerstört, aber, erstens, verblieben die kleinen Holzhäuser seltener ohne Aufsicht und Reparatur als große Steinhäuser und wurden deshalb auch seltener zerstört und, zweitens, wurde der Verlust an Holz-

Tabelle 27. Wohnbauten der städtischen Siedlungen Rußlands in den Grenzen der UdSSR nach Vorkriegswerten (Berechnungen)

Bauten	Anzahl der Wohnbauten (in tausend)	Rauminhalt: je Bauwerk (m^3)	Rauminhalt: insgesamt (Mill. m^3)	Bewertung je m^3 (in Rubel): Bauwert nach Normen der Zentralverw. für Stat.	Bewertung je m^3 (in Rubel): Versicherungswert nach Normen von 1914	Gesamtwert (in Mill. Rubel): Bauwert	Gesamtwert (in Mill. Rubel): Versicherungswert
1923							
Steinbauten	379	1137	431	7,94	11,27	3421	4860
gemischte Bauten	93	565	52	6,51	6,18	340	322
Holzbauten	1639	268	562	5,20	3,62	2922	3033
übrige Bauten	456						
insgesamt (ohne Armenien und Georgien)	2567	407	1045	6,41	6,89	6683	7215
für die UdSSR insgesamt (+3%)	2644	–	–	–	–	6884	7431
1913							
Steinbauten	565	1137	643	7,94	11,27	5103	7240
gemischte Bauten	170	565	95	6,51	6,18	621	589
Holzbauten	1471	268	500	5,20	3,62	2603	1812
übrige Bauten	396						
insgesamt für die UdSSR	2602	476	1238	6,73	7,34	8327	9641
dito für das Russische Reich insgesamt	2938	486	1423	6,78	7,44	9624	11236

Für 1923 siehe „Bilanz der Volkswirtschaft der UdSSR" 1923/24, Moskau, Verlag der Zentralverwaltung für Statistik 1926, Tabellenanhang Seite 37.

häusern reichlich durch die Erweiterung des Begriffes „städtische Bevölkerung“ in den neuesten Erhebungen durch die Einbeziehung der kleinen Siedlungen ab 500 Einwohner ausgeglichen.[32]

Auch das erhebliche Auseinanderklaffen der Bewertungsnormen der Zentralverwaltung für Statistik und der von uns nach den Daten der Versicherungsgesellschaften errechneten Normen lenkt die Aufmerksamkeit auf sich. Dabei ist kennzeichnend, daß die Bewertungsnormen der Gebietsverwaltungen, die von der Zentralverwaltung für Statistik übernommen wurden, bei den kleineren Holzbauten wesentlich höher liegen als die der Versicherungen, während es bei den größeren Steinhäusern umgekehrt ist. Das harmoniert recht gut mit einer anderen aus der Geschichte unserer ländlichen Besteuerung immobilen Vermögens bekannten Tatsache. Auf Grund der klassenmäßigen Zusammensetzung unserer Gebietsverwaltungen wurden die großen Besitzungen der Gutsbesitzer ebenfalls gewöhnlich unterbewertet und zu niedrig beauflagt, während die kleinen bäuerlichen Besitzungen überbewertet und mit höheren Steuern beauflagt wurden. Es ist möglich, daß diese Politik ihre Widerspiegelung auch in den obengenannten Bewertungen der städtischen Bauten gefunden hat. Auf alle Fälle bringen die Bewertungen der Versicherungen unserer Ansicht nach sowohl die Normen des Bauwesens als auch die Marktbewertungen der verschiedenen Bauten in Abhängigkeit vom verwendeten Baumaterial wesentlich objektiver zum Ausdruck.

Steinhäuser müssen sowohl der Lebensdauer nach als auch nach den Baukosten mindestens dreimal höher bewertet werden als Holzbauten, nicht aber nur um das 1,5fache, wie es nach den Normen der Zentralverwaltung für Statistik der Fall ist. Aus diesem Grund sind diese Normen für unsere Berechnungen nicht geeignet.

Wenn man jedoch von den Bewertungen der Versicherungen für Wohngebäude ausgeht, die in Tabelle 27 wiedergegeben sind, und diese – unter Berücksichtigung der Nebengebäude – nach den Normen aus Tabelle 26 um 4% erhöht, dann erhalten wir den Gesamtwert des städtischen Wohnbesitzes für 1914 im Betrag von 10 Milliarden Rubel. Natürlich ist das eine außerordentlich grobe Berechnung. Doch da sie in hinreichendem Grade mit einer anderen Berechnung übereinstimmt, die nach einer völlig anderen Methode ausgeführt wurde (siehe Tabelle 23, in der wir 10,3 Milliarden erhielten), so halten wir sie für unsere Zwecke, d. h. als Bestandteil einer sehr orientierenden Berechnung des Nationalreichtums der UdSSR vor und nach der Revolution, durchaus als geeignet.

Für das Jahr 1923 veranschlagen wir den Wert der Wohnbesitzungen (einschließlich der Nebengebäude) in den Städten nach den Bewertungen der Versicherungen auf 7431 + + 297 = 7728 Mill. Vorkriegsrubel. Das übertrifft die Schätzungen der Zentralverwaltung für Statistik fast um das 1,4fache. Diese errechnete per 1. Oktober 1923 ohne Armenien und Georgien einen Betrag von 7414. Wenn man den Verschleiß in Höhe von 27,6% berücksichtigt, dann ergibt das 5316 Mill. Rubel und nach einer weiteren Korrektur um 3% für die Einbeziehung von Armenien und Georgien (160 Mill. Rubel) einen Betrag von 5520 Mill. Rubel. Wir unterstellen, daß bei den Bewertungen der Versicherungen der Verschleiß bereits abgezogen wurde. Allerdings müßte der Verschleißgrad im Jahre 1923 höher als in den Vorkriegsjahren sein. Wenn man jedoch berücksichtigt, daß die ältesten und beschädigten Bauten – mehr als 316000 – von uns unter der Rubrik „während der Revolution zerstört“ vollständig aus den Berechnungen herausgenommen wurden, dann stellt das bereits an sich eine bedeutende Korrektur in bezug auf den unterschiedlichen Verschleißgrad dar. Gerade im Ergebnis dieser Korrektur verminderte sich

[32] Im Jahre 1911 wurden in 87 Gouvernements 1869 städtische Siedlungen gezählt, im Jahre 1923 für die UdSSR insgesamt (ohne Armenien und Georgien) 2157.

der Wohnfonds von 1923 im Vergleich zu 1913 nach unserer Berechnung von 10008 Mill. auf 7728 Mill. Rubel, d. h. um 2280 Mill. Rubel oder um 22,3%. Eine solche Korrektur erscheint uns völlig ausreichend.

Nach 1923 setzte sich, wenn man eine jährliche Verschleißrate (2,35%) und die Investitionen nach Berechnungen der Sektion Bauwesen der Staatlichen Plankommission der UdSSR berücksichtigt, die Entwertung unseres Wohnungsfonds fort, wenn auch in vermindertem Tempo.

Wenn wir unseren Wohnungsfonds zu Beginn des Wirtschaftsjahres 1923/24 mit 7728 Mill. Rubel bewerten, dann erhalten wir für die folgenden Jahre die nachstehende Entwicklung (in Millionen Rubel):

Jahr	nach Vorkriegswerten	in Tscherwonez-Bewertung nach Index der ZVS	der SPK
1923/24	7728	14220	–
1924/25	7631	13886	17700
1925/26	7593	13820	19900
1926/27	7643	13917	20200

Das ist ebenfalls eine sehr näherungsweise Berechnung, dennoch ist sie unserer Ansicht nach der Realität wesentlich näher als andere Berechnungen, die sich auf die zu niedrig angesetzten Anfangswerte der Zentralverwaltung für Statistik und einen zu geringen Index begründen.

Die Berechnungen der Zentralverwaltung für Statistik in der „Bilanz der Volkswirtschaft 1923/24" leiden noch an einer weiteren Unzulänglichkeit. Fast die ganze Unterbewertung bei den Schätzungen des Wohnungsfonds entfällt in der Berechnung von O. A. Kvitkin auf den staatlichen Sektor des Wohnungsfonds, weil die größeren Steinbauten zu niedrig bewertet wurden. Bei den von uns verwendeten Vorkriegsbewertungsnormen der Versicherungen ergibt sich ein weit günstigeres Verhältnis für den vergesellschafteten Teil des Wohnungsfonds (Tabelle 28).

Nach den Berechnungen von O. A. Kvitkin erreicht der staatliche Wohnungsfonds in den Städten und Siedlungen etwa 57% des Gesamtbetrages der Bewertung in Vorkriegspreisen, während nach den von uns verwendeten Versicherungsnormen dieser Anteil auf 65% wächst. In der Tscherwonezwertung ergibt sich ein etwas anderes Bild. Die Indizes für die Umrechnungen der Vorkriegswerte auf die gegenwärtigen Werte betrugen nach Berechnungen der Zentralverwaltung für Statistik im Wirtschaftsjahre 1923/24 für Steinbauten 2, für gemischte 1,8 und für Holzbauten 1,5. Daraus ergab sich bei O. A. Kvitkin ein mittlerer gewogener Index für Privatbesitzungen von 1,61, für staatliche von 1,89, und für den Durchschnitt ein Index von 1,75. Nach unserer Bewertung, die den einzelnen Bestandteilen andere Gewichte zumißt, erreicht der gewogene Index für Privatbesitzungen 1,64, für staatliche Besitzungen 1,94 und im Mittel 1,84. Im Zusammenhang damit erhöht sich der Anteil des staatlichen Fonds am Gesamtwert in Tscherwonezvaluta nach der Berechnung von O. A. Kvitkin auf 60,5%, nach unserer Berechnung auf 68,1%.

Die Quellen, auf die wir uns aus Mangel an besseren in unseren Berechnungen stützen mußten, gewährleisten keine hohe Genauigkeit. Aber sie decken auf alle Fälle eine merkliche Verminderung des städtischen Wohnungsfonds von 1913 bis 1923 in den Grenzen der UdSSR auf, und zwar sowohl dem umbauten Raum nach (um 13%), als auch in der Höhe der Bewertung, die zum Jahre 1926 die Ergebnisse des Jahres 1923 nicht überstieg.

Tabelle 28. Wohnungsfonds der Städte der UdSSR im Jahre 1923

Bauten	Anzahl der Bauten (in tausend)	Gesamtvolumen (tausend m³)	Bewertung je m³ (in Rubel)		Gesamtwert (Mill. Rubel)		
					nach Normen der ZVS		nach Versicherungswerten
			Bauwert nach ZVS	Versicherungswert	Bauwert	unter Berücksichtigung d. Verschleißes	
Staatlicher Sektor							
Steinhäuser	167,5	359200	7,52	11,27	2863	2147	4047
Gemischtbauten	30,6	29280	6,22	6,18	193	135	181
Holzbauten und übrige	240,9	140600	4,99	3,62	743	520	509
Summe der Wohnbauten	439,0	529080	6,77	8,44	3799	2802	4737
Nebengebäude	–	–	–	–	350	245	(138)
Summe in Vorkriegsvaluta	–	–	–	–	4149	3047	4875
dito in Tscherwonez	–	–	–	–	7713	5684	9393
Privater Sektor							
Steinhäuser	211,6	72180	7,29	11,27	558	418	812
Gemischtbauten	62,3	22880	6,10	6,18	148	103	141
Holzhäuser und übrige	1854,2	422000	4,88	3,62	2179	1525	1525
Summe der Wohnbauten	2128,1	517060	52,8	45,4	2885	2046	2478
Nebengebäude	–	–	–	–	381	267	(150)
Summe in Vorkriegsvaluta	–	–	–	–	3266	2313	2628
dito in Tscherwonez	–	–	–	–	5223	3708	4389
Summe ohne Armenien und Georgien	4036	–	–	–	7415	5360	7503
darunter:							
Wohnbauten	2567	1046140	6,41	6,89	6684	4848	7215
Nebengelasse	1469	–	–	–	731	512	288
Korrektur um 3%	121	–	–	–	222	161	225
Summe für die UdSSR in Vorkriegsvaluta	4157	–	–	–	7637	5521	7728
dito, in Tscherwonez	–	–	–	–	13324	9674	14194

Nach den letzten Berechnungen der Zentralverwaltung für Statistik kommt die Entwicklung des gesamten städtischen Wohnungsfonds in den folgenden Daten zum Ausdruck (in Mill. m² jeweils zum Jahresende)[33]:

Abrechnungsjahr	Wohnfläche	
	absolut	%
1913	180	100
1926	216	120
1940	421	234
1950	513	285
1955	640	355
1960	958	532

[33] Die Volkswirtschaft der UdSSR, Moskau 1956, S. 163.

Die städtische Bevölkerung wuchs in dieser Zeitspanne von 24,7 auf 108,3 Mill. Einwohner oder um 338%. Die Wohnfläche hat sich – umgerechnet je Einwohner –, ungeachtet des gewaltigen Wachstumstempos im Städtebau daher nur in bescheidenem Maße vergrößert.

Ländliche Bauten

Bezüglich des Wohnungsfonds auf dem Lande können wir die Untersuchungen von E. M. Tarasov nutzen.[34] Nach seinen Berechnungen verfügte 1913 ein mittlerer Bauernhof mit 6 Personen über Gebäude im Wert von 350 Rubel (unter Berücksichtigung des Verschleißes) in den Preisen des gleichen Jahres 1913. Für die gesamte ländliche Bevölkerung, 113,1 Mill. Einwohner in den Grenzen der UdSSR, ergibt das zum Ende des Jahres 1913 einen Betrag von annähernd 6,6 Milliarden Rubel, für das ganze frühere Imperium (ohne Finnland) würde dieser Betrag um 20% höher sein, d. h. 7,9 Milliarden Rubel betragen. Davon sind dem Anteil der Wohnbauten etwa 66% zuzurechnen, während auf den Anteil der Wirtschaftsbauten die übrigen 34% dieses Wertes entfallen.

Nach der Revolution wuchs im Zusammenhang mit der Teilung der Höfe und des besseren Zuganges zum Wald für die Bevölkerung der Wohnungsfonds des Landes sehr bedeutend an. Die Anzahl der Höfe bestimmen wir für 1913 mit 18,8 Mill., für das Wirtschaftsjahr 1924/25 zählen wir schon 23,6 Mill. Bauernhöfe, für 1925/26 waren es 24,2 Mill. und 24,6 Mill. im Wirtschaftsjahr 1926/27 mit ungefähr 5 Personen je Hof. E. M. Tarasov schätzt unter Benutzung von Haushaltsdaten und Versicherungsbewertungen den Wert der Bauten in der gegenwärtigen bäuerlichen Wirtschaft auf 354 Vorkriegsrubel, wovon 228 auf Wohngebäude und 117 auf Wirtschaftsbauten entfallen. Wenn man von dieser Schätzung und den von ihm errechneten Indizes für das ländliche Bauwesen ausgeht, dann erhält man die Ergebnisse, die in Tabelle 29 angeführt sind.

Tabelle 29. Bewertung der Bauten (unter Berücksichtigung des Verschleißes) (in Mill. Rubel)

Jahr	Anzahl der Höfe (Mill.)	in Vorkriegsvaluta			in Rubel-Tscherwonez			Index
		Wohnbauten	übrige Bauten	Summe	Wohnbauten	übrige Bauten	Summe	
1913/14	18,8	4350	2250	6600	–	–	–	–
1924/25	23,6	5380	2760	8140	7750	3980	11730	1,44
1925/26	24,2	5520	2830	8350	9420	4840	14260	1,71
1926/27	24,6	5610	2880	8490	9700	4980	14680	1,73

Natürlich sind alle diese Summen nicht sehr genau. Im besonderen ist die Zuverlässigkeit der hier angenommenen Indizes für die Kosten des ländlichen Bauwesens zweifelhaft. Wir denken persönlich, daß für 1926/27 in den Dörfern selbst der Index nicht geringer war als 2. Die Größenordnung der Angaben, die in dieser Berechnung benutzt wurden, zweifeln wir jedoch nicht an.

Den Verschleißgrad des gegenwärtig vorhandenen ländlichen Baufonds schätzt E. M. Tarasov auf 30% vom vollen Anfangswert, was für das Wirtschaftsjahr 1926/27 einen Anfangswert für die Bauten in Höhe von über 850 Rubel-Tscherwonez je Hof ergibt.

[34] In: Planovoe chozjajstvo, 10/1927.

Anlage 1. Versicherungssteuer in der RSFSR im Wirtschaftsjahr 1924/25.
Städtische Gebäude privater Personen

Bauten	Wohnbauten			Zweckbauten			Verhältnis der Bewertung von Wohnbauten zu Zweckbauten (Sp. 4 zu Sp. 7)
	Anzahl der Bauten (in tausend)	Bewertung		Anzahl der Bauten (in tausend)	Bewertung		
		Gesamt Mill. Rubel)	je Gebäude (Rubel)		Gesamt (Mill. Rubel)	auf ein Gebäude (Rubel)	
1	2	3	4	5	6	7	8
1. Steinbauten mit festem Dach	72,88	171,40	2350	50,07	25,22	504	4,7
2. Steinbauten mit unstabilem Dach	6,24	3,87	619	9,52	1,69	177	3,5
3. Steinbauten mit Strohdach	4,52	2,11	467	8,58	0,89	104	4,5
Summe von 1–3	83,64	177,38	2140	68,17	27,80	408	5,2
darunter für 2 u. 3	10,76	5,98	556	18,10	2,58	143	3,9
4. gemischte Bauten mit festem Dach	67,04	126,29	1587	32,50	6,52	201	7,9
5. gemischte Bauten mit unstabilem Dach	14,29	7,90	553	14,05	1,17	83	6,7
6. gemischte Bauten mit Strohdach	6,42	2,19	341	9,78	0,84	86	4,0
Summe für 4–6	87,75	116,38	1327	56,33	8,53	152	8,7
darunter für 5 u. 6	20,71	10,09	487	23,83	2,01	84	5,8
7. Holzbauten mit festem Dach	426,86	382,41	896	659,58	69,85	106	8,5
8. Holzbauten mit unstabilem Dach	420,87	159,50	379	863,99	53,76	62	6,1
9. Holzbauten mit Strohdach	30,00	9,63	321	73,43	4,73	64	5,0
Summe von 7–9	877,73	551,54	629	1597,00	128,34	80	7,9
darunter für 8 u. 9	450,87	169,13	353	937,42	58,49	62	5,7
insgesamt	1049,12	845,30	806	1721,50	164,67	96	8,4

Anlage 2. Wert und Einträglichkeit der städtischen Immobilien in 87 Gouvernements des Russischen Reiches im Jahre 1912

Nr.	Besitzgruppen nach Reineinkommen (in Rubel)			Anzahl der Besitzungen	Summe der Einkünfte zur Besteuerung (tausend Rubel)	Steuersumme (tausend Rubel)	Wert	
	von	bis	im Mittel				insgesamt (Mill. Rubel)	je Besitzung (Rubel)
1	–	4,18	bis 4	83049	(348)	–	7	84
2	4,18	10	7	270790	1906	115,6	38	141
3	10	20	14	344639	4980	303,9	100	289
4	20	30	25	198993	4880	300,7	98	491
5	30	40	35	120987	4180	257,8	84	692
6	40	50	45	82700	3700	230,5	74	895
7	50	75	61	133187	8174	510,7	163	1227
8	75	100	87	82495	7170	450,0	143	1740
9	100	200	143	164430	23400	1473,6	468	2850
10	200	300	245	76398	18730	1185,8	375	8900
11	300	400	346	45080	15600	993,0	312	6920
12	400	500	446	30281	13500	855,8	270	8920
13	500	700	587	36552	21440	1375,0	429	11740
14	700	1000	832	31474	26230	1679,5	525	16650
15	1000	2000	1400	39550	55300	3569,2	1106	28000
16	2000	3000	2435	14380	35000	2287,6	700	48700
17	3000	4000	3460	7750	26800	1762,4	536	69200
18	4000	5000	4960	4838	23960	1435,7	479	99200
19	5000	6000	5480	3603	19720	1328,4	394	109600
20	6000	7000	6460	2511	16210	1109,7	324	129000
21	7000	8000	7330	2129	15600	1086,9	312	146500
22	8000	9000	8479	1645	13940	978,1	279	169500
23	9000	10000	9478	1346	12760	868,6	255	189500
24	10000	15000	12090	3876	46850	3219,5	937	242000
25	15000	20000	17200	1863	32080	2121,2	642	344000
26	20000	25000	22370	884	19770	1280,8	391	442000
27	25000	30000	27310	593	16190	1059,5	324	546000
28	30000	40000	34160	549	18750	1195,1	375	684000
29	40000	50000	44540	297	13210	836,3	264	890000
30	50000	75000	59535	309	18400	1151,0	368	1190000
31	75000	100000	85700	109	9340	576,5	187	1704000
32	über	100000	155000	131	20300	1240,3	406	3100000

III. Probleme des ersten Fünfjahrplans der UdSSR

1. *Erste Erfahrungen der Perspektivplanung*[1]

1.1. Die Lage auf dem Gebiet der Planung

Die Staatliche Plankommission der Union begann ihre Tätigkeit im April 1921. Um jene Umstände gebührend einschätzen zu können, unter denen sie ihre Arbeit aufzunehmen hatte, sollte man sich wenigstens in groben Zügen die wirtschaftliche Lage jener Zeit in Erinnerung rufen.

Im Verlauf von fast sieben langen Jahren – seit dem 28. Juli 1914 – lastet auf dem Land der alle Kräfte erschöpfende Krieg. Die Große Sozialistische Oktoberrevolution führte 1917 schließlich das ausgeblutete Rußland aus dem imperialistischen Weltkrieg heraus. Der ersehnte Friede erwies sich jedoch nur von kurzer Dauer. Das Land wurde in die nicht weniger schweren Prüfungen des Bürgerkrieges, der Intervention und der Blockade gestürzt. Das revolutionäre Proletariat Rußlands ging ehrenvoll aus allen diesen Prüfungen hervor. Der Hydra der Konterrevolution wurde eine Reihe entscheidender Niederlagen bereitet, der würgende Ring der äußeren Blockade wurde an den einzelnen Gliedern gesprengt und fiel angesichts der völligen Hoffnungslosigkeit weiterer Versuche einer Intervention kraftlos auseinander. Diese Siege wurden aber um den hohen Preis einer außerordentlich tiefen wirtschaftlichen Zerrüttung und Verwüstung des Landes erkauft.

Im Jahre 1920 betrug die Getreideproduktion der Landwirtschaft nur noch kaum 52% des Vorkriegsstandes in den Grenzen der Sowjetunion, die Ernte an Faserlein und Hanf sank auf 28%, bei Zuckerrüben auf 7,8% und bei Baumwolle auf 3,3% des Vorkriegsstandes.[2] Der Umfang der Bruttoproduktion der Industrie betrug 1920 nur 829 Mill. Rubel (in Vorkriegspreisen) gegenüber einem Volumen von 6098 Mill. Rubel im Jahre 1913, was eine Senkung auf 14,1% des Vorkriegsstandes bedeutete, wobei die Produktion der Schwarzmetallurgie sogar nur noch 3,5% des Vorkriegsniveaus erreicht.[3] Die Leistungen des Eisenbahntransportwesens – gemessen in Tonnen-Kilometer – betrugen knapp 16,5% der Vorkriegsleistungen in den Grenzen der Union der Sozialistischen Sowjetrepubliken.

Der genannten Zerrüttung in der materiellen Produktion entsprach eine Desorganisation auf dem Gebiet der Arbeitsorganisation, die nicht geringere Ausmaße hatte. Die besten Kader des Proletariats waren von ihrer friedlichen Arbeit losgelöst und kämpften an allen Fronten gegen die bewaffneten Kräfte der Konterrevolution. Der Einsatz aller materiellen Ressourcen und Transportmittel vor allem für die ununterbrochene Versorgung der Streitkräfte der Revolution an den Fronten führte dazu, daß die Stockungen in der Versorgung der Betriebe mit Rohstoffen, der Arbeiter mit Lebensmitteln usw. noch häufiger und verheerender wurden. Die Arbeiter verließen ihre Werkzeugmaschinen und bemühten sich energisch, diesen Störungen nach eigenen Kräften

[1] In: Planovoe chozjajstvo, 12/1930.

[2] In: Planovoe chozjajstvo, 4 u. 5/1924, S. 167–176.

[3] Die Entwicklung der russischen und der sowjetischen Industrie im Verlauf von 40 Jahren, Bd. 1, Teil III, Moskau-Leningrad 1929, S. 177–191.

durch aktive Teilnahme in den Lebensmittelbeschaffungsgruppen und mit allen möglichen anderen Methoden der Selbstversorgung entgegenzuwirken. Auf diese Weise verlor jeder Arbeiter durch Zwangspausen und alle Arten von Arbeitsversäumnissen im Jahre 1920 im Durchschnitt 87 Arbeitstage, 1919 waren es sogar 120 Arbeitstage im Jahr.[4] Rechnet man je Monat mit 25 Arbeitstagen, dann beträgt dieser Arbeitszeitverlust zwischen 4 und 5 Monaten pro Arbeiter im Jahr. Wenn man dazu noch die unzureichende Ernährung und, überhaupt, den äußerst niedrigen Lebensstandard der Arbeiter rechnet, der im monatlichen Durchschnitt auf 8 Rubel 30 Kopeken gegenüber 25 Rubeln in der Vorkriegszeit gefallen war, dann braucht man sich nicht zu wundern, daß die Jahresleistung eines Arbeiters im Jahre 1920 knapp 23,5% der Vorkriegsnorm betrug.[5]

Dieser allgemeine Niedergang der Produktivkräfte wurde noch verschärft durch die sehr erheblichen funktionellen Disproportionen zwischen den verschiedenen Volkswirtschaftszweigen und die nicht minder abrupte Unterbrechung der wirtschaftlichen Beziehungen zwischen den verschiedenen Gebieten des riesigen Landes, das sich über ein Sechstel der Erdoberfläche erstreckt. Unter diesen Bedingungen konnten die notwendigen Mittel für den Krieg, der eine riesige Anspannung aller Ressourcen erforderte, natürlich nur dadurch aufgebracht werden, daß ein Teil der Grund- und Umlauffonds der Volkswirtschaft geopfert wurde, d. h. durch eine direkte Zerstörung von Produktivkräften des Landes. Angesichts des fast vollständigen Zerfalls der wirtschaftlichen Bedingungen und der äußerst geringen Möglichkeiten des neu geschaffenen administrativen Apparates erwiesen sich die normalen Methoden der *Steuererhebung* als vollständig ungeeignet, um die zur Führung des Krieges notwendigen Ressourcen erhalten zu können. Im Staatshaushalt von 1920 deckten die vorgesehenen „Einkünfte" den Ausgabenteil nur knapp zu 13,1%. Alles übrige mußte entweder durch die für das Dorf äußerst verheerend wirkende Ablieferungspflicht oder durch die Pferdekur der Geldemission gedeckt werden. Und das hatte neben vielen anderen zerstörenden Auswirkungen eine unaufhaltsame *Geldentwertung* zur Folge, so daß es völlig *unmöglich* wurde, ein irgendwie zuverlässiges System des wirtschaftlichen Rechnungswesens überhaupt und der Finanzabrechnung im besonderen aufzubauen.

Alles das waren äußerst ungünstige Voraussetzungen für eine erfolgreiche Tätigkeit der Staatlichen Plankommission.

Von außen mochte es geschienen haben, als ob sich das Land bereits im Zustand einer völlig irreversiblen wirtschaftlichen Katastrophe befände oder doch zumindest am Rande eines solchen katastrophalen Abgrundes. Doch das revolutionäre Proletariat mit der kommunistischen Partei an der Spitze ergab sich nicht für eine Minute solchen panischen und kapitulantenhaften Stimmungen. Mit unübertroffener Festigkeit und Entschiedenheit, bereit zu allen erforderlichen Opfern, schritt es zuversichtlich durch schwierigste Prüfungen zum ersehnten Sieg. Und sobald dieser Sieg um einen hohen Preis an der militärischen Front im Kampf gegen die bewaffnete Konterrevolution errungen war, ging es – ohne eine Pause einzulegen – zur friedlichen schöpferischen Arbeit an der wirtschaftlichen Front über.

Am 17. März 1921 nahm die Revolution erst noch im Sturm die Befestigungen Kronstadts ein, am 18. März wurde der Frieden mit Polen unterzeichnet, der uns die Hände

[4] S. G. Strumilin, Der Arbeitslohn und die Arbeitsproduktivität in der russischen Industrie in den Jahren 1913–1922, Moskau 1923, S. 44.

[5] 560 Rubel gegenüber 2380 Rubel im Jahre 1913 in den Grenzen der UdSSR (Die Entwicklung der russischen und der sowjetischen Industrie im Verlauf von 40 Jahren, Bd. 1, Teil III, Moskau-Leningrad 1929, S. 177 und 191).

für die friedliche Arbeit freimachte, und obgleich der Roten Armee im Lande noch viel zu tun blieb im Kampf mit dem Banditentum in den Grenzgebieten und gegen die 50000 Mann-Armee der Kulaken und Sozialrevolutionäre im Zentrum, erhielten bereits am 1. April desselben Jahres die „Grundlagen für den Aufbau der Staatlichen Plankommission" mit der Unterschrift Lenins ihre endgültige Dekret-Form. Im Lande begann ein neuer Kampf um den *Plan, um den planmäßigen sozialistischen Aufbau.*

Im Unterschied gegenüber allen seinen Vorgängern an der Planungsfront aus der Zeit des Kriegskommunismus, angefangen mit dem Obersten Volkswirtschaftsrat und der Čusosnabarm[6] bis zur Verwertungskommission und anderen Kommissionen, die alle mit bedeutenden Vollmachten staatlicher Macht ausgestattet waren, entstand die Staatliche Plankommission als reines Beratungsorgan ohne jegliche administrative Funktion beim Rat für Arbeit und Verteidigung (STO). Da der STO nur eine der Kommissionen des Rates der Volkskommissare war, mußte man die Staatliche Plankommission einfach als eine der Unterkommissionen des Rates der Volkskommissare ansehen. Wenn aber dennoch ungeachtet der bescheidenen Stellung in der Hierarchie der sowjetischen Organe und des völligen Fehlens irgendwelcher Attribute der Macht die Staatliche Plankommission einen ungleich größeren Einfluß auf die Entwicklung der Volkswirtschaft der UdSSR hat als irgendeine ihrer hochbevollmächtigten Vorgänger, dann muß man die Ursache dafür vor allem in den Bedingungen der Zeit suchen.

Die Bildung der Staatlichen Plankommission erfolgte zu einem bemerkenswerten Zeitpunkt unserer Geschichte. Die Beendigung des Bürgerkrieges im Lande ermöglichte uns den Übergang zur Neuen Ökonomischen Politik. Die Einführung der NÖP verbindet man gewöhnlich mit der Veröffentlichung der bekannten „Anordnung des Rates der Volkskommissare über die Neue Ökonomische Politik" vom 11. August 1921, in der die Prinzipien der NÖP umfassend dargestellt wurden. Der grundlegende Wendepunkt zur NÖP ist jedoch bereits vollständig in dem früheren Dekret über die Ablösung der Ablieferungspflicht durch die Naturalsteuer enthalten, das am 21. Mai 1921, wenige Tage bevor die Staatliche Plankommission ihre Tätigkeit aufnahm, angenommen wurde. Es ist vollkommen klar, daß vor *diesem* Ereignis, selbst nach der vollständigen Niederlage der bewaffneten Kräfte der bürgerlichen Konterrevolution, auch das mächtigste Planungsorgan nicht in der Lage gewesen wäre, eine Ära des erfolgreichen Aufbaus des Sozialismus in unserem Lande zu eröffnen. In einem bäuerlichen Lande kann das Proletariat eine solche Aufgabe nur dann verwirklichen, wenn es sich auf die Dorfarmut stützt und dabei ein enges Bündnis mit der Masse der Mittelbauern im Dorf eingeht. Nach dem 21. Mai aber, als eine feste Grundlage für dieses Bündnis geschaffen worden war, erhielt die Staatliche Plankommission im Unterschied zu ihren Vorgängern zum ersten Mal eine völlig ausreichende und durchaus zuverlässige Grundlage für die erfolgreiche Entfaltung ihrer Arbeit.

Die NÖP barg jedoch in sich ein historisches Mißverständnis, das für den, der ihm unterlag, verhängnisvolle Folgen in der Zukunft vorbereitete. Sie gab im Namen des Friedens mit dem Dorf den spontanen Marktbeziehungen einen gewissen Raum, und die NÖP tat dies *ernsthaft und auf lange Zeit, aber nicht für immer.* Für die Perspektive faßte man ins Auge, daß nach Maßgabe der wachsenden Planmäßigkeit der Wirtschaft eine allmähliche, aber durchaus konsequente Einschränkung der Marktanarchie erfolgen würde, bis hin zur völligen Ablösung dieser Anarchie durch die Elemente der Planung. In einigen Kreisen der bürgerlichen Intelligenz faßte man jedoch die Hinwendung der Sowjetmacht zum freien Handel als einen solchen Schritt zur Restaurierung der bürgerlichen Verhältnisse

[6] Organisation zur Versorgung der Armee.

auf, dem unausweichlich – schon nach den inneren Gesetzen des bürgerlichen Wesens – auch alles übrige folgen müsse. Der Markt müsse nach den Vorstellungen dieser Kreise „chemisch“ auch alle übrigen Kategorien des Kapitalismus *entgegen allen Plänen* ausfüllen. In dieser Situation veränderte diese, dem Sozialismus prinzipiell feindlich gesonnene Intelligenz plötzlich sehr bereitwillig ihre Position gegenüber der Sowjetmacht, d. h. sie rüstete ideell scheinbar ab und stellte sich in den Dienst der Sowjets. Unter den Bedingungen einer allgemeinen Marktfreiheit konnten sie keinerlei sozialistische Pläne und Experimente schrecken. Im Gegenteil, mit besonderer Vorliebe wurde sie gerade in solchen erstrangigen Organen des sozialistischen Aufbaus wie der Staatlichen Plankommission tätig, um aktiv am vorgesehenen Programm zur Wiederherstellung der Volkswirtschaft mitzuwirken, allerdings nach Maßgabe *ihres* klassenmäßigen Verständnisses dieser Aufgabe.

Im Interesse des schnellstmöglichen Aufbaus des Sozialismus zog und zieht die Sowjetmacht ihrerseits gern parteilose Spezialisten jeder Art heran, auch wenn sie nur die Rolle eines zeitweiligen Weggefährten einnehmen mögen, wobei sie sich keinen besonderen Illusionen hinsichtlich ihrer Ideologie hingibt, sondern von ihnen nur das elementare berufliche Verantwortungsbewußtsein und dienstliche Loyalität fordert. Unter den Mitarbeitern der Planungsorgane befand sich daher von den ersten Tagen der Planungstätigkeit an ein sehr bedeutender Anteil von Vertretern der bürgerlichen Intelligenz verschiedenster Richtungen und Schattierungen. Es nimmt nicht wunder, daß sich unter ihnen nicht wenige Ideologen der Bourgeoisie befanden, die bewußt auf eine bürgerliche Umwandlung der Sowjetmacht unter dem degenerierenden Einfluß der Marktanarchie spekulierten und sich selbst darauf vorbereiteten, aktiv dahin zu wirken. Die unbestechliche Geschichte zeigt, in welchem Maße die Planungsorgane es verstanden, sie für die Interessen des Proletariats zu nutzen, und in welchem Maße diese Ideologen einer uns fremden Klasse ihrerseits das ihnen entgegengebrachte Vertrauen im Interesse der Restaurierung des Kapitalismus einsetzten. Heute kann man jedoch schon einige Schlußfolgerungen ziehen. Ohne Zweifel erwiesen sich die Hoffnungen dieser auf ein *automatisches* Abgleiten unserer Wirtschaftsordnung vom Sozialismus zum Kapitalismus unter dem Einfluß der Marktanarchie als eine sehr herbe Enttäuschung für sie. Als sie dann in ihrer Verwirrung selbst *aktiv* diesen Prozeß unterstützen wollten, indem sie den Weg offener Schädlingstätigkeit und Konterrevolution beschritten, erhielten sie die verdiente Abfuhr.

Natürlich hat eine derartige „Mitwirkung“ von Anhängern der alten Welt in den Planungsorganen durchaus nicht die operative Arbeit dieser Organe erleichtert. Auch auf dem Gebiet der Ausarbeitung der Planungsmethodologie war es bei dieser Zusammenarbeit nicht leicht, den bürgerlichen Einflüssen gegenüber die notwendige Klarheit und klassenmäßige prinzipielle Reinheit der proletarischen Ideologie zu bewahren. Das war um so schwerer, als wir auf diesem Gebiet stets auf einen *maskierten* Feind stießen, der unser Vertrauen nutzte und oft, wenn auch nicht die marxistische Methode, so doch zumindest die marxistische Phraseologie nicht schlecht beherrschte.

Die Aufgabe, diese bürgerlichen Einflüsse auf die Methoden und die Praxis der Planung ideologisch zu überwinden, wurde in der ersten Zeit noch dadurch erschwert, daß die kommunistischen Kader in der Staatlichen Plankommission noch zahlenmäßig schwach waren. Die Staatliche Plankommission, die zum ökonomisch-technischen Stab für den Aufbau des Sozialismus bestimmt war, mußte sich lange Zeit in ihrer Tätigkeit im wesentlichen auf parteilose Experten stützen. Kommunistische Ingenieure waren nicht nur in der Staatlichen Plankommission, sondern im ganzen Lande außerordentlich rar. Was aber die Parteimitglieder unter den Ökonomen betrifft, so erfüllten diejenigen, die über die meisten revolutionären Erfahrungen verfügten und die Theorie beherrschten, vorwiegend Leitungsaufgaben in der Parteiarbeit, während die Jugend sich erst auf die praktische Arbeit vorbereitete. Den größeren Teil ihrer Zeit und Kraft wandten sie dabei in theoretischen Diskussionen über die abstrakte Arbeit und ähnliche wenig konkrete Probleme auf. Am schlimmsten wirkten sich jedoch auf die Tätigkeit der Staatlichen Plankommission die innerparteilichen Debatten und Schwankungen aus, die der Partei zunächst durch die *pseudolinke trotzkistische* und danach durch die *offene rechte Opposition* aufgezwungen wurden.

Die Staatliche Plankommission bedurfte dringend einer Stärkung durch kommunistische Kader, aber der Kampf mit der Opposition verlagerte diese vom wirtschaftlichen Gebiet auf andere verantwortungsvollere Abschnitte, und durch eine durchaus natürliche, wenn auch für den wirtschaftlichen Stab der Revolution unglückselige Auslese verblieb auf den verantwortlichen Posten der Staatlichen Plankommission für einige Jahre fast der ganze oppositionelle Abschaum jener Jahre. Natürlich konnten Kommunisten dieses Formats, die selbst nicht an die Möglichkeit der Verwirklichung des Sozialismus „in einem Lande" glaubten – und dabei in jenem, das allein darauf prätendieren konnte, weil es mit Hilfe der Diktatur des Proletariats über die Hebel der *Planwirtschaft* verfügte – diesen Glauben natürlich nicht einmal auf die loyalsten Weggenossen unserer Planungsarbeit aus den Reihen der Parteilosen übertragen. Diese Ultra-Sozialisten, die die ungeheure Beschuldigung der bürgerlichen, „termidorianischen" Entartung der Parteiführung erhoben, unterstützten damit natürlich nicht nur die stillen Hoffnungen der Smena-Wech-Leute auf eine Restauration des Kapitalismus, sondern rüsteten auch die aktiven Konterrevolutionäre in ihrer Schädlingstätigkeit gegen die Partei ideologisch aus. Wenn sie in den bürgerlichen Kreisen böswillige Verleumdungen gegen die Führer des revolutionären Proletariats aussäten und aktive Anhänger anwarben, dann bezogen sich die Gegner zweifellos mit besonderem Vergnügen auf so „autoritative" Mitstreiter in dieser Sache wie Trockij und seine Anhänger.

Die Frage, wie sich dies alles auf die Planungstätigkeit der Staatlichen Plankommission auswirken mußte, verdient eine spezielle Untersuchung. Aber bei der allgemeinen Einschätzung jener Schwierigkeiten, die die Staatliche Plankommission in den ersten Jahren ihrer Tätigkeit zu überwinden hatte, darf keineswegs unberücksichtigt bleiben oder vergessen werden, daß nicht nur Feinde, sondern auch bedeutende Vertreter der Parteiopposition in ihr mitgearbeitet haben.

Schon aus dem, was über die personelle Zusammensetzung des Mitarbeiterstabes der Staatlichen Plankommission gesagt wurde, wird deutlich, daß der Planungsprozeß in unserem Lande keine idyllisch friedliche Schreibstubenarbeit eines Kollektivs von Ingenieuren und Ökonomen, das einträchtig auf der Grundlage unumstößlicher Wahrheiten der objektiven Wissenschaft das Gebäude des künftigen Sozialismus projektierte, darstellte. Der Prozeß der Planung ist unter unseren Bedingungen natürlich vor allem ein Prozeß verschärften *Klassenkampfes* für den Sozialismus. Freilich war zum Zeitpunkt der Bildung der Staatlichen Plankommission die erste, die schärfste Periode des Klassenkampfes, als mit der Waffe in der Hand gekämpft wurde, schon vollendet, der Klassenkampf veränderte seine Formen und die Art der Waffen. Doch die allgemeine Anspannung dieses harten Kampfes, bei der der Klassenfeind mit geschlossenem Visier jeden unseren Schritt beobachtet und jeden unserer Fehler ausnutzt, um unsere Ideologie zu entstellen und das Ruder der Wirtschaftsführung von dem von uns festgelegten Kurs abzudrängen, war und bleibt nicht weniger schwierig als auf dem Felde der kriegerischen Auseinandersetzung.

Als traurige Hinterlassenschaft des Kampfes an den militärischen Fronten übernahm die Staatliche Plankommission eine tief zerrüttete und durch die Konterrevolution zerstörte Wirtschaft. Aufgerufen, diese auf neuer Grundlage wiederherzustellen, mußte sie unausweichlich wiederum mit derselben Konterrevolution zusammenstoßen, die alle ihre Kräfte dafür einsetzte, um auf diese oder jene Weise bei der Lösung dieser Aufgabe an der wirtschaftlichen Front zu stören.

Zu den enormen Schwierigkeiten, die der Planung in den ersten Etappen aus den objektiven Folgen des Bürgerkrieges und aus den subjektiven Arbeitsbedingungen für die Planer unter der bürgerlich-feindlichen Umgebung erwuchsen, muß man noch einen außergewöhnlich schwerwiegenden Umstand hinzufügen. Im ersten Jahr der Tätigkeit der Staatlichen Plankommission wurde das Land neben allen Schwierigkeiten, die durch die Konterrevolution hervorgerufen wurden, noch von einer *Naturkatastrophe* heimgesucht. Wir meinen die außergewöhnlich schwere Mißernte des Jahres 1921, die 22 Gouvernements mit einer Bevölkerung von 31,7 Mill. Einwohner erfaßte und ein Getreidedefizit nach minimalen Schätzungen von wenigstens 3,6 Mill. t (222 Mill. Pud) verursachte. Auch in den übrigen Gebieten des Landes gab es in diesem Jahr keinerlei wesentliche Überschüsse. Um den Hungernden in den Mißerntegebieten zu helfen, konnten trotz aller Anspannung der vorhandenen Ressourcen und eines Getreideimports aus dem Ausland (56 Mill. Pud) nicht mehr als 26% der berechneten Hungernorm des Verbrauchs aus anderen Gebieten zugeführt werden. Im Ergebnis dessen gab es anstelle des für uns notwendigen Aufschwunges der Landwirtschaft eine weitere drastische Einschränkung sowohl der Anbauflächen (um 11%) als auch der Viehwirtschaft (um 8%) sowie des allgemeinen Standes der Produktivkräfte in dem durch Hunger entkräfteten Dorf.[7] Wir brauchten nicht weniger als zwei Jahre, um allein jenen Stand der Landwirtschaft wiederherzustellen, auf dem sie von der Mißernte des Jahres 1921 ereilt wurde. In den Gebieten, in denen in den betroffenen Gouvernements der Hunger schwere Wunden geschlagen hatte, dauerte es natürlich wesentlich länger.

Dennoch hat der Volkswirtschaftsplan – ungeachtet der ganzen Tiefe der wirtschaftlichen Krise, aus der er das Land führen mußte, und ungeachtet aller ungünstigen Bedingungen auf politischem und kulturellem Gebiet – seine Aufgabe erfüllt. Schon im ersten Jahr nach der Bildung der Staatlichen Plankommission gelang es, die Produktion der Fabrikindustrie der Union auf mehr als das $1^1/_2$fache zu erhöhen. Nach 5 Jahren, im Wirtschaftsjahr 1926/27, übertrafen wir bereits das Vorkriegsniveau der Industrieproduktion, und nach weiteren 3 Jahren, im Wirtschaftsjahre 1929/30, erreichten wir das Zweifache dieses Standes.

Ein solches Tempo kennt kein einziges kapitalistisches Land. Hier zeigten sich ohne Zweifel zum ersten Mal in konkreter Form die theoretisch schon lange bekannten Vorzüge des Plansystems. Diese äußerst lehrreichen Erfahrungen sollen nun etwas näher betrachtet werden. Wir wollen versuchen, alle wichtigen Fehler und Errungenschaften auf dem Gebiet unserer Planung aufzudecken. Wir wollen sehen, wie jenes ideologische Rüstzeug der Planungsorgane, was wir heute als Methodologie der Planung bezeichnen, aus den Erfahrungen im Kampf mit den bürgerlichen Einflüssen geschmiedet wurde, welches der materielle Inhalt der ersten Versuche der Perspektivplanung ist, und in welchem Maße sich diese Planabsichten im wirtschaftlichen Leben des Landes verwirklichten.

[7] Grundlegende Kennziffern zur Entwicklung der Volkswirtschaft in 10 Jahren Revolution, in: Planovoe chozjajstvo, 11/1927, S. 258.

1.2. Die ideologische Umkreisung

W. I. Lenin lehrte uns auf dem XI. Parteitag: „Die kommunistische Gesellschaft mit den Händen der Kommunisten aufbauen zu wollen, ist eine kindische, eine ganz kindische Idee. Die Kommunisten sind ... ein Tropfen im Volksmeer."[8] Sie können den Kommunismus nur mit „fremden Händen" aufbauen, indem sie sich die Losung zu eigen machen, daß es nicht genügt, die Bourgeoisie zu besiegen, sondern „man muß sie zwingen, für uns zu arbeiten"[9]. Entsprechend dieser Orientierung bauten wir alle unsere Planungs- und operativen Wirtschaftsorgane auf, sowohl die zentralen als auch die lokalen. Der Anteil der Kommunisten an den Beschäftigten war bis zu einer bestimmten Zeit in diesen Organen sehr gering, während der Anteil der parteilosen bürgerlichen Spezialisten aller Art sehr hoch war. Wir bauten die Planwirtschaft in hohem Maße mit „fremden Händen" auf. Kann man daran zweifeln, daß diese Position mit riesigen Gefahren verbunden war?

Natürlich nicht. Aber wir wußten, worauf wir uns einlassen. Indem wir die NÖP verkündeten, um einen engen Zusammenschluß mit der mittelbäuerlichen Hauptmasse des Dorfes zu erreichen, d. h. indem wir die Elementargewalt des Marktes entfesselten, um diese danach durch den Plan zu zügeln, stellten wir uns die sehr ernste Aufgabe des „kommunistischen Wettbewerbs" mit dem Kapitalismus auf dem Gebiet der „Entwicklung der Formen der Wirtschaft und der Formen der Gesellschaftsstrukturen".[10] Ungeachtet der friedlichen Hülle dieses Wettbewerbs gaben wir uns hinsichtlich des Inhalts keinen Illusionen hin. W. I. Lenin warnte uns auf dem XI. Parteitag, als er die Lehren aus dem ersten Jahr des Wirkens der NÖP zog: „... Heute greift man uns nicht mit der Waffe in der Hand an, und nichtsdestoweniger ist der Kampf gegen die kapitalistische Gesellschaft hundert Mal erbitterter und gefährlicher geworden, weil wir nicht immer klar sehen, wo wir einem Feind gegenüberstehen und wer unser Freund ist."[11] Und: „Das ist eine weitere Form des Kampfes zweier Klassen, die einander unversöhnlich feindlich gegenüberstehen."[12] Tatsächlich bestätigte der ideologische Kampf innerhalb der Staatlichen Plankommission in den ersten Jahren ihrer Tätigkeit diese Voraussicht des scharfsichtigen Il'ič vollkommen. In den Mauern der Staatlichen Plankommission waren die angesehensten Vertreter der bourgeoisen Intelligenz tätig – weithin bekannte Ökonomen und die bedeutendsten Ingenieure. Manche von ihnen befanden sich zu ihrer Zeit in den Reihen der aktiven Feinde der Revolution. Aber selbst jene bürgerlichen Experten, die bereit waren, vollkommen loyal ihre Dienstpflichten zu erfüllen, konnten sich nicht sofort von allen klassenmäßigen Anschauungen, Sympathien und Antipathien befreien. Sie werteten die aktuellen Umstände auf ihre Weise. Außerdem konnten sie unter den Bedingungen der NÖP auf dieser völlig legalen Grundlage ihre ökonomische und politische Plattform ziemlich weit und frei entfalten. Sie verstanden genau wie wir sehr gut, daß die NÖP auf der Grundlage der Marktbeziehungen ein weites Feld für den Wettbewerb zwischen den Elementen des Kapitalismus und des Sozialismus darbot. Während wir jedoch in diesem Wettbewerb das Schwergewicht auf die Überwindung der Marktanarchie durch den Plan legten, legten sie im Gegensatz dazu alle ihre Hoffnungen auf eine Erweiterung der Grenzen der NÖP und auf die Einschränkung des Planes durch die Macht der Marktanarchie, die „chemisch" die Keime des Kapitalismus aus sich hervorbringt.

[8] W. I. Lenin, Politischer Bericht des ZK der KPR(B) an den XI. Parteitag, in: Werke, Bd. 33, Berlin 1962, S. 277.

[9] Ebenda.

[10] Ebenda, S. 274.

[11] Ebenda.

[12] Ebenda, S. 276.

Dieser Kampf um den Plan, den wir gegen die bürgerlichen Einflüsse führten, die für den Sieg der Marktanarchie in unserer Volkswirtschaft kämpften, zieht sich wie ein roter Faden durch alle unsere „methodologischen“ Diskussionen und praktischen Experimente der ersten Jahre auf dem Gebiete der Planung.

Wohin haben uns diese bürgerlichen Einflüsse *konkret* getrieben? Und wohin sind wir in unserer praktischen Planungstätigkeit gelangt?

In den ersten Jahren der Planungsarbeit, in den Jahren der *Ausweitung* der Positionen der NÖP, äußerte sich die bürgerliche Ideologie in der Planung in äußerst primitiver Form. Die Hoffnungen der „Smena-Wech“-Leute auf eine „innere Wandlung“ der Bolschewiki unter dem Einfluß der NÖP waren sehr lebendig im bürgerlichen Milieu. Uns wurden auch ohne Umschweife bestimmte Forderungen gestellt.

Bazarov erklärte zum Beispiel im Juli 1922: „Die Aufgaben des Staates drehen sich in einem *Teufelskreis.* Man muß den Markt *beherrschen,* aber den Markt zu beherrschen heißt ihn zu vernichten.“ Und durchaus nicht im Sinne der letztgenannten Perspektive schlägt er einen anderen Ausweg vor: „Der Staat muß dem Markt die *Freiheit* geben, damit sich im *Prozeß des kommerziellen Wettbewerbs* stabile ökonomische Konjunkturen herausbilden ... *Man muß die Freiheit des Marktes und die kapitalistische Konkurrenz zulassen,* um irgendwie bestimmte Formen des Wirtschaftslebens zu schaffen ... Für den Erfolg der Arbeit sind unerläßlich: eine harte Währung und *eine feste juristische Rechtsordnung,* bestimmte gesetzgeberische Akte, *ohne die das Kapital nicht zu arbeiten beginnt.*“

Es ist nicht schwer zu verstehen, daß die „feste Rechtsordnung“, die gefordert wird, damit Herr Kapital zur Arbeit geht, eine Art „demokratische Republik“, und die „Formen des Wirtschaftslebens“, die der „kapitalistischen Konkurrenz am dienlichsten sind“, mehr darstellen als nur ein durchsichtiges Pseudonym für die kapitalistische Wirtschaft. Aber schon im Jahre 1922 stellte W. I. Lenin auf dem XI. Parteitag die Losung auf: „Der Rückzug ist beendet“. Auf eine weitere Entfaltung der Marktanarchie im *Interesse des „arbeitslosen“ Kapitals* konnte man keine besonderen Hoffnungen mehr gründen. Bald befaßte sich die bürgerliche Ideologie unter Berücksichtigung der Zeitumstände daher intensiv mit der „Methodologie“ der Planung.

Schon in einer der ersten Diskussionen über die Methodologie der Perspektivplanung auf einer Sitzung des Präsidiums der Staatlichen Plankommission vom 21. November 1923 entwickelte Bazarov die folgende äußerst lehrreiche Konzeption über die Rolle des Marktes in der Planung: „Sehr oft wird bei uns die Idee der Planwirtschaft, die Idee eines einheitlichen Wirtschaftsplanes, als *Überbleibsel* aus der Epoche des Kriegskommunismus betrachtet ... Als Gegensatz dazu behaupte ich, daß die grundlegenden Voraussetzungen der NÖP, d. h. das *Vorhandensein eines Marktes und der wirtschaftlichen Rechnungsführung,* die Voraussetzungen *jeglicher möglichen Planung* darstellen, unabhängig davon, ob es die Weltrevolution geben wird oder nicht. Die historischen Erfahrungen zeigen, daß eine Gesundung der Wirtschaft *nur dann* möglich ist, wenn eine *gesunde Interessiertheit* jedes Werktätigen an den Ergebnissen seiner Arbeit vorhanden ist. Das reicht jedoch nicht aus: *Nur der Markt* gestattet es unter den gegenwärtigen Bedingungen, eine *automatische Kontrolle* über die Richtigkeit aller Handlungen zu schaffen, einen automatischen Zähler, der die Ergebnisse aus der Tätigkeit jedes Wirtschaftszweiges und jedes Betriebes im einzelnen zeigt.“[13] Soweit uns bekannt ist, hat kein Kommunist jemals die Idee der Planwirtschaft für ein „Überbleibsel“ aus der Epoche des Kriegskommunismus angesehen. Der Autor der oben zitierten Zeilen, Bazarov, bekämpfte diese für uns völlig unannehm-

[13] Zentralarchiv der UdSSR, Fonds 4372, Einheit 1, Sache Nr. 138, Blatt 111–112; Hervorhebungen von Strumilin.

bare These offenbar nur zu dem Zweck, um uns seine Antithese annehmbarer zu machen, nach der *ohne Markt* überhaupt keine Rede von der Planung sein könne. Wir waren jedoch durchaus nicht verpflichtet, eine dieser Thesen auszuwählen, und lehnten beide ab. Bazarov hätte sich wenigstens als *gewesener* Sozialist daran erinnern müssen, daß die Idee der Planwirtschaft nicht nur der Übergangsperiode zum Sozialismus, die unter bestimmten Bedingungen den Markt zuläßt, eigen ist, sondern auch dem entfalteten Sozialismus, der die Freiheit der Marktanarchie prinzipiell ausschließt. Das bedeutet, wenn wir den Markt als unabdingbare Voraussetzung *jeder möglichen* Planung annehmen würden, müßten wir für diese Voraussetzung einen zu hohen Preis zahlen, den Preis des Verzichtes auf den Sozialismus, der durchaus unvereinbar ist mit dieser Voraussetzung einer Wirtschaftsordnung.

Es war klar, daß diese Ausführungen unbedingt solche „unabhängigen" Gelehrten wie V. G. Groman und N. D. Kondrat'ev veranlassen mußten, ihre volle Solidarität zum Ausdruck zu bringen. Sie schlossen sich in der gleichen Sitzung vollinhaltlich an Bazarov an. „Ich bin einverstanden ..." – erklärte Kondrat'ev dort – „mit der Aussage von V. A. (Bazarov), daß die Existenz der NÖP nicht nur den Plan nicht verneint, sondern die *Voraussetzung* für dessen Aufstellung ist. Markt und Preise sind ohne Zweifel die *Voraussetzung* für die Aufstellung eines Planes, zumindest schon deshalb, weil wir im anderen Falle *jede Möglichkeit* (?) für die Messung wirtschaftlicher Erscheinungen verlieren." [14] Das Auftreten Gromans auf der gleichen Sitzung der Staatlichen Plankommission begann direkt mit einer Deklaration: „Nach dem Vortrag des Genossen Bazarov, *mit dem ich Wort für Wort einverstanden bin*, kann ich nur noch sehr wenig über die Methodologie der Frage sagen." [15]

Noch interessanter für die Aufdeckung der Ideologie dieser Gruppe „unabhängiger" Gelehrter Gromanscher *Orientierung* ist eine vergessene Niederschrift aus der gleichen Zeit „Über Aufgaben und Methoden" der Staatlichen Plankommission, die wir im Archiv der Staatlichen Plankommission fanden und die – dem Stil nach zu urteilen – offenbar aus der Feder von Groman selbst stammt. Ungeachtet der blumenreichen Sprache dieses Dokuments sind seine Feststellungen durchaus durchsichtig. Ausgehend von der Idee der Entwicklung der Produktivkräfte und von der Tatsache der Existenz von fünf sozialökonomischen Sektoren im Lande empfiehlt der Autor bezüglich der konkurrierenden Formen des Sozialismus, des Kapitalismus, der kleinen Warenproduktion und anderer Sektoren folgenden Planmodus: „Alles das, was durch eine bestimmte Form der Wirtschaft am rationellsten verwirklicht werden kann, *muß eben dieser Form zugeordnet werden.*" Wie wir sehen, bringt der Autor der Niederschrift als vollkommen „unabhängiger" Wissenschaftler, der „gut und böse mit Gleichmut nimmt", formell hier ein Maximum an Leidenschaftslosigkeit und Uninteressiertheit zum Ausdruck. Er ist bereit, einer beliebigen, sogar der *vergesellschafteten* Form der Wirtschaft den Vorzug zu geben, *wenn* sie rationeller ist als andere. Im Interesse der objektiven Wahrheit muß der Autor jedoch bei der Bestimmung des relativen Umfanges der verschiedenen Wirtschaftsformen im Plan „von zwei *Fakten* ausgehen: von dem Vorhandensein eines vergesellschafteten, bisher *offensichtlich nichtrationellen* Sektors der Wirtschaft und von dem Vorhandensein kleiner Wirtschaften, die bedingt als *rationell* zu betrachten sind". [16]

Unnötig zu sagen, daß sogar die „bedingte", d. h. außerordentlich relative Rationalität der kleinen Warenwirtschaft im Vergleich zu der „offensichtlich unrationellen" vergesell-

[14] Ebenda; Blatt 98, Hervorhebungen von Strumilin.
[15] Ebenda; Blatt 115, Hervorhebungen von Strumilin.
[16] Ebenda; Hervorhebungen von Strumilin.

schafteten Wirtschaft für unseren Autor den entscheidenden Umstand darstellt, um an den Plan die folgende Anforderung zu richten: „Dabei ist eine *unausweichliche Erweiterung der kleinen Warenwirtschaft* unter den Bedingungen des freien Warenaustausches vorzusehen, wobei zu berücksichtigen ist, daß in bezug auf die Gegenstände, für deren Produktion Rohstoffe, Brennstoffe, Produktionsausrüstungen und Transportmittel auf dem freien Markt gekauft werden, *die Konkurrenzfähigkeit der kleinen Warenwirtschaft höher* sein wird als die der vergesellschafteten Wirtschaft, wenn die Bedingung gegeben ist, daß die letztere ihre Produkte nicht unter den Selbstkosten in den Warenaustausch bringt".[17]

Als das wichtigste Kriterium für die Rationalität der Wirtschaft wird in dieser Planungskonzeption somit deren *Konkurrenzfähigkeit auf dem freien Markt* angesehen. Da eine Großbourgeoisie im Lande fehlte, müßte sich der Autor bei der von ihm entwickelten These natürlich auf die Konkurrenzfähigkeit der Warenwirtschaft der Kulaken stützen. Das ändert jedoch nichts an der Sache. Die Konkurrenzfähigkeit ist gerade jene „automatische Kontrolle" für die Rationalität der Wirtschaft, auf die uns Bazarov als Grundvoraussetzung für die Planung hingewiesen hat. Planung in diesem Sinne hieße vor allem, die *Marktkonjunktur* zu berücksichtigen und deren Gebote zu befolgen. Daß sich die kapitalistische Wirtschaft unter den Bedingungen des freien Marktes als konkurrenzfähiger als die vergesellschaftete erweisen würde, bestand für die Ideologen der Bourgeoisie keinerlei Zweifel. Allerdings verfügt das Proletariat in Ausübung seiner Diktatur in seinem Arsenal auch über außerökonomische Mittel, um die vergesellschafteten Formen der Wirtschaft gegenüber der Anarchie des Marktes zu unterstützen. Der Autor der zitierten Thesen hat aber in Voraussicht dessen bereits seine Planungs„direktive" für die wirtschaftliche Rechnungsführung formuliert: „Die vergesellschaftete Wirtschaft *kann* im Warenaustausch mit der kleinen Warenwirtschaft ihre Produkte *nicht* unter den Selbstkosten verkaufen", werden aber andere Methoden angewandt, droht er uns mit der These, die offensichtlich zur Aufbesserung ihrer Überzeugungsfähigkeit aus dem marxistischen Arsenal entnommen ist: „Jede politische Form, die es nicht versteht, die Prinzipien des rationellen Wirtschaftens zu realisieren, ist *historisch* zum Untergang verurteilt."

Die gleiche Orientierung auf den Markt leuchtet offensichtlich auch aus jener eigenwilligen Behandlung der Idee von der Bilanzmethode in der Planung, die in der Staatlichen Plankommission durch die Schule Bazarov – Groman vertreten wurde.

Die Bilanzmethode der Planung fand in der Staatlichen Plankommission schon lange vor dem Erscheinen Gromans und Bazarovs allgemeine Anerkennung. Bereits im ersten Punkt des Arbeitsprogramms der Sektion „Erfassung und Verteilung", das wenige Tage nach Bildung der Staatlichen Plankommission verfaßt wurde, formulierte ich als wichtigste Aufgabe die „Vorbereitung jährlicher Entwürfe einer *perspektivischen Gesamtbilanz der Volkswirtschaft* für die planmäßige Nutzung und Verteilung der Arbeit in den Grenzen der Republik im bevorstehenden Jahr".[18] Im ersten Jahresplan, der die Mauern der Staatlichen Plankommission verließ und am 28. August 1921 vom Rat für Arbeit und Verteidigung bestätigt wurde, ist diese Methode schon teilweise angewendet worden. Und zwar im Plan für die Lebensmittelversorgung des Landes für das Wirtschaftsjahr 1921/22, der auf der Grundlage einer Brotgetreidebilanz aufgestellt wurde[19]. In der Staatlichen Plankommission wurde das erste Schema einer „Berichtsbilanz der Volkswirtschaft für das Wirtschaftsjahr 1921/22" entworfen. Nur wegen des riesigen Arbeitsaufwandes, den sie

[17] Ebenda; Hervorhebungen von Strumilin.

[18] Zentralarchiv der UdSSR, Fonds 4372, Einheit 13, Sache 2, Blatt 1.

[19] Siehe den entsprechenden Vortrag „Zum Wirtschaftsplan für 1921/22" in der Zeitschrift Ėkonomiceskaja žizń vom 22. Juli 1921.

erforderte, wurden die Berichtsbilanzen in die Verantwortung der Zentralverwaltung für Statistik der Union gegeben.

Nach unseren Vorstellungen hat „die Aufstellung der Volkswirtschaftsbilanz zum Ziel, jenes System des *gleitenden Gleichgewichtes*, in dem der Reproduktionsprozeß des Nationalreichtums des Landes abläuft, oder – allgemeiner ausgedrückt – die Reproduktion seiner Produktivkräfte im gegebenen Zeitabschnitt, zu fixieren". Weil aber dieser Prozeß unter Bedingungen verläuft, „da verschiedene sozialökonomische Sektoren der Wirtschaft und die sie repräsentierenden Klassen gegeneinander um ihre Existenz kämpfen", so „muß die Volkswirtschaftsbilanz auch den Zustand des *gleitenden Gleichgewichtes* dieser untereinander konkurrierenden *sozialökonomischen Sektoren*, den spezifischen Anteil jedes von ihnen im Gesamtsystem und jene *Umverteilung dieser Anteile* widerspiegeln, die im betreffenden Zeitabschnitt festgestellt werden kann"[20]. Unsere Aufgabe bei der Bilanzaufstellung sahen wir somit darin, das *dynamische Gleichgewicht der kämpfenden sozialen Kräfte* aufzuzeigen, um durch entsprechende Planmaßnahmen die für uns notwendige Umverteilung der Produktivkräfte des Landes im Interesse des Sozialismus zu gewährleisten, d. h. die wankende Waagschale auf die Seite der Ideale des Proletariats zu drücken. Die Vertreter der „unabhängigen Wissenschaft", deren Mund bekanntlich immer die objektive Wahrheit selbst verkündet, gaben einer anderen Behandlung der Bilanz den Vorzug. Für sie war diese Bilanz vor allem vom Standpunkt des *Markt*gleichgewichtes interessant. Bei der Motivierung der Notwendigkeit, den Perspektivplan „als mehr oder weniger ausgearbeitete perspektivische *Bilanz der Volkswirtschaft*" aufzustellen, ging Bazarov davon aus, daß im anderen Falle trotz Vorhandenseins solidester technischer Berechnungen „wir niemals überzeugt sein können von der *ökonomischen Realität* dieser technischen Möglichkeiten, davon, daß die Volkswirtschaft in der gegebenen Struktur wirklich imstande sein wird, *ihre Produktion auf dem Markt zu realisieren.*"[21] Damit wird die ökonomische Realität unserer Pläne den Chancen der Marktrealisierung der vorgesehenen Produktion anvertraut. Folglich ist die dominierende Größe der volkswirtschaftlichen Bilanz die *Markt*bilanz von Angebot und Nachfrage.

Welcher Wertschätzung sich diese Idee des Marktgleichgewichtes bei unseren Planern aus dem bürgerlichen Lager erfreute und zu welchen praktischen Schlußfolgerungen sie führte, wird an einer Reihe sehr eindrucksvoller Beispiele deutlich. So arbeitete z. B. bereits im Frühjahr 1922 – ungeachtet des gigantischen Ausmaßes des Produktionsmangels im Lande und eines außerordentlichen Warenhungers in Stadt und Land – die Industriesektion unter Leitung von Professor Kalinnikov „Grundsätze für die Aufstellung eines Planes der Industrieproduktion im Wirtschaftsjahr 1922/23" aus, in denen wir wortwörtlich folgendes lesen: „Der Produktionsplan darf nicht dem theoretischen Bedarf des Staates und der Bevölkerung an Fabrikaten entsprechen, sondern er *muß genau mit deren Kaufkraft übereinstimmen* . . . Die genannte Forderung muß als *Grundforderung* angesehen werden, weil jegliche Abweichung davon von einer faktischen *Überproduktion* und Absatzkrise begleitet sein wird mit allen daraus entstehenden Folgen in Form von Betriebsstillegungen, Arbeitslosigkeit und ähnlichem." Eine mögliche „Erweiterung" des Planes nach diesem Dokument *„regelt sich* durch die Bedarfs*kapazität des Marktes*, d. h. durch die Kaufkraft der Bevölkerung und durch den Warenpreis, der fähig ist, *die Konkurrenz auf*

[20] S. G. Strumilin, Über die Methoden des Aufbaus einer Bilanz der Volkswirtschaft und im besonderen einer Bilanz des Volkseinkommens (Thesen zum Vortrag). Vestnik statistiki 1/1927, S. 56.

[21] Siehe den bereits zitierten Vortrag vom 21. November 1923, Zentralarchiv der UdSSR, Fonds 4372, Einheit 1, Sache 138, Blatt 112; Hervorhebungen von Strumilin.

dem Markt mit den Waren der privaten Betriebe und mit aus dem Ausland eingeführten Waren zu bestehen".[22]

In dieser Konzeption der NÖP, nach der nicht der Plan die Marktanarchie einschränkt, sondern umgekehrt der Markt voll und ganz den Plan „reguliert", ist alles charakteristisch. Sowohl das völlige Vergessen des Außenhandelsmonopols, das uns von der ausländischen Konkurrenz abschirmt, als auch die extreme Überbewertung der Konkurrenzfähigkeit der einheimischen Privatbetriebe und die lachhafte Furcht vor einer Überproduktion und Arbeitslosigkeit unter den Bedingungen des Jahres 1922, sowie besonders das radikale Rezept für die Abwendung dieser Schwierigkeiten, wonach „Betriebe, die für die staatliche Nutzung *unrentabel* oder *uninteressant* . . . sind, in Pacht gegeben oder geschlossen werden sollen"[23]. Warum den in Pacht gegebenen Betrieben keine Überproduktion droht und die geschlossenen keine Arbeitslosigkeit hervorrufen, das bleibt natürlich ein Geheimnis der Erfinder. Dennoch können diese Geheimnisse leicht entschleiert werden. Das Verpachten staatlicher Betriebe in Privathand konnte, wie es auch motiviert werden mochte, unter den Bedingungen des Warenhungers und der *gebremsten* Entwicklung der staatlichen Industrie objektiv nur eine Aufgabe haben: den ersten Anstoß für die Keime der Restauration und des Aufblühens des Kapitalismus auf sowjetischem Boden zu geben.

Im übrigen war dieses Vorhaben wie auch viele andere nicht von Erfolg gekrönt. Im Jahre 1921 begannen wir tatsächlich unsere Planungsarbeit mit der Konzentration der Produktion auf einen stark eingeschränkten Kreis von *ausgewählten* Betrieben, die zu den größten und am wenigsten zerstörten zählten, während wir alle übrigen zeitweilig konservierten. Dazu zwang jedoch nicht die Angst vor der Überproduktion, sondern der Mangel an materiellen Ressourcen (Lebensmittel, Rohstoffe und andere) für die volle Inbetriebnahme einer größeren Anzahl von Produktionseinheiten. In allen darauf folgenden Jahren wurde es uns – wie bekannt – schon möglich, den Kreis der arbeitenden Betriebe energisch auszuweiten, zunächst durch die Inbetriebnahme zeitweilig stillgelegter Betriebe und dann auch durch den Neubau von Produktionseinheiten. Damit war dem Rezept von Professor Kalinnikov schon im Jahre 1922 völlig der Boden entzogen. Was jedoch die Privateigentümer angeht, so erwiesen sich alle, ob Pächter oder Eigentümer kapitalistisch organisierter Betriebe, in Wirklichkeit als zu schwache Konkurrenten gegenüber der sozialistischen Großindustrie, und sie verschwanden nach und nach vom Schlachtfeld, wobei sie durchaus nicht die hohen Hoffnungen und Begierden erfüllten, die die „Smena-Wech"-Leute in sie gesetzt hatten.

Die Ideologen der Bourgeoisie, die in den Planungsorganen einen Unterschlupf gefunden hatten, rechneten bei ihrer Orientierung auf die allmächtige Rolle des Marktes damit, daß nicht nur das russische, sondern auch das mächtigere internationale Kapital über den Markt restaurativ auf die Sowjetordnung einwirken würde. Man dachte sich diesen Einfluß in zwei Richtungen: Einmal auf der Linie internationaler Anleihen für die Wiederherstellung (lies: Restauration) der sowjetischen Volkswirtschaft und, zum anderen, durch das Eindringen des ausländischen Kapitals in die Wirtschaft über Konzessionen.

Um die Staatliche Plankommission auf diesen Weg zu drängen, verschüchterte man uns gewöhnlich mit einer äußerst düsteren Einschätzung der gegenwärtigen Lage und einer nicht minder pessimistischen Prognose für die nächste Zukunft der sowjetischen Wirtschaft. Als Beispiel für diese Methode der Einwirkung verweisen wir auf einen der vielen Vorträge Gromans, und zwar auf den über „Den Zustand der Volkswirtschaft der Republik

[22] I. Kalinnikov, Der industrielle Plan und seine Realisierung, in: Bulletin der Staatlichen Plankommission, Ausgabe 3–4, 1923, S. 24; Hervorhebungen von Strumilin.
[23] Ebenda, S. 25; Hervorhebungen von Strumilin.

und deren nächste Perspektiven", den er am 3. März 1922 während der Vorbereitung der Staatlichen Plankommission auf die Konferenz von Genua hielt. Das Resümee dieses Vortrags ist das folgende: „Die regressive Linie für die Entwicklung der Volkswirtschaft Rußlands setzt sich fort ... Im Vergleich mit dem vergangenen Jahr sind 300–400 Mill. Pud Getreide weniger geerntet worden, die aus dem Ausland importiert werden müssen. Geld hat niemand, und der Handel wird paralysiert. Die allgemeine ökonomische *Zersetzung des Landes setzt sich fort und verstärkt sich.* Um die degressive Entwicklungslinie in eine progressive zu verwandeln, sind *10 Milliarden Goldrubel im Laufe von 3 Jahren* erforderlich. Dieses Geld kann man auf dem Wege einer *wirksamen Verbindung* der russischen Volkswirtschaft mit der Weltwirtschaft erlangen."[24]

Unter einer „wirksamen" Verbindung der sowjetischen Wirtschaft mit der Weltwirtschaft muß man hier offenbar eine solche Verbindung verstehen, die zu ihrer Voraussetzung die Anerkennung und Verpflichtung zur Begleichung der Schulden des alten Regimes an die Imperialisten, den Verzicht auf das Außenhandelsmonopol und ähnliche „Lappalien" hat, ohne die wir natürlich nicht darauf rechnen könnten, 10 Milliarden vom kapitalistischen Europa zu erhalten. Die nach Genua reisenden sowjetischen Vertreter erhielten von Groman eine starke psychologische Spritze in Richtung auf maximale Nachgiebigkeit, weil dieser „verdiente" Gelehrte, der in sowjetischen Kreisen eine hohe Autorität genoß, ein solches Gewicht in die Waagschale warf, wie die sich „verstärkende" ökonomische *Zersetzung des Landes.*

Heute wissen wir genau, daß das Wirtschaftsjahr 1921/22 – ungeachtet des Hungers – das Jahr des entscheidenden Umschwungs in Richtung auf die *Gesundung* des Landes war. Es genügt, daran zu erinnern, daß in diesem Jahr im Vergleich zum vorangegangenen die Bruttoproduktion der geplanten Industrie um 52% und die Jahresleistung eines Arbeiters im Durchschnitt um 92% wuchs. Derartige Kennziffern sind kaum Ausdruck einer „regressiven Linie" der Zersetzung. Im Frühjahr 1922 standen uns diese Daten noch nicht zur Verfügung. Die Tatsache des Hungers aber, auf die sich Groman bezog, war nicht zu bestreiten. Und die Spekulation mit diesem Fakt eines elementaren Volkselends zugunsten der Festigung „weltweiter Beziehungen" konnte einen starken Eindruck hervorrufen. Ungeachtet jedoch des großen Temperaments, mit dem Groman auftrat, erhielt sein Pessimismus schon damals keinen großen Kredit. Man hörte ihm zu, aber man überschätzte ihn nicht. Es gelang nicht, um den Preis der Kapitulation in Genua Milliarden zu bekommen. Die Wirtschaft haben wir dennoch wieder hergestellt und hoben sie auf eine solche Höhe, von der Groman selbst unter der Voraussetzung der von den Kapitalisten geborgten Milliarden nicht geträumt hatte.

Groman träumte nicht allein von einer „wohltätigen" Einwirkung auf die Bolschewiki durch Verstärkung der weltweiten Beziehungen und der wachsenden Abhängigkeit der UdSSR vom Weltkapital. Manchmal kamen diese Hoffnungen noch deutlicher bei den ingenieurtechnischen Kadern der Staatlichen Plankommission zum Ausdruck.

Der allgemeine Tenor der entsprechenden Auftritte bestand in der verstärkten Hervorkehrung der Behauptung, daß unsere Pläne für den Aufbau nicht durch die dafür notwendigen inneren Ressourcen *gesichert* seien.

Bei der Beratung des ersten Perspektivplans der metallurgischen Industrie für den Zeitraum von 1923/24 bis 1927/28 waren z. B. solche Reden zu hören. Der Berichterstatter aus der Sektion für Industrie, Ingenieur R. Ja. Gartvan, hob bei der Charakterisierung der beiden Varianten des Planes recht zynisch auch als Hauptzug ihrer Gemeinsamkeit

[24] Chozjajstvennoe stroitelstvo (Bulletin der Staatlichen Plankommission, Nr. 2, Juni 1922, S. 88; Hervorhebungen von Strumilin).

hervor: „Das Gemeinsame dieser beiden Varianten aber . . . besteht darin, daß sowohl für die eine als auch für die andere Variante *das Geld nicht reicht*". Der Vertreter des Obersten Volkswirtschaftsrates unterstützte Gartvan gegen den Vorschlag, die Zahl der planmäßig in Betrieb zu nehmenden Hochöfen zu erhöhen, mit folgenden Worten: „*Faktisch gibt es keinen Grund zum Optimismus . . . Es beginnt der Zeitpunkt des Hungers an Roheisen* . . . Bezüglich der Inbetriebnahme des Hochofens von Kramatorsk hätte ich keinen Einspruch gegen die Inbetriebnahme irgendeines Hochofens, der durch *privates Kapital* versorgt wird. Ich bin jedoch gegen die Inbetriebnahme von Hochöfen auf Kosten staatlicher Mittel und zwar deshalb, weil das den Plänen der Konzentration widerspricht."[25]

Um diese Feststellung bis zu Ende zu dechiffrieren, muß man berücksichtigen, daß zu jener Zeit in Sowjetrußland derartige private Kapitalien, die ganze metallurgische Werke hätten pachten können, nicht vorhanden waren, die Rede ging somit von ausländischen Konzessionen.

Wir wissen, daß die Heranziehung von Konzessionskapital für die Arbeit in der Union unter den bekannten Bedingungen und in gewissen Grenzen zu unserem offiziellen Programm der NÖP gehörte. Sehr charakteristisch ist aber, wie die bürgerliche Intelligenz diesen Teil des Programms der NÖP auslegte. Im Prozeß gegen die Industriepartei sagte der Ingenieur Laričev aus: „In dieser Beziehung wurde der Beschluß der Sowjetregierung auch *als Rückzug* angesehen, als die Unmöglichkeit, mit eigenen Kräften die Volkswirtschaft zu führen, zugleich aber auch als eine Möglichkeit für die *friedliche Intervention* durch das Eindringen von Konzessionskapital ins Land. *Dabei rechneten wir damit, daß natürlich neben den sowjetischen Betrieben Konzessionsunternehmen existieren werden und daß sich hier sofort der Unterschied und der Vorzug der kapitalistischen Methode der Wirtschaftsführung* gegenüber jener Methode, die von der Sowjetmacht beabsichtigt war, herausstellen würde."[26] „Am Ende der Rekonstruktionsperiode . . .", so gab im gleichen Prozeß ein anderer Experte, Professor Kalinnikov, zu, „als die Sowjetmacht ein umfassendes Programm zur Übergabe von Industriebetrieben an Konzessionäre bekanntgab, begannen wir Ingenieure und Ökonomen der Staatlichen Plankommission *mit Eifer, die neue Politik* der Sowjetmacht zu unterstützen, weil wir überzeugt waren, daß diese Politik der erste Schritt war zur *Eroberung unseres Landes durch das internationale Kapital.*"[27]

In diesen offenen Eingeständnissen kommt jedoch ein Moment noch zu kurz. Die bürgerlichen Experten „unterstützten" nicht nur eifrig, sondern sie drängten uns auch auf den Weg zu einer äußerst umfangreichen Konzessionspolitik. Es sei nur auf einen speziellen Vortrag des in bürgerlichen Kreisen nicht unbekannten Ingenieurs A. A. Svicyn über die Wiederherstellung der Metallurgie im Süden Rußlands verwiesen, den er in der Territorialsektion der Staatlichen Plankommission zu Beginn des Jahres 1923 hielt. Sein Plan reduzierte sich auf die Empfehlung, nur zwei Werke von insgesamt 18 Betrieben im Süden auf Kosten des Staates in Betrieb zu nehmen, wobei er ebenfalls die Argumente von der Marktkapazität und der Unrentabilität derartiger Werke in den Händen des Staates anführte. Nach Svicyn „beläuft sich der Verlust der Werke auf 30 Mill. Goldrubel. Angesichts *des Nachfragerückganges* für Metalle in der RSFSR auf 12,5 Mill. Pud im Jahr und der gegenwärtigen (lies sowjetischen) Bedingungen in der staatlichen Produktion muß man jene Werke behalten, die die *Nachfrage* nach allen Eisensorten decken können. Solche Werke sind die Werke in Jusow und Jekaterinoslaw . . . Von der Inbetriebnahme

[25] Zentralarchiv der UdSSR, Fonds 4372, Einheit 1, Sache 133, Blatt 39, 42, 43; Hervorhebungen von Strumilin.

[26] Izvestija vom 27. November 1930; Hervorhebungen von Strumilin.

[27] Izvestija vom 28. November 1930; Hervorhebungen von Strumilin.

anderer Betriebe kann gegenwärtig nicht einmal die *Rede* sein, *die übrigen Werke muß man aus der Vereinigung herausnehmen und für die Übergabe an Konzessionäre vorsehen.*"[28]

Der Hinweis auf die mangelnde Nachfrage für die Inbetriebnahme der übrigen Werke harmoniert offenbar wenig mit dem Vorschlag, sie Konzessionären zu übergeben. Die Konzessionäre, deren Interessen, wie jetzt gut bekannt ist, seinerzeit der Ingenieur Svicyn selbst vertreten hat, rechneten natürlich darauf, etwas „zu verdienen" und nicht der sowjetischen Staatskasse wohltätig zu sein. Das heißt, sowohl sie als auch Svicyn sahen die unter den Bedingungen der Wiederherstellung der Wirtschaft unausweichlich enorme Ausweitung des Marktes voraus. Gerade deshalb aber war der Plan der „Konzentration", zu dem sie uns in der Staatlichen Plankommission drängten, genaugenommen ein Plan der „Konzentration" fast aller Giganten der sowjetischen Metallurgie in den Händen der *früheren Besitzer dieser Betriebe*, die nach der Revolution in die ausländischen „Palästinas" entschwunden waren. Wir können mit besonderer Genugtuung die Tatsache feststellen, daß auch dieser schädliche Plan – wie viele andere – ein schmähliches Fiasko erlitten hat. Mit eigenen Mitteln, ohne jede Hilfe von außen, haben wir alle alten Werke wiederhergestellt und bauen neue Giganten. Die Defizite, mit denen uns Svicyn schreckte, sind längst vergessen. Die „Nachfrage" übersteigt das „Angebot" ständig. Die früheren Eigentümer aber, die nicht eine einzige Konzession auf diesem Gebiet erhielten, konnten nicht einmal jene Aufwendungen verwerten, die sie zur Finanzierung der Schädlingstätigkeit im Lande der Sowjets tätigten. Dieses Unternehmen erwies sich jedenfalls für sie nicht nur als wenig rentabel, sondern man kann direkt sagen, als völlig defizitär. Bei der Beratung des industriellen Fünfjahrplans von Kalinnikov (für 1923/24 bis 1927/28) im Dezember 1923 hörten wir analoge Töne, nur wollte man uns hier anstelle von Konzessionen mit der Perspektive ausländischer Anleihen locken.

Der Plan war so aufgebaut, daß für seine Erfüllung Zuwendungen an die Industrie im Umfang von 400 Mill. Rubel erforderlich wären. Aber es wurden keinerlei Quellen zur Deckung dieser Zuwendungen aufgezeigt. Ein gewisser Bergingenieur Pal'činskij fiel aus diesem Grunde recht scharf über die Autoren des Planes her. Er hielt ihnen entgegen: „Hier gibt es keine *Grundlage für den Plan*, die aufzeigen würde, unter welchen Bedingungen sich dieser Plan entwickelt ... Es fehlt das *Wichtigste*, daß wir im Laufe von 5 Jahren keinerlei *Zuwendungen von außen* haben werden." Indem er auf die Korrektur dieses Fehlers bestand, schlug er vor, „... diese wichtigste Orientierungsgrundlage einzuführen ..., so daß Sie von einer bestimmten Periode ab darauf rechnen können, dieses oder jenes Kapital zu erhalten".[29]

Indem er auf eine Politik der Anleihen von außen als wichtigste und *Haupt*grundlage drängte, auf der allein sich unsere Wirtschaft entwickeln könne, deckte dieser offene Feind in hinreichendem Grade seine geistige Armut auf. Geblendet von dem brennenden Haß und der Verachtung gegenüber der neuen proletarischen Gesellschaft sah er selbst im Jahre 1923, nach 2 Jahren entschiedenen wirtschaftlichen Aufschwunges, nicht jene inneren Kräfte um sich herum, durch die wir so schnell aus dem Zustand der Zerstörung herauskamen.

Manchmal aber erreichte die Geistesarmut derartiger Auftritte die äußerste Grenze. Wir denken dabei an das Auftreten des Ingenieurs Jakub zum gleichen Fünfjahrplan von Kalinnikov. Nachdem er einleitend hervorhob, daß er ein „großer Optimist" sei, brachte dieser Redner die folgende Konzeption vor: „Als die Neue Ökonomische Politik begann,

[28] Bulletins der Staatlichen Plankommission. Ausgabe 2, 1923, S. 66–67; Hervorhebungen von Strumilin.

[29] Zentralarchiv der UdSSR, Punkt 4372, Einheit 1, Sache 138, Blatt 390; Hervorhebungen von Strumilin.

kam die ganze Wirtschaft in Bewegung." Durch die erhaltengebliebenen Bestände an Rohstoffen und Material „stieg und stieg die Kurve". Doch „jetzt ist dieser Rohstoff in vielen Trusts zu Ende gegangen. An Ort und Stelle sagt man: Nun haben wir die Produktion erhöht, *aber Absatz dafür ist nicht da*, weil keine Kaufkraft vorhanden ist ... *Das Land ist verarmt* ..., *alle Werte*, die in Jahrzehnten und Jahrhunderten angesammelt wurden, *sind vernichtet*. Wenn wir jetzt Werte akkumulieren wollen, dann erfordert diese *Akkumulation daher Jahrzehnte und Jahrhunderte*. (Einwurf von Kržižanovskij: Das ist ein Optimist!) Offenbar ist – so fuhr der Redner, ohne sich von Einwürfen stören zu lassen, fort –, daß man hier irgendwelche Mittel investieren muß. *Wenn der Staat beabsichtigt, diese Betriebe in seinen Händen zu halten, dann muß er Finanzen zur Verfügung stellen* ... Mir scheint aber, daß der Staat gegenwärtig nicht imstande ist, das zu tun und daß *wir zum amerikanischen Onkel gehen müssen*. Einen solchen amerikanischen Onkel gibt es wirklich. Amerika verhält sich Rußland gegenüber sehr gutwillig (?!), und wenn man richtig mit Amerika redet, dann wird es wahrscheinlich möglich sein, *dort eine Anleihe* zu bekommen und sie in der Industrie anzulegen"[30].

Im Herbst des Jahres 1923 beobachtete man bei uns tatsächlich einen gewissen Warenüberschuß, auf den im vorliegenden Falle der Ingenieur Jakub als Handlungsreisender des amerikanischen Kapitals spekulierte. Doch diese kurzfristige Absatzkrise war eine völlig zufällige Erscheinung auf sowjetischem Boden. Unsere auf wirtschaftliche Rechnungsführung eingestellten Trusts erwiesen sich für eine Zeit ohne Zügel und „NÖP-isierten" ein wenig. Indem sie sich von der guten Konjunktur leiten ließen, führten sich unsere Wirtschaftsleiter auf der Jagd nach hohem Gewinn durchaus „unternehmerisch" (im kapitalistischen Sinne dieses Wortes) auf, d. h. sie begannen die Preise hochzutreiben. Es genügte jedoch, diese Abweichung mit fester Hand durch eine härtere Kreditpolitik der Staatsbank und durch staatliche Normierung der Abgabepreise zu korrigieren, und die gepriesene Absatzkrise versickerte in wenigen Monaten vollkommen und zeigte sich nie wieder auf sowjetischem Boden.

Der Rat des Herrn Jakub, mit dem amerikanischen bourgoisen Onkelchen „richtig zu reden", taugte für uns nicht. Wahrscheinlich hätten wir um den Preis des Verzichtes auf den sozialistischen Weg unserer Entwicklung bei ihm ein Linsengericht von Anleihen heraushandeln können. Derartige „optimistische" Hoffnungen der bürgerlichen Spezialisten hatten jedoch für uns nichts Verführerisches an sich. Das erste Land der Sowjets konnte auf seine sozialistische Erstgeburt für keinerlei Linsengerichte der Bourgeoisie verzichten.

Natürlich zeigten nicht alle Ideologen der Bourgeoisie in der Staatlichen Plankommission so klar ihre Bereitschaft, die Rolle der Kupplerin des Weltkapitals mit der sowjetischen Industrie zu spielen, wie der obengenannte Handlungsreisende des amerikanischen Onkels. Manchmal erreichte jedoch ihre Offenheit bei der Aufdeckung ihrer Klassenideologie kristallene Klarheit. Derselbe Ingenieur Gartvan, von dem schon weiter oben die Rede war, bezog sich bei der Beratung des Fünfjahrplans für die Entwicklung der Metallurgie ziemlich hartnäckig auf „organisatorische" Ursachen für den Verfall der Metallurgie im Süden Rußlands. Als der Vertreter des Unions-Zentralrates der Gewerkschaften Rozental' um eine Erklärung bat, was er denn unter diesen organisatorischen Ursachen verstehe, beantwortete Gartvan diese „tückische" Frage mit folgender Deklaration.

„Wenngleich uns alle sagen, daß die Epoche des Kriegskommunismus vorüber sei, gibt es trotzdem noch kriegerische Kommunisten, und deshalb ist es *nicht ungefährlich*, zu der

[30] Zentralarchiv der UdSSR, Fonds 4372, Einheit 1, Sache 138, Blatt 338; Hervorhebungen von Strumilin.

Frage, die den Genossen Rozental' interessiert, *offen zu sprechen.* Ich sage jedoch, was ich im Auge hatte ... In *früherer Zeit* kannte der *Direktor*, der den Betrieb leitete, seinen *Herrn* und *schätzte die Interessen des Industriebetriebes* und die Interessen seines Herrn hoch ein, aber jetzt, sagen Sie bitte, hat doch der Staat die Betriebe in *seine* Hände genommen, *er* ist der Herr, kennt aber der Direktor seinen Herrn, den Staat? Beachtet er dessen Interessen? *Die Gewerkschaften und die Betriebskomitees und andere mischen sich in die industrielle Wirtschaft ein und hindern daran, sie so aufzubauen, wie es nötig wäre ...* Der Staat gibt die Losung vom Staats*kapitalismus* heraus ... *Warum aber* werden private Betriebe *erdrückt*? Sie helfen doch diesem Staatskapitalismus ... Darum sage ich: Gebt der Industrie die Möglichkeit, unter gesunden Umständen zu arbeiten. Das sind die *organisatorischen und politischen Ursachen*, die uns daran hindern."[31]

In diesen Darlegungen offenbart sich vor allem die elegische Trauer Gartvans um die gute alte Zeit signifikant, als jeder Direktor seinen Herrn kannte und es ihm rechtmachen konnte, ganz nach der biblischen Regel, nach der der Esel die Krippe seines Herrn kennt. Es drängte ihn natürlich nicht, diese Zeit als unwiederbringlich zu betrachten und bei einem neuen, kollektiven Herrn in Dienst zu treten, bei jenen Arbeitern, die er vor kurzem noch gewohnt war, schlecht zu behandeln, und die ihm noch nicht eine hinreichend gefüllte Krippe bereithalten können. Es steht außer Zweifel, daß Gartvan hier nicht nur gegen die organisatorischen, sondern auch gegen die politischen Bedingungen für die industrielle Tätigkeit in der UdSSR protestierte. Charakteristisch ist jedoch, daß sowohl diese als auch die anderen in seiner Vorstellung sozusagen nur noch *Überbleibsel* des Kriegskommunismus darstellten. Indem er dagegen im Namen der NÖP protestierte, die die neue „Losung des Staatskapitalismus" verkündete (?), glaubte er sich auf dem festen Boden des Gesetzes. Sowohl die Kontrolle der gesellschaftlichen Organisationen über die Produktion als auch jegliche Begrenzungen für das private Unternehmertum betrachtete er – bei dem allgemeinen „Kurs auf den Kapitalismus", wenn auch auf den Staatskapitalismus –, einfach als eine Entstellung der NÖP und als offensichtliche Inkonsequenz der Bolschewiki. Und deshalb entringt sich ihm aus voller Brust dieser Seufzer eines kranken Herzens: „Warum nur die Privatbetriebe kaputtmachen?"

Es ist jetzt nicht notwendig, die Natur einer solchen Naivität zu analysieren und sich die Frage zu stellen, was wohl in dieser Aussage überwog, die klassenmäßige Begrenztheit oder der Klassenhaß eines eingefleischten Liebedieners der Bourgeoisie. Man muß nur feststellen, daß Gartvan mit seiner Auslegung der NÖP als *Kurs* auf den Staatskapitalismus nicht allein war. Die gleiche Konzeption verteidigten auch Professor Kondrat'ev und andere, schon weniger naive Leute.[32] Man muß auch bedenken, daß nicht Naivität, sondern die klassenmäßige Blindheit sie veranlaßte, in der NÖP nur das zu sehen, was sie gerne sehen wollten, und die Augen gegenüber allem anderen zu verschließen.

Jetzt, nach einer Reihe anschaulicher Gerichtsprozesse über die aktive Feindtätigkeit, erhalten alle diese Auftritte ein neues Gesicht, und unwillkürlich fragt man sich, wo eigentlich unsere Klassenwachsamkeit war und warum diese feindliche Tätigkeit nicht wesentlich früher entdeckt wurde. Aber wenn man sich an die damalige Lage erinnert, dann kann man auch einige Umstände anführen, die die Schuld etwas mildern. Vor allem arbeiteten wir all diese Jahre unter den Verhältnissen eines großen wirtschaftlichen Aufschwungs des Landes. Angesichts dieser Erfolge konnte kaum der Verdacht auf einen direkten Verrat in jenem Wirtschaftsstab aufkommen, der die voranstrebende Wirtschaft plante. Was

[31] Zentralarchiv der UdSSR, Fonds 4372, Einheit 1, Sache 133, Blatt 40; Hervorhebungen von Strumilin.

[32] Ebenda, Sache 231, Blatt 301.

jedoch die mündlichen Erklärungen der Groman, Gartvan und Co. angeht, so erschien uns deren außerordentliche „Offenheit“ manchmal sogar als eine gewisse Errungenschaft. Der Staatlichen Plankommission konnten doch nur jene bürgerlichen Experten nützlich sein, die uns bei all ihrer bürgerlichen Beschränktheit ohne Umschweife und Falschheit alles das sagten, was sie dachten. Wenn man sich überdies noch daran erinnert, daß das schädliche Gerede der bürgerlichen Ideologen fast während der ganzen Zeit sich vor dem Hintergrund sehr umfassender innerparteilicher Diskussionen abspielte, auf denen die Opportunisten in der Partei nicht selten in dieser Beziehung solche Rekorde aufstellten, vor denen selbst die schärfsten Auftritte von Groman und Kondrat'ev verblaßten, dann wird das *Nachlassen unserer Aufmerksamkeit* ihnen gegenüber noch verständlicher.

Wohin uns Ideologen vom Typ der Gartvan und Kondrat'ev, die uns umgaben, auf dem Gebiet der Methodologie der Planung hindrängen sollten, haben wir bereits mehrfach gesehen.

Die Methodologie der Planung ist ein völlig selbständiges und sehr umfangreiches Thema. Wir können daher hier nicht auf Einzelheiten eingehen, doch wir sollten in aller Kürze wenigstens die wichtigsten Etappen unseres Kampfes gegen die bürgerlichen Einflüsse auf diesem Gebiet vermerken.

Beginnen wir mit der These, daß die Aufnahmefähigkeit des Marktes automatischer *Regulator* unserer Produktionsprogramme und Pläne sein sollte. In der ersten Etappe unserer Planungsarbeit ist dieser Grundgedanke, der völlig aus der Sphäre der kapitalistischen Verhältnisse übernommen wurde, wiederholt als höchster Ausdruck planerischer Weisheit allen unseren umfassenden Programmen und kühnen Vorhaben entgegengestellt worden. Als Untermauerung dieser uns fremden Konstruktion tauchten sogleich auch die entsprechenden statistischen Berechnungen auf. Die bürgerliche Ideologie war in der Statistik natürlich die gleiche wie in der Planung.

Prof. L. N. Litošenko, bis an die Zähne mit den Daten der Haushaltsstatistik ausgerüstet, ermittelte in zwei Berechnungen die jährliche Aufnahmefähigkeit des bäuerlichen Marktes der Sowjetrepublik an Industrieerzeugnissen für das Wirtschaftsjahr 1921/22 in Höhe von 325 Mill. „Gold“-rubel und für das Wirtschaftsjahr 1922/23 in Höhe von 318 Mill. Das war *ein Siebentel* des Vorkriegsniveaus. Die Ausarbeitungen des genannten Vertreters der „unabhängigen“ Wissenschaft gipfelte in der sehr schwerwiegenden Prognose, daß auch im bevorstehenden Landwirtschaftsjahr 1923/24 das quantitative Ausmaß der bäuerlichen Nachfrage nach Produkten der Industrie *„das bereits erreichte Niveau nicht überschreiten wird“*.[33] Man kann sich vorstellen, welche Nahrung derartige Prognosen für den Geist und das Herz der Planer vom Typ Pal'činskij, Kalinnikov und Co. darstellte. Professor Litošenko erhielt jedoch sofort eine scharfe Abfuhr von seiten der kommunistischen Planer. Nachdem wir diesem „Wissenschaftler“ eine ganze Reihe gröbster Fehler aufdeckten, konnten wir damals schon beweisen, daß die Aufnahmefähigkeit des bäuerlichen Marktes für Industrieerzeugnisse bereits im Wirtschaftsjahr 1922/23 annähernd 957 Mill. erreichte und im Wirtschaftsjahr 1923/24 mindestens auf 1530 Mill. Warenrubel ansteigen wird, *fünf*mal höher also, als die Prognose von Professor Litošenko ergab. Nachdem wir an diesem Beispiel gezeigt hatten, „wie üppig die weiße Mikromanie der Bewertungen unserer Wirklichkeit und unserer Errungenschaften in unserer roten Republik blühte“, konnten wir weiterschreiten. Auch theoretisch durften wir den Markt als Regulator unserer Pläne unter sowjetischen Bedingungen nicht überbewerten. Indem wir planmäßig sowohl auf das Preisniveau der städtischen und der landwirtschaftlichen Produktion als auch auf das

[33] L. N. Litošenko, Der bäuerliche Haushalt im Wirtschaftsjahr 1922/23, Verlag der Zentralverwaltung für Statistik, Moskau 1923, S. 57; Hervorhebungen von Strumilin.

Lohnniveau einwirken, erhöhen oder senken wir willkürlich die Aufnahmefähigkeit unseres Marktes in bedeutendem Maße.

Im übrigen zeigten das stürmische Ansteigen der Aufnahmefähigkeit dieses Marktes, das sogar das enorme Wachstumstempo unserer Produktion übertraf, bald auch in der Praxis, welche gewaltigen Möglichkeiten der „Natur" der sowjetischen Wirtschaft innewohnen. Es zwang die vulgären Ideologen und Apologeten des Kapitalismus zum Rückzug oder zur Umrüstung. Sie wurden jedoch abgelöst durch die weitaus besser ausgerüsteten Theoretiker aus den Reihen früherer Marxisten. Professor Litošenko heulte auf. Anstelle seiner Mikrobewertung der Perspektiven unseres Marktes und des Drohens mit der Absatzkrise trat ein neues Schreckgespenst. Man begann uns mit der Perspektive eines permanenten Warenhungers zu schrecken.

Indem er die stark ausgeprägte Neigung unserer Planer zum Empirismus verurteilte und sich die Aufgabe stellte, „die Perspektivplanung auf irgendeine allgemeine Theorie der wirtschaftlichen Entwicklung zu stützen", entwickelte Bazarov schon im Jahre 1926 seinerseits die folgende Theorie.

In den heutigen Plananforderungen der staatlichen Leitungsorgane findet man – nach seinen Worten – „als letztes Glied, *das alle übrigen bestimmt*, immer wieder Anforderungen, die auf eine ‚freie' *Marktnachfrage* rechnen. Die Perspektiven der freien Nachfrage können jedoch nicht anders als auf der Grundlage einer bestimmten ‚abstrakten' Theorie der volkswirtschaftlichen Entwicklung bestimmt werden". Einer solchen Theorie legt Bazarov die bekannten Schemata der erweiterten Reproduktion von Marx zugrunde, um „gestützt auf sie, eine entfaltete volkswirtschaftliche Bilanz aufzubauen und die *Gesetze des Gleichgewichtes* des volkswirtschaftlichen Systems *aufzudecken*" oder, wie es bei ihm noch anders ausgedrückt ist, „um die Grund*bedingungen der Marktrealisierung* aufzudecken, d. h. die Bedingungen jenes ... *Gleichgewichtes* des Wirtschaftssystems, das wir uns bemühen, in der Bilanz der Volkswirtschaft widerzuspiegeln"[34].

Als Ergebnis seiner Analyse, in der er die jedem Marxisten hinreichend bekannten Wahrheiten über die Widersprüche des Kapitalismus, die zur Überproduktionskrise führen, wiederholt, stellt Bazarov neu die Frage nach dem Niveau und Typ jenes Gleichgewichts, „zu dem *unsere* sich wiederbelebende Wirtschaft spontan (!) strebt"[35], und er beglückt uns unerwartet mit den folgenden Verallgemeinerungen.

„In der gegenwärtigen ‚Übergangsepoche' ist unserem Wirtschaftssystem *ein direkt entgegengesetzter Widerspruch eigen* ... während über der alten Welt das Damoklesschwert der Überproduktionskrise schwebt, so ist der Horizont der sowjetischen Wirtschaft beständig durch die Drohung eines Warenhungers, einer Unterproduktionskrise verdunkelt. Gegenwärtig wird immer klarer, daß die grundlegende ‚Disproportion', die unsere Wirtschaft daran hindert, ein gleitendes Gleichgewicht auf dem Vorkriegsniveau oder einem ihm nahen Niveau zu erreichen, gerade in diesem *permanenten* Zurückbleiben der gesellschaftlichen Produktion hinter der gesellschaftlichen Nachfrage besteht. Gewöhnlich erklärt man die Entstehung des Warenhungers aus diesen oder jenen einzelnen Fehlern in der Wirtschaftspolitik der letzten Jahre. Ich bin durchaus nicht geneigt, Fehler dieser Art zu verneinen. Aber selbst wenn es solche Fehler nicht gäbe, wenn unsere Direktivorgane

34 V. A. Bazarov, Die kapitalistischen Zyklen und der Rekonstruktionsprozeß in der UdSSR, Staatsverlag 1927, S. 5–7, vom gleichen Verfasser: Entwicklungskurven der kapitalistischen und der sowjetischen Wirtschaft, in: Planovoe chozjajstvo, 4, 5, 6/1926; Hervorhebungen von Strumilin.

35 V. A. Bazarov, Die kapitalistischen Zyklen und der Rekonstruktionsprozeß in der UdSSR S. 97.

allmächtig und ideal vorausschauend wären, würde der Warenhunger nur etwas in seinen schärfsten Auswirkungen gemildert werden, jedoch nicht mit der Wurzel beseitigt sein."[36]

Das ist die grundlegende Schlußfolgerung aus der Theorie, auf die sich unsere engen Empiriker nach Bazarov „in der Perspektivplanung stützen" sollten. Worin besteht aber ihre Aufgabe? Es ist ihnen nicht gegeben, eine krisenfreie Entwicklung zu planen, weil die Unterproduktionskrisen nach der neuen Theorie einen völlig unheilbaren organischen Mangel der sowjetischen Wirtschaft darstellen. Keinerlei planmäßige Voraussicht kann nach dem Zeugnis Bazarovs hier helfen. Den Lahmen heilt erst das Grab. Den permanenten Warenhunger aber zu planen, den die Theorie Bazarovs voraussieht, würde kaum der Mühe lohnen, weil er offenbar ohnehin durch die spontanen Kräfte gesichert wird, die unserem System als „immanente Gesetzmäßigkeit" innewohnen.

Welche *theoretische Begründung* fand Bazarov aber für seine These von den Perspektiven eines permanenten Warenhungers in unserer Wirtschaft? Und worin besteht der wahre Hintergrund dieser Theorie? Bedauerlicherweise würden wir bei ihm vergeblich eine Antwort auf diese Frage suchen.

Gerade diese grundlegende These wird von Bazarov irgendwie etwas zu „leichthin und elegant", ohne jegliche Argumentation postuliert. Die Schemata von Marx, die nach Bazarov gleichermaßen sowohl auf die kapitalistische als auch auf die Planwirtschaft angewandt werden können, sind offenbar geeignet, vollkommen entgegengesetzte Widersprüche in sich zu vereinen, die sowohl dieser als auch jener eigen sind, es ist daher unmöglich, die Unausweichlichkeit einer solchen spezifischen Besonderheit der Planwirtschaft wie der chronischen Unterproduktionskrise aus ihnen abzuleiten. Der Hinweis darauf, daß die Diktatur der Bourgeoisie zur Einschränkung des Verbrauchs der werktätigen Massen führt, während die Diktatur des Proletariats ihn ausdehnt, ist ungeachtet dessen, daß er durchaus richtig ist, nicht geeignet, die Frage zu lösen, denn das Wachstum dieser Bedürfnisse kann dem Wachstum der Produktion nacheilen und muß ihm durchaus nicht vorauseilen. Andere Argumente hat Bazarov nicht. Es verbleibt als einzige Annahme, daß die theoretische These Bazarovs einfach eine ziemlich voreilige Verallgemeinerung aus seinen empirischen Untersuchungen über den Konjunkturverlauf, das Wachstum der Löhne, das Wachstumstempo der Produktion usw. darstellt. Das Schlimme daran ist, daß er sich, indem er sich unter dem Einfluß seiner restauratorischen Bestrebungen von der Analyse der Natur der Planwirtschaft ablenken ließ, sich überaus beeilte, leichtfertig seine konjunkturellen Ergebnisse zu einem unbestreitbaren Entwicklungsgesetz des gegebenen Wirtschaftssystems zu verallgemeinern. „Allein schon die äußere Form der Lohnkurve zeigt" – wie er in Verzückung über seine Konjunkturkurven ausruft –, „daß im Ergebnis der Wechselwirkungen zwischen der Gesetzmäßigkeit, die der inneren Natur des vorliegenden sozialen Prozesses immanent ist, mit jenen äußeren Einwirkungen von seiten anderer Elemente des wirtschaftlichen Ganzen, die bestrebt waren, den Prozeß auf einen anderen Weg abzulenken, das entscheidende Übergewicht sich auf seiten der immanenten Gesetzmäßigkeit befindet."[37] Entschlüsseln wir die philosophischen Pseudonyme dieser Tirade. Die „immanente Gesetzmäßigkeit", das ist die Macht der Marktanarchie, die „äußeren Einwirkungen", das sind unsere Planmaßnahmen. Die Ursache des Triumphes aber, das ist das „entschiedene Übergewicht" der Spontaneität über den Plan im gegebenen Zeitabschnitt bei der Regulierung von Nachfrage und Angebot.

Dieser Triumph ist jedoch etwas voreilig. Seine Kurve führt Bazarov nicht aus dem Sumpf der rankenden Empirie. Wir haben keine Veranlassung, die Macht der Bazarovschen

[36] Ebenda, S. 99; Hervorhebungen von Strumilin.
[37] Ebenda, S. 153.

„immanenten Gesetzmäßigkeiten" in der *geplanten* Gesellschaft überzubewerten. Das Problem des Marktgleichgewichts wird bestimmt durch die Relationen zwischen solchen Größen wie Produktionsumfang, Preise, Arbeitslöhne, Steuern, Kredite, Emissionen usw. „Alle diese Elemente, die letzten Endes das Verhältnis von Nachfrage und Angebot bestimmen, *unterliegen* der planmäßigen Regulierung" – wie es in unserem Fünfjahrplan heißt. „Wenn wir zu diesem oder jenem Zeitpunkt eine Absatzkrise oder einen Warenhunger verzeichnen, dann darf man das deshalb nicht als irgendeine *außerhalb von uns* stehende objektive Notwendigkeit ansehen, sondern als eine praktische, sehr komplizierte Planungsaufgabe, mit der wir bislang noch nicht immer zu Rande kommen."[38]

Wir können hier nicht auf die anderen theoretischen „Errungenschaften" der bürgerlichen Ideologie in bezug auf die Methodologie der Planung eingehen. Hierzu zählen sowohl das Struvesche „Primat der Entwicklung der Produktivkräfte" gegenüber der Zielorientierung auf die Bewegung zum Sozialismus von Groman als auch sein „Primat der Genetik gegenüber der Teleologie", sowie Bazarovs Auftreten gegen die „oberflächlich industrielle Expansion" und „autarkische Konzeption", die er in unserer Politik der Industrialisierung sah, wie auch viele andere Versuche, mehr oder weniger maskiert durch eine wenig verständliche philosophische Terminologie und dergleichen allegorische Wendungen, unsere Generallinie zu treffen. Sie erhielten gewöhnlich eine sehr energische Abfuhr in der Staatlichen Plankommission, so daß es hier nicht notwendig ist, sich darüber zu verbreiten.

Größere Aufmerksamkeit verdienen die Versuche, die der Landwirtschaft mit ihrem individuellen Sektor bei der Planung die Stellung des führenden Zweiges einräumen. Erstmals wurde diese Idee von demselben Bazarov in einem Vortrag zur Methodologie der Perspektivplanung am 21. November 1923 dargelegt. Er motivierte seine Empfehlung, die Ausarbeitung des Planes mit der Landwirtschaft zu beginnen, damit, daß hier die sogenannte „*genetische Methode*" am besten anwendbar sei. Die Landwirtschaft sei ein Bereich – so hob Bazarov hervor – den man nicht unmittelbar planen könne. „Hier muß man von empirischen normativen *Entwicklungskurven* ausgehen", sagte er und hatte dabei die Methode der Extrapolation von der Vergangenheit auf die Zukunft im Auge. „Wir müssen die zahlungsfähige Nachfrage des Bauern *als Tatsache* nehmen und *auf dieser Grundlage* die Entwicklungsperspektive konstruieren" usw. Natürlich wurde diese gelungene Idee sofort von Kondrat'ev ergriffen: „Mit einer These von V. A. (Bazarov) bin ich einverstanden, nämlich als *Ausgangsbasis* bei der Aufstellung des Perspektivplanes würde ich die *Landwirtschaft* nehmen. Das auf Grund von zwei Überlegungen: Weil sie ihrer Natur nach erstens hinreichend *beständig* ist und weil sie sich *weniger in unserer Macht* befindet als die Industrie."[39]

Diese Überlegungen sind, wie Sie sehen, außergewöhnlich überzeugend. Bei der Aufstellung des Planes von jenem Abschnitt auszugehen, in dem am meisten die träge privatwirtschaftliche Elementargewalt herrscht, um dann nach den Gesetzen der kettenmäßigen Zusammenhänge auch die Aufgaben für die am meisten sozialisierten Teile der Volkswirtschaft zu projektieren, das würde bedeuten, daß der Spontaneität des Marktes gegenüber dem Plan in der gesamten Volkswirtschaft ein Übergewicht gesichert wäre. Und doch, es ist natürlich. Wenn im Kampf um diese Grundlagen alle „Ehemaligen" – von den Ex-Volkstümlern bis zu den Ex-Bolschewiki – einig auf Seiten der Spontaneität standen,

[38] Der Fünfjahrplan des volkswirtschaftlichen Aufbaus der UdSSR, Ausgabe 2, Bd. II, Teil 2, Moskau 1930, S. 39; Hervorhebungen von Strumilin.

[39] Zentralarchiv der UdSSR, Fonds 4372, Einheit 1, Sache 138, Blatt 113, 102, 98; Hervorhebungen von Strumilin.

dann sollten natürlich alle wahrhaften Revolutionäre und Sozialisten auf der Position der Verteidigung des Planes gegenüber der Spontaneität stehen. Wir können mit Befriedigung feststellen, daß in unserer Praxis – ungeachtet der bekannten agrarischen Neigungen selbst in den kommunistischen Reihen – immer die sozialistische Industrie als führende Grundlage und Ausgangspunkt der Perspektivplanung gedient hat, nicht die individualistische bäuerliche Wirtschaft. Der „Bauernplan" Sokolnikovs hat sich nie besonderer Erfolge in der Staatlichen Plankommission erfreuen können.[40]

Als Gegengewicht zu den Vorstellungen Bazarovs und Kondrat'evs wurde bereits in den ersten Entwürfen zum Fünfjahrplan vollkommen klar die diametral entgegengesetzte These formuliert: „Unter Berücksichtigung des Charakters der wechselseitigen Abhängigkeiten zwischen den einzelnen Elementen des Gesamtplanes, erachteten wir unter unseren Bedingungen für *am rationellsten* die folgende Abfolge bei der Projektierung und Behandlung der speziellen Pläne für die Zweige der Volkswirtschaft: 1. Industrie, 2. Landwirtschaft ..." usw. Die Projektierung mit der Industrie zu beginnen, empfehlen wir dort „bereits deshalb, weil bei unserem Kurs auf die Industrialisierung des Landes gerade sie zu jenem progressiven und *führenden* Glied in unserer Wirtschaft werden muß, dessen Entwicklung die Dynamik aller übrigen mit ihm verbundenen Glieder bestimmen wird."[41]

In unserer Planungspraxis wurde genau diese methodologische Orientierung verwirklicht. Und uns scheint, daß die richtige Linie in dieser Grundfrage uns – ungeachtet aller Irrtümer und Fehler – nicht nur die wütenden Angriffe und Beschuldigungen einer „Überindustrialisierung" von seiten der bürgerlichen Ökonomen vom Typ Kondrat'evs und Makarovs auf alle unsere Entwürfe, sogar auf die bescheidensten, eingebracht hat, sondern auch den verdienten Erfolg jenes „Fünfjahrplanes" gewährleistete, der das Endprodukt der Arbeit der Staatlichen Plankommission war und als mächtiger Hebel bei der sozialistischen Rekonstruktion diente.

Einige Ergebnisse resümierend, kann man sagen, daß die bürgerlichen Einflüsse in der Staatlichen Plankommission alle Seiten ihrer Tätigkeit erfaßten. Das Gebiet, das wir untersuchten, durchläuft ein äußerst bunter Kreis von Menschen, sowohl der sozialen Zusammensetzung nach (von früheren Unternehmern bis zu ehemaligen Bolschewiki) als auch nach ihrer ideologischen Ausrüstung (von den vulgärsten Apologeten des Kapitalismus bis zu den verstecktesten Ideologen der Bourgeoisie). Aber objektiv gehörten sie dem gleichen Lager an, standen sie auf der anderen Seite der Barrikade. Deshalb spielt es für uns schon keine große Rolle mehr, daß die einen sich vielleicht für Geld an die Bourgeoisie verkauft hatten, während andere das Proletariat an die Bourgeoisie völlig „uneigennützig" verrieten, die geistige Verwandtschaft der Pal'činskij und Svicyn mit den Groman und Kondrat'ev bleibt unter allen Umständen die engste und ist unbestreitbar. Doch diese geistige Verbundenheit, diese Verwandtschaft der Seelen oder – anders gesagt – dieses ideologische Zusammenwachsen kann man auch noch weiter verfolgen: bis zu jenen rechtsopportunistischen Elementen im Lande, die, wie bekannt, die Rolle einer Agentur der Kulaken in unserer Partei spielten. Die ideologische Einkreisung, unter der wir leben und arbeiten mußten, mußte ihre verderblichen Einflüsse auch auf die Praxis und Theorie der Planung ausüben. Groman und Kondrat'ev bauschten die These vom schweren Los des ausgebeuteten Dorfes in der UdSSR[42] „fachmännisch" auf, und die

[40] Siehe unsere Polemik mit ihm zum Thema „Staatlicher Plan oder ‚bäuerliche Pläne'" (vorliegende Ausgabe S. 62–68).

[41] Perspektiven der Entfaltung der Volkswirtschaft der UdSSR im Zeitraum von 1926/27 bis 1930/31, Moskau 1927, S. 1–7; S. G. Strumilin, Abriß der sowjetischen Wirtschaft, Ressourcen und Perspektiven, 2. Auflage, Moskau 1930, S. 413.

[42] Siehe z. B. den Vortrag von Groman „Über die Bilanz der Volkswirtschaft von 1922 bis 1923",

„linken" Opportunisten in unserer Partei, die diese Expertise für wahr nahmen, entwickelten sie weiter zu einer vollständigen „Theorie" der ursprünglichen sozialistischen Akkumulation auf Kosten des Dorfes, und sie versuchten, diese in die Praxis im Obersten Volkswirtschaftsrat umzusetzen durch die äußerst schädliche Politik der Erhöhung der Abgabepreise. Groman und Bazarov schufen die Theorie des „spontanen Restaurationsprozesses", nach der die Staatsmacht – ihren Worten zufolge – *genötigt* (?) sei, indem sie die Entwicklung der Produktivkräfte fördere, die *Kulakenwirtschaft zu entfesseln.* Durch eine äußerst *mechanistische* Auslegung der Theorie vom wirtschaftlichen Gleichgewicht wandten sie in ihr großzügig das berüchtigte Bogdanovsche „Gesetz des Minimums" an, aufgespalten auf eine ganze Serie von „Limiten", die ein Abklingen des Tempos unserer Entwicklung bewirken sollten.[43]

Die rechten Opportunisten in unserer Partei bemühten sich – wie es scheint mit Absicht – *in der Praxis* die „abstrakte" Theorie der genannten Ideologen zu *bestätigen,* und zwar sowohl bezüglich ihrer *Beziehungen zum Schicksal der Kulakenwirtschaften* als auch bezüglich der Tendenzen zur Ausrichtung unseres Aufbaus *auf das Minimum.*

Die verlangsamten Wachstumstempi in vielen Projektierungen, die vom Leben überholt wurden, die häufigen theoretischen Neigungen zu den bäuerlichen Plänen und andere, die von der Partei korrigiert wurden, entsprangen ohne Zweifel aus diesem uns klassenmäßig fremden Milieu. Sie schöpften ihre Kräfte aus der oben genannten ideologischen Umkreisung. Am schlimmsten war aber vermutlich der Umstand, daß die tägliche praktische Arbeit uns daran hinderte, die *Theorie* der Planung auf die notwendige Höhe zu heben. Nur aus diesem aufgezwungenen Empirismus in der Arbeit heraus ist es heute – wenn wir zurückblicken – zu erklären, warum unter uns oft unbemerkt und ohne rechtzeitige und angemessene Zurückweisung viele offensichtlich schädliche, wenn nicht gar direkt feindliche Ideen umgingen.

In den Jahren der NÖP, als wir auch Forschungsstellen einrichteten, erwiesen sich als deren Leiter immer wieder Ökonomen vom Schlage der Kondrat'ev und Ginzburg. In allen „Expertenräten" hatten diese Groman, Kondrat'ev, Ginzburg und Co. das Übergewicht. Hier begutachteten sie mit hoher Autorität Vergangenheit und Zukunft. Und – wie eigenartig es auch in unserem materialistischen Jahrhundert anmuten mag – sie traten in dieser Rolle – nach einem Ausdruck von Bazarov – als „qualifizierte Propheten für ein erhöhtes Entgelt" nicht ohne Erfolg auf. Auf den akademischen Kathedern war ihnen ein Ehrenplatz, in der Planungsarbeit hervorragende Bedeutung sicher. Doch das alles gehört schon einer längst vergangenen Etappe an. Wir schreiten immer weiter voran. Mit jedem Jahr strömten neue kommunistische Kader in die Reihen der Staatlichen Plankommission, und auf Grund der Erfahrung im täglichen Kampf gegen die bürgerlichen Einflüsse wurden neue Grundlagen für die Planung geschmiedet. Wir möchten unsere Kräfte nicht überschätzen. Es ist äußerst schädlich und gefährlich, die Kräfte des Gegners zu unterschätzen. Doch im Hinblick auf den zurückgelegten Weg können wir dennoch sagen, daß im *ideologischen* Kampf an der Planungsfront unsere Klassen-

in dem er bewies, daß „das Dorf von der Stadt Produkte für 450 Millionen kaufte und die Stadt ihrerseits Produkte des Dorfes in Höhe von einer Milliarde, d. h. für 550 Millionen mehr, verbraucht hat" (Zentralarchiv der UdSSR, Fonds 4372, Einheit 1, Sache 138, Blatt 104) sowie das Auftreten Kondrat'evs auf dem Kongreß der Planer im Frühjahr 1927 darüber, daß der Lebensstandard des Bauern heute „halb so hoch ist als der Vorkriegsstand". S. G. Strumilin, Abriß der sowjetischen Wirtschaft, Ressourcen und Perspektiven, S. 515.

[43] V. G. Groman, Zusammengefaßter Bericht über die Kontrollziffern der Volkswirtschaft für 1925/26 und V. A. Bazarov, Kapitalistische Zyklen und Rekonstruktionsprozeß in der UdSSR, Moskau 1927.

feinde sich keiner großen Siege rühmen könnten. Schließlich verblaßte das „glänzende Doppelgestirn" Groman und Kondrat'ev im Licht der kommunistischen Kritik schon, bevor es endgültig vom Planungshorizont verschwand. Die Planungstätigkeit aber schritt bis heute und schreitet unter der festen Führung der Avantgarde des Proletariats, ungeachtet aller schädlichen Einflüsse und eigenen Irrtümer weiter von Sieg zu Sieg auf der klar vorgezeichneten Generallinie der Partei.

1.3. Die ersten Erfahrungen der Staatlichen Plankommission

Die Staatliche Plankommission der Union stellte sich nach ihrer Bildung, wie bekannt, nicht sogleich die Aufgabe, mehrjährige Perspektivpläne aufzustellen. In dem ersten konstituierenden Dokument über die Bildung der Staatlichen Plankommission vom 22. Februar 1921 wurde ihr nur eine allgemeine Aufgabe gestellt, nämlich die Ausarbeitung eines „einheitlichen gesamtstaatlichen Wirtschaftsplans", wozu in den „Grundsätzen der Organisation" der Staatlichen Plankommission vom 1. April desselben Jahres eine spezielle „Unterkommission für die Ausarbeitung von Planvorstellungen für das *nächste* Jahr" vorgesehen war. Anders ausgedrückt, die Organisation der Staatlichen Plankommission selbst sah nur die laufende Planung vor, die nicht über die Grenzen eines Jahres hinausgeht. Die aktuellen Schwierigkeiten, die mit der schweren Mißernte des Jahres 1921, der Krise der Brennstoffversorgung, der Zerstörung des Transportwesens und anderen wirtschaftlichen Schwierigkeiten dieser Etappe zusammenhingen, ließen keine Zeit für irgendwelche ernsten Arbeiten an einer mehrjährigen perspektivischen Planung. Die allgemeine Perspektive war bereits im Plan für die Elektrifizierung des Landes gegeben. Die Bearbeitung konkreterer Projektierungen für eine Reihe von Jahren im voraus erschien unter den damaligen Umständen als eine äußerst abstrakte, akademische Aufgabe.

In der ersten Zeit konnte sich die Staatliche Plankommission sogar nur selten mit den Jahresplänen befassen. Und auch dann nicht einmal im Komplex in bezug auf die Volkswirtschaft insgesamt oder wenigstens für die Industrie im ganzen, sondern nur „stückweise", nur in bezug auf einzelne Produktionsprogramme, z. B. der Gummiindustrie, der Metallurgie, der Hauptverwaltung für Zucker, der Hauptverwaltung für Fischwirtschaft, auf das Investitionsprojekt von Wolchowstroi, auf das Kraftwerk Iwanowo-Wosnessensk usw. Die Einsatzpläne für das Transportwesen wurden anfangs nur für die *Halbjahre* aufgestellt, ebenso die Pläne für die Landwirtschaft. Noch häufiger aber mußte die Staatliche Plankommission überhaupt episodische, wenn auch außerordentlich ernste Probleme des Wirtschaftsalltages untersuchen: „Über außerordentliche Maßnahmen zur Brennstoffversorgung der Republik", „Über die Hilfe für die Südostgebiete, die von der Mißernte betroffen wurden", „Über die Regulierung der Flüchtlingsbewegung in den Mißerntegebieten," „Über die Aussaat von Wintergetreide im Jahre 1921, in den von der Mißernte betroffenen Gebieten der RSFSR", „Über die Kürzung des Lebensmittelfonds für die Mitarbeiter der Sowjets", „Über die Wasserleitung von Baku", „Über die Schwellen", „Über die zerstörten Brücken in Nowo-Baliz, Bykow und Schilowka" usw. usf., schon gar nicht zu reden von all dem übrigen laufenden Kram.[44]

Von 224 Fragen, die vom Präsidium der Staatlichen Plankommission im ersten Jahr ihrer Existenz behandelt wurden, betrafen nur 17 (7,6% der Fälle) Jahres- oder Halb-

[44] Siehe Liste der Fragen, die im Präsidium der Staatlichen Plankommission vom April 1921 bis zum 15. Februar 1922 behandelt wurden, in: Bulletins der Staatlichen Plankommission, Ausgabe 1, 1922, S. 56–62.

jahrespläne einzelner Wirtschaftszweige oder Produktionszweige. Dessenungeachtet warfen bereits die Erfahrungen aus dem ersten Jahr der Arbeit der Staatlichen Plankommission im Zusammenhang mit den Aufgaben der Wiederherstellung der wichtigsten Industriezweige die Frage nach der *perspektivischen* Planung auf, weil derartige Probleme durchaus nicht im Rahmen von Jahresplänen zu lösen waren. Und zwar wurde bereits im Herbst 1921 auf Initiative von P. A. Bogdanov in der Staatlichen Plankommission die Frage „Über die Ausarbeitung eines Planes der Arbeit der Metallindustrie *für das bevorstehende Jahrfünft*" aufgeworfen. Dieses Anerkenntnis der Notwendigkeit, neben der laufenden Planung auch an die Ausarbeitung längerfristiger perspektivischer Pläne heranzugehen, fand seinen Niederschlag in der überarbeiteten „Ordnung über die Staatliche Plankommission" vom 8. Juli 1922. Schon im ersten Punkt dieser Ordnung wird die folgende Aufgabe formuliert:

„Die Staatliche Plankommission (Gosplan) beim Rat für Arbeit und Verteidigung hat zur Aufgabe, die Ausarbeitung eines *Perspektivplanes der Volkswirtschaft* auf der Grundlage des vom 9. Sowjetkongreß bestätigten Plans der Elektrifizierung vorzunehmen, ebenso den Produktionsplan für das laufende Jahr."[45]

Doch auch nach diesem gesetzgeberischen Akt entwickelte sich die Ausarbeitung von Perspektivplänen nur sehr langsam. Die Sorgen der laufenden Planung zogen in einem solchen Maße die allgemeine Aufmerksamkeit der Staatlichen Plankommission auf sich, daß es nicht gelang, sich auf irgendeine andere, wenn auch noch so wichtige Arbeit zu konzentrieren.

Schon am 21. März 1922 wurde nach einem Vortrag „Über den Plan der Arbeiten der Industrie für die nächsten Jahre", den A. N. Dolgov in der Industriesektion hielt, festgestellt, daß es wegen des Fehlens bedeutender Ressourcen für die Rekonstruktionsarbeiten („... der Staat kann mit seinen Mitteln die Metallindustrie nicht unterhalten. Auf Konzessionen zu rechnen ist schwierig ...") erforderlich ist, einen Perspektivplan wenigstens für die teilweise Wiederherstellung „während einer bestimmten Übergangsperiode" aufzustellen, und es wurde der folgende Beschluß gefaßt: „In den Arbeitsplan der Industriesektion für die nächste Zeit die Ausarbeitung von Fragen aufzunehmen, die mit der *Vorbereitung eines Planes für die Wiederherstellung der Industrie* in einer Übergangsperiode verbunden sind, d. h. bis zu einem Stand, der im Mittel 50% *des Vorkriegsstandes* entspricht."

Im vorliegenden Falle ist nicht angegeben, für welchen Zeitraum dieser Plan vorgesehen war. Praktisch war in den ersten Jahren die Perspektivplanung in dieser Beziehung recht vielgestaltig. Das Volkskommissariat für Ackerbau der Ukrainischen SSR z. B. stellte *7jährige* Pläne auf, das Volkskommissariat der RSFSR projektierte für den Ackerbau einen Fünfjahrplan und für die Forstwirtschaft einen Dreijahresplan. Es gab sogar Anhänger für zweijährige Perspektivpläne.[46] In der Staatlichen Plankommission der Union im allgemeinen und in der Sektion Industrie im besonderen wurde aber von

45 Hervorhebungen von Strumilin.

46 Siehe den Diskussionsbeitrag von P. I. Popov im Präsidium der Staatlichen Plankommission zum Vortrag über den Fünfjahrplan Kalinnikovs: „Kann man denn einen Plan für 5 Jahre oder für 10 Jahre aufstellen? Das wird nur Statistik und Arithmetik ... Bei Zusammenfassung aller Kenntnisse über den Markt, die Produktionsbedingungen, den Zustand des Kapitals kann man einen Plan nur für 2 Jahre vorsehen." (Zentralarchiv der UdSSR, Fonds 4372, Einheit 1, Sache 138, Blatt 383).
Aus völlig anderen Motiven wurde der Gedanke des Zweijahrplans von Rykov im Jahre 1929 vorgebracht. Bei ihm erwiesen sich unter diesem Vorwand alle Festlegungen des ersten Fünfjahrplans als unbrauchbar.

Anfang an fest auf eine fünfjährige Periode des Perspektivplans orientiert. Die Sektion Industrie rechnete folglich offensichtlich darauf, daß das Niveau von 50% des Vorkriegsstandes nicht vor dem Wirtschaftsjahr 1927/28 erreicht werden würde. Diese Minimalschätzung bedarf jetzt, da wir wissen, daß der Vorkriegsstand der Industrieproduktion bereits im Wirtschaftsjahr 1926/27 erreicht und übertroffen wurde, keiner weiteren Erklärung.

Allein die von der Industriesektion vorgesehene „Vorbereitung des Plans der Wiederherstellung“ kam offenbar nur sehr zögernd voran. Die Industriesektion der Staatlichen Plankommission war bestrebt, in diese Vorbereitungsarbeiten vor allem den Verwaltungsapparat des Obersten Volkswirtschaftsrates einzuspannen. Dieser entzog sich jedoch unter verschiedenen Vorwänden dieser Arbeit. Überhaupt setzte sich diese stille, bürokratische Sabotage sehr lange fort. Frühestens ein Jahr nach dem Bericht Dolgovs im Präsidium der Staatlichen Plankommission „verwunderte sich“ Professor Osadčij, daß „die Hauptverwaltung Metall die ganze Zeit über die Ausarbeitung eines Perspektivplanes mit der Begründung ablehnt, daß sie keine entsprechende Direktiven von der Staatlichen Plankommission habe, obgleich“, nach den Worten von Osadčij, „die allgemeinen Direktiven schon lange ergangen sind.“[47] Auf der gleichen Sitzung des Präsidiums vom 22. Februar 1923 erhielt der Oberste Volkswirtschaftsrat erneut die kurzfristige Auflage, „innerhalb der Frist eines Monats den Perspektivplan zur Entwicklung der Metallurgie für die nächsten fünf Jahre auszuarbeiten und der Staatlichen Plankommission vorzulegen“.[48] Allein auch diese Auflage wurde nicht erfüllt. Die Plandisziplin hinkte damals auf beiden Beinen. Die nichterfüllte Aufgabe der Staatlichen Plankommission wurde einen Monat später erneut bestätigt, und zwar dieses Mal durch einen speziellen Beschluß des Rates für Arbeit und Verteidigung vom 25. März. Noch einige Monate später, am 17. Juli 1923, erhielt das Präsidium der Staatlichen Plankommission schließlich die Möglichkeit, sich die ersten Vorstellungen zum *Fünfjahrplan* für einen der wichtigsten Zweige der staatlichen Industrie anzuhören.

Der Fünfjahrplan Gartvans

Der „Perspektivplan der metallurgischen Industrie“ für den Zeitraum von 1923/24 bis 1927/28 war von der Hauptverwaltung der Metallindustrie (GUMP) aufgestellt und in einer etwas verbesserten Variante von der Sektion Industrie der Staatlichen Plankommission bestätigt worden. Die Verantwortlichen für die Ausarbeitung dieses Planes und Berichterstatter waren die nicht unbekannten Ingenieure Chrennikov und Gartvan. Die Qualität des von ihnen geschaffenen ersten Perspektivplanes war jedoch äußerst gering.

Über die methodologischen Grundlagen dieses Planes sind keinerlei Mitteilungen erhaltengeblieben. Als „grundlegende Voraussetzung“ für die Aufstellung des Planes wurde in einer beigefügten Notiz unterstellt, „daß zum gegenwärtigen Zeitpunkt angesichts der schweren ökonomischen Krise keine Begründung zu der Annahme besteht, er müsse kurzfristig sein, so daß die Metallurgie der RSFSR, indem sie die Kapazität ihrer Betriebe den *vorhandenen staatlichen Ressourcen* bei ökonomischem Verbrauch dieser Ressourcen anpaßt, nur jene Produktion entwickelt, die das Minimum des Bedarfes im Lande deckt und streng mit dessen Kaufkraft übereinstimmt.“ Diese wenig versprechende Orientierung traf damals auf keinen besonderen Widerspruch. Unsere

[47] Bulletins der Staatlichen Plankommission, Ausgabe 3–4, 1923, S. 65.
[48] Bulletins der Staatlichen Plankommission, Ausgabe 3–4, 1923, S. 66.

Tabelle 1. Der Fünfjahrplan zur Entwicklung der Metallurgie, aufgestellt von Gartvan

Jahre	Bruttoproduktion (in Mill. t) Roheisen		Stahl		Walzmaterial		Kapitalaufwendungen in Mill. Goldrubel		Gewinn (in Mill. Rubel)
	absolut	%	absolut	%	absolut	%	absolut	%	
1	2	3	4	5	6	7	8	9	10
1913	4,21	–	4,28	–	3,58	–	?	–	?
1922/23	0,30	100	0,59	100	0,46	100	9,82	100	–6,7
Plan									
1923/24	0,41	137	0,64	108	0,49	107	15,5	158	–7,0
1924/25	0,57	190	0,85	144	0,65	141	20,8	212	–5,0
1925/26	0,74	247	1,07	181	0,82	178	29,4	299	–2,0
1926/27	0,98	327	1,28	217	0,98	214	42,7	435	–
1927/28	1,23	410	1,48	251	1,14	248	62,8	640	–
in 5 Jahren	3,93	–	5,32	–	4,08	–	171,2	–	–14,0
Erfüllung									
1923/24	0,68	227	0,99	168	0,68	148	15,6	159	3,2
1924/25	1,29	430	1,87	317	1,42	310	30,6	312	16,7
1925/26	2,21	737	2,91	493	2,25	490	77,1	785	19,2
1926/27	2,97	990	3,64	617	2,70	587	117,5	1197	25,5
1927/28	3,28	1093	4,16	705	3,37	733	169,2	1723	51,1
in 5 Jahren	10,43	–	13,57	–	10,42	–	410,0	–	115,7

Ressourcen waren wirklich sehr bescheiden. Die schweren wirtschaftlichen Zerstörungen, aus denen wir damals hervorgingen, in sehr kurzer Frist zu beseitigen, wäre ein kühner Traum gewesen. Und dennoch erwies sich diese minimalistische Orientierung der GUMP selbst nach den Korrekturen der Staatlichen Plankommission – die die Daten erhöhte – als völlig unbegründet, und sie wurde von der weiteren Erfahrung unserer Entwicklung umgeworfen.

In der Tat. Vergleichen wir die hauptsächlichen Vorgaben des Fünfjahrplanes von Gartvan mit den Berichtsdaten über das tatsächliche Wachstum der sowjetischen Metallurgie (siehe Tabelle 1).

Wie wir sehen, hat das Leben bereits im ersten Jahr das Wachstumstempo im Projekt von Gartvan um etwa das Vierfache übertroffen, der ganze Fünfjahrplan wurde schon nach den ersten beiden Jahren erfüllt und sogar übererfüllt. Wenn der Autor dieses Fünfjahrplans feindselige Absichten hatte, so ist es ihm jedenfalls nicht gelungen, diese zu verwirklichen. Natürlich hat die Autorität der Ingenieure, die solche Abweichungen in ihren Einschätzungen über unsere Produktionsmöglichkeiten zuließen, sehr erheblich darunter gelitten. Doch im Jahre 1923 dachten wir noch nicht an Feindseligkeiten, und der Minimalismus in den Bewertungen der bürgerlichen Spezialisten fand bei uns eine hinreichende Erklärung in deren Klassenpsychologie. Wir konnten doch nicht bei Menschen, die außerordentlich weit vom Sozialismus entfernt waren, übermäßig optimistische Schätzungen über unsere sozialistischen Ressourcen und Möglichkeiten erwarten, wenn in den Reihen der Kommunisten selbst diese Möglichkeiten fast immer stark unterschätzt wurden.

Der Ingenieur Gartvan versicherte uns, daß der von ihm vorgeschlagene „Plan für die Produktion die *maximalen* Möglichkeiten zum Ausdruck bringt".[49] Dabei waren zu ihrer Verwirklichung – nach seinen Berechnungen – für jene Zeit sehr bedeutende Investitionen in die Umlauffonds der metallurgischen Betriebe erforderlich. Er bestimmte diese Investitionen für den Fünfjahrzeitraum auf 156,2 Mill. Rubel, allein für das erste Jahr seines Fünfjahrplanes (1923/24) forderte Gartvan nicht weniger als 71,6 Mill. Rubel für Umlaufmittel, neben der Deckung von Verlusten (7 Mill. Rubel) und Aufwendungen für Grundreparaturen und Rekonstruktion (15,5 Mill. Rubel). Wenn man aber die Bilanzen per 1. Oktober der Jahre 1923, 1924 und 1928 vergleicht, dann zeigt sich, daß in Wirklichkeit der Zuwachs an Umlaufmitteln in der Schwarzmetallurgie insgesamt (aktiv) sowohl in Warenform als auch in Geldform im Fünfjahrzeitraum statt 156 Mill. nur 42 Mill. Rubel betrug, speziell für das Wirtschaftsjahr 1923/24 nahmen sie statt 71,6 Mill. nur um insgesamt 1,6 Mill. Rubel zu. Diese Fehlbetrachtung bei den Umlaufmitteln ist um so bedeutsamer, als nach dem Produktionsumfang der Plan Gartvans um das Mehrfache überboten wurde und folglich eine entsprechende *Erweiterung* des Bedarfs an Umlaufmitteln zu erwarten gewesen wäre.

Die Herkunft dieses Fehlers liefert den Schlüssel für alles übrige. Schon im Jahre 1923 wurde bei der Beratung des vorliegenden Fünfjahrplans festgestellt: „Im Abschnitt über die Entwicklung ist der Plan durch eine bestimmte *Furcht vor der* Überproduktion gekennzeichnet, durch eine Furcht davor, daß die Kaufkraft nur gering sein könnte und die Metallindustrie daher auf Lager produzieren müsse."[50] Natürlich würden bei einer Produktion auf Lager unvergleichlich größere Mittel für die Umlauffonds benötigt werden. Tatsächlich drohte uns jedoch auf diesem Gebiet kein Warenüberschuß, sondern

[49] Bulletins der Staatlichen Plankommission, Ausgabe 5, 1923, S. 58.

[50] Bulletins der Staatlichen Plankommission, Ausgabe 5, Mai 1923, S. 59; Hervorhebungen von Strumilin.

ein sich mit dem Wachstum des sozialistischen Aufbaus immer mehr verschärfender Hunger nach Metall. Indem sie sich auf die Marktkonjunktur des Jahres 1923 orientierten, sahen unsere bürgerlichen Spezialisten, selbst wenn sie zu diesem Zeitpunkt noch nicht auf eine direkte Feindtätigkeit eingestellt waren, nicht weiter, als ihre eigene Nase reichte, und sie waren schon aus diesem Grunde nicht fähig, unsere wirtschaftlichen Perspektiven richtig einzuschätzen.

Gartvan stellte es sich so dar, daß selbst für jene kläglichen Varianten zur Entwicklung unserer Metallurgie, die damals bei uns projektiert wurden, „kein Geld" vorhanden sein würde.

Deswegen wurde vorgesehen, von den 136 im Jahre 1913 vorhandenen Hochöfen bis zum Ende des Fünfjahrplanes nicht mehr als 39 in Betrieb zu setzen, während die übrigen konserviert oder Konzessionären in Pacht gegeben werden sollten. Die Autoren des Fünfjahrplans hatten errechnet, daß die für die Arbeit ausgewählten Betriebe – obwohl es die besten waren – mit Verlust arbeiten würden, und sie bestimmten den Verlust für das Wirtschaftsjahr 1923/24 auf 7 Mill. Rubel, für das folgende Jahr auf 5 Mill., für das dritte Jahr auf 2 Mill. und rechneten für die letzten beiden Jahre lediglich damit, daß *ohne Verlust* produziert wird. In Wirklichkeit erzielten wir – ungeachtet der Senkung der Preise – schon im ersten Jahr 3,2 Mill. Rubel Gewinn, und in den folgenden Jahren wuchs der Gewinn in geometrischer Progression, was insgesamt für den Fünfjahrplan 115,7 Mill. Rubel ergab. Wenn man dazu noch 100,8 Mill. Rubel an Abführungen für Amortisation in der Schwarzmetallurgie hinzufügt, wird klar, daß wir allein auf Grund der *inneren* Ressourcen dieses Produktionszweiges, der am meisten unter Zerstörungen gelitten hatte, über ungefähr 216 Mill. Rubel verfügten, d. h. um 45 Mill. Rubel mehr als nach den Berechnungen Gartvans für die gesamte Investitionstätigkeit in diesem Zweig während der ganzen Fünfjahrplanperiode erforderlich gewesen wäre (172,3 Mill. Rubel).

Das „Geld" fand sich somit ebenfalls. Tatsächlich wurden im Jahre 1928 anstelle von 39 bereits 62 der besten Hochöfen in Betrieb genommen, für Investitionen wurden in der Schwarzmetallurgie an Stelle von 170 Mill. 410 Mill. Rubel aufgewendet, und zum Ende des Fünfjahrplans erzeugten wir im Vergleich zur Prognose von Gartvan etwa dreimal mehr Metall. Wovon zeugen diese Tatsachen? Vor allem doch davon: Wenn Chrennikov/Gartvan sich bemühten, irgendjemand mit ihren erzpessimistischen „Prognosen" für dumm zu verkaufen, dann waren faktisch sie die Dummen und niemand anders, weil sich in der Tat nicht eine ihrer verunglückten Prophezeihungen verwirklichte.

Schädlingstätigkeit im Sinne stark untertriebener *Perspektivpläne* konnte überhaupt unter unseren Bedingungen kaum große Ergebnisse zeitigen. Schließlich wurde die Perspektivplanung bei uns jährlich durch die laufenden Jahrespläne und deren tatsächliche Erfüllung kontrolliert. Weit gefährlicher erwies sich für uns die Feindtätigkeit in der laufenden, operativen Planung, bei jenen Quartalsplänen zur Versorgung, die ohne jegliche Kritik und äußere Kontrolle von den Schädlingen im Volkskommissariat für Handel und im Zentrosojus ausgekocht wurden, weil wir von deren Schädlingstätigkeit erst nach ihrer Erfüllung Kenntnis erhalten konnten.

Charakteristisch ist jedoch, daß der Fünfjahrplan Gartvans bereits im Präsidium der Staatlichen Plankommission entgegen der Einschätzung des Berichterstatters selbst nur als Minimalvariante anerkannt wurde.[51] Einige Monate später legte die GUMP, die noch zuvor mit ihren Projekten hinter dem von Gartvan rangierte, für das Wirtschaftsjahr 1923/24 im Rahmen der *laufenden* Planung ein neues Produktionsprogramm für

[51] Im Präsidium der Staatlichen Plankommission. Bulletins der Staatlichen Plankommission, Ausgabe 8–9, August/September 1923, S. 88.

Schwarzmetall vor, das etwa $1^1/_2$ mal höher als die im Fünfjahrplan Gartvans für das gleiche Jahr vorgesehene Produktion war. Wenn auch Gartvan diesen Plan für zu „optimistisch" erklärte und aufs neue mit der „Absatzkrise" schreckte, so erwies sich auch dieses erhöhte Programm als übererfüllt.[52] Diese Erfahrungen in der Planung waren sehr aufschlußreich. Angesichts dieser Erfahrung hätte sich auch der stumpfsinnigste Kleingläubige oder der wütendste Schädling nicht lange auf seinen Positionen halten können ohne zu riskieren, aus der Staatlichen Plankommission ausgestoßen zu werden. Und derselbe Gartvan, der im Jahre 1923 mit so ausgesprochen pessimistischen Prognosen in seinem Fünfjahrplan hervortrat, projektierte unter Berücksichtigung dieser Erfahrungen aus den ersten Jahren danach von Jahr zu Jahr wesentlich optimistischere Programme der Produktion von Schwarzmetall, wobei diese Jahresprogramme der Aufgabe sehr *nahe kommend* erfüllt wurden und einmal sogar mit einem gewissen Zurückbleiben der Erfüllung gegenüber der Aufgabe (im Jahre 1927/28 betrug die Erfüllung 95% des Plans).

Der Fünfjahrplan von Kalinnikov

Als nächste Erfahrung der Perspektivplanung kann man den Fünfjahrplan der Industrie für den Zeitraum von 1923/24 bis 1927/28 nennen, der dem Präsidium der Staatlichen Plankommission am 1. Dezember 1923 durch den Ingenieur Kalinnikov vorgelegt wurde. Im Unterschied zum Fünfjahrplan Gartvans erfaßt dieser Plan nicht nur einen Zweig, sondern 32, d. h., den Hauptkomplex der ganzen staatlichen Industrie insgesamt.

Über die Zielorientierungen der Industriesektion konnte man aus dieser Arbeit keine Klarheiten finden. Die Methodologie zur Ausarbeitung der einzelnen Pläne war äußerst elementar: „Wir haben zwei bis drei Hauptpunkte vor uns, die wir auf ein Diagramm auftragen und von denen aus wir weiter vorangehen", erklärte Kalinnikov seine Methode.[53] Die grundlegende Orientierung in bezug auf das Wachstumstempo bestand darin, „minimale aber reale" Pläne vorzulegen.

Da sich die Verfasser dieses Fünfjahrplanes bei ihren Projektierungen auf die Erfahrungen der ersten Jahre der Planung stützen und mit Hilfe der Extrapolationverfahren auf Grund dieser Erfahrungen aus der Vergangenheit auf die Zukunft schließen konnten, muß daran erinnert werden, daß sich im Wirtschaftsjahr 1921/22 die Produktion unserer *geplanten* Industrie auf das $1^1/_2$fache und im Wirtschaftsjahr 1922/23 um 40% erhöht hatte, wobei der Erfüllungsgrad in beiden Jahren im allgemeinen unter den vorgesehenen Plandaten des Obersten Volkswirtschaftsrates und der Staatlichen Plankommission lag.[54]

Nach Berechnungen des Obersten Volkswirtschaftsrates, die für die Herausgabe des Bandes „Entwicklung der Industrie in 40 Jahren" ausgeführt wurden, entwickelte sich der

52 Bulletins der Staatlichen Plankommission, Ausgabe 11–12, 1923, S. 178–180. Nach dem Projekt der GUMP sollten 545000 t Roheisen, 970000 t Stahl und 760000 t Walzmaterial erzeugt werden.

53 Zentralarchiv der UdSSR, Fonds 4372, Einheit 1, Sache 138, Blatt 437.

54 Über das projektierte Wachstumstempo für die ganze Industrie insgesamt verfügen wir wegen des Fehlens zusammengefaßter Produktions- und Finanzpläne der Industrie in den ersten Jahren der Planung nur über Informationen, die bei weitem nicht vollständig sind. Jedoch nach einer bei uns erhalten gebliebenen Übersicht über 27 Zweige der geplanten Industrie wurde der Plan für das Wirtschaftsjahr 1921/22 nur zu 77% erfüllt. Für 1922/23 wurde der Gesamtzuwachs der von der Industriesektion geplanten Produktion in Höhe von 45,4% projektiert. Bulletins der Staatlichen Plankommission, Ausgabe 5, 1923, S. 36.

Tabelle 2. Die Entwicklung der Fabrikindustrie der UdSSR (ohne Akzise) in den Jahren von 1913 bis 1923*

Jahre	Anzahl der Arbeiter			Bruttoproduktion			Produktion je Arbeiter		
	in Tausend	in % zu		in Mill. Vorkriegsrubel	in % zu		in Rubel pro Jahr	in % zu	
		1913	vorangeg. Jahr		1913	vorangeg. Jahr		1913	vorangeg. Jahr
1	2	3	4	5	6	7	8	9	10
1913	2482	100	—	5722	100,0	—	2305	100,0	—
1914	2520	101,5	101	5333	93,2	93,2	2116	91,8	91,8
1915	2700	108,8	107	6092	106,4	114,2	2256	97,9	106,6
1916	2891	116,5	107	5753	100,5	94,4	1990	86,3	88,2
1917	2938	118,4	102	3982	69,6	69,2	1355	58,8	68,1
1918	2289	92,2	78	1861	32,5	46,7	813	35,3	60,0
1919	1571	63,3	69	975	17,0	52,4	621	26,9	76,4
1920	1467	59,1	93	824	14,4	84,5	562	24,4	90,5
1920/21	(1390)	56,0	—	(940)	16,4	—	678	29,4	—
1921/22	1245	50,2	85	1278	22,3	136,0	1027	44,5	151,5
1922/23	1462	58,9	117	1794	31,4	140,4	1227	53,2	119,4

* In dieser Tabelle haben wir offenbar keine erschöpfenden, dafür aber hinreichend vergleichbare Berechnungen für die gleichen Produktionen. Weniger zuverlässig sind andere, frühere Berechnungen. Vgl. z. B. mit „Der Fünfjahrplan des volkswirtschaftlichen Aufbaus der UdSSR“ Bd. 1, Moskau 1929, S. 15. Die Anzahl der Arbeiter ist hier einschließlich des Hilfspersonals und der Saisonarbeiter zum Höhepunkt der Saison angegeben.

Tabelle 3. Industriefünfjahrplan von Kalinnikov (von 1923/24 bis 1927/28) *

Jahre	Bruttoproduktion in Mill. Vorkriegsrubel			Leistung je Arbeiter in % zu 1922/23	Selbstkosten (in % zu 1922/23	Abgabepreise zum Ende des Jahres		Akkumulation (in Mill. Goldrubel)		Kapitalaufwand (in Mill. Goldrubel
	absolut	in % zu 1922/23	Jahreszuwachs			1913=100%	1922/23=100%	Gewinn	Amortisation	
1	2	3	4	5	6	7	8	9	10	11
Plan										
1922/23	1156	100	–	100	100,0	–	–	–	–	–
1923/24	1371	119	19	115	95,6	nicht	nicht	nicht	nicht	75
1924/25	1762	152	28	136	86,5	geplant	geplant	geplant	berück-	76
1925/26	2205	191	25	156	79,4				sichtigt	80
1926/27	2696	233	22	175	72,8					92
1927/28	3260	282	21	194	66,6					120
für 5 Jahre	11294	977	–	–	–	–	–	–	–	443
Erfüllung										
1922/23	(1480)	100	–	100	100,0	274,5	100,0	112	(180)	158
1923/24	(1920)	130	30	114	88,0	205,4	74,6	125	(185)	275
1924/25	3018	204	57	168	76,3	196,7	71,5	456	276	426
1925/26	4213	285	39	187	77,7	199,6	72,5	614	365	930
1926/27	5034	340	19	212	76,3	185,7	67,4	659	395	1134
1927/28	6189	418	22	241	71,6	185,1	67,3	836	444	1539
für 5 Jahre	20374	1377	–	–	–	–	–	2690	1665	4304

* Planovoe chozjajstvo 3/1924, S. 90; Ėkonomičeskoe obozrenie, 1/1930, S. 192 und das monatliche „Statistische Bulletin des Obersten Volkswirtschaftsrates“ vom Juli 1923. Der Produktionszuwachs für die ersten zwei Jahre ist nach dem „früher üblichen Verfahren“ der Berechnung der Produktion unter Korrektur mit Hilfe eines „Vergleichsfaktors“ für den Kreis der berücksichtigten Betriebe gewonnen, die übrigen Angaben entstammen Materialien der Staatlichen Plankommission.

Produktionsumfang der gesamten erfaßten Industrie in den Grenzen der UdSSR seit 1913 (auf Basis der Vorkriegspreise) wie folgt: (siehe Tabelle 2).

Bis 1920 beobachten wir einen starken Rückgang der Produktion. Die Kurve des Aufschwungs, die mit dem Aufbau der Staatlichen Plankommission begann, wird hier nur durch drei Punkte (1920/21, 1921/22, und 1922/23) bestimmt. Die Extrapolation ist als Planungsmethode unter unseren Bedingungen überhaupt kaum anwendbar, und sie ist um so weniger zuverlässig, wenn sie sich auf eine Kurve stützt, die nur durch drei Punkte bezeichnet ist. Ungeachtet dessen übertrugen die Autoren des Planes die Verlangsamung des Wachstumstempos der Produktion, die im Wirtschaftsjahre 1922/23 eintrat, auf den ganzen Fünfjahrplan. Aus der Nichterfüllung der Produktionsprogramme der ersten Jahre zogen sie den Schluß, daß es notwendig sei, besondere Vorsicht und besonderen „Realismus" bei den Projekten für die Zukunft zu wahren.

Ein Vergleich der allgemeinsten Kennziffern des Industriefünfjahrplanes von Kalinnikov (1923/24 bis 1927/28) mit der Ist-Abrechnung ist in der folgenden Tabelle wiedergegeben worden (siehe Tabelle 3).

Das hier projektierte Tempo ist, wenn man es mit kapitalistischen Vorbildern vergleicht, durchaus nicht schlecht. Eine im Verlaufe von fünf Jahren fast verdreifachte Produktion, eine verdoppelte Arbeitsproduktivität und eine Senkung der Produktionskosten um ein ganzes Drittel bei sehr gemäßigter Finanzierung der Industrie von außerhalb schienen uns im Jahre 1923 gegenüber dem Obersten Volkswirtschaftsrat als kaum untertriebene Aufgabenstellung. Wie jedoch die Erfahrungen der folgenden Jahre zeigten, waren unsere Möglichkeiten noch wesentlich größer als in dieser Projektion vorgesehen. Das tatsächliche Wachstum der gesamten Staatsindustrie der UdSSR vollzog sich wesentlich schneller, als Kalinnikov und Co. unterstellten.

Die Produktion, die in Tabelle 3 berücksichtigt ist, bezieht sich nur auf den Kreis der sogenannten *geplanten* Industrie des Obersten Volkswirtschaftsrates. Dabei sind Planaufgabe und Planerfüllung in absoluten Ziffern nicht vergleichbar, weil im Plan die Produktion nur nach der Bewertung der Trusts vorliegt, d. h. ohne den inneren Umschlag der Trusts, während bei der Erfüllung – infolge einer Veränderung der Berechnungsmethode ab 1924/25 – die Bruttoproduktion nach der Betriebsmethode bewertet wurde, d. h. einschließlich des innerbetrieblichen Umschlags. Man muß vermerken, daß der Ist-Wert der Produktion für das Wirtschaftsjahr 1923/24 nach der Betriebsmethode 1480 Mill. Rubel betrug, während er nach der *vorher* üblichen Methode mit 1158 Mill. Vorkriegsrubel bewertet wurde. In der vorliegenden Tabelle beziehen sowohl der Plan als auch die Ist-Abrechnung den gleichen Kreis von Betrieben ein. Die Anzahl der Arbeiter geben wir hier nicht an, weil im Plan Kalinnikovs nur die Produktionsarbeiter ohne Hilfspersonal und Saisonarbeiter enthalten waren.

Die geplante Industrie erfaßte jedoch bei weitem nicht die gesamte staatliche Industrie und um so weniger die gesamte dem Zensus unterliegende Industrie der Union. Wie sich die letztere verändert hat, kann man aus Tabelle 4 ersehen.

Da uns hier nur der physische Umfang der Produktion interessiert, der vom Einfluß der Preisdynamik befreit ist, benutzen wir Berechnungen der Bruttoproduktion in Vorkriegspreisen. In den verschiedenen Quellen ergeben diese Berechnungen – in Abhängigkeit von der Vollständigkeit in der Erfasssung der Industrie, der angewandten Preise und anderer Abweichungen in den Berechnungsmethoden – höchst unterschiedliche absolute Daten. Nach den Angaben der Zentralverwaltung für Statistik erreichten wir bereits im Wirtschaftsjahr 1925/26 das Vorkriegsniveau der Produktion, nach den Berechnungen des Obersten Volkswirtschaftsrates erst ein Jahr später. Unabhängig von diesen Unterschieden kann man jedoch, wenn man seine Aufmerksamkeit nur auf das Wachs-

Tabelle 4. Entwicklung der dem Zensus unterliegenden Industrie der UdSSR * (in konstanten Preisen ohne Akzise)

Jahre	Anzahl der Arbeiter (in tausend)				Bruttoproduktion (in Mill. Vorkriegsrubel)				Jahresleistung je Arbeiter (in Rubel)			
	Werte der ZVS		Werte des OVWR		Werte der ZVS		Werte des OVWR		Werte der ZVS		Werte des OVWR	
	abs.	%	abs.	%	abs.	%	abs.	%	abs.	%	abs.	%
1	2	3	4	5	6	7	8	9	10	11	12	13
1922/23	1302	100	1462	100	2168	100	1794	100	1665	100	1227	100
1923/24	1503	115	1634	112	2586	119	2392	133	1721	103	1464	119
1924/25	1857	143	1907	130	4142	191	3789	211	2230	134	1987	162
1925/26	2347	180	2414	165	6023	278	5330	297	2566	154	2208	180
1926/27	2469	190	2550	174	6893	318	6167	344	2792	168	2418	197
1927/28	2668	205	(2755)	188	8432	389	(7570)	(422)	3160	190	2748	(224)

* Siehe: Statistisches Jahrbuch für 1928, Moskau 1929, S. 301; Entwicklung der Industrie in 40 Jahren, nicht veröffentlichter Bericht des Obersten Volkswirtschaftsrates für 1926/27; Die Industrie der UdSSR im Wirtschaftsjahr 1927/28, Bd. 2, Moskau 1930. Eine unvollständige Berechnung erfolgte nur als dynamische Kennziffer. Die Arbeiter in Spalte 2 sind von Saisonarbeitern auf mittlere Jahresarbeiter umgerechnet und in Spalte 4 ohne Umrechnung. Die Bruttoproduktion ist in den Zahlen des Obersten Volkswirtschaftsrates in höherem Grade von inneren Umsätzen bereinigt als die Angaben der Zentralverwaltung für Statistik, d. h., sie stehen den Kennziffern der Trusts näher als den Kennziffern der Betriebe.

tumstempo richtet, leicht erkennen, daß der Fünfjahrplan Kalinnikovs dem Umfange der Produktion nach bereits nach den ersten drei Jahren vollständig erfüllt worden war.

Während der Beratung des von Kalinnikov vorgelegten Fünfjahrplanes im Präsidium der Staatlichen Plankommission galt die Hauptaufmerksamkeit den außerordentlichen Mängeln im Teil des Finanzplanes. Der Fünfjahrplan enthielt eine jährliche Berechnung der für die Industrie erforderlichen Dotationen in Höhe von 443 Mill. Rubel für fünf Jahre. Die innere Akkumulation der Industrie im gleichen Zeitraum wurde dabei jedoch überhaupt nicht errechnet. Natürlich versuchten die bürgerlichen Experten – dem Schädling Pal'činskij folgend – eine solche Lage zu nutzen für panische Äußerungen über die – auf „Hunderte Jahre" hinaus – hoffnungslose Verelendung des Landes, und um die Sowjetunion auf eine Politik der Kreditanleihe beim „amerikanischen Onkel" zu drängen. Doch die Kommunisten unter den Planern erklärten den Plan in diesem Teil einfach für unfertig und forderten von der Industriesektion, im Abschnitt der Finanzplanung die notwendigen Berechnungen nachzutragen.

Lagen bei den Autoren dieses Fünfjahrplanes verräterische Absichten wor? Haben sie das Tempo der möglichen Entwicklung *bewußt* zu niedrig angesetzt und die inneren Ressourcen des Landes für diese Entwicklung unterschätzt, oder konnten sie wirklich auf Grund ihrer klassenmäßigen Blindheit und bürgerlichen Beschränkung nur das sehen, was sie sehen wollten? Nach den Aussagen Kalinnikovs im Schädlingsprozeß hat er jedenfalls an diesem Fünfjahrplan nicht schädlich gewirkt. In der Rekonstruktionsperiode der NÖP hoffte er noch auf eine friedliche „Umwandlung" der Diktatur des Proletariats. Kalinnikov ist sogar stolz auf den ersten Fünfjahrplan, der von ihm in dieser Periode aufgestellt wurde, den er für eine „erfolgreiche Arbeit" hält, und er denkt, daß gerade dieser Fünfjahrplan ihn auf den Posten eines Mitglieds des Präsidiums der Staatlichen Plankommission „gehoben" hat.[55]

Auf diese Periode bezieht sich auch die folgende Aussage eben jenes Kalinnikov: „Unter Beteiligung der Volkskommissariate, vor allem des Obersten Volkswirtschaftsrates und des Volkskommissariats für Verkehr und Nachrichtenwesen, stellten wir, die Mitglieder der Staatlichen Plankommission – Experten, Ingenieure und Ökonomen –, die jährlichen Jahrespläne für die Rekonstruktion der Volkswirtschaft auf und *beobachteten mit Verwunderung, wie das Leben unausweichlich und jedes Jahr unsere Pläne überholte.*"[56]

Wir stehen nicht an, kategorisch zu entscheiden, was hier überwog, Irrtum oder direkte Augenauswischerei, oder um eine andere Formel zu gebrauchen, „Dummheit oder Verrat". Jedenfalls sollte man annehmen, daß „Dummheit" hier nicht weniger im Spiel war als Verrat.

Es war natürlich nicht zufällig, daß Kalinnikov in seinem Fünfjahrplan keinerlei Vorgaben für die innere Akkumulation der Industrie ausarbeitete. Gestützt auf die von allen Seiten kommenden Bedarfsanmeldungen für Dotationen und die Beschwerden über die hohen Selbstkosten der sowjetischen Produktion, die in jener Zeit fast immer unsere Verkaufspreise überstiegen, glaubte er einfach nicht an die Rentabilität unserer staatlichen Industrie und an die Möglichkeiten, daß man sich auf die eigenen Ressourcen stützen könne. Tatsächlich forderten noch im Januar 1922 nach offiziellen Angaben des Obersten Volkswirtschaftsrates die Trusts für die Erfüllung des Produktionsprogramms 1921/22 zusätzliche Investitionen für Umlaufmittel in Höhe von 299,8 Mill. Goldrubel.[57] Für das ganze Jahr 1922 beliefen sich die Verluste der direkt unterstellten Trusts auf

[55] Izvestija vom 1. Dezember 1930.

[56] Izvestija vom 28. November 1930; Hervorhebungen von Strumilin.

[57] Die russische Industrie im Jahre 1922. Materialien zum X. Sowjetkongreß, Petrograd, S. L.

Unionsebene auf 24,5 Mill. Rubel Defizit, während zur gleichen Zeit nur 21,6 Mill. Rubel Gewinn erwirtschaftet wurden, so daß der reine Verlust etwa 3 Mill. Rubel betrug.

Zur gleichen Zeit wurden Stoffe, Zucker, Papier, Streichhölzer, Soda und viele andere chemische Produkte, gar nicht zu sprechen von Kohle und Metall, noch unter dem Selbstkostenpreis verkauft.[58] Dennoch wurde die sowjetische Industrie sehr bald mit diesen Kinderkrankheiten ihres Wachstums fertig, die Produktionskosten wurden wesentlich gesenkt, im Verlaufe von fünf Jahren (seit 1. Oktober 1923) sanken die Abgabepreise der Industrie um 25%, und der Arbeitslohn für die Arbeiter verdoppelte sich in der gleichen Fünfjahrperiode (+115%). Was die Akkumulation unserer Industrie und ihre Investitionstätigkeit anlangt, so haben wir bezüglich dieser Kennziffern bereits die Ist-Werte in Tabelle 3 wiedergegeben.

Erst im letzten Jahr, mit dem Übergang zur Rekonstruktionsperiode, begannen die Investitionen in der dem Obersten Volkswirtschaftsrat unterstellten Industrie, einschließlich des Kraftwerkbaues, die eigenen Ressourcen der Industrie merklich zu übersteigen. Doch von solchen Tempi der Investitionen und der Akkumulationen träumte Kalinnikov natürlich nicht einmal.

Der Fünfjahrplan von Neopichanov

Noch mehr vom Leben losgelöst war der erste Versuch einer Perspektivplanung auf dem Gebiet des Transportwesens.[59] Dafür gab es sowohl objektive Gründe durch das Fehlen der erforderlichen Ausgangsdaten als auch subjektive Gründe, die sich aus dem uns fremden Milieu erklären, aus dem der Plan hervorging. Daß das Entwicklungstempo in diesem Plan zu niedrig angenommen wurde – der Güterumschlag sollte nur um 50% in fünf Jahren steigen –, war so fühlbar, daß er schon damals entschieden von den Kommunisten unter den Planern abgelehnt wurde, die sofort die Möglichkeit erkannten, den im Plan vorgesehenen Leistungszuwachs der Eisenbahnen zu *verdoppeln*.[60]

Die Wirklichkeit übertraf jedoch, wie aus Tabelle 5 ersichtlich ist, auch diese Korrektur.

Der Fünfjahrplan Neopichanovs für den Güterumschlag war schon nach etwas mehr als zwei Jahren erfüllt. Dabei erwirtschafteten unsere Eisenbahnen an Stelle des vorgesehenen Defizits in Höhe von 106 Mill. Rubel über eine Milliarde Reingewinn (Rubel). Die Investitionen für die Verstärkung und die Verbesserung des alten Verkehrsnetzes und für Neubauten (ohne Generalreparaturen) erreichten den Betrag von 1069 Mill. Rubel, das sind 2,5 mal mehr als der Plan vorsah.

Es ist nicht verwunderlich, daß dieser Plan seinerzeit ziemlich treffend als „ultrapessimistisch“ (G. M. Kržižanovski) eingeschätzt und nicht weiterentwickelt wurde.

Über die ideologischen Einstellungen bei diesen Arbeiten, an der eine ganze Reihe späterer Schädlinge teilgenommen hatte, gab es keine hinreichende Klarheit. Freilich hätte sich schon aus dem allgemein trostlosen Grundtenor aller Prognosen hinsichtlich der finanziellen Perspektiven für die Wiederherstellung des halbzerstörten Transportwesens bestimmte Schlußfolgerungen ziehen lassen müssen. Nicht von ungefähr hörten wir in den Diskussionen zum Bericht Neopichanovs u. a. solche Reden: „In solchen Län-

58 Ebenda, S. LI.

59 Materialien zum Perspektivplan, Ausgabe 2; A. A. Neopichanov, Über den Perspektivplan des Eisenbahntransportes für das Jahrfünft von 1923/24 bis 1927/28, Moskau, 1924.

60 Vgl. den Diskussionsbeitrag Strumilins im Präsidium der Staatlichen Plankommission vom 29. März 1924 und seinen Artikel „Transportwesen der Landwirtschaft“ in der Zeitschrift Planovoe chozjajstvo, 3/1924, S. 91, in dem der Zuwachs des Güterumschlages für 5 Jahre auf mindestens 98% bestimmt wurde.

Tabelle 5. Der Fünfjahrplan Neopichanovs für den Eisenbahntransport *

Jahre	Länge des genutzten Netzes (in 1000 km)	Güterumschlag (Abfertigungen)			Haushaltsbilanz (in Mill. Rubel)		Reinein-kommen (+) oder Defizit (–) in Mill. Rubel	Auslastungs-koeffizient	Investitionsauf-wendungen (in Mill. Rubel)
		Mill. t	in % zu 1922/23	Zuwachs je Jahr	Einnahmen	Ausgaben			
1	2	3	4	5	6	7	8	9	10
1913**	58,5	132,4	–	–	985,9	573,3	+412,4	59,2	(188)
1922/23	69,6	58,0	100	–	372,1	373,2	– 1,1	100,3	(18)
Plan									
1923/24	73,6	63,5	109	9,5	570,6	594,7	– 24,1	104	48,5
1924/25	74,5	73,0	126	15,0	646,7	662,3	– 15,6	102	86,8
1925/26	74,9	78,2	135	7,1	685,2	702,0	– 16,8	102	81,1
1926/27	75,1	83,2	143	6,4	729,1	746,9	– 17,8	102	88,8
1927/28	75,4	87,0	150	4,6	769,3	801,8	– 32,5	104	97,4
für 5 Jahre	+5,8	384,9	+50	–	3400,9	3507,7	–106,8	–	402,6
Erfüllung									
1923/24	73,9	67,5	116	16,4	691,8	665,5	+ 26,3	96,2	23,8
1924/25	74,4	83,5	144	23,7	953,5	796,6	+ 156,9	83,5	81,2
1925/26	74,6	116,8	201	39,8	1367,0	1184,9	+ 182,1	86,7	217,2
1926/27	75,8	135,9	234	16,4	1644,3	1385,7	+ 258,6	84,3	309,0
1927/28	76,9	150,6	260	10,8	1851,8	1468,3	+ 383,5	79,3	438,0
für 5 Jahre	+7,3	554,4	+160	–	6508,4	5501,1	+1007,4	–	1069,2

* Siehe Materialien zum Perspektivplan, Ausgabe 1, S. 22, 37, 64.
Ausführung nach der Berichterstattung des Volkskommissariats für Verkehrs- und Nachrichtenwesen und nach Materialien der Staatlichen Plankommission.

** In den Grenzen Sowjetrußlands.

dern, wie es Rußland mit einer gering entwickelten Industrie darstellt, kann sich das Eisenbahnwesen nicht auf ein Kapital begründen, das in diesem Lande erwirtschaftet wird. Deswegen muß gesagt werden, daß das Eisenbahnwesen durch Anleihen richtig fundiert werden kann. Gegenwärtig können wir, da England die UdSSR anerkannt hat, auch von *äußeren Anleihen* sprechen."[61] *Reden* konnte man natürlich nicht nur über äußere Anleihen, sondern auch davon, daß man einzelne Eisenbahnen an Konzessionäre in Pacht gibt, wie man das auf Grund entsprechender Bestrebungen von alten Eisenbahnern aus dem Volkskommissariat für Verkehrs- und Nachrichtenwesen und seitens Neopichanov selbst in der Staatlichen Plankommission versuchte. Wie bekannt, erwiesen sich diese Reden jedoch als leeres Geschwätz, denn sehr bald gelang es uns, auch ohne jegliche Beteiligung durch das ausländische Kapital unser Transportwesen wiederherzustellen.

Es sind keinerlei methodologische Errungenschaften in den unter Leitung Neopichanovs durchgeführten Arbeiten erkennbar. Ausgehend von den Erfahrungen der Vorkriegszeit, wo sich die „Prognose des Güterumschlags" für jedes Jahr jeweils „auf die Daten der statistischen Reihen für die fünf vorangegangenen Jahre" begründete, übertrug Neopichanov diese Idee der Planprognose auf die völlig neuen Bedingungen der sowjetischen Wirklichkeit. „In früheren Zeiten, bei einem stabilen Wirtschaftsleben, war diese Methode fast die einzige", bemerkt Neopichanov, wobei er die statistische Methode der Extrapolation vom Vergangenen auf die Zukunft im Auge hatte. Doch auch unter den neuen Bedingungen, ungeachtet dessen, daß die Erfahrung der Revolution „uns Grund gibt zu der Annahme, daß die Gesetzmäßigkeiten des gesellschaftlichen Lebens (natürlich der „früheren Zeiten", Strumilin) allgemein zerstört sind", tanzt Neopichanov weiterhin in seinen Planprojekten vor dem gleichen vorrevolutionären statistischen Ofen. Nach seinen Worten „kann man bei der Prognose der Zukunft ohne die statistische Methode nicht auskommen, weshalb für die Ermittlung des möglichen Güterumschlags im Jahrfünft auch die folgende Methode angewandt wurde: Auffinden statistischer Tendenzen in den vergangenen Jahren (Vorkriegsjahren – Strumilin), die dem Umfang ihrer Produktion nach der heutigen Produktion am nächsten kommen".[62]

Welche fruchtbaren Ergebnisse diese „Methode" erbracht hat, haben wir bereits gesehen. Irgendwelche anderen bewegenden Ideen auf dem Gebiet der Planung enthüllt die genannte Arbeit auch nicht. Deshalb gibt es keinen Grund, hier länger zu verweilen.

Der Fünfjahrplan Kondrat'evs

Der nächste Versuch der Perspektivplanung ist der landwirtschaftliche Fünfjahrplan von Professor Kondrat'ev, der aus dem Landwirtschaftsplan des Volkskommissariats für Ackerbau der RSFSR hervorging und mit geringen Korrekturen auch von der Sektion Landwirtschaft der Staatlichen Plankommission bestätigt wurde.[63] In der Sektion Landwirtschaft wurde dieser Fünfjahrplan am 15. Januar 1924 und im Präsidium der Staatlichen Plankommission am 4. Juli 1925 von Kondrat'ev vorgelegt.

Da sich die Ausarbeitung und Publikation der Materialien dieses Fünfjahrplanes sehr in die Länge gezogen hatten (vom Dezember 1923 bis 1926), waren die „Maßnahmen"

[61] Zentralarchiv der UdSSR, Fonds 4372, Einheit 1, Sache 179, Blatt 117; Hervorhebungen von Strumilin.

[62] A. A. Neopichanov, Zum Perspektivplan für den Eisenbahntransport . . ., a. a. O., S. 20–21.

[63] N. D. Kondrat'ev und N. P. Oganovskij, Die Perspektiven der Entwicklung der Landwirtschaft der UdSSR, in: Trudy zemplana, Ausgabe 1, Moskau 1924 und folgende Ausgabe.

und die entsprechenden Investitionen durch Zemplan[64] für das Jahrfünft von 1924/25 bis 1928/29 projektiert, während die Produktionsaufgaben für den Zeitraum von 1923/24 bis 1927/28 geplant wurden. Auf diese Weise geht hier die Folge – das Wachstum der Produktion – offenbar seiner Ursache – den dafür vorgesehenen Maßnahmen – voraus. Diese Kuriosität harmoniert im übrigen vollständig mit der allgemeinen Methodologie für die Fünfjahrplanung von Kondrat'ev. Ausgehend von seiner Vorstellung, daß der Plan den Charakter einer Prognose, nicht aber den eines Handlungsprogrammes habe, projektierte Kondrat'ev die Entwicklung der Landwirtschaft als das spontane Resultat der ihr innewohnenden Tendenzen, denen gegenüber unsere Maßnahmen natürlich keinerlei entscheidende Bedeutung haben können. Im Vorwort von Zemplan ist gesagt: „Gerade aus der Aufmerksamkeit für die Besonderheiten der Landwirtschaft ist dem ganzen Aufbau des Plans in wesentlichem Maße ein *genetischer* Charakter verliehen worden. Aus diesem Grunde geht der vorgeschlagene *Plan von einer Analyse der Tendenzen einer faktisch spontanen Entwicklung der Landwirtschaft aus.*“[65]

Wenn sich die Landwirtschaft der Union spontan entwickelt, dann können unsere Maßnahmen dabei natürlich nur eine Hilfsrolle spielen, nur von drittrangiger Bedeutung sein. Bei dieser Unterstellung ist keinerlei Entsprechung zwischen den Maßnahmen und der Entwicklung der Wirtschaft denkbar, denn im anderen Falle, wenn diese Entwicklung im wesentlichen durch unsere Maßnahmen bestimmt werden würde, könnte man sie nicht „genetisch“ als spontane Entwicklung behandeln. Deshalb konnten Kondrat'ev und Co. ganz ruhig das Wachstumstempo der Landwirtschaft für sich allein projektieren, während die Maßnahmen vom Volksskommissariat für Ackerbau in völliger Loslösung von diesen Projektierungen festgelegt wurden.

In ideologischer Beziehung widerspiegelte der Fünfjahrplan Kondrat'evs die ausgesprochen *restaurative* Einstellung seiner Schöpfer. Es gibt keinen Zweifel, daß diese „genetische“ Fundierung auf die bäuerliche Spontaneität an sich schon aus einer völlig bestimmten Zielstrebigkeit oder „Teleologie“ hervorging. Indem sie ihre „wünschenswerten Perspektiven“ in Übereinstimmung mit dem abstrakten „Entwicklungsprinzip der Produktivkräfte der Volkswirtschaft“ aufbauten, konkretisierten sie dieses als rein individualistische Entwicklung, die sich auf einen wirtschaftlich starken Mushik (Bauer) stützt. Das ist die Hauptstütze aller volkstümlerischen Ideologien.

Ihre Appellationen an die objektiven Gesetze der „ökonomischen Dynamik“, die sie sich bemühten, aufzudecken durch „Ermittlung der *faktischen* Entwicklungslinien“ und eine „Analyse der Richtungen und Faktoren der Entwicklung der Landwirtschaft im letzten Jahrzehnt“[66], d. h. für die kapitalistische Periode ihrer Entwicklung, bedeutete nichts anderes als eine Appellation an die Tendenzen der kapitalistischen Entwicklung. Natürlich mußte Kondrat'ev sich zur Maskierung seiner Konzeption mit Worten auch vor der Idee der Kollektivierung des Dorfes verneigen. Sogleich brachte er aber auch einen Vorbehalt vor: „In der gegenwärtigen historischen Übergangsperiode stellt jedoch die kollektive Form der Bodennutzung noch nicht die herrschende und allgemein verbreitete Form dar. *Real* werden wir es im Verlaufe einer bestimmten Zeit mit einer weiten Verbreitung auch anderer, niederer Formen der Bodennutzung zu tun haben.“ Im Namen dieses Realismus und unter Berücksichtigung der „hervortretenden Tendenzen bei der Bevölkerung“ projektiert der Autor als „wahrscheinlichste“ Entwicklung für die

64 Zemplan war ein Planungsorgan, das dem Volkskommissariat für Ackerbau zugeordnet war.

65 Grundlagen eines Perspektivplans für die Entwicklung der Land- und Forstwirtschaft, in: Trudy zemplana, Ausgabe V, Moskau 1924, S. 3; Hervorhebungen von Strumilin.

66 N. D. Kondrat'ev und N. P. Oganovskij, Die Perspektiven der Entwicklung der Landwirtschaft der UdSSR, a. a. O., S. 2; Hervorhebungen von Strumilin.

Periode seines Fünfjahrplanes die *Formen* der Bodennutzung in Gestalt von „Weilern und Einzelgehöften".[67] Für einige Gebiete wird diese vorherrschende Form etwas modifiziert, z. B. im nordöstlichen Gebiet wird eine Form „Dorf – Einzelgehöft" projektiert, im südöstlichen und im Wolgagebiet eine „Dorf – Einzelgehöft- und teilweise Weilerform vom Typ der *amerikanischen* Farmwirtschaft", doch in keinem Gebiet entdecken die Autoren des Planes irgendwelche „Tendenzen" zur Kollektivierung.

In Verbindung mit dieser Neigung zum amerikanischen Typ der Farmenwirtschaft wird im Fünfjahrplan Kondrat'evs auch die „wichtigste" Frage der Bodenpolitik – nach der optimalen Größe des Bodenfonds für den Bauernhof – entschieden. Der Autor des Fünfjahrplans schreibt: „In der ersten Zeit nach der Revolution war das herrschende Prinzip der Bodenumverteilung das Prinzip der Gleichmacherei ... Seinem Wesen nach ist dies ein Prinzip, das von der Idee der *Verbrauchs*wirtschaft durchdrungen ist. Die Leitidee des vorliegenden Perspektivplanes ist die Idee von der Entwicklung der *Produktivkräfte* der Landwirtschaft ... Von diesem Standpunkt her ist klar, daß die Typen der rationellen Organisation der Wirtschaft in jedem Gebiet in bedeutendem Maße bereits jene oberen und unteren Grenzen für die Schwankungsbreite der Ausstattung mit Boden vorbestimmen, innerhalb deren eine Wirtschaft rationell organisiert werden kann ... Der Hauptmangel des heutigen Dorfes liegt, wie aus dem Vorangegangenen klar hervorgeht ..., in der äußersten Zersplitterung der Wirtschaften. Eine vorsichtige *Tendenz zu deren Vergrößerung* muß als wichtige Aufgabe des Planes für die Wiederherstellung der Landwirtschaft angesehen werden."[68]

Ungeachtet aller „Vorsicht" bei den Formulierungen ist die Absicht des Planes vollständig klar. Die Gleichmacherei innerhalb der Gemeinden befriedigt die Autoren des Planes nicht, sie sind gegen die Gleichmacherei und gegen die Zersplitterung des Bodens, sie sind, ohne Zweifel, für eine Konzentration und Vergrößerung, jedoch nicht in Gestalt von Großkolchosen, sondern für eine weit gemäßigtere Konzentration, für eine „vorsichtige" Vergrößerung in der Größenordnung einer individuellen Kulakenwirtschaft oder – sagen wir – einer Farmwirtschaft. „Deshalb ist es nach den Forderungen des Planes *notwendig, in der Praxis eine Politik wohlwollender Beziehungen zur Arbeitspacht festzulegen.*"[69] Für den Kolchos ist sie zu nichts nütze, aber für die großen bäuerlichen Wirtschaften sehr am Platz. Sogar der Terminus „Arbeits-" ist hier nicht aus alter volkstümlicher Sympathie zu dieser Wortwahl gebraucht, sondern nur zur Verdeckung des Artikels 28 des Bodenkodex, der die „Arbeitspacht" zuläßt. Tatsächlich erhebt der Fünfjahrplan keinen Einspruch gegen Lohnarbeit im Dorf. Gestatten Sie aber, welcher Farmbetrieb, d. h., rein kapitalistischer Landwirtschaftsbetrieb kann sich ohne Lohnarbeit entwickeln? Der Autor des Planes versichert uns: „Eben darum muß zu der *Praxis der Lohnarbeit* ein bestimmtes Verhältnis hergestellt werden, das von den Widerwärtigkeiten befreit ist."[70]

Hier muß man noch hinzufügen, daß die Steuer*progression* im Dorf dem Plan nach *„nicht sehr stark sein darf,* weil andernfalls dies als *Bremse für den Übergang der Betriebe aus den unteren Gruppen in ökonomisch stärkere Gruppen* wirken würde".[71] Gleichzeitig sprachen sich die Autoren des Plans ziemlich entschieden gegen einen *„unbegründeten*

[67] Grundlagen des Perspektivplans für die Entwicklung der Land- und Forstwirtschaft, in: Trudy zemplana, Ausgabe V, Moskau 1924, S. 57.

[68] Grundlagen des Perspektivplans für die Entwicklung der Land- und Forstwirtschaft, in: Trudy zemplana, Ausgabe V, Moskau 1924, S. 58; Hervorhebungen von Strumilin.

[69] Ebenda; Hervorhebungen von Strumilin.

[70] Ebenda, S. 59; Hervorhebungen von Strumilin.

[71] Ebenda, S. 55; Hervorhebungen von Strumilin.

Protektionismus zur Drosselung des Imports", für die *„internationale Arbeitsteilung"* und im besonderen für die Heranziehung „ausländischer Mittel auf der Grundlage von Pachten und Konzessionen" aus.[72] Im allgemeinen war dieser Fünfjahrplan, ungeachtet einer gewissen Verklausulierung in einigen Formulierungen, ein recht entwickeltes Programm für die Ausweitung der NÖP auf dem Lande.

Dabei war Kondrat'ev in seinen Planrichtlinien ein sehr nachgiebiger Mensch. Er forderte überhaupt nicht allzu radikale Veränderungen in den sowjetischen Gesetzen und Einrichtungen. Ihn hätte auch vollkommen jener rechte Opportunismus *in der Praxis* befriedigt, der hier und da bei uns „wohlwollendes" Verhalten sowohl zur Pacht der Kulaken als auch gegenüber den von den „Widerwärtigkeiten" befreiten Verhältnissen der Lohnarbeit in starken Wirtschaften und ähnliche Methoden zur Erweiterung der NÖP kultivierte. Auf der Grundlage eben einer solchen Praxis behandelte der Fünfjahrplan von Zemplan die NÖP als ein Regime des Staatskapitalismus und bestimmte ihn einfach als „Kapitalismus, der versucht (!), die Prozesse des volkswirtschaftlichen Lebens durch bewußte und tiefgehende Einmischung des Staates in Ordnung zu bringen".[73] Nicht zufällig ist ein ganzer Abschnitt in diesem Fünfjahrplan, der von der Wiederherstellung unserer Wirtschaft während der Periode der NÖP handelt, überschrieben: „Die Periode der *Restauration* der Landwirtschaft".[74] Das ist kein Sprachschnitzer, sondern der präzise Ausdruck für die Hauptaufgabe des Fünfjahrplans von Kondrat'ev.

Wie verhielt man sich zu diesem Plan in der Staatlichen Plankommission? Die Sektion Landwirtschaft, die damals von P. I. Popov geleitet wurde, nahm diesen Fünfjahrplan im allgemeinen recht nachsichtig entgegen. Freilich entging ihrer Aufmerksamkeit keineswegs die allgemeine Tendenz des Planes, nach der alle Maßnahmen (zur Verbesserung der Viehbestände, bezüglich sortenreinen Saatgutes, bezüglich der Agrarhilfe und der Bodenordnung und dergleichen) darauf ausgerichtet waren, „größere Wirtschaften zu schaffen". Die Sektion hielt dieses in jener Zeit offenbar für unumgänglich. P. I. Popov sagte: „Diese Maßnahmen werden in maximalem Grade von den ökonomischen stärksten bäuerlichen Wirtschaften genutzt werden. Auf der anderen Seite aber ist ein anderes Herangehen nicht möglich, weil es unmöglich ist, eine Art von Maßnahmen für die kleinen Betriebe und eine andere für die großen zu schaffen ... Das Problem der Einführung von Maßnahmen für die *kleinen* Betriebe kann nur auf dem Wege gelöst werden, daß sich Kollektive aus diesen Betrieben bilden, doch unter den gegenwärtigen Bedingungen sind noch *nicht die ökonomischen Voraussetzungen* für eine breite Entwicklung von Kollektiven gegeben".[75]

Diese Idee fand jedoch keine Unterstützung im Präsidium der Staatlichen Plankommission. Übrigens wurde bereits damals im Gegensatz zum Skeptizismus Popovs, was die Voraussetzungen für die Kollektivierung anbelangt, dort der Gedanke des Einsatzes von Traktoren als eine solche Voraussetzung hervorgebracht: „Eine solche ökonomische Voraussetzung für die Mechanisierung ist z. B. die Anwendung des Traktors", entgegnete man ihm.[76] Überhaupt war die Kritik der Ideen des Fünfjahrplanes von Kondrat'ev im Präsidium der Staatlichen Plankommission, an dessen Beratung eine Reihe von Agrarökonomen aus der Kommunistischen Akademie teilnahmen, sehr scharf und entschieden.

[72] Ebenda, S. 49–52; Hervorhebungen von Strumilin.

[73] Ebenda, S. 3; Hervorhebungen von Strumilin.

[74] Perspektiven der Entwicklung der Landwirtschaft der UdSSR, in: Trudy zemplana, Ausgabe I, Moskau 1924, S. 86; Hervorhebungen von Strumilin.

[75] Zentralarchiv der UdSSR, Fonds 4372, Einheit 1, Sache 230, Blatt 6; Hervorhebungen von Strumilin.

[76] Ebenda, Sache 230, Blatt 10; Hervorhebungen von Strumilin.

Tabelle 6. Fünfjahrplan Kondrat'evs für die Landwirtschaft* (UdSSR ohne Turkestan, Transkaukasien und das Fernostgebiet)

Jahre	Anbaufläche (in Mill. ha)					Vieh umgerechnet auf Großvieh	
	Getreide	technische und sonstige Kulturen	Summe				
			absolut	in % zu 1923	Jahreszuwachs in %	in Mill. Stück	in %
1	2	3	4	5	6	7	8
1913	96,0	11,3	107,3	–	–	80,0	–
1922	60,4	8,1	68,5	–	–	50,3	–
1923	68,6	9,4	78,0	100	13,8	57,5	100
Plan							
1924	nicht angegeben		85,0	109	9,0	nicht angegeben	–
1925			90,6	116	6,6		–
1926			96,2	123	6,1		–
1927			101,1	130	5,1		–
1928	90,6	15,4	106,0	136	4,8	74,1	129
Erfüllung							
1924	78,8	14,9	93,7	120	20,1	66,0	115
1925	84,1	16,0	100,1	128	6,8	70,4	122
1926	90,4	15,8	106,2	136	6,0	75,0	130
1927	92,0	16,6	108,6	139	2,3	78,2	136
1928	90,6	19,0	109,6	140	0,9	79,1	138

* Siehe N. D. Kondrat'ev und N. P. Oganovskij, Perspektiven für die Entwicklung der Landwirtschaft der UdSSR, in: Trudy Zemplana, Ausgabe 1, Moskau 1924, S. 29, 137–138 und 148. Infolge der Schlampigkeit der professoralen Arbeit werden auf verschiedenen Seiten Ergebnisse angeführt, die miteinander und mit den Forderungen der Arithmetik nicht vollständig übereinstimmen. Die Daten über die Erfüllung wurden berechnet nach den Ausgaben der Zentralverwaltung für Statistik: Statistisches Jahrbuch der UdSSR für 1928, Moskau 1929, S. 178ff.; Ergebnisse eines Jahrzehnts Sowjetmacht in Zahlen 1917–1927, Moskau 1927, S. 168ff., 188ff.; Die Landwirtschaft der UdSSR für 1925–1928, Moskau 1929, S. 174, 187, 198 usw. Die Anbauflächen von 1913 sind mit einer Korrektur für nichterfaßte Anteile um 10% angegeben, die von 1922 mit einer Korrektur um 25% und die von 1923 mit einer Korrektur um 20%.

Es wurde auch die Primitivität der Methodologie festgestellt: „Es wurden die Entwicklungstendenzen genommen und extrapoliert" (L. N. Kricman). Auch wurden die allgemeinen Orientierungen unter Beschuß genommen: „Die Frage nach der agrarindustriellen Entwicklung der Wirtschaft erhielt im Plan eine *volkstümlerische* Form" (Baturinskij). Es wurde auf das völlige Fehlen einer klassenmäßigen Differenzierung der Maßnahmen in bezug auf die verschiedenen Schichten im Dorfe hingewiesen (Golendo u. a.). Und schließlich hieß es in der Resolution der Staatlichen Plankommission bezüglich dieses Planes: „Als *erste* Annäherung annehmen und ... den Plan auf der Grundlage aller Hinweise *fertigstellen*".[77] Wenn man berücksichtigt, daß dieser Plan ohnehin schon über $1^1/_2$ Jahre lang in den verschiedenen Instanzen aus einem Sack zum Gewebe überarbeitet wurde, so bedeutete eine solche Resolution natürlich sein endgültiges Begräbnis erster Klasse. Und tatsächlich tauchte er nie wieder in den Mauern der Staatlichen Plankommission auf.

Bezüglich des Entwicklungstempos der Landwirtschaft hatte die Gruppe um Kondrat'ev, so scheint es, keinerlei Grund für dessen Verlangsamung. Als ausgesprochene Agrarisatoren projektierten sie unter Voraussetzung der von ihnen vorgesehenen Politik der Bevorzugung der bäuerlichen Oberschicht natürlich ein maximales Wachstumstempo der Produktivkräfte des Dorfes, das nach ihrer Meinung durch die empfohlene Politik zu verwirklichen war, d. h. durch die Stützung des Einzelbauern-Kulaken bei Ausweitung der NÖP.

Es ist nun umso interessanter zu vergleichen, in welchem Maße sich ihre „Prognose" bezüglich dieses Tempos bewahrheitete. (Tabelle 6)

Die Daten für die Jahre 1913 (für das Vieh 1916), 1922 und 1923 sowie für die Planperiode führen wir in der Art an, wie sie von den Autoren des Planes errechnet wurden, und zwar für das Territorium der Union (ohne Turkestan, Transkaukasien und das Fernostgebiet), und korrigiert um die nichterfaßten Anteile, wie sie von Zemplan angenommen wurden. Die Daten der Ist-Abrechnung für die Zeit von 1924 bis 1928 sind von uns für das gleiche Territorium nach Werten der Zentralverwaltung für Statistik (Einzel- und Kollektivwirtschaften) angeführt worden. Und es erweist sich, daß nach diesen völlig vergleichbaren Daten der Fünfjahrplan Kondrat'evs schon in drei Jahren verwirklicht worden war. Das ist um so bezeichnender, als die Sowjetmacht in ihrer Politik in diesen Jahren durchaus nicht das Aufblühen des Einzelbauern-Kulaken begünstigte. Sie ging ihren eigenen Weg, übte auf den Kulaken einen Druck aus und verdrängte ihn, um die schnellstmögliche Kollektivierung der armen und mittelbäuerlichen Massen des Dorfes zu begünstigen. Ungeachtet der riesigen Schwierigkeiten, mit denen die ersten Schritte auf diesem Weg verbunden waren, ungeachtet der aktiven Sabotage der Oberschicht der Kulaken, brachte uns dieser Weg um vieles weiter, als uns die Politik der Kondrat'ev und Oganovskij, die wir ablehnten, versprach. Recht aufschlußreich für die späteren Erfahrungen in der Planung ist hier auch das Investitionsprogramm für die Landwirtschaft im Fünfjahrplan Kondrat'evs. Kondrat'ev, Makarov und Co. traten heftig gegen die „perspektivischen Orientierungen" der Plankommission auf eine Überindustrialisierung für die folgenden Jahre auf. Deshalb forderten sie eine bedeutende Erweiterung der Investitionen für die Landwirtschaft durch eine entsprechende Kürzung des projektierten Ausmaßes der Industrialisierung. Es fragt sich jedoch, welches Ausmaß sie selbst in dieser Beziehung vorsahen? Wieviel Investitionen forderten sie selbst im Interesse der Agrarisierung des Landes? Es erweist sich, daß sie wenig forderten. Der Gesamtumfang der Investitionen für den Zeitraum von fünf Jahren auf dem Territorium der gesamten RSFSR, den sie

[77] Ebenda, Sache 231, Blatt 191; Hervorhebungen von Strumilin.

forderten, betrug 540 Mill. Goldrubel, wobei hierzu noch die Aufwendungen für die Melioration der Böden, die Veterinärversorgung und die Forstwirtschaft gehören.[78] Für die eigentliche Entwicklung der Landwirtschaft waren in diesem Programm nur 451 Mill. Rubel vorgesehen worden, darunter aus dem Staatshaushalt 88,2 Mill., aus dem örtlichen Haushalt 143,5 Mill., aus landwirtschaftlichen Krediten 163,2 Mill. und von den Wirtschaftsorganen und der Bevölkerung 57,1 Mill. Rubel. Die größten Posten in diesem Programm betrafen die Melioration mit 82,9 Mill. Rubel, die Viehwirtschaft mit 78,8 Mill., die Pferdezucht mit 42 Mill., das Veterinärwesen mit 41,8 Mill., die Flurgestaltung mit 39,1 Mill., die Umsiedlungen mit 26,2 Mill. und die Grasansaat mit 25,2 Mill. Rubel. In diesem Plan waren überhaupt keine großen technischen Rekonstruktionen vorgesehen. Jene geringen Mittel, die hier genannt wurden, zersplitterten sich auf viele tausend kleinste Objekte, z. B. wurden im Meliorationsprogramm 782 Teiche, 8993 Schachtbrunnen, 543 Rohrbrunnen, 120 Filter usw. usf. aufgezählt, aber nicht der Kampf gegen die Dürre in großem Umfang, keine irgendwie andere große Idee war hier enthalten. Für die Anschaffung von Maschinen waren für den ganzen Fünfjahreszeitraum 21,4 Mill. Rubel vorgesehen, für die Saatgutwirtschaft 12,3 Mill., für die Traktorisierung 4,7 Mill. und für Kunstdünger 2,8 Mill. Rubel. Es ist verständlich, daß im Plan Kondrat'evs auch von keinerlei Steigerung der Erträge die Rede sein konnte. Über den Umfang der Kollektivierung nach diesem Plan kann man danach urteilen, daß von den 39,1 Mill. Rubel Aufwendungen für die Flurgestaltung den Kolchosen für den Zeitraum von fünf Jahren ganze 780000 Rubel, d. h., weniger als 2%, zugeteilt wurden.

Besonders erstaunlich ist in diesem Projekt die außerordentliche Armseligkeit des Kondrat'evschen Programmes zur Mechanisierung und Chemisierung der landwirtschaftlichen Produktion. Wenn man von den heutigen Orientierungen ausgeht, dann erscheint dieser Teil des Planes besonders anrüchig, er riecht förmlich nach Schädlingstätigkeit. *Damals* jedoch erschien das alles in einem etwas anderen Lichte. Zur Herstellung einer richtigen historischen Perspektive sei daran erinnert, daß bei der Beratung des Fünfjahrplans von Kalinnikov im Präsidium der Staatlichen Plankommission, der hinsichtlich des Landmaschinenbaues und der Produktion chemischer Düngemittel sehr gestutzt war, solche Reden zu hören waren: „Sie nehmen an, daß der Bauer Phosphate kaufen wird? Nichts dergleichen. Die Phosphate haben immer die *Privatbesitzer* gekauft, der Bauer wird sie nicht kaufen. Im Endergebnis kommt heraus, daß sich die Phosphate bei Ihnen auf Lager befinden werden, genauso wie die Landmaschinen, weil für sie kein Bedarf vorliegt."[79] Dazu muß man sagen, daß durchaus nicht nur Schädlinge oder Dilettanten in Fragen der Agrarökonomie so dachten. Diese Worte stammen vom ehemaligen Vorsitzenden der Sektion Landwirtschaft der Staatlichen Plankommission, P. I. Popov.

Natürlich darf man nicht vergessen, daß *damals* vor uns noch nicht unmittelbar die Aufgabe einer *durchgängigen* Kollektivierung des Dorfes als Tagesaufgabe stand. Die Chancen für die Mechanisierung und Chemisierung des Ackerbaus, die sich auf die Entwicklung der kleinen *einzel*bäuerlichen Wirtschaft stützten, waren sehr begrenzt und schienen uns keine besonders großen Perspektiven auf diesem Gebiet zu versprechen. Dennoch übersteigt der Minimalismus des Fünfjahrplans von Kondrat'ev in dieser Hinsicht alle Grenzen.

[78] Grundlagen des Perspektivplans für die Entwicklung der Land- und Forstwirtschaft, in: Trudy zemplana, Ausgabe V, Moskau 1924, S. 82; Sowjetische Flurgestaltung und Melioration, in: ebenda, Ausgabe VI, Moskau 1925, S. 210ff.

[79] Statistisches Zentralarchiv der UdSSR, Fonds 4372, Einheit 1, Sache 138, Blatt 384; Hervorhebungen von Strumilin.

Um dies an Hand von Fakten zu illustrieren, führen wir einige Daten an. Vor dem Krieg hatten wir insgesamt 187 Traktoren für das ganze Land, zum 1. Oktober 1924 zählte man in der UdSSR bereits 2560 und nach weiteren fünf Jahren 42136 mit einer Gesamtleistung von 4709000 PS. Die Kondrat'ev-Leute projektierten für dasselbe Jahrfünft für die RSFSR eine Zuführung von insgesamt 16000 Traktoren, das bedeutet, wenn wir sogar eine Korrektur für das einbezogene Territorium vornehmen, daß unsere realen Möglichkeiten um die Hälfte unterbewertet wurden. Für die Versorgung der Landwirtschaft mit Maschinen veranschlagten sie Ausgaben in Höhe von 21,4 Mill. Rubel für die RSFSR für den ganzen Fünfjahrplanzeitraum, tatsächlich aber wurden allein im letzten Jahr des Fünfjahrplanes (1928/29) für die Versorgung der RSFSR mit Maschinen über 90 Mill. Rubel, d. h. das 4,5fache verausgabt. Der Gesamtaufwand zur Finanzierung der Landwirtschaft der RSFSR stand zu den Plandaten von Kondra'tev im folgenden Verhältnis (in Mill. Rubel-Tscherwonez):

Jahre	Plan	Erfüllung
1924/25	58	104
1925/26	72	157
1926/27	89	239
1927/28	106	286
1928/29	125	384
Summe	450	1170

Die Daten sind nicht völlig miteinander vergleichbar, denn unter der „Erfüllungs"-Spalte wurden die „auf Kosten der Bevölkerung" finanzierten Investitionen und einige andere, die in den Plandaten enthalten waren, nicht berücksichtigt. Dennoch übertraf das tatsächliche Investitionsvolumen die „Prognose" Kondrat'evs um das 2,5fache.

Die Generallinie der Partei, die auf die sozialistische Industrialisierung des Landes gerichtet war, gewährleistete uns somit bereits in jenen Jahren als einen Nebeneffekt die Möglichkeit, auch auf dem Gebiet der Finanzierung der Landwirtschaft unermeßlich mehr zu geben, als sich der Voraussicht unserer eingefleischten Agrarisatoren aus dem bürgerlichen Lager erschloß.

Ohne auf die anderen, weniger wichtigen Versuche der zweiglichen Perspektivplanung in der Wiederherstellungsperiode einzugehen, könnten wir ihnen allen die folgende kurze Charakteristik geben. Auf dem Gebiet der Methodologie zeichnen sich alle diese primitiven Versuche durch einen außergewöhnlichen Empirismus aus. Über die „Methode" der Extrapolation des „spontanen" Wachstums aus den vorangegangenen Jahren auf die künftige Entwicklung mit überaus problematischen Korrekturen auf der Grundlage von „Expertenschätzungen" über die wahrscheinliche Aufnahmefähigkeit des Marktes in der Zukunft, über die mögliche Akkumulation und andere Faktoren ging die Sache nicht hinaus. Auf ideologischem Gebiet fühlt man bei diesen Planungsversuchen eine bestimmte Einstellung der Autoren, die nicht so sehr auf die Wiederherstellung des Vorkriegsniveaus der Volkswirtschaft des Landes, als vielmehr auf die Restaurierung der gesellschaftlichen Verhältnisse der Vorkriegszeit gerichtet war. Bei der Projektierung des Entwicklungstempos beobachten wir hier einen ausgeprägten Minimalismus, der, wenn man von bewußter Feindtätigkeit absieht, vor allem aus dem völligen Unglauben an die schöpferischen Kräfte und die Möglichkeit der Sowjetordnung hervorgeht. Das Theorem von den *abklingenden* Entwicklungskurven, von dem als Arbeitshypothese in allen Perspektivprojekten jener Zeit ausgegangen wurde, ist seiner Herkunft nach ebenfalls der Wiederherstellungsperiode verpflichtet. Als Autoren dieser Idee werden gewöhnlich Groman und Bazarov genannt. Man muß jedoch anerkennen, daß es in der Praxis wesentlich früher angewandt wurde, schon bevor man es als „Theorie" formuliert hatte. Der „Vorkriegsstand" war für alle bürgerlichen Ideologen jener Zeit, deren Blick immer nach rückwärts gerichtet war, überhaupt ein sehr verlockendes und fernes Ideal. Unter den sowjetischen Wirtschaftsbedingungen, die nach ihrer Vorstellung äußerst unvollkommen waren, war das die Grenze, die nicht überschritten werden konnte. Die großen Erfolge, die in den ersten Jahren der NÖP auf dem Wege der Wiederherstellung erreicht wurden, trafen auf ein offensichtliches Unverständnis bei diesen Ideologen, das eine Erklärung erforderte. Professor Kalinnikov führte zu diesem Punkt vor Gericht folgende Version an:

„Unsere bürgerliche Ideologie gab uns als einzige Erklärung für das schnelle Tempo der Wiederherstellung, daß dies auf Grund der riesigen (?) materiellen und Produktionsressourcen erreicht wurde, die nach der Oktoberrevolution von der Bourgeoisie auf die Sowjetmacht übergingen."[80]

In Wirklichkeit aber waren die Reste des bürgerlichen Erbes bezüglich der materiellen Vorräte, die aus der Periode des imperialistischen und des Bürgerkrieges bis 1921 erhalten geblieben waren, völlig unbedeutend, und die Produktionsressourcen an Ausrüstungen waren völlig verschlissen und entwertet. Auf Grundlage dieser armseligen Reste der früheren bürgerlichen Größe wären bei der alten Lebensform für die Wiederherstellung wahrscheinlich nicht Jahre, sondern ganze Jahrzehnte erforderlich gewesen. Das hinderte jedoch die Experten aus dem bürgerlichen Lager nicht daran, sich mit der Erklärung zu beruhigen, daß unsere stürmischen Erfolge auf der Grundlage einer „Verschacherung" der letzten Reste des bürgerlichen Erbes natürlich auch mit diesen Resten zu Ende gehen müßten. Und hieraus folgt natürlich mit Unausweichlichkeit, daß entweder die Sowjetmacht vor dem Weltkapital kapituliert, um Anleihen zu erhalten, oder daß die Entwicklungskurve permanent abklingt.

Die tatsächliche Entwicklung des Wachstumstempos der Industrieproduktion für den Zeitraum von 1924/25 bis 1926/27 (entsprechend 47%, 39% und 19% für den geplanten Kreis der Betriebe) und einige andere analoge Fakten schienen die Hoffnungen der bürgerlichen Ideologen zu bestätigen. Die „Gelehrten" der Schule Gromans versäumten natürlich nicht die Möglichkeit, solche empirischen Fakten zum ökonomischen Gesetz zu erheben. Aber natürlich gab es hier kein unüberwindliches Gesetz. Im Stadium des Wiederherstellungsprozesses, wenn für die Produktionserweiterung nur relativ unbedeutende zusätzliche Aufwendungen für Umlaufmittel erforderlich sind, sind die Möglichkeiten des Wachstums bei dem gleichen Umfang an Ressourcen natürlich höher als bei Vollendung dieses Stadiums, wenn zugleich mit der Erhöhung der Umlaufmittel auch die Grundfonds vergrößert werden müssen. Daher war für die *letzten* Jahre der Wiederherstellungsperiode, als in einem Zweig nach dem anderen eine 100%ige Auslastung der alten Fonds erreicht wurde, eine gewisse Verlangsamung des Wachstums wegen Fehlens von Ressourcen für eine umfassende Entfaltung der Neuinvestitionen durchaus natürlich. Doch unsere Akkumulationsmöglichkeiten blieben nicht unveränderlich. Sie wuchsen mit jedem Jahr. Und sehr bald schon, sogar schneller als manche Optimisten voraussahen, ermöglichten sie uns entgegen allen pessimistischen Prognosen erneut eine Beschleunigung der Entwicklungstempi und eine deutlich aufwärts gerichtete Entwicklungskurve.

Der sogenannte Wiederherstellungsprozeß sollte nach den Vorstellungen seiner bürgerlichen Theoretiker nicht nur wieder das Vorkriegsniveau der Produktion herstellen,

[80] Izvestija vom 28. November 1930; Hervorhebungen von Strumilin.

sondern auch die Vorkriegsverhältnisse, d. h. klarer gesagt, die kapitalistische Struktur der Wirtschaft. Im „zusammenfassenden Bericht über die Kontrollziffern der Volkswirtschaft für das Wirtschaftsjahr 1925/26", der das Licht der Welt nicht erblickte, schrieb dessen Autor, Groman, u. a. folgendes: „Den Wiederherstellungsprozeß untersuchen, heißt, dessen Gesetzmäßigkeit verstehen, denn alles was vor sich geht, ist einem bestimmten Gesetz unterworfen. Welche *Grund*hypothese muß dieser Untersuchung zugrunde liegen? Wir müssen voraussetzen, daß es eine Tendenz zur Annäherung an das Niveau, an die *Relationen* und *Formen der Verbindungen* zwischen den einzelnen Elementen der Volkswirtschaft der Vorkriegszeit gibt . . . Die zweite Hypothese besteht darin, daß wir im Verlaufe des bevorstehenden Jahres alle uns verbliebenen menschlichen und materiellen Produktivkräfte zu 100% auslasten werden . . ., so daß wir annehmen können, daß wir zum Ende des Jahres eine Annäherung an das *System des Gleichgewichtes haben werden, wie es vor der Epoche des Beginns der ökonomischen Zerstörung bestand.*"

Eine so nackte restauratorische Auslegung des Wiederherstellungsprozesses erhielt damals schon eine entschiedene Abfuhr durch die kommunistischen Mitarbeiter der Staatlichen Plankommission. Die „Theorie" Gromans wurde abgelehnt, und im veröffentlichten offiziellen Bericht der Kommission über die Kontrollziffern für das Wirtschaftsjahr 1925/26 wird direkt gesagt, daß die „Vorkriegsrelationen in den Augen der Kommission *nicht als Norm, nicht als Modell* für die perspektivischen Vorstellungen dienten, sondern nur als eine bedingte Bemessungsgrundlage." Zugleich sah die Kommission Momente der Rekonstruktion unmittelbar im Wiederherstellungsprozeß vor und schlußfolgerte: „Wir können jetzt schon mit hinreichender Überzeugung sagen, daß das *System des Gleichgewichts*, dem diese Entwicklung zustrebt, *sehr wenig gemeinsames mit dem Vorkriegssystem haben wird . . .*"[81]

Über eine direkt planmäßige Feindtätigkeit in der Staatlichen Plankommission während der Wiederherstellungsperiode gibt es bisher wenig Daten. Eher kann man in diesen Jahren von *bürgerlichen Einflüssen und restauratorischen Bestrebungen* der Ideologen der Bourgeoisie in den Plankonzeptionen jener Zeit sprechen. Wie oben gezeigt wurde, mißlangen alle Versuche jener Zeit, einen Perspektivplan aufzustellen, offensichtlich und waren zum Mißerfolg verurteilt. Nicht ein einziger wurde der Regierung zur Bestätigung vorgelegt. Der Minimalismus dieser Entwürfe fiel ins Auge und wurde ständig im Zuge der laufenden Planung und der operativen Leitungstätigkeit korrigiert.

Die kommunistische Leitung der Staatlichen Plankommission war in dieser Periode schon erfahren genug, um zweifelhafte Konzeptionen ablehnen und die groben Fehler in den ersten perspektivischen Projektionen auffinden zu können, aber die Gruppe der Parteimitglieder war in der Staatlichen Plankommission noch zu schwach, um eine schöpferische Teilnahme und eine von Autorität getragene Leitung auf allen Etappen der Perspektivplanung zu gewährleisten.

1.4 Erfahrungen der synthetischen Planung auf einer neuen Stufe

Bei den ersten Versuchen der laufenden und perspektivischen Planung (bis 1925) wurden in der Staatlichen Plankommission nur einzelne Zweigpläne und Programme zusammengestellt. Bis zu einer Verknüpfung dieser Pläne zu einem einheitlichen volkswirtschaft-

[81] Kontrollziffern der Volkswirtschaft für 1925/26, Moskau 1926, S. 14. Nebenbei gesagt, hatte die Schule Gromans in anderer Hinsicht dennoch einen methodologischen Einfluß, der in den Festlegungen dieser ersten Kontrollziffern der Staatlichen Plankommission sehr fühlbar zum Ausdruck kam.

lichen Plan kam es schon deshalb nicht, weil diese Versuche – im einzelnen genommen – noch recht unvollkommen waren. Erst im Jahre 1925 gelang es der Staatlichen Plankommission, ihre Tätigkeit auf die nächste Stufe der Planung zu erheben. Wir meinen damit die ersten Kontrollziffern für das Wirtschaftsjahr 1925/26, in denen wir anstelle der früher vereinzelten Produktionsprogramme und Zweigpläne schon den Grundgedanken eines einheitlichen Volkswirtschaftsplans antreffen, freilich vorerst nur als Jahresplan. Zu dieser Zeit beherrschten aber die Planungsorgane bereits die Technik der Projektierung von Zweigplänen, so daß auch auf dem Gebiet der Perspektivplanung die Ausarbeitung eines zusammengefaßten Fünfjahrplans der Volkswirtschaft als eine völlig herangereifte Aufgabe erschien.

Zudem hatten wir uns schon durch die praktischen Erfahrungen davon überzeugt, daß die Projektierung der perspektivischen Entwicklung der einzelnen Volkswirtschaftszweige, selbst wenn es sich nur um einen Fünfjahrzeitraum handelt, ohne klare Vorstellungen über die perspektivische Entwicklung der benachbarten Zweige und der Volkswirtschaft insgesamt eine äußerst undankbare und wenig produktive Arbeit ist.

Uns war schon deutlich bewußt geworden, daß man eine ganzheitliche Entwicklungskonzeption für die gesamte Volkswirtschaft nicht erhalten kann, wenn man einfach die entsprechenden Vorhaben der einzelnen Zweige summiert. Diese Konzeption aber von oben zu erhalten, allein aus abstrakten Zielvorstellungen heraus, ohne die konkrete Durcharbeitung und Berechnung der vorhandenen Möglichkeiten, und zwar nicht nur jedes einzelnen Wirtschaftszweiges, sondern auch für die größten Einzelobjekte der Investitionstätigkeit und Produktionseinheiten, das wäre eine völlig bürokratische Utopie. Deshalb mußte sich die Staatliche Plankommission bereits von allem Anfang an in ihrer Tätigkeit auf die Kräfte der zentralen Leitungsorgane stützen, auch wenn die Projektierungen dieser Leitungen in den ersten Zeiten für die Staatliche Plankommission nur als Rohmaterial dienen konnten, das eine sorgfältige Auswahl und weitere Bearbeitung verlangte. Erst im Ergebnis einer solchen Auswahl und Bearbeitung der Materialien von den zentralen Leitungsorganen konnte die Staatliche Plankommission eine Gesamtkonzeption – wenn zunächst auch nur orientierungsweise – für den Volkswirtschaftsplan ausarbeiten, auf deren Grundlage man dann aufs neue, und zwar nicht nur einmal, alle einzelnen Zweig- und territorialen Elemente dieses Planes überprüfen und entsprechend der inneren kettenmäßigen Zusammenhänge miteinander verbinden muß.

Für diese Ausarbeitung von Entwürfen zur Vorbereitung eines Volkswirtschaftsplans auf dem Wege aufeinanderfolgender empirischer Annäherungen wurden viel Kraft und Zeit verwandt. Ein Entwicklungsprogramm für irgendeinen einzelnen Zweig oder eine Produktion zu projektieren, ist bei Vorliegen der allgemeinen Aufgabenstellung hinsichtlich Ausmaß und Tempo der Entwicklung eine rein technische Aufgabe. Mit ihr wurden unsere Ingenieure und Techniker bereits in der vorangegangenen Etappe fertig. Eine Gesamtkonzeption für einen Plan in Gestalt eines geschlossenen *Systems* technisch-ökonomischer und sozialer Aufgaben für eine Reihe von Jahren im voraus zu schaffen, das war für uns eine neue und methodologisch weit kompliziertere Aufgabe.

Andererseits war dieser Auftrag zu einer *synthetischen* Planung mit Vollendung der sogenannten Wiederherstellungsperiode zu einer besonders dringenden und hochaktuellen Aufgabe geworden. Solange es nur darum ging, den Auslastungsgrad der *vorhandenen* Ausrüstungen zu erhöhen und die zeitweilig stillgelegten Betriebe wieder zu beleben, konnte man das ohne besonders große Aufwendungen und folglich auch ohne ein besonderes Risiko in einzelnen Zweigen tun, man brauchte nur die Marktkonjunktur und die finanziellen Möglichkeiten zu berücksichtigen. Als jedoch vor uns das Problem einer umfassenden *Rekonstruktion* der Volkswirtschaft auftrat, die ein enormes Bauprogramm für eine ganze Reihe von Jahren im voraus zur Voraussetzung hatte, würde es weit gefährlicher sein, ein solches Programm blind, nach einzelnen Zweigen der Volkswirtschaft und ohne ihre synthetische Verknüpfung in einen Gesamtplan für die Rekonstruktion, der sich auf eine neue technische Basis und auf neue Proportionen in der Produktionsstruktur begründet, zu projektieren. Hier könnte man bei fehlerhaften Vorstellungen über diese neue Struktur oder bei feindlichen Absichten leicht statt einer vorzeitigen *Belebung* ein langanhaltendes Einfrieren von Investitionsfonds in diesen oder jenen Produktionszweigen erreichen. Anders gesagt, wir würden riskieren, bestimmte Disproportionen in der Produktion zu projektieren.

Der Prozeß gegen die Schädlinge aus der Industriepartei zeigte uns, daß dieses Risiko sehr real war. Die Feinde strebten bewußt danach, Investitionen einzufrieren (z. B. in der Textilindustrie) und Disproportionen in der Volkswirtschaft hervorzurufen (Hemmung des Baus von Elektrizitätsanlagen, der Produktion bei Brennstoffen und Metall).

Sowohl Fehler als auch schlechte Absichten konnte man nur vermeiden durch synthetische Verknüpfung aller Teile des Volkswirtschaftsplans zu einem komplexen System.

Wie sehr diese Notwendigkeit zu einem synthetischen volkswirtschaftlichen Herangehen an die Ausarbeitung selbst einzelner Zweigpläne bereits zu Beginn der Rekonstruktionsperiode herangereift war, kann man zumindest schon aus der folgenden Tatsache ermessen. Durch eine Anweisung des Präsidiums des Obersten Volkswirtschaftsrates vom 21. März 1925 wurde die „Sonderberatung für die Rekonstruktion des Grundkapitals der staatlichen Industrie der UdSSR" (OSVOK) für die Ausarbeitung eines Perspektivplans der *Industrie* für 1925/26 bis 1929/30 ins Leben gerufen. Doch ungeachtet dessen, daß sie sich nur aus Mitarbeitern des betreffenden Leitungsorgans zusammensetzte und die Aufgabenstellung begrenzt war, beschränkte sich diese Planungsgruppe des Obersten Volkswirtschaftsrates, die in gewissem Grade in ihrer Tätigkeit mit der Staatlichen Plankommission konkurrierte, durchaus nicht nur auf den Rahmen der Industrie. Unter ihren Materialien findet man auch eine spezielle Ausarbeitung über die „Perspektiven der Entwicklung der Landwirtschaft" (Serie III, Ausgabe II), eine Studie über „die Aufgaben der Transportpolitik in Zusammenhang mit der Entwicklung einzelner Zweige der Industrie" sowie eine ganze Reihe analoger Arbeiten, bis hin zu einer zusammenfassenden Studie über „die Bilanz der Volkswirtschaft der UdSSR". Ohne Zweifel treffen wir bereits bei der OSVOK auf ein sehr umfassendes, wenn auch nicht von Erfolg gekröntes Vorhaben zur Ausarbeitung eines Perspektivplans für die Industrie als Abschnitt eines *synthetischen* Planes für die gesamte Volkswirtschaft als Einheit.

In ähnlicher Weise koordinierte die Abteilung Transplan des Volkskommissariats für Verkehrs- und Nachrichtenwesen bei der Planung des Güterumschlags bereits in den vorbereiteten Stadien ihre Entwürfe mit denen des Obersten Volkswirtschaftsrates, des Volkskommissariats für Ackerbau u. a. Doch die am meisten verallgemeinernden Produkte der Planungstätigkeit waren in dieser vorbereitenden Periode drei synthetische perspektivische Orientierungen der Staatlichen Plankommission der UdSSR. Die erste davon (für 1925/26 bis 1929/30) wurde im März 1926 abgeschlossen und dem Kongreß der Planungsorgane vorgelegt. Die nächste (für 1926/27 bis 1930/31) wurde dem II. Kongreß der Planungsorgane im März 1927 vorgelegt, und die dritte (für 1925/26 bis 1931/32) war bereits im Herbst 1927, zum XV. Parteitag, fertig, der eine ausführliche Direktive für die Ausarbeitung des ersten Fünfjahrplanes gab.[82]

Sowohl der Plan der OSVOK als auch die perspektivischen Orientierungen der Staat-

[82] S. G. Strumilin, Abriß der sowjetischen Wirtschaft. Ressourcen und Perspektiven, 2. Auflage, Moskau 1930.

lichen Plankommission waren noch recht rohe Halbfabrikate für eine synthetische Planung. Doch als vorbereitendes Stadium für die Ausarbeitung des ersten Fünfjahrplanes sind diese Entwürfe von hohem Interesse und verdienen eine besondere Aufmerksamkeit.

Der Fünfjahrplan der OSVOK

Der industrielle Fünfjahrplan der OSVOK für die Jahre von 1925/26 bis 1929/30[83], ausgearbeitet unter der Leitung von Pjatakov, ist für uns, – neben dem landwirtschaftlichen Fünfjahrplan des Zemplan – von besonderem Interesse, vor allem unter dem Gesichtspunkt der Widerspiegelung jener ideologischen Abweichungen von der Generallinie der Partei in der Planung, die in unserer Wirtschaftspraxis vorhanden waren.

Während die Agrarisatoren aus dem Zemplan recht klar in ihrer Arbeit die Konturen der rechtsopportunistischen Abweichung widerspiegelten, sollte der Fünfjahrplan Pjatakovs, der damals in der Rolle eines extremen Anhängers der Überindustrialisierung auftrat, wenn nicht die Theorie, so doch zumindest die Praxis der „linken" Übertreibungen der trotzkistischen Opposition zum Ausdruck bringen. Pjatakov lobte noch Ende 1926 seine Arbeit in den folgenden Ausdrücken: „Dieser Fünfjahrplan ist der *einzige* Fünfjahrplan, der *solide* und *konkret* im Obersten Volkswirtschaftsrat durchgearbeitet worden ist."[84] Ungeachtet dessen wurde dieser Fünfjahrplan nicht einmal in die Staatliche Plankommission gebracht, weil er nicht die notwendige Approbation in der eigenen Leitung erhielt. In den letzten zusammenfassenden Ausgaben des Fünfjahrplans der OSVOK fühlen sogar ihre Autoren selbst die Unzulänglichkeit dieser Arbeit. Besonders klar ist das in der Ausgabe V ausgedrückt, die dem Finanzplan des Fünfjahrplans gewidmet ist. Diese verspätete Ausgabe aus dem Jahre 1927 stützt sich bereits auf die Erfahrungen der ersten beiden Jahre des Fünfjahrplanprojektes und konstatiert, ausgehend von dieser Erfahrung: „Das Leben hat gezeigt, daß *dieser Fünfjahrplan nicht zu verwirklichen* ist und daß offenbar ein neuer aufgestellt werden wird."[85]

Den Hauptmangel sahen sowohl Pjatakov als auch seine Mitstreiter damals in der Tatsache, daß das vorgesehene Investitionsprogramm finanziell nicht abgesichert war, da der Plan mit einem Defizit von zwei Milliarden Rubel abschloß.[86] Pjatakov versuchte diesem Übel durch eine Politik zur Erhöhung der Abgabepreise beizukommen. Doch auch die Erfahrungen, die im Wirtschaftsjahr 1925/26 mit der Erhöhung der Preise gemacht wurden, rechtfertigten die darauf gesetzten Hoffnungen nicht. Im Jahre 1926 konstatiert der allgemein bekannte Ökonom des Obersten Volkswirtschaftsrates A. M.

[83] Materialien der Sonderberatung für die Reproduktion des Grundkapitals beim Präsidium des Obersten Volkswirtschaftsrates der UdSSR; Serie I, Hypothesen zum Fünfjahrplan für die Zweige der Industrie, Buch 1–29, Moskau-Leningrad 1926; Serie II, Materialien zur Kritik der Hypothesen, Buch 1, Moskau-Leningrad 1926; Serie III, Perspektiven für die Entwicklung der Industrie von 1925/26 bis 1929/30, Buch I–IX, Moskau-Leningrad 1927.

[84] Siehe Diskussion in der Kommunistischen Akademie zum Vortrag von V. P. Miljutin vom 26./27. September 1926, in: Vestnik komministićeskoj akademii, Buch XVII, 1926, 211.

[85] Materialy OSVOK, Serie III, Ausgabe V, Die finanziellen Perspektiven der Entwicklung der Industrie, Moskau 1927, S. 83.

[86] Vestnik kommunističeskoj akademii, Buch XVII, 1926, S. 211; Materialy OSVOK Serie III, Ausgabe V, Moskau 1927, S. 81: „Vor dem Lande entsteht das Problem der Investition von zusätzlich etwa 2 Milliarden Rubel in die Industrie, ein Problem, das offensichtlich für das betrachtete Jahrfünft nicht realisierbar ist".

Ginzburg im Vorwort zur Ausgabe V der Materialien der OSVOK: „Das laufende Jahr hat gezeigt, daß die aufgestellten Hypothesen über die Investitionstätigkeit für 1926/27 und 1927/28 *überhöht sind*", und der ebenso bekannte Finanzwirtschaftler der OSVOK S. Abramovič erklärte diesen „Fehler" der OSVOK melancholisch damit, daß die „Grundlagen der Hypothesen hauptsächlich im Sommer des Wirtschaftsjahres 1924/25 gelegt wurden, als die nächsten Perspektiven in einem sehr rosigen Licht gezeigt wurden".[87] Das Wirtschaftsjahr 1924/25 war tatsächlich das Jahr mit dem größten Aufschwung der Industrie während der ganzen Wiederherstellungsperiode. Außerdem wissen wir, daß in dieser Periode die feindlichen Zentren in den Planungsorganen noch nicht gebildet worden waren. Das bedeutet, daß es noch keine speziellen „Direktiven" für einen zu niedrigen Ansatz des Wachstumstempos unter den Autoren dieses Fünfjahrplans geben konnte, eher drängten umgekehrt der Verwaltungseifer und der überindustrielle Eifer Pjatakovs in Richtung auf einen übertriebenen Optimismus. Und die Ergebnisse? Darüber urteilt man am besten dadurch, daß man die so „solide und konkret" durchgearbeiteten Hypothesen der OSVOK der sowjetischen Wirklichkeit gegenüberstellt (siehe Tabelle 7).

Die „Hypothesen" der OSVOK werden – offenbar zur Verstärkung des Hypothesencharakters – fast für alle Elemente nur für die projektierten Jahre gegeben, ohne sie den Ist-Ergebnissen des Basisjahres gegenüberzustellen. Infolgedessen verbleibt das vorgesehene Wachstumstempo dieser Elemente für das erste Jahr des Fünfjahrplans in Frage gestellt, und dem Wesen nach verwandelt sich der Fünfjahrplan in einen Vierjahrplan. Nur in einer Ausgabe ist dieser sehr wesentliche Mangel bezüglich der Produktionsselbstkosten in Goldrubeln korrigiert worden.[88] Wenn man diesen Selbstkosten den geplanten Gewinn hinzufügt, dann erhalten wir den vollständigen Produktionsumfang für den gegebenen Kreis von Betrieben, (Spalte 5, Tabelle 7). Diese Produktion erfaßt den ganzen Kreis der geplanten Industrie des Obersten Volkswirtschaftsrates fast vollständig, für den wir die Erfüllungsdaten angeben. Im absoluten Ausdruck ist die Plankennziffer für das Basisjahr jedoch wesentlich geringer als die Ist-Größe. Das erklärt sich daraus, daß im Plan die erzeugte Produktion nach der „Trust"-Methode bewertet wurde, während die Erfüllung für die gesamte Produktion nach der „Betriebs"-Methode errechnet wurde.[89] In den Erfüllungsdaten ist für alle Jahre nur die geplante Industrie des Obersten Volkswirtschaftsrates enthalten. Im übrigen ist der Vergleichbarkeit halber für das letzte Jahr hier auch die Produktion jener Trusts der Lebensmittelindustrie eingeschlossen, die während dieser Zeit anderen Leitungsorganen unterstellt wurden. Ungeachtet dessen übersteigt die Erfüllung den Plan auch ohne diese Korrektur sowohl bezüglich der Produktion als auch der Akkumulation und des Investitionsumfanges beträchtlich.

Der „nichterfüllbare" Fünfjahrplan der OSVOK, der unsere Perspektiven in einem zu „rosigen" Licht gezeichnet haben soll, blieb somit schon im ersten Jahr merklich hinter

[87] Materialy OSVOK, Serie III, Ausgabe V, Die finanziellen Perspektiven der Entwicklung der Industrie, Moskau 1927, S. 4 und 10.

[88] Materialy OSVOK, Serie III, Ausgabe IV, 1927, S. 98. Hier ist eine „Senkung dieser Selbstkosten für alle Jahre gegenüber dem Basisjahr 1924/25" angegeben, S. 99.

[89] Die Erfüllung für alle Jahre nach der früher üblichen „Trust"-Methode der Berechnung wegen der Vergleichbarkeit mit dem Plan anzugeben, ist infolge der Veränderung der Abrechnungsmethode nicht möglich. Man kann jedoch sagen, daß für 1924/25 die nach der „Betriebs"-Methode errechneten Werte etwa um 16% die nach der „Trust"-Methode errechneten übersteigen und daß unsere Daten für dasselbe Jahr (4977 Mill. und 4255 Mill. Rubel) um 17% auseinandergehen (s. Tabelle 7).

Tabelle 7. *Der industrielle Fünfjahrplan der OSVOK für 1925/26 bis 1929/30** (geplante Großindustrie)

Jahre	Produktion (in Mill. Rubel)					Preisindex zum Jahresende	Selbstkosten (%)	Leistung je Arbeiter in %	Akkumulation (in Mill. Rubel-Tscherwonez)		Investitionen (in Mill. Rubel-Tscherwonez)
	in Vorkriegspreisen			in laufenden Preisen							
	absolut	in % zu 1924/25	in % zu dem vorangegang. Jahr	absolut	in%				Gewinn	Amortisation	
1	2	3	4	5	6	7	8	9	10	11	12
Plan											
1924/25	2460	100	–	4255	100	100	100	100	–	–	–
1925/26	3205	130	30	5435	128	101,5	98,5	(111)	494	278	935
1926/27	4168	169	29	6375	150	?	94,8	?	562	358	1549
1927/28	5144	209	23	7459	175	?	89,7	?	653	429	1454
1928/29	5923	241	15	8216	193	?	86,1	?	738	488	1251
1929/30	6698	272	13	8928	210	(79,6)	80,0	(178)	787	535	959
für 5 Jahre	25138	1021	–	36413	856	–	–	–	3234	2088	6148
Erfüllung											
1924/25	3018	100	57	4977	100	100	100	100	456	323	426
1925/26	4213	139	39	6969	140	101,5	101,8	111	614	365	930
1926/27	5034	167	19	8300	167	94,4	100,0	126	659	398	1193
1927/28	6189	205	23	9780	197	94,1	93,8	149	835	444	1539
1928/29	7659	254	23	11991	240	94,1	89,6	166	(1075)	(460)	1679
1929/30	9480	314	24	14370	288	–	83,4	182	(1560)	(500)	2917
für 5 Jahre	32575	1079	–	51410	1032	–	–	–	4743	2167	8258

* Siehe: Materialien der OSVOK, Serie III, Ausgabe IV, 1927, S. 98; Ausgabe V, 1927, S. 87, 42, 51 und die Bulletins der Zentralen Statistischen Abteilung des Obersten Volkswirtschaftsrates. Der Plan gibt die Bruttoproduktion nach der Bewertung für die Trusts wieder, die Erfüllung ist nach der sogenannten Betriebsmethode berechnet, die die erste Bewertung ungefähr um 16% übersteigt. Im übrigen sind die gegenübergestellten Zahlen vollkommen vergleichbar.

der Wirklichkeit zurück und wurde in bezug auf den Produktionsumfang insgesamt schon nach vier Jahren vollständig erfüllt.

Die Hauptsünde dieses Fünfjahrplans besteht darin, daß er für das ganze Jahrfünft ein sinkendes Wachstumstempo der Produktion projektierte, während – beginnend mit dem Wirtschaftsjahr 1927/28 – bereits bedeutende Fonds rekonstruiert und völlig neuerbaute Produktionseinheiten ihre Tätigkeit aufnahmen, deren Produktionsmöglichkeiten aber im Plan offenbar unterbewertet worden waren. Diese Unterschätzung der Effektivität der Investitionen in der Industrie drückte sich auch in einer äußerst verstümmelten Verteilung der Investitionen auf die Planjahre aus. Der höchste Betrag war für das Wirtschaftsjahr 1926/27 vorgesehen worden, danach sank die Investitionskurve nach den Projektionen stark ab. Die Autoren des Plans projektierten in dieser Beziehung wirklich eine nicht realisierbare Anspannung für die ersten Jahre des Fünfjahrplans, weil sie dachten, daß sie ohne diese selbst die nach dem Plan absinkende Wachstumskurve der Produktion nicht realisieren könnten. Jedoch gewährleisteten auch die geringeren Investitionen in den ersten Jahren ein größeres und dabei beschleunigtes Anwachsen der Produktion.

Was die qualitativen Kennziffern anbelangt, so erwiesen sich die Projektierungen der OSVOK ebenfalls als übererfüllt. Der erzielte Produktivitätszuwachs war merklich höher als die vorgesehene Wachstumsrate. Die Senkung der Selbstkosten, die formell etwas geringer war, als der Plan vorsah, war in Wirklichkeit bedeutender als ursprünglich geplant, weil sie bei einer wesentlich geringeren Senkung der Preise für industrielle Rohstoffe und Halbfabrikate erzielt wurde. Die Preise für Industriegüter der Gruppe A wurden insgesamt um 4% anstelle der projektierten 22% gesenkt, d. h. nur um ein Fünftel dessen, was im Plan vorgesehen war. Unter Berücksichtigung dieses Faktors war eine Senkung der Selbstkosten um 6,2% geplant worden, erreicht wurde aber offenbar eine Senkung, die fünfmal größer war. Damit haben wir durch *Rationalisierung* der Produktion ohne Zweifel die Selbstkosten in höherem Maße gesenkt, als das den „Optimisten" der OSVOK möglich erschien.

Die Erfahrungen dieses Fünfjahrplans sind in zweierlei Hinsicht lehrreich. Die Autoren dieses Plans aus dem Kreis der bürgerlichen Experten erwiesen sich auch trotz fehlender feindlicher Direktiven der Industriepartei, die damals noch nicht entstanden war, organisch außerstande, unsere Zukunft in „sehr rosigem Licht" zu sehen, sie blieben selbst unter den Bedingungen, die zu Übertreibungen im Plan drängten, hoffnungslose Minimalisten. Interessanter ist jedoch, daß sich mit ihnen gemeinsam in den Reihen der Minimalisten auch ein so zu Überspitzungen neigender „Linker" und „Überindustrialisator" befand wie der damalige Leiter der OSVOK, Pjatakov, der auf der degressiven Kurve abwärts glitt.

2. *Die Industrialisierung der UdSSR und die Epigonen der Volkstümlerbewegung*[1]

2.1. Zur Renaissance der Volkstümlerbewegung

Die Ideologie der Volkstümlerbewegung enthielt immer Züge einer reaktionären Utopie. Die Hoffnungen darauf, daß Rußland unter Umgehung des Stadiums des Kapitalismus

[1] In: Planovoe chozjajstvo, 7 u. 8/1927.

direkt über unser von oben bis unten verfaultes ländliches Gemeinwesen in das Reich des Kommunismus gelangen könnte, waren durch und durch utopisch und reaktionär. Sie führten zu einer blinden Idealisierung der hoffnungslos rückständigen Formen der Landwirtschaft und zu einer durchgängigen Negierung der wirklich fortschrittlichen Veränderungen des Landes in Richtung auf eine Ausbreitung der fabrikmäßigen Großindustrie. Weit entfernt von der dialektischen Logik, sahen die Volkstümler nicht, daß die Erfolge der Großindustrie, die bei uns unter der Flagge des Kapitalismus voranschritt, ungeachtet all ihrer negativen Seiten, dennoch einen riesigen Fortschritt im Vergleich zu den geschichtlich überholten Überbleibseln der feudal-leibeigenen Ordnung im Dorf darstellten. Sie verstanden nicht, daß der Kapitalismus durch die machtvolle Entwicklung der Großindustrie das allgemeine Niveau der Produktivkräfte des Landes auf eine solche Höhe gehoben hatte, von der aus er schon die alten Formen des staatlichen und sozialen Gleichgewichtes umgewandelt hatte und gebieterisch die politische und danach auch die soziale Revolution auf die Tagesordnung setzte. Die Volkstümler sahen in unserer sich sieghaft entwickelnden Industrie eine schmarotzende Pflanze, die auf Kosten der „Volks"-säfte künstlich aufgezogen wird. Mit ihr verbanden sich bei ihnen keinerlei Aktionsprogramme, keinerlei Hoffnungen. Verdrossen wandten sie sich vom Ruß und Lärm der Fabriken ab, und indem sie auf diese Weise den großen Weg der russischen Revolution verließen, widmeten sie sich in der Theorie einer revolutionären Phraseologie und in der Praxis der Verkündung der kleinen Dinge, der Volksliebe, um sich vom eigenen Saft der verschiedenen rustikophilen Illusionen zu nähren.

Zehn Jahre nach der Oktoberrevolution findet natürlich die alte Volkstümler-Ideologie keinen Boden mehr. Die tauben Blüten der revolutionär-volkstümlerischen Phrasen vom Kampf gegen den Zarismus und für eine Sozialisierung des Bodens sind ihrer völligen Nutzlosigkeit wegen schon seit langem verflogen, und die matte Glut der angeblich „sozialistischen" Negierung des russischen Kapitalismus ist mit ihm verloschen. Die Blüten fielen ab, und die Glut erlosch ... Doch nicht an diesen Blüten und Feuern der revolutionären Romantik wärmte sich offenbar die nahrhafte Seele unseres russischen Volkstümlertums. Seine eigentliche klassenmäßige Wurzel – die Interessen der sogenannten „werktätigen" Bauernschaft – ist völlig unversehrt geblieben. Diese Interessen suchen, wie zuvor, ihre ideologische Widerspiegelung, wenn auch in neuen Formen, die den veränderten Umständen angemessen sind. Wenn aber eine solche Nachfrage besteht, dann erscheint unausweichlich auch ein Angebot. Wir können bereits jetzt schon in aller Deutlichkeit die Grundelemente aufzeigen, die sich vor unseren Augen aus der neovolkstümlerischen Ideologie herauskristallisieren.

Für die Formierung dieser Ideologie war besonders jener Zeitpunkt günstig, als wir dicht an das Ende der Wiederherstellungsperiode unserer Volkswirtschaft herankamen und nunmehr das Grundproblem der weiteren Entwicklung zur Entscheidung stand: die Verwirklichung der Industrialisierung oder der Agrarisierung des Landes. Zu diesem Zeitpunkt gab es bekanntlich selbst innerhalb unserer eigenen marxistischen Reihen unterschiedliche Auffassungen dazu, es waren verschiedene, ziemlich bunte agrarische Abweichungen und Abweichler zu beobachten. Wenngleich sie innerhalb der Partei des Proletariats eine überaus geschlossene Abfuhr erhielten, so fanden diese Abweichungen eine um so teilnahmsvollere Antwort und eine Entwicklung in den uns ideologisch fremden Kreisen außerhalb der Reihen der Partei und des Marxismus.

Man muß nicht betonen, daß es in dem Auftreten gegen die von uns vorgesehene Linie auf die Industrialisierung zwischen den einzelnen „Marxisten" von der Art wie Sokolnikov oder Šanin und solchen Epigonen des Volkstümlertums wie beispielsweise Professor Kondrat'ev und Professor Makarov gegen die von uns vorgeschlagene

Orientierung auf eine Industrialisierung des Landes außerordentlich wesentliche Unterschiede gab. Doch nicht darum geht es jetzt. Uns interessiert hier nur die Ideologie dieser Epigonen.

Wie das auch zu erwarten war, sollte sich der Streit am schärfsten an den planmäßigen Perspektiven unserer volkswirtschaftlichen Entwicklung entfalten. Die Epigonen der Volkstümlerbewegung können sich überhaupt nicht mit jenem recht energischen Entwicklungstempo der Industrie, wie es in unseren Plänen vorgesehen ist, anfreunden. Natürlich ist das nicht mehr die kapitalistische Industrie, aber dennoch sind sie auch jetzt nicht abgeneigt, sie als eine künstlich aufgepfropfte, schmarotzende Pflanze anzusehen, die sich zum Schaden der Landwirtschaft nur dadurch so üppig auf unserem Boden entfalten könne, daß sie die Lebenssäfte des Dorfes völlig aufsaugt. Nur von dieser Ausgangsposition aus kann man sich die hysterischen Auftritte Professor Kondrat'evs auf dem Kongreß der Planungsmitarbeiter erklären, wo er von „fürchterlich schwerer" Lage des Dorfes sprach, das vergessen worden sei, daß das Lebensniveau dort schon heute nur noch halb so hoch sei wie vor dem Krieg, und daß dem Dorf durch die im Fünfjahrplan vorgesehenen Perspektiven der Industrialisierung noch weitere, bislang nicht gekannte Schwierigkeiten drohen. Natürlich lag in diesem typisch volkstümlerischen Lamentieren – wie zumeist – auch diesmal mehr hitzige Ausdruckskraft als kühle Logik. Und schon bei der Durchsicht des Stenogramms seiner Rede fügte der verehrte Professor einige außerordentlich wesentliche Korrekturen ein. Doch auch in anderen, besser durchdachten Auftritten gegen die vorgesehene Industrialisierung des Landes verteidigen unsere Epigonen der Volkstümlerbewegung hartnäckig ihre agrar-rustikophile Position. Im Interesse der Reinigung der gesellschaftlichen Atmosphäre von jeglichen demagogischen Miasmen ist es erforderlich, daß wir ernsthaft mit dieser Gesellschaft abrechnen. Die Interessen eines festen Bündnisses des Proletariats mit den Massen der Mittelbauern und der Dorfarmut gebieten uns, für eine vollständige Übereinkunft und Klarheit in den genannten Beziehungen zu sorgen. Wir benötigen dafür keinerlei Mittelsmänner, die sich in die Rolle ungebetener Wohltäter des Dorfes flüchten. Um ihnen aber auf lange Zeit die Lust auszutreiben, in dieser Rolle auftreten zu wollen, ist es erforderlich, daß wir ihre gesamte ideologische Argumentation und all ihr Lamentieren auf ihren Gehalt prüfen und allen und jedem vor Augen führen, was sie wert sind.

2.2. An der methodologischen Front

In ihrem Auftreten gegen die Grundpositionen der Staatlichen Plankommission auf dem Gebiet der Industrialisierung des Landes holen unsere ideologischen Gegner weit aus. Vor allem stürzen sie sich auf die Methodologie unserer Planung. Die Methodologie der Planung ist ein Gebiet, das noch wenig erforscht ist. Und wir hören gern auf jedes neue Wort, das auf diesem Gebiet gesprochen wird. Doch unsere Gegner tragen bedauerlicherweise wenig dazu bei. Professor Kondrat'ev und seine Freunde sehen ihre Aufgabe dem Wesen der Sache nach weniger darin, bestimmte konkrete Methoden für die Ausarbeitung von Perspektivplänen vorzutragen oder kritisch zu werten, als vielmehr darin, allgemein darüber zu diskutieren, welches die Grenzen und Möglichkeiten der planmäßigen Voraussicht seien. Sie entscheiden diese Frage – wie das zu erwarten war – in einem recht eingeschränkten Rahmen.

Nach der Auffassung von Professor Kondrat'ev reduziert sich der Inhalt eines jeden Planes auf eine richtige wissenschaftliche *Voraussicht* der verschiedenen Richtungen, in denen sich die künftige Wirtschaftsentwicklung auf dem betreffenden Gebiet vollziehen wird. Die Möglichkeiten der wissenschaftlichen Voraussicht auf dem Gebiete der gesellschaftlichen Wirtschaft seien jedoch äußerst begrenzt. Deshalb sollten sich unsere Prognosen vor allem auf die allgemeinsten Entwicklungslinien der Wirtschaft beschränken. In diesen Prognosen sollten wir uns dabei am besten nur mit qualitativen Charakteristika begnügen und möglichst nicht danach streben, diese zahlenmäßig zum Ausdruck bringen zu wollen, auch nicht die allgemeinsten Tendenzen der Entwicklung.

Was die Möglichkeiten für eine Voraussicht bei solchen Ereignissen wie dem „konkreten Umfang des Exports, dem konkreten Preisniveau zu einem bestimmten Zeitpunkt und so weiter" anbelangt, so ist Professor Kondrat'ev überhaupt mehr als skeptisch eingestellt: „Um diese exakt voraussehen zu können, müßten wir über fast ideale Kenntnisse bezüglich der wirtschaftlichen Lage zum Ausgangszeitpunkt verfügen sowie fast die gesamten Gesetzmäßigkeiten kennen, die den Ablauf der damit verbundenen Ereignisse bestimmen."[2] Da wir aber über derartige Kenntnisse nicht verfügen, wären vermutlich jegliche Versuche einer planenden Voraussicht von vornherein zum Scheitern verurteilt.

Würde Professor Kondrat'ev konsequent sein, dann würde er zu dem Schluß gelangen, der von der bürgerlichen Wissenschaft schon lange verkündet wird, daß nämlich die Aufgabe, eine sozialistische Planwirtschaft zu errichten, selbst irrational, d. h. *wissenschaftlich* nicht lösbar sei; wenn aber der wissenschaftliche Sozialismus sich dennoch eine solche Aufgabe stellt, dann würde er in diesem Punkte zweifellos zu einer Utopie werden.

Soweit geht Professor Kondrat'ev jedoch nicht. Er nahm selbst aktiv, wenn auch ohne besonderen Erfolg, an der Planungstätigkeit des Volkskommissariats für Ackerbau teil. Und das verpflichtet gewissermaßen.

Doch schon in den Auffassungen über die Aufgaben des Wirtschaftsplanes selbst gibt es tiefe innere Widersprüche. Wenn sich die Aufgaben des Planes darauf reduzieren würden, den Ablauf der Dinge wissenschaftlich vorauszusehen, der vollständig durch die Gesamtheit der uns bekannten und der von uns noch nicht entdeckten objektiven Gesetzmäßigkeiten bestimmt wird, dann brauchten wir überhaupt nicht zu planen. In der Tat, welchen Sinn hätte ein „Plan" für die Durchführung einer Sonnenfinsternis oder für die Realisierung der kapitalistischen Krise zu dem nach der wissenschaftlichen Prognose bestimmten Zeitpunkt und Dauer? Die Realisierung dieser Ereignisse bedarf unserer Mitwirkung nicht!

Wenn unsere volkswirtschaftliche Zukunft hundertprozentig bereits durch Umstände determiniert wäre, die von unserem Willen nicht abhängen, dann würde es zwecklos sein, irgendwelche Pläne für die Volkswirtschaft aufstellen zu wollen. In der kapitalistischen Ordnung, die in ihrer Entwicklung den anarchischen Marktgesetzen unterworfen ist, wurden auch keine Pläne aufgestellt. Doch wir haben uns schon in hinreichendem Maße von der *uneingeschränkten* Herrschaft dieser blinden Anarchie befreit. Die Oktoberrevolution hat uns schon das Tor geöffnet, das aus dem Reich der Notwendigkeiten in das Reich der Freiheit führt. Wir sind jetzt mehr denn je dazu berechtigt, indem wir Marx folgen, uns eine neue Aufgabe zu stellen: Wir haben bis jetzt die Welt nur interpretiert, es geht aber darum, sie zu *verändern*. Deshalb sehen wir – im Unterschied zu Professor Kondrat'ev – die charakteristische Besonderheit des Wirtschaftsplanes nicht darin, daß in dem Plan Elemente der wissenschaftlichen Voraussicht eingestreut sind, sondern in den Zielstellungen des Planes als einem *System von wirtschaftlichen Aufgaben und Richtlinien*. Das befreit uns natürlich nicht von der Notwendigkeit, unsere objektiven Möglichkeiten bei der Ausarbeitung eines solchen Systems von Aufgaben real einzuschätzen. Die wissenschaftliche Erforschung der vorhandenen Ressourcen und der objek-

[2] In: Puti selskogo chozjajstva, 2/1927, S. 13–14.

tiven Tendenzen der wirtschaftlichen Entwicklung des Landes stellt eine notwendige *Voraussetzung* für die Planung dar, doch sie bildet durchaus nicht den Inhalt des Planes selbst. Gestützt auf jeweils die gleichen Erkenntnisressourcen, können die Ideologen der verschiedenen sozialen Gruppen überaus unterschiedliche Pläne aufstellen. Bei den einen kann dabei z. B. ein Plan der Industrialisierung herauskommen, bei den anderen ein Plan zur Agrarisierung des Landes. Und theoretisch könnten beide Pläne gleichermaßen als möglich erscheinen. Real kann sich jedoch nur ein Plan durchsetzen, nämlich jener, der für die Ausführung akzeptiert und durch die Willensanstrengungen der werktätigen Massen aktiv unterstützt wird. Wir sehen die Hauptbedeutung des Planes darin, den kollektiven Willen der Produzenten auf diese oder jene wirtschaftlichen Aufgaben zu konzentrieren und zu mobilisieren. Doch das geht schon weit über den Horizont der reinen Erkenntnissuche einer Kabinettwissenschaft hinaus.

Die Stubengelehrten vergessen oft, daß der kollektive Wille der Produzenten ebenfalls ein Faktor der Wirtschaft ist, dabei durchaus nicht der letzte, besonders wenn es sich um unsere Bedingungen handelt. Sie ahnen nicht, daß eine objektive Prognose über die Zukunft, die diesen objektiven Faktor ignoriert, unter unseren Bedingungen keine wissenschaftliche Bedeutung haben kann. Um diesen Fehler zu vermeiden, sollten diese Wissenschaftler in der Suche nach Erkenntnissen bei der Ausarbeitung des Wirtschaftsplanes sich auch die Aufgabe stellen, den kollektiven Willen der Produzenten vorauszusehen. Das ist natürlich durchaus keine hoffnungslose Aufgabe. Die *Voraussicht* der Willensbestrebungen dieser oder jener Klasse ist seinem Wesen nach jedoch in hohem Grade ein passives Problem. Wir fassen es bei der Ausarbeitung unserer Pläne sehr viel aktiver auf. Wir beschränken uns nicht auf die Rolle eines außenstehenden Beobachters, um diese oder jene Willensäußerungen der Massen voraussagen zu können. Indem wir uns als Element dieser Massen ansehen, streben wir selbst danach, deren Willen aktiv zu formieren und auf bestimmte konkrete Aufgaben zu konzentrieren, die gelöst werden müssen, um die endgültigen Ideale des Proletariats zu verwirklichen. Natürlich ist das keine leichte Aufgabe. Es kann sein, daß die von uns vorgebrachten Probleme und durch den Plan festgelegten Maßnahmen zu deren Realisierung in diesem oder jenem Falle nicht in hinreichendem Maße die Aufmerksamkeit der werktätigen Massen finden. Mehr noch, es könnte ein andermal sogar vorkommen, daß sie sogar aus irgendwelchen Überlegungen von den Organen direkt abgelehnt werden, die im Namen des Proletariats die Macht im Lande ausüben. Ohne Zweifel werden solche Planmaßnahmen, die nicht die Unterstützung durch den kollektiven Willen des Proletariats finden, nicht realisiert werden, wenngleich sie vom Standpunkt aller übrigen *objektiven* Momente der Wirtschaft vollkommen richtig durchdacht und völlig real waren. Vermag das aber in irgendeinem Maße unsere allgemeine Zielvorstellung und unsere Auffassung von den Aufgaben der Planung zu diskreditieren? Nach der Auffassung von Professor Kondrat'ev – ja. Indem er sich zur Bekräftigung seines prinzipiellen Skeptizismus bezüglich der Möglichkeiten der Planung schon mehrfach auf konkrete „Fehlrechnungen und Fehler" der Staatlichen Plankommission berief, stützt er sich besonders gern auf die Erfahrungen des Wirtschaftsjahres 1925/26. In den Direktiven für 1925/26 war eine Senkung der Großhandelspreise vorgesehen; sie sind jedoch gestiegen; bezüglich des Exports, der Emission und für die laufenden Kreditberechnungen war eine bestimmte Erhöhung vorgegeben worden, es ergaben sich jedoch ganz andere. Natürlich ist es für niemanden ein Geheimnis, auch nicht für Professor Kondrat'ev, welches Schicksal unserem Entwurf der Kontrollziffern für das Wirtschaftsjahr 1925/26 widerfuhr. Wie bekannt, ist die Kommission Kamenev, die im Auftrage des Rates für Arbeit und Verteidigung im Namen der Regierung ihre Entschließung über die Kontrollziffern der Staatlichen Plankommission einbringen sollte, nicht ein einziges Mal zusammengetreten, so daß dieses Dokument aus diesem Grund niemals sanktioniert worden ist. Die Kontrollziffern wurden nicht abgelehnt, aber zugleich war auch niemand verpflichtet, sie auszuführen. Man möchte meinen, daß man unter solchen Bedingungen die Direktiven für dieses Jahr nicht allein schon deshalb als fehlerhaft betrachten kann, weil sie nicht realisiert wurden. Wie sollten denn selbst jene Direktiven der Staatlichen Plankommission tatsächlich zu 100% erfüllt werden, wenn sie von niemandem zur Ausführung angenommen worden waren? Doch Professor Kondrat'ev denkt nicht so. Auf solche Zweifel antwortet unser gelehrter Professor: „Da ein bestimmtes System von Maßnahmen vorgesehen und danach nicht realisiert worden ist, bedeutet das, daß seine Annahmen nicht real waren, das *bedeutet, daß die Prognose über die wahrscheinliche Richtung der Maßnahmen fehlerhaft war.* Das bedeutet, daß die Prognose insgesamt in der Form, in der sie ausgeführt worden ist, wirkungslos blieb.“[3]

Wo liegt das Körnchen Salz dieser so tiefsinnigen Bemerkung? Doch nicht etwa darin, daß sogar das *System von Maßnahmen*, das die Seele jedes Planes darstellt, keine Willensfestlegungen sein soll, sondern die Form der Prognose annehmen soll, d. h. die Form der objektiven Voraussicht über den wahrscheinlichsten Ablauf der Dinge. Es gibt jedoch keine Notwendigkeit dafür, zur Wahrscheinlichkeitstheorie Zuflucht zu nehmen, um bestimmen zu können, was wir in unseren Plänen *wollen*. Wenn sich jedoch die Vorstellungen des Autors darauf reduzieren, daß gute Planungsfachleute aus Pietät gegenüber der wissenschaftlichen Objektivität zu gelehrten Kastraten werden sollen, die jeglicher eigenen Leidenschaft und Bestrebungen bar sind, die nur das „wollen“, *was nach der Wahrscheinlichkeitstheorie* unter den gegebenen Bedingungen der Zeit und des Ortes am ehesten zu verwirklichen ist, dann irrt er sich zutiefst. Den Willen des Proletariats zur Planung in unserem Lande zu kastrieren, das wird nicht einmal so aufgeklärten Kritikern unserer Planungsmethoden, wie Professor Kondrat'ev einer ist, gelingen.

Wir gestehen gerne ein, daß Professor Kondrat'ev oder einem beliebigen anderen Epigonen der Volkstümlerbewegung in unserem bäuerlichen Land jene Maßnahmen hinsichtlich ihrer „Annehmbarkeit“ und Realisierbarkeit am „wahrscheinlichsten“ erscheinen mögen, die uns die größte Entwicklung der landwirtschaftlichen Produktion (der Getreide- und Rohstoff-Produktion) für den Export ins Ausland gewährleisten, wenn dies auch um den Preis der Verwandlung der UdSSR in eine Kolonie des ausländischen Kapitals erfolgen würde. Doch wenn das auch so wäre, das sowjetische Proletariat würde eine solche Zielvorstellung nicht als *sein* Programm anerkennen, es würde diesen selbstmörderischen Weg nicht beschreiten. Wir gehen nicht von unseren Zielen ab, nur weil für ihre Realisierung keine 100%ige Wahrscheinlichkeit gewährleistet ist, denn *der Wille des Proletariats und unsere Pläne*, die diesen Willen auf den Kampf um die vor ihm stehenden Aufgaben konzentrieren, stellen selbst jene *entscheidende* Chance dar, um sie erfolgreich lösen zu können. Nun, es kann sein, daß es zur Prognose über die Realität der von der Staatlichen Plankommission vorgeschlagenen Maßnahmen nach Meinung von Professor *Kondrat'ev* auch gehört, daß wir solche Umstände „voraussehen“, wie diese, ob beispielsweise die Kommission sich rechtzeitig zur Bestätigung dieser Maßnahmen zusammenfinden wird oder nicht oder aber ob sie von dieser oder jener Kommission insgesamt bestätigt oder zu einem bestimmten Teil abgelehnt werden. Wenn unser Kritiker das Fehlen von *solchen* Prognosen als Kriterium dafür nimmt, daß unsere Pläne unreal seien, dann hat er auf seine Weise natürlich recht. Über die Realität der Pläne kann man unterschiedlich denken. Wenn man sich die Planung auf Beamtenart vorstellt, dann würde man natürlich in der Tat als höchsten Realismus einen solchen Plan werten,

[3] Ebenda; S. 14. Hervorhebungen von Strumilin.

der dem Ščedrinschen „Wie beliebt es?“ am meisten entspricht. Doch unter sowjetischen Bedingungen ist kein Platz für solche Verfahrensweise. Wir müssen uns nicht darum mühen und unsere Prognosen in einer Weise gestalten, daß es der „Obrigkeit“ beliebt. Unser Plan muß lediglich den kürzesten Weg zum Sozialismus schöpferisch durchdenken und für den gegebenen Zeitabschnitt aufzeichnen. Wenn diese wichtigste Bedingung eingehalten wird und wenn in dieser Beziehung der Plan realistisch erarbeitet worden ist, dann zweifeln wir nicht daran, daß ein solcher Plan *etwas früher oder später* angenommen und in die Tat umgesetzt werden wird. Wir sind somit darauf vorbereitet, daß bei weitem nicht jede unserer Planungsvorstellungen *sofort* von der gesamten sowjetischen Öffentlichkeit angenommen werden wird. Nein, wir haben uns auf einen langen und hartnäckigen Kampf für das Prinzip der Planung im allgemeinen und für jene Planvorstellungen im besonderen, die aus diesen oder anderen Gründen für ihre Anerkennung eine bestimmte Zeit und die Prüfung durch die Erfahrungen des Lebens brauchen, eingestellt.

Unsere hauptsächliche Unstimmigkeit mit Professor Kondrat'ev auf dem Gebiet der Planungsmethodologie reduziert sich darauf, daß er bis heute noch unsere sowjetische Wirtschaft als eine Wirtschaft kapitalistischen Typs behandelt.

In der kapitalistischen Wirtschaft kam es auch diesem oder jenem zu, perspektivische Wirtschaftsberechnungen auszuführen. Professor Kondrat'ev nennt als Beispiele derartiger Berechnungen die Ermittlung des künftigen Güterumschlages und der Rentabilität bei der Projektierung von Eisenbahnen, die Perspektiven für die Besiedlung der vorhandenen Landflächen in den Vereinigten Staaten von Amerika bis zum Jahre 1950 und andere. All diese Berechnungen stellen sich lediglich zum Ziel, eine mehr oder weniger grobe wirtschaftliche Orientierung zu geben auf Grundlage einer *Voraussicht* über die künftige Entwicklung, wobei im Extrapolationsverfahren jene Wachstumskoeffizienten, die die Entwicklung der Bevölkerung, der Produktion, des Güterumschlages usw. in der Vergangenheit kennzeichneten, für eine Reihe von Jahren im voraus bestimmt werden. Berechnungen dieser Art sind für unseren Professor durchaus annehmbar. Mehr noch, er läßt großmütig sogar eine noch breitere Anwendung dieser Art von perspektivischer „Voraussicht“ bei uns gelten, als in der kapitalistischen Wirtschaft zu beobachten war. Er sagt: „Wir sind uns durchaus bewußt, daß unser Staat, der einen bedeutenden Sektor der Volkswirtschaft leitet und der sich zur Aufgabe gestellt hat, auf den übrigen Wirtschaftssektor nachhaltig einzuwirken, vor wesentlich komplizierteren Problemen steht als ein Privatunternehmer oder der kapitalistische Staat. Er benötigt daher auch umfassendere *und breitere* perspektivische Ausarbeitungen.“[4] Doch diese *quantitative* Ausdehnung soll nach den Vorstellungen unserers Professors durchaus nicht in ein *qualitativ* anderes Herangehen an die Ausarbeitung von Plänen unter den neuen Bedingungen ausmünden.

Daß wir in der kapitalistischen Wirtschaft, d. h. unter Bedingungen, da die *spontanen* Prozesse der Entwicklung ungeteilt herrschten, genötigt waren, uns mit der Aufdeckung allein der Hauptentwicklungs*tendenzen* durch ökonomische Analysen und grobe numerische Extrapolation der künftigen Entwicklung aus der Vergangenheit zu begnügen, während unter den neuen Wirtschaftsbedingungen eine solche passive *Voraussicht* der Zukunft bereits verbrecherisches Kapitulieren vor der schon zur Hälfte überwundenen Anarchie bedeuten würde, das sieht er nicht. Warum sollen wir uns mit einer passiven Voraussicht über Dinge befassen, die wir gemäß unserem Wollen aktiv voraussagen können? Die Sowjetregierung, die schon vollständig über 96% der Fabrikproduktion verfügt, wird eingeladen zu einer stubengelehrsamen Voraussicht darüber, an wen sie diese Pro-

[4] Ebenda, S. 30. Hervorhebungen Strumilin.

duktion verkaufen möchte, zu welchen Bedingungen usw., anstatt diese Wirtschaft klug in Übereinstimmung mit den von ihr vorgesehenen Aufgaben zu leiten.

Während er die Planer zur verstärkten ökonomischen Analyse aufruft, widmet Professor Kondrat'ev selbst dieser Analyse so wenig Aufmerksamkeit, daß er sogar jenen prinzipiellen Unterschied zwischen der sowjetischen Ökonomie und der kapitalistischen Wirtschaft übersehen hat, der alle seine Vorstellungen über die Rolle der Voraussicht in der Methodologie der Planung auf den Kopf stellt. Wir versagen uns weder der Aufdeckung spontaner Entwicklungstendenzen in jenen Zweigen unserer Wirtschaft, in denen diese noch ihre Bedeutung behalten haben, noch der Prognoseverfahren auf der Grundlage der Extrapolation mit Hilfe statistischer und dynamischer Koeffizienten in jenen Fällen, in denen wir sie nicht durch andere ersetzen können, doch alle diese Methoden und Verfahren haben für uns nur eine reine unterstützende und *untergeordnete Bedeutung*. Bereits heute können wir in der UdSSR keine Bereiche in der Wirtschaft aufdecken, in denen von unserem Willen unabhängige Gesetze der wirtschaftlichen Anarchie vollständig wirken würden. Wenn dem aber so ist, dann können und dürfen wir als Ursprung der Koordinaten für den Aufbau unserer Pläne nicht das nehmen, was in Form einer Prognose vorausgesehen werden könnte, sondern das, was im Rahmen der Zielvorstellung vorgegeben werden kann.

Wir wissen, daß alle Zweige der Wirtschaft untereinander durch eine unlösbare Kette wechselseitiger Bedingtheit verbunden sind. Es ist unmöglich, unter diesen Bedingungen einen Perspektivplan für die gesamte Volkswirtschaft durch einfache Zusammenfassung der voneinander isoliert ausgearbeiteten Pläne der einzelnen Wirtschaftszweige zu erhalten. Wir überwinden diese Schwierigkeit dadurch, daß wir von allen Zweigen der Wirtschaft nur einen als das führende Kettenglied herausgreifen, dessen Entwicklung nach dem Gesetz der Kettenwirkung folgerichtig die Perspektiven für die Entfaltung aller anderen Glieder nach sich ziehen wird. Wenn wir dabei als Hauptkettenglied, sagen wir, die Landwirtschaft mit ihren 25 Millionen individueller Wirtschaftssubjekte auswählen würden, dann würden wir es hier in maximalem Grade mit den Gesetzen der nichtorganisierten Spontaneität zu tun haben. Der Voraussicht in Form des Aufdeckens von spontanen Entwicklungstendenzen und der Extrapolation aus dem Vergangenen auf die Zukunft mit Hilfe unterschiedlicher Koeffizienten müßten wir dabei, zur völligen Befriedigung von Professor Kondrat'ev und seiner Freunde, den ersten Platz einräumen. Wenn man von der Landwirtschaft zu den übrigen Zweigen übergeht, dann würde nach den Gesetzen der kettenmäßigen Verbindung zwangsläufig der Stempel dieser individualistischen Spontaneität des überlebten Vergangenen mit allen seinen absterbenden Koeffizienten auch allen übrigen Teilen des Perspektivplanes aufgedrückt werden. Die aus der Vergangenheit extrapolierten Koeffizienten für den Produktionszuwachs der landwirtschaftlichen Rohstoffe würde zum Beispiel die Entwicklung der entsprechenden Industriezweige, des Güterumschlages usw. in unseren Plänen begrenzen.

Unsere Aufgabe besteht aber nicht darin, daß wir diese oder jene Koeffizienten der Vergangenheit durch ihre automatische Übertragung auf die Zukunft verewigen, sondern daß wir sie radikal im Interesse dieser Zukunft verändern. Schon dabei wird klar, daß uns die Methoden der automatischen Extrapolation von Koeffizienten aus der kapitalistischen Vergangenheit auf die sozialistische Zukunft durchaus nicht verlocken können. Deswegen wählen wir als Hauptkettenglied der Wirtschaft jenen Zweig aus, dessen Vergesellschaftungsgrad am höchsten ist und der vollständig unserer willensmäßigen Einwirkung zugänglich ist. Dieses Hauptkettenglied sehen wir bei uns in der Großindustrie, die wir auf der Grundlage der Elektrifizierung umgestalten. Hier und in den Plänen für die von uns vorgesehene Neuausrüstung alter Betriebe sowie in den Projekten für den industriellen

Neubau brauchen wir bereits der Aufdeckung irgendwelcher *spontaner Tendenzen* keine sonderlich übertriebene Aufmerksamkeit mehr zu widmen. Die ingenieurmäßige Ausarbeitung solcher Pläne wird vollständig bestimmt durch die Zielstellungen und durch die nüchterne Berechnung der im Lande vorhandenen und für die Realisierung der Ziele notwendigen Produktivkräfte und Ressourcen. Zugleich bestimmen diese Aufgaben, wenn sie einmal formuliert sind, nach dem Gesetz der Kettenwirkung nicht nur das Ausmaß des industriellen Wachstums, sondern auch das der Rohstoffproduktion in der Landwirtschaft, des Güterumschlags im Lande, des Warenumsatzes und aller übrigen Hauptelemente der Volkswirtschaft.

Natürlich müssen wir, wenn wir, bei den Projektierungen des Planes vom Hauptkettenglied – der Industrie – ausgehend, polygonal der kettenmäßigen Verbindung zu allen übrigen Gliedern der Volkswirtschaft folgen, letzten Endes wieder zur Industrie zurückkehren und überprüfen, ob sie jenen Gegenforderungen entsprechen kann, die an sie von seiten der anderen Wirtschaftszweige gestellt werden. Damit sich das ganze genannte Polygon lückenlos schließen und bei einer Bilanzprüfung eine hinreichende Übereinstimmung zwischen Produktion, Verbrauch und Akkumulation in allen Zweigen der Volkswirtschaft ergeben kann, sind sehr gründliche Kenntnisse über die verketteten Beziehungen zwischen den einzelnen Volkswirtschaftszweigen und sehr genaue technische Berechnungen bei der wechselseitigen Abstimmung erforderlich. Es ist bekannt, daß es sogar schon bei einer wesentlich einfacheren Operation, zum Beispiel bei der Aufnahme irgendeines Abschnittes für einen Geländeplan, kompliziert ist, jenes Polygon, das auf den Netzplan aufgetragen wird und das sich bei exakter Berechnung aller Winkel präzise schließen müßte, in der Tat auch sofort zu treffen. Sehr viel schwieriger ist es, eine völlige Verknüpfung zwischen allen Teilen in einem Plan zu erreichen, der die ganze Volkswirtschaft insgesamt umfaßt. Und da man die Nichtübereinstimmungen im Plan nur dann erkennen kann, wenn man die Kette bis zum *letzten* Glied verfolgt, so müssen danach die Korrekturen ebenfalls in *allen Gliedern der Kette*, vom ersten bis zum letzten, erfolgen. Im Ergebnis der Korrekturen kann sich eine neue Nichtübereinstimmung ergeben, wenn sie auch von geringerer Bedeutung sein mag. Dann muß man aufs neue in das führende Kettenglied eine zusätzliche Korrektur einfügen und über alle Glieder, vom ersten bis zum letzten, weiterführen.

Diesen Weg der *aufeinanderfolgenden Näherungen von Varianten* bis zur Erreichung eines innerlich in allen Teilen verknüpften Volkswirtschaftlichen Gesamtplans beschreiten wir bei unseren Projektierungen für den Perspektivplan. Dieser Weg zur Verwirklichung der Aufgabe, einen Plan in Form eines *Systems von zahlenmäßigen Auflagen*, die an die Zweige der Volkswirtschaft adressiert sind, auszuarbeiten, ist natürlich sehr weit von den Vorstellungen Professor Kondrat'evs entfernt, der die Aufgaben der Planung in der Prognose von *Haupttendenzen* der Wirtschaftsentwicklung sieht. Die von uns angewandte Methode, ausgehend von der grundlegenden Direktive des Planes zur Industrialisierung des Landes zahlenmäßig die konkreten Teilaufgaben für die einzelnen Glieder des volkswirtschaftlichen Polygons festzulegen, die für die Realisierung dieser Direktive erforderlich sind, ist unserem verehrten Professor völlig unverständlich. Er sieht in jeder Ziffer des Planes, d. h. in jedem *Element* der Berechnungen für die Übertragung der grundlegenden Direktive des Planes auf die einzelnen Kettenglieder der Wirtschaft und für die bilanzmäßige Abstimmung, eine besondere Voraussage. Ihn stört der große Umfang und der Grad der Detaillierung dieser Prognosen, die weit über die Grenzen einer möglichen wissenschaftlichen Voraussicht hinausgingen, und kühn qualifiziert er ein solches Herangehen an den Plan als „Zahlenfetischismus".

Doch kein anderer als Professor Kondrat'ev selbst fetischisiert unsere Zahlen, indem er ihnen eine Bedeutung beilegt, die sie nicht haben. Wir selbst betrachten sie durchaus nicht als Voraussagen. Um die ganze Ungereimtheit seiner Zahlenfurcht zu verstehen, sollten wir uns einmal vorstellen, daß wir beim Studium des Projektes für Dneprostroi keine Antwort in Zahlengrößen auf etwa die folgenden Fragen finden würden: Wie teuer wird uns dieses Bauobjekt kommen? Welche Menge der unterschiedlichen Materialien und welcher Arbeitsaufwand sind für seine Errichtung erforderlich? Wie hoch wird die Leistung des Kraftwerkes sein? Wie werden sich die Selbstkosten und der Abgabepreis je kW/h Energie gestalten und welche Rentabilität werden die vorgesehenen Investitionen erreichen? Usw., usf. Natürlich geben wir uns nicht für eine Minute Täuschungen bezüglich der Bedeutung der Zahlen hin, die uns im Projekt eine Antwort auf die gestellten Fragen geben sollen. Das sind für uns Orientierungsberechnungen, nicht aber Prognosen im Sinne Kondrat'evs. Wenn das Projekt abgelehnt wird, dann hat keine von ihnen, für sich allein genommen, irgendeine Chance zur Realisierung. Doch selbst wenn das Projekt bestätigt wird, wissen wir, daß nicht selten derartige *Berechnungsdaten* durchaus nicht 100%ig genau mit den *Abrechnungsdaten* übereinstimmen werden, wie uns zumindest Wolchowstroi gezeigt hat. Dennoch könnten wir das Projekt für Dneprostroi nicht bestätigen, wenn wir nicht über detaillierte Berechnungen verfügen würden, die eine Antwort auf die genannten Fragen ergäben. Es ist schon zu verstehen, warum dies in geringerem Grade notwendig sein sollte, wenn nicht nur Dneprostroi, sondern die Zweckmäßigkeit von Investitionen in einer Größenordnung, die Dutzenden oder Hunderten Dneprostroi gleichkäme, zu begründen ist.

Es ist charakteristisch, daß Professor Kondrat'ev durchaus keine Angst vor Zahlen zeigt, wenn er Wirtschaftspläne in der Art der jährlichen Staatshaushalte eines beliebigen kapitalistischen Landes betrachtet. Schließlich stellen die Paragraphen und Positionen auf der Soll- und der Habenseite eines Budgets ebenfalls vor allem *die in Ziffern gekleidete Willenserklärung* der Staatsmacht dar, nicht aber gelehrte Prognosen darüber, was sich kraft objektiver Tendenzen der ökonomischen Entwicklung unabhängig vom Willen durchsetzt. Die Kompetenz bürgerlicher Staaten, Direktivpläne dieser Art aufzustellen und sie mit einem hinreichenden Grad von Genauigkeit zu realisieren, wird von Professor Kondrat'ev nicht bestritten. Wenn aber der Sowjetstaat in dem Bestreben, seine wirtschaftlichen Kommandopositionen im Lande stärker zu erfassen, bei der Ausarbeitung der Plan*direktiven* sich nicht auf die Projektierung des Staatshaushaltes beschränkt, sondern zu Kontrollziffern für die ganze Volkswirtschaft übergeht, dann gerät unser gelehrter Professor sofort in einen Zustand tödlicher Unruhe darüber, daß wir zuviel Ziffern projektieren und offenbar über die Grenzen der möglichen Voraussicht hinausgehen könnten.

Diese Beunruhigung wäre natürlich für Epigonen des Volkstümlertums völlig fehl am Platze, wenn unsere Kontrollziffern tatsächlich nur Prognosen darstellen würden, noch dazu, wenn sie unzulänglich wären, weil über die Grenzen der *möglichen* Voraussicht hinausgehend. Da die Epigonen des Volkstümlertums in ihren Bestrebungen zur Agrarisierung des Landes mit uns und unserer Zielorientierung auf die Industrialisierung überhaupt nicht konform gehen, könnten sie nur erfreut darüber sein, wenn wir so unklug planen würden, indem wir uns auf nicht ausführbare und völlig unbrauchbare Prognosen stützten. Wenn sie sich dennoch beunruhigen, so gerade deshalb, weil sie sehr genau den *Direktivcharakter* unserer Kontrollziffern verstehen und durchaus nicht davon überzeugt sind, daß diese unerfüllbar seien, wie sie es wünschen.

Der Direktivcharakter unserer Pläne wird auch von Professor Kondrat'ev durchaus nicht bestritten. Nur möchte er der Bedeutung dieser Problemstellung für die Planung auf ein Minimum reduzieren. Er stellt die Frage so, daß die Plandirektion nicht die Richtung unserer volkswirtschaftlichen Entwicklung bestimmen sollen, sondern umgekehrt, daß sich diese selbst aus der Prognose des spontanen tendenziellen Verlaufs der Ereignisse ergeben müssen. Die Prognose wird hier auf den ersten Rang gehoben. Sie soll hier nicht Hilfsinstrument sein, sondern die Ausarbeitung der wirtschaftlichen Perspektiven bestimmen. Professor Kondrat'ev bemerkt: „Indem wir diese und nicht andere Perspektiven herausstellen, geben wir uns, oder genauer gesagt, nehmen wir auf uns eine bestimmte Direktive für die Organisation unserer Maßnahmen und Handlungen."[5]

Und das ist ein hervorragendes Rezept, Plandirektiven nicht geben, sondern sie „auf sich nehmen"; das ist äußerst lehrreich. Im Lande sind bestimmte gesellschaftliche Verhältnisse entstanden, kurz gesagt: die Diktatur des Proletariats. Das Proletariat hat um einen hohen Preis, um den Preis seines Blutes und langjähriger heldenhafter Anstrengungen letzten Endes die Möglichkeit erlangt, seinen Willen frei in die Tat umzusetzen. Das ist das Sein. Doch da erscheint auf der Szene ein Homunkulus aus der Retorte, der in seinen Prognosen über die Zukunft das Primat des „Bewußtseins" verkörpert und verkündet, im Angesicht des befreiten Proletariats: „Stop! Du sollst die von meinen ‚Prognosen' diktierten Direktiven und Aktionsprogramme nicht geben, sondern du mußt sie ‚auf dich nehmen'".

Nein, verehrter Homunkulus, du erregst dich umsonst. Diese Ideologie kommt bei uns nicht an.

2.3. An der historischen Front

Die Praxis unserer Planung erregt die kritische Aufmerksamkeit der Epigonen des Volkstümlertums natürlich in noch höherem Grade als die Planungstheorie. Die Geschichte dieser Praxis ist bislang allerdings erst von kurzer Dauer. Dennoch gibt es schon eine. Und unsere Kritiker sind sehr eifrig bemüht, alles daraus hervorzuholen, was man unserer Wirtschaftspolitik überhaupt und unserer Planungstätigkeit im besonderen zum Vorwurf machen könnte. Wir wollen sehen, inwieweit ihnen das gelingt.

Mit einer besonderen Befriedigung tanzen und hüpfen unsere Kritiker um die „Fehler" und „Fehlrechnungen" in den ersten konkreten Ziffern der Staatlichen Plankommission für das Wirtschaftsjahr 1925/26, jener Ziffern, die von der hochautoritativen Kamenev-Kommission weder angenommen noch abgelehnt wurden.

Ihr Hauptmangel besteht nach den Vorstellungen der volkstümlerischen Kritik darin, daß sie einen zu scharfen Kurs auf die Industrialisierung nahmen. Das in der Industrie vorgesehene Investitionsvolumen entsprach nicht dem tatsächlichen Akkumulationstempo im Lande, und daher konnten die Bestrebungen, diese Aufgabe, die über unsere Kräfte ging, zu erfüllen, nur dazu führen, daß wir unsere Mittel sowohl auf dem Gebiet der Kredite als auch auf dem Gebiet der Emissionen und anderen Gebieten überziehen würden, eine solche Überanspannung mußte aber unausweichlich zur Quelle einer ganzen Reihe wirtschaftlicher Schwierigkeiten werden.

Tatsächlich waren bei uns im Wirtschaftsjahr 1925/26 wirtschaftliche Schwierigkeiten festzustellen. Deshalb ist es nicht verwunderlich, daß unsere Wirtschaftsexperten jede glaubwürdige Erklärung durch Planungsfehler ohne besondere Kritik aufnahmen. Eine Zeitlang erfreute sich diese Erklärung eines Erfolges. Nunmehr ist jedoch genügend Zeit verstrichen, um sie anhand von Fakten und Daten grundlegend überprüfen zu können. Wir zweifeln nicht daran, daß unsere Schritte auf dem Wege zur Industrialisierung für die Volkstümlerpsyche immer als übereilt erscheinen werden. Doch ob unsere Absichten

[5] Ebenda, S. 11; Hervorhebungen von Strumilin.

auf diesem Gebiet von objektiver Warte her als übertrieben angesehen werden können, darüber sollte man am besten nach den folgenden Tatsachen urteilen.

In der ersten Variante der Kontrollziffern für das Wirtschaftsjahr 1925/26 ist das Investitionsverfahren für die Industrie (ohne Elektrifizierung) von der Staatlichen Plankommission im Betrag von 800 Mill. Goldrubel festgelegt worden[6]. Doch wie bereits gesagt wurde, sind diese Ziffern nicht bestätigt worden. Im Plan für die Industrie aber wurde, wenn auch mit ziemlicher Verspätung, am 23. März 1926 ein Investitionsprogramm in Höhe von 820 Mill. Rubel (einschließlich 75 Mill. Rubel ausländischer Kredite) bestätigt, das nach Abzug der vorgesehenen ausländischen Kredite einen Betrag von 745 Mill. Rubel erreicht. Die ausländischen Kredite verspäteten sich und wurden im vorgesehenen Jahr nicht mehr wirksam. Doch dafür wurden durch die Regierung über den Plan hinaus im Verlaufe des Jahres für verschiedene Industriezweige zusätzlich 42,8 Mill. Rubel für Investitionen bewilligt. Damit wurden Investitionen im Gesamtbetrag von 788 Mill. Rubel ohne ausländische Kredite bestätigt[7], das sind 1,5% weniger, als das ursprüngliche Programm vorsah. Dabei muß man daran erinnern, daß die scharfe Kritik an den Kontrollziffern der Staatlichen Plankommission als übertrieben und von mäßigem Optimismus geprägt, die von seiten verschiedener Professoren wie Litošenko, Makarov und anderer gelehrter Brüder von Professor Kondrat'ev vorgebracht wurde, bereits im August 1925 einsetzte. Die Regierung hatte somit genügend Zeit, um alle ihre Argumente zu wägen und zutage getretene Fehlrechnungen in den Kontrollziffern, die im Verlaufe von einem halben Jahr sichtbar wurden, schon zu berücksichtigen, bevor sie die Investitionssumme bestätigte.

Nun könnte aber sein, daß sich im vorliegenden Falle nicht nur die Staatliche Plankommission, sondern auch die Regierung verrechnet hat, indem sie sich ein solches Programm vornahm, das – wenn man Professor Kondrat'ev glauben soll – ganz offenbar „über die Kräfte ging"?

Die beste Antwort darauf könnten uns nur die Berichtsdaten über die tatsächliche Erfüllung des genannten Investitionsprogramms geben. Wir wissen jetzt, daß infolge der Verzögerungen bei der Bestätigung, der unzureichenden organisatorischen Vorbereitung und anderer „Kinder"krankheiten unseres Bauwesens in diesem Programm sehr viele ernsthafte Versehen und Fehler zugelassen worden waren; dennoch erwies es sich in seinen Ausmaßen durchaus nicht als über die Kräfte gehend. Schon im vorläufigen Bericht zum Produktions- und Finanzplan der Industrie wird ausgewiesen, daß tatsächlich für den Aufbau ein Betrag von 780 Mill. Rubel faktisch verausgabt wurde, das sind 99% des bestätigten Planes. Im Bericht von V. V. Kujbyšev an den IV. Sowjetkongreß finden wir die folgenden Zeilen: „Eine Überprüfung der Berichtsdaten für das Wirtschaftsjahr 1925/26 zeigt, daß der tatsächliche Umfang der Investitionsarbeiten 800 Mill. Rubel übersteigen wird, denn *ein Teil der Investitionen ist der laufenden* Instandhaltung zugerechnet worden."[8] Wie groß dieser Teil ist, wissen wir nicht genau[9].

[6] Vgl. Kontrollziffern der Volkswirtschaft für das Wirtschaftsjahr 1925/26, Ausgabe 2, Moskau-Leningrad 1925, S. 32.

[7] Vgl. Zusammengefaßter Produktions- und Finanzplan der staatlichen Industrie, Moskau 1927, S. 122ff.

[8] Vgl. Die Industrie der UdSSR vor dem IV. Sowjetkongreß. Materialien zum Bericht des Vorsitzenden des Obersten Volkswirtschaftsrates der UdSSR V. V. Kujbyšev, Moskau 1927, S. 12. Hervorhebungen von Strumilin. In späteren Berechnungen des Obersten Volkswirtschaftsrates wird dann die Ziffer 811 Mill. Rubel ausgewiesen.

[9] Nach uns vorliegenden Informationen erreichten die bereits ausgeführten Korrekturen den Betrag von 23444000 Rubel. Doch dieses Ergebnis ist ohne Zweifel noch wesentlich zu niedrig.

Wir können jedoch die folgenden Daten vorbringen. In 60 zentralgeleiteten Trusts der Industrie mit Grundfonds in Höhe von insgesamt 3025 Mill. Goldrubel und einem Produktionsausstoß, bewertet zu Selbstkosten, im Betrag von 2333 Mill. Rubel sind für Generalreparaturen 60,9 Mill. Rubel und für die laufende Instandhaltung 130,2 Mill. Rubel im Wirtschaftsjahr 1924/25 aufgewendet worden. Nach empirisch ermittelten Koeffizienten aus der ausländischen Praxis ist bekannt, daß die Generalreparaturen normalerweise eine Größenordnung von etwa 2,5% des Produktionsausstoßes erreichen, während sie bei der laufenden Instandhaltung nur 1,75%, d. h. nur 0,7 vom Aufwand für Generalreparaturen beträgt. In unserem Falle sind aber für Generalreparaturen 2,6% ausgegeben worden, was in der Norm liegt, während der Aufwand für die laufenden Instandhaltungen 5,65% vom Wert des Ausstoßes erreicht, d. h. das 3,2fache gegenüber der Norm. Hieraus kann man unschwer schließen, daß im Wirtschaftsjahr 1924/25 allein in den genannten 60 Trusts unter der Position „laufende" Instandhaltung, d. h. außerhalb jedes Plans, Investitionen in Höhe von nicht weniger als 87 Mill. Rubel getätigt wurden, und wenn man in die Korrektur auch noch die übrigen, von uns nicht erfaßten Trusts mit einem Bestand an Grundfonds im Betrag von 2475 Mill. Rubel einschließt, dann ergibt sich wahrscheinlich eine Gesamtsumme für solche außerplanmäßigen Investitionen in den Betrieben des Obersten Volkswirtschaftsrates insgesamt in Höhe von 150 Mill. Rubel oder um diese Summe herum. Im Wirtschaftsjahr 1925/26 hat die „laufende" Instandsetzung allein in 75 Trusts einen Betrag von 244 Mill. Rubel verschlungen, für Generalreparaturen wurden 90 Mill. Rubel verausgabt, was bedeutet, daß der Aufwand bei der laufenden Instandhaltung um 151 Mill. Rubel *über der Norm* liegt. Wenn man eine weitere Korrektur bezüglich der Trusts, die hierbei noch nicht berücksichtigt worden waren, vornimmt, dann erhöht sich dieser Mehraufwand zusätzlich noch um etwa 80 Mill.

Wovon zeugt das aber? Spricht das von einem Mangel oder von einem Überschuß der Ressourcen für die Investitionstätigkeit? Wenn wir jährlich *über den Plan* der Investitionen, der ziemlich exakt erfüllt wird, listigerweise noch Dutzende, wenn nicht gar Hunderte Millionen von Rubeln für die Überbietung dieses Planes in Form anarchischer Zugaben auf Kosten innerer Ressourcen der Industrie finden, dann kann das durchaus nicht als Beweis dafür gelten, daß das Tempo der Industrialisierung, das wir *im Plan* vorgesehen haben, unsere Kräfte übersteigen würde.

Möglicherweise sagt man uns, daß wir durch den Mehraufwand für Investitionen gezwungen worden wären, die Industrie von einem Teil ihrer Umlaufmittel zu entblößen und daß wir dadurch eine ganze Reihe von Schwierigkeiten geschaffen hätten, die ihre Entwicklung hemmte? Diese Unterstellung wird jedoch von den Fakten durchaus nicht bestätigt. In der Tat, der staatlichen Industrie war nach den Kontrollziffern für das Wirtschaftsjahr 1925/26 für jenen Kreis von Betrieben, der von der Zentralen Statistischen Abteilung des Obersten Volkswirtschaftsrates erfaßt wurde, die Auflage erteilt worden, ihre Produktion in Vorkriegspreisen um 30,7% zu steigern, tatsächlich ist sie nach den Berichtsdaten des Obersten Volkswirtschaftsrates um 38,9% erhöht worden[10]. Auch diese Aufgabe erwies sich somit als 100%ig erfüllt. Freilich erforderte das eine

[10] Vgl. Kontrollziffern der Volkswirtschaft für 1925/26, Moskau 1926, S. 79; Monatliches statistisches Bulletin der Zentralen Statistischen Abteilung des Obersten Volkswirtschaftsrates, September 1926, S. 9. Nach Werten der Zentralverwaltung für Statistik wird der Zuwachs der Produktion in der gesamten erfaßten Industrie für das Wirtschaftsjahr 1925/26 im Vorkriegszensus noch höher berechnet, nämlich zu 44,8%; Statistisches Jahrbuch der UdSSR, Verlag der Zentralverwaltung für Statistik 1927, S. 181.

Erhöhung der materiellen und finanziellen Umlaufmittel der staatlichen Industrie von 2271 Mill. auf 2882 Mill. Goldrubel, d. h. um 611 Mill. Rubel oder um 27%. Doch diese Mittel fanden sich in der Industrie, wie die Abschlußbilanz für unsere staatliche Industrie ausweist, und sie erwiesen sich als ausreichend für die aufgezeigte Entwicklung[11]. Freilich könnte sich noch ein weiterer Zweifel erheben. Wir wissen nicht, welche Anspannungen in unserem Kredit- und Emissionssystem zur Finanzierung der Industrie erforderlich waren, um die genannten Erfolge erzielen zu können. Doch im Bericht von V. V. Kujbyšev finden wir bestimmte Hinweise, die auch diese Zweifel zerstreuen. Der Finanzierungsplan für die Industrie des Obersten Volkswirtschaftsrates im Wirtschaftsjahr 1925/26 und dessen Erfüllung nach jenen vorläufigen Daten, über die der Oberste Volkswirtschaftsrat zum Frühjahr 1927 verfügte, ermöglicht den folgenden, äußerst interessanten Vergleich (in Mill. Goldrubel; siehe Tabelle 1).[12]

Tabelle 1

Finanzierungsquellen	Plan	Erfüllung
1. Gewinn und Amortisation	730	900
2. Finanzierung der Investitionen	322	362
3. Ausländische Kredite	121	13
4. Zuwachs der Verbindlichkeiten an das Volkskommissariat für Finanzen u. a.	40	125
5. Bankkredite	400	220
Summe 1–5	1613	1620
6. Realisierung nichtliquider Werte	40	10
7. Verminderung des Kassenbestandes und laufender Berechnungen	–	45
insgesamt	1653	1675

Wie wir sehen, brauchte die Industrie im großen und ganzen nicht mehr Mittel, als in ihren Plänen vorgesehen waren. Doch bei einzelnen Positionen haben sich diese Pläne bei weitem nicht so bewahrheitet, wie man sich das vorgestellt hatte. Vor allem muß man einen wesentlichen Unterschied hervorheben. Die eigene Akkumulation der Industrie erwies sich bereits nach den vorläufigen Berechnungen um 170 Mill. höher, als angenommen worden war, dadurch wurde es möglich, den Bankkredit um ganze 180 Mill. gegenüber dem Plan zu kürzen. Derartige Fakten können durchaus nicht als Beweis dafür angesehen werden, daß es im Lande an Ressourcen für die Realisierung des vorgesehenen Industrialisierungstempos gefehlt hätte.

In der Tat, inwiefern kann das Investitionsprogramm der Industrie für Generalreparaturen und Neubauten als unreal betrachtet werden, wenn für seine Realisierung insgesamt 800 Mill. Rubel erforderlich sind, während die innere Akkumulation in der Industrie selbst bereits einen Betrag von 900 Mill. Rubel im Jahr erreicht? Und wenn man gar noch jene Gewinne berücksichtigt, die in der Rechnungsführung

[11] Gesamtbilanz zum 1. 10. 1925, Industrieverlag des Obersten Volkswirtschaftsrates 1927, S. 10.

[12] Die Industrie der UdSSR vor dem IV. Sowjetkongreß. Materialien zum Bericht des Vorsitzenden des Obersten Volkswirtschaftsrates der UdSSR V. V. Kujbyšev, Moskau 1927, S. 21.

der Trusts unter der Maske eines überhöhten Bedarfs für die laufenden Instandhaltungen versteckt wurden, dann muß man die tatsächliche Akkumulation der Industrie sogar noch wesentlich höher ansetzen als oben angegeben.

Natürlich, das Vorhandensein ausreichender Finanzmittel für die durchgeführte Finanzierung der Industrie würde allein noch nicht ihre Ausmaße rechtfertigen, wenn sich beispielsweise erweisen würde, daß die verstärkte Finanzierung der Industrie *zum Schaden* der Landwirtschaft oder anderer Zweige der Volkswirtschaft gegangen wäre und zur Folge hätte oder zumindest haben könnte, daß das Land in eine Krise industrieller Überproduktion geriete. Das ist jedoch nicht der Fall. Ist etwa Professor Kondrat'ev und seinen Freunden nicht klar geworden, daß auch im Jahre 1927 die Stadt nicht unter einer unzureichenden Produktion des Dorfes leidet, sondern umgekehrt, daß das Dorf und das Land insgesamt eine solche Nachfrage nach Produktion der städtischen Industrie entwickelt, die wir in keiner Weise vollständig befriedigen können? Diese Disproportion zwischen der Produktion der Stadt und des Dorfes ist nicht zu verstecken, sie ist einfach da.

Allerdings bemühte sich Professor Kondrat'ev, den Fakt selbst, daß es bei uns diese Disproportion gibt, zu bestreiten. Das mißlang ihm aber sehr. Wir denken dabei an seinen Vortrag im Institut für Ökonomie (RANION) am 11. Mai 1927, wo er „Über die Natur unseres volkswirtschaftlichen Aufstiegs" während des letzten Jahrfünfts sprach. In diesem Vortrag bestreitet er sehr energisch Versuche, unsere Schwierigkeiten im Wirtschaftsjahre 1925/26 aus dem Hinweis auf die bestehenden Disproportionen zwischen dem Produktionsumfang der Landwirtschaft und der Industrie zu erklären, über die bei uns schon im Herbst 1926 eine recht lebhafte Polemik geführt worden war. Die *Konzeption* von den Disproportionen hielt Professor Kondrat'ev in allen ihren Varianten für „unzutreffend" und empfahl, sie „abzulehnen", während er eine andere, nämlich seine eigene Konzeption, für die Erklärung unserer wirtschaftlichen Schwierigkeiten hervorbrachte. Eine Konzeption jedoch bleibt eine Konzeption und Fakten bleiben Fakten. Im Original des Stenogramms zum Vortrag von Professor Kondrat'ev finden wir noch die sehr entschiedene Behauptung: „Gerade im Jahr der größten Schwierigkeiten, gegen Ende des Wirtschaftsjahres 1924/25, *gab es keinerlei Disproportionen*", nach reiflicher Überlegung jedoch, bei der Überarbeitung seines Stenogramms wählte unser Professor eine andere, wesentlich bescheidenere Formulierung: „Keinerlei *Verschärfung* der Disproportionen" gab es in den Jahren 1924/25 und 1925/26.

Dessenungeachtet blieb in beiden Stenogrammen die folgende Zahlenangabe erhalten, auf die er sich stützt, um den Fakt der Disproportionen selbst zu bestreiten. Nach den Angaben von Professor Kondrat'ev erreichte im Wirtschaftsjahr 1925/26 die landwirtschaftliche Produktion 87% und die Industrieproduktion 91% des Vorkriegsstandes". Hieraus müßte angeblich jedem klar sein, daß von einer relativen *Unterproduktion* der Industrie, wenn man von der Vorkriegsnorm ausgeht, bei uns im Wirtschaftsjahr 1925/26 keine Rede sein könne. Leider sprechen die unübersehbaren „Schlangen", die auch 1925 noch vor den Türen unserer Geschäfte anstanden, ziemlich deutlich davon, daß entweder das Vorkriegsmaß auf unsere Bedingungen nicht anwendbar ist oder daß die vom Professor angeführten Zahlen erhebliche Mängel aufweisen. Am wahrscheinlichsten ist, daß sowohl das eine wie das andere zutrifft. Richtig ist jedenfalls eines, nämlich daß die Berechnung des Vorkriegsstandes der Produktion, auf die sich der Redner im vorliegenden Falle bezieht, von der Zentralverwaltung für Statistik bereits überprüft und korrigiert wurde. Im Zusammenhang damit ergab sich nach den letzten Berechnungen der Staatlichen Plankommission, die sie dem Fünfjahrplan zugrunde legte, daß die Industrieproduktion im Wirtschaftsjahr 1925/26 nur 89% des Vorkriegsstandes (dem physischen Umfange nach) erreicht hatte, während die Produktion der Landwirtschaft schon auf 99% herangekommen war.[13]

Die Tatsache, daß es Disproportionen zwischen dem Umfang der industriellen und der landwirtschaftlichen Produktion der UdSSR im Wirtschaftsjahr 1925/26 – besonders gegen Ende des Wirtschaftsjahres 1924/25, als sich das hohe Ernteergebnis des Jahres 1925 bereits abzeichnete, die Industrie aber erst bei einem Stand von 66% des Vorkriegsniveaus stand – gab, konnte somit kaum bestritten werden, und das um so weniger, als der Aufschwung des Lebensniveaus der Werktätigen nach der Revolution eine riesige zusätzliche Nachfrage nach Massenbedarfsgütern hervorbringt. Diese Tatsache allein ist bereits eine recht solide Quelle wirtschaftlicher Schwierigkeiten aller Art. Das gesündeste Verfahren zu ihrer Überwindung kann nur in einem gut durchdachten Programm der Industrialisierung bestehen.

Professor Kondrat'ev bringt jedoch in seinem obengenannten Vortrag „Über die Natur unseres wirtschaftlichen Aufschwunges" eine andere Erklärung für die Ursachen unserer wirtschaftlichen Schwierigkeiten vor, die besondere Aufmerksamkeit verdient.

Originell in diesem Vortrag ist natürlich nicht, daß unser stürmischer wirtschaftlicher Aufschwung in der Zeit von 1921/22 bis 1925/26 nach der Definition von Professor Kondrat'ev „einen deutlich ausgeprägten Charakter des Aufschwungs einer Wiederherstellungsphase" hatte. Das ist durchaus für niemanden neu. Originell daran ist nur, daß der Referent bei der Erklärung unserer beispiellosen Errungenschaften im genannten Jahrfünft absolut nichts auf die Planungsaufgaben in der Wirtschaft der UdSSR zurückführen will, die diese von den Ländern unserer kapitalistischen Umkreisung so stark unterscheidet, dafür aber alle wirtschaftlichen Schwierigkeiten, die diesen Aufschwung begleiteten, samt und sonders den „Fehlern" bei der Planung zuordnete.

Uns beschäftigt hier sehr wenig jene recht banale Logik des Schemas, die der Referent der Analyse unseres ökonomischen Aufschwungs zugrunde gelegt hatte. Diese recht armselige Konzeption läßt sich leicht in zwei bis drei Thesen zusammenfassen.

„Das Land verfügte über Kapitalreserven in der Industrie und in der Landwirtschaft, die während des Bürgerkrieges stillgelegt worden waren." Zu ihrer Belebung fehlte es an Umlaufmitteln. Die Geldreform brachte diese Umlaufmittel durch Bankemissionen. Daraus resultiert der wirtschaftliche Aufstieg.

Alle unsere wirtschaftlichen Schwierigkeiten aber, der Warenhunger und andere, finden wiederum eine mehr als einfache Erklärung.

„Wie verschiedenartig das System unserer Planungsmaßnahmen auch sein mag, alle diese Maßnahmen sind der Aufgabe der Industrialisierung des Landes als dem zentralen Glied untergeordnet". Doch die Orientierung auf die Industrialisierung „entartet" zu einer Orientierung auf die Überindustrialisierung. „Unsere Investitionen . . . überschritten den Umfang der realen Akkumulation". Das wurde unterstützt durch eine fehlerhafte Politik auf dem Lande, wo der „Begriff *Kulak* zu weit gefaßt wird". Der Kampf gegen das kulakische Element „verwandelt sich in einen Kampf nicht nur gegen die Kulaken, sondern auch gegen die wachsenden nichtkulakischen Elemente des Dorfes", was die Akkumulationsprozesse im Lande hemmt. Dieser „Mangel an Akkumulation" wurde nach der Behauptung unseres Kritikers „durch eine forcierte Emission von neuem Papiergeld abgedeckt", was wiederum zu einer ganzen Reihe von Schwierigkeiten führte. Aus der übermäßigen Emission lassen sich somit alle unsere wirtschaftlichen Disproportionen und Schwierigkeiten erklären.

[13] Perspektiven der Entfaltung der Volkswirtschaft der UdSSR für 1926/27 bis 1930/31, Moskau 1927, S. 23.

Wir wollen uns hier nicht mit dieser leichtgewichtigen Konzeption auseinandersetzen, die im Schoße des Volkskommissariats für Finanzen gehegt und gepflegt wurde, und nach der die Geldemission gleichsam wie der Gogolsche Taras Bulba unseren wirtschaftlichen Aufschwung hervorgerufen hat und zugleich ihn selbst zu erschlagen droht. Wenn Professor Kondrat'ev in seiner Analyse nicht nur an der Oberfläche der Erscheinungen in der Zirkulationssphäre schwimmen würde, dann könnte er verstehen, daß sowohl die Geldreform als auch die großen Emissionen der Bank bei uns nur dank des stürmischen Wirtschaftsaufschwunges auf dem Gebiet der Produktion möglich geworden waren, daß sie Folgen dieses Aufschwunges sind und daher in keiner Weise als Ursachen dieser Erscheinung bewertet werden können. Es lohnt auch kaum, Professor Kondrat'ev erklären zu wollen, daß die realen Investitionen nicht über die realen „Akkumulationen" hinausgehen können, weil man nicht irgendwo investieren kann, was man noch nicht besitzt. Es ist auch ziemlich klar, daß sich die Orientierung auf die Industrialisierung im Programm der Ideologen des Proletariats bei den Ideologen jener Schichten der Bauernschaft, die, wie Professor Kondrat'ev selbst zugegeben hat, sich in unserer Praxis so leicht mit den Kulaken mischen, immer als eine Orientierung auf „Überindustrialisierung" darstellen wird.

Wir möchten lediglich bemerken, daß die psychologische Theorie von der „Entartung" unserer Orientierung auf die Industrialisierung in unserem sowjetischen Aufbau zur Orientierung auf eine Überindustrialisierung den schwächsten Punkt in der „ökonomischen" Analyse unseres Professors darstellt, denn sie wurde absolut durch nichts begründet.

Einzelne Personen können natürlich leicht von der Industrialisierung sowohl in Richtung auf eine Überindustrialisierung als auch einer Agrarisierung abweichen. Doch auch diese Abweichungen sind durchaus nicht zufällig. Die Ideologen der „werktätigen" Bauernschaft z. B. kriegt man auf keinen anderen Weg als auf den der Agrarisierung.

Die sowjetische Politik wird jedoch in ihrer Gesamtheit letzten Endes nicht durch einzelne Personen, sondern durch eine bestimmte Klasse bestimmt. Was kann aber eine ganze Klasse zu Handlungen bewegen, die ihren Interessen widersprechen?

Natürlich, wenn Professor Kondrat'ev alle die wirtschaftlichen Schwierigkeiten, die in den letzten Jahren bei uns aufgetreten sind, einfach der ungeschickten Zusammensetzung oder einer unzureichenden Organisation unserer Planungsorgane zuschreiben würde, dann brauchten wir mit ihm nicht zu streiten. Professor Kondrat'ev sagt ja selbst: „Die Planung der Volkswirtschaft ist nicht nur eine neue, sondern zugleich eine außerordentlich schwierige Sache. Wir kennen weder Menschen noch Einrichtungen, die über die Gabe des absoluten Wissens und der Voraussicht verfügen würden, um keine Fehler zu machen".

Unsere Planungsorgane prätendieren natürlich nicht auf die Unfehlbarkeit des Papstes. Doch im vorliegenden Falle geht der Streit um solche „Fehler", die durchaus nicht mit Unzulänglichkeiten unserer Planungsmethoden oder einer unbefriedigenden Zusammensetzung der Planungsorgane zusammenhängen. In Zweifel gezogen wird die Zielorientierung der Planung auf die Industrialisierung des Landes selbst, für die man die Verantwortlichkeit durchaus nicht den Planungsorganen allein auferlegen kann.

Freilich, Professor Kondrat'ev tauscht zu dem ihm erforderlichen Zeitpunkt sehr geschickt den Begriff der Industrialisierung gegen das Wort „Überindustrialisierung" aus. Doch dadurch wird die Sache nicht anders, denn er gebraucht dieses Wort nicht, um die Abweichungen einzelner Genossen in Richtung auf eine Überindustrialisierung zu kennzeichnen, die bei uns überhaupt keine gesellschaftliche Anerkennung gefunden haben, sondern in Anwendung auf jenen faktischen Kurs auf die Industrialisierung, der bei uns vom Rat für Arbeit und Verteidigung und von der ganzen sowjetischen Öffentlichkeit verwirklicht wird.

Schon in den verschiedenen Termini, die sich auf ein und dieselbe Erscheinung beziehen, zeigt sich der Unterschied in der ideologischen Bewertung dieser Erscheinungen. *Die Epigonen der Volkstümlerbewegung erkennen die Politik nicht an, die wir auf dem Gebiet der Industrialisierung des Landes durchführen, darin liegt das Wesen des Streites* und nicht darin, wie man sie nennt.

Wie müßten sich diese ideologischen Meinungsverschiedenheiten in der Bewertung unserer Planungsmethoden widerspiegeln?

Wir haben das teilweise schon weiter oben gesehen. Wir haben uns nicht nur die Aufgabe der Industrialisierung des Landes gestellt, sondern in den letzten fünf Jahren durch bewußte planmäßige Anstrengungen auf diesem Gebiet bedeutende praktische Erfolge erzielt. „Unser wirtschaftlicher Aufschwung ist seinem Umfang nach grandios", kommt sogar Professor Kondrat'ev nicht umhin anzuerkennen. Doch er ist absolut nicht geneigt, diese aus jenen Möglichkeiten zu erklären, die uns die Oktoberrevolution eröffnet hat, die alle Kommandohöhen an der wirtschaftlichen Front in die Hände der Sowjetmacht gegeben hat und zum erstenmal in der Weltgeschichte die Bedingungen für eine bewußte planmäßige Leitung der gesellschaftlichen Wirtschaft geschaffen hat. Nach seiner Konzeption erzielten wir einen Aufschwung, weil wir *eine günstige Konjunktur* nutzten. Doch bei einer guten Konjunktur haben auch kapitalistische Länder keinen schlechten Aufschwung. Wozu soll man hier die Revolution einflechten und die durch sie geschaffenen Planungsmöglichkeiten? Um so mehr, als durch unsere Planung bis jetzt dabei nur Disproportionen und Schwierigkeiten herausgekommen sind.

In dem von Professor Kondrat'ev berichtigten Stenogramm seines Vortrages lesen wir: „Wenn eine der Hauptvoraussetzungen unseres Aufschwungs die Finanzierung unserer Wirtschaft war, die sich hauptsächlich durch den Zustrom neuer Geldmittel und neuer Kredite auf der Grundlage der Ausgabe neuen Geldes entfalteten, so lagen darin zugleich die Stärke und die Schwäche unseres Aufschwunges. *Die Stärke insofern, als wir sozusagen „die Konjunktur nutzten"* und – indem wir Geld herausgaben – die Volkswirtsschaft zu finanzieren vermochten, und zwar *nur deshalb, weil die Kanäle der volkswirtschaftlichen Zirkulation bis zur Zeit der NÖP vollständig leer geworden waren*, deshalb, weil wir mit den ersten Schritten unseres allgemeinen Aufschwunges und des Aufschwunges unseres Warenumlaufs die Möglichkeit erhielten, die Emission ohne Verlust an Kaufkraft des Geldes zu erweitern. Die Schwäche insofern, als diese Möglichkeit streng begrenzt war, und ihre Grenzen leicht zu überschreiten waren" [14].

Welche Tiefe der ökonomischen Analyse! Bisher haben wir gedacht, daß aus nichts mit keinerlei Methoden etwas zu holen sei. Doch nun erweist es sich, daß aus leeren Zirkulationskanälen ganz leicht, wenn man es kann, gleichsam wie aus einem Füllhorn sogar ein grandioser Wirtschaftsaufschwung herauszuholen ist. Und das war, nach dem Zeugnis unseres Kritikers, *allein deshalb* möglich, weil die Kanäle der Zirkulation *vollständig leer* geworden waren. Nur deshalb! Das ist erstaunlich. Kann man aus den normalen Kanälen des menschlichen Denkens eine reichere und glänzendere Idee hervorbringen, oder war es – in Übereinstimmung mit der angeführten Theorie – erforderlich, daß sie vorher in den Zustand des absoluten torricellischen Vakuums gebracht wurden?

Wenn aber Professor Kondrat'ev schon bei der Erklärung unseres wirtschaftlichen Aufschwungs kaum erreichbare Rekorde tiefschürfenden ökonomischen Denkens aufstellte, indem er seine Theorie der bereichernden Leere schuf, so schlägt er auf dem Gebiet der ökonomischen Analyse unserer Schwierigkeiten seine eigenen Rekorde. Wir wissen bereits, daß unser wirtschaftlicher Aufschwung nach Meinung von Professor Kondrat'ev

[14] Hervorhebungen von Strumilin.

von einer Überanspannung unserer Ressourcen begleitet war. Anders gesagt, das beobachtete Wachstum der Industrie war nicht die natürliche gesunde Frucht unserer wirtschaftlichen Wiedergeburt; es war ein *künstlich durch unsere fehlerhafte Politik aufgepeitschtes Wachstum*, das mit schweren Folgen schwanger ging.

In dieser Fragestellung ist noch nichts Neues enthalten. Auch in den alten Zeiten haben die Volkstümler immer etwa in dieser Weise die Fortschritte der Industrialisierung beurteilt. Doch im weiteren findet sich schon etwas Originelles. Nachdem er einige Disproportionen und Schwierigkeiten, die in unserer Wirtschaft während des abgelaufenen Jahrfünfts zu beobachten waren, festgestellt hatte, fragt unser Kritiker: Woher sind diese gekommen? „Hätten sie auftreten können unter rein spontanen Marktbedingungen?" Und er antwortet: „*Nein, sie hätten es nicht gekonnt.* Sie hätten *deshalb* nicht auftreten können, *weil im Prozeß der Marktkonkurrenz* um diesen oder jenen Preis, vielleicht um einen sehr hohen Preis, solche Erscheinungen wie die *Nichtübereinstimmung* zwischen unseren und den Weltmarktpreisen, zwischen der Nachfrage nach Waren und dem Warenangebot, zwischen der Höhe der Investitionen und der Akkumulationen usw. *wiederhergestellt worden wären.* Es ist offensichtlich, daß hier irgendwelche anderen Kräfte gewirkt haben. Diese Kräfte kann man bei uns nur mit der Einwirkung von Maßnahmen planmäßigen Charakters auf die Volkswirtschaft in Verbindung bringen, mit Maßnahmen, die im Rahmen der *Leitung* der Volkswirtschaft durchgeführt werden."[15]

Folglich könnten dort, wo die Marktanarchie herrscht, das heißt, sagen wir in der kapitalistischen Gesellschaft, keinerlei wirtschaftliche Disproportionen auftreten, doch bei uns, wo sie vorkommen, kann man sie *nur* aus Planungsmaßnahmen erklären, nur aus der planmäßigen Leitung der Wirtschaft. Das ist nun schon fürwahr neu und originell. Bis zu solch einer naiven Apologetik der Marktanarchie als Regulator der Volkswirtschaft ist wahrscheinlich bis heute niemand vorgedrungen. Hier wurden durch unsere Epigonen alle Rekorde gebrochen. Wie! Gibt es etwa in der kapitalistischen Gesellschaft nicht gewaltigste Wirtschaftskrisen und Disproportionen? Und treten sie nicht gerade deshalb auf, weil dort statt des Planes die zügellose Spontaneität der Konkurrenz und Anarchie der Produktion herrscht? Haben wir etwa in der sowjetischen Wirtschaft unter den Bedingungen der NÖP bereits die Marktanarchie zu 100% durch planmäßige Leitung beherrscht? Wieso kann es bei uns nicht noch Schwierigkeiten geben, die aus rein anarchischen Bedingungen des Marktes entspringen?

Die professorale Logik unseres Kritikers ist sehr erfindungsreich. Störungen des wirtschaftlichen Gleichgewichtes anarchischer Herkunft können in Übereinstimmung mit dieser Logik *deshalb* nicht auftreten, weil derartige Störungen im Prozeß der Marktkonkurrenz früher oder später beseitigt würden. Doch wie kann beseitigt werden, was nicht sein „konnte" oder nicht war? Das ist offensichtlich eine Aufgabe von der Art, wie aus nichts etwas zu schaffen ist, wie aus leeren Zirkulationskanälen ein wirtschaftlicher Aufschwung des Landes hervorzubringen ist und ähnliche „Perlen und Diamanten" professoralen Tiefsinns.

Noch eine Perle offenbart das folgende Beispiel einer „Verallgemeinerung" unseres Professors. Während er seine These vorträgt, daß im Jahrfünft des wirtschaftlichen Aufschwunges „verschiedene Grundelemente unserer Volkswirtschaft in diesem Prozeß des Aufschwunges ungleichmäßig gewachsen sind" und daß im besonderen die Akkumulation bei uns hinter der Produktion zurückblieb und die Produktion hinter dem Verbrauch, stellt unser Professor fest: „Nun gestatten Sie den Versuch, einige Verallgemeinerungen

[15] Wir zitieren nach dem vom Vortragenden durchgesehenen und korrigierten Stenogramm seines Vortrages. Hervorhebungen hier und weiterhin von Strumilin.

zu treffen. Wenn Sie wollen, ergibt sich aus der vorangegangenen Darlegung das Bild einer gewissen *Umkehrung der Verhältnisse* im Wachstum einzelner Elemente unserer Wirtschaft. In der Tat, man hätte es *natürlich* erwarten müssen, daß bei der Entwicklung der Wirtschaft der Verbrauch langsamer wachsen wird als die Produktion und die Produktion wiederum langsamer als die Akkumulation. In der abgelaufenen Zeit, *während der Zeit des Wiederherstellungsprozesses*, stoßen wir bei uns auf umgekehrte Verhältnisse." Und weiter schließt Professor Kondrat'ev, der diese Besonderheiten durchaus nicht mit den Bedingungen des Wiederherstellungsprozesses in Verbindung bringt, daß derartige „Veränderungen in den Wechselbeziehungen", wenn sie nicht zufällig sind und grundlegenden Charakter tragen, „Störungen im Gleichgewicht der Volkswirtschaft und wirtschaftliche Schwierigkeiten hervorbringen müssen." Unterdessen ist das durchaus nicht so. Bereits während der Diskussion zum Vortrag Professor Kondrat'evs hat ihn L. N. Kricman darauf hingewiesen, daß gerade jene Wechselbeziehungen, wie sie beobachtet wurden, für den Wiederherstellungsprozeß vollkommen „natürlich" sind. Denn Grundfonds hatten wir in dieser Periode im Überfluß, uns fehlten zu ihrer Belebung nur die Umlaufmittel. Deshalb genügte uns eine unbedeutende Akkumulation dieser Mittel, um einen unverhältnismäßig großen Produktionseffekt hervorzurufen. Das bedeutet, daß die Produktion die Akkumulation übertreffen mußte. Professor Kondrat'ev aber dreht dieses Verhältnis um und formuliert es anders: Die Akkumulation bleibt hinter der Produktion zurück. Und in dieser verdrehten Formulierung nimmt er sie als Ausdruck für die Störung irgendeines Gleichgewichts. Genauso lagen die Dinge auch hinsichtlich des Zurückbleibens des Produktionswachstums gegenüber dem Verbrauch. Solange die Grundfonds im Überfluß vorhanden waren, ging fast die gesamte Ausweitung der Produktion in Richtung auf die Herstellung von Existenzmitteln. Das Tempo, in dem sich die Produktion von Stoffen, Kleidung, Nahrungs- und Genußmitteln und dergleichen ausweitete, war höher als das *durchschnittliche* Tempo der Produktionsausdehnung in den gesamten Zweigen der Produktion. Gerade das gewährleistete das Anwachsen des persönlichen Konsums überhaupt und der Löhne im besonderen, wobei dieser sogar im Vergleich zum allgemeinen Wachstum der Produktion *insgesamt*, einschließlich der Produktion von Produktionsmitteln, etwas vorauseilte.

Wenn unser Forscher das nicht begriffen hat und vorschlägt, Erscheinungen, die für den Wiederherstellungsprozeß völlig normal sind, als Erscheinungen zu betrachten, die zur *Störung* des wirtschaftlichen Gleichgewichts führen, dann hat er rein gar nichts von dieser Sache verstanden und alles auf den Kopf gestellt. Für den Wiederherstellungsprozeß wurde doch gerade dieser Begriff gewählt, weil er dazu bestimmt war, das gestörte Gleichgewicht in den Beziehungen zwischen der Produktion von Produktionsmitteln und dem Arbeitslohn, zwischen den Grund- und Umlauffonds usw. wiederherzustellen. Und wenn einige dieser Elemente während des Krieges und der Revolution stärker gelitten haben als andere, dann wäre es doch lachhaft, wenn man ihr *gleichmäßiges* Wachstum im Interesse der Wiederherstellung des Gleichgewichtes fordern wollte.

Nein, wir können uns mit derartigen Analysen nicht zufriedengeben. Wir selbst gehen an die Erklärung der Ursachen unseres Aufschwungs und unserer Schwierigkeiten völlig anders heran.

Es genügt, sich an das Anfangsdatum unseres wirtschaftlichen Aufschwunges, an das Wirtschaftsjahr 1921/22 zu erinnern, um sogleich derartige Erklärungen von ihm zurückzuweisen, die diesen mit den Folgen der Geldreform und dem wohltätigen Einfluß der Geldemission in Verbindung bringen. Der Tscherwonez kam erst zu Beginn des Jahres 1923 in Gebrauch, und das Sowjetische Geldzeichen (der Sowsnak) wurde erst ab März 1924 aus dem Verkehr gezogen. Unterdessen konnten wir aber bereits im ersten Jahr unserer Planungstätigkeit, das heißt im Wirtschaftsjahr 1921/22, trotz der in diesem Jahr im Lande herrschenden außergewöhnlichen Mißernte, die Industrieproduktion der UdSSR um 36% steigern, die Arbeitsproduktivität sogar insgesamt um 52%. Einen solchen Produktivitätszuwachs konnten wir in den folgenden Jahren, trotz Geldreform und anderer Erfolge, niemals wieder beobachten. Es fragt sich, wie Professor Kondrat'ev diesen ersten Sprung in der Arbeitsproduktivität, der am Beginn unseres wirtschaftlichen Aufschwungs erzielt wurde, erklären will? Aus der Geldreform läßt er sich nicht erklären. Doch aus unseren Planungsmaßnahmen erklärt er sich sehr einfach.

Wie bekannt, nahm die Staatliche Plankommission der UdSSR erst ab April 1921 ihre Tätigkeit auf. Doch schon in ihrem ersten Plan, der vom Rat für Arbeit und Verteidigung am 28. September des gleichen Jahres bestätigt wurde, war eine neue Politik auf dem Gebiet der Nutzung unserer damals äußerst bescheidenen Getreideressourcen und auf dem Gebiet der Entlohnung der Arbeit festgelegt worden. Die Anzahl der staatlichen Kostgänger wurde nach diesem Plan sofort von 35 Mill. auf 7 Mill. herabgesetzt, gleichzeitig ist der effektive Arbeitslohn für die Produktionsarbeiter fast auf das Dreifache erhöht worden. Die Arbeitsproduktivität stieg bereits im ersten Quartal desselben Jahres überall sprunghaft an. Das aber sicherte die Möglichkeiten für die weitere Erhöhung der Löhne und der Arbeitsproduktivität, für eine erhöhte Auslastung des Transportwesens, für die Ausweitung des Warenumlaufes und für höhere Emissionen usw. usf.[16]

Wenn man die Perspektiven nicht verzerren will, dann muß man anerkennen, daß die planmäßige Regulierung der Wirtschaft einer der grundlegenden Faktoren für jenen Aufschwung war, der sich bei uns vom ersten Jahr an nach der Beendigung des Bürgerkrieges und der Verkündung der Grundlagen der Neuen Ökonomischen Politik klar abzeichnete. Man darf schließlich nicht vergessen, daß die NÖP bei uns nicht nur eine Entfaltung der Marktanarchie darstellte, sondern daß sie auch in einen bestimmten Rahmen gedrängt wurde. Markt + Plan, das ist die Formel der NÖP.

Woher kommen aber, so wird man uns jetzt fragen, unsere wirtschaftlichen Schwierigkeiten in der Gestalt der Warenknappheit, der steigenden Handelsaufschläge, der berüchtigten „Preisscheren" zwischen der städtischen und der ländlichen Produktion, unserer Valuta- und Exportschwierigkeiten und dergleichen, wenn ihr nicht bereit seid, diese Planungsfehlern und Fehlrechnungen zuzuschreiben? Darauf müßte man so antworten. Wir veneinen durchaus nicht den Einfluß von Planungsfehlern auf das Entstehen oder die Verstärkung vieler unserer Schwierigkeiten, besonders nicht an jenen Abschnitten der Planungsfront, an denen solche erprobten „Freunde" der Industrialisierung und der Planung überhaupt, wie unsere Epigonen der Volkstümlerbewegung, sich betätigen und ihren Einfluß geltend machen. *Doch in weit höherem Grade erklären sich unsere Schwierigkeiten aus dem Fehlen der planmäßigen Leitung auf vielen Gebieten der Wirtschaft oder aus der unzureichenden Aufmerksamkeit gegenüber der Planungstätigkeit und ihren Anforderungen.*

Manchmal haben wir Marxisten im Streit mit den alten Volkstümlern die These vertreten, daß Rußland in wesentlich höherem Grade unter der unzureichenden Entwicklung der kapitalistischen Verhältnisse im Lande leidet als unter deren Entwicklung. Jetzt können wir diese These, indem wir uns an die Adresse ihrer Epigonen wenden, wie folgt abwandeln: Die UdSSR *leidet in weit höherem Grade unter der unzureichenden Entwicklung des Systems der planmäßigen Leitung der Volkswirtschaft und unter dem Fehlen der Plandisziplin im Lande als unter möglichen Fehlgriffen und Fehlrechnungen auf diesem Gebiet.*

16 S. G. Strumilin, An der wirtschaftlichen Front, Sammelband von Artikeln (1921–1925), Moskau-Leningrad 1925, S. 330.

Um nicht unmotiviert zu bleiben, möchten wir uns noch einmal den Erfahrungen aus unseren Kontrollziffern für das Wirtschaftsjahr 1925/26 zuwenden. Sie waren nicht frei von gewissen Mängeln, und dennoch war das ein System von Daten und innerlich untereinander verbundenen Maßnahmen. Natürlich hoffen wir, daß unsere Wirtschaftspläne irgendwann einmal von allen, allein schon wegen ihrer inneren Überzeugungskraft und Autorität, ausgeführt werden. Doch vorerst ist das noch nicht der Fall. Weil sie aber nicht durch die feste Autorität der Macht sanktioniert waren, blieben die Direktiven dieser Daten zum großen Teil unausgeführt. Gleichzeitig wissen wir, daß dieses Wirtschaftsjahr ein Jahr war, das zur Verschärfung einer ganzen Reihe von wirtschaftlichen Schwierigkeiten führte. Fragen wir uns doch, ob diese Schwierigkeiten größer oder kleiner gewesen wären, wenn alle Direktiven dieses Plans zur Ausführung angenommen worden wären?

Die größte Schwierigkeit des Jahres 1925/26 war, wie bekannt, der Warenhunger nach Produkten der Industrie. Diese grundlegende Disproportion zwischen der Produktion der Stadt und des Dorfes, die unserer Ansicht nach die Ursache für diesen Hunger ist, kann man unmöglich im Verlaufe eines Jahres beseitigen. Doch in unserem Plan haben wir uns bemüht, sie zu mildern. Eben zu diesem Zweck enthielt unser Plan eine Direktive zur Begrenzung der nominellen Steigerung des Lohnes auf nicht mehr als 8,6% (ohne Steigerung der Wohnungsmieten) oder um 16% (um 6 Rubel 50 Kopeken im Monat) unter der Bedingung, daß im Zusammenhang damit die Wohnungsmiete der Arbeiter auf das *Doppelte* erhöht wird, um sie an die Selbstkosten für die Erhaltung der Wohnungen heranzuführen. Diese Direktive wurde nicht erfüllt. Der Nominallohn der Industriearbeiter stieg tatsächlich um 24%, die Wohnungsmiete dagegen nur um 5%. Damit erhöhte sich die kauffähige Nachfrage des städtischen Proletariats gegenüber dem Plan um etwa 14%, das heißt um einen Betrag von über 600 Mill. Rubel. Es fragt sich, ob diese Abweichung von den Direktiven des Planes den Warenhunger vergrößern mußte. Aber natürlich. War diese Direktive erfüllbar? Ja. Wenn man nach den Erfahrungen des darauffolgenden Wirtschaftsjahres 1926/27 urteilt, so werden Direktiven dieser Art erfüllt, wenn sie von Instanzen mit hinreichender Autorität ausgehen.

Wer hat aber hier einen Fehler gemacht? Die Antwort ist klar. Wenn der Plan nur eine Prognose sein soll, dann ist das hier ein offensichtlicher Fehler des Plans. Wenn aber der Plan eine Direktive ist, dann besteht unser ganzer Jammer darin, daß wir zum erforderlichen Zeitpunkt ohne diese Direktive waren.

Wenden wir uns numehr der folgenden Direktive zu. Nach den Kontrollziffern sollten die Abgabepreise für die Industrieerzeugnisse um 9% gesenkt werden, was angesichts der guten Ernte ermöglicht hätte, auch die landwirtschaftlichen Preise um etwa 8% zu senken. In Wirklichkeit aber erhöhten sich die Industriepreise um 4,4%, als Folge davon erfuhren auch die landwirtschaftlichen Preise statt einer Senkung eine Erhöhung um 2,6%. Die „Schere“ zwischen diesen Preisen, die sich um 2 Punkte schließen sollte, vergrößerte sich statt dessen weiter von 115 auf 117 Punkte. Das schlug natürlich sowohl auf den Arbeiterhaushalt, denn es hob die ganze nominelle Überbietung des Planes auf diesem Gebiet der Entlohnung auf, als auch auf den bäuerlichen Haushalt, indem es dessen Kaufkraft verminderte.

Es fragt sich, muß man derartige Abweichungen vom Plan positiv oder negativ werten? Natürlich negativ. Weder die allgemeine Preiserhöhung noch die weitere Öffnung der „Preisschere“ konnten uns von irgendeinem Gesichtspunkt aus erwünscht sein. Doch möglicherweise hatten wir nicht die Macht, auf die Preise einzuwirken? Nein, auch das trifft nicht zu. Die Erfahrung bei der Senkung sowohl der Großhandels- als auch der Einzelhandelspreise im Jahre 1927 bestätigt uns klar, daß wir über solche Möglichkeiten verfügen. Freilich ist das keine leichte Aufgabe, selbst wenn eine hinreichende Zielstrebigkeit bei allen kompetenten Organen in dieser Richtung besteht. Gab es aber eine solche Zielstrebigkeit im Wirtschaftsjahr 1925/26? Nein, die gab es nicht. Die Direktive der Staatlichen Plankommission zur Senkung der Preise wurde im Grunde von niemandem bestätigt. Im Gegenteil, so einflußreiche Ökonomen wie Pjatakov, Smirnov und andere führten sogar eine recht energische Agitation für die Erhöhung der Preise. Im allgemeinen aber blieben wir an dieser Front *ohne Plan*. Im Ergebnis dessen hat uns die Marktanarchie, unterstützt von unserem Fehler an der Front des Arbeitslohnes, auf ihre Weise „reguliert". Und wieder ist es so, wenn man den Plan als eine Prognose ansieht, dann müßten wir von einem Fehler des Planes sprechen, doch wenn der Plan auf diesem Gebiet als Direktive dienen kann und muß, dann muß man hier den Fehler eher im *Fehlen* eines festen Planes und in der Kapitulation vor der Anarchie sehen.

Gehen wir weiter. Die Erhöhung der Industriepreise gegenüber dem Plan hätte unausweichlich auch die Akkumulationsrate der Industrie um Hunderte von Millionen erhöhen müssen. Das aber müßte zu einem sinkenden Bedarf an Bankkrediten und Emissionen führen. Tatsächlich können wir „Fehlrechnungen" in den Kontrollziffern bei allen diesen Positionen konstatieren. Wovon zeugen aber derartige Fehlrechnungen? Doch nur davon, daß wir in diesen Daten, die für die Leitung nicht benutzt wurden, über ein wirklich gutdurchdachtes *System* von Aufgaben verfügten. Wenn dieses aber in einem Glied einen Schaden erleidet, dann mußte sich das unausweichlich auch auf alle anderen Glieder der Kette auswirken. Ein großer Teil der Schwierigkeiten in diesem Jahr ergab sich somit nicht daraus, daß wir einen schlechten Plan hatten, sondern im wesentlichen daraus, daß wir *nicht* über einen kompletten Plan verfügen.

Unsere Fehlrechnungen sind von diesem Standpunkt her außerordentlich lehrreich. Doch noch lehrreicher ist vielleicht, wenn man von den zweitrangigen Elementen des Planes, die im Wirtschaftsjahr 1925/26 ohne jegliche Sanktion geblieben sind, einmal absieht und die Aufmerksamkeit nur auf jene Hauptaufgaben – auf dem Gebiet des Umfanges der Industrieproduktion, der Auslastung des Transportwesens, der Investitionen, des Staatshaushaltes und dergleichen – richtet, die als *Einzelpläne* die erforderliche Sanktion der Macht erhalten hatten, daß sich dann erweist, daß nicht eine Aufgabe darunter war, die sich als nicht durchführbar für unsere Republik erwiesen hätte.

Gestützt auf diese Erfahrungen, zweifeln wir nicht daran, daß wir auch in Zukunft die umfassendsten Wirtschaftspläne nicht nur projektieren, sondern auch realisieren können, so sehr uns die Anhänger der Marktanarchie mit ihrem Skeptizismus auch dämpfen mögen. Wenn nämlich letzten Endes jede Epoche sich konkret nur lösbare Aufgaben stellt, so gilt das in besonderem Maße für unsere Epoche der Diktatur des Proletariats, die nicht nur in der Theorie, sondern bereits im praktischen Leben die großen Aufgaben der Planung auf die Tagesordnung gesetzt hat.

Die Erfahrungen der letzten Jahre haben uns wiederholt gezeigt, daß nicht Fehlrechnungen des Planes, sondern die *Planlosigkeit* die ernsteste Bedrohung des sozialistischen Aufbaus darstellt.

3.4. An der ökonomischen Front

Der Streit über die Vergangenheit verliert immer viel von seiner Schärfe, wenn wir zur Lösung der Gegenwartsaufgaben übergehen. Das Vergangene holt man ohnehin nicht zurück, doch das Geschick der Gegenwart kann man noch in diese oder jene Richtung lenken. Gerade deshalb lenkte der Fünfjahrplan der Staatlichen Plankommission, der ein bestimmtes Programm der ökonomischen Politik für eine ganze Reihe von Jahren im voraus festlegt, außerordentlich lebhaft die Aufmerksamkeit nicht nur unserer ideologischen Freunde, sondern auch der Feinde auf sich. Um dieses Programm mußte man die hartnäckigsten ideologischen Kämpfe verschiedener Strömungen erwarten. Diese Kämpfe entbrennen nunmehr auf der ganzen Linie. Allen anderen Kämpfern, die unseren Fünfjahrplan attackieren, gingen, wie das auch zu erwarten war, die Professoren Kondrat'ev und Makarov voran[17]. Unsere Zielsetzung auf die Industrialisierung befriedigt sie schon ganz und gar nicht. Es fragt sich, was sie ihr entgegensetzen? Was ist ihre eigene ökonomische Plattform? Es versteht sich von selbst, daß sie auch nicht „gegen" die Industrialisierung im allgemeinen sind. Sie sind nur gegen die „Übertreibungen des Industrialismus". „Gegen die Orientierung auf die Industrialisierung als solche", versichert uns Professor Kondrat'ev, „kann es natürlich keinerlei Einwände geben."[18] Es geht schließlich nicht um Worte, sondern um jene konkreten Zahlenmaßstäbe der Industrialisierung, die in dem einen oder dem anderen Plan vorgesehen sind.

Eben gerade zu diesen konkreten Zahlen übergehend, nach denen sich die Industrieproduktion im Verlaufe der fünf Jahre um 69,3% erhöht, während zur gleichen Zeit die Landwirtschaft nur um 24,1% wächst, und nach denen von der Gesamtsumme der staatlichen Investitionen in Höhe von 17,6 Milliarden Rubel auf die Industrie 32,3% entfallen, während der Anteil der Landwirtschaft nur 6,8% beträgt, stellt Professor Kondrat'ev seine Resolution auf:

„Diese wenigen summarischen Zahlen geben eine allgemeine Vorstellung von dem beabsichtigten Entwicklungstempo der Volkswirtschaft und von der projektierten Umverteilung der Produktivkräfte. Sie gestatten es anzuerkennen, daß das *Projekt des Plans sich hinreichend stark auf die Industrialisierung des Landes orientiert*".[19]

Wir wären geneigt, diese Bewertung unseres Planes als das beste Lob zu betrachten. Die Frage *hinreichend* scharf stellen, das ist es gerade, was wir wollen. Wenn wir sie zu weich oder *übermäßig* hart gestellt hätten, wäre das schlechter. Dennoch befriedigt unsere Fragestellung Professor Kondrat'ev durchaus nicht. Sie befriedigt ihn nicht gerade wegen ihrer „Schärfe" oder ihres „Extremismus", nicht aber wegen irgendwelcher anderer Qualitäten.

Die grundlegende Prämisse, von der er sich bei der Kritik an unseren Planperspektiven leiten läßt, ist die gleiche, die er auch bei der Analyse unserer Planungserfahrungen in der Vergangenheit anwandte. Sie reduziert sich darauf, daß wir ein unsere Kräfte übersteigendes Tempo der Industrialisierung anschlagen würden, das dem uns möglichen Akkumulationszuwachs nicht entspräche und daher unreal sei. Zum Beweis dafür führt er sowohl allgemeine Überlegungen als auch einige Zahlenbeispiele an. Wir wollen uns bemühen, sowohl die einen als auch die anderen hier einzuschätzen.

[17] Siehe deren Auftreten auf dem 2. Kongreß der Planer im März 1927, in: Planovoe chozjajstvo, 4/1927 und 5/1927.

[18] In: Planovoe chozjajstvo, 4/1927, S. 7.

[19] Ebenda, S. 8.

Wir wollen hier nur nicht auf jene Bemerkung von Professor Kondrat'ev eingehen, wo gesagt wird, daß wir „*keinerlei* Begründung unserer Akkumulationszahlen" geben würden. Professor Kondrat'ev war mit dieser Bemerkung etwas zu voreilig, denn als er sie aussprach, hatte er nur meinen Einleitungsartikel zu der kollektiven Arbeit in den Händen, die 700 Seiten umfaßt und unseren Entwurf für den Fünfjahrplan darstellt. In diesem Band findet unser Kritiker hinreichende Berechnungen, die die von uns projektierten Akkumulationsdaten für die verschiedenen Wirtschaftszweige begründen. Es ist ziemlich wahrscheinlich, daß diese ihn nicht befriedigen werden, weil wir es auch bei der Projektierung der Akkumulationen für möglich halten, nicht nur den Weg der Voraussicht, sondern auch den Weg der Vorgabe zu beschreiten. Doch wenn ihn unsere Berechnungen nicht befriedigen, so mag er seine ‚befriedigenderen' vorlegen. Dann wird zu ersehen sein, wer recht hat. Vorerst aber halten wir es auf alle Fälle für überflüssig, auf kritische Bemerkungen von der Art einzugehen, die nur bezeugen, daß unser Kritiker sich noch nicht die Arbeit gemacht hat, sich mit jenem Plan bekannt zu machen, den er heftig bestreitet.

Wenden wir uns darum sogleich dem gewichtigsten Argument aus dem Arsenal von Professor Kondrat'ev zu, einem Argument mit Tatsachencharakter.

„Uns scheint, daß S. G. Strumilin die Ausgangsdaten für die Akkumulation, das heißt die Akkumulation im Wirtschaftsjahr 1925/26, offensichtlich überhöht hat. Er bestimmt die industrielle Akkumulation einschließlich Amortisationen im Betrag von 889 Mill. Rubel. Unterdessen wird diese nach anderen Quellen zahlenmäßig etwa in Höhe von 747 bis 814 Mill. Rubel errechnet. Nachdem er schon die Ausgangswerte zu hoch ansetzte, mußte er allein schon kraft dieser Tatsache die Akkumulation für die folgenden Jahre überhöhen."[20]

Das angeführte Argument sieht sehr solide aus. Es werden auch die „anderen Quellen", nämlich die „Erläuterungen zum Haushalt 1926/27" und der Industrie- und Finanzplan des Obersten Volkswirtschaftsrates genannt. Doch charakteristisch ist schon die Auswahl dieser Quellen. Obwohl der Autor im April 1927 über Daten des Wirtschaftsjahres 1925/26 schreibt, stützt er sich im Bestreben, unsere Planungsvorstellungen bloßzustellen, auf Annahmen des Obersten Volkswirtschaftsrates und auf „*Berechnungen*" aus den Erläuterungen des Volkskommissariats für Finanzen. Warum aber sollte man sich zur Klärung einer solchen Frage nicht den *Berichtsdaten* über das längst vergangene Wirtschaftsjahr 1925/26 zuwenden? Diese Daten sind bereits bekanntgegeben worden, zum Beispiel auf dem IV. Sowjetkongreß im Bericht des Vorsitzenden des Obersten Volkswirtschaftsrates, V. V. Kujbyšev. Doch wovon zeugen diese?

„Bei der Aufstellung des Planes für das Wirtschaftsjahr 1925/26 *wurde unterstellt*", so heißt es in den Materialien zu diesem Bericht, „daß die Gesamtsumme des Gewinns einschließlich der Amortisationen insgesamt 730 Mill. betragen wird. Als der Plan für das Wirtschaftsjahr 1926/27 aufgestellt wurde, war der Umfang des Gewinns einschließlich der Amortisationen nach Angaben der Trusts für 1925/26 in Höhe von 814 Mill. Rubel *berechnet* worden. Heute kann man auf der Grundlage der *Berichtsdaten* (bedauerlicherweise sind sie noch nicht vollständig) mit Bestimmtheit sagen, daß der Gesamtumfang der Akkumulationen innerhalb der Industrie für das Wirtschaftsjahr 1925/26 etwa 900 Mill. Rubel betrug".[21]

[20] Ebenda, S. 15.

[21] Vgl. Die Industrie der UdSSR bis zum IV. Sowjetkongreß. Materialien zum Bericht des Vorsitzenden des Obersten Volkswirtschaftsrates der UdSSR, V. V. Kujbyšev, Moskau 1927, S. 20. Nach vollständigeren Ergebnissen wird diese Zahl bereits im Betrag von 928 Mill. Rubel

Unterstellen wir, daß Professor Kondrat'ev, als er unseren Plan kritisierte, diese Zahlen noch nicht bekannt waren, denn sie wurden erst im April 1927 veröffentlicht. Um so weniger konnten wir sie folglich bei der Zusammenstellung des kritisierten Fünfjahrplanes verwenden. Dennoch erwies sich unsere vorläufige Zahl von 889 Mill. Rubel als der Wirklichkeit am nächsten und war dabei durchaus nicht überhöht.

Welche Schlußfolgerung kann man daraus ziehen? Offenbar nur die, daß die anderen Quellen, die von Professor Kondrat'ev herangezogen wurden, um unsere Arbeit herabzusetzen, durchaus nicht dieser Bestimmung dienen können. Die *Prognose* in den Erläuterungen der Niederschrift des Volkskommissariats für Finanzen über ein Akkumulationsvolumen in Höhe von 747 Mill. Rubel kann durchaus nicht die Zahl von 889 Mill. Rubel aus dem Fünfjahrplan der Staatlichen Plankommission in Verruf bringen, selbst wenn dabei an dieser Prognose ein so bedeutender Spezialist dieser Sache wie Professor Kondrat'ev in seiner Eigenschaft als Leiter des Konjunkturinstitutes des Volkskommissariats für Finanzen teilgenommen hat, und zwar schon deshalb nicht, weil sie wie jede Prognose selbst noch der Bestätigung bedarf. Doch nachdem die Berichtsdaten erschienen sind, sind sie noch weniger geeignet, ihrem Zweck zu dienen. Professor Kondrat'ev hat diesen Umstand nicht berücksichtigt und geriet in eine nicht sehr angenehme Lage. Indem er im Jahre 1927 so unglückliche Prognosen über das Wirtschaftsjahr 1925/26 nutzte, um unsere Daten bloßzustellen, bewies er nebenbei, daß ihm jegliches Verständnis fehlt, und zwar nicht nur in bezug auf den heutigen und morgigen Tag im Rahmen einer normalen konjunkturellen Vorausschau, sondern selbst auf die Konjunktur des vergangenen Jahres im Rahmen einer sozusagen zurückschauenden Prognose, das heißt einer zurückdatierten Prognose.

Jeder, der wenigstens oberflächlich die Konjunktur der Industrie im Wirtschaftsjahr 1925/26 beobachtet hat, konnte ohne Mühe feststellen, daß sich diese Konjunktur in der Wirklichkeit wesentlich günstiger gestaltet, als das in den Plänen der Industrie unterstellt worden war. Es genügt zu sagen, daß anstelle der erwarteten Senkung der Preise in diesem Jahr eine Erhöhung eintrat. Bereits daraus kann man schließen, daß auch die vorläufigen Annahmen der Planung über die Akkumulation der Industrie in Wirklichkeit überschritten werden würden. Wir haben das auch in unserem Fünfjahrplan berücksichtigt. Doch der professionelle Konjunkturforscher, Professor Kondrat'ev, vergaß im kritischen Augenblick seine eigenen Spezialkenntnisse und verfiel selbst in einer rückläufigen Prognose über die Ergebnisse des *abgelaufenen* Jahres einem groben Fehler. Kann man sich unter diesen Bedingungen seinen Prognosen darüber, was in fünf Jahren sein oder nicht sein wird, besonders anvertrauen?

Professor Kondrat'ev wollte uns klarmachen, daß es eine solche Akkumulation, wie wir sie für den Zeitraum von fünf Jahren voraus projektiert haben, nicht geben wird, weil wir bereits die Ausgangsdaten für das Wirtschaftsjahr 1925/26 überhöht hätten. Doch zeigte sich, daß dieses erste Argument, milde ausgedrückt, mit der Wirklichkeit nicht übereinstimmt. Wenden wir uns dem nächsten zu.

Als zweites Argument, wenngleich dieses bei Professor Kondrat'ev an erster Stelle steht, betrachten wir seinen Hinweis auf die Vorkriegsrate der Akkumulation. „Es wird unterstellt", bemerkt er unter Hinweis auf die sehr groben Berechnungen von A. L. Vajnštejn „daß in der Vorkriegszeit in Rußland die Akkumulationsrate etwa 8,5% vom Nationaleinkommen betrug". Nachdem er dann diese Zahl den Daten im Fünfjahrplan gegenüberstellt, wonach die Akkumulationsrate allein für den staatlichen Sektor im Wirtschaftsjahr 1925/26

bestimmt, nicht gerechnet die Akkumulationen in den Syndikaten und Rohstofforganen des Obersten Volkswirtschaftsrates.

in Höhe von 8,7% und für das Wirtschaftsjahr 1930/31 in der Höhe von 12,6% des gesamten Nationaleinkommens bestimmt wird, folgert unser Kritiker: „Man kann sich schwer vorstellen, daß in einem Land, in dem das Realeinkommen niedriger liegt als vor dem Krieg, in dem die Einkommen außerordentlich nivelliert sind und in dem sich private Akkumulation mit deutlich vermindertem Tempo vollzieht, die Rate der Akkumulation höher sein soll als vor dem Krieg."[22]

In diesem Argument ist alles sehr leichtgewichtig. Beginnen wir mit der Zahl für die Akkumulation im Jahre 1913. Vajnštejn hatte sie gewonnen, indem er die überschlägigen Berechnungen von Professor Sobolev über die jährliche Akkumulation in den Vorkriegsjahren den Daten über das Nationaleinkommen von 1913 nach Prokopovič gegenüberstellte. Die Berechnungen von Professsor Sobolev ergeben dem Wesen nach nur den Zuwachs der Emissionen an Wertpapieren und der Einlagen der Kreditinstitute und widerspiegeln deshalb durchaus nicht den realen Zuwachs aller *Waren*-Werte im Lande. Der gesamte Zuwachs, der von Professor Sobolev errechnet wurde, ist auf insgesamt 1,5 Milliarden Rubel geschätzt worden. Doch er berücksichtigte überhaupt nicht zum Beispiel den Wertzuwachs bei den Immobilien in den Städten und Dörfern, den Zuwachs der Kapitalien in den Unternehmen der Industrie, des Handels, des Transportwesens, der kommunalen Einrichtungen usw. usf., die nicht in Form von Aktiengesellschaften organisiert sind. Allein die städtischen Immobilien wuchsen von 1904 bis 1914 bei uns von 11 auf 21 Milliarden Rubel, was einen Zuwachs von nicht weniger als 1 Milliarde pro Jahr ergibt. Damit vergrößert allein diese eine Korrektur die von Professor Sobolev errechnete Ziffer von 1,5 Milliarden auf 2,5 Milliarden Rubel pro Jahr, was im Verhältnis zum Nationaleinkommen in Höhe von 16,4 Milliarden Rubel bereits eine Rate von 15,2% ergibt. Die Ziffer von 8,5%, von der Professor Kondrat'ev ausgeht, ist somit vollkommen unzuverlässig.

Noch weniger zuverlässig ist jedoch seine Unterstellung, daß mit sinkender absoluter Größe des Nationaleinkommens auch die Rate der Akkumulation fallen müßte. Von wem und wo ist ein solches Gesetz aufgestellt worden? Der Wahrheit sehr viel näher ist die umgekehrte Annahme: daß mit dem absoluten Wachstum des Nationaleinkommens und damit auch des Volksvermögens die Rate der jährlichen Akkumulation sowohl im Verhältnis zum Einkommen als auch zum gesamten Volksvermögen sinken wird. Diese Annahme wird nicht nur durch die Erfahrungen der kapitalistischen Länder, zum Beispiel der Vereinigten Staaten von Amerika, bestätigt, sondern zu einem bestimmten Teil auch durch die ökonomische Theorie, die diese Erfahrungen verallgemeinert. Es sei an das allgemein bekannte Gesetz von der sinkenden Profitrate bei steigender organischer Zusammensetzung des Kapitals erinnert, das von K. Marx aufgestellt wurde.

Bedauerlicherweise sind jedoch die Gesetze von Marx bekanntlich nicht für unsere Epigonen des Volkstümlertums geschrieben worden. Sie stellen ihre eigenen Gesetze auf, und sie erachten es sogar für völlig überflüssig, irgendeine Begründung für die Behauptung abzugeben, daß die Rate der Akkumulation in der UdSSR im Wirtschaftsjahr 1925/26 niedriger sein müßte als vor dem Krieg, wenn das Nationaleinkommen der UdSSR, sagen wir, nur 95% des Vorkriegsstandes beträgt.

Schließlich verdient der Hinweis unseres Kritikers auf die Nivellierung und auf die Verlangsamung des Tempos der privaten Akkumulation in der UdSSR die Aufmerksamkeit. In welchem Maße sich diese Akkumulation verlangsamte, wissen wir nicht genau. Insbesondere, wenn man die Bauernschaft im Auge hat, so verläuft deren Akkumulation zum gegenwärtigen Zeitpunkt kaum mit vermindertem Tempo. Wenn jedoch von einer

[22] In: Planovoe chozjajstvo 4/1927, S. 14–15.

Verlangsamung der Akkumulation im *kapitalistischen Sektor* die Rede sein sollte, die im Zusammenhang mit einer recht erheblichen Reduzierung seines spezifischen Anteils im Lande steht, so ist das für ein Land, das den Sozialismus verwirklicht, recht natürlich. Unverständlich ist jedoch, wieso dadurch das von uns vorgesehene Akkumulationstempo im *staatlichen* Sektor in Verruf geraten kann. Es ist doch so, daß um so mehr für die staatliche Akkumulation verbleibt, je weniger vom Gesamtbetrag des Nationaleinkommens durch das Privatkapital abgezweigt wird. Letzten Endes bleibt von der ganzen Argumentation unseres Kritikers nur ein nackter psychologischer Fakt übrig. Professor Kondrat'ev kann „kaum zulassen", daß in einem Land wie der Union der Sozialistischen Sowjetrepubliken das Akkumulationstempo die Normen des kapitalistischen Rußlands übersteigen kann. Wir sind gern bereit, diese betrübliche Tatsache anzuerkennen, die für die pseudosozialistische Ideologie unserer Epigonen des Volkstümlertums so charakteristisch ist. Doch derartige Tatsachen können keine Argumente ersetzen.

Wirkliche Sozialisten können nicht daran zweifeln, daß die sozialistische Ordnung über ausreichende Vorzüge gegenüber der kapitalistischen im Tempo der Entfaltung ihrer Produktivkräfte, demzufolge auch im möglichen Akkumulationstempo, verfügt. Wenn wir aber im *ersten* Jahrfünft der Rekonstruktionsperiode an sich schon ein mehr als bescheidenes Akkumulationstempo projektieren, dann bedeutet das durchaus nicht, daß wir auf eine bedeutende Steigerung dieses Tempos in den nachfolgenden Jahren verzichten müßten. Im ersten Fünfjahrplan gibt es bei uns neben der Aufgabe der produktiven Akkumulation noch sehr viele andere Aufgaben. Wir haben eine ganze Reihe von Kinderkrankheiten unseres organisatorischen Wachstums noch nicht überwunden. Wir sind noch dabei, die planmäßige Leitung unserer Wirtschaft zu erlangen. Für uns ist die *qualitative* Rekonstruktion in der Nutzung der vorhandenen Ressourcen und Produktivkräfte des Landes vorerst noch bedeutend wichtiger als das *quantitative* Wachstum der Produktionsfonds. Wir streben nach den möglichen Fortschritten auf dem Gebiet der Vergesellschaftung dieser Ressourcen und bei der optimalen Umverteilung der Produktivkräfte. Wir müssen eine völlig störungsfreie Finanzierung der im Plan vorgesehenen Investitionen gewährleisten und schätzen daher unsere Möglichkeiten auf dem Gebiet der Akkumulation mit besonderer Vorsicht ein.

In der Tat, die Rentabilität der Fabrikindustrie lag im Jahre 1913 – nach den uns vorliegenden massenhaften Erhebungen – bei 13,1% im Verhältnis zum nominellen Grundkapital, während sie nach unserem Fünfjahrplan nicht in einem einzigen Jahr über 10,7% im Verhältnis zu den Grundfonds *ohne Boden* oder über 6% im Verhältnis zum Umsatz *ohne Akzise* hinauskommt.[23] Die Vorkriegsnormen würden, wenn wir sie mit den unseren vergleichbar machen, etwa 18% im Verhältnis zum *realen* Wert der Grundfonds (Gebäude und Ausrüstungen, ohne Boden) oder 12% im Verhältnis zum Umsatz ohne Akzise betragen, das heißt, sie würden fast doppelt so hoch wie die von uns projektierten sein. Wenn wir unsere Raten herabgesetzt haben, so haben wir die von uns vorgesehene Senkung der Preise und Erhöhung der Arbeitslöhne berücksichtigt, was im alten kapitalistischen Rußland nicht praktiziert wurde. Doch wie dem auch sei, wir gehen von so erheblich gegenüber dem Vorkriegsniveau gesenkten Raten der Rentabilität aus, daß wir eher den Vorwurf wegen einer überflüssigen Vorsicht als wegen einer Überhöhung dieser Raten verdienten. Und das gilt nicht nur in bezug auf die Industrie.

So erbrachte zum Beispiel der Vorkriegshandel in den Grenzen der UdSSR allein für die Handelseinrichtungen der ersten bis dritten Kategorie einen Gewinn von etwa 594

[23] S. Strumilin, Das Problem des Industriekapitals in der UdSSR, Moskau 1925, S. 13 und S. 35–39; Perspektiven der Entfaltung der Volkswirtschaft der UdSSR für 1926/27 bis 1930/31, Moskau 1927, S. 53 (Anlage).

Mill. Rubel, bei einem Umsatz von 8596 Mill. Rubel, das sind 6,9% vom Umsatz. Bei den größten zur Rechenschaft verpflichteten Unternehmen sank die Rate des besteuerten Gewinns auf 4,2% vom Umsatz. Doch in unserem Fünfjahrplan wird sie in keinem Jahr höher als bei 1,7% des Umsatzes liegen. Bei den Eisenbahnen erreichte das Reineinkommen im Jahre 1913 den Betrag von 484 Mill. Rubel bei einem nominalen Anlagenkapital von 7353 Mill. und einem realen (unter Abzug des Verschleißes) von 4693 Mill. Rubel, was eine Rate von 10,3% im Verhältnis zum realen Kapital und von 6,3% zum nominalen ergibt, doch nach unserem Fünfjahrplan wird das Reineinkommen aus dem Betrieb der Anlagen in keinem Jahr über 5,7% vom *realen* Vermögen der Eisenbahnen (zu Jahresbeginn) hinausgehen usw.

All diese Gegenüberstellungen zeigen deutlich, inwieweit die Beschuldigung gegenüber unserem Fünfjahrplan, er ginge im Vergleich zu den Raten der Vorkriegszeit von überhöhten Akkumulationsraten aus, begründet sind.

Selbst bei einer sehr elementaren Bildung auf dem Gebiet des Studiums unserer heutigen und der vorrevolutionären Ökonomik dürfte unser gelehrter Kritiker nicht in so grobe Fehler verfallen, wie es die oben angeführten sind. Doch wie man sieht, ist selbst die elementare Bildung nicht immer obligatorisch für Professoren.

Es wäre interessant, neben der Kritik unserer Daten jene Zahlen zu hören, die dem Professor Kondrat'ev selbst als vollkommen real erscheinen würden. Bedauerlicherweise nennt er sie nicht in dem zitierten Artikel. Aus anderen Beiträgen Professor Kondrat'evs ist jedoch bekannt, daß er wünschen würde, „das Tempo der industriellen Investitionen zu begrenzen, indem man ihren Umfang um 15% senkt“[24]. Diese Begrenzung auf der Linie der Industrialisierungs„praxis“ kann aus zweierlei Begründungen hervorgehen. Man kann sie dadurch motivieren, daß ein höheres Tempo „über unsere Kräfte gehen würde“, erstens, auf Grund der im Lande möglichen Akkumulation und, zweitens, auf Grund der Notwendigkeit einer anderen, zweckmäßigeren Umverteilung des Nationaleinkommens. Was aber haben unsere Epigonen im Sinn?

In den Thesen von Professor Kondrat'ev wird die folgende Orientierung gegeben: „Die *Extreme des Industrialismus* werden vor allem dadurch gekennzeichnet, daß wir *ein unseren Kräften nicht* entsprechendes Entwicklungstempo der Industrie eingeschlagen haben. Eben dieses Entwicklungstempo der Industrie zwingt uns auf der Suche nach Mitteln für die Investitionen, *beträchtliche materielle Mittel aus dem Dorf abzuziehen* durch ein ungünstiges Preisverhältnis zwischen den landwirtschaftlichen und industriellen Waren. Die Extreme der Industrialisierung bestehen ferner darin, daß wir den Weg *einer unseren Kräften nicht angemessenen Entwicklung der Schwerindustrie* gehen, die Mittel für die industrielle Produktion erzeugt. Eben dieser Weg führt dazu, daß der Prozeß der Industrialisierung gegenwärtig *den Versorgungsgrad des Dorfes* mit den notwendigen Produkten des wirtschaftlichen und persönlichen Verbrauches nicht erhöht, sondern ihn vermindert.“[25]

Die klassenmäßige Ursache dieser These ist außerordentlich durchsichtig. Das „über die Kräfte gehen“ des vorgesehenen Industrialisierungstempos nimmt hier einen sehr bedingten Charakter an. Dieses Tempo ist nicht tragbar ohne Einbußen bei den Klasseninteressen bestimmter Schichten des Dorfes. Darin liegt des Pudels Kern in der Ideologie der Epigonen des Volkstümlertums. Noch klarer ist diese Klassenposition jedoch bei Professor N. P. Makarov ausgedrückt. In seiner Kritik an unserem Fünfjahrplan wird der mögliche Investitionsumfang für den Fünfjahrzeitraum in Höhe von etwa 17,6

[24] In: Bol'ševik, 13/1927, S. 35.
[25] Ebenda, S. 38.

Milliarden Rubel durchaus nicht bestritten. Der ganze Streit wird auf das Gebiet der möglichen Verteilung dieser Akkumulationen verlagert. Und zwar schlägt Professor Makarov im Ergebnis seiner „Experten“-Einschätzung vor, die Zuwendungen für die Landwirtschaft zu Lasten der Staatskasse gegenüber dem Entwurf der Staatlichen Plankommission um den Betrag von mehr als einer Milliarde Rubel für das Jahrfünft zu erhöhen, wobei diese Korrektur auf Kosten der Industrie auszubilanzieren ist. Hier muß man noch die „entschiedenere Senkung der Preise für industrielle Waren“ hinzufügen, die nach seiner Vorstellung 25 bis 30% anstelle von 17% betragen sollen, was mindestens noch eine weitere Milliarde Rubel zugunsten des Dorfes ergibt. Doch zu wessen Lasten geht das? Natürlich zu Lasten des Arbeitslohnes der städtischen Arbeiter.[26]

Makarov formuliert das selbst mit folgenden Worten: „Die Aufgabe, die Investitionen und Akkumulationen anders zu bilanzieren, muß *teilweise auf dem Wege der Kürzung der für die Industrie vorgesehenen Investitionen, teilweise durch ein geringeres Anwachsen der Einkünfte der städtischen Bevölkerung* zur Verstärkung der Kapitalakkumulation in der Industrie selbst gelöst werden.“[27] Dort also liegt der Hund begraben. Folglich geht es nicht darum, daß wir eine zu hohe Rate für die Akkumulation vorgesehen haben, sondern darum, daß wir diese Akkumulationen nicht dorthin lenken, wohin sie unsere Epigonen des Volkstümlertums haben wollen.

Es geht um Milliarden, bei deren Nutzung man sehr verschiedene Wege gehen kann. Auf diesen Wegen berühren sich die Interessen der Stadt und des Dorfes, die Interessen des Proletariers und des wirtschaftenden Bauers. Hier ist die Grundlage für ernste soziale Konflikte gegeben. Deshalb sind wir genötigt, darauf näher einzugehen.

Die Epigonen des Volkstümlertums laden uns ein, uns auf die Interessen des Dorfes zu orientieren. Wir sind auch nicht geneigt, diese Interessen zu ignorieren. Doch ist uns bekannt, daß die Interessen des „Dorfes“ als Ganzes genommen etwas durchaus Widersprüchliches darstellen. Die Interessen der Dorfarmut sind das eine, die Interessen der dörflichen Bourgeoisie das andere. Um wessen Interessen aber sorgen sich eigentlich unsere Epigonen? Das ist unschwer festzustellen. Derselbe Makarov, der beispielsweise eine entschiedenere Senkung der industriellen Preise fordert, motiviert dieses ganz offen mit der Notwendigkeit für eine größere „*Kapitalakkumulation* in der Landwirtschaft“. Doch eine Preissenkung führt bei dem Teil der Dorfarmut, der als Landarbeiter seine Arbeitskraft im Dorf verkauft, durchaus nicht zur Kapitalakkumulation. Im günstigsten Falle könnte sie das Niveau seines *Verbrauchs* erhöhen, doch das auch nur in dem Falle, wenn sie nicht zu Lasten des industriellen Aufbaus und durch Senkung der Arbeitslöhne für das städtische Proletariat erfolgen würde, wie das Professor Makarov will. Das Programm von Makarov bedeutet für die Dorfarmut vor allem eine Einengung des Absatzmarktes ihrer Arbeitskraft und die Senkung der Einkünfte aus dem Wandergewerbe und ähnlichen Lohneinkünften. Der wirtschaftende Bauer vermag jedoch unter den gleichen Bedingungen eine bestimmte „Kapitalakkumulation dank günstigerer Konjunktur“ zu realisieren. Insbesondere dann, wenn entsprechend dem Programm von Kondrat'ev der „Begriff des Kulakentums“ überprüft, die bestehende Besteuerung, die nach seiner Meinung als „übermäßig schwere Bürde auf der sich *entwickelten* Schicht der bäuerlichen Wirtschaften“ liegt, erleichtert und die „Freiheit des Exportes“ gewährleistet wird usw.[28]

Die Epigonen des Volkstümlertums streben jedoch überhaupt nicht nach einer Steigerung des persönlichen Konsums für die armen Schichten des Dorfes. Professor Kon-

[26] „Der Nominallohn muß auf seinem Niveau gehalten werden“ fordert Professor Kondrat'ev von uns. (In: Bol'ševik, 1/1927, S. 43.)

[27] In: Planovoe chozjajstvo, 5/1927, S. 56–57, Hervorhebungen von Strumilin.

[28] In: Bol'ševik, 13/1927, S. 37ff.

drat'ev erhebt entschiedenen Einspruch gegen jene Politik, die, indem sie die „Armut favorisiert", das „Wachstum der wirtschaftlich mächtigen Schichten des Dorfes" behindert.[29] Professor Makarov aber, der sich die marxistische Terminologie angeeignet hat, bittet uns ehrfurchtsvoll um unsere Güte, indem er stolz erklärt: „Das Primat der Produktion und nicht des Verbrauchs ist im vorliegenden Entwicklungsstadium der Volkswirtschaft der UdSSR unausweichlich"[30]. Einfacher gesagt, unsere Professoren interessieren sich durchaus nicht für das Niveau des Wohlstandes der proletarischen und halbproletarischen werktätigen Massen, welche die Grundvoraussetzung für die *Produktion* darstellen. Sie bemühen sich lediglich um eine günstigere Konjunktur für die *Kapitalakkumulation* der „wirtschaftlich mächtigen Schichten des Dorfes".

Das ist aber nicht so sehr das Primat der Produktion als vielmehr das Primat der Akkumulation, vor allem der *privaten* Kapitalakkumulation zum Nachteil der Entwicklung der staatlichen Industrie, das heißt zu Lasten der *sozialistischen* Akkumulation, zu dem noch in erster Linie der Akkumulation durch die *Kulaken* auf Kosten des eingeschränkten Verbrauchs der proletarischen Bevölkerungsschichten. Die Predigt von der Enthaltsamkeit im Interesse der Verwirklichung des „Primats der Produktion" klingt bei Professor Makarov sehr eindrucksvoll. In unserem Fünfjahrplan ist sogar für die am meisten „favorisierten" Schichten des städtischen Proletariats ein Zuwachs des Verbrauchs in Höhe von insgesamt 50% in 5 Jahren dem physischen Umfang nach oder von 33% in der Geldbewertung projektiert worden, während die Investitionsaufwendungen in der Produktion in dem gleichen Zeitraum von 2084 Mill. auf 4329 Mill. Rubel, das heißt um insgesamt 107% nach der Geldbewertung, ansteigen sollen. Bedeutet das etwa nicht das Primat der Produktion? Doch Professor Makarov gibt sich damit durchaus noch nicht zufrieden. Er nennt das eine „Konsum"-Neigung und fordert von uns Opfer. Flammend wie ein alttestamentlicher Prophet ruft er uns an: „Die Einkommen und der Verbrauch der Stadt müssen den ganzheitlichen Interessen der Volkswirtschaft untergeordnet werden. Die Industrialisierung des Landes erfordert Opfer . . ."[31] (!)

Wir wissen, daß die Enthaltsamkeit im Namen der Akkumulation für die gesamte Kleinbourgeoisie die größte Tugend ist. Das ist ihr „Gesetz und Prophet". Deshalb ist uns das Pathos von Professor Makarov verständlich, der für diese Tugend im Interesse der „wirtschaftlich mächtigen Schichten des Dorfes" eintritt. Doch was soll hier, so fragt man sich, die Industrialisierung? Warum fordert Professor Makarov in ihrem *Namen* Opfer, wo doch diese Opfer nach seinem Programm für die landwirtschaftliche Kapitalakkumulation gerade *auf Kosten der Industrialisierung* gebracht werden sollen? Ein solches Spiel mit Worten betrügt niemanden.

Opfer zugunsten des wirtschaftenden Bauern können wir durchaus nicht mit Opfern im Interesse der Industrialisierung identifizieren.

Wir kommen den Interessen des Dorfes sehr gern entgegen. Die Industrialisierung des Landes, die die Waren, die in das Dorf gehen, vervielfacht und verbilligt und die den Markt für die Warenproduktion des Dorfes und für die Aufnahme der ländlichen Überbevölkerung erweitert, ist das beste Unterpfand für die Fruchtbarkeit unserer Bemühungen um das Dorf. Dennoch aber sind wir für die Verbilligung der Preise für das Dorf nur im *Maße* der *Senkung der Selbstkosten* in der industriellen Produktion. Die Senkung der industriellen Selbstkosten kann dabei aber nur durch die technische und andere Formen der Rationalisierung der Arbeit erfolgen, nicht aber auf Kosten der *Entlohnung* der Arbeit

29 Ebenda, S. 41.
30 In: Planovoe chozjajstvo, 5/1927, S. 57.
31 Ebenda.

des Proletariats und der *Senkung* des Tempos für die Entfaltung der sozialistischen Industrie, wie das die Ideologen des wirtschaftenden Bauern im Dorfe gern hätten. Die Sowjetmacht mißt dem Aufschwung der Landwirtschaft und des Wohlstandes der armen und mittleren Schichten des Dorfes eine gewaltige Bedeutung bei. Sie scheut sich nicht, dafür Milliarden auszugeben. Vor ihr stehen jedoch auch andere, nicht minder wichtige Aufgaben, die noch wesentlich höhere Aufwendungen und Anstrengungen erfordern. Auf alle Fälle ist aber eine Politik der *Opfer* des Proletariats im Namen der Kapitalakkumulation der kulakischen Spitze des Dorfes nicht unsere Politik.

Das Proletariat der UdSSR mußte ohnehin schon keine geringen Opfer bringen. Und es stehen ihm vielleicht noch weit größere bevor. Doch im Namen anderer, größerer Ziele.

Hier kann jedoch eine andere Frage auftauchen. Wenn auch unsere Epigonen nicht recht haben, wenn sie für die Realisierung ihres Programmes im Dorf Opfer von seiten des städtischen Proletariats fordern, so haben sie vielleicht auf andere Weise recht. Vielleicht setzt unser Programm der Industrialisierung und der Vergesellschaftung wegen seiner Übermäßigkeit wirklich, wie das Professor Kondrat'ev behauptet, die Notwendigkeit zu „bedeutenden Abzügen" von den Ressourcen des Dorfes voraus. Fordert die Partei des Proletariats irgendein zu schweres *Opfer* von den bäuerlichen Massen im Namen von gesellschaftlichen Idealen, die ihnen fremd sind? Eine solche Politik wäre ohne Zweifel äußerst riskant. Sie würde auf jeden Fall auch jener Grundidee des „Zusammenwachsens" von Stadt und Dorf zuwiderlaufen, die uns W. I. Lenin hinterlassen hat.

Doch zum Glück brauchen wir überhaupt keinerlei Opfer von seiten der ärmsten Schichten des Dorfes. Indem wir den Sozialismus aufbauen, steigern wir schon von den ersten Schritten an nicht nur die Produktivität, sondern damit auch das Lebensniveau der werktätigen Massen sowohl in der Stadt als auch auf dem Dorfe. In unserem Fünfjahrplan ist insbesondere eine Steigerung des Lebensniveaus des Dorfes um etwa 30% (pro Kopf der Bevölkerung) für den Fünfjahrzeitraum vorgesehen worden. Bereits daraus könnte man schließen, daß unser Programm nicht auf irgendwelche schweren Opfer von seiten der Bauernschaft abzielt. Man kann jedoch auch eine detailliertere Berechnungsbilanz über die wechselseitigen Beziehungen zwischen Stadt und Land nach dem Fünfjahrplan der Staatlichen Plankommission geben (vgl. Tabelle auf S. 293).[32]

In der angeführten Berechnung sind nicht alle Positionen gleichermaßen unumstritten. So ist zum Beispiel die Beteiligung des Dorfes an der Zahlung sonstiger Steuern (außer der Landwirtschaftssteuer), die von uns nach Berechnungen der Zentralverwaltung für Statistik in Höhe von 33,6% zu ihrem Gesamtbetrag angenommen wurde, offensichtlich etwas überhöht[33]. Dagegen sind die Aufwendungen für die kulturellen Bedürfnisse des Dorfes, die hier nur mit 50% von den Aufwendungen des *örtlichen* Haushaltes für diese Position angenommen wurden, wahrscheinlich wesentlich zu niedrig angesetzt. Die Senkung der Industriepreise für den Verbrauch des Dorfes in Höhe von 21,8 Milliarden Rubel im Verlaufe von fünf Jahren nach Preisen von 1925/26, die nach unserer Berechnung einen Betrag von 2135 Mill. Rubel erreichen soll, ist wahrscheinlich ebenfalls zu niedrig bewertet[34].

[32] Die Perspektiven der Entfaltung der Volkswirtschaft für 1926/27 bis 1930/31.

[33] In: Statističeskoe obozrenie, 6/1927, S. 75.

[34] Die Bruttoziffer für den Erwerb von Industrieerzeugnissen durch das Dorf, einschließlich der Gegenstände des Wirtschaftsbedarfs, ist für das Wirtschaftsjahr 1925/26 nach den „Kontrollziffern der Volkswirtschaft der UdSSR für 1926/27" (Moskau 1926, S. 132–133) mit einem Betrag von 3325 Mill. Rubel angenommen worden, für 1926/27 mit 3674 Mill. Rubel und für das Wirtschaftsjahr 1930/31 in Höhe von 152,5% zur Norm des Wirtschaftsjahres 1925/26.

Orientierende Verrechnungsbilanz des Dorfes für 1926/27 bis 1930/31 (in Mill. Rubel-Tscherwonez)

A. Was wir dem Dorf geben:	
1. Zur Finanzierung der Landwirtschaft	1200
2. Für den Straßenbau	589
3. Für Silos und Kühlanlangen	191
Betrag der Investitionen	1980
4. Für die ländlichen Schulen, Krankenhäuser u. ä.	2000
5. Für den Unterhalt der Einrichtungen des Volkskommissariats für Ackerbau	543
6. Für die Erhaltung der Fernstraßen und Landwege	245
Betrag für die Versorgung der Bedürfnisse des Dorfes	2788
7. Für den Unterhalt der Dorf- und Gemeindeverwaltungen	800
8. Senkung der Industriepreise für das Dorf (um 9,8%)	2130
insgesamt für die Positionen 1 bis 8 im Fünfjahrzeitraum	7703
B. Was wir aus dem Dorf entnehmen:	
1. Einheitliche Landwirtschaftssteuer	1656
2. Sonstige Geldsteuern	4040
3. Wegegeld	105
Betrag für Steuern und Verbindlichkeiten	5801
4. Saldo zugunsten des Dorfes	1902
Bilanz	7703

Man muß daran erinnern, daß der Fünfjahrplan eine allgemeine Senkung der Industriepreise zu Lasten der Groß- und Einzelhandelsaufschläge für das Wirtschaftsjahr 1930/31 in Höhe von 21% projektiert, während wir hier im Durchschnitt für das Jahrfünft eine Senkung dieser Preise um insgesamt nur 9,8% berücksichtigt haben. Dessenungeachtet ergab sich ein Saldo der Berechnungen zugunsten des Dorfes im Umfang von etwa 2 Milliarden Rubel.

Das bezeugt hinreichend anschaulich, daß wir uns nicht nur nicht anschicken, den Sozialismus *auf Kosten der Dorfarmut* aufzubauen, daß wir nicht nur keine einzige Million für die Industrialisierung aus dem Dorf herausziehen, sondern daß wir sogar von den Aufwendungen für solche gesamtstaatlichen Bedürfnisse wie Landesverteidigung, Administration, Gerichtsbarkeit usw. keinen einzigen Groschen auf das Dorf umlegen.

Natürlich ist die angeführte Verrechnungsbilanz der gegenseitigen Beziehungen zwischen der Stadt und dem Dorf als *Ganzes* noch ungenügend begründet. Sie deckt durchaus noch nicht vollständig unsere Politik in bezug auf die verschiedenen sozialen Schichten des Dorfes auf. *Der ausbeuterischen Kulaken-Oberschicht des Dorfes* nehmen wir ohne Zweifel in Form der progressiven Besteuerung und aller anderen Methoden wesentlich mehr ab, als wir ihr über die Versorgung des Dorfes zurückgeben. Wir sind durchaus nicht dagegen, auf Kosten dieser Schichten der ländlichen Bourgeoisie den sozialistischen Sektor der Wirtschaft im allgemeinen und die Industrialisierung im besonderen zu finanzieren, ob ihr das gefällt oder nicht. Dagegen geben wir den breiten proletarischen und halbproletarischen Massen des Dorfes gegenüber einer völlig anderen Politik den Vorzug. Von den Steuern werden sie in ihrer bedeutenden Masse überhaupt befreit, und für die Befriedigung ihrer wirtschaftlichen und kulturellen Bedürfnisse geben wir im Interesse des allgemeinen wirtschaftlichen Aufschwunges des Lendes sehr bedeutende Mittel aus. Im Ergebnis dieser äußerst differenzierten Klassenpolitik ergibt sich *vorerst* ohne Zweifel eine *Gesamt*-Verrechnungsbilanz zum Nutzen des Dorfes.

So stehen die Dinge in unseren Perspektiven auf die Zukunft. Doch vielleicht war es bisher anders? Vielleicht haben wir bereits in der Vergangenheit zu viele Ressourcen aus dem Dorf sowohl über Steuern als auch über die Preispolitik herausgezogen und erleichtern nur jetzt diese Bürde etwas? Vielleicht hat Professor Kondrat'ev recht, daß das Lebensniveau des Dorfes heute fast auf die Hälfte des Vorkriegsstandes gesunken sei? Mit anderen Worten: Ist es wahr, daß sich die Oktoberrevolution so verheerend auf das russische Dorf ausgewirkt hat, wie uns das die Kondrat'ev und Co. glauben machen wollen?

Nein, das ist nicht wahr. Die Oktoberrevolution hat natürlich Opfer gefordert. Und während des Bürgerkrieges waren sie sowohl für die Arbeiter als auch für die Bauern nicht gering. Doch auch diese Opfer haben sich schon längst durch die Errungenschaften der Revolution gerechtfertigt. Wir haben hier nicht nur diese sozialpolitischen, sondern auch die ökonomischen Errungenschaften im Auge. Insonderheit hat das Lebensniveau der Werktätigen in der Stadt und im Dorf bereits den Vorkriegsstand überschritten. Wenn das bezüglich des Dorfes noch bestritten wird, so wird sich jeglicher Streit auch hier in ein bis zwei Jahren als unmöglich erweisen.

Tatsächlich ist nach Berechnungen zum Fünfjahrplan der Staatlichen Plankommission im Wirtschaftsjahr 1913/14 nach der Vorkriegsbewertung durch die Landwirtschaft ein Bruttoeinkommen pro Kopf der Landbevölkerung in Höhe von 90,5 Rubel erzielt worden, im Wirtschaftsjahr 1925/26 betrug es bei einem durchschnittlichen Ertrag von 83,2 Rubel, faktisch aber 86,8 Rubel. Wenn man davon jedoch die Produktion der entfallenden Gutsbesitzer für die Vorkriegsjahre und die Produktion der Sowchosen für die gegenwärtige Zeit abzieht, dann erhält man nach dieser Korrektur für 1913/14 einen Betrag von 82,4 Rubel, für 1925/26 aber 82 Rubel im Durchschnitt, beziehungsweise 85,5 Rubel nach der tatsächlichen Ernte. Nach dem physischen Umfang ihrer Produktion hat die bäuerliche Wirtschaft somit das Vorkriegsniveau bereits überschritten. Doch hier taucht die Frage nach den Preisen auf.

Das Dorf war bislang gezwungen, seine Produktion zu weniger vorteilhaften Preisen abzusetzen als in der Vorkriegszeit. Das ist jedoch nicht zufällig so. Die Industrie hat unter den wirtschaftlichen Zerstörungen während der Zeit des Weltkrieges und des Bürgerkrieges wesentlich stärker gelitten als die Landwirtschaft. Auch die Arbeitsproduktivität ist im Vergleich zum Vorkriegsstand in der Industrie wesentlich tiefer gesunken als in der Landwirtschaft. Doch diese Ursache für die Preisverschiebung hat auf dem genannten Gebiet in dem Maße, wie der Vorkriegsstand der Produktivität in der Industrie wiederhergestellt wurde, in den letzten Jahren nach und nach ihre Bedeutung verloren. Unterdessen näherten sich auch die Messer der sogenannten „Preisschere" einander. Ein gewisses Auseinanderklaffen der Preise blieb jedoch erhalten. Die Produkte der Landwirtschaft müssen selbst bei einem Arbeitsaufwand, der dem Vorkriegsstand entspricht, im Verhältnis zu den anderen Waren im Zusammenhang mit der Nationalisierung des Bodens etwas niedriger gegenüber der Vorkriegsnorm bewertet werden. Die Zahlungen an die Bauernbank und die Pacht für das Land der Gutsbesitzer sind weggefallen. Die Bodenrente, die den Marktpreis der landwirtschaftlichen Produkte erhöhte, geht jetzt schon zu einem sehr bedeutenden Teil (absolute Rente) nicht in ihn ein. Für die heute vorliegenden Preisverhältnisse gibt es somit völlig ausreichende ökonomische Begründungen.

Es gibt keine Grundlage dafür, das herabgesetzte Niveau der landwirtschaftlichen Preise aus irgendwelchen künstlichen Maßnahmen oder schlechten Absichten dieser oder jener Organe der Sowjetmacht zu erklären. Das wird bereits daraus deutlich, daß wir alle unsere planmäßigen Anstrengungen auf die *Aufhebung* des genannten Preisunterschiedes richten. Von unserer Warte aus gibt es dafür jedoch nur einen zuverlässigen Weg, nämlich die weitere Steigerung der Arbeitsproduktivität in der Industrie im Ergebnis der vorgesehenen Industrialisierung des Landes. Wenn wir die Produktion der städtischen Erzeugnisse in größerem Maße *verbilligen* als die der landwirtschaftlichen Produkte, dann erhalten wir die Möglichkeit zu einer entsprechenden Verschiebung der Preise zugunsten des Dorfes.

Wenn wir von diesen allgemeinen Überlegungen zur zahlenmäßigen Darstellung übergehen, dann müssen wir vor allem die folgende Tatsache konstatieren. Wir verfügen über kein zuverlässiges Maß für die uns interessierende Preisverschiebung. Die sogenannten bäuerlichen Indizes des Konjunkturinstitutes sind für eine andere spezielle Aufgabe bestimmt. Der Großhandelsindex ist für das Dorf nicht kennzeichnend, weil es dort keine Großhandelsgeschäfte gibt. Der Einzelhandelsindex des Konjunkturinstitutes aber registrierte bis in die letzte Zeit hinein nur die Preise des privaten Marktes, ungeachtet dessen, daß ein bedeutender Teil der Käufe des Dorfes in den Kooperativen erfolgt. Um einschätzen zu können, welche Bedeutung das hat, stellen wir den alten Index des Konjunkturinstitutes für die Zeit von Januar bis März 1927 dem neuen gegenüber, in dem auf Forderung des Rates für Arbeit und Verteidigung sowohl die privaten als auch die kooperativen Preise, entsprechend gewichtet, berücksichtigt sind[35] (siehe Tabelle 2).

Tabelle 2

Kennziffern	Alter Index absolut	Alter Index relativ	Neuer Index absolut	Neuer Index relativ	Differenz in % zum neuen Index
1. Industriepreise	2,68	1,13	2,17	1,10	23,5
2. Landwirtschaftliche Preise	2,08	0,88	1,89	0,92	10,0
Totaler Index	2,37	1,00	2,06	1,00	15,0
„Schere“ (1 : 2)	1,29	–	1,15	–	12,2

Es ergibt sich, daß der alte Index die landwirtschaftlichen Preise um 10% und die der Industrie sogar um ganze 23% zu hoch auswies! Folglich aber widerspiegelte jenes Auseinanderklaffen der „Schere“, mit dem uns die offiziellen Bulletins des von Professor Kondrat'ev geleiteten Konjunkturinstituts schreckten, nicht so sehr die Wirklichkeit als vielmehr den unbändigen Hang dieser ehrwürdigen Institution zu den Preisen des privaten Marktes.

Bereits im Wirtschaftsjahr 1923/24 betrug der Anteil des Privathändlers am Umsatz des Landes bei uns insgesamt nur etwa 45%, und bis zum Wirtschaftsjahr 1926/27 ist

[35] In: Ökonomisches Bulletin des Institutes des Volkskommissariates für Finanzen, 5/1927, S. 6 Der Beschluß des Rates für Arbeit und Verteidigung über die Einbeziehung der Preise des kooperativen und staatlichen Handels in den Preisindex wurde am 11. August 1926 gefaßt.

er auf 20% des gesamten Handelsumsatzes gefallen. Doch in den Indizes von Professor Kondrat'ev hat sich das überhaupt nicht widergespiegelt. Er hatte weiterhin nur an den Spekulationen des Privathändlers ein konjunkturelles Interesse, weil nur in ihnen die *Marktanarchie* ihre volle Widerspiegelung fand. Erlauben Sie bitte, welche Bedeutung könnten für ihn unter diesem Aspekt die „verordneten" Preise des vergesellschafteten Handels haben, die vom Volkskommissariat für Handel diktiert wurden, wenngleich über diese 80% des Umsatzes realisiert wurden? Schließlich bedeutet das Volkskommissariat für Handel keine Anarchie. Ungeachtet dessen, daß der Index des Volkskommissariats für Finanzen hauptsächlich dafür bestimmt war, die Veränderungen der Kaufkraft des Tscherwonez im ganzen Lande zu verfolgen, ist uns im Verlaufe einer Reihe von Jahren zu diesem Zweck ein Index dargeboten worden, der nur jene recht begrenzte Marktecke widerspiegelte, in der die Anarchie der privaten Spekulation noch ihre Nahrung fand. Während ganzer Jahre, in denen man diesen „Index der Spekulation" nutzte, schreckte man uns mit den Gespenstern der anbrechenden Inflation und dem für uns politisch äußerst widerwärtigen Auseinanderklaffen der „Schere". Es bedurfte einer speziellen Anweisung des Rates für Arbeit und Verteidigung, damit unsere Konjunkturforscher bemerkten, daß auf unserem Markt neben den Privathändlern und Spekulanten auch andere Kräfte wirken. Und erst jetzt können wir uns davon überzeugen, wie übertrieben jene Gefahren waren, mit denen man uns schreckte.

Das allgemeine Preisniveau war nach dem alten Index von Professor Kondrat'ev etwa um 15% und die „Schere" um etwa 12% überhöht ausgewiesen worden. Ausgehend davon mußte man den Koeffizienten der „Preisschere" für das Wirtschaftsjahr 1925/26, der nach dem Spekulationssektor des Marktes mit 1,24 ermittelt worden war, auf die Größe 1,11 reduzieren. Doch selbst wenn wir den Koeffizienten mit 1,15 annehmen, wie er nach dem neuen Index für die Zeit von Januar bis März 1927 ermittelt wurde[36], dann kann man, wenn wir vom Umfang der Verkäufe und Einkäufe des Dorfes im Wirtschaftsjahr 1925/26 ausgehen sowie von der angenommenen Preisverschiebung zuungunsten des Dorfes in der Größe von 15%, dessen allgemeine Bedeutung für die ganze UdSSR unschwer einschätzen.

Nach den Berechnungen in den Kontrollziffern der Staatlichen Plankommission realisierte das Dorf (ausschließlich des innerdörflichen Umsatzes innerhalb des Dorfes) im Wirtschaftsjahr 1925/26 in der Stadt Ackerbauprodukte im Wert von 2411 Mill. Rubel-Tscherwonez und handwerkliche Erzeugnisse im Wert von 520 Mill. Rubel und kaufte selbst für 3325 Mill. Rubel Industrieerzeugnisse ein, darunter für 2389 Mill. Rubel in der Stadt[37]. Diese Zahlen sind wahrscheinlich sehr weit von der Genauigkeit entfernt, doch den uns interessierenden Maßstab für den Warenumsatz des Dorfes fördern sie dennoch zutage. Die Verschiebung der Preise bei einer „Schere" in der Größenordnung von 1,15 kann man in zweierlei Weise betrachten. Wenn die *landwirtschaftlichen* Preise normal blieben, dann bedeutet das, daß die Industriepreise um 15% gestiegen sind und das Dorf folglich Mehrausgaben in Höhe von $\frac{(2389-520)\cdot 15}{115} = 244$ Mill. Rubel-Tscherwonez gegenüber der Vorkriegsnorm hat. Wenn aber die *Industrie*preise normal blieben, dann würde das bedeuten, daß die landwirtschaftlichen Preise gesunken sind; die Mindereinnahmen des Dorfes gegenüber der Vorkriegsnorm müßten auf $2411 \cdot 0{,}15 = 362$ Mill.

36 Wir möchten vermerken, daß wir für das folgende Quartal eine erneute Verminderung der „Preisschere" nach dem Index des Volkskommissariats für Finanzen von 1,15 auf 1,11 sowie nach dem Haushaltindex von 1,08 auf 1,07 zu beobachten haben.

37 Vgl. Kontrollziffern der Volkswirtschaft der UdSSR für 1926/27, Moskau 1926, S. 126–128.

Rubel geschätzt werden. Die „Verluste“ des Dorfes schwanken demzufolge – gemessen an den Preisen für 1925/26 – in den Grenzen zwischen 244 Mill. Rubel und 362 Mill. Rubel, was einen Durchschnittsbetrag von 303 Mill. Rubel ergäbe.

Das ist eine recht solide Summe. Doch wenn die Sowjetmacht nicht planmäßig darauf eingewirkt hätte, daß die Preise im staatlichen und kooperativen Handel sinken, dann wäre der Umfang dieser Verluste für das Dorf noch unvergleichlich höher gewesen. Die Preise des *privaten* Marktes sind, wie aus dem oben angeführten Vergleich zwischen den alten und den neuen Indizes des Konjunkturinstitutes des Volkskommissariats für Finanzen ersichtlich ist, für das Dorf noch weitaus ungünstiger. Die Anarchie des privaten Marktes versteht es, trotz der Entgegenwirkungen des vergesellschafteten Handels mit seinen niedrigeren Preisen den Rachen der „Schere“ zum Nachteil des Dorfes sehr breit aufzusperren. Bei einer „Preisschere“ in der Größenordnung von 1,29 – wie sie der private Markt anzeigt – würden die Verluste des Dorfes anstelle von 303 Mill. nach der gleichen Rechnung allein innerhalb eines Jahres zwischen 420 und 700 Mill. Rubel liegen, das heißt fast das *Doppelte* des tatsächlichen Verlustes im Wirtschaftsjahr 1925/26 betragen. Was aber wäre, wenn der Privathändler überhaupt nicht auf den Widerstand der Genossenschaften treffen würde?

Das kann man sich unschwer vorstellen. Alle jene Vorteile, die das Dorf im Ergebnis der Oktoberrevolution erhalten hat, würde die Anarchie des privaten Marktes *vollständig* in eine Verbilligung der landwirtschaftlichen Produktion zum Zwecke der Rentabilitätssteigerung des privaten Handelskapitals umwandeln. Für die Dorfarmut aber bliebe auch weiterhin nichts übrig. Aber vielleicht wollen das gerade die Anhänger der wirtschaftlich mächtigen Schichten des Dorfes und der Kapitalakkumulation in der Landwirtschaft wie Professor Kondrat'ev, Makarov und Gebrüder?

Erkennen sie eigentlich überhaupt irgendwelche Vorteile an, die das Dorf durch die Revolution erhalten hat?

Übrigens ist es für niemanden ein Geheimnis, daß vom Dorf in den 20er Jahren wesentlich weniger Steuern erhoben wurden als vor dem Kriege. Außerdem bedeutet der Fortfall der Zahlungen für den Boden nach der Revolution ebenfalls etwas. Nach Berechnungen von A. L. Vajnštejn erreichten die direkten und indirekten Steuern, die das Dorf 1912 zu entrichten hatte, insgesamt den Betrag von 6,78 Rubel pro Einwohner, die Pachtzahlungen für das Gutsbesitzerland und an die Bank beliefen sich auf 3,76 Rubel, zusammen ergibt das nach der Vorkriegsbewertung also einen Betrag von nicht weniger als 10,54 Rubel oder – in Rubel-Tscherwonez – von 18,97 Rubel pro Bewohner. Im Wirtschaftsjahr 1925/26 aber übersteigen nach den Berechnungen des Volkskommissariats für Finanzen die gesamten Steuern, die auf die ackerbaubetreibende Bevölkerung in der UdSSR entfallen, nicht den Betrag von 8,08 Rubel pro Kopf.[38] Die Differenz pro Einwohner zugunsten des Dorfes beträgt folglich 10,89 Rubel, was für die 117 Mill. Landbewohner einen Gesamtbetrag von über 1 270 Mill. Rubel-Tscherwonez ausmacht.

Wenn man von diesem Betrag nunmehr die Summe von etwa 300 Mill. abzieht, die das Dorf durch die Preisverschiebung verloren hat, dann verbleibt dennoch ein Betrag von etwa 1 Milliarde Rubel, die man als reinen Gewinn ansehen kann, den das Dorf durch die Revolution erhalten hat.

Über diese Zahl kann man natürlich streiten und sie präzisieren. Mir persönlich erscheint sie als eine Mindestgröße. Doch selbst wenn man mit jenen Skeptikern übereinstimmte, die die tatsächlichen Verluste des Dorfes infolge der Preisverschiebungen 3 bis 4mal höher ansetzen, als unsere Indizes ergeben, dann kommt man nicht umhin, auch in

[38] In: Ėkonomičeskoe obozrenie, 5/1927, S. 173 und 185.

diesem Falle anzuerkennen, daß die Vorteile, die das Dorf aus der Revolution erzielte, diese Verluste übersteigt.[39] Es vermindert sich nur die absolute Höhe dieses Vorteils.

Wie wir sehen, überstieg der Wohlstand des Dorfes in der UdSSR nicht nur gegen Ende des projektierten Fünfjahrplanes, sondern auch schon zu dessen Anfang das Niveau des Jahres 1913 und damit überhaupt das Vorkriegsniveau, denn das Jahr 1913 war sowohl bezüglich des Umfanges des Nationaleinkommens aus der Landwirtschaft als auch hinsichtlich der Preisrelationen für das russische Dorf besonders günstig. Wenn man zum Beispiel die durchschnittlichen Preise für das ganze Jahrzehnt von 1890–1899 als Norm setzt, dann erreichten die landwirtschaftlichen Preise im Jahre 1913 eine Höhe von 147,2 % gegenüber dieser Norm, während die industriellen Preise vergleichsweise nur auf 137,7% der Norm stiegen. Mit anderen Worten: Wenn wir bei der Berechnung der „Preisschere" nicht vom Jahr 1913, sondern von dem Jahrzehnt 1890–1899 ausgehen würden, dann müßte man für 1913 eine „Preisschere" in der Größenordnung von 137,7:147,2=93,6% feststellen, die sich dann im Wirtschaftsjahr 1925/26 anstelle von 117% nach dem *Großhandelsindex* der Zentralverwaltung für Statistik auf 111% reduzieren würde, und zum Ende des Fünfjahrplanes – im Wirtschaftsjahr 1930/31 – würde sie infolge der Senkung der Industriepreise um 17,6% bei gleichzeitiger Stabilität des landwirtschaftlichen Preises ein Niveau von 91,3% im Vergleich zur Norm von 1890–1899 erreichen.[40]

Selbst die entflammtesten Eiferer für das Dorf können nicht bestreiten, daß unser Fünfjahresprogramm zur Entwicklung der Wirtschaft die Lage des Dorfes bedeutend verbessert. Doch vielleicht würden wir für das Dorf noch mehr tun, wenn wir den Ratschlägen dieser Eiferer folgten?

Wir bestreiten das kategorisch. Der uns vorgeschlagene Kurs, gleichzeitig sowohl das Tempo der Industrialisierung als auch die Industriepreise stärker zu senken, ist innerlich widersprüchlich und offensichtlich utopisch. Wenn wir das für die Industrie

39 Der erwähnte Skeptizismus gegenüber dem in unseren Indizes ausgewiesenen Ausmaß der „Preisschere" gründet sich auf die Überlegung, daß das Dorf ohne Zweifel zu niedrigeren Preisen verkauft und zu höheren Preisen einkauft als jene für das ganze Land *durchschnittlichen* Preise, die von unseren Indizes fixiert werden. Das ist vollkommen richtig. Doch das gilt in *gleicher Weise* nicht nur für 1925/26, sondern auch für 1913, und es kann sich daher nicht wesentlich auf das Ausmaß der „Preisschere" auswirken, die ja nur festhalten soll, was sich seit 1913 *verändert* hat. In der Tat, unterstellen wir einmal, daß das Dorf – sagen wir – um m% billiger verkauft und um n% teurer einkauft, als die durchschnittlichen städtischen Preise, auf die unsere Indizes sich gründen, anzeigen. Doch wenn das auch in der Vorkriegszeit so war, dann würden sich die Faktoren m und n, die bei der Berechnung der Indizes im Zähler und im Nenner des Bruches eingesetzt werden, gegenseitig kürzen und aufheben. Wenn das aber anders sein sollte, dann müßte man das zuerst einmal beweisen. Bis jetzt ist das jedoch von niemandem bewiesen worden. Und es kann auch kaum bewiesen werden, weil man die Vorkriegspreise, zu denen das Dorf beispielsweise Industrieerzeugnisse einkaufte, nirgendwoher genommen werden können. Die Preis-Surrogate, die das Konjunkturinstitut des Volkskommissariats für Finanzen für die Berechnung seiner „bäuerlichen Indizes" verwendet, das heißt, die Preise des Jahres 1913, sind *aus dem Gedächtnis* nach 12 Jahren durch eine Befragung im Jahre 1925 festgestellt worden und offensichtlich für diesen Zweck nicht geeignet, aber bessere gibt es nicht.

40 Professor Makarov versuchte die Behauptung aufzustellen, daß das Jahr 1913 „untypisch" in entgegengesetzter Richtung, das heißt weniger günstig für das Dorf als das Jahrzehnt von 1890 bis 1899 gewesen wäre. Doch diese Behauptung läßt sich nur aus arithmetischen Fehlern des gelehrten Professors erklären. Vergleiche den Artikel von M. P. Makarov „Einige Bemerkungen über die Entwicklungsperspektiven der Volkswirtschaft der UdSSR", in: Planovoe chozjajstvo, 5/1927, S. 44 und das Buch von M. P. Kochn, Russische Preisindizes, Moskau 1926, S. 158.

vorgesehene Investitionsvolumen herabsetzen, dann kann ihre Produktion nicht in dem Maße vergrößert und verbilligt werden, wie wir es vorgesehen haben. Wenn man aber dennoch unter diesen Bedingungen die Preise senkt, dann würde die wachsende Nachfrage nicht durch die auf niedrigem Niveau verharrende Produktion befriedigt werden können. Wir würden folglich einer schweren Krise entgegengehen, an der das private Handelskapital ordentlich verdienen, das Dorf aber nichts gewinnen würde. Die Epigonen des Volkstümlertums dienen auf diese Weise, indem sie subjektiv für die Interessen des Dorfes kämpfen, objektiv nur den Interessen des Privatkapitals.

Doch man muß noch hinzufügen: Das Programm unserer Gefolgsleute der Volkstümlerbewegung ist wie auch das Programm ihrer Vorgänger nicht nur utopisch, sondern auch reaktionär, denn es ist gegen die Entwicklung der Produktivkräfte des Landes gerichtet.

Im Fünfjahrplan der Staatlichen Plankommission ist aufgezeigt worden, um wieviel die industrielle Arbeit unter unseren Bedingungen produktiver als die landwirtschaftliche ist. In Umrechnung auf einen Beschäftigten pro Jahr zu Vorkriegswerten ist das neugeschaffene Wertprodukt im Wirtschaftsjahr 1925/26 in der Stadt 3mal größer gewesen als im Dorf, und im Wirtschaftsjahr 1930/31 wird es 4mal so hoch sein. Schon daraus wird ersichtlich, welche Bremse jegliche Senkung des Tempos der Industrialisierung für die Entwicklung des allgemeinen Niveaus der Arbeitsproduktivität im Lande darstellen würden.

Professor Kondrat'ev hält es für notwendig, die im Fünfjahrplan angeführten Überlegungen zur vergleichsweisen Produktivität der landwirtschaftlichen und der industriellen Arbeit „entschieden abzulehnen“[41]. Wir verstehen vollkommen, wie *notwendig* das für ihn ist. Doch Tatsachen sind ein hartnäckig Ding, man kann sie mit Rhetorik allein nicht beiseiteschaffen.

In der Tat stützt sich Professor Kondrat'ev auf die auch von uns anerkannte Tatsache, daß wir für die Messung des „absoluten Niveaus“ der Arbeitsproduktivität in komplizierten Produktionen über keinerlei Kennziffern verfügen. Das ist richtig. Uns interessieren hier aber nicht die absoluten Größen, sondern nur ihre Relationen in Raum und Zeit.

Wenn Professor Kondrat'ev findet, daß wir in unserem Vergleich „den Begriff der Produktivität der Arbeit mit dem Begriff *ihrer Ergiebigkeit* verwechseln“, so irrt Professor Kondrat'ev natürlich, denn wir operieren mit dem Begriff des *Volkseinkommens*, das heißt der im Lande neugeschaffenen Wertsumme, nicht aber mit dem Begriff der Ergiebigkeit der Arbeit. Im besonderen schreiben wir den Landwirten nicht jenes Einkommen zu, das sie tatsächlich erhalten haben, sondern jene Wertsumme, die sie durch ihre Arbeit produziert haben, unabhängig davon, welcher Anteil dieser Summe ihnen durch Steuern, Renten und über andere Kanäle der Umverteilung abgezogen wurde. Außerdem operieren wir mit Preisen des Jahres 1913, als der Regulator des Tauschwertes noch keinerlei Beschränkungen durch Planungsmaßnahmen erfuhr und folglich im Austausch – wenn nicht völlig äquivalente, doch mindestens angenäherte – Äquivalenzverhältnisse vorherrschten.

Professor Kondrat'ev ist jedoch sehr streng. Es ist ihm zu wenig. „Wenn S. G. Strumilin bewiesen haben würde“, bemerkt er, „daß im Jahre 1913 die Preise für die Waren *vollständig* mit den Arbeitswerten dieser Waren zusammenfallen, dann hätte er anhand der Daten über das Einkommen auch über die relative Arbeitsproduktivität urteilen können. Doch gerade dieses kann man nicht beweisen, und wenn man diese Annahme unterstellt, dann ist das falsch.“[42]

[41] In: Planovoe chozjajstvo, 4/1927, S. 29.
[42] Ebenda, S. 29; Hervorhebungen von Strumilin.

Professor Kondrat'ev bestreitet also nicht, daß man anhand der Daten über das Nationaleinkommen je Arbeitseinheit in den verschiedenen Zweigen der Wirtschaft *Niveauvergleiche* über die Arbeitsproduktivität in diesen Zweigen durchführen kann. Er verneint lediglich das völlige Zusammenfallen der Preise mit den Arbeitswerten auf dem kapitalistischen Markt. Doch wir verneinen das auch. Nur, ist denn dieses vollständige Zusammenfallen für unsere praktischen Zwecke wirklich so notwendig? Versuchen wir, dieses zu analysieren.

Zunächst muß man wissen, *nach welcher Seite* bei uns die Preise für die Produkte des Ackerbaus von deren Arbeitswert im kapitalistischen Rußland abwichen. Die Praxis zeigt, daß die Ackerbauprodukte bei uns auf dem Markt eher höher als zu niedrig gegenüber ihrem Arbeitswert bewertet wurden.

Wenn das aber so ist, dann würden wir jene Differenz, die wir in der von Professor Kondrat'ev bestrittenen Berechnung gefunden haben, nur verstärken, wenn wir bei dem Vergleich der Arbeitsproduktivität zwischen der Stadt und dem Dorf das Nationaleinkommen pro Beschäftigten und Jahr, ausgedrückt *in Preisen* des Jahres 1913, durch die entsprechenden Arbeits*werte* ersetzen würden.

Die jährliche Produktivität eines Werktätigen in der Industrie ist wesentlich höher als die eines Werktätigen in der Landwirtschaft, selbst wenn man sie in *Preiseinheiten* messen würde, und zwar schon deshalb, weil die Qualifikation viel höher und die Ausnutzung der Arbeitszeit im Verlaufe des Jahres unvergleichlich effektiver ist. Der Industriearbeiter arbeitet das ganze Jahr über hinreichend effektiv, der Landwirt aber nur im Sommer.

Diese Differenz würde sich jedoch als noch höher erweisen, wenn es uns gelänge, von der Berechnung der in der Stadt und im Dorf neugeschaffenen Werte zur Berechnung der ihnen entsprechenden Gebrauchsgüter überzugehen. Ihre Menge, die je Zeiteinheit durch die Industriearbeiter hergestellt wird, wächst im Zusammenhang mit dem technischen Fortschritt in der Industrie jährlich wesentlich schneller als im Ackerbau. Von diesem Gesichtspunkt her würde es genügen, allein schon die Tatsache der Mechanisierung der industriellen Arbeit entsprechend zu bewerten. Noch im Jahre 1890 entfielen in der Industrie auf einen Arbeiter insgesamt 0,23 PS installierter Leistung beim mechanischen Antrieb, doch bis 1916, zum Vorabend der Revolution, erhöhte sich dieser Durchschnittswert auf 1,23 PS pro Arbeiter, das heißt auf das 5,3fache. Eine mechanische Pferdestärke ist der energetischen Leistung von 12 Arbeitern äquivalent. Wenn man die menschliche und die mechanische Energie summiert, dann kann man folglich sagen, daß die produktive Kapazität eines Industriearbeiters im Verlaufe von 26 Jahren von 0,08 + 0,23 PS auf 0,08 + 1,23 PS, das heißt um 323%, gestiegen ist. Im Ackerbau aber hat sich die Mechanisierung der Arbeit infolge der Zersplitterung der Arbeitskräfte auf die kleinen individuellen Wirtschaften und aus vielen anderen Gründen bis 1927 fast nicht entwickelt. Im allgemeinen ist die Arbeitsproduktivität hier nach unseren Berechnungen von 1887 bis 1913 (das heißt ebenfalls in 26 Jahren) insgesamt nur um 27% gestiegen.

Man kann nicht unterstellen, daß Fakten dieser Art unseren Epigonen des Volkstümlertums ganz und gar unbekannt wären. Eine solche Tatsache zu verschlafen wie den riesigen technischen Fortschritt in der Industrie bei gleichzeitiger technischer Stagnation im Ackerbau, das würde schon einen Rekord an ideologischer Blindheit bedeuten. Doch wenn sie diese Tatsache schon kennen, warum „lehnen" sie dann so „entschieden" die elementare Schlußfolgerung daraus ab, daß die Arbeitsproduktivität im Ackerbau unvergleichlich niedriger ist als in der Industrie?

Wir verstehen, warum Schlußfolgerungen dieser Art unseren Volkstümlern so unangenehm sind, daß sie bereit sind, sie entgegen aller Offensichtlichkeit zu bestreiten.

Wenn man das höhere Niveau der Arbeitsproduktivität in der Industrie anerkennt, dann ist es schwer, gegen die Industrialisierung zu kämpfen. Wenn man anerkennt, daß der vergesellschaftete industrielle Sektor selbst hinreichend innere Ressourcen für die weitere Vermehrung und die Vergesellschaftung der Produktivkräfte des Landes erschließt, dann ist keine Grundlage mehr gegeben, um mit solchem Eifer dafür zu kämpfen, daß angeblich im Interesse des sozialistischen Aufbaus dem wirtschaftenden Bauern die Kapitalakkumulation gesichert werde. Hier müßte man schon die Maske fallen lassen und nicht als wohltätigkeitsbeflissener Eiferer für das unterdrückte arbeitende Dorf auftreten, das angeblich zu übermäßigen Opfern im Namen des Sozialismus genötigt wird, sondern mit offenem Visier als eingeschworener Streiter für die Interessen des wirtschaftenden Bauern als solchen, für die private Kapitalakkumulation ohne jegliche Beschönigung, für Opfer des Proletariats zugunsten der Kolupaevs und Razuvaevs, die den Kapitalismus restaurieren. Natürlich ist eine so unverhüllte Ideologie, gänzlich ohne Feigenblättchen, nicht sehr anziehend. Unsere Epigonen ziehen es daher vor, in den alten Mantel der über den Klassen stehenden „Liebe zum Volk" zu schlüpfen.

Doch Tatsachen bleiben Tatsachen. Auch die Gefolgsleute der „Liebe zum Volk" tragen in ihrer Ideologie, wie auch ihre Ahnväter aus der vorrevolutionären Epoche, alle Züge einer reaktionären Utopie. Während jedoch die alten Volkstümler unter der Maske ihrer schöngeistigen Rustikophilität noch in bestimmtem Maße die *Reaktion der Überbleibsel des Feudalismus* mit ihrer Romantik der patriarchalischen Gemeindeordnung *gegen den sie zersetzenden Kapitalismus* widerspiegelten, sind deren heutige Nachfolger schon von jeder Romantik geheilt. Nach der sozialistischen Revolution, da die Erfahrungen dieser Gemeindeordnung, so sollte man meinen, zum ersten Mal für uns eine gewisse positive Bedeutung annehmen, wenden sich unsere Epigonen des Volkstümlertums entschieden von irgendwelchen Hoffnungen auf die bäuerliche Gemeinde ab und geben dem Stolypinschen Programm der Bodenordnung offensichtlich den Vorzug. Das ist sehr folgerichtig, denn während die Väter im Interesse des wirtschaftenden Bauern noch die Reaktion der Überreste des *Feudalismus* gegenüber dem siegreichen *Kapitalismus* zum Ausdruck brachten, so ist es unter den neuen Bedingungen freilich den Kindern dieser Väter schon bestimmt, der Reaktion eines äußerst rückständigen, aber dennoch völlig bestimmten kleinbürgerlichen *Kapitalismus* gegenüber dem Siegeszug des *Sozialismus* Ausdruck zu geben.

Unter soziologischem Aspekt muß man diese wie auch die andere Reaktion in ihrem Bestreben, das Rad der Geschichte aufzuhalten, von vornherein in gleichem Maße als hoffnungslos und utopisch ansehen. Das bedeutet jedoch nicht, daß man sie als unschädlich ansehen könne. Man darf all die gefährlichen Reibungen, die durch die reaktionäre Ideologie des Neo-Volkstümlertums hervorgerufen werden und die unsere volkswirtschaftliche Vorwärtsbewegung bremsen, nicht ignorieren. Man muß gegen sie kämpfen. Man muß sie entlarven und damit unschädlich machen.

2.5. An der arithmetischen Front

Bei dem Feldzug, den die Epigonen des Volkstümlertums gegen unseren Entwurf zu den Entwicklungsperspektiven der Volkswirtschaft der UdSSR unternahmen, spielt die Kritik an unseren Berechnungen und einzelnen Kennzahlen – in dem Sinne, daß sie rein arithmetisch ungenügend untereinander abgestimmt seien – keine untergeordnete

Rolle. Es versteht sich, daß in den Wirtschaftsplänen die Arithmetik nicht die Ökonomik verdecken darf. Doch man darf sie auch nicht unterschätzen. Deshalb sind wir bereit, unseren gelehrten Kritikern auch an dieser Front den Kampf zu liefern.

Wie bekannt, erlaubt es der Zustand unseres Berichtswesens bislang nicht, eine einheitliche Bilanz der Volkswirtschaft selbst für den vergangenen Zeitraum aufzustellen. Um so schwieriger würde es sein, eine solche provisorische Bilanz für einen Zeitraum von ganzen 5 Jahren im voraus, die in all ihren Elementen streng verknüpft wäre, auszuarbeiten. Wir stellten uns in unserem Fünfjahrplan auch nicht diese utopische Aufgabe. Doch überall dort, wo das möglich war, benutzten wir die Bilanzmethode für die Kontrolle unserer Planvorschläge, bedauerlicherweise gelang uns das jedoch bei weitem nicht überall. Da wir genötigt waren, in den einzelnen Abschnitten der Arbeit Zahlen verschiedener Herkunft und deshalb auch von unterschiedlicher Bedeutung zu verwenden, konnten wir die absoluten Werte sehr oft überhaupt nicht miteinander vergleichen und gaben uns schon damit zufrieden, wenn es uns gelang, eine ausreichende Harmonie im *Tempo* ihres Wachstums oder ihrer Senkung über das Jahrfünft festzustellen.

Wir wollen das an einem Beispiel erläutern. Wenn wir die absoluten Werte für die Warenproduktion der Industrie für den Massenbedarf mit denen der Aufnahmefähigkeit des Marktes für diese Erzeugnisse, die sich aus den Haushalten ergeben, vergleichen wollten, dann würden wir in unserem Fünfjahrplan die folgende arithmetische Nichtübereinstimmung erhalten.[43]

Jahre	Produktion	Aufnahmefähigkeit des Marktes	„Überproduktion"	
	(in Mill. Rubel-Tscherwonez)		(in Mill. Rubel)	(in %)
1	2	3	4	5
1925/26	8120	3749	4371	116
1930/31	11167	5300	5867	111
Zuwachs in %	37	41	34	–

Wie wir sehen, könnte man aus den absoluten Zahlen schließen, daß bei uns eine gewaltige Überproduktion bei Gütern des allgemeinen Gebrauchs herrscht. Das geht aus der Arithmetik hervor. Doch kein gebildeter Ökonom würde dieser Arithmetik glauben, denn allen ist bekannt, daß wir im Wirtschaftsjahre 1925/26 im Land unter einem Warenhunger, nicht aber an einer Überproduktionskrise litten. Deshalb hatten wir überhaupt keinen Grund, die angeführten Daten einander in ihren absoluten Größen gegenüberzustellen. Wir wissen sehr gut, daß die Haushaltsdaten, insbesondere die der bäuerlichen Haushalte, sehr stark herabgesetzte Zahlen für den Verbrauch an Industrieerzeugnissen ausweisen, während die Ergebnisse der Warenproduktion durch den inneren Umschlag überhöht sind. In der Polemik mit Professor Litošenko wiesen wir darauf hin, daß diese Zahlen bedeutender Korrekturen bedürfen. Insonderheit verbrauchte das Dorf nach den

[43] Vgl. Perspektiven der Entfaltung der Volkswirtschaft der UdSSR im Zeitraum von 1926/27 bis 1930/31, Moskau 1927, S. 20 und S. 142. Die Zahl 6110 Mill. Rubel, die auf Seite 20 für 1930/31 angegeben ist, ist hier auf 5200 Mill. Rubel auf Grund der Senkung der Preise um 17,7% vermindert.

Haushaltsdaten im Wirtschaftsjahr 1925/26 Industriegüter in Höhe von 1492 Mill. Rubel, während sich nach den Kontrollziffern der Staatlichen Plankommission für diesen Verbrauch ein Betrag von 3325 Mill. Rubel, das heißt ein um 122% höherer Betrag, ergab.[44] Doch wenn die Haushaltsdaten für die Berechnung von absoluten Größen bezüglich der Aufnahmefähigkeit des Marktes an und für sich auch wenig geeignet sind, so können sie doch für die Charakteristik der relativen Veränderlichkeit dieser Kapazität in Abhängigkeit von der Veränderung des Wohlstandes der verschiedenen Haushaltsgruppen sehr wertvolle Aufschlüsse geben. Als wir in unserem Fünfjahrplan Berechnungen über die Kapazität des Marktes aufnahmen, machten wir sofort die Einschränkung, daß wir ihnen „nur illustrative Bedeutung" beimessen und daraus nur das *Tempo* der wahrscheinlichen Marktausweitung ermitteln wollen.

Natürlich kann man sich auch bei den Wachstumstempi leicht irren, wenn man sich auf so zweifelhaftes statistisches Material, wie es die bäuerlichen Haushalte sind, stützen muß. Unsere Berechnung, wonach sich, nebenbei gesagt, die Aufnahmefähigkeit des Marktes für Industrieerzeugnisse – gemessen am *physischen Umfang* der Produktion – in der Stadt im Verlauf der fünf Jahre um 72% und im Dorf um 48% erhöhen wird, führt allgemein zu äußerst unterschiedlichen Schlußfolgerungen in Abhängigkeit davon, von welchen absoluten Größen in Anwendung auf die Stadt und das Dorf zum Beginn des Fünfjahrplanes ausgegangen wird. Nimmt man als Ausgangswerte die *Haushaltsdaten*, dann vergrößert sich der durchschnittliche Kapazitätszuwachs des Verbrauchermarktes für das Land insgesamt im Verlaufe von fünf Jahren ab 1925/26 um 63%. Dann aber droht uns auch fürderhin die Erscheinung des Warenhungers.[45] Wenn man aber von den Berechnungen der Kontrollziffern ausgeht, die der Wahrheit stärker angenähert sind, dann erhalten wir an Stelle von 63% einen gewogenen durchschnittlichen Kapazitätszuwachs von insgesamt 60%. Damit werden wir dann gegen Ende des Fünfjahrplanes eine wesentliche Milderung des Warenhungers erreichen. Doch wenn man die mögliche Genauigkeit von Berechnungen dieser Art, die der Illustration dienen, nicht überbewertet, dann kann man dennoch durch sie eine recht anschauliche Vorstellung *„über die Richtung und die Ausmaße* der Ausdehnung des Verbrauchermarktes" erhalten. Eben das und nicht mehr wollten wir mit unseren Berechnungen der Marktkapazität erreichen[46].

Doch unsere Kritiker verhalten sich anders zu derartigen Berechnungen. Sie sind bereit, selbst ihrer Herkunft und ihrer Bedeutung nach völlig unvergleichbare Zahlen unseres Fünfjahrplanes einander gegenüberzustellen. Und wenn diese Zahlen nicht in der arithmetischen Bilanz aufgehen, was unsere Kritiker in solchen Fällen natürlich völlig vergeblich erwarten, feiern sie sogleich einen Sieg und ziehen Schlußfolgerungen über die Irrealität aller unserer Planvorschläge.

Wie groß der Eifer unserer Kritiker ist, den sie in der genannten arithmetischen Richtung entwickeln, kann man wenigstens an dem folgenden Beispiel zeigen.

Um zu beweisen, daß unsere Berechnungen über die mögliche Akkumulation im staatlichen Sektor zum Ende des Fünfjahrplanes übertrieben seien, wendet Professor Kondrat'ev folgendes arithmetisches Verfahren an. Indem er vom Nationaleinkommen des Wirtschaftsjahres 1925/26, das von uns in einem Betrag von 21541 Millionen Rubel-Tscherwonez er-

[44] Vgl. Perspektiven der Entfaltung der Volkswirtschaft der UdSSR für 1926/27 bis 1930/31, a. a. O., S. 20; Kontrollziffern der Volkswirtschaft der UdSSR für 1926/27, Moskau 1926, S. 128.

[45] Bei einer Steigerung der Produktion insgesamt, einschließlich der handwerklichen, nur um 59% und der *Warenproduktion* von Gegenständen des Massenbedarfs um 63% (in Preisen von 1925/26). Vgl. Perspektiven der Entfaltung der Volkswirtschaft der UdSSR von 1926/27 bis 1930/31, a. a. O., S. 21 und 143.

[46] Ebenda, S. 16.

mittelt wurde, die Summe der Akkumulation im staatlichen Sektor in Höhe von 1868 Mill. Rubel abzieht und die gefundene Differenz durch die Anzahl der Bevölkerung teilt, erhält er auf diese Weise den Pro-Kopf-„Verbrauch“ für das Wirtschaftsjahr 1925/26 in Höhe von 138,6 Rubel. Weiter vergrößert er, ausgehend von der Vorgabe des Fünfjahrplanes über den Zuwachs des „Wohlstandes“ der Bevölkerung bis 1930/31 um 31%, den Betrag von 138,6 Rubeln um diese Steigerungsrate, was einen Betrag von 181,6 Rubel ergibt, multipliziert diese Ziffer mit der Bevölkerungszahl des Wirtschaftsjahres 1930/31 und bestimmt auf diese Weise den „Verbrauch“ des Jahres 1930/31 im Gesamtbetrag von 28638 Mill. Rubel, zieht dann diese Zahl vom Nationaleinkommen in Höhe von 29328 Mill. Rubel ab und erhält im Endergebnis einen Restbetrag für die Akkumulation in Höhe von nur 690 Mill. Rubel statt der im Fünfjahrplan errechneten 3693 Mill. Rubel.

Darauf folgt der Triumpf, denn nach Kondrat'evs Meinung wird durch die angeführte Arithmetik „die ganze innere Unbegründetheit der Zahlen für die Akkumulation und das Fehlen ihrer inneren Bilanziertheit mit den Werten über das Einkommen und den Verbrauch“ vollständig unanfechtbar bewiesen.[47]

Doch dieser Triumph ist etwas voreilig. Um diese oder jene *ökonomischen* Berechnungen umzuwerfen, genügt nämlich die Bekanntschaft mit den vier Grundrechnungsarten allein noch nicht. Man muß auch noch die Bedeutung der Größen verstehen, mit denen man operiert. Dieses Verständnis aber ließ unser gelehrter Kritiker nicht erkennen. Deshalb ließ er bei einwandfreier Arithmetik allein in dieser Berechnung nicht weniger als drei außerordentlich grobe ökonomische Fehler zu.

Der erste Fehler. Seine Ziffer für den „Verbrauch“ (28638 Mill. Rubel) berechnete Professor Kondrat'ev zu Preisen des Wirtschaftsjahres 1925/26, während unsere Zahl für das Nationaleinkommen (29328 Mill. Rubel) zu den Preisen des Wirtschaftsjahres 1930/31 bewertet wurde, das heißt unter Berücksichtigung der vorgesehenen Preissenkungen. Außerdem aber empfiehlt selbst die Elementararithmetik nicht, Pfunde von Arschins oder Flaschen von Eimern abzuziehen, ohne sie vorher auf einen gemeinsamen Nenner zu bringen.

Professor Kondrat'ev hat diesen Umstand nicht bemerkt. Er beruft sich sogar auf irgendeine „Analyse“, aus der er geschlossen hat, daß das Nationaleinkommen für das Wirtschaftsjahr 1930/31 von uns „ohne Berücksichtigung der vorgesehenen Senkung der Industriepreise“ berechnet worden sei[48]. Das ist jedoch reiner Unsinn. In der Tabelle über das Nationaleinkommen wird es von uns parallel sowohl zu Vorkriegspreisen als auch in der Tscherwonez-Valuta bewertet, dabei ergibt sich ein Zuwachs aus der Industrie in Vorkriegspreisen um mehr als 74,5%, während die Steigerung nach der Bewertung in der Tscherwonez-Valuta nur eine Größe von 44% ergibt, das heißt, hier widerspiegelt sich die Senkung der Preise um genau 17,5%[49]. Hier gab es nichts zu „analysieren“, es genügte, daß man Gedrucktes lesen kann.

Wenn unser Kritiker die vorgesehene Preissenkung auch in seiner Zahl für den Verbrauch berücksichtigt hätte, dann würde sie sich um etwa 11% von 28638 Mill. Rubel vermindert haben, das heißt um einen Betrag von etwas mehr als *3 Milliarden*. Das ist die arithmetische Größenordnung seines ersten Fehlers.

Der zweite Fehler. Wenn man die Akkumulation *allein des staatlichen Sektors vom ge-*

[47] In: Planovoe chozjajstvo 4/1927, S. 15–17.
[48] Ebenda, S. 16.
[49] Vgl. Perspektiven der Entfaltung der Volkswirtschaft der UdSSR für 1926/27 bis 1930/31, a. a. O., S. 25.

samten Nationaleinkommen abzieht, dann kann man keineswegs den Konsumtionsfonds der Bevölkerung errechnen, denn die Akkumulation erfolgt auch in den anderen Sektoren der Wirtschaft. Insbesondere erreichte die Akkumulation im kooperativen und im privaten Sektor nach Berechnungen der Staatlichen Plankommission im Wirtschaftsjahre 1925/26 nicht weniger als 725 Mill. Rubel-Tscherwonez.[50]

Überträgt man diese Korrektur auf die Berechnungen von Professor Kondrat'ev, so erhält man einen Pro-Kopf-„Verbrauch" für 1925/26 nicht in Höhe von 138,6 Rubel, sondern im Betrag von 133,5 Rubel; für das Wirtschaftsjahr 1930/31 ergibt das einen Pro-Kopf-„Verbrauch" in Höhe von $133{,}5 \times 1{,}31 = 175$ Rubel oder einen Gesamt-„Verbrauch" der Bevölkerung im Betrag von $175 \times 157{,}7 = 27600$ Mill. Rubel in Preisen von 1925/26 anstelle der von Kondrat'ev berechneten 28638 Mill. Rubel. Dieser zweite Fehler unseres Professors erbrachte ihm folglich im Bestreben, den Fünfjahrplan herabzusetzen, über *eine Milliarde.*

Der dritte Fehler. Professor Kondrat'ev und nach ihm Vajnštejn, Gerčuk und die übrigen ideologischen Zöglinge der gleichen Schule sind offensichtlich sehr fest davon überzeugt, daß der Wohlstand der Bevölkerung an dem Verbrauch gemessen wird und nicht am Einkommen. Wenn im Fünfjahrplan gesagt wird, daß der *Wohlstand* der Bevölkerug im Verlaufe von fünf Jahren um 31% ansteigen wird, dann erhöhen sich aus diesem Grunde auch die Normen für den *persönlichen* Verbrauch der Bevölkerung um die gleiche Steigerungsrate. Doch das ist einer der gröbsten Fehler. Selbst der Arbeiter verbraucht nicht sein ganzes Einkommen, sondern legt etwas für schlechte Zeiten auf der Sparkasse oder auf andere Weise zurück. Doch in noch höherem Grade gilt das für die Bauernschaft und andere Schichten der Bevölkerung. Sie vertilgen nicht nur, sondern sie akkumulieren auch. Deshalb überholen bei wachsenden Einkünften die Produktionsaufwendungen im Dorf der allgemeinen Regel nach den persönlichen Verbrauch[51]. Bei einem Wachstum des Wohlstandes um 31% vergrößert sich der persönliche Verbrauch der Bevölkerung im Verlaufe des Jahrfünft daher nicht um 31%, sondern in wesentlich geringerem Maße. Der Bauer versorgt sich dafür mit zusätzlichem Inventar, Vieh, Bauten usw.

Wir stehen nicht an, auch diesen Fehler unseres Kritikers in Zahlen auszudrücken. Sehr wahrscheinlich ist, daß man auch dafür Hunderte von Millionen ansetzen müßte. Natürlich ist das für einen Wissenschaftler vom Maßstab eines Professor Kondrat'ev, bei dem selbst die gewöhnlichen Fehler mit Milliarden beziffert werden, eine ganze Kleinigkeit. Es lohnt nicht einmal darüber zu sprechen. Dennoch, allein schon der Gesamtbetrag aus den angeführten arithmetischen Operationen in Höhe von mehr als 4 Milliarden, die dem Verbrauch zugerechnet wurden, um den möglichen Akkumulationsfonds zu kürzen, erklärt in hinreichendem Maße, warum bei Professor Kondrat'ev unsere Daten für die Akkumulation nicht mit dem von ihm errechneten Verbrauch bilanziert sind.

Es wäre unmenschlich, wollten wir den Leser mit der vollständigen Aufzählung aller übrigen „Ungereimtheiten" und „Widersprüche" ermüden, die Professor Kondrat'ev oder seine Freunde nach der gleichen Methode der arithmetischen Manipulation mit unseren Zahlen und durch Gegenüberstellungen mit eigenen erfundenen Zahlen in unserem Fünfjahrplan entdeckte. Doch ein Beispiel einer solchen „Ungereimtheit" muß angeführt werden. Das um so mehr, als die Kritiker glauben, damit unserem Fünfjahrplan den Todesstoß geben zu können, und ihm darum besonders viel Aufmerksamkeit schenken. Es geht dabei um jenes berüchtigte Defizit der landwirtschaftlichen Produktion, das

[50] Vgl. Kontrollziffern der Volkswirtschaft der UdSSR für 1926/27, a. a. O., S. 313.

[51] Wenn zum Beispiel der persönliche Verbrauch an Produkten der Industrie im Dorf in fünf Jahren nach unserer Berechnung um 48% wachsen soll, dann steigt der wirtschaftliche Verbrauch nach den Haushaltsdaten um 70%.

Prof. Kondrat'ev und der sich ihm anschließende Prof. Makarov erstmals bereits auf dem Kongreß der Planer bei uns „entdeckt" hatten, und das danach von Kondrat'ev und Vajnštejn ausführlich in ihren Artikeln entwickelt wurde, wobei sie sich auf die Teilnahme einer ganzen Reihe weiterer Personen an dieser Arbeit beriefen.[52] In unserem Fünfjahrplan ist keine detaillierte Bilanz für die Produktion und Verteilung der landwirtschaftlichen Erzeugnisse für den Zeitraum von fünf Jahren im voraus gegeben worden, weil uns dafür eine ganze Reihe von Elementen selbst für den Berichtszeitraum nicht zur Verfügung standen. Doch nach den Haushaltsdaten für Arbeiter errechneten wir den wahrscheinlichen Verbrauch der städtischen Bevölkerung an Produkten des Dorfes. Unter Verwendung dieser Berechnungen, denen unsere Kritiker ihre eigenen Berechnungen über den Verbrauch der ländlichen Bevölkerung an landwirtschaftlichen Produkten hinzufügten, stellten sie eine Bilanz auf, aus der hervorgeht, daß in unserem Lande im Wirtschaftsjahr 1930/31 die landwirtschaftliche Produktion nicht nur für den Export ausreichen würde, sondern daß sogar ein Defizit in der Größenordnung von *Milliarden* durch den Import gedeckt werden müsse.

Dieses Defizit wird durch das folgende arithmetische Verfahren erzielt.

Der städtische Pro-Kopf-Verbrauch an landwirtschaftlichen Produkten, der von uns nach Verbraucherpreisen für 1925/26 in Höhe von 102,4 Rubel im Jahr berechnet wurde, wird auf den Betrag von 68,3 Rubel nach Abzug des Handelsaufschlages reduziert, der dann für das Wirtschaftsjahr 1930/31 um 30% erhöht und mit der Bevölkerungszahl multipliziert wird. Für das Dorf wird eine Verbrauchsnorm für 1925/26 in Höhe von 51,2 Rubel pro Kopf angenommen. Diese Norm wird für 1930/31 ebenfalls wie für die Stadt um 30% erhöht und dann mit der Bevölkerungszahl multipliziert. Im Ergebnis erhält man einen Gesamtverbrauch der Stadt und des Dorfes im Wirtschaftsjahr 1930/31 im Betrag von 11162 Mill. Rubel-Tscherwonez, die „Nettoproduktion" an landwirtschaftlichen Nahrungsgütern beziffert Professor Kondrat'ev dagegen nach Erzeugerpreisen in Höhe von 9854 Mill., woraus sich ein Defizit gegenüber dem Verbrauch von 1308 Mill. Rubel-Tscherwonez ergibt.[53]

Charakteristisch ist, daß in dieser „Bilanz nicht eine Größe enthalten ist, die unmittelbar aus dem Fünfjahrplan genommen worden wäre. Die ganze Berechnung gehört Prof. Kondrat'ev allein. Es ist völlig unverständlich, warum für die Rechenfehler in der angeführten Bilanz irgendein anderer als der Verfasser dieses wirklich außerordentlich unqualifizierten Werkes geradestehen soll. In der Tat: Zunächst ist die von ihm vorgenommene Korrektur der Preise für die zum städtischen Verbrauch bestimmten Produkte des Dorfes um einen Handelsaufschlag völlig willkürlich. Dieser Aufschlag setzt sich im vorliegenden Falle nicht nur aus den Transport- und Handelsaufwendungen, sondern auch aus dem Wert der Verarbeitung des Getreides zu Graupen, Mehl und Brot, der Ölsaaten zu Speiseöl usw. zusammen. Nach einer speziellen Berechnung für die Arbeiterhaushalte im November 1925 betrug die Summe aller dieser Aufschläge etwa 85% vom Wert der primären landwirtschaftlichen Erzeugnisse. Damit sinkt der Pro-Kopf-Verbrauch der Städter von 102,4 Rubel auf 55,4 Rubel nach Umrechnung auf Erzeugerpreise statt auf 68,3 Rubel. Nach einer Steigerung um 30% im Verlaufe des Jahrfünfts und Multiplikation mit der Gesamtzahl der städtischen Bevölkerung erhalten wir nach dieser Korrektur einen Verbrauch der Stadt für 1930/31 in Höhe von 2105 Mill. Rubel anstelle der genannten 2637 Millionen Rubel. Die Differenz von 532 Mill. Rubel stellt somit das Ausmaß des ersten Fehlers von Prof. Kondrat'ev dar.

[52] In: Planovoe chozjajstvo, 4/1927, S. 1.
[53] Ebenda, S. 22–24.

Noch willkürlicher ist die Norm für den ländlichen Verbrauch an landwirtschaftlichen Produkten, den er mit einem Betrag von 51,2 Rubel für das Wirtschaftsjahr 1925/26 angenommen hat. Prof. Kondrat'ev bezieht sich vergeblich auf uns, wenn er vorgibt, daß wir diesen für 1924/25 in Höhe von 47,2 Rubel pro Kopf berechnet hätten. In unserer Arbeit wird gesagt: „Dem Bauern kostete im Wirtschaftsjahr 1924/25 die *ganze Ernährung* pro Kopf und Jahr nach der Haushaltsschätzung insgesamt 47,2 Rubel, während sie dem Arbeiter auf 106 Rubel" zu stehen kommt.[54] Doch der Bauer kauft auch Zucker und Salz und Hering und andere Produkte, die nicht zu den landwirtschaftlichen Erzeugnissen gehören, außerdem bezahlt er für das Mahlen des Mehls an die Mühle, er zahlt an die Graupenmühle, an die Ölmühle usw. All das aber geht in den Betrag von 47,2 Rubel ein. Wenn aber Prof. Kondrat'ev schon von unserer Zahl ausging, dann hätte er einen ordentlichen Abschlag machen müssen, um gesondert die Nahrungsgüter zu erhalten, die von landwirtschaftlicher Herkunft sind, und dabei zu Erzeugerpreisen *ohne Verarbeitungs*kosten. Stattdessen hat er sie aber noch um 8,5% erhöht. Besonders willkürlich ist aber die Erhöhung dieser Norm um weitere 30% für das Wirtschaftsjahr 1930/31. Immerhin ist in unserem Fünfjahrplan nur eine Erhöhung eben dieser Norm für den Zeitraum von fünf Jahren um 6,6% vorgesehen.[55] Womit kann dieses Abweichen vom Fünfjahrplan motiviert werden? Hier ist doch von Produkten der *Ernährung* landwirtschaftlicher Herkunft die Rede. Der Pro-Kopf-Zuwachs dieser Produkte – Getreide, Fleisch und Milch – beträgt, wenn man von der tatsächlichen Ernte des Wirtschaftsjahres 1925/26 ausgeht, in den fünf Jahren insgesamt 9 bis 10%.

Beabsichtigt Prof. Kondrat'ev etwa, die ländliche Bevölkerung mit Klee und Wicke oder Lein, Hanf und anderen technischen Kulturen zu ernähren, deren Zuwachs im Jahrfünft eine wesentlich höhere Steigerungsrate erreichen wird?

Unterdessen, wenn man diese unsinnige Unterstellung aufgibt und nicht von einer Zuwachsrate in Höhe von 30%, sondern von einem Wachstum in Höhe von 6,6% ausgeht, dann vermindert sich sofort diese Zahl – ohne jede weitere Korrektur – für den landwirtschaftlichen Verbrauch in Anwendung auf das Wirtschaftsjahr 1930/31 von 8525 Mill. auf 6970 Mill. Rubel, d. h. um 1555 Millionen Rubel. Damit verschwindet aber auch das ganze berüchtigte Defizit, das Prof. Kondrat'ev hervorgebracht hat. Das ist der zweite Fehler unseres Professors.

Der Gesamtbetrag beider Positionen des Verbrauchs in der Stadt und im Dorf beläuft sich dann für das Wirtschaftsjahr 1930/31 auf 9075 Mill. Rubel, d. h. er ist um 2087 Millionen Rubel geringer, als die Summe ausmacht, die Prof. Kondrat'ev berechnet hat, und anstelle eines Defizits in Höhe von 1308 Mill. Rubel ergibt sich noch ein Überschuß für den Export in der Größenordnung von einigen hundert Millionen.

Wir wollen den Leser nicht weiter damit behelligen, daß wir noch andere Berechnungen unserer ideologischen Gegner auseinandernehmen, die genauso „überzeugend" sonstige Defizite und „innere" Bilanzunstimmigkeiten im Fünfjahrplan der Staatlichen Plankommission aufdecken. Sie alle sind nach einer Schablone aufgebaut. Es werden ein oder zwei Ergebnisse aus dem Fünfjahrplan genommen, eine Reihe von Koeffizienten eigenhändiger Fertigung hinzugefügt, sodann werden alle diese Zahlen den vier Grundrechnungsarten unterworfen, und im Ergebnis entdeckt man eine „innere" Bilanzunstimmigkeit . . . dieser Zahlen und Koeffizienten.

Offen gesagt wundert es uns nicht sehr, daß die Epigonen des Volkstümlertums in

[54] Vgl. Perspektiven der Entfaltung der Volkswirtschaft der UdSSR für 1926/27 bis 1930/31, a. a. O., S. 12.

[55] Ebenda, S. 173.

diese Berechnungen weit mehr Arithmetik hineinlegen als statistische Kenntnisse und ökonomisches Verständnis für die bestehenden Realitäten.

Wirtschaftliche Perspektivberechnungen für mehrere Jahre stellen etwas Neues dar. Solche Berechnungen und alle mit ihnen verbundenen ökonomischen Ausarbeitungen können sich als *mehr* oder *weniger* gelungen oder aber gar völlig mißlungen erweisen.

Eine abschließende Beurteilung darüber muß man bis zur Vollendung des Fünfjahrplanes zurückstellen. Bis dahin kann man unseren Berechnungen natürlich jede beliebige andere *entgegenstellen*. Nicht darum geht es.

Wir wundern uns nur darüber, daß unseren Kritikern jegliches Gefühl für Humor fehlt. Sollten sie etwa nicht, wenn sie ihre kritischen Manipulationen völlig ernsthaft durchführen, die ganze Komik der von ihnen an unsere Arbeit gestellten Forderungen fühlen? Warum sollten wir im Namen der *inneren* Bilanziertheit dieser Arbeit sie so aufbauen, daß sie mit allen Dummheiten harmoniert, die an sie von seiten dieser oder jener müßigen Kritiker *herangetragen werden*?

Ein so großes „Defizit" an Gefühl für Humor bei unseren Gefolgsleuten der Volkstümlerbewegung beschwört für sie die Gefahr einer großen Unstimmigkeit in ihrer ideologischen „Bilanz" herauf. Das ist ein schlechtes Zeichen. Eine ökonomische Schule, die sich selbst ohne zwingenden Grund in eine so lächerliche Lage bringt und sich völlig verdient dem öffentlichen Gelächter preisgibt, wird schlecht enden. Das ist ein Kennzeichen für die Entartung der Schule.

Im Jahre 1927, als wir diese Zeilen schrieben, besaß die Schule Kondrat'evs in sowjetischen Kreisen noch bedeutendes Gewicht und Autorität. Damals schien vielen unser Aufruf, „man muß sie entlarven und unschädlich machen", und auch unsere Prognose, daß sie „schlecht enden wird", als eine durchaus verständliche polemische Übertreibung. Sie endete jedoch noch schlechter als man denken konnte.

Die völlige moralische Entartung der Kondrat'evschen Kreise zeigte sich dabei bereits darin, daß sie aus dem Munde ihrer Führer, nachdem sie ihre ideologische Basis verloren hatten, ihre ganze Vergangenheit als einen durchgehenden Fehler anerkannten.

3. *Zur Diskussion über den ersten Fünfjahrplan*

3.1. Die Perspektiven unserer Wirtschaft und die Opposition[1]

Die Kritik-Übungen der Opposition anläßlich der Direktiven des ZK der Partei über den Fünfjahrplan der Wirtschaft haben bereits ihre verdiente Abfuhr in den Spalten der „Pravda" erhalten (17. 10. 1927). Doch diese Kritik, die etwas voreilig war, richtete ihre Pfeile nicht nur gegen die Direktiven des ZK für die Ausarbeitung des Planes, sondern auch gegen den Plan selbst, der aber noch gar nicht existiert. Die Opposition weiß natürlich ebensogut wie wir, daß alle jene Materialien zum Fünfjahrplan, die die Staatliche Plankommission der UdSSR und andere Planungsorgane bis auf den heutigen Tag veröffentlichten, Entwürfe darstellen, die noch nicht abgeschlossen sind. Weder die Staatliche Plankommission selbst und noch weniger die obersten Organe von Staat und Partei haben sie sanktioniert, sie können demzufolge auch nicht die Verantwortung dafür tra-

[1] In: Pravda vom 30. November 1927.

gen. Verantwortlich sind dafür vorerst nur wir, die wir unmittelbar an der Ausarbeitung dieser Entwürfe teilnahmen oder sie leiteten. Und wenn uns schon die Opposition ebenfalls nebenbei mit ihrer kritischen Aufmerksamkeit beehrte, dann wollen wir gern, ohne uns auch nur irgendwie dieser Verantwortung für unsere Arbeit entziehen zu wollen, darauf eingehen.

Wir meinen durchaus nicht, daß unsere Arbeit frei von einer ganzen Reihe wesentlicher Mängel sei. Ganz im Gegenteil, da wir besser als andere erkennen, wie viele außerordentlich große Hindernisse und schier unüberwindliche Schwierigkeiten sich der Ausarbeitung eines völlig zuverlässigen und fehlerfreien Perspektivplanes entgegenstellen, rechnen wir nicht damit, diese Aufgabe sofort lösen zu können. Wir gehen sehr vorsichtig dabei vor, auf dem Wege folgerichtiger Näherungsvarianten. Im Verlaufe der letzten drei Jahre haben wir bereits drei solcher Varianten ausgearbeitet, die wir jedesmal an den Ergebnissen des jeweils abgelaufenen Jahres selbst überprüften, wenn wir in den Fünfjahrplanzeitraum jeweils ein neues Jahr einbezogen. Jedesmal übergaben wir die Projekte dem Urteil der gesellschaftlichen Kritik. Wir nahmen diese aufmerksam zur Kenntnis und übertrugen alle Korrekturen, die unseres Erachtens erforderlich sind, auf die folgende Variante.

Wir wären auch bereit, die Kritik der Opposition zu berücksichtigen, wenn wir darin auch nur einen sachlichen Hinweis oder auch nur eine *begründete* Korrektur entdecken könnten. Leider ist das nicht der Fall. Offenbar ließ sich die Opposition in ihrer Kritik an unserer Arbeit bislang durchaus nicht von sachlichen Erwägungen leiten.

In der Tat, der Haupteinwand der Opposition gegen unsere Projekte läuft darauf hinaus, daß wir zum zehnten Jubiläum der Oktoberrevolution einen „kleinkrämerischen, durch und durch pessimistischen Plan" darbrächten und folglich „*gegen den Sozialismus*" arbeiten würden.

Das ist starker Tobak. Derartige Behauptungen muß man natürlich irgendwie untermauern. Worauf stützt sich die Opposition dabei?

Unsere „Kleinkrämerei" oder ihre Demagogie?

Unsere Kleinkrämerei wird nach Meinung der Opposition aus zwei Tatsachen ersichtlich. Erstens: Wir projektieren einen völlig unzureichenden Zuwachs des „persönlichen Verbrauchs" zum Ende des Jahrfünfts im Vergleich zum Vorkriegsstand im zaristischen Rußland und, zweitens: Dieser Zuwachs erreicht selbst zum Ende des Jahrfünfts bei weitem noch nicht jenen Stand, über den solche kapitalistischen Länder wie Deutschland, die Vereinigten Staaten von Amerika u. a. bereits zu Beginn des Jahrfünfts verfügen.

Wir wollen hier nicht die Zahlen, mit denen die Opposition dabei operiert, kritisch analysieren. Wir vermerken lediglich, daß einige dieser Zahlen, die die Opposition unkritisch aus zweiter Hand übernommen hat, offensichtlich unglaubwürdig sind. Es geht jedoch nicht um die Zahlen, sondern darum, wie an die Frage herangegangen wird. Interessant ist, daß als Maßstab für den Fortschritt, den wir seit der Zeit des Zarismus erreichten, *nicht die Produktion gewählt wird, sondern der persönliche Verbrauch*, dabei nicht einmal der Verbrauch der Arbeiter, sondern allgemein der durchschnittliche Pro-Kopf-Verbrauch der Bevölkerung. Ist das ein marxistisches Herangehen an die Sache?

Es ist natürlich nicht schwer, dieses zu erklären. Vor dem Krieg haben wir recht viel aus dem Ausland importiert, sowohl Manufakturerzeugnisse als auch Papier und Galanteriewaren und alles mögliche andere unsinnige Zeug, für das das ausländische Kapital von uns einen ordentlichen Tribut genommen hat. Jetzt zahlen wir diesen Tribut nicht. So große Industriezentren und -betriebe wie Łódź, die Narwaer Manufaktur und viele andere gehören nicht mehr zu uns. Um alle diese Verluste auszugleichen, muß man einen bedeutenden Aufschwung in der Produktion erzielen. Im Jahre 1913 wurden auf dem Gebiet der heutigen UdSSR 2238 Mill. Meter Baumwollstoffe hergestellt, im Wirtschaftsjahr 1926/27 waren es 2359 Mill. Meter, d. h. 105% der Vorkriegsproduktion, für den Zeitraum von 5 Jahren rechnen wir aber – nach einer sehr vorsichtigen Ausgangsvariante der Staatlichen Plankommission – mit einer Steigerung dieser Produktion um weitere 79%. Wenn man dieses Wachstumstempo jedoch auf Pro-Kopf-Daten der Bevölkerung umrechnet und dann auch noch die weggefallenen Importe abzieht, dann erhält man Koeffizienten, die weitaus bescheidener sind. Die Opposition zieht es natürlich vor, diese niedrigen Koeffizienten für ihre Argumentation zu verwenden. Nach ihren Berechnungen würden wir im Wirtschaftsjahr 1931/32 – selbst nach der „neuesten" optimalen Variante des Obersten Volkswirtschaftsrates – nur 106,8% der Vorkriegsnorm des Pro-Kopf-Verrauches erreichen.

Das ist natürlich eine Zahl, die ganz und gar unwahrhaftig ist. Der Oberste Volkswirtschaftsrat selbst gibt in dem von ihm veröffentlichten Entwurf des Fünfjahrplanes die Zahl von 144,8%[2] an. Doch selbst wenn die Berechnungen der Opposition wahrhaftig wären, würden sie dann irgendetwas beweisen können, wenn die Importe des Jahres 1913, die heute durch die eigene Produktion ersetzt werden, unberücksichtigt bleiben? Warum verschweigen die Autoren der Antithesen diesen Umstand? Ist es Unhöflichkeit oder Demagogie?

Ein eigenartiger Eindruck entsteht auch dadurch, daß durchschnittliche Pro-Kopf-Normen für den Verbrauch der gesamten Bevölkerung im Jahre 1913 als Maßstab für unsere sowjetische Wirklichkeit gesetzt werden. Die Autoren der Antithesen müßten doch wissen, daß sich nach 1913 bei uns eine soziale Revolution vollzogen hat, die manche Klassen völlig hinweggefegt hat und andere erstarken ließ? Um wessen Verbrauch aber sorgen sie sich eigentlich? Der Verbrauch der bürgerlichen Gruppen ist ohne Zweifel reduziert worden. Gilt die Sorge unserer Oppositionäre etwa diesen Gruppen? Wenn sie sich aber für den Verbrauch des Proletariats interessieren, dann müßten sie sich unmittelbar den Haushalten *dieser* sozialen Bevölkerungsgruppe zuwenden. Sie würden sich dann aber davon überzeugen können, daß schon heute die Verbrauchsnormen der Arbeiter wesentlich den Vorkriegsstand übertreffen.

Um nicht unbegründet zu bleiben, möchten wir einige sehr aussagefähige Daten anführen (siehe Tabelle 1).

Wovon zeugen diese Zahlen? Sie sagen aus, daß bereits in den Jahren 1925 bis 1926 das Lebensniveau unserer Arbeiter den Vorkriegsstand merklich übertraf. Unser Arbeiter ersetzt in seinem Haushalt energisch das schwarze Mehl durch weißes, den Fisch durch Fleisch, das Öl durch Butter, steigert den Verbrauch von Zucker, Manufakturerzeugnissen usw. Und das ist nicht verwunderlich, Schließlich war bereits im Wirtschaftsjahr 1925/26 der Reallohn unserer Arbeiter (einschließlich Renten und Zuwendungen der Sozialversicherung) um mindestens 11% höher als der des Vorkriegsniveaus, 1926/27 übertraf er dieses um 24%, und im September 1927 erreichte er schon 134% des Vorkriegsstandes: 65,30 Rubel + 2,87 Rubel = 68,17 Rubel, was bei einem Umrechnungsfaktor von 2,03 einen Betrag von 33,60 Rubel in Vorkriegswährung ergibt. Erstaunlich ist nur, daß sich die Ökonomen aus den Reihen der Opposition nicht schämen, angesichts solcher Tatsachen die Arbeiter mit der Mär zu schrecken, daß auch 1931 – nach 5 Jahren also, in denen sich ihr Arbeitseinkommen noch einmal um etwas mehr als 40% erhöhen wird –

[2] Vgl. Kontrollziffern des Fünfjahrplanes der Volkswirtschaft und des sozial-kulturellen Aufbaus der RSFSR, Moskau 1927, S. 138.

Tabelle 1. Jährlicher Verbrauch der Arbeiter nach Haushalten

Güter des Verbrauchs	1908–1911	1925/26 (absolut)	1925/26 (in %)
A. Für die Ernährung eines erwachsenen Verbrauchers			
1. Roggenmehl (Pfund)	283	268	95
2. Weizenmehl (Pfund)	216	353	164
Summe	499	621	124
3. Fisch (Pfund)	43,2	27,7	64
4. Fleisch und Speck (Pfund)	61,5	96,5	157
Summe	104,7	124,2	119
5. Speiseöl (Pfund)	17,5	16,9	97
6. Butter (Pfund)	5,4	7,7	142
Summe	22,9	24,6	107
7. Zucker und Süßwaren (Pfund)	33,2	42,5	128
B. Kleidung, Wäsche und Schuhe pro Kopf (in Vorkriegsrubel)	20,4	23,5	115

der Verbrauch an einigen Produkten des notwendigen Bedarfs nur „97% des Vorkriegsniveaus“ erreichen würde. Es fragt sich, ob es Leuten, die sich „Leninisten“ nennen, zu Gesicht steht, solche Märchen zu erzählen, die bei den alten Weibern des überlebten Spießbürgertums eine schmachtende Trauer um die „guten alten Zeiten“ hervorrufen. Möchte sich die Opposition etwa auf diese stützen?

Nicht minder heuchlerisch macht sich im Munde der Opposition der Vergleich unserer Pläne mit dem erreichten Stand in solchen kapitalistischen Ländern wie Deutschland und den Vereinigten Staaten von Amerika. Natürlich werden wir auch in 5 Jahren noch nicht so viel Steinkohle und Roheisen gewinnen, wie in diesen Ländern schon heute produziert wird. Die Pro-Kopf-Produktion an Roheisen, die wir gegenwärtig erzielen, ist in den Vereinigten Staaten bereits 1850 erreicht worden. Wenn aber Smilga und Pjatakov oder sonst jemand von der Opposition das Geheimnis kennen, wie wir in 5 Jahren den Weg durchschreiten können, für den der amerikanische Kapitalismus ganze 77 Jahre benötigte, dann mag er es uns entdecken. Oder beliebten sie vielleicht nur zu scherzen?

Übrigens, wieso wurden Roheisen und Kohle bei der Opposition zu Gegenständen des persönlichen Gebrauchs? Da die Opposition offenbar für ihren persönlichen Verbrauch nichts leichter und nahrhafter findet als amerikanisches Roheisen, ist es kein Wunder, daß ihre Scherze so unförmig und schwerfällig geraten.

Wenn die Opposition unsere Pläne kleinlich findet, dann sollte man erwarten können, daß sie ihre optimistischeren Vorschläge unterbreitet. Sie hat ihre Fähigkeiten übrigens schon in dieser Richtung erprobt. Die Erfahrung, die wir in dem von Pjatakov erarbeiteten Fünfjahrplan der OSVOK sammeln konnten, ist uns allen noch gegenwärtig. Doch es war ihm nicht gelungen, in diesem Fünfjahrplan ein neues Amerika zu entdecken, das im Wachstumstempo über das amerikanische hinausgegangen wäre. Zwei Jahre dieses Planzeitraums haben wir nun schon durchlebt und wissen, daß anstelle des von der OSVOK vorgesehenen Produktionszuwachses in Höhe von 61% tatsächlich in diesen Jahren ein Zuwachs in Höhe von 70% erreicht worden ist, d. h., die Erwartungen Pjatakovs wurden übertroffen. Sein ganzer „Elan" aber äußerte sich nur darin, für seine 61% Investitionen im Betrag von 2484 Mill. Rubel zu sammeln, während es uns aber gelang, ein besseres Ergebnis mit einem Aufwand von insgesamt nur 1774 Mill. Rubel zu erzielen.

Das ist der durchaus nicht kleinliche Fünfjahrplan Pjatakovs, den er noch vor einem Jahr als den „einzigen Fünfjahrplan, der solide und konkret im Obersten Volkswirtschaftsrat durchgearbeitet wurde"[3], übermäßig lobte.

Wir kennen auch den „Elan" von Smilga, der uns Kleinlichkeit vorwirft.

Vor einem Jahr versicherte er uns allen mit großem Aplomb, daß ein so „hohes" Wachstumstempo, wie die 15%ige Rate, die er für das Wirtschaftsjahr 1926/27 vorsah, nur aus den „Überhängen" der Wiederherstellungsperiode erklärt werden könne und daß wir im folgenden mit einer „weiteren *erheblichen Verlangsamung* des Tempos" rechnen müßten. Namentlich für das Wirtschaftsjahr 1927/28 prophezeite er uns einen Zuwachs der industriellen Produktion, der nicht mehr als 5–7% erreichen würde.[4]

Dabei hatten wir im Wirtschaftsjahr 1926/27 einen Produktionszuwachs in der staatlichen Industrie von nicht weniger als 18%, und für 1927/28 ist nach den Kontrollziffern eine Rate von 15,8% vorgesehen. Für das ganze Jahrfünft von 1927/28 bis 1931/32 ist nach der perspektivischen Orientierung der StaatlichenPlankommission ein Zuwachs von mindestens 87% projektiert, was wiederum die gleiche durchschnittliche Wachstumsrate in Höhe von 14 bis 15% im Jahr ergibt.

Mit anderen Worten, bei der Projektierung des Wachstumstempos unserer Produktion übertreffen wir jene für die kapitalistischen Länder üblichen Wachstumsraten, die Smilga noch vor einem Jahr als oberste Grenze für uns angesehen hatte, mindestens um das 2 bis 3fache.

Wir würden Smilga durchaus verstehen, wenn er uns angesichts dieser Planorientierungen vorwerfen würde, daß wir zu stark übertreiben würden und uns jeglicher Realismus fehlen würde, wie das Kondrat'ev, Makarov und Compagnie tun. Das wäre zumindest folgerichtig. Doch jetzt tadelt er uns wegen unserer „Kleinkrämerei" und unseres „Pessimismus". Was ist das anderes als ungehemmte und unverantwortliche Demagogie?

Um diese Frage abzurunden, möchten wir nur noch auf eine Tatsache verweisen. Ende 1920 hatte der VIII. Sowjetkongreß den bekannten Plan der Elektrifizierung bestätigt, der nach W. I. Lenin zum zweiten Programm der Partei werden sollte. Dieser Plan sah vor, daß die Industrie im Verlaufe von 10 Jahren einen Entwicklungsstand von 183% des Vorkriegsniveaus erreichen sollte.[5] Damals erschien dieser Plan vielen wenig real, weil für seine Realisierung Investitionen in Höhe von 17 Milliarden erforderlich waren, während ein Defizit von 6 Milliarden Goldrubel bestand. Doch niemandem, selbst aus den Reihen der heutigen eifrigsten Oppositionellen nicht, kam es in den Sinn, diesem das Etikett eines *kleinkrämerischen* Planes aufzudrücken. Heute können wir mit Überzeugung sagen, daß der genannte Plan termingemäß und vollständig erfüllt werden wird. Im Jahre 1931 wird unsere Industrie nach den gegenwärtigen Projektierungen der Staatlichen Plankommission nicht nur einen Stand von 183%, sondern mindestens von 193% gegen-

[3] In: Vestnik kommunističeskoj akademii, Buch 17, 1926, S. 211.

[4] Ebenda, S. 197.

[5] Vgl. Plan zur Elektrifizierung der RSFSR: Einführung zum Bericht der Staatlichen Kommission für die Elektrifizierung Rußlands an den 8. Sowjetkongreß, Moskau 1920, S. 189.

über dem Niveau von 1913 erreichen. Die dazu erforderlichen Investitionen werden vollständig durch innere Ressourcen des Landes gedeckt, ohne jegliches Defizit.

Wie wir sehen, haben wir keinerlei Grund zum Pessimismus. Das ökonomische Programm der Partei, das noch von der festen Hand Lenins gezeichnet wurde, wird nach unseren Plänen sogar bis zu einem gewissen Grade übererfüllt werden. Wenn aber Mitglieder der Partei, die sich „Leninisten" nennen, mit Schaum vor dem Mund jetzt dieses Leninsche Programm diskreditieren, indem sie es als kleinkrämerisch, als durch und durch pessimistisch und gegen den Sozialismus gerichtet bezeichnen, dann berührt dieses Problem weniger das Programm als vielmehr diese selbst.

Es ist eine Tatsache, daß sich unsere Opposition auch in der Bewertung des Wirtschaftsprogramms schon sehr weit von Lenin entfernt hat.

4.2. Antwort an die Kritiker der Staatlichen Plankommission[6]

Die Ausarbeitung eines Perspektivplanes für die Wirtschaft eines solchen Landes, wie es die UdSSR darstellt, ist natürlich sehr schwierig. Deshalb wundern wir uns nicht darüber, daß man uns kritisiert hat. Doch wir hätten nicht geglaubt, daß die Kritik der Planungstätigkeit eine so leichte Sache sei, wie man das annehmen muß, wenn man nach einigen Diskussionsbeiträgen auf unserem Kongreß urteilt. Die Planungstätigkeit läßt sich mit der Baukunst vergleichen. Doch als man ein Gutachten über das Projekt für Dneprostroi brauchte, mußte man dafür einen bedeutenden Fachmann auf diesem Gebiet, Cooper, aus Amerika herbeirufen. Er studierte das Projekt einige Monate und gab danach erst sein Gutachten ab. Unser Fünfjahrplan aber, der dem vorgesehenen Bauumfang nach Hunderte Dneprostois übertrifft, fand hier auf dem Kongreß Dutzende von Coopers, die – sogar ohne ihn überhaupt zu studieren – darüber die entschiedensten und kategorischsten Einschätzungen abgaben. Wie soll man das erklären? Ist es die hohe Qualifikation unserer urwüchsigen Coopers auf dem Gebiet der Planung? Oder aus dem Umstand, daß die Planung noch sehr jung ist, so daß es keinerlei Qualifikation erfordert, um als Experte auftreten zu können, der imstande ist, in einer Viertelstunde alle schwierigen Probleme in den Projekten zu lösen, an deren Ausarbeitung schließlich während vieler Monate Hunderte wissenschaftlich ausgebildeter Experten beteiligt waren?

Ich fürchte, daß für viele von uns die Kunst der Planung nicht nur noch keine Wissenschaft, auch keine angewandte Wissenschaft, sondern nicht einmal eine Ingenieurarbeit ist, die ein großes Können erfordert und das entsprechende Bewußtsein über die Verantwortung für jegliche Expertise.

Auf dem Gebiet der Planung stützen sich „Experten"-Einschätzungen leider noch allzu oft auf keinerlei wissenschaftliches Fundament. Deshalb haben wir es auch bei der Kritik an der Planungstätigkeit oft nur mit der Meinung von Experten zu tun, die von entsprechendem Wert sind.

Dennoch muß man sagen, daß wir eine ganze Reihe der hier vorgetragenen kritischen Bemerkungen als völlig berechtigt anerkennen, und wir werden diese nicht nur zur Kenntnis nehmen, sondern wir werden uns bei unser weiteren Arbeit auch von ihnen leiten lassen.

Als der wesentlichste Mangel in unserer Arbeit wurde hier mehrfach die unzureichende oder gar völlig fehlende territoriale Aufbereitung der wirtschaftlichen Perspektiven für eine ganze Reihe von Wirtschaftszweigen genannt. Das ist in der Tat ein sehr großer

[6] Schlußwort zum Bericht über den Perspektivplan zur Entwicklung der Volkswirtschaft auf dem 2. Unionskongreß der Planungsorgane, in: Ėkonomičeskaja žizń rom, 2. April 1927.

Mangel unseres Fünfjahrplanes. Wir sind uns dessen vollkommen bewußt. Und eben deshalb, weil wir unsere Arbeit noch nicht für abgeschlossen erachten, legen wir hier nur Materialien zum Perspektivplan – eine perspektivische Orientierung – vor, aber noch keinen fertigen Fünfjahresplan der Wirtschaft. Wir empfinden allerdings keine große Schuld an diesem Mangel, weil wir die territoriale Aufbereitung des Planes ohne Teilnahme der territorialen Organe selbst nicht durchführen konnten. Wollten wir eine solche Aufgabe hier im Zentrum für ein Land übernehmen, das sich über ein Sechstel der Welt erstreckt, würde das den Gipfel bürokratischen Eigendünkels bilden. Wir wandten uns deshalb in unserer Arbeit sofort an alle Behörden und an die Plankommissionen der Unionsrepubliken sowie über diese auch an die Planungsorgane der Gebiete.

Leider haben jedoch weder die Behörden noch die Republiken auf unseren Aufruf bisher in entsprechender Weise reagiert. Wir sagen nicht, daß sie uns in dieser Angelegenheit nicht helfen wollten. Es ist sehr wahrscheinlich, daß sie einfach nicht imstande waren, die Arbeiten auszuführen, die wir von ihnen erwarteten. Doch wenn sie aus eigener Erfahrung wissen, wie schwierig es selbst für die einzelnen Unionsrepubliken ist, die Pläne der verschiedenen Wirtschaftszweige unter territorialen Aspekten durchzuarbeiten, dann dürften sie schon aus diesem Grunde nicht zu hohe Anforderungen in dieser Beziehung an die Staatliche Plankommission der UdSSR stellen, die im Maßstab der gesamten Volkswirtschaft der Union wirkt.

Jedenfalls sind wir berechtigt, in dieser Frage Gegenforderungen an unsere Planungsorgane in den zentralen Leitungsorganen und den Unionsrepubliken zu stellen. Schließlich kann uns nicht eines von ihnen den Vorwurf machen, daß wir unsere Arbeit ohne ihr Wissen und Einverständnis begonnen hätten. Auf dem vorangegangenen Kongreß der Planungsorgane (1926) haben wir im allgemeinen Einverständnis entschieden, gemeinsam mit den Arbeiten zum Generalperspektivplan und zum Perspektivplan zu beginnen; wir haben uns über die organisatorischen Formen der Zusammenarbeit auf diesem Gebiet abgesprochen und haben die Arbeiten aufgenommen. Doch kaum zwei Tage nach dem Kongreß erwies es sich schon, daß jedes Planungsorgan diese Arbeit auf seine Weise durchführt.

Die Staatliche Plankommission der UdSSR arbeitete in Übereinstimmung mit dem Beschluß des Kongresses gleichzeitig am Generalperspektivplan und am Perspektivplan. Doch die Staatliche Plankommission der RSFSR entschied schon, daß zunächst der Generalplan ausgearbeitet werden soll, und hat deshalb bis heute noch nicht mit den Arbeiten am Fünfjahrplan begonnen. Ich weiß nicht, wie weit die Arbeiten zum Generalplan dort gediehen sind, weiß aber ausgezeichnet, daß die Agrarplankommission der RSFSR, die die Staatliche Plankommission der RSFSR unterstützt, eine Position eingenommen hat, die weit davon entfernt ist, eine schnelle Ausarbeitung des Generalperspektivplans selbst in den Grenzen der RSFSR zu gewährleisten. Die Agrarplankommission hat bekanntlich beschlossen, daß ein Generalperspektivplan überhaupt nicht aufgestellt werden sollte, weil es nicht möglich sei, auf 10 bis 15 Jahre vorauszuschauen, und man sich deshalb gleich auf den Rahmen eines Fünfjahrplanes beschränken sollte. Es fragt sich, wann werden wir einen Generalperspektivplan für die RSFSR angesichts einer solchen Position der Agrarplankommission haben, und wann könnten wir zur Ausarbeitung eines Fünfjahrplanes für die UdSSR kommen, wenn wir auf seine territoriale Ausarbeitung durch die Staatliche Plankommission der RSFSR warten sollten? Von Plandisziplin kann man angesichts solcher Gegensätze und gegenseitiger Unabhängigkeit der Planungsorgane voneinander und selbst von den Beschlüssen ihrer gemeinsamen Konferenzen natürlich nicht sprechen. Aber ohne Plandisziplin im allgemeinen und ohne die aktive Mitwirkung der Unionsrepubliken und der Wirtschaftsleitungen im besonderen können wir solche großen

Arbeiten wie die Ausarbeitung eines Perspektivplans der Volkswirtschaft der UdSSR kaum irgendwann in einer völlig befriedigenden Weise ausführen.

Angesichts des Gesagten betrachten wir alles das, was wir auf dem Gebiet der territorialen Durcharbeitung tun konnten, nur als eine erste Arbeitshypothese, die zusammen mit den lokalen Planungsorganen weiter untersucht und präzisiert werden muß.

Von anderen Einwendungen, die wir zurückweisen möchten, hebe ich vor allem die Hinweise auf unsere Unvollständigkeit hervor. Man kann nicht das Unfaßbare erfassen. Nicht einmal in einer Enzyklopädie – ganz zu schweigen von einem zweistündigen Vortrag – könnte man auf alles das eine Antwort finden, was uns wißbegierige Kritiker bezüglich der Perspektiven unserer Wirtschaft vorausschauend für einen ganzen Zeitraum von 5 Jahren fragen könnten. Ohnedies wirft man uns schon vor, daß wir in unseren Berechnungen versucht haben, weit mehr Momente vorauszusehen, als das nach dem Stande unserer Erkenntnis und der Möglichkeiten der Voraussicht möglich sei. Allerdings, was diesen letzteren Vorwurf betrifft, so sehen wir darin eine Auffassung vom Planen, die wir nicht teilen. Wir stellen uns vor, daß unser Perspektivplan nicht eine Summe von *Voraussichten* vermitteln soll, sondern ein System der ökonomischen Politik zum Ausdruck bringt, d. h. ein *System von ökonomischen Aufgaben und vorausgehenden Anleitungen*, ausgedrückt in Zahlen. Diese Aufgaben müssen völlig *real* in dem Sinne sein, daß sie durchführbar sind bei einer hinreichenden Willensanspannung unsererseits zu ihrer Verwirklichung. Doch sie werden überhaupt nicht realisiert werden, oder sie werden in völlig anderen Größenordnungen verwirklicht, wenn die Sowjetmacht eine andere Linie der ökonomischen Politik einschlägt.

Wenn es in unseren Plänen nur um die Voraussicht des objektiv Unausweichlichen ginge, das unabhängig vom Willen der wirtschaftenden Subjekte eintritt, was völlig zu den Bedingungen der spontanen Entwicklung kapitalistischer Länder paßt, dann müßten wir in der Tat alles auf die wissenschaftliche Prognose des Zukünftigen gründen. Doch dann könnte auch keine Rede von Plänen sein. Es hat keinen Sinn, einen Plan für die Organisierung einer Sonnenfinsternis oder einer kapitalistischen Krise aufzustellen, weil diese auch ohne jeglichen Plan eintreten, wenn ihre Zeit gekommen ist. Unter sowjetischen Bedingungen aber ist es zweckmäßig und notwendig, einen Plan auszuarbeiten, um den kollektiven Willen der Wirtschaftsleiter und der Arbeiter des ganzen Landes auf die Lösung bestimmter Aufgaben zu konzentrieren. Eben deshalb sehen wir im Unterschied zu Professor Kondrat'ev und einigen anderen unserer Kritiker als zentralen Brennpunkt jedes Planes nicht die Voraussicht, sondern die Vorgabe von Aufgaben und Anleitungen an.

Wenn diese Aufgaben und Direktiven in das System der ökonomischen Politik der Sowjetmacht eingehen, dann wird der von uns vorgezeichnete Weg zur Entwicklung der Wirtschaft verwirklicht werden. Anderenfalls, wenn der Plan abgelehnt wird, übernehmen wir durchaus nicht die Verantwortung dafür, daß sich eine der darin enthaltenen „Prognosen". erfüllen würde.

Unsere Kritiker, die alles auf die Vorausschau setzen, denken, daß die Verfasser des Planes auch voraussehen müßten, ob das von ihnen vorgeschlagene System von Maßnahmen der ökonomischen Politik angenommen oder abgelehnt werden wird.[7] Leider hat

[7] „Wird ein bestimmtes System von Maßnahmen unterstellt und dann nicht realisiert, so bedeutet das, daß die Vorschläge dazu nicht real waren, d. h., die *Prognose der wahrscheinlichen Richtung der Maßnahmen* war fehlerhaft", schließt zum Beispiel Professor Kondrat'ev in seinem Artikel „Plan und Voraussicht", in: Puti selskogo chozjajstva, 2/1927, S. 14; Hervorhebungen von Strumilin.

der Autor dieser Forderung uns noch nicht erklärt, mit welchen Methoden er wissenschaftliche Prognosen über wahrscheinliche Beschlüsse des Rates der Volkskommissare oder des Politbüros des ZK aufstellen will. Wir verstehen unsere Aufgabe jedenfalls anders. Wenn wir Projekte für Wissenschaftspläne aufstellen, dann müssen wir uns – und davon sind wir zutiefst überzeugt – vor allem um deren Zweckmäßigkeit sorgen. Wir haben es nicht nötig, darüber zu rätseln, ob wir es vermögen werden, auch jene Organe, von denen die Bestätigung der Pläne abhängt, von dieser Zweckmäßigkeit zu überzeugen. Vorauslaufen und erraten, welche der möglichen Pläne sich für diese oder jene Machtorgane als am annehmbarsten erweisen werden, das ist keine Politik der Planung, sondern etwas anderes. Und das würde vor allem die Abkehr von irgendwelchen neuen schöpferischen Ideen bedeuten, denn niemandem ist bekannt, wie *neue* Ideen gewonnen werden. Anders gesagt, die Planungstätigkeit würde zu einer hoffnungslosen Nachtrabpolitik verurteilt sein, wenn nicht gar – um nicht einen noch stärkeren Ausdruck zu gebrauchen – zu einer nichtsnutzigen Beschäftigung.

Jeder Mitarbeiter der Planung ist ein gesellschaftlicher Funktionär, und als solcher muß er für seine Überzeugungen eintreten, unabhängig davon, ob sie von den Leitungen geteilt werden oder nicht. Natürlich können wir uns irren, aber auch die Menschen, die auf anderen Stufen der gesellschaftlichen Tätigkeit stehen, sind nicht gegen Irrtümer versichert. So hat zum Beispiel Sokolnikov hier gesagt, daß wir im ersten Fünfjahrplan eine zu hohe Emission vorgesehen hätten, während wir jetzt auf die gegenteilige Position übergeschwenkt seien, indem wir unsere gegenwärtigen Emissionsmöglichkeiten übertrieben niedrig einschätzen würden.

Tatsächlich waren wir, die Mitarbeiter der Staatlichen Plankommission, noch vor einem Jahr mit dem Pessimismus Sokolnikovs in bezug auf die Bewertung der Emissionsmöglichkeiten der UdSSR nicht einverstanden. Doch die Regierung entschied sich für den Standpunkt Sokolnikovs, der damals das Amt für Finanzen leitete, und indem wir uns dieser Entscheidung beugten, übertrugen wir für den neuen Fünfjahrplan die Ausarbeitung des Abschnittes über die Emission anderen Personen, die den Standpunkt Sokolnikovs teilten. Inzwischen hat jedoch Sokolnikov, der unterdes selbst Mitarbeiter der Staatlichen Plankommission wurde, offenbar seinen Standpunkt zu der vorliegenden Frage etwas geändert. Zu entscheiden, wann er in dieser Sache mehr im Recht war, ist ganz und gar nicht so einfach.

Zu den wesentlichen Mängeln unserer Arbeit, die tatsächlich bestehen, wurde hier richtig die ungenügende Ausarbeitung unserer wirtschaftlichen Perspektiven auf dem Gebiet der Kultur gezählt, wovon Anikst gesprochen hat. Unsere Absichten auf diesem Gebiet haben ihre Widerspiegelung nur im Finanzplan gefunden, d. h. in den Perspektiven des Ausgabenteils des Haushaltes. Ohne das Mitwirken der Planungsorgane der Unionsrepubliken konnten wir es jedoch nicht besser tun. Die gesamte kulturelle Arbeit auf dem Gebiet der Bildung und des Gesundheitswesens liegt bei uns ganz in der Verantwortung der Volkskommissariate in den Unionsrepubliken, zu denen die Staatliche Plankommission keine unmittelbare Verbindung hat, und die Staatlichen Plankommissionen der Republiken haben uns bis heute zu dieser Frage nichts übergeben. Vor allem aber erhielten wir für den Fünfjahrplan keine Zuarbeiten von Anikst, der sich bis heute nur mit dem Generalperspektivplan beschäftigte. Ob er nunmehr in der noch verbleibenden Frist diesen Fehler korrigieren kann, wissen wir nicht. Doch ohne seine Hilfe und die Hilfe der Genossen aus den Staatlichen Plankommissionen der Unionsrepubliken können wir es nicht übernehmen, dieses Problem zu lösen.

Man hat uns weiter beschuldigt, daß wir den Problemen des Exportes und des Importes nur unzureichende Aufmerksamkeit widmen. Diese Probleme sind in unserem Plan zureichend ausgearbeitet worden; wenn das Buch veröffentlicht sein wird, dann wird man klarer sehen, ob wir den genannten Vorwurf verdienen oder nicht.

Weniger befriedigend wurde von uns das Problem der Arbeitslosigkeit ausgearbeitet. Daran muß noch ernsthaft gearbeitet werden. Durch Investitionen allein können wir die Arbeitslosigkeit im nächsten Jahrfünft nicht überwinden. Als zusätzliche Maßnahme stellen wir die Verkürzung des Arbeitstages und die Erhöhung der Anzahl von Schichten zur Diskussion. Die Schwierigkeit dieses Weges besteht darin, daß unter den Arbeitslosen wenige qualifizierte Arbeiter sind. Eine andere von uns vorgesehene Maßnahme zur Einschränkung der Arbeitslosigkeit zielt auf die Verjüngung der Beschäftigten durch Entlassung der älteren Menschen, die bereits ausreichend lange gearbeitet haben und in Rente gehen könnten. Doch auch hier sind noch sorgfältige Berechnungen erforderlich, um festzustellen, wie viele Mittel zur Verwirklichung einer solchen Maßnahme benötigt werden und ob die Ergebnisse die Aufwendungen rechtfertigen werden.

Wir möchten nunmehr nach diesen allgemeinen Bemerkungen zu einigen speziellen Problemen übergehen.

Beginnen wir mit Groman. Er findet, daß der Lebensstandard auf dem Lande nach den Daten des Fünfjahrplanes nicht um 30% steigt, sondern nur um 20%. Wir sind mit seiner Berechnung nicht einverstanden. Natürlich sind alle derartigen Berechnungen sehr bedingt, und wenn man den Lebensstandard des Bauern in Roggenrubeln berechnet, wie das Groman tatsächlich tut, dann ist seine Rechnung richtig. Dann müßte man der Vergleichbarkeit halber aber auch den Anstieg des Lebensstandardes in der Stadt in den gleichen Einheiten berechnen, was kaum rationell ist. Doch wenn man als Maßstab für den Wohlstand in der Stadt und auf dem Lande das Pro-Kopf-Einkommen nimmt, und zwar im Geldausdruck anstelle der Naturaleinheiten, d. h. in Warenrubel, dann wird unsere Berechnung genauer. Dem physischen Umfang nach steigt das Einkommen des Bauern auf 115%, der Preisindex fällt aber auf 88% im Vergleich zu 1925/26. Daraus ergibt sich die Größe (115 : 88 · 100) = 130,7%. Groman lenkt die Aufmerksamkeit darauf, daß der Bauer für den Kauf von Industrieerzeugnissen nur 26% seines Einkommens aufwendet. Das ist richtig, wenn man dessen Gesamteinkommen, sowohl die Geldeinnahmen als auch die Naturalbezüge, berücksichtigt. Aber in bezug auf das Geldeinkommen des Bauern erhöht sich diese Größe von 26% auf 79%. Diese zur „Gesamtproduktion" in Bezug zu setzen, wie das Groman vorschlägt, würde nicht richtig sein. Die Kaufkraft des Rubels wird schließlich nur durch die Preise der *Waren*produktion bestimmt. Wenn der Bauer für jedes Pud verkauften Getreides anstelle von einem Rubel beispielsweise 1,20 Rubel – ausgedrückt in Kattun – erhält, dann wird er auch jedes im Speicher verbliebene Pud mit dem gleichen Preis von 1,20 Rubel bewerten. Dann wächst aber sein Wohlstand – gemessen an Kattunrubel – bereits auf 115 · 120 = 138%. Wir halten jedoch den Kattunrubel nicht für besser als den Roggenrubel. Nach dem allgemeinen Warenindex bewerten wir – wie oben gesagt wurde – den zu erwartenden Anstieg des Lebensstandards im Dorf auf etwa 130%.

Eine andere Bemerkung Gromans betraf den Arbeitslohn. In den Arbeitslohn darf seines Erachtens nicht der gesamte Effekt aus der Steigerung der Arbeitsproduktivität eingehen. Das ist richtig. Eben deshalb erhöhen wir den nominellen Arbeitslohn bei einer Steigerung der Produktivität um 50% nur um 33%. Nur der Reallohn steigt bis 50%. Wenn wir anerkennen, daß der Reallohn in Übereinstimmung mit der steigenden Arbeitsproduktivität wachsen soll, so setzen wir diesem Wachstum eine bestimmte Grenze. Er darf die Produktivität nicht überholen. Außerdem muß er, nachdem er ein bestimmtes Minimum erreicht hat, hinter ihr zurückbleiben. Die ganze Frage besteht für uns nur darin, ob dieser Zeitpunkt bereits erreicht worden ist. Wir bezweifeln das. Wenn wir einen

Zuwachs der Produktivität im nächsten Jahrfünft von 100 bis 200% erwarten könnten, dann würden wir natürlich nicht danach streben, im gleichen Prozentsatz auch den Arbeitslohn zu erhöhen, und sei es durch eine Senkung der Preise. Doch das ist nicht der Fall. Hinsichtlich des Lohnniveaus bleiben wir sehr erheblich selbst hinter kapitalistischen Ländern zurück. Im Wirtschaftsjahr 1926/27 erhöhte sich der Arbeitslohn bereits um 12%, für die verbleibenden vier Jahre verbleibt folglich insgesamt nur ein Zuwachs in Höhe von etwa 19%, d. h. im Durchschnitt jährlich 4 bis 5%. Um diese Größe wächst er bei Stücklohn sogar im Selbstlauf, ohne daß die Tarifsätze irgendwie überprüft werden müßten. Einen geringeren Zuwachs zu projektieren wäre einfach irreal.

Zur dritten Bemerkung Gromans. Er hält die von uns erwartete Zunahme des Unterschiedes im Lebensniveau zwischen Stadt und Land, wenngleich sie nur eine unbedeutende Größe ausmacht, für völlig unzulässig. Diesen Gedanken haben auch andere aufgenommen. Višerov z. B. sprach aus diesem Anlaß sogar von einer Verletzung des Leninschen Vermächtnisses.

Das ist natürlich nur ein spaßiges Mißverständnis. Erfordert etwa das Vermächtnis, daß sich Stadt und Land zusammenschließen müssen, eine Angleichung der Arbeitslöhne des Bauern und des Arbeiters, unabhängig von Menge und Qualität ihrer Arbeit? Dann müßten wir doch eine solche Ausgleichung bereits innerhalb der Stadt selbst zwischen den qualifizierten und nichtqualifizierten Arbeitern durchgeführt haben. Derartige Vermächtnisse hat uns Vladimir Il'jič für den gegenwärtigen Zeitpunkt nicht hinterlassen. Außerdem darf man auch die Gefahr selbst, die aus der vorhandenen Kluft im Lebensniveau zwischen Stadt und Land hervorgeht, nicht übertreiben. Der Abstand ist groß, wenn man ihn an den Durchschnittsgrößen für die gesamte städtische und ländliche Bevölkerung mißt. Das darf man aber nicht tun. Den Bauern zieht nicht der Durchschnittslohn städtischer Arbeit in die Stadt, sondern der Lohn, mit dem er real rechnen kann, nämlich der Arbeitslohn eines Hilfsarbeiters. Aber ein unqualifizierter Arbeiter erhält auch in der Stadt nur etwa ein Drittel des Lohnes eines Arbeiters mittlerer Qualifikation. Das heißt, der Durchschnittsbauer lebt auch heute nicht schlechter als ein solcher unqualifizierter Arbeiter. Das ganze Problem aber besteht darin, daß es auch auf dem Lande neben dem Wohlhabenden und dem Mittelbauern ziemlich viele Arme gibt, für die der Arbeitslohn selbst eines Hilfsarbeiters eine große Verlockung darstellt.

Wir möchten nunmehr auf die Bemerkungen Bazarovs eingehen. In seinen Hinweisen war viel Richtiges. Doch sein Aufruf zu einer größeren Arbeitsteilung im internationalen Maßstab scheint uns etwas vorzeitig. Wenn es um kleine Korrekturen geht, dann wird sie wohl niemand bestreiten. Wir werden natürlich nicht ohne Notwendigkeit einen Floh von Hand mit Hufeisen beschlagen. Wenn es aber notwendig sein sollte, dann würden wir „Mikroskope" einführen und den Floh auf wissenschaftliche Art beschlagen. In seiner Fragestellung ist etwas zuviel Tragik. Es geht nirgends hervor, daß wir dem Gespenst der Kälte und des Hungers gegenüberstehen. Derlei Prognosen darf man nicht ernst nehmen. Um das aufgeworfene Problem der internationalen Arbeitsteilung in vollem Maße zu lösen, sind nur zwei Wege möglich: entweder durch Beschleunigung der internationalen Revolution oder durch Kapitulation vor der kapitalistischen Umkreisung. Für uns ist nur der erste Weg annehmbar. Wenn aber Bazarov vorschlägt, die Weltrevolution bereits im Laufe des nächsten Jahrfünfts durchzuführen, dann soll er das auch sagen. Allein nach Meinung von Bazarov würde uns selbst die Revolution innerhalb des nächsten Fünfjahrplanes nicht das geben, was er wünschen würde. Dann muß man diese Debatte eben auf die Zukunft verschieben.

In den kritischen Bemerkungen Guchmans waren nach unserer Ansicht keine wesentlichen Einwände enthalten. Er empfahl uns, alle Plus und alle Minus zu berücksichtigen, und stellte, wie G. M. Kržižanovskij feststellte, jedem unserer „Für" sein „Wider" entgegen.

Wir haben das auch getan, so wie wir es konnten. Wenn er aber als erfahrener Lotse unseren Planungskahn besser als wir zwischen all diesen „Pro" und „Kontra" steuern kann, ohne ihn auf Grund zu setzen, dann mag er es tun. In einem hat er unrecht: Daß wir keine Charakteristik über die spezifischen Besonderheiten und Schwierigkeiten des vorliegenden Fünfjahrplanes geben würden. Das zeugt davon, daß er unsere Arbeit schlecht gelesen hat. Die Stelle, die er zitiert, bezieht sich auf die Aufgaben der Perspektivplanung im allgemeinen, nicht aber in Anwendung auf den Zeitraum von 1926/27 bis 1930/31. Wenn er aber auch das folgende gelesen hätte, würde er all jene konkreten Schwierigkeiten und Aufgaben gesehen haben, die wir gerade für dieses Jahrfünft hervorgehoben haben.

Man braucht Ėssen nicht zu widersprechen, der sich hier darüber freute, daß sie keinen Fehler gemacht hätten, indem sie nicht am Perspektivplan arbeiteten. Wir denken, daß gerade das ein großer Fehler der Mitarbeiter der Staatlichen Plankommission der RSFSR ist und daß sie das bald selbst merken werden. Man kann sich den Fünfjahrplan vorstellen, den sie in einem Monat fertiggestellt haben sollen, wenn sie überhaupt noch nicht daran gearbeitet haben. Wenn sie denken, daß man eine solche Arbeit in drei Tagen erledigen kann, dann versteht man, wie gut sie ausfallen wird.

Gehen wir zu den Bemerkungen von Professor Kondrat'ev über. Er verwahrte sich hier besonders dagegen, daß er einem agrarischen Trend anhinge, er sei Industrialist reinsten Wassers und seine Bemerkungen seien deshalb ausschließlich als sachliche Korrekturen und Einwände aufzufassen. Wir kennen jedoch die Sympathien Kondrat'evs sowohl zur Industrialisierung als auch zur Planungstätigkeit überhaupt und haben deshalb keine Veranlassung, bei dieser seiner Selbsteinschätzung zu verweilen. Lassen wir auch jene „sachlichen" Bemerkungen von Prof. Kondrat'ev beiseite, die alle Mängel des Fünfjahrplanes der Staatlichen Plankommission auf diese oder jene personellen „Besonderheiten" seiner Verfasser zurückführen wie etwa den Zahlenfetischismus und ähnliche Schreckgespenste. Man muß jedoch bemerken, daß man bei uns in der Staatlichen Plankommission bis heute in bezug auf Zahlen keine überflüssige Ehrfurcht beobachten konnte, weil wir deren Wert kennen, aber es gab auch nicht jene leichtfertigen Beziehungen dazu, die einige unserer Kritiker zeigen. Wir messen unseren zahlenmäßigen Berechnungen und Planaufgaben durchaus nicht jene Bedeutung bei, die ihnen Prof. Kondrat'ev offenbar geneigt ist zuzubilligen. Das sind keine Verkündungen, die sich unbedingt zu den angegebenen Zeitpunkten erfüllen müssen, sondern Vorgaben, die verwirklicht werden wüssen, wenn wir einen bestimmten wirtschaftlichen Effekt erreichen wollen.

Prof. Kondrat'ev warf uns vor, daß wir keine ökonomische Analyse und kein ökonomisches Verständnis für jene wirtschaftlichen Probleme, die vor uns stehen, hätten. Es fragt sich aber, was hat er in dieser Beziehung in seiner sachlichen Kritik selbst vorgebracht?

Das erste Beispiel. Dieser gelehrte Mann beschuldigt uns, daß wir unsere Möglichkeiten zur Akkumulation überschätzen würden. In eurem ersten Fünfjahrplan, so sagt er, seid ihr von der Stabilität der Industriepreise ausgegangen, aber die Akkumulation in der Industrie wurde niedriger als die gegenwärtige angesetzt. Jetzt aber senkt ihr die Preise um 17,5% und erwartet einen höheren Gewinn als vorher.

Das wäre ein ziemlich ernster Vorwurf, wenn er der Wirklichkeit entsprechen würde. Das ist jedoch nicht der Fall. Im Fünfjahrplan (1925/26 bis 1929/30) projektierten wir nicht eine Stabilität, sondern eine Senkung der Selbstkosten und der Industriepreise, und zwar nicht nur um 17%, sondern um 20%.[8] Folglich gibt es für eine Erhöhung der Akkumulation bei dieser neuen Variante keinerlei Hindernisse.

Woher aber nahm Prof. Kondrat'ev seine „Stabilität"? Unterstellen wir, daß er nicht dazu gekommen ist, sich gebührend mit den Materialien des neuen Fünfjahrplanes, der gerade erst dem Kongreß vorgelegt wurde, vertraut zu machen.

Doch der erste Fünfjahrplan ist vor einem Jahr veröffentlicht worden. Und Prof. Kondrat'ev hatte schon Gelegenheit gefunden, ihn publizistisch einer Kritik zu unterziehen.[9] Wie aber gelang ihm das, wo er ihn doch nicht einmal mit Erfolg gelesen hatte? Bei einer derartigen „Besonderheit" unseres Kritikers, der ein Buch liest und in ihm das findet, was nicht darin steht, aber überhaupt nicht das bemerkt, was dort schwarz auf weiß gedruckt ist, ist es nicht erstaunlich, wenn er auch die ökonomische Analyse übersieht und wer weiß, was sonst noch.

Doch hier ist noch ein anderer Vorwurf. Für das Wirtschaftsjahr 1926/27 erwarten wir nach dem Fünfjahrplan in der Industrie eine Akkumulation aus dem Gewinn und von den Amortisationen in Höhe von 1023 Mill. Rubel, dabei hatten wir in den Kontrollziffern für dasselbe Jahr die Höhe der Akkumulation noch wesentlich bescheidener, auf 602 Mill. Rubel, veranschlagt. Ist daraus nicht klar, daß Strumilin unsere Möglichkeiten zur Akkumulation tendenziös übertreibt?

Doch auch hier hat sich unser Kritiker zu sehr beeilt. Die Zahl 602 Mill. Rubel, auf die er sich beruft, hat nicht die Bedeutung, die er ihr zuschreibt. Er hat sich auch hier nicht in die Überschrift der Tabelle vertieft. Es ist nicht der Gesamtbetrag der Akkumulation, sondern nur jener Teil davon, der als *Finanzierung* der Industrie über den Obersten Volkswirtschaftsrat vorgesehen ist. Der Gesamtbetrag der Akkumulation aber wurde bereits für 1925/26 vom Obersten Volkswirtschaftsrat in Höhe von 900 Mill. Rubel bestimmt, und man erwartet nach einer sehr vorsichtigen Berechnung der Industrieplankommission des Obersten Volkswirtschaftsrates für 1926/27 einen Betrag in Höhe von 916 Mill. Rubel.[10]

Wir haben diesen Betrag nur um Betriebe anderer Leitungsorgane korrigiert, die darin nicht enthalten waren.

Man muß sich schon überhaupt nicht in den Quellen und in der Bedeutung jener Zahlen zurechtfinden, mit denen man operiert, um in eine solche Sackgasse zu geraten, in der sich unser verehrter Kritiker wiederfand, als er versuchte, uns – koste, was es wolle – in Widersprüche zu verwickeln.

Aus diesem Bestreben erklärt sich auch der nachfolgende „sachliche" Hinweis von Prof. Kondrat'ev. In den ersten Kontrollziffern der Staatlichen Plankommission wurde die Höhe der Industrieproduktion für das Jahr 1913 im Betrag von 5621 Mill. Vorkriegsrubel und die der landwirtschaftlichen Produktion (Ackerbau und Viehwirtschaft) mit 11782 Mill. angegeben, während jetzt im Fünfjahrplan die gleichen Größen in den Beträgen von 6354 und 10225 Mill. Rubel berechnet werden, d. h., der erste Betrag ist stark gestiegen, der zweite hat sich dagegen vermindert.

Ja, das ist so. In bezug auf die Vorkriegsproduktion der Industrie benutzen wir die Daten der Zentralverwaltung für Statistik, die während dieser Zeit umgerechnet und verändert wurden. Wir konnten doch nicht Prof. Kondrat'ev zu Gefallen heute jene Zahl der Zentralverwaltung für Statistik wiederholen, von der sie selbst bereits abgerückt ist.

[8] Probleme der Planung in der UdSSR, Verlag „Planovoe chozjajstvo", Moskau 1926, S. 29 („. . . die vorgesehene Senkung der Industriepreise im Jahrfünft um etwa 20% und der landwirtschaftlichen Preise um 6% usw.).

[9] In: Puti sel'skogo chozjajstvo, 2/1927, S. 20ff.

[10] Vgl. Die Industrie in der UdSSR zum IV. Sowjetkongreß. Materialien zum Bericht des Vorsitzenden des Obersten Volkswirtschaftsrates V. V. Kujbyšev, Moskau 1927, S. 21.

Was aber die Produktion der Landwirtschaft anbelangt, so ist sie deshalb gesunken, weil wir sie – ausgehend von den Werten der *durchscnittlichen* Ernte für ein ganzes Jahrfünft – umgerechnet haben, denn die Ernte des Jahres 1913 war eine Rekordernte und konnte uns durchaus nicht als Maßstab für die Vorkriegsproduktion dienen. Das ist von mir in einer Bemerkung dargestellt worden. Doch Prof. Kondrat'ev fühlte sich natürlich nicht verpflichtet, das zu studieren, was er kritisiert. Jedenfalls ist auf den ersten Blick völlig unklar, warum gerade er unzufrieden ist mit den Korrekturen und Präzisierungen zu den Kontrollziffern für das Wirtschaftsjahr 1925/26, da er bisher durchaus nicht zu unseren Anhängern zu rechnen ist.

Übrigens ist Prof. Kondrat'ev in einer Tagung aufgetreten, wobei er die Kontrollziffern der Staatlichen Plankommission ohne Kritik und befriedigt verwendet hat. Er konnte nämlich, indem er sich auf sie bezog, beweisen, daß es keinerlei Disproportionen zwischen dem Umfang der landwirtschaftlichen und dem der industriellen Produktion bei uns in den Jahren der größten wirtschaftlichen Schwierigkeiten gegeben hat[11] und daß es sich folglich um Märchen handelt, die sich böswillige Menschen ausgedacht haben.

Prof. Kondrat'ev sagten unsere Korrekturen an den alten Kontrollziffern für das Wirtschaftsjahr 1925/26 schon deshalb sehr wenig zu, weil sie unsere Kritik an seiner Verneinung von Disproportionen recht wesentlich verstärken. Nach den korrigierten Berechnungen des Fünfjahrplanes erreichten wir in der Landwirtschaft bis 1925/26 bereits einen Stand von 99% gegenüber dem Vorkriegsniveau, während wir auf dem Gebiet der Industrieproduktion nach Preisen der realisierten Warenproduktion auf knapp 87% kamen. Es kann sein, daß auch diese Daten noch nicht endgültig sein werden. Jedenfalls sind sie genauer als die früheren. Und entgegen den Behauptungen von Kondrat'ev untermauern sie vollkommen, daß in der Entwicklung bis zum Wirtschaftsjahr 1925/26 Disproportionen zwischen Industrie und Landwirtschaft offensichtlich waren, sogar in bezug auf die Vorkriegsrelationen. Diese Disproportionen, die eine der ernsthaftesten Ursachen sowohl für den Warenhunger des Dorfes als auch die daraus hervorgehende „Preisschere" zwischen den Produkten der Industrie und der Landwirtschaft ist, kann man nicht durch die polemischen Methoden Prof. Kondrat'evs überwinden. Wir überwinden sie nur ernsthaft durch ein System von planmäßigen Maßnahmen, das auf die entschiedene Industrialisierung des Landes gerichtet ist.

Wenden wir uns nunmehr einem weiteren „ungeheuerlichen" Fehler zu, auf dem Prof. Kondrat'ev besonders beharrt. In unserem Bericht gibt es eine illustrative Berechnung, nach der sich die städtische Nachfrage nach Produkten der Landwirtschaft im Verlaufe von 5 Jahren von 2538 Mill. auf 3935 Mill. Rubel erhöht. Daraus wird deutlich, welchen mächtigen Impuls die Entwicklung der Landwirtschaft durch die im Fünfjahrplan vorgesehene Industrialisierung der Wirtschaft und das damit verbundene Wachstum der Städte zu erhalten verspricht. Doch N. D. Kondrat'ev erklärt feierlich, daß ein solches

[11] Im Original des Stenogramms des Vortrages von Prof. Kondrat'ev in der RANION vom 11. März 1927 heißt es: „Gerade in den Jahren der größten Schwierigkeiten, gegen Ende des Wirtschaftsjahres 1924/25, gab es keinerlei Disproportionen. Im Verhältnis zum Vorkriegsstand befand sich die Produktion der staatlichen Industrie (die es in dieser Zeit gab) nicht auf einem geringeren, sondern vielleicht sogar auf einem höheren Stand gegenüber dem Niveau der Landwirtschaft. Im Wirtschaftsjahr 1925/26 hatten wir eine Produktion der Landwirtschaft in Höhe von 87% im Vergleich zum Vorkriegsstand, während die Produktion der Industrie vergleichsweise 91% betrug." In dem von Prof. Kondrat'ev korrigierten Stenogramm wurden anstelle von „keinerlei Disproportionen" die Worte „keinerlei Verschärfung der Disproportionen" eingefügt. Die Korrektur ist wesentlich, harmoniert aber kaum mit den vom Autor in seinem Vortrag angeführten Daten.

Wachstumstempo des Konsums der Stadt überhaupt nicht mit der Produktion des Dorfes in Einklang zu bringen ist und daß sich bei uns bis 1930 ein gewaltiges Defizit an landwirtschaftlichen Produkten ergeben wird. Und statt zu exportieren, müssen wir aus dem Ausland importieren, und zwar nach der Berechnung unseres Kritikers in einem Betrag von insgesamt 4 Milliarden Rubel.

Eine solche Bilanz ist wahrhaftig ungeheuerlich. Doch glücklicherweise muß ihr Verfasser, Prof. Kondrat'ev, die ganze Verantwortung dafür selbst übernehmen, weil sie seine Schöpfung ist. Wir konnten keine vollständige Bilanz für das zu erwartende Verhältnis zwischen dem Angebot und der Nachfrage für Produkte der Landwirtschaft im Jahr 1930 geben, weil die Zentralverwaltung für Statistik uns dafür leider noch nicht die Haushaltsdaten über den Verbrauch des Dorfes ausgearbeitet hat; selbst für das Wirtschaftsjahr 1925/26 liegen sie noch nicht vor. Woher aber hat Prof. Kondrat'ev die für seine Theorie notwendigen Koeffizienten genommen? Er hat sie selbst „konstruiert". Doch leider ist ihm das nicht recht geglückt. Tatsächlich kann sich ein Defizit von 4 Milliarden für 1930 nur in dem Fall ergeben, wenn man die Pro-Kopf-Norm des *städtischen* Verbrauches an Produkten des Dorfes unbedacht, ohne irgendwelche überflüssigen Schwankungen, auch auf die gesamte ländliche Bevölkerung überträgt. Die Produktion des Dorfes beträgt 17 Milliarden, die Verbrauchsnorm der Städter 132,5 Rubel, die Bevölkerung zählt 157,7 Mill. Einwohner, das Produkt der beiden letztgenannten Größen ergibt einen Betrag von etwa 21 Milliarden Rubel, woraus sich das Produktionsdefizit in Höhe von 4 Milliarden ergibt. Eine solche Rechnung ist jedoch außerordentlich elementar. Prof. Kondrat'ev weiß, daß die Produktion des Dorfes zu Erzeugerpreisen bewertet ist, während die Verbrauchssätze des Städters einen recht ordentlichen Handelsaufschlag enthalten. Seinen Worten nach hat er aber diesen Umstand berücksichtigt. Er hat den Satz der Städter durch einen Abschlag um 30% gesenkt, doch dafür erwies sich, daß der Verbrauch des Bauern – ausgedrückt im Kaloriengehalt – um 20% höher als der in der Stadt war. Die eine Korrektur wird durch die andere aufgehoben, so daß sich im Ergebnis jenes drohende Defizit ergibt, das von Prof. Kondrat'ev entdeckt wurde und von dem er auf dem Kongreß erzählte.[12]

Der Teufel ist jedoch nicht gar so schrecklich, wie man ihn ausmalt. Wenn man versucht, die Methode, die von Prof. Kondrat'ev für das Jahr 1930 empfohlen wurde, auf das Wirtschaftsjahr 1925/26 anzuwenden, dann ergibt sich auch in diesem Fall ein Defizit, das nach Milliarden gerechnet werden muß. Doch dieses Jahr ist inzwischen abgelaufen. Und wir wissen sehr gut, daß wir in diesem Jahr keine landwirtschaftlichen Produkte importierten, sondern exportierten. Man darf sich darüber jedoch nicht wundern. Schließlich sind die phantastischen Koeffizienten und Unterstellungen Kondrat'evs reinweg durch nichts – weder ökonomisch noch statistisch – begründet. Kann man denn etwa von der Kalorie auf den Wert des Produktes übergehen? Der Bauer, sagen wir, trinkt frische Milch, und der Arbeiter verbraucht Butter. Die Menge der Kalorien kann die gleiche sein, der Preis ist aber verschieden. Der Preis für eine Kalorie Roggen im Dorf und Grütze in der Stadt sind ebenfalls bei weitem nicht gleich. Und diese Differenz wird absolut nicht durch den Handelsaufschlag in Höhe von 30% abgedeckt, von dem Prof. Kondrat'ev spricht, weil man hier sowohl die unterschiedliche Qualität der Erzeugnisse als auch den Wert der Verarbeitung landwirtschaftlicher Produkte zu Mehl, Brot, Öl usw. berücksichtigen

12 Diese Korrekturen senken tatsächlich jedoch den Konsumtionsfonds der Stadt und des Dorfes von 21 Milliarden, die von ihm in seiner Rede genannt wurden, auf 17 Milliarden. Wenn man diese jedoch nicht der Bruttoproduktion der Landwirtschaft in Höhe von 17 Milliarden gegenüberstellt, sondern mit einer bedingten Nettoproduktion (unter Abzug von Saatgut und Futter) vergleicht, dann ergibt sich dennoch ein Defizit in der Größenordnung von einigen Milliarden.

muß. Nach den Haushalten für das Wirtschaftsjahr 1924/25 ist der Wert des Pro-Kopf-Verbrauchs für die Ernährung des Bauern in Höhe von 47 Rubel ermittelt worden, während er beim Arbeiter 106 Rubel im Jahr betrug, d. h. um 125% höher war. Das aber ungeachtet dessen, daß dem Kaloriengehalt nach die Ernährung des Bauern reichhaltiger war als die des Städters. Warum aber gab Prof. Kondrat'ev sich mit seiner Korrektur des Handelsaufschlages in Höhe von 30% zufrieden und bewertete den Pro-Kopf-Verbrauch an Produkten der Landwirtschaft im Dorf teurer als in der Stadt? Etwa nur deshalb, weil ihm sehr daran gelegen war, unsere Berechnungen zu blamieren? Natürlich wäre es viel wirklichkeitsnäher gewesen, auch für den Arbeiter den Handelsaufschlag vom Wert der Verarbeitung abzuziehen, und zwar statt der 30%, sagen wir, wenigstens in Höhe von 50%, sowie den Verbrauch des Bauern nicht um 20% höher, sondern wenigstens um 20% niedriger zu veranschlagen, als die städtische Norm beträgt, doch dann ergäbe sich bei Prof. Kondrat'ev schon kein Defizit mehr, weder für das Wirtschaftsjahr 1925/26 noch für 1930. Diese ganze lachhafte Bilanz mit den willkürlichen Koeffizienten würde folglich für unseren Kritiker nicht mehr erforderlich sein.

Wir wissen nicht, was man mit derartigen arithmetischen Übungen beweisen kann, mit denen man uns hier auf einen Hieb erschlagen wollte. Jedenfalls offenbarte unser Kritiker im vorliegenden Falle keinerlei ökonomische Analyse und nicht einmal ein elementares Verständnis für die Bedeutung jener Daten, mit denen er hier operierte.

Das nächste Beispiel der sachlichen Kritik Prof. Kondrat'evs. Ihn befriedigt unsere Einschätzung über die gegenseitigen Verrechnungen zwischen Stadt und Land in keiner Weise. Nach seiner Meinung stellen sich diese Verrechnungen heute weit trauriger für das Dorf dar, als selbst in der Vorkriegszeit. Die Bürde der Besteuerung des Dorfes durch Abgaben und Preisverschiebungen wird von ihm mit der riesigen Summe von 2 Milliarden Rubel bestimmt. Und überhaupt sei der Lebensstandard des Bauern nach seinen Berechnungen auf die Hälfte des Vorkriegsstandes abgesunken. Diese Mitteilung vermag jeden beliebigen in Schrecken versetzen. Doch glücklicherweise hat Prof. Kondrat'ev seine sensationellen Erklärungen durch nichts bewiesen. Ihm aufs Wort zu glauben, dazu gibt es jedoch keinen Grund.

Unsere Berechnungen jedenfalls bestätigen diese so pessimistischen Schätzungen Kondrat'evs ganz und gar nicht. Natürlich beschränkt sich die Bürde der Abgaben für das Dorf nicht allein auf die Landwirtschaftssteuer. Doch auch das, was das Dorf vom Staat bekommt, beschränkt sich nicht allein auf Schulen und Krankenhäuser. Die Landwirtschaftssteuer belief sich im Haushaltsjahr 1925/26 auf 245 Mill. Rubel. Die indirekten Steuern erreichten im ganzen Lande 1064 Mill., und wenn man sie proportional zu den Käufen an Produkten der Industrie aufteilt, dann entfallen auf das Dorf davon noch einmal ungefähr 25 bis 26%, d. h. etwa noch einmal 266 Mill. Rubel. Außerdem darf man die Preisverschiebungen nicht dem Dorf gutschreiben. Worin kommen sie zum Ausdruck? Die Warenproduktion der Landwirtschaft, die die Bauernschaft in diesem Jahr über die Grenzen des Dorfes hinausbrachte, wurde mit 2305 Mill. Rubel-Tscherwonez bewertet. Die „Preisschere" zugunsten der Stadt im Vergleich zu 1913 betrug nach dem Index der Staatlichen Plankommission 117%, d. h., das Dorf verlor von jedem Rubel, den es bei der Realisierung seiner Erzeugnisse in der Stadt erzielte, grob gesagt 17 Kopeken. In der Gesamtsumme ergibt das einen Betrag von 391 Mill. Rubel. Man darf jedoch nicht vergessen, daß auch das Dorf Industrieerzeugnisse herstellt. Wenn wir nur die handwerkliche Produktion des Dorfes (ohne Lohnarbeit) berücksichtigen, die nach Angaben der Zentralverwaltung für Statistik den Betrag von 1315 Mill. Rubel erreicht, so erhält man bei Anwendung des gleichen Indexes einen Preisvorteil zugunsten des Dorfes in Höhe von nicht weniger als 14,5% oder insgesamt 190 Mill. Rubel. Folglich verlor das

Dorf insgesamt in diesem Jahr an Preisen etwa 201 Mill. Rubel. Insgesamt aber, zusammen mit den Steuern, beträgt der Verlust nicht weniger als 712 Mill. Rubel.

Nun ist das Dorf natürlich nicht homogen. Sowohl die genannten Zahlungen als auch die Verluste entfielen bei weitem nicht gleichmäßig auf die verschiedenen Schichten der Bauernschaft. Neben den Verkäufen auf dem städtischen Markt verkaufte und kaufte das Dorf im Rahmen des *innerdörflichen* Umsatzes im Wirtschaftsjahr 1925/26 landwirtschaftliche Produkte im Gesamtbetrag von 2648 Mill. Rubel, wobei die einen bäuerlichen Schichten, die diese Produkte *verkauften*, wegen der „Preisschere" dabei bis zu 450 Mill. Rubel verloren, und andere Schichten, die das Getreide *kauften*, umgekehrt diesen Betrag einsparten. Wenn man aber berücksichtigt, daß die überschüssige Produktion von den wohlhabenden Schichten des Dorfes verkauft wird, während sie von den ärmsten Schichten gekauft wird, dann muß man anerkennen, daß die ermäßigten Preise für die Produkte des Dorfes bei weitem nicht für alle Schichten auf dem Lande gleichermaßen verlustbringend sind. Für die Dorfarmen sind sie jedenfalls nicht unvorteilhaft, weil sich ihr Lebensstandard etwas zu Lasten der reicheren Schichten erhöht.

Wenn man sich aber Vorkriegsdaten zuwendet – man kann sich dabei sogar auf Berechnungen eines der Mitarbeiter von Prof. Kondrat'ev, nämlich von A. L. Vajnštejn, stützen – dann erweist es sich, daß die Zahlungen und Steuern der Bauernschaft im Jahre 1912 mindestens 10,82 Rubel pro Kopf betrugen. Auf die insgesamt 117 Mill. Seelen der dörflichen Bevölkerung von 1925/26 würde folglich – umgerechnet – ein Betrag von über 1250 Mill. Vorkriegsrubel oder etwa 2250 Mill. Rubel-Tschervonez entfallen. Damit hat die heutige Bauernschaft ungeachtet der „Preisschere" durch die Revolution 1,5 Milliarden Rubel der gegenwärtigen Währung eingespart.

Natürlich ist das eine außerordentliche grobe Berechnung illustrativen Charakters. Wenn man mit anderen Methoden rechnet, kann es sein, daß man andere Werte erhält. Jedenfalls wird aber auch selbst dann noch nicht die Vorkriegsgröße in Höhe von 2,25 Milliarden Rubel überschritten, wenn man an die Stelle der 712 Mill. übereinstimmend mit Prof. Kondrat'ev den Betrag von 2 Milliarden Rubel setzt, den er für die Abgaben und Verluste des Dorfes heute errechnet. Es fragt sich, wodurch dann der Wohlstand des Dorfes gegenüber dem Vorkriegsstand auf die Hälfte gesunken sein soll. Dadurch etwa, daß die Gutsbesitzer verschwunden sind und deren Boden den Bauern zugute kam? Das aber ist doch ganz und gar unwahrscheinlich. Die Produktion des Dorfes erreicht auch heute schon pro Kopf der Bevölkerung fast den Vorkriegsstand, und wenn man aus diesem Vergleich die Produktion der Gutsbesitzer ausschließt, dann übersteigt sie diese bereits um einige Prozent (um 7%). Die Bürde der Besteuerung ist geringer. Der schwarze Pessimismus von Prof. Kondrat'ev bezüglich des Wohlstandes im heutigen Dorf ist daher nach unserer Ansicht weder sachlich noch objektiv begründet.

Genauso pessimistisch schätzt Kondrat'ev auch die nächsten Perspektiven in der Entwicklung der Landwirtschaft ein. Seiner Meinung nach ist das Entwicklungstempo unseres Fünfjahrplans stark übertrieben. Er hat jedoch keinerlei objektive Beweise angeführt, die diese Einschätzung rechtfertigen würden. Vor zwei Jahren berichtete N. D. Kondrat'ev uns über den ersten Fünfjahrplan des Volkskommissariats für Ackerbau, der bereits zu dem Zeitpunkt, als er in der Staatlichen Plankommission beraten wurde, vom Leben in wesentlichen Teilen überholt war. Wenn wir nach diesen Erfahrungen urteilen, dann vermögen wir die Bedeutung der pessimistischen Prognosen unseres Kritikers nicht allzusehr überzubewerten. Wir zweifeln in keiner Weise daran, daß das Leben sie auch dieses Mal in der gleichen Weise widerlegen wird, wie es das bisher getan hat.

Um mit dieser Art von Kritik, die wir hier von Seiten Prof. Kondrat'evs und seiner ideologischen Freunde gehört haben, zum Ende zu kommen, möchten wir nur das folgende feststellen. Als wir in unserem Bericht die vulgär-volkstümlerischen Vorstellungen kritisierten, nach denen nur die massenhafte Arbeit des Ackerbauern die Basis nicht nur für die vorrevolutionäre halbfeudale gutsherrliche Wirtschaft bildet, sondern auch die Basis für die sich entwickelnde sozialistische Akkumulation und den sozialistischen Aufbau sein kann, hatten wir nicht speziell Prof. Kondrat'ev im Auge. Doch all der polemische Feuereifer, mit dem er über unseren Bericht herfiel, wird offenbar gerade durch diese überaus veralteten ideologischen Illusionen genährt. Er, der als glühender Fürsprecher des Dorfes auftritt und dessen Elend und jegliche Mißgeschicke unzulässig übertreibt, merkt überhaupt nicht, daß wir bereits die Revolution vollzogen haben und uns in einer völlig neuen Situation befinden, in der die Bauernschaft solcher ungebetenen Fürsprecher überhaupt nicht mehr bedarf, denn es gibt bereits keine Klassen mehr, die an ihrer Ausbeutung interessiert wären, und der Aufbau des Sozialismus kann in den Händen des Proletariats nur erfolgreich vorangehen auf dem Wege einer ständigen *Erleichterung*, nicht aber einer *Verschlimmerung* der Lebenslage aller Werktätigen.

Nur weil er sich in den Fesseln jener Ideologie befindet, konnte sich unser Kritiker so gründlich in seine eigenen Widersprüche verstricken. In der Tat, gehen Wissenschaftler so mit Zahlen um?

Blind gemacht durch seine überlebte Ideologie, verfällt er selbst in die unverzeihlichsten Fehler, statt sie dort zu finden, wo er sie so eifrig sucht.

Zu den Bemerkungen Tumanovs übergehend, muß man feststellen, daß auch er in mancher Beziehung eine agrarische Neigung offenbarte, wofür er sich den Beifall von Prof. Kondrat'ev verdiente. Er protestiert natürlich gegen eine solche Einschätzung, aber auch alle anderen Vertreter dieser Richtung protestieren und erklären sich als die reinsten Industrialisten. Auch Šanin sagte, daß die Industrialisierung nötig sei, doch müsse man sie vom anderen (lies vom agrarischen) Ende beginnen. Wenn sich Kondrat'ev, Šanin u. a. als Industrialisten und uns als Superindustrialisten oder als sonst etwas anderes bezeichnen wollen, so ist das ihre Sache. Doch wir würden es vorziehen, die Katze Katze zu nennen und das Kaninchen Kaninchen. Tumanov wollte die Verfasser des Fünfjahrplanes als Feinde der Mechanisierung darstellen, die nicht verstehen würden, daß der Pflug besser ist als die Hacke, daß die Maschinenarbeit besser ist als die Handarbeit u. dgl. Natürlich ist das nicht ernsthaft. Wir bestreiten durchaus nicht, daß in bestimmten Gebieten Traktoren erforderlich sind und in anderen Erntemaschinen, daß überhaupt in der Landwirtschaft – wie überall – die Steigerung der Arbeitsproduktivität äußerst wünschenswert ist. Über derlei Dinge wird nicht gestritten. Die Frage ging dahin, daß wir angesichts der recht begrenzten Anzahl von Millionen, die uns für Investitionen zur Verfügung stehen, entscheiden müssen, wohin man sie lenken muß, um den größten Effekt bei der Hebung des allgemeinen Niveaus der Arbeitsproduktivität zu erzielen.

Hier muß man aber sogleich sagen, warum die Maschinen in der Landwirtschaft bisher nirgends eine solche Verbreitung gefunden haben wie in der Industrie. Es handelt sich darum, daß landwirtschaftliche Maschinen – Pflüge, Mähmaschinen, Dreschmaschinen – nicht rundum während des ganzen Jahres eingesetzt werden können, sondern insgesamt nur etwa 11 bis 17 Tage in der Saison. Sagen Sie bitte, kann man bei solchen Auslastungsgraden die Maschinen, die die Arbeitsproduktivität des Arbeiters verdoppeln, in der Landwirtschaft mit denen der Industrie vergleichen? Die Antwort ist klar. Darin eben liegen die Wurzeln unseres Streites. Das ist – unter anderem – der Grund, warum wir bereit sind, enorme Mittel für die Industrialisierung auszugeben, aber bedeutend weniger für die Maschinisierung der Landwirtschaft u. ä. Bedürfnisse. Wenn man uns jedoch beweisen würde, daß für ein bestimmtes Gebiet – im Einklang mit den allgemeinen Aufgaben einer harmonischen Entwicklung der gesamten Volkswirtschaft – zur Urbarmachung von soundso viel Desjatinen Neuland, sagen wir, anstelle von 50000 Traktoren 100000 bereitgestellt werden müßten, dann werden wir das widerspruchslos tun. Hier würde der Streit nur noch um die Richtigkeit der Berechnungen gehen.

Bezüglich der kritischen Bemerkungen von Prof. Makarov können wir uns mit wenigem begnügen. Er hat uns sehr zurechtgewiesen, uns mit seiner Autorität erdrückend. Indem er vor uns die Blätter unserer Thesen drohend schüttelte, versicherte er dem Kongreß kategorisch, daß man „solche" Pläne *nicht* aufstellen dürfe. Doch warum man das nicht dürfe, bedurfte nach jener vernichtenden Ausdruckskraft, mit der unser Professor seine Meinung kundgetan hat, schon keinerlei Motivierung mehr. Freilich, er hat einige wertvolle, wenn auch bei weitem für uns nicht neue Überlegungen zur Methodologie der Planung zum Ausdruck gebracht. Wir propagieren diese bereits seit langem und stellen mit Befriedigung fest, daß Prof. Makarov sie gut eingeprägt hat. Doch warum könnte das als Argument gegen unsere Pläne dienen? Es hätte doch gezeigt werden müssen, worin wir gerade bei der Anwendung unserer Methodologie gefehlt haben und zu welchen konkreten Mängeln das führte. Doch bei Prof. Makarov fand sich in dieser Beziehung, außer dem äußerst unglücklichen Hinweis auf die phantastischen Berechnungen von Prof. Kondrat'ev über das Vier-Milliarden-Defizit der landwirtschaftlichen Produktion, nichts Konkretes. Den Wert dieser Berechnungen kennen wir schon.

Was jedoch die allgemeinen ideologischen Vorwürfe Makarovs gegen unsere theoretische Konzeption anbetrifft, so lassen sie sich alle auf die folgenden drei, vier Punkte reduzieren. Erstens behauptet er, daß unser Industrialismus primitiv sei. Doch warum primitiv? Das ist nicht bekannt. Er behauptet, daß wir für einen „engen" Industrialismus seien, während er für einen weiten ist, der eine wesentliche Erhöhung der Investitionen ... in die Landwirtschaft voraussetzt. Doch zu wessen Lasten könnte man sie erhöhen? Zu Lasten der Investitionen für die Industrie? Das muß man beweisen, und dann ist alles klar. Der „breite" Industrialist fordert die Einschränkung der Investitionen für die Industrie. Ist es etwa nicht so? In diesem Falle kann er wirklich auf diese Qualifikation prätendieren. Zweitens wirft uns Prof. Makarov vor, daß wir gegen den Marxismus verstoßen würden. Ich werde mich sehr freuen, wenn uns sogar die Professoren Makarov und Kondrat'ev den Marxismus lehren würden, aber natürlich erst, nachdem sie sich diese Lehre angeeignet haben. Doch leider ist das noch nicht der Fall. Prof. Makarov nennt unseren Standpunkt einen „Konsumentenstandpunkt", weil er von der Bevölkerung, nicht aber von der Produktion ausgehen würde. Er hat jedoch nicht bemerkt, daß wir, von der Bevölkerung ausgehend, vor allem die arbeitenden Hände in Rechnung stellen, nicht die Mäuler und Mägen. Wir stellen das Problem der optimalen Nutzung der *Arbeitskraft*. Das ist ein rein produktionsorientiertes Herangehen. Eine weitere Bemerkung bezieht sich auf das Problem der Preise. Prof. Makarov erklärt uns, daß die von uns projektierten Preisrelationen nicht vom Dorf akzeptiert werden würden. Das ist ein sehr starkes Argument. Ich weiß nur nicht, warum wir derartige Erklärungen von Prof. Makarov entgegennehmen sollten und nicht vom Dorf selbst. Wenn die Bauern die Sowjetmacht unterstützten, nicht aber jene Parteien, die ihnen etwas anderes vorschlugen, dann bedeutet das, daß wir in der Lage sind, mit ihnen eine gemeinsame Sprache und gegenseitiges Verständnis zu finden.

Das Problem der Preise steht für den Bauern anders, als viele denken. Dem Bauern ist nicht die Anzahl an Kopeken wichtig, mit denen sein Getreide bewertet wird, sondern die Menge an Kattun, die er für ein Pud Getreide kaufen kann. Unter diesem Gesichtspunkt projektieren wir keine Stabilität, sondern eine Erhöhung der landwirtschaftlichen Preise. Man kann behaupten, daß für den Bauern eine noch größere Erhöhung wünschenswert wäre. Doch wenn man die realen Möglichkeiten für diese oder jene Erhöhung außer Betracht läßt, dann ist eine solche Fragestellung für uns nicht akzeptabel. Es würde dann kein volkswirtschaftliches und auch kein sozialistisches, sondern irgendein rustikophiles Herangehen widerspiegeln.

Nominell halten wir die Preise für die landwirtschaftliche Produktion bis zum Ende des Fünfjahrplanes konstant. Wir dürfen jedoch nicht vergessen, daß wir vom Preisniveau des Wirtschaftsjahres 1925/26 ausgehen. In diesem Jahr erreichte der Index der landwirtschaftlichen Preise den Wert von 1,71, bis zum 1. März 1927 fiel er aber bereits bis auf 1,59. Das heißt, um ihn bis zum Jahre 1930 wiederum auf 1,71 zu heben, müssen die landwirtschaftlichen Preise sogar nominell um 7,5% gegenüber dem heutigen Niveau erhöht werden, während gleichzeitig der industrielle Index für das abgelaufene Jahr unverändert blieb und die gesamte vorgesehene Senkung der Industriepreise um 17,5% in den vier verbleibenden Jahren realisiert werden muß. Das ist keine leichte Aufgabe. Es ist möglich, daß es uns gelingt, mehr zu erreichen. Doch die Mitarbeiter des Obersten Volkswirtschaftsrates haben uns in dieser Beziehung durchaus keine Hoffnungen gemacht. Das Limit für die Senkung der Preise, das sie uns genannt haben, geht nicht über 12 bis 15% für das Jahrfünft hinaus.

Der letzte Vorwurf von Prof. Makarov betrifft das Problem unserer internationalen Beziehungen. Er stellt unsere Isolierung von der Weltwirtschaft fest. Wenn sich das auf den bescheidenen Umfang unserer Exporte und Importe bezieht, dann nehmen wir mit Freude jeden konkreten Hinweis entgegen, wodurch man diesen erhöhen könnte. Doch selbst in dem vorgesehenen Umfang bringen sie uns alles das, was für die Erfüllung des vorgesehenen Planes der Investitionen und für die Rekonstruktion der Wirtschaft erforderlich ist. Wenn es jedoch darum geht, daß wir nicht auf einen Zustrom neuer Ressourcen aus dem Ausland in Gestalt einiger großer Anleihen rechnen, dann ist das durchaus nicht darauf zurückzuführen, daß wir prinzipiell nicht auch diese Möglichkeiten nutzen möchten, wenn sie sich uns bieten würden. Wir ziehen es einfach vor, diese Möglichkeit in Reserve zu halten, um uns nicht zu verrechnen.

Kühner ist in dieser Hinsicht der Fünfjahrplan des Obersten Volkswirtschaftsrates, der in seine Bilanz auch eine solche problematische Ressource wie ausländische Anleihen aufnimmt. Im übrigen stellt der Oberste Volkswirtschaftsrat bei deren Verteilung auf die Wirtschaftszweige alle Mittel aus Anleihen sehr großzügig dem Transportwesen zur Verfügung, während er für die Industrie nur die inneren Ressourcen des Staatshaushaltes reservierte. Wie die Mitarbeiter des Obersten Volkswirtschaftsrates unseren Fünfjahrplan beurteilen, ist uns nicht völlig klar geworden. Aus den Ausführungen von A. M. Ginzburg konnte man schließen, daß alle unsere Nichtübereinstimmungen von der Art sind, daß man sie sehr leicht beheben und daß man sich verständigen kann. Als ich aber andere Redner aus dem Obersten Volkswirtschaftsrat hörte, z. B. Sabsovič, kam heraus, daß sowohl unser als auch ihr Fünfjahrplan gleichermaßen unbrauchbar seien. Auf welcher Grundlage man sich in diesem Falle verständigen könnte, ist nicht bekannt. Sein Skeptizismus ist schon außerordentlich übertrieben. Sabsovič möchte in unseren Berechnungsentwürfen weit größere Errungenschaften sehen. Wir möchten das auch. Aber unser Fünfjahrplan sieht doch ohnehin schon sowohl auf dem Gebiet der Landwirtschaft als auch auf anderen Gebieten ein solches Entwicklungstempo vor, welches die kapitalistische Welt bisher nicht gesehen hat und das – sagen wir – unsere „ideologischen Freunde" aus dem Volkskommissariat für Ackerbau als völlig irreal ansehen. Wir sind mit ihnen nicht einverstanden und davon überzeugt, daß in unseren Projekten noch eine recht ordentliche Sicherheitsreserve liegt. Aber ist es nicht besser, sie in Reserve zu halten?

In bezug auf das Prinzip der Schwerpunktbildung in der Planung, zu dem uns hier Ginzburg aufgerufen hat, denke ich, daß das kein schlechtes Prinzip ist, wenn man es nicht mißbraucht. Doch man darf es nicht übertreiben. Wir hatten diesbezüglich bereits viele Versuche. Wir riefen auf: „Alles für das Transportwesen!", „Alles für die Brennstoffe!" usw.

Am häufigsten kam es dabei aber so, daß man den Schwanz herauszog und die Nase eintauchte, zogst du die Nase heraus, tauchte der Schwanz ein. Es darf nicht passieren, daß unsere Randgebiete versinken, wenn wir beginnen, das „Schwergewicht" auf das Zentrum zu legen, oder umgekehrt. Es könnte passieren, daß bei uns die Verbindungskette zwischen den Gebieten und Wirtschaftszweigen durch solche Schwerpunktbildung zerreißt und jemandem um den Kopf schlägt... Neben der Schwerpunktbildung darf man die Idee der Proportionalität nicht aus dem Auge verlieren.

Ich möchte noch auf die Bemerkungen von V. I. Zejlinger eingehen. Er fand auch, daß bei einigen unserer Berechnungen die Enden nicht zusammenpassen. Doch in der von ihm angeführten Gegenrechnung gibt es eine wesentliche Auslassung. Er vergleicht das Wachstum der Akkumulation im staatlichen Sektor mit dem der gesamten Volkswirtschaft, läßt dabei aber außer acht, daß der spezifische Anteil des staatlichen Sektors selbst an der gesamten Volkswirtschaft steigt. Wenn er diesen Umstand berücksichtigt, dann verändert sich auch seine ganze Berechnung. Das Nationaleinkommen des staatlichen Sektors erhöht sich in 5 Jahren etwa von 30 auf 40%. Die Rate der Akkumulation steigt in diesem Sektor in der gleichen Zeit – grob gesagt – von 20 auf 25%, während sie im privaten Sektor von 15 auf 10% fällt. Unter den Voraussetzungen, die wir auf dem Gebiet der Vergesellschaftung haben, – bei der vorgesehenen Verminderung des Anteils der rein kapitalistischen Betriebe an der Gesamtmasse der privatwirtschaftlichen, bäuerlichen und sonstigen Einheiten, – sind derartige Aufgaben vollauf realisierbar. Aber wenn diese real sind, dann sind es auch jene Berechnungen, an denen Zejlinger zweifelte.

Wir möchten hier weder mit Sokolnikov noch mit Višerov streiten. Eines aber muß man sowohl ihnen als auch allen anderen Pessimisten sagen, die uns hier mit den verschiedenen Gespenstern schrecken. Hier wurde gesagt, daß wir wie der Recke aus der Byline am Scheideweg stehen: Geht man nach der einen Seite, so trifft man auf den Hunger, geht man nach der anderen – die Kälte, und geht man auf einen dritten, so trifft man auf ich weiß nicht was, wahrscheinlich auf die Konterrevolution ... In der echten Byline, an die uns hier Bazarov erinnerte, wurden ebenfalls analoge Schrecken vorausgesagt. Wie bekannt, mißachtete der bylinische Recke jedoch alle ihm prophezeiten Schrecken, er durchmaß alle Wege, überwand alle Gefahren und wendete damit alle panikmacherischen Prophezeiungen ab. Wir zweifeln nicht daran, daß auch unser sowjetischer Recke, das Proletariat, auf seinem Weg nicht haltmachen wird vor jenen zum größten Teil gespenstischen Schrecken, mit denen man es schreckt. Es schreitet unaufhaltsam vorwärts und beweist durch seine eigenen ökonomischen Erfahrungen zum wiederholten Male, daß die ganze Panik, die schon mehrfach kleingläubig in unseren Reihen gesät wurde, keine hinreichend reale Grundlage hat.

3.3. Aus der Diskussion in der Kommunistischen Akademie[13]

Bei der Beantwortung einer ganzen Reihe von Beiträgen, die hier im Verlaufe mehrerer Beratungen vorgetragen wurden, möchte ich beim Referenten beginnen.[14] Offenbar

[13] Schlußwort zum Bericht über den Fünfjahrplan der Entwicklung der Volkswirtschaft in der Kommunistischen Akademie am 28. Januar 1928, in: S. G. Strumilin, Probleme der Planung in der UdSSR, Moskau-Leningrad 1932.

[14] In der betreffenden Diskussion trat S. G. Strumilin als Korreferent auf (Anmerkung der Red.).

gibt es zwischen uns, den Mitarbeitern der Staatlichen Plankommission, und ihm bestimmte Mißverständnisse, doch keine prinzipiellen Meinungsverschiedenheiten. Diese Mißverständnisse bestehen darin, daß der Berichterstatter von uns offenbar mehr fordert, als wir tatsächlich zu geben in der Lage waren. So kann man das Wesen unseres Streites kurz charakterisieren.

Wir sind bereit einzugestehen, daß unsere ökonomische Analyse unzureichend ist und daß wir nicht tiefgründig genug auf eine ganze Reihe von qualitativen Fragen geantwortet haben, die bei den Lesern unserer Materialien zum Fünfjahrplan entstehen. Nun bitte, korrigieren Sie unsere Unzulänglichkeiten! Aus diesem Grunde haben wir ja auch unsere Materialien veröffentlicht, bevor sie ihre offizielle Bestätigung fanden, um jenes kollektive Schöpfertum des Plans, von dem hier G. M. Kržižanovskij gesprochen hat, möglich zu machen. Was aber die Kommunistische Akademie anbelangt, so möchten wir sie besonders gern in die gemeinsame schöpferische Arbeit auf diesem Gebiet einbeziehen. Wenn also unsere Arbeit Sie nicht zufriedenstellt, und sie stellt offenbar viele nicht zufrieden, dann seien Sie so gut und geben konkret an, womit Sie nicht zufrieden sind und wie Sie denken, daß unsere Fehler korrigiert werden sollten. Wenn Sie sich nicht nur auf negative Kritik beschränkt haben würden, sondern auch eine Reihe von positiven Korrekturen und praktischen Maßnahmen zur Verbesserung unserer Arbeit auf diesem Gebiet aufgezeigt hätten, dann hätten wir wahrscheinlich schnell eine gemeinsame Sprache gefunden.

Doch gehen wir zunächst auf die allgemeinen Bemerkungen ein. Hier wurde wie folgt argumentiert. Die Analyse ist bei Ihnen unzureichend, man hätte die Methode des Studiums der sozialen Bedingtheit anwenden müssen. Eben darüber sprach Professor Ljaščenko. Doch wie macht man das, und worin besteht diese Methode? Wenn P. I. Ljaščenko uns doch wenigstens ein konkretes Beispiel für die Anwendung seiner Methode gegeben und uns erklärt hätte, wodurch wir eben gegen diese verstoßen haben, dann wäre eine solche sachbezogene Unterweisung außerordentlich nützlich für uns gewesen und vielleicht auch für ihn selbst, weil er dann verstanden hätte, daß das nicht so einfach getan ist, wie es sich ausspricht.

Als erster sprach Bessonov in der Diskussion. Der Streit, den er über die theoretische Frage nach der Rolle der Tarife in der Planwirtschaft ausgelöst hat, ist von sehr großem Interesse. Doch das ist ein so großes Problem, daß man darüber speziell sprechen muß. Unseren Standpunkt haben wir in der Presse zum Ausdruck gebracht. Hier möchten wir uns darauf beschränken, daß wir mit Bessonov darin übereinstimmen, daß dieses Problem auf marxistische Weise gestellt und gelöst werden muß und daß wir bis heute in dieser Beziehung nichts getan haben. Doch wir stimmen nicht mit ihm in der Hinsicht überein, daß wir nach einer Überprüfung radikal unsere Tarifpolitik ändern müßten, die auf eine Differenzierung der Tarife abzielt, darauf, daß wir ganz bewußt neue Transportwege zu den Randzonen unseres Landes bauen und die Güter dorthin zu wesentlich billigeren Preisen transportieren, als das der Fall wäre, wenn wir sie nach den konkreten Produktionskosten für die betreffenden Transportwege der Randzonen, für den gegebenen Streckenabschnitt usw. errechnen würden. Das weitet die Sphäre unserer Volkswirtschaft aus, das gestattet uns, die Randgebiete an das Zentrum heranzuziehen, sie ökonomisch einzubeziehen, was einer der Hauptdirektiven unserer Wirtschaftspolitik im weitesten Sinne dies Wortes entspricht.

Wenden wir uns nunmehr den Bemerkungen von Prof. Ljaščenko zu, der aus diesem Anlaß mehrfach aufgetreten ist. Auch dieses Mal wiederholte er seine hauptsächlichen Aussagen, die darauf hinauslaufen, daß ihn unsere Zielstellungen zufriedenstellen und daß er bereit wäre, sie zu unterschreiben, doch völlig unbefriedigt sei von jener Methode der ingenieurmäßigen Projektierung, die wir anwenden, sowie auch damit, daß alle zahlenmäßig ausgedrückten Direktiven, die unser Plan enthält, seines Erachtens überhaupt nicht begründet worden seien. Dabei sagt er, wenngleich er nach seinen Worten uns gegenüber sehr „freundschaftlich" gesonnen ist, daß unser Plan nicht auf der Grundlage der marxistischen Methode aufgestellt worden sei. Wir möchten dennoch, daß eine Bemerkung von dieser Art wenigstens durch irgendwelche beliebigen Beweise gestützt würde. Wenn es stimmen würde, daß dieser Plan nicht nach der marxistischen Methode ausgearbeitet worden wäre, dann würde das allein ausreichen, um ihn absolut für unbrauchbar zu erklären. Es ist deshalb notwendig, vor allem darauf einzugehen. Welche Überlegungen hat Prof. Ljaščenko zum Beweis für diesen Grundgedanken, auf dem er so beharrt? Er sagt, daß die Methode der ingenieurmäßigen Projektierung deshalb keine marxistische Methode sei, weil sie bereits Fourier bei seinen Phalanxen angewandt habe. Das sei eine Methode des utopischen Sozialismus. Die Methoden, die bei der theoretischen Organisation der Phalanxen angewandt wurden – Sie erinnern sich, daß dort sogar Antiwale und Antilöwen und ähnliche Kuriositäten projektiert wurden – stimmen natürlich nicht mit dem realistischen Geist der marxistischen Philosophie überein. Doch inwiefern lassen sich diese Methoden auf unsere Arbeit beziehen? Darüber fanden wir weder im Stenogramm zu den Ausführungen von P. I. Ljaščenko noch in seinen Veröffentlichungen in der Presse irgendwelche Argumente.

Kann man denn überhaupt die Methode, die Fourier bei der Projektierung in seinen Phalanxen angewandt hatte, als Ingenieurmethode bezeichnen? Eine utopische Methode unterscheidet sich von einer wissenschaftlich-sozialistischen Methode vor allem dadurch, daß sie sich nicht auf die Wissenschaft stützt, während das Ingenieurwesen sich vollständig auf eine wissenschaftliche Grundlage gründet. Fourier hatte dieses Fundament nicht. Erinnern Sie sich daran, mit Hilfe welcher Kräfte er seine Projekte zu realisieren gedachte. Er hoffte, irgendeinen wohltätigen und aufgeklärten Prinzen dafür zu interessieren. Darin aber besteht vor allem der Utopismus von Fourier. Er hatte keinen *Klassen*standpunkt. Er verstand nicht, daß nur eine bestimmte Klasse, deren Ideologie er Ausdruck verlieh, real seinen Plan verwirklichen konnte.

Wie aber gehen wir an die Aufstellung unseres Planes heran? Unser Plan baut bewußt auf den Zielvorstellungen auf, die die Zielstrebigkeit einer bestimmten Klasse, des Proletariats, widerspiegeln. Unser Fünfjahrplan ist nur in dem Maße real, wie wir es verstehen, das Proletariat für seine Realisierung zu organisieren. Deshalb messen wir auch der Zielstellung solche Bedeutung bei. Deshalb schränken wir die *selbständige* Bedeutung jener Prognosemethode ein, von der Prof. Ljaščenko spricht, indem wir ihr unsere Methode gegenüberstellen. Er sagt direkt, daß jene Methode, die er unserer gegenüberstellen würde, die Methode des Studiums der sozialen Bedingtheit ist, eine *Methode der Vorausschau*. Wenn wir in einer Gesellschaft leben würden, die vollständig den spontanen Gesetzen des Marktes unterworfen ist, dann könnten und sollten wir nur davon sprechen, die soziale Bedingtheit der verschiedenen Erscheinungen zu untersuchen, und aus dieser Bedingtheit diese oder jene Voraussicht hervorbringen. Doch dann würden wir dieser wissenschaftlichen Untersuchung natürlich nicht den Terminus eines Planes geben.

Unser Herangehen ist ein völlig anderes. Wir halten ein solches Herangehen für utopisch, das nur darauf hinauslaufen würde, daß ich – einer Spinne gleich – aus dem eigenen Magen ein wissenschaftliches Spinngewebe produziere und daraus eine bestimmte Prognose entwickle, die ich unverzüglich realisieren soll. Entschuldigen Sie bitte, sie kann sich nicht realisieren, wenn Sie dafür nicht jene Klasse interessieren werden, die sie realisieren soll, aber man kann sie nur ernsthaft für das interessieren, was zur Verwirklichung ihrer Ideale führt.

Eine wissenschaftliche Begründung der Planentwürfe ist natürlich unumgänglich. Doch nur in dem Maße, wie das erforderlich ist, damit dieser Plan nicht nur von den Massen unterstützt, sondern auch technisch durchführbar und realistisch ist. In unserem Fünfjahrplan finden Sie gerade deshalb keinerlei phantastische Antilöwen oder Antiwale, weil ihn wissenschaftlich ausgebildete Ingenieure entworfen haben. Auch in diesem Sinne ist unser Plan ganz und gar realistisch.

Worin besteht der Fehler von Prof. Ljaščenko, wenn er davon spricht, daß die Verfahrensweise der ingenieurmäßigen Projektierung sozialer Prozesse unbrauchbar sei? Wir denken, daß er darin besteht, daß er eine Voraussetzung vergißt. Die ingenieurmäßige Projektierung vollziehen wir auf der *Grundlage bestimmter Aufgaben*. Wie bauen wir überhaupt den Sozialismus in unserem Lande auf? Errichten wir ihn etwa nur mit den Händen der Kommunisten? Nein, wir wissen, daß wir uns diesen Luxus noch nicht leisten können. Wir müssen für diesen Aufbau – und darin besteht unsere Stärke – alle jene Ressourcen heranziehen, über die unser Land verfügt. Wenn Sie zum Beispiel betrachten, wie sich der Mitarbeiterbestand der Staatlichen Plankommission zusammensetzt, dann werden Sie sehen, daß auf einen Kommunisten-Ökonomen dort Dutzende von parteilosen Ingenieuren kommen. Ohne die Spezialkenntnisse der Ingenieure aller Fachrichtungen, die auf jedem einzelnen Gebiet herangezogen werden, könnten wir unsere Pläne nicht ausarbeiten. Um zu sichern, daß die Ingenieure vermögen, die uns hin und wieder geistig fremd sind und außerhalb der marxistischen Lehre stehen, die uns beflügelt, gerade *soziale* Konstruktionen zu entwickeln, müssen wir mit einer besonderen Betonung die Rolle der Zielstellungen hervorheben, die in den Direktiven von Partei und Regierung enthalten sind und innerhalb deren Rahmen wir unsere Pläne aufstellen. Wenn Sie also diesen Ingenieur-Experten ganz genau vorgeben, *welche* soziale Struktur sie aufzubauen haben, und deren technische Kenntnisse nur dafür verwenden, damit sie im Rahmen dieser Aufgaben die Arbeitszeichnungen anfertigen und alle Schemata des vorgegebenen Gebäudes erarbeiten, so spannen Sie auch diese Ingenieur-Experten für die fruchtbarste Arbeit zum Aufbau des Kommunismus ein. Sie werden Ihnen solche sozialen Konstruktionen errichten, die Ihren allgemeinen Zielstellungen entsprechen. Und wenn Sie eine marxistische Zielstellung vorgegeben haben, dann wird ihr auch das Ingenieurprojekt in vollem Maße entsprechen.

G. M. Kržižanovskij sprach hier davon, daß die ingenieurmäßige Ausarbeitung der Pläne eine soziale Ingenieurwissenschaft voraussetzt. Wir denken, daß der Sozialingenieur technische und ökonomische Kenntnisse auf der Grundlage der allgemein-marxistischen Weltanschauung kombiniert in sich vereinigt, was es uns ermöglicht, schöpferisch und ohne jegliche Hilfe von außen die soziale Umgestaltung unserer ganzen Wirtschaft in der Richtung zu projektieren, wie wir sie für nötig erachten. Wenn man aber einmal von dieser Vorstellung von einem Sozialingenieur absieht, die man vorerst nur auf einige unserer Führer anwenden könnte, dann muß man auch sagen, daß die konkreten Wirtschaftspläne natürlich vorerst noch nicht mit deren Händen allein ausgearbeitet werden können. Dazu sind wir noch zu arm an solchen Kräften. Doch auf jener sozialen Basis, die uns die Partei gibt, und auf den technischen Kenntnissen aufbauend, die uns die Experten unter den Ingenieuren zur Verfügung stellen, können wir heute schon die sozialen Konstruktionen entwickeln, die wir benötigen. Nehmen Sie beispielsweise jene Projektierung, die mit dem Aufbau von Dneprostroi zusammenhängt. Ist das eine ingenieurmäßige Projektierung oder nicht? Es ist eine ingenieurmäßige. Kann man sie als eine marxistische bezeichnen? Nein. Unterdessen ist das aber ein Bestandteil des GOELRO-Planes, jenes Planes, den V. I. Lenin das zweite *Programm der Partei* genannt hat. Man darf jedoch nicht vergessen, daß auch unser Plan vor allem in bestimmter Hinsicht eine Gesamtheit von vielen Dneprostrois darstellt. Gerade darauf läßt sich, etwas vereinfacht, die technische Grundlage unseres Planes zurückführen, insofern nämlich, als wir vor allem den Plan der Investitionen als Hauptbestandteil unserer Arbeit im Auge haben. Genosse Kržižanovskij hat hier davon gesprochen, daß man den Inhalt des Perspektivplans nicht auf den Plan der Investitionen beschränken dürfe. In meinem Bericht wird ebenfalls gesagt, daß der Plan außerdem ein einheitliches System der ökonomischen Politik, das heißt, ein System sozialer, ökonomischer und politischer Maßnahmen darstellen muß, auf dessen Grundlage der planmäßige Aufbau realistisch wird. Auf alle Fälle aber ist – mit diesen oder jenen Einschränkungen – vollständig klar, daß im Zentrum unserer Projektierungen Großbauten von solcher Art stehen, die die ökonomische Physiognomie der Gebiete und infolgedessen auch des ganzen Landes vollständig verändern sollen und die sich auf eine bestimmte Zielstellung, auf die Annäherung an den Sozialismus, gründen.

Nun zu dem Vorwurf von Prof. Ljaščenko, daß bei uns alles „vorgesehen" und nichts begründet würde. Man möchte wissen, welche Art von „Begründung" er sich eben für jene einzelnen Daten, die wir anführten, vorgestellt hat. Wenn wir beispielsweise sagen, daß der Investitionsaufwand bei uns im Frühjahrzeitraum einen Umfang von 22 Milliarden Rubel erreichen wird, wie soll man dann, mit welcher ökonomischen Analyse kann man dann diesen Betrag in Höhe von 22 Milliarden begründen? Welche ökonomische Analyse kann beweisen, daß nicht 23 Milliarden und auch nicht 21 Milliarden, sondern gerade 22 Milliarden zu veranschlagen sind? Wir würden es sehr wünschen, wenn uns Prof. Ljaščenko oder irgend jemand anders wenigstens eine von jenen Zahlen, die wir für den Perspektivzeitraum projektierten, errechnen und analytisch „begründen" würde. Doch das wird wahrscheinlich niemand tun, aus dem einfachen Grunde, weil aus einer ökonomischen Analyse keine konkret arithmetische Größe gewonnen werden kann. Im Ergebnis einer ökonomischen Analyse können wir bestimmte Direktiven festlegen. Sagen wir, etwa eine Direktive in der Form, daß wir ein solches Investitionstempo projektieren müssen, das unserer Industrie ein schnelleres Entwicklungstempo ermöglicht, als es in den Ländern der kapitalistischen Welt beträgt.

Das ist eine der Direktiven, von denen wir ausgegangen sind. Ist diese Direktive begründet oder nicht? Mag das Prof. Ljaščenko sagen. Es mag sein, daß er von uns tiefere Begründungen verlangt, als wir bieten. Aber unsere Begründungen sind in dieser Hinsicht unkompliziert. Indem wir uns auf die marxistisch-leninistische Wirtschaftswissenschaft stützen, behaupten wir erstens, daß die sozialistische Wirtschaft einen höheren Effekt hervorbringen *kann* als die kapitalistische Wirtschaft, und zweitens lassen wir uns davon leiten, daß unsere Pläne das für uns erforderliche Entwicklungstempo gewährleisten müssen, denn wenn wir nicht imstande wären, diese Vorzüge unseres zum Sozialismus übergehenden Aufbaues zu nutzen, würden wir infolge des sinkenden spezifischen Anteils unserer Wirtschaft an der Weltwirtschaft ohne Zweifel eine Niederlage erleiden.

Damit ist ein bestimmtes Limit gegeben. Aber nur ein Limit, nicht schon eine konkrete Zahl. In den Vereinigten Staaten von Amerika, wo sich die Produktion besonders stürmisch entwickelt, beträgt ihre jährliche Wachstumsrate 5 bis 6%, während wir in der letzten Variante einen etwa 15%igen Jahreszuwachs vorgesehen haben. Das ist mehr als 5%, doch auch 10% sind mehr, und 12% und 30% würden noch höher sein. Sagen Sie bitte, womit kann man begründen, daß es gerade 15% sein müssen? Wir verfügten natürlich auch noch über ein anderes Limit in Gestalt jener Ressourcen, die sich von uns berechnen lassen und deren Einsatz wir im Verlaufe des Fünfjahrplanes projektieren konnten.

Diese ökonomische oder, genauer gesagt, statistisch-ökonomische Analyse setzt nur die Grenzen fest, dazu noch bei weitem nicht genaue. Doch innerhalb dieser Grenzen müssen wir konkrete Zahlen fixieren, Zahlen, die das Maß nicht des qualitativen, sondern des quantitativen Wachstums unserer Wirtschaft zum Ausdruck bringen, die uns nicht in innere Widersprüche zu der ganzen Masse anderer konkreter Projektierungen desselben Fünfjahrplanes führen dürfen. Diese Zahlen kann man nicht als Ergebnis der Lösung eines Systems von *Gleichungen* gewinnen, sie befriedigen im günstigsten Fall die Forderungen eines bekannten *Systems von Ungleichungen*, das nicht über die Grenzen der festgelegten Limite hinausgeht. Eben darum wäre es unklug, jede Zahl im einzelnen „begründen" zu wollen.

Übrigens führen wir in einigen Fällen, wenn wir z. B. die Akkumulation projektieren, sehr detaillierte Berechnungen durch. Doch gerade diese Berechnungen empören Prof. Ljaščenko. Er versteht nicht, wozu wir solche Details brauchen wie die Anzahl von Telegrammen, die voraussichtlich im Jahre 1931 versandt werden. Doch kann man ohne Kenntnis der Zahl der Post- und Telegrammsendungen nicht die Post- und Telegrapheneinnahmen ermitteln.

Offenbar gibt es hier irgendein grundlegendes gegenseitiges Nichtverstehen, wenn man sagt, daß wir unsere Zielstellungen nicht begründen würden, aber sich gleichzeitig über jene detaillierten Berechnungen und Zahlen ärgert, die von unserem Standpunkt her gerade eine bestimmte Begründung für einzelne Elemente des Planes darstellen.

Wenn man Prof. Ljaščenko hört, dann könnte man denken, daß in der Staatlichen Plankommission irgendwelche ungebildeten Leute sitzen, die unsere Wirtschaft nicht kennen, sie nicht untersuchen und mit Zahlen ankommen, von denen man nicht weiß, woher sie stammen. Doch das alles ist natürlich nicht so. Es ist schwer zu sagen, ob es bei uns in der UdSSR viele solcher Forschungseinrichtungen, die Kommunistische Akademie nicht ausgenommen, gibt, die die sowjetische Wirtschaft konkreter studierten als die Staatliche Plankommission. Betrachten Sie allein den Inhalt der Zeitschrift „Planovoe chozjajstvo". In jedem Heft finden Sie irgendeine Untersuchung – vielleicht nur eine kleine, doch das aus dem Grunde, weil in einer Zeitschrift keine größeren unterzubringen sind: Sie sehen dort immer neue Ergebnisse aus der Erforschung unserer konkreten Wirtschaft. Gegenwärtig bereiten Mitarbeiter der Staatlichen Plankommission und des Obersten Volkswirtschaftsrates eine Arbeit über die Entwicklung der Volkswirtschaft Rußlands in den letzten 40 Jahren vor. Es ist ein neunbändiges Werk, in dem die Entwicklung der Industrie, der Landwirtschaft, des Transportwesens und des Haushaltes behandelt, in dem deren Wesen nach allen Seiten der Volkswirtschaft beleuchtet wird. Warum tun wir das? Deshalb, weil wir wissen, daß wir ohne Studium der konkreten Ökonomik und ohne Untersuchungen, die viele Jahre zurückgehen, unsere konkreten Pläne nicht ausarbeiten könnten. Doch in diesen konkreten Plänen erachten wir es durchaus nicht als notwendig, alle diejenigen Untersuchungen zu wiederholen, die wir durcharbeiten und selbständig publizieren.

Ronin findet die Fragestellung nach dem Primat der Produktivkräfte in der Bewegung zum Sozialismus in unserer Darstellung unglücklich. Es ist durchaus möglich, daß sie nicht sehr glücklich gestellt ist. Leider erwies es sich als unmöglich, herauszufinden, worin die unglückliche Fragestellung besteht, weil das Zitat, auf das er sich bezieht aus seinem Stenogramm herausgefallen ist, die Stenografinnen haben es nicht aufgeschrieben. Deshalb kennen wir den Inhalt dieses Vorwurfes nicht seinem Wesen nach. Es kann sein, daß ihn eine ungenaue Formulierung in die Irre geführt hat. Jedenfalls, wenn uns ein solcher Gedanke zugeschrieben werden sollte, daß in der Sowjetunion die Wirtschaft und sogar der Sozialismus ungeachtet der Entwicklung der Produktivkräfte, entgegen dieser Entwicklung aufgebaut werden soll, dann, entschuldigen Sie, hat es niemals eine solche Behauptung gegeben, weder in einer unserer Veröffentlichungen noch – so hoffe ich – in einer mündlichen Erklärung. Wozu sollten wir den Sozialismus entgegen der Entwicklung der Produktivkräfte aufbauen? Es kann keinen Widerspruch zwischen der Entwicklung der Produktivkräfte und der Entwicklung des Sozialismus geben. Im Gegenteil. Unserer Meinung nach vollzieht sich die Entwicklung der Produktivkräfte gerade dann am effektivsten, wenn wir uns in Richtung auf den Sozialismus entwickeln. Das ist unser Standpunkt. Man kann jene Formulierungen nachlesen, die in gedruckter Form in unserem Fünfjahrplan stehen. Wir stellten darin als Aufgabe des Planes die „kontinuierliche Entwicklung dieser Produktivkräfte mit dem Ziel einer weitmöglichen Steigerung des Wohlstandes der werktätigen Massen und des schnellen Voranschreitens zum Sozialismus bei gleichzeitiger Erhöhung der Verteidigungsfähigkeit des Landes“ [15].

Wir sprechen folglich in erster Linie von der Entwicklung der Produktivkräfte. Doch wir beschränken uns nicht darauf, sondern sagen, wohin diese Entwicklung gehen muß. Worum geht es? Wir sprechen uns gegen das Primat der Produktivkräfte „überhaupt“ aus, das einige Ökonomen nur deshalb vorbringen, weil sie gerade mit diesem Primat alle übrigen Hinweise auf die Entwicklungsrichtung beiseiteschieben und sagen wollen, daß diese keine entscheidende Bedeutung mehr haben würden. So behauptete z. B. Bazarov, daß als Kriterium für die Brauchbarkeit des Planes das Primat der Produktivkräfte in dem Sinne dienen muß, daß der Plan schon für gut befunden wird, wenn er eine Entwicklung der Produktivkräfte ergibt; wenn er aber keine Entwicklung der Produktivkräfte zeigt, dann sei er folglich schlecht. Also, wenn er keine Vorwärtsbewegung zum Sozialismus ergibt, dann kann man, da die Rede nur vom Fünfjahrplan usw. ist, selbst eine Rückwärtsbewegung zulassen, und das wäre – von seinem Standpunkt her – kein Kriterium für die Unbrauchbarkeit des Planes. Gerade deshalb wenden wir uns aber dagegen, daß einige zusätzliche Charakteristika hinweggefegt werden. Wir sprechen doch jetzt nicht einfach von der „Industrialisierung“ des Landes, sondern wir sprechen von der sozialistischen Industrialisierung. Wozu verpflichtet uns das? Wir können uns diese Industrialisierung auf verschiedene Weise vorstellen. Denken Sie doch an die These von Sokolnikov und Šanin. Sie haben sich auch für die Industrialisierung ausgesprochen. Doch das war eine Orientierung auf Industrialisierung durch Hebung und Entwicklung unserer Landwirtschaft, durch die Vergrößerung des Exportes von landwirtschaftlichen Erzeugnissen usw. Das würde eine Industrialisierung durch die Agrarisierung und Stärkung der privatwirtschaftlichen Kräfte des Dorfes darstellen. Durch solche Charakteristika, wie sie die sozialistische Industrialisierung darstellt, sichern wir uns gegen bestimmte Abweichungen selbst innerhalb unserer Partei. Wenn aber Makarov und Kondrat'ev über die Industrialisierung sprechen werden, dann ist ihnen gegenüber eine solche Sicherung noch dringlicher. Genauso ist es, wenn derselbe Kondrat'ev über die Entwicklung der Produktivkräfte spricht. Dann wird das etwas ganz anderes sein, als wenn wir darüber sprechen werden. In dem einen Falle wird einfach an die Entwicklung der Produktivkräfte gedacht werden, ohne weitere Präzisierungen, während sie im anderen Falle in Richtung auf den Sozialismus gedacht werden wird.

V. E. Motylev machte den Versuch, konkret zu zeigen, wozu die Mängel in der ökonomischen Analyse in unserem Fünfjahrplan geführt haben. Das Herangehen des Genossen Motylev ist meiner Meinung nach vollkommen richtig. Er sagt: Eure ökonomische Analyse war schlecht, und aus diesem Grunde sind Euch diese und jene elementaren Fehler unter-

[15] Vgl. Perspektivische Orientierung für 1927/28 bis 1931/32, Moskau 1928, S. 3.

laufen. Ja Genossen, wenn jeder von Ihnen auf die gleiche Weise jene Fehler, die wir zugelassen haben, konstatiert und konkretisiert hätte, wie das Genosse Motylev tat, dann hätten wir wesentlich leichter eine gemeinsame Sprache gefunden. Es wäre auch gut gewesen, wenn Prof. Ljaščenko uns selbst unsere Fehler nachgewiesen hätte, anstatt den äußerst unglücklichen Hinweis auf Kondrat'ev zu machen, von dem er annimmt, daß er diese großen Fehler gefunden habe. Prof. Ljaščenko hat Kondrat'ev umsonst aufs Wort geglaubt. Ich bedaure sehr, daß Prof. Ljaščenko unsere Antwort an Kondrat'ev nicht gelesen hat. Hätte er sie gelesen, dann würde er verstanden haben, inwieweit jene Ungereimtheiten, auf die er sich bezieht, die Frucht der Schöpfungen Kondrat'evs selbst sind und daß wir daran zum größten Teil völlig unbeteiligt sind.

Doch lassen wir diese Frage beiseite, und gehen wir über zu den konkreten Hinweisen auf Unstimmigkeiten in unserem Plan, von denen wir hier in diesem Auditorium gehört haben.

Genosse Motylev sagte, daß in unserem Fünfjahrplan die Differenz zwischen der optimalen Variante und der Ausgangsvariante bei den Investitionen 20% betrage, während sie sich in bezug auf deren Effektivität nur auf 7 bis 8% belaufe. Dieser Fehler ist offensichtlich. Ja Genossen. Das ist ein elementarer Fehler. Nur ist das ein Fehler des Genossen Motylev und durchaus nicht unserer. Eine solche Relation gibt es in unserem Fünfjahrplan nicht. Worauf beziehen sich in Wirklichkeit diese Zahlen über den Zuwachs von 7 bis 8%? Sie beziehen sich auf das *gesamte* Nationaleinkommen. Aber beginnen wir etwa diesen Fünfjahrplan von einem Nullpunkt aus? Fügen wir denn unsere Investitionen einem Nichts hinzu? Wir beabsichtigen, nach der einen Variante 18,5 Milliarden und nach der anderen Variante 22 Milliarden zu investieren. Doch außer diesen Investitionen sind in unsere Volkswirtschaft bis zum Oktober 1927 bereits etwa 61 Milliarden investiert worden. Wenn wir von der Effektivität jener Investitionen reden wollen, die wir in diesen fünf Jahren aufwenden wollen, dann ist daher natürlich, daß wir diese Investitionen nicht dem gesamten Nationaleinkommen gegenüberstellen können, sondern nur jenem *Zuwachs* des Nationaleinkommens, der durch die neuen Investitionen in diesen 5 Jahren bedingt ist. Das Nationaleinkommen erhöht sich nach der Ausgangsvariante im Zeitraum von fünf Jahren von 25 Milliarden auf 33,5 Milliarden, insgesamt also um 8446 Mill. Rubel. Nach der optimalen Variante wächst er von 25 Milliarden auf 36 Milliarden Rubel, das heißt etwa um 10923 Millionen. Der zweite Betrag ist um 30% höher als der erste. Bei einer Erhöhung der Investitionen um 20% steigt deren Effektivität folglich nicht um 7 bis 8%, wie das Genosse Motylev errechnet hat, sondern um ganze 30%. Ähnlich verhält es sich bezüglich der Industrie, wo bei richtiger Berechnung einer Erhöhung der Investitionen nach der optimalen Variante um 23% ein Effektivitätszuwachs um ganze 43% entspricht, nicht aber nur um 11%.

Man könnte fragen, ob das wenig oder viel ist. Das ist schwer zu sagen. Jedenfalls aber verliert das Argument von V. E. Motylev über die 7 bis 8% seine Bedeutung. Das ist einfach ein fehlerhafter Umgang mit Zahlen, nichts weiter.

Noch spaßiger ist eine andere kritische Bemerkung des Genossen Motylev. Bei einem Vergleich der optimalen Variante im Fünfjahrplan der Staatlichen Plankommission mit den Kontrollziffern des Obersten Volkswirtschaftsrates findet er, daß die Investitionen in diesen beiden Varianten identisch sind, während ihre Effektivität nach der Projektierung des Obersten Volkswirtschaftsrates wesentlich höher ausfallen. Hier gibt es ein offensichtliches Mißverständnis. Man muß sagen, daß sich die optimale Variante des Obersten Volkswirtschaftsrates und unsere optimale Variante glatt durch nichts voneinander unterscheiden. Und Genosse Motylev hätte zwischen ihnen keinerlei Differenz entdecken können, wenn er richtige Gegenüberstellungen vorgenommen hätte. Doch er wählte beim

Obersten Volkswirtschaftsrat eine Variante, die unter *Berücksichtigung eines 7stündigen Arbeitstages und einer wachsenden Anzahl von Schichten* ausgearbeitet wurde, während er bei der Staatlichen Plankommission nicht die gleiche Variante, sondern eine andere nahm, die nach einem Entwurf des Obersten Volkswirtschaftsrates zusammengestellt wurde, aber *ohne Berücksichtigung des 7stündigen Arbeitstages und der Erhöhung der Anzahl von Schichten.*[16] Wenn er folglich unsere Arbeiten aufmerksam gelesen hätte, dann würde er nicht in ein so komisches Mißverständnis verfallen sein, und er hätte uns nicht zum Vorwurf gemacht, daß eine Erhöhung der Anzahl von Schichten eine höhere Produktion ergibt.

Bei Genossen Motylev gab es noch eine Überlegung, die er ebenfalls als Vorwurf gegen unsere Planungsmethode vorbrachte. Er spricht vom abschwellenden Charakter der Entwicklungskurve, die in unserem Fünfjahrplan vorgesehen sei. Freilich ist dieser Vorwurf von ihm hauptsächlich an die Adresse des alten Fünfjahrplanes des Obersten Volkswirtschaftsrates gerichtet, wo sich diese Besonderheit besonders stark zeigte. Man muß sagen, daß es zur Frage der Entwicklungskurven in der Staatlichen Plankommission viel Streit gab. Wir haben die unterschiedlichsten Gesichtspunkte zu dieser Frage gehört. Bei der Ausarbeitung eines Entwurfs für den Generalperspektivplan hatten wir tatsächlich eine Entwicklungskurve vorgesehen, die sich zunächst während der ersten Fünfjahrplanperiode abschwächt, dann aber wieder ansteigt. Gegen diesen Standpunkt war zuerst Bazarov aufgetreten, der uns einen anderen Verlauf der Kurve vorschlug: Anfangs, während der ersten Fünfjahrplanperiode, sollte sie ansteigen, in den folgenden sich dann abschwächen. Warum haben wir diesen Standpunkt zurückgewiesen und einen anderen bezogen, nach dem sich das Entwicklungstempo zunächst sozusagen verringern wird, sich danach aber wieder beschleunigt? Aus einem sehr einfachen Grunde. Wir treten in diese Fünfjahrplanperiode nach der ihrem Wachstum nach sehr schnellen vorangegangenen Wiederherstellungsperiode. Die Reste und Schwänzchen aus dieser Wiederherstellungsperiode werden sich in den ersten Jahren des laufenden Planjahrfünfts noch bemerkbar machen. Danach aber wird sich dieses Wachstum etwas verlangsamen. Die Investitionen des laufenden Fünfjahrplanes werden sich unserer Meinung nach erst in den folgenden Jahrfünften vollständig bemerkbar machen, da die Bauzeiten außerordentlich lang sind. Vielleicht haben wir uns darin etwas verrechnet? Vielleicht beginnen sich bereits zum Ende dieses Jahrfünfts bedeutende Effekte aus den neuen Investitionen bemerkbar zu machen? Doch auf jeden Fall sind wir davon überzeugt, daß wir im folgenden Fünfjahrplan bereits ein bestimmtes ansteigendes Wachstumstempo haben werden. V. E. Motylev löst a priori die Frage zugunsten eines anwachsenden Tempos sogar für das erste Jahrfünft. Ich denke, daß man diese Frage in dieser Weise nicht lösen kann. Man muß all jene konkreten Tatsachen berücksichtigen, von denen wir ausgehen, und sie überprüfen. Es kann sein, daß wir in diesem Falle übervorsichtig waren. Doch das muß man noch überprüfen.[17]

Ich persönlich neige durchaus nicht zum Pessimismus. Im Jahre 1926 hörten wir von dieser selben Tribüne Vorwürfe von einer völlig anderen Seite. Smilga schätzte die Chancen der Rekonstruktionsperiode weit pessimistischer ein. Er erklärte, daß wir im Wirtschaftsjahr 1927/28 nicht mehr als 5 bis 6% schaffen würden. Wir haben ihm auch damals wider-

[16] Die Variante der Staatlichen Plankommission unter Berücksichtigung des 7stündigen Arbeitstages, die in der Zeitschrift „Planovoe chozjajstvo", 1927, Nr. 10, veröffentlicht wurde, blieb unserem strengen Kritiker offenbar überhaupt unbekannt.

[17] Wie bekannt, gelang es uns nach der Überprüfung in der endgültigen Variante des Fünfjahrplanes, uns auch von der abschwellenden Kurve zu lösen, ungeachtet einer bestimmten Gegenwirkung der Schädlinge.

sprochen. In der Tat projektierten wir im alten Fünfjahrplan für 1927/28 ein Wachstum in Höhe von 13%, für 1928/29 schon eine Rate von 17%, und das letzte Wort des Obersten Volkswirtschaftsrates, gegen das auch die Staatliche Plankommission keinen Einspruch eingelegt hat, als festgestellt wurde, daß wir eine ganze Reihe von Fabriken in drei Schichten arbeiten lassen können, sieht bereits ein Wachstum von 23% vor. Dabei muß anerkannt werden, daß wir *ausgerechnet den Nutzeffekt von jenen neuen Investitionen unterschätzt* hatten, die bereits jetzt in Betrieb genommen werden. Natürlich sind das noch keine neuen Betriebe, solche gibt es noch nicht. Es wird eine ganze Reihe alter Betriebe in Gang gesetzt, die mit neuen Anlagen ausgestattet wurden. Wir sind somit durchaus nicht gegen Fehlrechnungen gefeit. Wenn man das Wachstum für einige Jahre im voraus bestimmen will, dann kann man sich verrechnen. Doch auf keinen Fall darf man vergessen, daß ein hohes Entwicklungstempo nicht umsonst erreicht werden kann. Das veranlaßte nicht zufällig Šanin, von diesem Katheder aus vor einer übermäßigen Anspannung zu warnen. 23% werden wir erreichen.[18] Dazu zwingt uns die Verschärfung des Warenhungers. Doch das ist mit der Gefahr einer übermäßigen Anspannung verbunden, und es versteht sich von selbst, daß wir nicht bewußt für das ganze Jahrfünft im voraus eine chronische Überanspannung projektieren würden.

Wir wollen nunmehr auf die Bemerkungen Bazarovs eingehen. Bazarov streifte etwas die Geschichte unseres Meinungsstreites. Er sagte, daß wir jetzt den größeren Teil davon beilegen könnten, weil sich von nun an bei uns eine gemeinsame Plattform herausgebildet habe. Doch in diesem Falle hätte er danach einen Punkt setzen müssen. Wenn sich eine gemeinsame Plattform herausgebildet hat, wenn wir bereits auf einer gemeinsamen Plattform stehen, dann gibt es folglich nichts mehr, worüber man streiten könnte. Doch Bazarov nahm sofort seine Worte zurück, indem er sich gegen alle jene unsere Bemerkungen wandte, die gegen seine alte Plattform gerichtet waren, die von ihm nunmehr sozusagen im Namen der gemeinsamen vereinigten Plattform aufgegeben wurde. Nicht genug damit, er ging in einiger Beziehung sogar noch über seine früheren Thesen hinaus. Als Beispiel möchten wir eben jenen Streit über das Primat der Produktivkräfte nennen, zu dessen Verteidigung er auftrat. Bisher haben wir über diese Frage mit ihm nicht gestritten. Die Idee von diesem „Primat" gehörte vollständig Groman, während Bazarov gegen sie auftrat. Er sagte, daß es eigentlich zwischen der Entwicklung der Produktivkräfte, dem Streben zum Sozialismus und dem Wachstum des Wohlstandes keinerlei inneren Widerspruch gibt. Man könne sie einander schon deshalb nicht gegenüberstellen, weil die Steigerung der Produktivkräfte unter unseren Bedingungen unausweichlich auch die Vorwärtsentwicklung zum Sozialismus und die Erhöhung des Lebensstandards der werktätigen Massen fördern wird. Das ist völlig richtig. Doch heute fiel er über uns her, weil wir das Primat der Produktivkräfte in seiner Struveschen Auslegung ablehnen.

Bazarov sprach sich hier zum Beispiel für die Entwicklung der Produktivkräfte nach dem amerikanischen Vorbild aus. Fragen wir uns jedoch, was bedeutet dieses amerikanische Vorbild? Könnten wir uns nach amerikanischem Muster entwickeln? Wir könnten. Würden unsere Produktivkräfte wachsen, wenn wir den Kapitalismus wiederherstellten und jene Wege gingen, die Amerika bis heute gegangen ist? Ja. Bei uns sind die natürlichen Bedingungen solcher Art, daß wir offensichtlich unsere Produktivkräfte erhöhen könnten, indem wir uns mit recht schnellen Schritten zum Kapitalismus bewegen würden. Doch wird das jene Entwicklung der Produktivkräfte sein, die wir brauchen? Nein, das wird

[18] Tatsächlich wurde dieser Plan für die gesamte erfaßte Industrie mit einer Steigerungsrate (in unveränderten Preisen) von 23,5% erfüllt. Kontrollziffern der Staatlichen Plankommission für 1929/30, Moskau 1929, S. 167.

nicht jene Entwicklung der Produktivkräfte sein, durchaus nicht jene. In der gegenwärtigen historischen Etappe kann uns die Entwicklung der Produktivkräfte für sich genommen, ohne die Charakteristik, die ihre Entwicklungsrichtung anzeigt, nicht mehr befriedigen. Wir denken, daß wir unseren Weg, den sowjetischen Weg, gehen können, nicht aber den amerkanischen, und daß wir auf diesem Weg ein solches Entwicklungstempo der Produktivkräfte erreichen können, das selbst das amerikanische Tempo übertreffen wird, und zwar gerade deswegen übertrifft, weil wir unseren, den sowjetischen, den sozialistischen Weg gehen werden.

Des weiteren waren die Ausführungen Bazarovs zur Verteidigung der Unabhängigkeit der Wissenschaft sehr kennzeichnend. Unter den Marxisten kann sich diese These von der Unabhängigkeit der Wissenschaft keiner großen Popularität erfreuen. Wir wissen, daß es keine über den Klassen stehende Wissenschaft gibt. Das ist so elementar für jeden Marxisten, daß es keinerlei Veranlassung gibt, darüber näher zu argumentieren. Wenn es eine unabhängige Wissenschaft gäbe. dann wäre das eine solche Wissenschaft, die über den Klassen stünde, über ihnen schweben würde, über diese kämpfenden Klassen ihr Gericht halten und ihr Urteil vollstrecken würde. Eine solche objektive, außerhalb der Klassen, über den Klassen stehende Wissenschaft erkennen wir nicht an, ganz besonders nicht, wenn man von der Gesellschaftswissenschaft spricht, um die es hier geht. Wir können folglich nur über eine Klassenwissenschaft reden. Doch was bedeutet das, von der Klassenwissenschaft zu sprechen? Was ist das für eine Wissenschaft? Das ist die Wissenschaft, die den Interessen der betreffenden Klasse dient. Hier wurde von Bazarov eine leichte Veränderung unserer Formulierung vorgenommen. Wir haben nicht gesagt, daß die Wissenschaft Dienerin der „Direktiven", dazu noch der „Direktiven der Führer" sein sollte. Die Rede war davon, daß die Wissenschaft dem Proletariat dienen muß. Jedenfalls, wenn diese Wissenschaft *unsere* Klassenwissenschaft ist, dann würde sie für sich nichts Anstößiges darin finden, den Interessen des Proletariats zu dienen. Der alte Marx fand auch, daß die Wissenschaft der Gesellschaft *dienen* muß. Bazarov sagte, daß die Wissenschaft nur im Mittelalter dazu verurteilt wurde, Dienerin der Theologen zu sein. Hat sie aber in den jüngsten Jahrhunderten nicht den Interessen der Bourgeoisie gedient? Freilich, Bazarov sagt, daß die Bourgeoisie die Unabhängigkeit der Wissenschaft ausgerufen hat. Doch er schränkt sofort ein, daß das nur Worte waren und daß es keinerlei Unabhängigkeit gibt und nicht gab.

Es fragt sich aber, wozu wurde diese Unabhängigkeit Bazarov gegeben? Wir sagen, daß die Wissenschaft klassengebunden ist, daß sie immer einer Klasse dient. Aber wir wollen doch durchaus nicht, daß sie ihre Ergebnisse zu Diensten von wem auch immer verfälscht. Das ist nur dann unausweichlich, wenn die Rede von einer Wissenschaft ist, die den Interessen einer absterbenden Klasse dient. Diese Wissenschaft muß nicht selten die Wahrheit im Interesse ihrer Klasse fälschen. Diese strebt aber auch gewöhnlich danach, sich den Rock der Unabhängigkeit anzuziehen. Die Wissenschaft aber, die einer Klasse dient, der die Zukunft gehört, darf überhaupt nichts verfälschen. Je objektiver sie die Lage der Dinge beleuchtet, um so besser dient sie dieser Klasse. Deswegen legen wir überhaupt nichts Beleidigendes für die proletarische Wissenschaft in die These, daß sie ihrer Klasse dienen kann und muß.

Wenden wir uns nun der nächsten Bemerkung zu. Wir behaupteten, daß qualitative Unterschiede meistens dem Wesen nach nur unzureichend erkannte quantitative Unterschiede sind. Bazarov ließ sich hier ironisch über diese sozusagen „gnoseologische Neuigkeit" aus, die man als Ergebnis der Beschäftigung mit der pythagoräischen Lehre über die mystische Bedeutung der Zahlen betrachten könne. Wenn das als Scherz gedacht ist, mag es nicht schlecht sein. Doch wenn wir uns öfter an die Alten wenden würden, dann würde man weder über Neuheiten noch über irgendwelche Mystik bezüglich unserer Behauptungen sprechen können. Hier geht es nur um allgemein bekannte Erkenntnisse aus der Physik und der Chemie, das heißt aus durchaus positiven Wissenschaften. Folgendes wird zum Beispiel in einem sehr guten Buch geschrieben:

„Die *modernen Naturalisten* wissen sehr gut, daß häufig Veränderungen der Quantität zu Veränderungen der Qualität führen. Warum ruft ein Teil des Sonnenspektrums auf uns die Empfindung roten Lichtes hervor, ein anderer grünen usw.? Die Physik antwortet, daß hier *alles an der Anzahl* von Schwingungen der Teilchen des Äthers liegt... Das gleiche bestätigt die Chemie. Ozon hat andere Eigenschaften als gewöhnlicher Sauerstoff. Woher kommen diese Unterschiede? Das Molekül des Ozons enthält eine *andere Anzahl* von Atomen als das Molekül des gewöhnlichen Sauerstoffs.“[19]

Das bedeutet, daß das, was wir als eine andere *Qualität* erkennen, nur eine andere Quantität ist. Das ist bei weitem nicht neu und der Mystik völlig fremd.

Bazarov möchte darüber lachen, daß sich Strumilin, dieser bescheidene Statistiker, mit einer Sache befaßt, die nicht die seine ist, mit der Gnoseologie, obgleich er niemals mit der Philosophie zu tun hatte. Doch unsere Alten, die verstanden etwas von der Philosophie. Die angeführten Worte stammen von Plechanov. Man könnte derartige Zeugnisse auch bei Engels finden. Sie berufen sich nicht auf die Gnoseologie. Sie berufen sich auf die Physik, auf die Chemie, auf die modernen Naturalisten. Worum geht es? Als Bazarov mich zuerst zum Pythagoräer machen wollte und sich dann erbarmte und damit einverstanden erklärte, daß ich nur ein Statistiker sei und deshalb schon aus Profession Zahlen eine so große Bedeutung beimesse, kam mir in den Sinn, daß er selbst von der Gnoseologie und den Pythagoräern nur deshalb gesprochen hatte, weil das sein Beruf ist, weil er mit der Philosophie zu tun hat. Er hatte keinerlei andere Gründe, hier zur Antwort eine so erhabene Erscheinung wie die Gnoseologie heranzuziehen, mit der ich tatsächlich in meinem Leben wenig zu tun hatte.

Bazarov sprach hier des weiteren von der *kommunistischen Hochmütigkeit.* Das ist in der Tat eine schlechte Sache. Doch war das denn überhaupt die rechte Zeit, um gerade bei der Behandlung der vorliegenden Frage an die kommunistische Hochmütigkeit zu erinnern? Wir denken allerdings, daß auch die *Hochmütigkeit der Spezialisten* eine schlechte Sache ist. Natürlich, in den paar Jahren, während der ich im Gefängnis saß, und – da nichts zu tun war – die Kantianer, die Machisten, die Empiriomonisten und andere Idealisten studierte, konnte ich nicht so große Erfolge in der Gnoseologie erzielen, um Bazarov zufriedenzustellen, der in diesen Dingen ein großer Spezialist ist. Nicht umsonst hat W. I. Lenin seinerzeit der Besprechung seiner philosophischen Werke soviel Platz eingeräumt. Wenn man sich die Aussagen Il'ičs vergegenwärtigt, in denen er die Werke Bazarovs charakterisierte, dann kann man selbst in diesen Werken kaum besondere Gründe für die Hochnäsigkeit des Spezialisten uns, den einfachen Leuten gegenüber, die mit der Philosophie nichts zu tun haben, finden.

Abschließend zu unserem Streit mit Bazarov möchten wir folgendes bemerken. Er ist geneigt, die Einwände der Opponenten gegen seine Thesen zur Methodologie der Planung lediglich auf deren „über die Ufer schlagende Gutwilligkeit“ zurückzuführen. Die Orientierung darauf, daß neben der Entwicklung der Produktivkräfte als Kriterium für die Brauchbarkeit des Planes noch zusätzlich die Annäherung zum Sozialismus gefordert werden könnte, erscheint ihm so unbegründet, daß es ihm sogar schwerfällt zu sagen, wer eine solche Forderung stellen könnte. Wir können darauf antworten.

[19] G. V. Plechanov, Ausgewählte philosophische Werke, Moskau 1956, S. 570; Hervorhebungen von Strumilin.

„Bei der Aufstellung des Fünfjahrplanes der Volkswirtschaft" – heißt es in der Resolution des XV. Parteitages der KPdSU(B) – „muß die günstigste Verbindung zwischen folgenden Elementen angestrebt werden: der erweiterten Konsumtion der Arbeiter- und Bauernmassen; der erweiterten Reproduktion (Akkumulation) in der staatlichen Industrie auf der Grundlage einer erweiterten Reproduktion in der gesamten Volkswirtschaft; eines gegenüber den kapitalistischen Ländern schnelleren Tempos der volkswirtschaftlichen Entwicklung und einer *unbedingten systematischen Vergrößerung des spezifischen Anteils des sozialistischen Sektors der Wirtschaft*, was das *entscheidende und hauptsächliche* Moment in der gesamten Wirtschaftspolitik des Proletariats ist."[20] Was aber das Kopfnicken in Richtung auf irgend jemandes Gutmütigkeit betrifft, so stellen wir nur folgendes fest. Man kann die Hochmütigkeit der Intellektuellen verstehen, immer und unter allen Umständen in Opposition zu sein, den Habitus der Nichtgutwilligen zu bewahren. Doch es ist weit natürlicher, daß ein Revolutionär, der Jahrzehnte hindurch das Ehrenbanner der „Unwilligkeit" getragen hat, nach der Revolution *seinen Überzeugungen, nicht aber dem Habitus* treu bleibt, er kann deshalb nur über den unsinnigen Vorwurf, daß er „gutwillig" sei, lächeln. Jedenfalls wäre es sehr merkwürdig, wenn irgendeiner von diesen Revolutionären im Streit mit den Gegnern die prinzipiellen Meinungsverschiedenheiten nur deshalb verkleistern würde, um nicht in die, nach deren Ansicht anrüchige, Reihe der Gutwilligen zu geraten.

3.4. Über das Tempo unserer Entwicklung[21]

Im Zusammenhang mit den abschließenden Arbeiten in der Staatlichen Plankommission zum Fünfjahrplan der Volkswirtschaft belebt sich aufs neue der alte Streit über das Tempo des möglichen wirtschaftlichen Wachstums unter sowjetischen Bedingungen.[22] Ermutigt durch die realen Erfolge unserer Entwicklung werden die Planungsorgane der Union immer kühner in ihren perspektivischen Entwürfen. Im Projekt des Fünfjahrplanes für den Zeitraum von 1926/27 bis 1930/31 hatten wir uns noch nicht dazu entschieden, einen höheren Zuwachs der Produktion in der dem Zensus unterliegenden Industrie für die Fünf-Jahr-Periode als 77% vorzusehen. Ein Jahr später, in Fünfjahrplan für den Zeitraum von 1927/28 bis 1931/32, projektierten wir in unserer optimalen Variante bereits einen Zuwachs in Höhe von 108%, und in der Dezembervariante des Obersten Volkswirtschaftsrates für den Zeitraum von 1928/29 bis 1932/33 sahen wir dann schon einen Zuwachs von insgesamt 167% vor, das heißt eine Vergrößerung des Produktionsumfangs auf mehr als das 2,5fache in einem Jahrfünft.[23]

Allen ist erinnerlich, daß selbst die ersten, wesentlich bescheideneren Vorhaben der Staatlichen Plankommission seinerzeit von einem bestimmten Teil unserer Öffentlichkeit überaus skeptisch aufgenommen und offensichtlich als überhöht bezeichnet wurden. Um so mehr Nahrung mußte diese Skepsis der Kritiker im Stil von Prof. Kondrat'ev, Makarov und anderen mit ihnen durch die neuen Vorhaben erhalten. Wir haben sogar

[20] Die KPdSU in Resolutionen und Beschlüssen von Parteitagen, Konferenzen und Plenartagungen des ZK, 2. Teil, Moskau 1954, S. 452–453 (Hervorhebungen von Strumilin).

[21] In: Planovoe chozjajstvo, 1/1929.

[22] Vgl. Über den Fünfjahrplan zur Entwicklung der Volkswirtschaft der UdSSR. Diskussion in der Kommunistischen Akademie, Moskau 1928; die Artikel von V. E. Motylev in der Zeitschrift „Bol'ševik", Jahrgang 1928, Nr. 3–4, Nr. 10 und Nr. 18 sowie unsere Antwort darauf, in: ebenda, Nr. 13–14.

[23] Im bestätigten Fünfjahrplan erhöhte sich dieser Zuwachs noch auf 179%.

schon Stimmen gehört, die davon sprechen, daß das vom Obersten Volkswirtschaftsrat projektierte „Wachstumstempo *beispiellos* in der ganzen Geschichte" sei.

Natürlich verdrießen uns Vorwürfe dieser Art am wenigsten. Der Oktoberrevolution gebührt jedenfalls die Bezeichnung des Beispiellosen in der Geschichte. Das in unseren perspektivischen Orientierungen vorgesehene Entwicklungstempo ist ohne Zweifel beispiellos. Doch bisher wurden diese sogar gegenüber dem Plan überboten. Jene aber, die dessen Realität für die künftige Entwicklung bestreiten wollen, sollten in ihrem Arsenal solidere Argumente haben als nur den einfachen Hinweis auf die Geschichte. Bereits in der kapitalistischen Gesellschaft beobachteten wir eine äußerste Ungleichmäßigkeit der Entwicklung. Je später ein Land den Weg der kapitalistischen Entwicklung einschlägt, desto größer ist in der Regel das Wachstumstempo, das es vorlegt, wobei es seine reiferen Konkurrenten einholt und überholt.

Vor aller Augen hat das junge Deutschland in seiner Entwicklung das alte England überholt. Noch frappierender ist es zu beobachten, wie die Vereinigten Staaten von Amerika in ihrer Entwicklung alle ihre westeuropäischen Konkurrenten überholen. Und ist etwa das schwindelerregende Wachstum der wirtschaftlichen Macht Japans, das später als alle anderen den Weg der kapitalistischen Entwicklung beschritt, nicht kennzeichnend in dieser Beziehung? Das vorrevolutionäre Rußland hatte ebenfalls ein relativ hohes Entwicklungstempo gerade deshalb, weil es später als andere den kapitalistischen Weg der Entwicklung einschlug und bereits sofort alle technischen Errungenschaften seiner Konkurrenten in fertiger Form übernehmen konnte, ohne deren Irrwege und Fehler aufs neue zu wiederholen. Nach der Oktoberrevolution aber werden in dem Maße, wie wir mit jedem Jahr immer besser die Hebel der *planmäßigen Einwirkung* auf die wirtschaftliche Entwicklung des Landes beherrschen, die Möglichkeiten der UdSSR zur Überholung der kapitalistischen Länder im Wachstumstempo bereits unvergleichlich höher und vielgestaltiger. Die Möglichkeiten der UdSSR zu einem in der ganzen Geschichte „beispiellosen Tempo" des Wachstums nicht nur in quantitativer, sondern auch in qualitativer Beziehung sind enorm. Ein Wirtschaftsplan aber, der diesem Erfordernis der „Beispiellosigkeit" nicht genügen würde, das heißt, der uns nicht die Möglichkeiten gewährleisten würde, im Verlaufe einer bestimmten Frist die uns in ihrer wirtschaftlichen Entwicklung vorausgeeilten Länder einzuholen und zu überholen, würde von uns schon allein aus diesem Grunde verworfen werden. Man kann jedoch auf verschiedene Weise einholen und überholen. Wenn wir uns zum Beispiel die Aufgabe stellten, die Vereinigten Staaten in einem Jahrfünft zu überholen, dann würde, ungeachtet aller „guten Absichten" in einer solchen Zielstellung, kaum jemand diesen „Plan" gutheißen. Anders gesagt, man muß ein bestimmtes *Maß* selbst in den Grenzen der „Beispiellosigkeit" haben. Ist dieses Maß in den letzten Projektierungen des Obersten Volkswirtschaftsrates und der Staatlichen Plankommission beachtet worden? Das ist die Frage, über die man sehr ernsthaft diskutieren muß, sie wird zweifellos im Laufe der nächsten Monate im Zentrum der Diskussionen über den Fünfjahrplan stehen.

Es wäre voreilig, erraten zu wollen, zu welchen Schlußfolgerungen wir in dieser Beziehung im Ergebnis der bevorstehenden Diskussion kommen werden. Wir verfügen a priori über keinerlei Kriterien, die uns anzeigen würden, daß dieses oder jenes Tempo überhöht sei. A priori kann man nur eines sagen: Das in der UdSSR zu projektierende Wachstumstempo kann und muß höher sein als das kapitalistische, doch es darf dennoch die im Lande vorhandenen realen Ressourcen nicht überfordern. Das ganze Problem reduziert sich somit auf die konkrete Berechnung der im Lande vorhandenen Ressourcen (das heißt des möglichen Aufwandes an Arbeit und Investitionen) und auf die Messung ihrer Effektivität, oder genauer, der Plan muß *energetisch* richtig aufgestellt sein. Gegenwärtig haben wir noch kein vollständiges Programm für die im Fünfjahrplan vorzusehende Rekonstruktion und die damit zusammenhängende Bilanz der Investitionen und Akkumulationen. Urteilt man jedoch nach jenen Elementen, die uns bereits bekannt sind, dann erscheint uns das vom Obersten Volkswirtschaftsrat für die optimale Variante vorgesehene Tempo durchaus nicht als überhöht. Die Mitarbeiter des Obersten Volkswirtschaftsrates selbst schätzen freilich diese Variante als äußerst angespannt ein. Doch für eine optimale Variante ist eine solche Anspannung völlig gesetzmäßig und sogar notwendig.

Natürlich würde es ein großes Risiko bedeuten, wenn man *bewußt* auf die Realisierung übermäßig angespannter Pläne ausginge. Wenngleich auch in unserer ökonomischen Literatur bereits mehrfach versucht wurde nachzuweisen, daß in der sowjetischen Wirtschaftspraxis eine solche Überanspannung im Zusammenhang mit übertriebenen Plänen der Industrialisierung vorhanden sei, können wir daran absolut nichts finden, was irgendwie überzeugen könnte. Mit den Argumenten von Prof. Kondrat'ev zu dieser Frage haben wir schon an anderer Stelle abgerechnet.[24] Aber auch die neuesten Varianten einer analogen Argumentation, die von anderen Kreisen ausgehen, sind unseres Erachtens genauso schwach und wenig überzeugend.

Wir denken dabei an das letzte Auftreten von Šanin „gegen die überschüssige Finanzierung".[25]

Diese überschüssige oder – wie er sie auch noch anders nennt – die *„inflationäre* Finanzierung" der Volkswirtschaft im allgemeinen und unserer Industrie im besonderen, die er ganz entschieden zu „beenden" fordert, wird rundweg durch nichts unter Beweis gestellt.

Ja, sie kann gar nicht erhärtet werden, weil der Tatbestand selbst fehlt. Es handelt sich darum, daß die Industrie selbst, deren Finanzierung wir in den letzten Jahren besonders forcieren, sich durchaus keine Ziele stellt, die nicht zu verwirklichen wären.[26]

Wenn wir den Umfang der Investitionen in Grundfonds der geplanten Industrie mit dem Umfang der entsprechenden inneren Akkumulation von Ressourcen vergleichen, dann ergibt sich folgendes Bild (in Millionen Rubel-Tscherwonez):

Jahre	Reingewinn	Amortisation	Summe	Investitionen
1925/26	631	345	976	780
1926/27	636	398	1034	1034
1927/28	825	440	1265	1298
In 3 Jahren	2092	1183	3275	3112
1928/29	1300	500	1800	1630
In 4 Jahren	3392	1683	5075	4742

Wie wir sehen, decken die inneren Ressourcen unserer Industrie die Investitionen mit Überschuß. Anders gesagt, die Industrie selbst schafft jene realen Werte, die für ihre

[24] Die Industrialisierung der UdSSR und die Epigonen der Volkstümlerbewegung (in der vorliegenden Ausgabe S. 261).

[25] In: Planovoe chozjajstvo, 10/1928.

[26] Natürlich sind die Forderungen des Obersten Volkswirtschaftsrates, wie die jeder anderen Leitung, nach bereitzustellenden Mitteln oft in bestimmtem Maße übertrieben, doch wir haben nicht diese Forderungen im Auge, sondern die bestätigten Pläne.

Erweiterung notwendig sind. Wo ist hier Platz für eine „inflationäre Finanzierung", das heißt für eine papierene Finanzierung, hinter der keine realen Werte stehen würden? Allerdings erhält die Industrie über Haushalt und Kredit mehr, als sie abgibt, und deckt durch diesen Überschuß ihren wachsenden Bedarf an Umlaufmitteln. Da aber die Umlaufmittel in Gestalt realer *Waren*-Werte angelegt werden, kann man deren Finanzierung selbst aus Emissionsressourcen kaum als inflationär bezeichnen.

Šanin denkt offenbar anders. Doch in dem Falle müßte er beweisen, an welchem Abschnitt wir unsere Industrie *überfinanziert* haben und daß infolgedessen bei der Industrie ein Überschuß an Mitteln in *Geld*form aufgetreten ist. Das ist jedoch völlig unbeweisbar. Die Analyse der zusammengfaßten Bilanzen der Industrie zeigt im Gegenteil eine deutliche Senkung ihrer Geldmittel im Verhältnis zur Gesamtsumme aller Ressourcen. Einige Zahlen aus der zusammengefaßten Bilanz unserer staatlichen Industrie mögen das belegen (siehe Tabelle 2).

Wie wir sehen, wuchs die Bruttoproduktion des Obersten Volkswirtschaftsrates im Verlaufe von zwei Jahren – im Tscherwonez-Wertausdruck – um 70%, während die Umlaufmittel nur um 33% zunahmen, womit sie weit unter der Vorkriegsrate blieben; dabei ist zu beobachten, daß der Anteil der Geldmittel, das heißt die Positionen laufende Rechnungen und Kasse, sogar absolut absinkt. Allerdings erreicht der Anteil der Fremdmittel an den Gesamtressourcen des Obersten Volkswirtschaftsrates bereits eine recht bedeutende Größe. Doch hätten wir diese nicht herangezogen, dann versteht sich, daß wir nicht jenes nie dagewesene Wachstum der Produktion, das wir erreichten, erzielt haben würden. Die Senkung des *Geld*anteils an den Umlauffonds aber zeugt sogar von einer offensichtlichen Kreditbeschränkung der Industrie. Šanin aber versucht vergeblich, diese Kreditrestriktion in eine überschüssige inflationäre Finanzierung umzuwandeln.

Seine Absichten sind außerordentlich durchsichtig. Doch seine Methoden des Kampfes gegen ein scheinbar überhöhtes Tempo der Industrialisierung sind durchaus nicht originell. Auch Professor Kondrat'ev hat uns mit dem Gespenst der Inflation gedroht. Dieses Verfahren wurde in den letzten Jahren übermäßig häufig angewandt, und wie es scheint, hat es bereits seinen Kredit selbst unter den eingeschworenen Panikmachern im Lager der Antiindustrialisten verloren.

Bei der Projektierung eines hohen Entwicklungstempos der Industrialisierung fühlen wir natürlich, daß es notwendig ist, sich gegen die Möglichkeiten dieser oder jener Einbrüche auf dem Gebiet der Finanzierung in bestimmter Weise abzusichern. Doch während sich in den früheren Entwürfen diese Garantie in Form einer riesigen versteckten „Sicherheitsreserve" in den vorzuschlagenden Perspektivberechnungen widerspiegelte, kommen wir jetzt auf einem anderen Wege zu dem gleichen Ziel, indem wir nämlich gleichzeitig zwei Varianten ausarbeiten. Je kühner wir die optimale Variante projektieren, desto vorsichtiger muß jene Ausgangsvariante ausgearbeitet werden, die uns ein vollständig gesichertes Minimum für die Finanzierung des vorgesehenen Rekonstruktionsprogrammes gewährleisten soll. Eben aus diesem Grunde sind sowohl der vorjährige Entwurf als auch die heutige Ausgangsvariante des Fünfjahrplanes der Staatlichen Plankommission wesentlich bescheidener als die optimale Variante.

Das Ausmaß der Differenz zwischen diesen Varianten ist unter dem genannten Gesichtspunkt von bedeutendem Interesse. In der vorjährigen Diskussion hatte sich besonders V. E. Motylev damit befaßt. Ausgehend davon, daß es erforderlich ist, in der optimalen Variante die Effektivität der Investitionen vollständig zu erfassen und in der Ausgangsvariante eine ausreichende Vorsicht walten zu lassen, empfand Genosse Motylev die von uns in der vorjährigen „perspektivischen Orientierung" der Staatlichen

Tabelle 2. Grundelemente aus der Gesamtbilanz für die Industrie des Obersten Volkswirtschaftsrates (in Mill. Rubel)

Bilanzpositionen	Aktienindustrie Rußlands 1913		Industrie des Obersten Volkswirtschaftsrates nach den Bilanzen zum 1. Oktober						
	absolut	in %	1925		1926		1927		Zuwachs in zwei Jahren in %
			absolut	in %	absolut	in %	absolut	in %	
1	2	3	4	5	6	7	8	9	10
A. Grundfonds (Vermögen)*	244,8	52,4	5037,2	64,0	5206,2	59,9	6174,2	62,0	22,6
B. Umlauffonds									
1. Roh- und Brennstoffe, Material	–	–	1125,3	14,3	1420,5	16,3	1551,4	15,6	37,9
2. Halbfabrikate und Fertigerzeugnisse	–	–	1302,8	16,6	1534,8	17,6	1666,4	16,7	27,9
Summe für B1+2	1550,5	33,2	2428,1	30,9	2955,3	33,9	3217,8	32,3	32,5
3. Wertpapiere	–	–	214,9	2,7	333,2	3,83	391,5	3,93	82,2
4. Laufende Rechnungen	–	–	159,7	2,0	174,4	2,0	141,1	1,42	–11,6
5. Kasse	–	–	30,9	0,4	29,0	0,33	30,2	0,30	– 2,3
Summe für B3, B4, B5	670,8	14,4	405,5	5,1	536,6	6,2	562,8	5,65	38,8
Summe für B	2221,3	47,6	2833,6	36,0	3491,9	40,1	3780,6	38,0	33,4
Summe für A+B	4666,1	100	7870,8	100	8698,1	100	9954,8	100	26,5
darunter:									
Fremdmittel	974,2	20,9	671,1	8,5	1446,1	16,6	2226,0	22,4	231,7
Gesamtsumme der Bilanz	7730	165,7	10296	130,8	11843	136,2	13144	132,0	27,7
Bruttoproduktion des entspr. Jahres	–	–	4837,4	61,5	6906,3	79,4	8237,3	83,6	70,3

* Die Grundfonds sind für alle Jahre angegeben einschließlich Centrospirt und Čaeupravlenie, jedoch unter Abzug der Amortisation

** ohne Akzise

Plankommission vorgesehene Differenz zwischen den beiden Varianten als offensichtlich unzureichend. Wir waren nicht dagegen, diesen Umstand bei der Überarbeitung des Fünfjahrplanes zu überprüfen, doch wir bezweifelten die Möglichkeit, daß die genannte Differenz wesentlich vergrößert werden könnte. Im Feuereifer der Polemik brachte Genosse Motylev aus diesem Anlaß eine ganze Reihe härtester Beschuldigungen gegen uns vor, die soweit gingen, daß er uns als „Gegner eines schnellen Entwicklungstempos der Industrialisierung der UdSSR“ einstufte.

„Ungeachtet der sachkundigen und folgerichtigen Kritik der volkstümlerischen Ansichten über das Tempo der Industrialisierung“, so bemerkt er, „hat Genosse Strumilin in seinen Arbeiten und Erklärungen das mögliche Tempo der Industrialisierung selbst unterschätzt.“[27]

Diese Beschuldigung kann man kaum als vollkommen gewissenhaft werten. Dem Genossen Motylev ist bekannt, daß wir in unseren Berichten zum Fünfjahrplan nicht die eigenen, sondern kollektive Arbeiten der Staatlichen Plankommission vorlegten. Das Entwicklungstempo in diesen Arbeiten erschien der Mehrheit der Kritiker des Fünfjahrplanes eher überhöht als zu langsam. Was jedoch uns selbst anbelangt, so haben wir immer hervorgehoben, daß in diesen Arbeiten eine große Reserve an „Vorsicht“ vorhanden sei.

Nur die Erprobung durch die Erfahrung vermag die Realität unserer perspektivischen Orientierungen zu bestätigen. Und nur unter dem Einfluß dieser Erfahrungen wagen wir es, in jedem neuen Planentwurf das Entwicklungstempo zu steigern. Noch im Jahre 1927 ist nicht nur die Staatliche Plankommission, sondern auch der Oberste Volkswirtschaftsrat gegenüber dem XV. Parteitag mit der gleichen *optimalen* Variante zur Steigerung der Produktion der dem Obersten Volkswirtschaftsrat unterstellten Betriebe um 108% im Verlaufe von fünf Jahren aufgetreten, doch heute projektieren wir selbst im Minimalprogramm einen Zuwachs um 130%. Genosse Motylev sollte daher so konsequent sein, zu den „Gegnern“ eines hohen Tempos der Industrialisierung neben Strumilin offenbar auch V. V. Kujbyšev und viele andere zu zählen. Doch wer verbleibt dann in den Reihen der Anhänger eines hohen Entwicklungstempos? Das ist die Frage.

Genosse Motylev besaß die Unvorsichtigkeit, in seinem kritischen Diskussionsbeitrag vor der Kommunistischen Akademie anläßlich der „perspektivischen Orientierung“ der Staatlichen Plankommission ein paar zutiefst fehlerhafte Überlegungen vorzutragen. Er hat sie danach in der Zeitschrift „Bol'ševik“, Jahrgang 1928, Nr. 3 bis 4, wiederholt. Und selbst nachdem ihm diese Fehler mit voller Klarheit nachgewiesen wurden, verteidigte er hartnäckig gleichsam als Versuch, in diesem Streit das letzte Wort zu behalten, in der Presse seine offensichtlich hoffnungslosen Positionen.[28] Doch das gesellschaftliche Interesse an diesem Streit versiegt dabei offenbar, denn anstelle sachlicher Überlegungen verblieben im Arsenal unseres Opponenten offenbar nur noch polemische Kniffe. Es seien einige Beispiele zur Sache angeführt.

Erstes Beispiel: In seiner jüngsten Veröffentlichung[29] versucht Genosse Motylev, eine Reihe unserer Bemerkungen und Einwände so zu interpretieren, daß sie als offensichtliches Zurückweichen vor seinen Ansichten zu werten seien, und betrachtet sie deshalb als „gedeckten Rückzug“ seines Opponenten. Das Verfahren ist recht geschickt, lohnt jedoch kaum der Nachahmung. Es handelt sich darum, daß Strumilin niemals ein Versprechen gegeben hat, zu allen Fragen unverzüglich das *diametrale* Gegenteil von dem zu

[27] V. E. Motylev, Das Problem des Entwicklungstempos der UdSSR, Moskau 1929, S. 142.
[28] In: Bol'ševik, 10/1928 und 17/18/1928.
[29] In: Bol'ševik, 17/18/1928.

vertreten, was Genosse Motylev denkt oder behauptet. Zweifellos werden sich viele Fragen finden, in denen wir sogar vollkommen gleich denken oder denken könnten. Doch das hat durchaus keinerlei Beziehung zum Gegenstand dieser Diskussion. Nehmen wir zum Beispiel die Frage nach dem abschwellenden oder ansteigenden Entwicklungstempo unserer Wirtschaft in der Rekonstruktionsperiode. Hier kommen wir den Ansichten des Genossen Motylev ziemlich nahe. Wir sehen genauso wie Motylev ein wachsendes, nicht aber ein abschwellendes Wachstumstempo voraus, wenn auch möglicherweise nicht ab der Mitte, sondern erst gegen Ende des nächsten Fünfjahrplanes. Doch da es darüber zwischen uns keinen Streit gab, hat niemand von uns Grund, eine solche Gleichgesinntheit als das Ergebnis einer siegreichen Diskussion zu betrachten.

Dem Genossen Motylev würde es nicht schaden, sich einzuprägen, daß der Fünfjahrplan der Staatlichen Plankommission keine Einzelarbeit, sondern das Ergebnis kollektiver Bemühungen ist, und daß deshalb auch keiner der Teilnehmer an dieser Arbeit für sich allein die Verantwortung für alle Fehlrechnungen und Errungenschaften darin übernehmen kann. Gerade deswegen sahen wir absolut keinen Anlaß, als wir in dem Disput in der Kommunistischen Akademie in unserem Schlußwort dem Genossen Motylev auf einige Fragen antworteten, mit ihm über die Frage nach dem Charakter unserer Entwicklungskurve zu streiten.

Bei der Erklärung, warum die Autoren des Fünfjahrplanes von der Hypothese eines abschwellenden Entwicklungstempos für die Zeit des ersten Fünfjahrplanes ausgingen, motivierten wir diesen Standpunkt in folgender Weise: „Wenn wir in diese Fünfjahrplanperiode eintreten, dann kommen wir aus der ihrem Wachstum nach sehr schnellen vorangegangenen Wiederherstellungsperiode. Die Reste und Schwänzchen aus dieser Wiederherstellungsperiode werden sich in den ersten Jahren des laufenden Fünfjahrplanes noch bemerkbar machen. Danach aber wird sich dieses Wachstum etwas verlangsamen. Die Investitionen des laufenden Fünfjahrplanes werden sich unserer Meinung nach erst in den folgenden Fünfjahrplänen *vollständig* bemerkbar machen, da die Bauzeiten außerordentlich lang sind." Doch indem wir diese *allgemeine* Feststellung der Autoren des Fünfjahrplanes anführten, trugen wir sogleich die folgenden vollkommen unzweideutigen Einwände vor: „Vielleicht haben wir uns darin etwas verrechnet? Vielleicht beginnen sich bereits zum Ende dieses Jahrfünfts bedeutende Effekte aus den neuen Investitionen bemerkbar zu machen? Doch auf jeden Fall sind wir davon überzeugt, daß wir im folgenden Fünfjahrplan bereits ein bestimmtes ansteigendes Wachstumstempo haben werden. V. E. Motylev löst a priori die Frage zugunsten eines anwachsenden Tempos sogar für das erste Jahrfünft. Ich denke, daß man diese Frage nicht in dieser Weise lösen kann. Man muß all jene konkreten Tatsachen berücksichtigen, von denen wir ausgehen, und sie überprüfen. Es kann sein, daß wir den Stab etwas zu weit auf die Seite der Vorsicht gedrückt haben. Doch das muß man noch überprüfen." Indem ich auf die Planungserfahrung aus dem Wirtschaftsjahr 1927/28 verwies, die von einer unzweifelhaften Unterschätzung der Effektivität der schon vollendeten Investitionen durch uns zeugte, sagte ich abschließend: „Wie Sie sehen, sind wir somit durchaus nicht gegen Fehlrechnungen gefeit."[30]

Diese Einstellung kommt dem sehr nahe, was Genosse Motylev gesagt hat. Und deshalb bläst er in das Siegeshorn: „Wovon zeugt dieses Zitat? Davon, daß Genosse Strumilin auch in dieser Frage, die eine der zentralen ist, *zurückgewichen* ist. Er war genötigt, sich mit uns einverstanden zu erklären, daß er den Nutzeffekt neuer Investitionen unterschätzt

[30] Über den Fünfjahrplan zur Entwicklung der Volkswirtschaft der UdSSR, Diskussion in der Kommunistischen Akademie, S. 110f.; in der vorliegenden Ausgabe S. 328–340.

hat und daß man die Kurve des Entwicklungstempos überprüfen muß. Er war gezwungen, selbst die Fakten gegen die pessimistische Orientierung in dieser Frage anzuführen."[31]

Es fragt sich jedoch, wovon denn dieser Strumilin im vorliegenden Falle „zurückgewichen" ist? Ein Rückzug unterstellt doch einen vorherigen Angriff oder überhaupt einen Streit zum vorliegenden Punkt. Doch da ich nie ein Anhänger der „pessimistischen" Orientierung in dieser Frage war, habe ich persönlich niemals diesen von Genossen Motylev bestrittenen Standpunkt vertreten, so daß ich keinen Grund hatte, von etwas abzurücken. Die Unterschätzung des Effekts der Antriebe aus unserer Planung bei den Projektierungen der Staatlichen Plankommission, die diesen eine große Sicherheitsreserve verliehen, erkennen wir in der Tat an, und wir haben sie mehrmals auch schon vor unserem Streit mit Genossen Motylev anerkannt, doch nicht als erzwungenes Eingeständnis, sondern mit voller Befriedigung über die Stärke und Lebenskraft unseres sowjetischen Systems.[32]

Zweites Beispiel: Noch origineller ist der folgende polemische Dreh. V. E. Motylev beschuldigte uns, daß wir die Direktiven des XV. Parteitages unterschätzen würden, und unterstellt uns die Behauptung, daß in diesen „nichts Neues" enthalten sei. In unserer Antwort haben wir diese unsinnige Beschuldigung zurückgewiesen. Zu unserer Aufgabe gehörte es ganz und gar nicht, die Direktiven des Parteitages zu bewerten. Wir versuchten nur zu erklären, warum wir keine besonders merkbaren Fehler in der *Zielstellung* unseres alten Fünfjahrplanes gemacht hatten, was im wesentlichen von niemandem bestritten wurde. Und das erklärte sich daraus, daß der XV. Parteitag in seinen Direktiven die früheren Festlegungen der Partei zur Industrialisierung des Landes und andere Aufgaben des Planes *nicht geändert*, sondern sie nur zu einem *einheitlichen* Programm *entwickelt* hat. Unter diesem Aspekt aber konnte man natürlich in bezug auf die Direktiven des XV. Parteitages kühn sagen, daß in ihnen „nichts *so absolut* Neues und *Unerwartetes* enthalten ist, was nicht auch schon früher in einer ganzen Reihe von Beschlüssen vorangegangener Parteitage und leitender Zentren vorhanden war".[33]

Anläßlich dieser Worte triumphiert Genosse Motylev in seinem vierten Beitrag: „Nach der neuen Auslegung durch Genossen Strumilin war folglich in den Direktiven nur nichts *absolut Neues und Unerwartetes* ... Die Antwort des Genossen Strumilin zeugt von seinem *Zurückweichen*, von seiner Abkehr von der früheren Beurteilung der Direktiven."[34]

Es fragt sich jedoch, auf welcher Grundlage der Genosse Motylev über das Zitat, das er aus unserem Hauptvortrag vor der Kommunistischen Akademie anführt, als von etwas spricht, das für ihn etwas *Neues* wäre. Schließlich hat er doch selbst den Sachverhalt in seinem vorangegangenen Artikel verfälscht, indem er das Wörtchen „*absolut*" ausgelassen hat und kategorisch behauptete, daß „Strumilin in diesen Direktiven *nichts Neues* gefunden hat".[35] Jetzt, nachdem er denselben alten Satz erneut durchgelesen hat, ging ihm nunmehr auf, daß von uns etwas völlig anderes gesagt worden war, nämlich daß nach unserer Ansicht „in den Direktiven nur nichts *absolut* Neues und *Unerwartetes* enthalten

31 In: Bol'ševik, 17/18/1928, S. 125, Hervorhebungen von Strumilin.

32 Auch im Jahre 1925 stellten wir fest, daß „wir uns nicht zum ersten Mal in Richtung auf eine Unterschätzung unserer wirtschaftlichen Perspektiven geirrt haben", und im Jahre 1927 brachten wir in der Auseinandersetzung über den Fünfjahrplan unsere Überzeugung zum Ausdruck, daß „unsere Projektierungen noch eine recht ordentliche Sicherheitsreserve enthalten", und wir hatten keinen Grund, das zu bereuen. S. G. Strumilin, Abrisse der sowjetischen Ökonomik, Ressourcen und Perspektiven, Moskau–Leningrad 1928, S. 316, 323, 424, 497.

33 „Über den Fünfjahrplan zur Entwicklung der Volkswirtschaft der UdSSR", Diskussion in der Kommunistischen Akademie, Moskau 1928, S. 31.

34 In: Bol'ševik, 17/18/1928, S. 119, Hervorhebungen von Strumilin.

35 In: Bol'ševik, 10/1928, S. 78, Hervorhebungen von Strumilin.

ist". Bestreitet das aber der Genosse Motylev? Nein, das bestreitet er nicht. Im Gegenteil, in diesen Worten sieht er unser Zurückweichen gegenüber seiner Kritik. Unterdessen sind aber diese Worte bereits vollständig in unserem ersten Beitrag enthalten und lassen sich durch keinerlei Geschwätz einfangen. Nicht Strumilin, sondern der Genosse Motylev ist somit in diesem Punkt von seinen Beschuldigungen abgewichen und bemüht sich, das sorgfältig mit der Phrase von der „neuen" Auslegung durch Strumilin zu verdecken.

Die Tatsache, daß seine ganze Beschuldigung im vorliegenden Falle nur auf einer gewollten oder zufälligen Verfälschung unserer Worte beruht, läßt sich nicht verdecken. Doch Genosse Motylev ist offenbar in dieser Beziehung unbelehrbar. In dem Bestreben, seine Beschuldigung bezüglich einer Unterschätzung der Direktiven des Parteitages durch einen Hinweis auf G. M. Kržižanovskij zu untermauern, zitiert er unter anderem die folgenden Worte von ihm: „Diese Festlegungen des Parteitages sind *natürlich durchdrungen von den Gedanken Vladimir Il'ičs*. Doch man muß offen anerkennen, daß sie in den Materialien unserer Fünfjahrpläne noch nicht zu voller Entfaltung zum Ausdruck gekommen sind.[36] Danach zieht er dann schon von sich aus den folgenden Schluß: Genosse Kržižanovskij hat somit ebenfalls dem Genossen Strumilin hinsichtlich seiner Einschätzung der Direktiven widersprochen und entgegen den Behauptungen des Genossen Strumilin festgestellt, daß die Direktiven *noch nicht ihre Widerspiegelung* in den Projekten des Fünfjahrplanes *gefunden haben*".[37]

Die von uns unterstrichenen Worte des Genossen Kržižanovskij zeigen klar, daß er ebenso wie wir in den Zielstellungen des Parteitages keinerlei Revision der Ideen Illičs gesehen hat und in diesem Sinne darin auch nichts *absolut* Neues oder *Unerwartetes* sah. Doch Genosse Kržižanovskij unterstreicht, daß sie dennoch in unseren Fünfjahrplänen noch keinen entfalteten Ausdruck gefunden haben. Das ist richtig. Auch wir haben nirgends das Gegenteil behauptet. Doch Genosse Motylev strich ohne übertriebene Schüchternheit dieses Wörtchen „entfaltet" und erhält schon etwas ganz anderes, direkt Entgegengesetztes. Nach seinem Resümee kommt heraus, daß die Ideen Il'ičs *überhaupt keine* Widerspiegelung in den Materialien der Staatlichen Plankommission *gefunden* hätten. Diese ungeheuerliche Behauptung aber schiebt er dem Vorsitzenden der Staatlichen Plankommission und einem der nächsten Schüler Lenins zu. Ich zweifle daran, daß solche groben Fälschungen den welkenden polemischen Ruhm des Genossen Motylev aufpolieren können.

Drittes Beispiel: Um zu erklären, warum sich die Entwicklung unserer Wirtschaft – als Ganzes genommen – vorerst noch nicht in sehr hohen Koeffizienten ausdrücken kann, schrieben wir das folgende: „Ein gehöriges Wachstum haben wir vorerst nur für einen *halben Teil* unserer Wirtschaft, für den Teil, der dem Sozialismus zugewandt ist. Doch dafür wachsen wir nicht nur quantitativ, sondern auch qualitativ, indem sich mit jedem Jahr der Anteil des sozialistischen Sektors an der Gesamtwirtschaft erhöht. Diese Tatsache der Sozialisierung darf bei einer Einschätzung des Nutzeffekts unserer Planungsrichtlinien ebenfalls nicht vergessen werden. Das erklärt das *verlangsamte* Wachstum unserer Wirtschaft, wenn man sie als Ganzes nimmt, in der Gegenwart. Zugleich verheißt es uns aber *eine Beschleunigung des Wachstumstempos* in der nächsten Zukunft in dem Maße, wie die Vergesellschaftung der Überreste des privatwirtschaftlichen Sektors voranschreitet."[38]

[36] Über den Fünfjahrplan zur Entwicklung der Volkswirtschaft der UdSSR, Diskussion in der Kommunistischen Akademie, a. a. O., S. 70, Hervorhebungen von Strumilin.

[37] In: Bol'ševik, 17/18/1928, S. 119, Hervorhebungen von Strumilin.

[38] In: Bol'ševik, 13/14/1928, S. 114.

„Diese Überlegung des Genossen Strumilin“, erklärt Genosse Motylev autoritativ, „ist im Grunde ebenfalls fehlerhaft. Daß das Vorhandensein eines privaten Sektors in unserer Wirtschaft das Tempo der wirtschaftlichen Entwicklung verlangsamt und daß die endgültige Beseitigung dieses Sektors dieses Tempo wesentlich beschleunigen wird, ist offensichtlich unbestreitbar. Doch vollkommen unrichtig ist, daß ‚die Tatsache der Sozialisierung ... das verlangsamte Wachstum unserer Wirtschaft, wenn man sie als Ganzes nimmt, in der Gegenwart erklärt‘. Die fortschreitende Verdrängung des privaten Sektors und die Sozialisierung unserer Wirtschaft müssen zweifellos immer mehr von Jahr zu Jahr die verlangsamende Einwirkung dieses Sektors *abschwächen*, das heißt, das Entwicklungstempo *beschleunigen*... Entgegen der Behauptung des Genossen Strumilin erklärt somit die *Tatsache der Sozialisierung* nicht das verlangsamte Wachstum unserer Wirtschaft, sondern widerlegt seine Ansichten von der Unausweichlichkeit eines verlangsamten Wachstums.“[39]

Bei diesem polemischen Verfahren lohnt es zu verweilen. Auf den ersten Blick könnte es scheinen, daß Genosse Motylev wirklich unsere Behauptung ernsthaft bestreitet. Doch das ist nur der Schein. In der Tat, was wird denn von uns behauptet? Daß die Notwendigkeit zur Vergesellschaftung des privaten Sektors, solange dessen Anteil noch hoch ist, unser Wachstum in der Gegenwart verlangsamt, doch gleichzeitig für die nächste Zukunft eine Beschleunigung des Tempos verspricht. Doch Genosse Motylev legt das gleiche dar, nur mit seinen eigenen Worten. Die „wachstumshemmende“ Wirkung des privaten Sektors ist auch für ihn eine unbestreitbare Tatsache. Und wie Sie sehen, wird sich diese hemmende Wirkung von Jahr zu Jahr abschwächen, und wir werden daher „das Entwicklungstempo beschleunigen“. Doch gerade das haben wir behauptet. Worin besteht unser Fehler? So ist es nun wirklich: „Daniel ist nicht gestorben, sondern seine Wunde hat ihn getötet.“

Der unbezähmbare Polemiker macht selbst dort, wo er rein gar nichts einzuwenden hat, ein böses Gesicht und wirft uns Fehler vor in der Hoffnung, daß der Leser, der sich nicht auskennt, ihm aufs Wort glauben wird. Wer aber weicht zurück?

Um diese Frage sachlich entscheiden zu können, muß man vor allem Gegenstand und Grenzen des Streites genau feststellen. Wir waren mit dem Diskussionsbeitrag des Genossen Motylev vor der Kommunistischen Akademie nur in zwei wesentlichen Punkten nicht einverstanden. Der erste davon betraf die Größenordnung, in der das Wachstumstempo nach der optimalen Variante des Fünfjahrplanes der Staatlichen Plankommission das der Ausgangsvariante übertreffen sollte. Genosse Motylev behauptete, daß die von den Mitarbeitern der Staatlichen Plankommission vorgesehene Differenz im Wachstumstempo zwischen diesen beiden Varianten offensichtlich unzureichend sei, daß die optimale Variante gegenüber der Ausgangsvariante erheblich zu niedrig angesetzt sei, wie das aus dem Vergleich zwischen dem Zuwachs an Investitionsmitteln nach dieser Variante um 20% und deren „Nutzeffekt“ in Höhe von nur 7 bis 8% hervorgehe. Wir bestreiten nicht, daß es in diesem Punkt Meinungsverschiedenheiten geben kann, doch wir verwiesen darauf, daß sich dieses Problem so einfach nicht lösen läßt, daß dem Genossen Motylev bei der Bestimmung des Nutzeffekts der Investitionen ein grober Fehler unterlaufen ist, denn dieser Nutzeffekt beträgt nicht 7 bis 8%, sondern mindestens 30%, und wir haben auch erklärt, warum das so ist.

Es fragt sich, ob nun Genosse Motylev diesen Fehler anerkannt hat oder nicht? Ja, er hat ihn anerkannt. In seinem letzten Artikel hat er seine 7 bis 8% schon vergessen und verwendet unsere 30%. Freilich ist – nach seinen Worten – auch dieser Nutzeffekt in Höhe von 30% bei einer Steigerung der Investitionen um 20% „offensichtlich unzurei-

[39] In: Bol'ševik, 17/18/1928, S. 124.

chend".[40] Doch ein weiterer Streit um dieses Problem wird völlig fruchtlos, denn Genosse Motylev führt zur Verteidigung seiner Behauptungen nicht ein einziges Argument an, das der Überprüfung standhalten würde, wenn man davon absieht, daß er sich auf die neuen Projektierungen des Fünfjahrplanes beruft, in denen für die optimale Variante bereits ein höheres Entwicklungstempo angegeben wird, als im alten Fünfjahrplan vorgesehen war, Die letzte Behauptung ist völlig richtig. Richtig ist aber auch, daß im neuen Fünfjahrplan sowohl die Investitionen als auch das Wachstumstempo nicht nur in der optimalen, sondern auch in der Ausgangsvariante stark erhöht worden sind. Doch die Differenz zwischen ihnen bleibt weiterhin „offensichtlich" unbefriedigend, wenn man mit den Maßstäben des Genossen Motylev mißt.

Tatsächlich ergibt sich die folgende Gegenüberstellung nach der letzten Variante der Staatlichen Plankommission und des Obersten Volkwirtschaftsrates vom Dezember 1928 im Vergleich zur „Perspektivischen Orientierung des Jahres 1927" (siehe Tabelle 3).

Die angeführten Kennziffern unterliegen noch einer weiteren Durcharbeitung und Präzisierung. Wir hoffen, daß sich die „Gabel" zwischen den beiden Varianten, in der wir die tatsächliche Entwicklung einfangen wollen, noch erweitert. Vorerst aber stehen wir jedenfalls vor einer unbezweifelbaren Tatsache. Mit der Erhöhung der beiden Varianten hat sich der Abstand zwischen ihnen – entgegen den Hoffnungen des Genossen Motylev – nicht vergrößert, sondern er hat sich sogar verringert. Freilich, die Investitionen sind auch nach der neuen Projektierung in der optimalen Variante um 20% höher als in der Ausgangsvariante. Doch ihr Nutzeffekt – ausgedrückt im Zuwachs der Produktion – ergibt heute an Stelle der 43% nur einen Zuwachs von 21%.

Den Fehler des Genossen Motylev, der eine solche Möglichkeit nicht voraussah, kann man nur dann verstehen, wenn man sich an unsere folgende Bemerkung erinnert: Die Effektivität der Investitionen darf man nicht *nur* am Umfang der Produktion messen. Die Senkung der Selbstkosten und das ihr entsprechende Wachstum der Arbeitsproduktivität sind ebenfalls sehr wesentliche Kennziffern für die Effektivität des Aufwandes. Diese Kennziffer aber steigt in der optimalen Variante nach dem letzten Entwurf wesentlich schneller als nach dem vorangegangenen.

Genosse Motylev ist von seinem Vergleich zwischen dem Investitionszuwachs in Höhe von 20% und der „Nutzeffektsteigerung" in Höhe von 7 bis 8% abgerückt. Doch wie tat er das? Zuerst versuchte er, die Tatsache eines solchen Vergleichs überhaupt zu bestreiten. Als aber daraus nichts wurde, wählt er eine solche hypothetische Formel: „Unterstellen wir, daß die entsprechende Stelle im ersten Artikel sich nicht durch ausreichende Klarheit auszeichnet und Anlaß für eine solche Auslegung gab."[41]

Wie wir sehen, haben wir es auch hier nur mit einer halben Anerkennung zu tun. Jedoch Fakt bleibt Fakt. Der Artikel des Genossen Motylev wurde gedruckt, unsere Zitate daraus können zu jeder Zeit überprüft werden. Wir haben keinen Grund, hypothetische Annahmen zu machen. Die Aussage des Genossen Motylev an dem von uns genannten Ort zeichnete sich durch völlige Klarheit aus. Den von ihm gemachten Fehler, den er zuließ, kann er nur durch seine völlige und offene Anerkennung überwinden.

Der zweite Punkt unseres Streites betrifft jenes Mißverständnis, das daraus entstand, daß Genosse Motylev beim Vergleich zwischen der optimalen Variante des Fünfjahrplanes der Staatlichen Plankommission und der Variante des Obersten Volkswirtschaftsrates den einen tadelte, den anderen lobte und sie überhaupt als zwei völlig selbständige Varianten betrachtete. Wir haben mit präzisen Tatsachen und Hinweisen auf gedruckte

[40] Ebenda, S. 123.
[41] Ebenda, S. 128.

Tabelle 3. Effektivität der Investitionen in der geplanten staatlichen Industrie nach den Projekten des Fünfjahrplanes

Varianten des Planes	Investitionen insgesamt für 5 Jahre (in Mill. Rubel, unter Berücksichtigung der Senkung der Baupreise)	Kennziffern für die Effektivität der Investitionen						
		Bruttoproduktion						Steigerung der Arbeitsproduktivität in %
		in Preisen von 1926/27			unter Berücksichtigung der Preissenkungen			
		im 5. Jahr des Fünfjahrplanes (in Mill. Rubel)	Zuwachs in 5 Jahren absolut	Zuwachs in 5 Jahren in %	im 5. Jahr des Fünfjahrplanes (in Mill. Rubel)	Zuwachs in 5 Jahren absolut	Zuwachs in 5 Jahren in %	
1	2	3	4	5	6	7	8	9
Für 1927/28 bis 1931/32								
Optimale Variante	7124	15763	7998	103,0	12160	4395	56,6	62,3
Ausgangsvariante	5791	13814	6049	77,9	10832	3067	39,2	56,9
Differenz:								
absolut	1333	1949	1949	25,1	1328	1328	17,4	5,4
in % zur Ausgangsvariante	23,0	14,1	32,2	32,2	12,3	43,3	44,4	9,5
Für 1928/29 bis 1932/33								
Optimale Variante	13087	28981	18157	167,7	20753	10568	103,8	94,9
Ausgangsvariante	10900	24793	13997	130,0	19074	8732	84,0	83,0
Differenz:								
absolut	2187	4188	4160	37,7	1679	1836	19,8	11,9
in % zur Ausgangsvariante	20,1	16,9	29,7	28,9	8,8	21,0	23,6	14,3

Dokumente bewiesen, daß diese beiden Varianten sich durch rein gar nichts voneinander unterscheiden und folglich auch keine von ihnen irgendwelche Vorzüge gegenüber der anderen aufweist. Genosse Motylev konnte das nicht bestreiten. Doch auch hier möchte er, um seinen Fehler nicht offen zu bekennen, nur mit einer kaum vernehmbaren halbherzigen Anerkennung davonkommen. „Genosse Strumilin konnte in meinen Artikeln nur ein paar einzelne Bemerkungen entdecken, die vielleicht (!?) auf Mißverständnissen beruhen.“[42]

Wer unsere Polemik gelesen hat, der weiß, daß es hier nicht um einzelne Bemerkungen, sondern um durchaus kategorische Angriffe des Genossen Motylev gegen die Tätigkeit der Staatlichen Plankommission ging, indem er sie mit der sozusagen wesentlich besseren Arbeit des Obersten Volkswirtschaftsrates verglich. Das komische Mißverständnis, in das Genosse Motylev hier geriet, ruft keinerlei Zweifel hervor. Warum aber scheut er sich, das direkt auf bolschewistische Art anzuerkennen und damit den Meinungsstreit zu beenden, für dessen Fortsetzung es keine Notwendigkeit gibt?

Wir werden diese Frage nicht lösen. Nach unserer Ansicht hat Genosse Motylev seinen Artikel nicht umsonst mit dem Begriff „gedeckter Rückzug“ überschrieben. Der gedeckte Rückzug des Genossen Motylev hat sich ungeachtet all seiner polemischen Kniffe, die ein besseres Los verdienten, hinreichend klargestellt. Den Streit weiter fortzusetzen wäre jedoch ein völlig nutzloser Zeitaufwand.

4. *Soziale Probleme des Fünfjahrplanes*[1]

Den Perspektivplan zur Entfaltung der Volkswirtschaft der UdSSR für den Zeitraum von 1928/29 bis 1932/33, den die Staatliche Plankommission projektierte, kann man unter verschiedenen Aspekten betrachten. Er enthält vor allem den festgelegten Plan für die Rekonstruktion der energetischen Basis unserer Wirtschaft, das heißt das bekannte Bauprogramm, sodann ein ihm entsprechendes Produktionsprogramm und, schließlich, ein sozialökonomisches Programm, das das Klassenantlitz des ganzen Planes bestimmt. An all diese Programme kann man analytisch herangehen, indem man sie unter dem Zweig-, Territorial- oder Klassenaspekt betrachtet, oder aber auch von einer synthetischen Betrachtungsweise, vom Standpunkt des allgemeinen Gleichgewichtes des insgesamt projektierten Wirtschaftssystems als Ganzes.

Indem wir uns die Aufgabe stellen, aufzuzeigen, wie in unserem Plan diese allgemeinen synthetischen Probleme des wirtschaftlichen Gleichgewichtes oder – anders gesprochen – die hauptsächlichen Bilanzprobleme des Planes gelöst werden, decken wir damit zugleich mit hinreichender Bestimmtheit das allgemeine sozial-klassenmäßige Profil dieses Planes auf.

Die Methode, die allgemeine Bilanziertheit der Projektierungen des Plans für die Zweige und Territorien zu überprüfen, ist auch auf einige der allgemeinsten technischen Probleme anwendbar, die in unserem Fünfjahrplan vorgesehen sind. Nehmen wir zum Beispiel die Aufstellung einer vom Standpunkt der optimalen Nutzung unserer natürlichen Ressourcen und der Transportmittel rationellsten *Energiebilanz* des Landes. Doch für die Aufhellung der sozialökonomischen Probleme des Planes haben solche Bilanzen eine

[42] In: Bol'ševik, 17/18/1928, S. 127.

[1] S. G. Strumilin, Soziale Probleme des Fünfjahrplanes, Bericht an den V. Kongreß der Planer am 8. März 1929, Moskau 1929.

untergeordnete Bedeutung, ihre Untersuchung wird in etwas anderem Zusammenhang bedeutsam. Die Bilanzprobleme jedoch, auf die wir unsere Aufmerksamkeit in der vorliegenden Arbeit konzentrieren möchten, kann man in zwei Kategorien unterteilen. Die allgemeinen Bilanzen: erstens, die Bilanz der Produktion und der Verteilung der Arbeitskräfte und die damit verbundenen Probleme der Arbeit und, zweitens, die Bilanz der Produktion und Verteilung des Nationaleinkommens, das heißt der Ergebnisse dieser Arbeit. Zu den spezifischen, wenn auch äußerst wichtigen Bilanzproblemen zählen wir, erstens, das Problem des finanziellen Gleichgewichtes (Bilanz der Investitionen und Akkumulation im Zusammenhang mit dem Problem der Reserven, die Haushaltsbilanz und sonstige Elemente des synthetischen Finanzplanes) und, zweitens, das Problem des Marktgleichgewichtes (die allgemeine Bilanz der Nachfrage und des Angebots im Zusammenhang mit dem Problem der Preise sowie Einzelbilanzen, wie die Bilanz für Baumaterial, des Brotgetreides, des Exportes und Importes und dergleichen).

Wir wollen versuchen, wenn auch nur in den allgemeinsten Zügen, diese Probleme darzustellen.

4.1. Probleme der Arbeit

In einem Lande der Diktatur des Proletariats treten natürlich die Fragen an die erste Stelle, die mit der erweiterten Reproduktion und der optimalen Nutzung der Arbeitskräfte im Zusammenhang stehen. Vor allem aber steht hier die Frage nach den Grenzen des möglichen quantitativen und qualitativen Wachstums der Kader des Proletariats selbst, dieser wichtigsten Basis unserer vergesellschafteten Wirtschaft.

Wenn man von den demographischen Koeffizienten des Bevölkerungswachstums in der UdSSR ausgeht, dann verfügen wir praktisch über unerschöpfliche Quellen für die lebendige Arbeitskraft. Es genügt zu sagen, daß unser natürlicher Zuwachs in der UdSSR den durchschnittlichen Zuwachs in ganz Mitteleuropa um das 3,5fache übersteigt. Jährlich vergrößert sich die Bevölkerung der UdSSR bei einem Stand von 150 Mill. Einwohnern mindestens um 3,5 Mill. Personen, während alle Länder des kapitalistischen Westeuropa zusammengenommen bei einem Stand von 370 Mill. Einwohnern nur einen Zuwachs von nicht mehr als 2,5 Mill. haben. Im Verlaufe von fünf Jahren beträgt der Bevölkerungszuwachs der UdSSR 17,9 Mill. Einwohner (11,8%), darunter im arbeitsfähigen Alter zwischen 16 und 59 Jahren etwa 9,1 Mill. (11,1%). Wenn man dabei die zu Beginn des Fünfjahrplanes vorhandene agrare Überbevölkerung des Dorfes hinzurechnet, die auf etwa acht bis neun Millionen bestimmt wurde, sowie die städtische Arbeitslosenarmee (mehr als eine Million Menschen), dann erhebt sich vor uns eine gewaltige *Aufgabe, nämlich im bevorstehenden Jahrfünft für 19 Mill. arbeitsfähiger Personen Arbeit zu beschaffen.*

Die agrare Überbevölkerung des Dorfes ist das historische Erbe einer ganzen Epoche, das man kaum in einem Jahrfünft überwinden kann. Dessenungeachtet muß das vorgesehene Programm zur Intensivierung der Landwirtschaft bei einer bedeutenden Erweiterung der Nutzflächen und Erhöhung der Erträge in hohem Maße die Überschüsse an Arbeit im Dorf aufsaugen.

Freilich sieht der Plan neben der Intensivierung der Landwirtschaft auch eine bedeutende Maschinisierung der landwirtschaftlichen Arbeit vor. Es genügt zu sagen, daß wir allein die Anzahl der Getreidemähmaschinen in fünf Jahren nach der Ausgangsvariante um 1,6 Millionen Stück, der Dreschmaschinen um 492 Tausend Stück und der Traktoren auf 159 Tausend Stück erhöhen. Diese Maschinen aber führen nach vorsichtigen Nor-

Tabelle 1. **Bilanz der Nutzung der Arbeitskraft in der Landwirtschaft der UdSSR (in Millionen Personen, umgerechnet auf einen vollbeschäftigten Arbeiter)**

Bilanzposition	Bilanz (im Jahresmittel)		
	1927/28	1932/33	
		Ausgangsvariante	Optimale Variante
1	2	3	4
Landwirtschaftliche Bevölkerung	114,8	129,2	129,2
darunter im arbeitsfähigen Alter (16 bis 59 Jahre)	60,1	67,7	67,7
I. Arbeitskräftezuwachs (in männlichen Einheiten)			
1. im arbeitsfähigen Alter (16 bis 59 Jahre)	54,1	60,9	60,9
2. Kinder und Alte (praktisch genutzte)	2,9	2,9	2,9
Summe	57,0	63,8	63,8
II. Arbeitskräftenutzung (in männlichen Einheiten)			
1. in der Feldwirtschaft	–	–	–
a) Getreidekulturen	7,29	8,00	8,28
b) Wurzel- und Knollenfrüchte	2,42	3,30	3,75
c) Technische Kulturen	1,83	3,13	3,68
Summe	11,54	14,43	15,71
2. Viehwirtschaft	11,59	13,84	14,04
3. Wiesenbau, Gartenbau, Weinbau	2,81	3,18	3,25
4. Forstwirtschaft, Fischwirtschaft, Jagd	1,21	1,32	1,32
5. Verarbeitung landwirtschaftlicher Produkte	2,60	3,40	3,60
6. Fuhrwesen und andere Gewerbe	4,90	5,32	5,30
Summe der Produktionsarbeit (1 bis 6)	34,65	41,49	43,22
7. Hausarbeit und sonstige Beschäftigungen außerhalb der Produktion	14,80	15,78	15,73
Summe (1 bis 7)	49,45	57,27	58,95
8. Abgang in die Stadt	–	2,16	2,48
9. Ungenutzter Rest im Dorf	7,55	4,37	2,37
Bilanz (vollbeschäftigte Werktätige)	57,00	63,8	63,8
Agrare Überbevölkerung (in Mill. physischer Personen)	8,49	4,86	2,63

mativberechnungen im Wirtschaftsjahr 1932/33 zu einer Einsparung an lebendiger Arbeit in Höhe von wenigstens 693 Mill. Arbeitstagen, was der Zahl von etwa 2,5 Mill. ganzjährig beschäftigter Werktätiger gleichkommt. Doch die Steigerung der Produktion und der Intensivierung des Ackerbaus durch Erhöhung des Anteils der arbeitsaufwendigen Kulturen sowie durch die verbesserte Bearbeitung (zusätzliches Aufpflügen von 30 Mill. ha, Reinigung des Saatgutes für 75% der Aussaatfläche, Reihensaat anstelle der Breitsaat auf 60 Mill. ha, Lieferung und Ausbringung von über 5 Mill. t Kunstdünger usw.)

Struktur in % zur Summe			Zuwachs in 5 Jahren			
1927/28	1932/33		Ausgangsvariante		Optimale Variante	
	Ausgangsvariante	Optimale Variante	absolut	in %	absolut	in %
5	6	7	8	9	10	11
–	–	–	14,4	12,5	14,4	12,5
–	–	–	7,6	12,6	7,6	12,6
94,9	95,5	95,5	6,8	12,5	6,8	12,5
5,1	4,5	4,5	–	–	–	–
100	100	100	6,8	11,9	6,8	11,9
–	–	–	–	–	–	–
12,8	12,5	13,0	0,71	9,7	0,99	13,6
4,2	5,2	5,9	0,88	36,3	1,33	54,9
3,2	4,9	5,8	1,30	71,0	1,85	101,1
20,2	22,6	24,7	2,89	25,0	4,17	36,1
20,3	21,7	22,0	– 2,25	19,4	2,45	21,1
4,9	5,0	5,1	0,37	13,2	0,44	15,7
2,1	2,1	2,1	0,11	9,1	0,11	9,1
4,6	5,3	5,6	0,80	30,8	1,00	38,5
8,6	8,3	8,3	0,42	8,6	0,40	8,2
60,8	65,0	67,8	6,84	19,7	8,57	24,7
26,0	24,7	24,6	0,98	6,6	0,93	6,3
86,8	89,8	92,4	7,82	15,8	9,50	19,2
–	3,4	3,9	2,16	–	2,48	–
13,2	6,8	3,7	– 3,18	–42,1	– 5,18	– 68,6
100	100	100	6,8	11,9	6,8	11,9
13,2	6,8	3,7	– 3,63	–42,1	– 5,86	– 68,6

erfordert wesentlich mehr zusätzliche Arbeit als die oben angegebene Einsparung durch die Maschinisierung ergibt. Im allgemeinen aber kann man die Arbeitskräftebilanz in der Landwirtschaft – umgerechnet auf vollwertige männliche Arbeit – nach sehr näherungsweisen Berechnungen in folgenden Zahlen ausdrücken (siehe Tabelle 1).

In der vorliegenden Tabelle ist nicht die gesamte Landbevölkerung, sondern nur die mit der Landwirtschaft beschäftigte Bevölkerung berücksichtigt worden. Im Verlaufe von fünf Jahren bringt sie uns einen natürlichen Zuwachs von mindestens 14,4 Mill.

Personen, darunter im arbeitsfähigen Alter von 7,6 Mill. Personen. In Umrechnung auf die männliche Arbeit ergibt das einen Zuwachs in fünf Jahren von 6,8 Mill. neuen vollbeschäftigten Werktätigen. Wie werden diese nun eingesetzt werden?

Der innere Bedarf des Dorfes an Arbeitskräften erhöht sich im Verlaufe von fünf Jahren in allen Positionen. Ein besonders starker Zuwachs des Aufwandes an Arbeitskräften ist bei den intensiven Kulturen für die Rohstoffgewinnung, bei der Primärverarbeitung der landwirtschaftlichen Produkte und bei der Viehwirtschaft vorgesehen worden. Insgesamt erhöht sich die Zahl der beschäftigten Arbeitskräfte im Dorf um 7,8 bis 9,5 Mill. Vollbeschäftigte, was nicht nur den gesamten natürlichen Zuwachs an Arbeitskräften im Dorf vollständig deckt, sondern auch die agrare Überbevölkerung des Dorfes um einen sehr bedeutenden Anteil vermindert (in einer Größenordnung zwischen 1,0 bis 2,7 Mill.). Unter Hinzufügung der städtischen Nachfrage nach Arbeitskräften aber, die bis zu 2,5 Mill. Werktätiger des Dorfes aufnimmt, vermindert sich die ungenutzte Reserve an Arbeitskräften im Dorf in noch stärkerem Maße, und zwar von 7,5 Mill. auf 2,4 Mill. vollbeschäftigter Werktätiger beziehungsweise von 8,5 Mill. auf 2,6 Mill. Werktätiger beiderlei Geschlechts (ohne Umrechnung auf männliche Arbeit).

Wenn man berücksichtigt, daß wir in der gleichen Zeit durch die Maschinisierung den Bedarf an Arbeitskräften etwa um die gleiche Größe *vermindert* haben, dann könnte man daraus schließen, daß wir *ohne* Maschinisierung die gesamte agrare Überbevölkerung vollständig hätten überwinden können. Das ist jedoch völlig falsch. Ohne Mechanisierung würden wir die agrare Überbevölkerung nicht einmal in dem Umfange, wie ihn der Plan vorsieht, sondern nur in wesentlich bescheidenerem Umfange überwinden können. Es handelt sich darum, daß die agrare Überbevölkerung des Dorfes in hohem Grade eine Saisonerscheinung ist. Der außerordentlich hohe Arbeitskräfteüberschuß während der Winterszeit, der im Februar 1928 etwa 15,9 Mill. Werktätige erreichte (25,4% ihrer Gesamtanzahl), wird in der arbeitsreichen Zeit durch ein Defizit an Arbeitskräften aufgewogen (im August 1928 in Höhe von etwa 1,6 Mill. Werktätigen), was zur Arbeit an Sonn- und Feiertagen, zur Nutzung der Arbeit von Kindern und Alten, zur außergewöhnlichen Ausdehnung des Arbeitstages usw. zwingt. Die Mechanisierung der Arbeit senkt gerade diese sommerlichen Spitzen übermäßiger Belastung. $2^1/_2$ Mill. *ganzjährig* beschäftigte Werktätige, die bis 1932/33 im Zusammenhang mit der Maschinisierung freigesetzt werden, kommen in Umrechnung auf die äußerst kurze Saison für den Einsatz dieser Maschinen, die im Durchschnitt nicht mehr als ein bis zwei Monate dauert, einer Einsparung an Arbeitskraft für diese paar Monate von wenigstens 15 Mill. Personen gleich. Diese 15 Mill. Werktätigen aber werden durch die Maschinen in der heißesten Arbeitsperiode freigesetzt. Im Ergebnis dessen wird eine weit gleichmäßigere Beschäftigung der landwirtschaftlichen Bevölkerung im Ablauf des Jahres erreicht. Dank dieser Entwicklung aber kann das Dorf nicht nur den Umfang seiner Landwirtschaft wesentlich ausweiten, sondern auch einen Teil der überschüssigen Arbeitskräfte für die ständige industrielle Arbeit in die Städte abgeben.

Die Nutzung der Arbeitskraft in den Städten läßt sich nach Berechnungen, die der Staatlichen Plankommission zur Verfügung stehen, in den folgenden Daten darstellen (siehe Tabelle 2).

Wie wir sehen, ist der Grad der Nutzung der Arbeitskraft, die bei uns in den Städten vorhanden ist, sehr weit von 100% entfernt. Ein Riesenanteil davon entfällt auf die wenig effektive Hausarbeit und andere nichtproduktive Beschäftigungen, gar nicht zu sprechen schon von den Betätigungen offensichtlich parasitärer Bevölkerungsgruppen. Doch der Anteil des Proletariats an der Gesamtbilanz der Arbeit wächst merklich, und wenn man außerdem noch den starken Zuwachs der Lernenden, die in der Zukunft eine Steigerung der Qualifikation dieses Proletariats versprechen, in Betracht zieht, dann kann man sagen, daß durch unseren Plan ein wachsender Nutzungsgrad der Arbeit nicht nur in quantitativer, sondern auch in qualitativer Hinsicht gewährleistet wird.

Der Anteil der Arbeitslosenreserve vermindert sich nach der Ausgangsvariante von 6,4 auf 3,9% des gesamten Bestandes an Arbeitskräften. Im Vergleich zu einer technisch notwendigen Reserve bei normaler Arbeitskräftebewegung ist er jedoch immer noch sehr hoch und könnte mindestens um weitere 300 bis 400 Tausend gesenkt werden. Insbesondere der vorgesehene Umfang der Altersversicherung erleichtert diese Aufgabe in bedeutendem Maße. Nach der optimalen Variante des Planes sinkt die Arbeitslosigkeit in den Städten fast auf die oben angeführte Rate einer technisch notwendigen Reserve.[2] Man muß jedoch mit allem Ernst hervorheben, daß sich die überaus günstigen Perspektiven für die Überwindung der Arbeitslosigkeit in den Städten vollständig auf die von uns projektierten gewaltigen Fortschritte beim Wachstum der Landwirtschaft gründen. Wenn sich die vorgesehenen Pläne zur Rekonstruktion der Landwirtschaft in irgendeinem Maße nicht rechtfertigen sollten, dann würde sich auch die oben vorgesehene Verminderung der städtischen Arbeitslosigkeit als unmöglich erweisen.

Die vollständige Beseitigung der Arbeitslosigkeit in kürzester Frist wird durch jenen bedeutenden Aufschwung der Arbeitsproduktivität verlangsamt, der dem Plan nach durch die technische Rekonstruktion der Produktion erreicht werden wird. Um mit dem kapitalistischen Westen zu konkurrieren, rüsten wir unsere Arbeit nach dem höchsten uns zugänglichen technischen Niveau aus. Die Energieausstattung des Industriearbeiters wächst im Verlaufe der fünf Jahre um 100%, die des Transportarbeiters um 50%. Dementsprechend muß sich die jährliche Arbeitsproduktivität des Industriearbeiters – nach ganz vorsichtigen Berechnungen – um 85 bis 110% erhöhen, wobei die Arbeitsproduktivität pro Arbeitsstunde angesichts der Verkürzung des Arbeitstages von 7,71 und 6,86 Stunden bis Ende des Fünfjahrplanes noch wesentlich schneller ansteigen wird.

Unter Berücksichtigung der wesentlich geringeren Ausstattung der genossenschaftlichen und privaten Industrie wird sich der Produktivitätszuwachs hier natürlich in wesentlich bescheideneren Kennziffern niederschlagen. Doch die führende Rolle der Industrie im Vergleich zu den anderen Zweigen der Arbeit und damit auch des sozialistischen Sektors im Vergleich zum privaten zeigt sich in dieser Beziehung hier in voller Eindeutigkeit. Wenn man als Maß für die Produktivität in *jedem* Zweig der Arbeit die Nettoproduktion in unveränderten Preisen nimmt, die auf einen ganzjährig beschäftigten Werktätigen entfällt, und wenn man Indizes für die Sektoren und für die Volkswirtschaft insgesamt unter Berücksichtigung des spezifischen Anteils des Arbeitsaufwands in den verschiedenen Zweigen berechnet, dann erhält man für die Ausgangsvariante das folgende Bild (siehe Tabelle 3).

Zur Ermittlung des spezifischen Anteils am Arbeitsaufwand für jeden Zweig verwendeten wir das Produkt aus der Beschäftigtenzahl und dem Jahreslohn, denn wir wollten auf diese Weise nicht nur die Menge, sondern auch die Qualität der eingesetzten Arbeit erfassen. Die Arbeit der selbständigen Handwerker und Landwirte wird dabei genauso bewertet wie die *Lohn*arbeit in den entsprechenden Beschäftigungsarten. Hinsichtlich der Landarbeit wurde außerdem noch eine Korrektur vorgenommen, die die Differenz in der Kaufkraft des Rubels im Dorf gegenüber der Stadt (+35%) berücksichtigt. Die Qualifikation der Arbeit wurde auf diese Weise – der Möglichkeit entsprechend – auf einen einheitlichen (und zudem realen) Maßstab zurückgeführt. Die Wichtung der einzelnen Indizes wurden nach den Gewichten des Wirtschaftsjahres 1932/33 durchgeführt.

[2] Die Arbeitslosigkeit wurde faktisch bereits im Jahre 1931 liquidiert.

Tabelle 2. Bilanz über den Arbeitskräfteeinsatz in den Städten der UdSSR (im arbeitsfähigen Alter zwischen 16 und 59 Jahren)

Bilanzpositionen	Bilanz (im Jahresmittel) in tausend Personen		
	1927/28	1932/33	
		Ausgangsvariante	Optimale Variante
1	2	3	4
I. Arbeitskräftezuwachs			
1. Städtische Bevölkerung	17656	18866	18866
2. Zuwanderung vom Lande	–	2400	2760
Summe des Zuwachses	17656	21266	21626
II. Arbeitskräfteeinsatz			
1. Lohnarbeit (Proletariat)	6837	8726	9155
2. Beschäftigung außer Lohnarbeit	2550	3035	3177
3. nichtarbeitende Betätigung (Bourgeoisie)	169	182	180
4. Hausarbeit	4897	5716	5820
5. Lernende im arbeitsfähigen Alter	849	1279	1290
6. sonstige nichtproduktive Betätigungen *	1158	1430	1430
7. unbestimmte Beschäftigungen und deklassierte Gruppen	63	63	63
Summe des Einsatzes	16523	20431	21115
8. Saldo (Arbeitslose)	1133	835	511
Bilanz	17656	21266	21626

* Rentner, Häftlinge und sonstige

Wie wir sehen, wächst die Gesamtzahl der Personen, die eine produktive Arbeit in den Hauptzweigen der Wirtschaft leisten, im Verlaufe der fünf Jahre um 10 Mill. Personen oder um 21% an, bei einem allgemeinen Wachstum der gesamten Bevölkerung um nur 11,8%. Diese Relation kann als Maß für die steigende Nutzung der Arbeitskraft und für die Verminderung der offenen und der latenten Arbeitslosigkeit dienen. Man muß aber außerdem auch das qualitative Wachstum der Arbeitskraft feststellen. Der Anteil der höherqualifizierten industriellen Arbeit, die im sozialistischen Sektor eingesetzt wird, steigt fast um das $1^1/_2$fache, während das Gewicht der weniger qualifizierten Arbeit im privaten Sektor entsprechend fällt. Diese Veränderung bedeutet ein Anwachsen der mittleren Qualifikation der gesamten im Lande eingesetzten Arbeitskraft um mindestens fünf bis sechs Prozent. Im Durchschnitt aller Sektoren steigt die Arbeitsproduktivität im Verlaufe von fünf Jahren um insgesamt 26%. Die Ursache aber für ein so relativ bescheidenes Wachstum ist allein in dem übermäßigen Anteil der niedrig qualifizierten und wenig ausgestatteten Arbeitskraft in den individuellen bäuerlichen Wirtschaften an der Gesamtmasse der Arbeit zu suchen. Schon in den Kolchosen beobachten wir ein sehr viel merklicheres Ansteigen der Produktivität, und im staatlichen Sektor erhöht sie sich dank der hohen Technik 3- bis 4mal schneller als im privaten. Natürlich erfordert die hohe Technik große Investitionsaufwendungen und beschränkt damit die Anwendung lebendiger, nicht ausgerüsteter Arbeit erheblich.

Doch auch mit einem geringeren Aufwand an lebendiger Arbeit wird bei hoher Technik

Bilanzstruktur in %			Zuwachs in 5 Jahren			
1927/28	1932/33		Ausgangsvariante		Optimale Variante	
	Ausgangsvariante	Optimale Variante	absolut	in %	absolut	in %
5	6	7	8	9	10	11
100	88,7	87,2	1210	6,8	1210	6,8
–	11,3	12,8	2400	–	2760	–
100	100,0	100,0	3610	20,4	3970	22,5
38,7	41,0	42,3	1889	27,6	2318	33,9
14,4	14,3	14,7	485	19,0	627	24,6
1,0	0,9	0,8	13	7,7	11	6,5
27,7	26,9	26,9	819	16,7	923	18,8
4,8	6,0	6,0	430	50,7	441	51,9
6,6	6,7	6,6	272	23,7	272	23,5
0.4	0,3	0,3	–	–	–	–
93,6	96,1	97,6	3908	23,6	4592	27,8
6,4	3,9	2,4	–298	–26,4	–622	–54,9
100,0	100,0	100,0	3610	20,4	3970	22,5

ein weit höherer Produktionseffekt erzielt. Das aber ermöglicht es uns, den Wohlstand der Werktätigen selbst bei einer Verkürzung des Arbeitstages in einem Tempo zu erhöhen, das die kapitalistische Welt nicht kennt. Die Bedeutung der in unserem Fünfjahrplan vorgesehenen Verkürzung des Arbeitstages kann man an den folgenden Daten ablesen. Im Wirtschaftsjahr 1932/33 wird jeder Industriearbeiter im Durchschnitt 159 Stunden weniger arbeiten als im Wirtschaftsjahr 1927/28. Dadurch aber erhalten wir die Möglichkeit, 312000 Arbeitern zusätzlich Arbeit zu geben und können dadurch die vorhandene Reserve an Arbeitslosen um diese Anzahl vermindern. Mit anderen Worten, statt 835000 Arbeitslosen würden wir ohne Verkürzung des Arbeitstages bei gleichem Produktionsprogramm im Wirtschaftsjahre 1932/33 1147000 Arbeitslose haben, das heißt ihre Zahl würde sogar etwas höher liegen, als unsere Bilanz für 1927/28 ausgewiesen hatte. Was jedoch die vom Plan vorgesehene Steigerung des Wohlstandes des Proletariats angeht, so kann man sie in folgender Weise kennzeichnen.

Der Ausgangsvariante nach wächst die nominelle Entlohnung der industriellen Arbeit um 37%. Darüber hinaus aber planen wir beim sozialisierten Lohn in Gestalt der Altersversicherung der Arbeiter, der Stipendien für ihre Kinder im schulpflichtigen Alter, der zusätzlichen Schulung der Erwachsenen und ähnlichen Aufwendungen zugunsten der Arbeiter eine zusätzliche Erhöhung des Haushaltes der Arbeiter um weitere drei bis vier Prozent. Rechnet man diese Aufschläge hinzu, dann ergibt das eine Steigerung des Wohlstandes der Arbeiter für den Fünfjahrplanzeitraum um nominell etwa 42%

Tabelle 3. Entwicklung der Arbeitsproduktivität (Ausgangsvariante)

Zweige und Sektoren	Beschäftigte Personen (in Tausend) 1927/28	1932/33	Spezifischer Anteil nach dem Arbeitsaufwand 1927/28	1932/33	Index der Produktivität 1932/33 (1927/28=100)
1	2	3	4	5	6
A. Zweige					
1. Industrie					
a) meldepflichtige (mit Akzise)	3210	4214	12,4	13,2	165,3
b) Kleinindustrie	2470	3006	6,6	6,5	110,6
Summe (1)	5680	7220	19,0	19,7	145,8
2. Bauwesen					
a) Städtisches Bauwesen	637	1543	3,0	5,4	138,1
b) Ländliches Bauwesen	(618)	(554)	2,8	1,9	120,2
Summe (2)	1255	2097	5,8	7,3	134,0
Summe (1 bis 2)	6935	9317	24,8	27,0	142,6
3. Transportwesen	1315	1389	4,9	4,1	162,1
4. Nachrichtenwesen	95	91	0,3	0,2	131,5
Summe (3 bis 4)	1410	1480	5,2	4,3	160,7
5. Handel und Materialwirtschaft	1065	1357	3,8	3,7	123,0
Summe (1 bis 5)	9410	12154	33,8	35,0	139,8
6. Land- und Forstwirtschaft	38600	46000	66,2	65,0	117,7
insgesamt (1 bis 6)	48010	58154	100,0	100,0	129,9
B. Sektoren					
1. Staatlicher Sektor	5642	7628	20,5	22,4	158,5
2. Genossenschaftlicher Sektor	1484	7416	4,3	13,7	120,9
Summe	7126	15044	24,8	36,1	144,3
3. Privater Sektor	40884	43110	75,2	63,9	116,2
insgesamt	48010	58154	100,0	100,0	126,3

und real – unter Berücksichtigung der Preissenkungen – um nicht weniger als 58%. Nach der optimalen Variante ist eine Erhöhung des Arbeiterhaushaltes nominell um 47% und real um 71% vorgesehen.

Um einen Vergleichsmaßstab zu haben, halten wir fest, daß der Arbeitslohn in den kapitalistischen Ländern in dem Jahrfünft von 1923 bis 1928 fast stabil blieb. In den

Vereinigten Staaten stieg er insgesamt um zwei bis drei Prozent, in England sank er von 1922 bis 1927 um 0,3%, in Frankreich fällt er ebenfalls merklich. Während der gleichen Zeit ist bei uns in der UdSSR das reale Lohnniveau für das abgelaufene Jahrfünft (1922/23 bis 1927/28) um 126%, das heißt auf das $2^1/_4$fache gestiegen. Im Vergleich zu diesem Tempo ist das von uns vorgesehene Wachstum für das bevorstehende Jahrfünft in den Grenzen zwischen 58 und 71% natürlich bescheidener. Doch wenn man von den Maßstäben des vorgesehenen Aufbauprogramms ausgeht, dann konnte kein größerer Aufschwung für den Arbeitslohn vorgesehen werden, weil anderenfalls die Mittel für die Investitionen nicht ausgereicht haben würden, von denen wiederum das im Plan vorgesehene Wachstum des Arbeitslohnes abhängt. Im Vergleich zum kapitalistischen Westen garantiert uns jedoch auch dieses Wachstum bedeutende Fortschritte.

Es ist bekannt, daß in der Vorkriegszeit der Lohn des russischen Arbeiters sowohl nominell als auch real hoffnungslos hinter allen „fortgeschrittenen" Ländern des entwickelten Kapitalismus zurückblieb. Wenn man zum Beispiel das englische *Real*lohnniveau für den Zeitraum von 1905 bis 1909 gleich hundert setzt, dann betrug es in Deutschland 63,5, in Frankreich 55,5 und im zaristischen Rußland nicht mehr als 44. Im Frühjahr 1928 haben wir nach Berechnungen des Internationalen Büros für Arbeitsstatistik bereits die nachstehende Reihenfolge nach der Höhe des Reallohnes: London 110, Berlin 71, Paris 56, Moskau 52, Prag 47, Wien 45, Rom 43, Warschau 40 usw. Damit haben wir sogar nach Einschätzung von Organen des Völkerbundes, und diese können kaum einer besonderen Zuneigung uns gegenüber verdächtigt werden, dem Reallohn des Arbeiters nach eine ganze Reihe kapitalistischer Länder eingeholt und überholt. Doch die Organe des Völkerbundes operieren bei ihren Vergleichen einzig mit den streng formalen Daten für den Lohn des Arbeiters und für das Preisniveau der wichtigsten Lebensmittel. Sie berücksichtigen überhaupt nicht, daß zum Beispiel europäische Arbeiter Abzüge vom Lohn haben wie die Beiträge für die Sozialversicherung, die in Deutschland 7,5% des Lohnes der Arbeiter ausmachen, die es aber bei uns überhaupt nicht gibt, sie berücksichtigen nicht die unterschiedliche Höhe der Steuern, der Wohnungsmieten und eine ganze Reihe anderer Besonderheiten der Arbeit und des Lebens in den verschiedenen Ländern. Wenn man das aber in Betracht ziehen würde, wie das F. D. Markuzon in seiner Untersuchung getan hat, über die er im Volkskommissariat für Arbeit berichtete, dann ergibt sich, daß das reale Lebensniveau des Moskauer Arbeiters bereits im August 1928 um einige Prozent höher war als das der Berliner Arbeiter. Damit hat bereits zum Beginn des Fünfjahrplanes unser sowjetischer Arbeiter in Moskau ein höheres Lebensniveau als die Arbeiter von Paris und Berlin. Im Verlaufe von fünf Jahren aber – bei Erfüllung des im Plan vorgesehenen Programms – werden wir ohne Zweifel in der genannten Beziehung nicht nur Berlin, sondern auch London einholen und überholen.

In Übereinstimmung mit dem Wachstum der Entlohnung für die industrielle Arbeit sieht der Plan im allgemeinen auch eine nicht minder bedeutende Zunahme des Arbeitslohns für die der Lohnarbeit insgesamt vor. Dabei ist für jene Kategorien von Werktätigen, die in bezug auf das Lebensniveau weiter zurückgeblieben sind, zum Beispiel für die Lehrer, das medizinische Personal, die Landarbeiter und dergleichen, ein schnelleres Wachstumstempo des Arbeitslohns vorgesehen, für andere Kategorien dagegen ein langsameres.

Über das Wachstum und die strukturellen Veränderungen in der Gesamtmasse der Lohnarbeit nach den Projektierungen des Fünfjahrplanes kann man sich anhand der Tabelle 4 informieren.

Insgesamt betrachtet, wächst im Verlaufe von fünf Jahren unsere Armee des Proletariats um 3,4 Millionen oder um 30%. Nach der optimalen Variante wächst diese

Tabelle 4. Verteilungsstruktur der Lohnarbeit in der UdSSR*
(in tausend Werktätigen)

Zweige der Arbeit und Sektoren	1927/28	Ausgangsvariante		
		1928/29	1929/30	1930/31
1	2	3	4	5
1. Industrie				
a) meldepflichtige Industrie	3072	3204	3408	3574
b) Kleinindustrie	408	414	438	462
Summe	3480	3618	3846	4036
2. Bauwesen	624	795	1023	1199
Summe der industriellen Arbeit (1+2)	4104	4413	4869	5235
3. Land- und Forstwirtschaft	2124	2230	2634	2508
4. Transport- und Nachrichtenwesen	1410	1387	1416	1449
5. Handel und Bankwesen	743	806	872	943
6. Sonstige (Tagelöhner mit wechselnder Arbeit)	401	410	419	428
Summe für wirtschaftliche Arbeiten (1 bis 6)	8782	9246	9940	10563
7. Persönliche Hausangestellte	353	361	367	376
8. Kultur- und Bildungseinrichtungen	737	775	819	879
9. Gesundheitsschutz	384	405	430	454
10. Sonstige staatliche und gesellschaftliche Einrichtungen	1094	1114	1125	1138
Insgesamt (1 bis 10)	11350	11901	12681	13410
Darunter:				
A. Staatlicher Sektor	7959	8355	8936	9462
B. Genossenschaftlicher Sektor	1075	1197	1364	1526
Summe (A und B)	9034	9552	10300	10988
C. Privater Sektor	2316	2349	2381	2422
Gesamtbilanz	11350	11901	12681	13410

* In dieser und den folgenden Tabellen sind alle Korrekturen und Präzisierungen aufgenommen

Zahl noch stärker, und zwar um 4,4 Millionen oder 39%. Doch in den einzelnen Zweigen der Arbeit und Wirtschaftssektoren ist dieses Wachstum bei weitem nicht gleich. Am langsamsten ist die vorgesehene Zunahme beim Transportpersonal (nur um 10%, allerdings ohne den Kraftverkehr), was mit den geplanten großen Rekonstruktionen des Transportwesens zusammenhängt; am stärksten, um ganze 202%, soll die Anzahl der Bauschaffenden wachsen, die berufen sind, unser riesiges Rekonstruktionsprogramm zu verwirklichen. Wesentlich langsamer nimmt der hauptsächliche Kern der industriellen Arbeiter zu (um 25% nach der Ausgangsvariante und um 32% nach der optimalen Variante).

		Optimale Variante für 1932/33	Struktur (in %)			Zuwachs in 5 Jahren (in %)	
1931/32	1932/33		1927/28	1932/33			
				Ausgangs-variante	Optimale Variante	Ausgangs-Variante	Optimale Variante
6	7	8	9	10	11	12	13
3736	3843	4080	27,1	26,0	25,9	25,1	32,8
486	510	523	3,6	3,5	3,3	25,0	28,2
4222	4353	4603	30,7	29,5	29,2	25,1	32,3
1378	1527	1882	5,5	10,3	11,9	145,0	202,1
5600	5880	6485	36,2	39,8	41,1	43,3	58,1
2649	2805	2867	18,7	19,0	18,2	32,1	35,0
1457	1480	1545	12,4	10,0	9,8	5,0	9,6
1021	1104	1246	6,5	7,5	7,9	48,6	67,7
436	445	462	3,5	3,0	2,9	11,0	15,2
11163	11714	12605	77,3	79,3	80,0	33,4	43,5
384	392	405	3,1	2,6	2,6	11,3	15,0
938	1010	1031	6,5	6,8	6,5	37,0	39,9
478	501	519	3,4	3,4	3,3	30,5	35,0
1151	1164	1204	9,7	7,9	7,6	6,4	10,0
14114	14781	15764	100	100	100	30,2	38,9
9956	10390	11143	70,1	70,3	70,7	30,5	40,0
1698	1876	2083	9,5	12,7	13,2	74,5	93,8
11654	12266	13266	79,6	83,0	83,9	35,8	46,4
2460	2515	2538	20,4	17,0	16,1	8,6	9,6
14114	14781	15764	100	100	100	30,2	38,9

worden, die von den Sektionen nach dem Kongreß der Planer vorgenommen wurden.

Es wäre jedoch nicht richtig, nur diese Zuwachsrate als Maß für die Industrialisierung unserer Wirtschaft zu nehmen. Das Bauwesen ist ebenso ein Industriezweig wie alle anderen, und in der Periode der Rekonstruktion wird es sogar zum kennzeichnendsten, weil eine schwächere Beschäftigungszunahme in den übrigen Zweigen gerade die direkte Folge eines schnellen Tempos im Bauwesen ist. Die gesamte industrielle Gruppe des Proletariats, einschließlich der Bauschaffenden, nimmt um 1,8 Millionen Werktätige entsprechend der Ausgangsvariante und um 2,4 Millionen nach der optimalen Variante zu, das heißt sie wächst um 40 bis 60%. Das ist ein ernsthaftes Wachstumstempo, besonders wenn man berücksichtigt, daß die Anzahl der Bauschaffenden hier in der Umrechnung auf *ganzjährig* beschäftigte Arbeiter bei einer vorgesehenen Verlängerung der Bausaison um mindestens 15 bis 20% angegeben ist.

Besondere Aufmerksamkeit verdient auch der stark steigende Anteil des vergesellschafteten Sektors auf Kosten des privaten. Das schnellste Wachstum der Lohnarbeit ist im genossenschaftlichen Sektor projektiert worden, was mit der vorgesehenen Vergesellschaftung der Handwerker und auch mit dem starken Wachstum der Sowchosen und Kolchosen zusammenhängt. Das bedeutende quantitative Wachstum der Kader des Proletariats, das im Plan vorgesehen ist, soll von einem noch stärkeren qualitativen Wachstum dieser Kader begleitet sein. Die hohe Technik vermindert den Bedarf an einem ausgedehnten beruflichen Training der Arbeiter zum Erwerb spezieller Erfahrungen, bedingt dafür aber wesentlich höhere Anforderungen in bezug auf das allgemeine kulturelle Niveau der Arbeiter. Die Erweiterung der Reproduktion der qualifizierten Arbeitskraft muß im bevorstehenden Jahrfünft deshalb vor allem über die schulische Ausbildung erfolgen.

Wir können auf diesem Gebiet schon heute bedeutende Fortschritte gegenüber dem Vorkriegsniveau feststellen. Im Wirtschaftsjahr 1927/28 übertraf die Zahl der Lernenden in der Grundschule den Vorkriegsstand um 45%, in der Mittelschule um 54% und in der Berufsschule um 139%. Nur in den höheren Lehranstalten war diese Steigerung bis heute bescheidener (um 26%).[3] Im bevorstehenden Jahrfünft sieht jedoch unser Plan auf dem Gebiet des sozialen und kulturellen Aufbaus wesentlich größere Fortschritte vor, da wir die Notwendigkeit der Anhebung der Kultur auf den Stand der uns in dieser Beziehung wesentlich vorauseilenden Länder des Westens im Auge haben. So erhöhen wir zum Beispiel die Zuwendungen für die sozialistische Erziehung im Planjahrfünft um mindestens 99%, für die politische Bildung (Presse, Film, Funk und sonstiges) um 132%, für die Berufsausbildung um 219% usw. In der optimalen Variante ist natürlich ein noch höheres Tempo vorgesehen (siehe Tabelle 5).

Der grandiose Umfang des oben angeführten Programms spricht für sich selbst. Man kann jedoch in diesem Programm zwei Aufgaben unterscheiden: erstens, die einfache Reproduktion der Arbeitskraft zu gewährleisten und, zweitens, ihre erweiterte Reproduktion in quantitativer und qualitativer Beziehung zu fördern. Der Aufwand für die Verwirklichung der zweiten Aufgabe unterscheidet sich prinzipiell nicht von den Investitionen, die für den materiellen Aufbau bestimmt sind. Deren Produktionseffekt wird ebenfalls erst im Verlaufe einer ganzen Reihe von Jahren nach dem Zeitpunkt der Investitionen eintreten. Freilich läßt sich dieser Effekt nicht immer genau berechnen. Nichtsdestotrotz werden wir ihn zu gegebener Zeit erzielen.

Unter dem genannten Gesichtspunkt ist in unserer Tabelle die Position, die den Aufwand für die materielle „Versorgung der Lernenden" während ihrer Schulzeit ausweist, von großem Interesse. Hier ist nicht jener Stipendienfonds gemeint, der aus dem Haushalt gespeist wird und nicht nur den Kindern von Arbeitern, sondern auch der Bauern und anderer Bürger zugute kommt. Es geht vielmehr um einen zusätzlichen Spezialfonds, der im Rahmen der Sozialversicherung gebildet wird, und nur einzig für die Versorgung der Kinder der versicherten Arbeiter und Angestellten vorgesehen ist. Wir möchten diesen Fonds auf die Versorgung der Kinder der Arbeiter ausdehnen, beginnend bereits mit der 7-Jahresschule sowie mit der niederen und mittleren Berufsschule. Nur wenn wir über einen solchen Fonds verfügen, können wir den Plan verwirklichen, die obligatorische Siebenklassenschule für die gesamte heranwachsende Arbeiterbevölkerung unserer Städte

[3] „Die Volksbildung in der UdSSR", Verlag der Zentralverwaltung für Statistik, Moskau 1929, S. 198.

Tabelle 5. Haushalt des sozial-kulturellen Aufbaus
(in Tscherwonezvaluta des jeweiligen Jahres)

Quellen und Verwendung der Mittel	Jährlicher Fonds (in Mill. Rubel)			1932/33 (in % zu 1927/28)		Summe der Fonds für 5 Jahre (in Rubel)	
	1927/28	1932/33					
		Ausgangs-variante	Optimale Variante	Ausgangs-variante	Optimale Variante	Ausgangs-variante	Optimale Variante
1	2	3	4	5	6	7	8
Quellen							
1. Staatshaushalt	433	953	1075	220	248	3680	3855
2. Örtliche Haushalte	797	1647	1885	206	237	6403	6936
3. Sozialversicherung	969	2108	2449	218	253	7863	8630
4. Sonstige Quellen	259	637	717	246	277	2415	2671
Summe (1 bis 4)	2458	5345	6126	217	249	20361	22092
Verwendung							
1. Bildung							
a) Einrichtungen der sozialen Erziehung	583	1162	1369	199	235	4556	5014
b) Schulen für die Berufsbildung	225	717	729	319	324	2632	2674
c) Presse, Film, Funk und sonstiges	151	351	363	232	240	1342	1397
d) Hauptverwaltung der Wissenschaft	70	109	109	156	156	471	471
e) Versorgung der Lernenden	–	358	499	–	–	863	1130
Summe (1)	1029	2697	3069	262	298	9864	10686
2. Gesundheitsschutz	597	1102	1274	185	213	4376	4823
3. Soziale Versorgung	93	201	278	216	299	738	860
Summe (1 bis 3)	1719	4000	4621	233	269	14978	16369
4. Versicherung, Zuwendungen und sonstiges	739	1345	1505	182	204	5383	5723
insgesamt (1 bis 4)	2458	5345	6126	217	249	20361	22092

einzuführen. Nur unter diesen Bedingungen wird gewährleistet sein, daß sich der Anteil der qualifizierten Arbeiter, Techniker und Ingenieure in dem für uns erforderlichen Maße und in der notwendigen sozialen Zusammensetzung erhöht, das heißt, daß der Anteil der Arbeiterkinder nicht nur in den niederen Funktionen, sondern auch im Kommandostab unserer Industrie und aller Wirtschaftsorgane überwiegen wird. Das wird bedeutende Mittel kosten, doch das lohnt sich hundertfältig. Vor allem aber lohnt es sich dadurch, daß wir die Möglichkeit erhalten, unseren ingenieurtechnischen Kommandostab wesentlich niedriger zu entlohnen. Die bedeutende Differenz in der Entlohnung zwischen einem qualifizierten Arbeiter und einem Ingenieur ist vor allem durch die relativ hohen Kosten für die Reproduktion der Ingenieure bedingt, die auf den individuellen Haushalt der

Studierenden oder ihrer Familien entfallen. Von dem Zeitpunkt an aber, da der Staat die Verpflichtung übernimmt, nicht nur eine kostenlose Ausbildung zu gewährleisten, sondern auch die Versorgung aller Studierenden während der Zeit der Ausbildung zu übernehmen, entfällt die ökonomische Begründung für eine übermäßige Differenzierung zwischen der Entlohnung des Arbeiters und des Ingenieurs. Und welche Einsparungen hier möglich sind, kann man schon daraus ersehen, daß zum Beispiel die Versorgung eines Studenten an einer höheren Lehranstalt für die Dauer von fünf Jahren 2000 bis 3000 Rubel kosten kann, während die Differenz zwischen der Bezahlung eines qualifizierten Arbeiters oder eines Ingenieurs im Verlaufe von 20 bis 30 Jahren seiner Arbeit uns nach den heutigen Sätzen mindestens ungefähr 30000 bis 40000 Rubel kosten würde. Wir sprechen hier schon gar nicht von jener sozialen Kluft zwischen dem Arbeiter und dem Ingenieur, die so oft auf dem Boden des außerordentlich differenzierten Wohlstandes zwischen ihnen entsteht, und die mitunter mit einem unangenehmen Produktionseffekt einhergeht. In dem in Tabelle 5 angeführten Haushalt des sozial-kulturellen Aufbaus fehlt eine äußerst wichtige Position. Gemeint sind die Aufwendungen für den Wohnungsneubau, die im Plan für den Fünfjahrzeitraum einen Betrag von mindestens 4955 Millionen Rubel erreichen. Diese Aufwendungen, die auf die Verbesserung der Lebensbedingungen der Arbeiter gerichtet sind, haben ebenfalls eine enorme kulturelle und produktive Bedeutung. Indem wir den vergesellschafteten Fonds für Wohnraum in den Städten im Verlaufe der fünf Jahre um insgesamt 40% vergrößern, was die Möglichkeit schafft, die Pro-Kopf-Versorgung der Arbeiter mit Wohnfläche um 23% zu erhöhen, schaffen wir damit nicht nur günstigere Bedingungen für ein kulturvolles Leben der Arbeiter, sondern auch die Grundlage für eine größere Seßhaftigkeit des Proletariats. Wenn man bedenkt, welche Bedeutung der Umstand hat, daß die Verbindungen mit dem Dorf noch nicht abgerissen sind, und die häufigen Wanderungen von einem Ort zum anderen auf der Suche nach besseren Arbeits- und Lebensbedingungen berücksichtigt, dann ist das auch vom Standpunkt der Produktion her durchaus keine gleichgültige Angelegenheit. Der gewaltige Umschlag von Arbeitskräften in unserer Industrie, der von der Statistik festgestellt wird, stellt einen völlig unrationellen Verbrauch an Produktionsressourcen dar, und der halbseßhafte Charakter des bedeutenden Teils der zwischen der Stadt und dem Dorf pendelnden „Saison"-Lohnarbeiter hemmt die vollständige Konsolidierung des Proletariats zu einer einheitlichen sozial und kulturell geschlossenen Klasse, die nicht nur zu hohen Produktionsergebnissen fähig ist, sondern auch zu einer wirksamen Abwehr gegen alle von außen kommenden Klasseneinflüsse. Derade deshalb muß das Programm des Wohnungsbaus, das im Plan vorgesehen ist, die allgemeine gesellschaftliche Aufmerksamkeit auf sich ziehen. Hier muß man noch einen wichtigen Umstand vermerken. Bislang waren die zu niedrigen Mieten das ernsthafteste Hindernis gegenüber einem großangelegten Wohnungsbau. Doch die Korrekturen, die in das Wohnungsgesetz eingebracht wurden, und jener Zuwachs der Mieten, der sich unmittelbar aus dem Wachstum des Arbeitslohnes ergibt, gewährleisten schon heute, im allgemeinen den Wohnungsfonds verlustlos zu nutzen. Die vorgesehene Steigerung des Arbeitslohnes während des Jahrfünfts erbringt uns im Selbstlauf einen weiteren Zuwachs der Mieten um mindestens 22%. Damit ist bereits die Möglichkeit gegeben, unseren Wohnungsfonds völlig rentabel zu nutzen. Dadurch werden auch keine künstlichen Erhöhungen der Tarife im bevorstehenden Jahrfünft erforderlich. Um den Arbeiterhaushalt gegen alle unnötigen Zugriffe zu schützen, sollte man das durch einen besonderen Beschluß fixieren. Eine weitere Überprüfung des Gesetzes über die Wohnungsmiete in Richtung auf eine Erhöhung sollte mindestens für den Verlauf dieses Fünfjahrplanes ausgeschlossen werden.

Der Umfang der vom Plan vorgesehenen sozialistischen Akkumulation für das Jahrfünft wird vor allem durch das allgemeine Wachstumstempo des gesamten Nationaleinkommens im Lande bestimmt, dann durch das Tempo der Vergesellschaftung in den verschiedenen Zweigen der Wirtschaft und schließlich durch jenen Anteil des Nationaleinkommens, der ein ausreichendes Wachstum des Verbrauchs der werktätigen Massen gewährleistet.

Das Nationaleinkommen ist die allgemeinste Kennziffer für den Effekt, den die im Plan projektierte Rekonstruktion der Volkswirtschaft zeitigen soll, es verdient von diesem Standpunkt her eine spezielle Untersuchung. In den allgemeinsten Ergebnissen kann die Entwicklung des Nationaleinkommens der UdSSR für 1927/28 bis 1932/33 in folgender Form dargestellt werden (siehe Tabelle 6).

Die angeführten Ergebnisse erfassen das Nationaleinkommen der UdSSR nicht vollständig, denn es wurden darin eine Reihe zweitrangiger Positionen noch nicht berücksichtigt (Transport mit Zugtieren, einige Teile der Kommunalwirtschaft usw.), doch für die Analyse der Dynamik dieser Kennziffer sind sie hinreichend aussagefähig. In dieser Tabelle lenkt vor allem die bedeutende Wachstumsrate des Nationaleinkommens die Aufmerksamkeit auf sich. Wenn man den Einfluß der Preissenkungen eliminiert, dann erhält man dem physischen Umfang nach, das heißt in der Bewertung zu unveränderten Preisen, entsprechend den beiden Varianten einen Zuwachs des Nationaleinkommens, der zwischen 80 und 100% liegt. Selbst pro Kopf berechnet, das heißt unter Berücksichtigung des Bevölkerungszuwachses, erwarten wir einen Zuwachs, der sich in den Grenzen von 60 bis 80% in einem Jahrfünft bewegt.

Wenn man diese Koeffizienten mit den Wachstumsraten der kapitalistischen Länder vergleicht, dann sieht man, daß sie ohne Beispiel sind. Den höchsten Zuwachs des Nationaleinkommens pro Kopf der Bevölkerung erreichten die Vereinigten Staaten mit 53% für das Jahrzehnt von 1880 bis 1890, doch auch dieses Wachstum hält keinen Vergleich mit unserem Vorhaben aus, denn es entspricht einer jährlichen Wachstumsrate von 4,5%, während unsere Berechnungen für die UdSSR eine solche von wenigstens 10 bis 12% ergeben. Wenn man sich aber den uns näheren Zeiträumen zuwendet, dann muß man feststellen, daß das amerikanische Tempo stark abfällt, während das europäische überhaupt nur geeignet ist, jedem beliebigen Apologeten des Kapitalismus Verzagtheit einzuflößen. So gelangte zum Beispiel S. N. Prokopovič, nachdem er alle entsprechenden Berechnungen der bürgerlichen statistischen Wissenschaft zusammengestellt hatte, zu folgenden Schlußfolgerungen. Für das letzte Vierteljahrhundert vor dem Krieg zeigt das Pro-Kopf-Niveau des Nationaleinkommens – auf unveränderter Preisbasis – für alle fortgeschrittenen Länder des Kapitalismus das sehr unansehnliche Bild der Altersschwäche, oder anders gesagt, das eines vollständigen Stillstandes. Zuerst kann man noch in dem jüngsten der kapitalistischen Länder, den USA, für 1900 bis 1913 einen jährlichen Zuwachs des Pro-Kopf-Einkommens in Höhe von 1,2 % feststellen, doch schon im junkerlichen Preußen beobachten wir zwischen 1896 und 1913 nur noch eine jährliche Zuwachsrate von knapp 0,2%, im alten England zeigt die Rate für die Zeit von 1895 bis 1913 eine glatte Null, und im „herrlichen" Frankreich beobachten wir für die Jahre von 1894 bis 1913 sogar einen negativen jährlichen „Zuwachs" (–0,8%).

Nachdem er diese so traurigen Fakten konstatierte, schließt Prokopovič melancholisch: „Folglich ist jene ökonomische Krise, die das westliche und zentrale Europa gegenwärtig durchmacht, keineswegs durch den Weltkrieg hervorgerufen worden. Schon zum Ende der 90er Jahre des 19. Jahrhunderts traten die Länder der alten europäischen Kultur in eine Phase der volkswirtschaftlichen *Depression* und *Stagnation* ein, und zwar nicht

Tabelle 6. Nationaleinkommen (Nettoproduktion) der UdSSR
(in Mrd. Rubel-Tscherwonez zu Preisen des jeweiligen Jahres)

Wirtschaftszweige	Nationaleinkommen			Struktur (in % zum Ergebnis)			Zuwachs in 5 Jahren			
	1927/28	1932/33		1927/28	1932/33		Ausgangsvariante		Optimale Variante	
		Ausgangsvariante	Optimale Variante		Ausgangsvariante	Optimale Variante	absolut	in %	absolut	in %
1	2	3	4	5	6	7	8	9	10	11
1. Land- und Forstwirtschaft	11,28	16,37	16,74	45,7	40,3	38,7	5,09	45,1	5,46	48,4
2. Industrie (mit Akzise)	7,81	13,92	14,81	31,6	34,2	34,2	6,11	78,2	7,00	89,6
3. Bauwesen	1,59	3,45	4,10	6,5	8,5	9,5	1,86	117,0	2,51	157,9
4. Transport- und Nachrichtenwesen	1,26	2,34	2,62	5,1	5,7	6,1	1,08	85,7	1,36	107,9
5. Handelserlös (Aufschlag)	2,74	4,59	5,00	11,1	11,3	11,5	1,85	67,5	2,26	82,5
Ergebnis	24,68	40,67	43,27	100,0	100,0	100,0	15,99	64,8	18,59	75,3
das gleiche (in Milliarden Rubel nach dem physischen Umfang)	24,68	44,82	50,20	–	–	–	20,14	81,6	25,52	103,4
insgesamt pro Kopf der Bevölkerung in Rubel										
a) Tscherwonez	163,1	240,4	255,7	–	–	–	77,3	47,4	92,6	56,8
b) nach dem physischen Umfang	163,1	264,9	296,7	–	–	–	101,8	62,4	133,6	81,9

nur England, sondern auch Frankreich und selbst Deutschland ... Wir haben es hier mit einem *Wendepunkt* in der Geschichte der alten Kulturländer zu tun ... Der Stillstand im Wachstum des Volkswohlstandes, der eine tiefe soziale Unzufriedenheit und Gärung unter den werktätigen Massen hervorrief, führte zu einer verstärkten Jagd nach billigen Rohstoffmärkten und zum Kampf um diese Märkte, der zum Weltkrieg führte." „Doch dieser Krieg", vermerkt Prokopovič weiter, „trug nicht zur Verbesserung der ökonomischen und sozialen Lage Europas bei, sondern verschlechterte sie in außerordentlichem Maße".[4] Zum Beweis dessen führte er eine ganze Reihe vernichtender statistischer Zahlen und Fakten an, aus denen unter anderem hervorgeht, daß die Mehrzahl der „fortgeschrittenen" Länder des kapitalistischen Europa nach dem Kriege und bis heute das

[4] S. N. Prokopovič, Das Nationaleinkommen der westeuropäischen Länder, Moskau-Leningrad 1930, S. 48, 49, Hervorhebungen von Strumilin.

Niveau des Nationaleinkommens nicht erreicht haben, auf dem sie vor dem Kriege stehengeblieben waren. So erreichte zum Beispiel Deutschland im Jahre 1925 nur 99% des Vorkriegsstandes, England 85,6, Frankreich 79,1 usw. Natürlich kann man solche Tatsachen auf unterschiedliche Weise erklären. Prokopovič zum Beispiel, der bei der Revision seiner alten Ansichten lange schon, etwa um 100 Jahre, hinter Marx zurückging und bei seiner Hochwürden Th. R. Malthus angelangt ist, bemüht sich, diesen Stillstand des Kapitalismus durch das Versiegen der „*natürlichen* Reichtümer und die sinkende Produktivität des aufeinanderfolgenden Arbeitsaufwandes und des Kapitals . . ." zu erklären. Doch wir sind durchaus nicht geneigt, in diesem Verfaulen des Kapitalismus *natürliche* Wachstumsgrenzen für die Produktivkräfte zu sehen, vielmehr denken wir, wenn die betreffende historische Form der gesellschaftlichen Produktion tatsächlich die ihr eigenen ökonomischen Möglichkeiten erschöpft hat, dann bedeutet das, daß eine andere, produktivere an ihre Stelle treten muß. Die Fakten über die Dynamik unserer sowjetischen Wirtschaft unterstreichen sozusagen völlig unparteiisch die Berechtigung einer solchen Schlußfolgerung.

Es geht natürlich nicht darum, daß wir *für die Zukunft* ein hohes Wachstum des Pro-Kopf-Niveaus des Nationaleinkommens projektiert haben, sondern darum, daß wir bereits durch unsere Erfahrungen bewiesen haben, daß ein solches Tempo möglich ist. Im Verlaufe der drei Jahre von 1924/25 bis 1927/28 erzielten wir einen Zuwachs des Nationaleinkommens pro Kopf der Bevölkerung in Höhe von 31%, das heißt, die jährliche Wachstumsrate betrug mindestens 10%. Im Lichte dieser Daten stellen sich unsere Berechnungen, die wir für die sich daran anschließenden Jahre des Fünfjahrplanes ausführten, durchaus nicht als übermäßig optimistisch dar. Ungeachtet dessen, daß die Sowjetunion in den Jahren des Weltkrieges und des Bürgerkrieges, unter den Bedingungen der Intervention und der Blockade in einen Zustand so tiefer wirtschaftlicher Zerrüttung geriet, wie ihn kein einziges kapitalistisches Land erlebte, erreichten wir bereits im Wirtschaftsjahr 1926/27 das Vorkriegsniveau beim Nationaleinkommen, im Wirtschaftsjahr 1928/29 erzielten wir einen Stand von ungefähr 116%, und nach Ablauf von vier Jahren rechnen wir fest damit, daß wir es mindestens auf 170% gegenüber dem Vorkriegsniveau heben können. Das ist das von unserem Plan vorgesehene Tempo des wirtschaftlichen Wachstums der UdSSR.

Von großem Interesse sind die aus dem Plan hervorgehenden Veränderungen in der Struktur des Nationaleinkommens. Wie aus Tabelle 6 ersichtlich ist, sinkt der Anteil der Landwirtschaft im Verlauf der fünf Jahre von 46 auf 39%. Das ist das Ergebnis der Industrialisierung der Volkswirtschaft. Es ist jedoch in diesem Falle noch nicht in seinem ganzen Ausmaß ausgewiesen, da die Preise für die Industrieerzeugnisse erheblich gesenkt wurden, während die landwirtschaftlichen Preise stabil bleiben. Unter der Voraussetzung unveränderter Preise würde der Anteil der Landwirtschaft an der Gesamtsumme gegen Ende des Fünfjahrplanes einen noch niedrigeren Prozentsatz erreichen (36,7%). Noch erheblicher sind die Strukturveränderungen des Nationaleinkommens im Querschnitt der Sektoren. Der Anteil des privaten Sektors an der Gesamtproduktion des Nationaleinkommens fällt schon nach der Ausgangsvariante von 47 auf 35%, während er nach der optimalen Variante gar auf 32,9% sinkt.

In Ergänzung zu dieser umfassendsten Kennziffer der Vergesellschaftung kann man noch die folgenden detaillierteren Kennziffern hinzufügen. Die Produktion der Zensurindustrie erreichte schon im Wirtschaftsjahr 1927/28 einen Vergesellschaftungsgrad von 98,3%, und der Anteil des privaten Sektors fällt dabei im Verlaufe der fünf Jahre von 1,7 auf 1,0%. Das dampfgetriebene Transportwesen ist ganz und gar zu 100% vergesellschaftet. Im Handel kommen die Prozesse der Vergesellschaftung ebenfalls außerordentlich energisch voran. Der private Einzelhandel vermindert seinen Anteil

Tabelle 7. Bilanz der Produktion und der Verteilung des Nationaleinkommens der UdSSR (unter Berücksichtigung der Preissenkungen)

Soziale Sektoren und Klassen	in Mill. Rubel-Tscherwonez		
	1927/28	1932/33 Ausgangsvariante	Optimale Variante
1	2	3	4
A. Einnahmen (nach Sektoren)			
1. Staatlicher Sektor	10566	19529	21397
2. Genossenschaftlicher Sektor	2447	7096	7649
Summe	13013	26625	29046
3. Privater Sektor	11669	14049	14224
insgesamt	24682	40674	43270
B. Ausgaben (nach Klassen)			
1. Proletariat			
a) Landwirtschaftliches	554	1053	1100
b) Industrielles und sonstiges	8638	15664	17509
Summe	9192	16717	18609
2. Werktätige, die keine Lohnarbeit verrichten			
a) im Ackerbau *	11357	16369	17228
b) in sonstigen Zweigen	1747	1974	1793
Summe	13104	18343	19021
3. Unternehmergruppen			
a) im Ackerbau	1490	2088	1772
b) sonstige	588	351	306
Summe	2078	2439	2078
4. Sonstige Gruppen	504	568	568
Gesamtbetrag der Einkünfte der Bevölkerung – brutto (1–4)	24878	38067	40276
darunter: Doppelzählungen	2404	2925	3358
Gesamtbetrag ohne Doppelzählungen – netto	22474	35142	36918
Akkumulation im vergesellschafteten Sektor	2208	5532	6352
Bilanzergebnis	24682	40674	43270

* Einschließlich der Personen, die von den Städten auf das Land geschickt wurden.

nach der Ausgangsvariante in den fünf Jahren von 25 auf 12% und nach der optimalen Variante auf 9%. Der gesamte private Warenumschlag im Groß- und Einzelhandel fällt von 14 auf 4,6% beziehungsweise sogar auf 3,2%. Nur in der Landwirtschaft überwiegt noch die privatwirtschaftliche Anarchie. Doch auch hier vergrößert sich der vergesellschaftete Sektor, gemessen an der Bruttoproduktion, im Verlaufe von fünf Jahren mindestens auf das 7fache, von 1,8 auf 13 bis 15%, der Warenproduktion nach auf 23 bis 25%,

Struktur	(in % zum Ergebnis)		Zuwachs in 5 Jahren			
1927/28	1932/33		Ausgangsvariante		Optimale Variante	
	Ausgangsvariante	Optimale Variante	absolut	in %	absolut	in %
5	6	7	8	9	10	11
42,8	48,0	49,4	8963	84,8	10831	102,5
9,9	17,4	17,7	4649	190,0	5202	212,6
52,7	65,4	67,1	13612	104,6	16033	123,2
47,3	34,6	32,9	2380	20,4	2555	21,9
100,0	100,0	100,0	15992	64,8	18588	75,3
2,2	2,6	2,5	499	90,1	546	98,6
35,0	38,5	40,5	7026	81,3	8871	102,7
37,2	41,1	43,0	7525	81,9	9417	102,4
46,0	40,2	39,8	5012	44,1	5871	51,7
7,1	4,9	4,1	227	13,0	46	2,6
53,1	45,1	43,9	5239	40,0	5917	45,2
6,0	5,1	4,1	598	40,1	282	18,9
2,4	0,9	0,7	– 237	–40,3	– 282	–48,0
8,4	6,0	4,8	361	17,4	0	0
2,0	1,4	1,3	64	12,7	64	12,7
100,8	93,6	93,1	13189	53,0	15398	61,9
9,7	7,2	7,8	521	21,7	954	39,7
91,1	86,4	85,3	12668	56,4	14444	64,3
8,9	13,6	14,7	3324	150,5	4144	187,7
100,0	100,0	100,0	15992	64,8	18588	75,3

bei Brotgetreide steigt der Anteil sogar auf 43%. Die Gesamtbilanz der Nettoproduktion des Landes nach sozialen Sektoren und ihrer Verteilung auf die Bevölkerungsklassen ist in der folgenden orientierenden Berechnung dargestellt worden (siehe Tabelle 7).

Natürlich haben Gegenüberstellungen dieser Art immer einen sehr bedingten Charakter. Bei der Berechnung der persönlichen Einkünfte der Bevölkerung ist immer bei einem gewissen Anteil eine mehrfache Berechnung unausweichlich. Die Einkünfte von Hausangestellten stellen zum Beispiel immer einen direkten Abzug aus den Einkünften desjenigen dar, der sie beschäftigt. Der Arbeitslohn im staatlichen Apparat wird hauptsächlich aus Steuern abgedeckt, die einen Abzug aus den persönlichen Einkünften aller Steuerzahler bedeuten. Außerdem ist die Genauigkeit derartiger Berechnungen an sich nicht sehr groß, das gilt schon in bezug auf vergangene Jahre, und um so mehr natürlich für provisorische Bilanzen, das heißt für Berechnungen, die sich auf die künftigen Jahre erstrecken. Ungeachtet dessen könnten wir ohne eine solche, wenn auch sehr grobe Orientierung nicht über das soziale Profil des Planes in seiner Gesamtheit urteilen. Worin kommen nun seine charakteristischsten Züge zum Ausdruck?

Vor allem muß festgestellt werden, daß sich der Anteil der Akkumulation im vergesellschafteten Sektor, das heißt die Summe der Gewinne und Renteneinkünfte der staatlichen und genossenschaftlichen Betriebe einschließlich des Reineinkommens aus der Forstwirtschaft in den fünf Jahren von 9 auf 15% des Gesamtbetrags des Nationaleinkommens erhöht. Im Zusammenhang damit wächst die Summe der Einkünfte der Bevölkerung (netto) etwas langsamer als der Gesamtbetrag des Nationaleinkommens. Während aber das durchschnittliche Wachstumstempo der Einkommen für alle Gruppen nur 62% erreicht, erhöht sich das Einkommen des Proletariats auf das Doppelte, das heißt wesentlich schneller als die Durchschnittsrate für die Bevölkerung insgesamt. Dagegen erreicht das Einkommen der bürgerlichen Unternehmergruppen nur den bescheidensten Zuwachs, nach der Ausgangsvariante steigt es um 17%, während es nach der optimalen Variante nur ein Nullwachstum erreicht, bei Verminderung der absoluten Einkommenssumme für die städtische Unternehmergruppe insgesamt (durch die starke Reduzierung des privaten Handels). Was die kulakische Oberschicht des Dorfes anbelangt, so gehen wir von der Annahme aus, daß deren Anteil schon im bevorstehenden Jahrfünft zu fallen beginnt, daß sie aber dennoch nach der Ausgangsvariante zahlenmäßig noch wachsen wird, allerdings langsamer als das allgemeine Bevölkerungswachstum, so daß auch die Summe der Einkünfte wächst. Die allgemeine Verschiebung in der Einkommensverteilung, die sich von der Bourgeoisie zum Proletariat bewegt, kommt dennoch in der angeführten Tabelle außerordentlich klar zum Ausdruck.

Diese allgemeinen Veränderungen charakterisieren jedoch noch nicht die Entwicklung des relativen *Niveaus* des Wohlstandes der verschiedenen sozialen Gruppen. Als Kennziffer dafür kann nur das Pro-Kopf-Einkommen dieser Gruppen dienen, und zwar das Realeinkommen, das heißt unter Berücksichtigung der Veränderungen des Preisindex. Es ist unmöglich, solche Indizes für alle in Tabelle 7 aufgeführten Gruppen anzugeben, doch für die Hauptgruppen der städtischen und ländlichen Bevölkerung verfügen wir über solche Projektierungen. Nach Berechnungen von V. I. Kac, der die persönlichen Einkommen der Bevölkerung nach sozialen Gruppen auf der Grundlage von Projektierungen, die in den Sektionen der Staatlichen Plankommission ausgeführt wurden, aufgliederte, können wir mit einem Zuwachs des realen Pro-Kopf-Einkommens während der fünf Jahre in Höhe von 51% in der Stadt und von 52% auf dem Lande rechnen. Nach der optimalen Variante betragen die entsprechenden Zuwachsraten 66 und 67%. Bei der sehr geringen Genauigkeit solcher Berechnungen kann man annehmen, daß im allgemeinen sowohl in der Stadt als auch im Dorf das Pro-Kopf-Einkommen ein gleiches Wachstum erreicht. Doch während wir für die Stadt insgesamt nur einen Zuwachs des Pro-Kopf-Einkommens um 51% haben, steigt das Einkommen des städtischen Proletariats um 58%, das heißt, die ärmste Gruppe erzielt einen Zuwachs, der über dem Durchschnitt liegt. Das gleiche tritt auch im Dorf ein: Während sich das Einkommen für die gesamte Bevölkerung insgesamt in den Grenzen von 52 und 67% erhöht, steigt das des dörflichen Proletariats um mindestens 64%, und die Dorfarmut, die in den Kolchosen zusammengeschlossen ist, erhöht es sogar um 66 bis 79%. Die ärmsten Gruppen des Dorfes erzielen somit in jedem Falle ein schnelleres Wachstum des Wohlstandes als die gesamte Stadtbevölkerung. Die Differenz im Niveau des Wohlstandes zwischen diesen ärmsten Gruppen des Dorfes und dem Durchschnittsniveau der Stadt sollte sich folglich nach und nach ausgleichen.

In den angeführten Kennziffern ist die Rolle des Haushaltes als eines der wichtigsten Instrumente zur Umverteilung des Nationaleinkommens noch nicht ausgewiesen. Über die Steuererhebungen vermindert der Haushalt die Ressourcen der individuellen Wirtschaften und vermehrt den Umfang und das Tempo der sozialistischen Akkumulation, indem er einen Teil dieser Ressourcen zur Finanzierung der Volkswirtschaft einsetzt. Von besonderem Interesse in dieser Beziehung ist im Zusammenhang mit unserer Klassenpolitik im Dorf die Rolle des Staatshaushaltes als Hebel zur Umverteilung des Nationaleinkommens und der sozialistischen Akkumulation zu Lasten der Hauptmasse der landwirtschaftlichen Bevölkerung. Dieses Problem ist recht kompliziert, weil der Staatshaushalt nicht nur mit Steuerhebeln operiert, sondern auch mit Kreditmethoden, außerdem werden neben den Abzügen durch den Staatshaushalt auch noch eine kulturelle und wirtschaftliche Versorgung der Bedürfnisse des Dorfes verwirklicht. Wenn man jedoch von Projektierungen der Haushalts- und Finanzsektion der Staatlichen Plankommission über das Wachstum der einzelnen Einnahme- und Ausgabepositionen des Haushaltes ausgeht sowie von den Daten über die soziale Schichtung des Dorfes in den Berichtsjahren, die unlängst in der Ausarbeitung einer Kommission des Rates der Volkskommissare über die Steuerbelastung dargelegt wurden, dann kann man die folgende orientierungsmäßige Berechnung aufstellen (siehe Tabelle 8). In dieser Bilanz haben wir nicht jene Abzüge von den Ressourcen des Dorfes berücksichtigt, die im Prozeß des nichtäquivalenten Austausches von Produkten des Dorfes gegen städtische Erzeugnisse entstehen, denn diese Abgaben lassen sich überhaupt nicht erfassen. Die Preisindizes auf der Basis des Jahres 1913, die uns zur Verfügung stehen, können nicht als objektiver Maßstab für den Nachweis des nichtäquivalenten Austausches zugunsten der Stadt dienen, weil auch für das Jahr 1913 niemand irgendeine Äquivalenz festgestellt hat. Seit dieser Zeit aber haben die Produktionsbedingungen in der Stadt und im Dorf außerordentlich wesentliche Veränderungen erfahren. Wie sich heute die „Schere“ zwischen dem Preis und dem Wert der Ackerbauprodukte gestaltet, vermag niemand mit Exaktheit zu sagen. Außer Zweifel steht nur das eine, daß es eine solche Preis-„Schere“ auch noch nach Erhöhung des Getreidepreises im Herbst 1928 gab und daß sie sich erst in den darauffolgenden Jahren nach und nach schloß.

Nicht erfaßt sind in unserer Bilanz auch die Rückerstattungen zu den anteiligen Akkumulationen der *Genossenschaften* (etwa eine Milliarde Rubel im Jahrfünft) und einige andere.

Diese Bilanz ergibt somit kein erschöpfendes Bild über die Verrechnungsbeziehungen des Dorfes mit *allen* seinen Kontrahenten. Doch als Bilanz der Verrechnungen mit dem Staat oder – präziser gesagt – mit dem staatlichen und den örtlichen Haushalten stellt sie jedoch eine hinreichend vollständige und genaue Widerspiegelung der Wirklichkeit dar.

Wenn man den individuellen Sektor des Dorfes als Ganzes nimmt, dann beträgt der reine Saldo, den die Erhebungen aus dem Dorf durch Steuern und Anleihen nach Abzug jener Rückerstattungen ergeben, die im Rahmen der Haushaltsfinanzierung und Kredite vom Staat erfolgen, für den Fünfjahr-Zeitraum etwa 3,6 Milliarden Rubel. Es muß bemerkt werden, daß der entsprechende Saldo im vorausgegangenen Jahrfünft nach den Daten der Abrechnungen ebenfalls etwa drei Milliarden Rubel betrug. Dieser Saldo ermöglicht es uns, den vergesellschafteten Sektor der Wirtschaft zu finanzieren oder ihn zur Befriedigung

Tabelle 8. Berechnungsbilanz über die Wechselbeziehungen zwischen dem Staat und dem Dorf für den Zeitraum von 1928/29 bis 1932/33 (in Mill. Rubel-Tscherwonez) *

Indikatoren \ Gruppen	Ausgangsvariante						
	Unternehmer	Mittelbauern	Dorfarmut	Summe	Landarbeiter	Individuelle Wirtschaften insgesamt	Kolchose und Sowchose
1	2	3	4	5	6	7	8
Einnahmen in fünf Jahren	9075	55900	9650	74625	4380	79005	4320
I. *Erhebungen*							
1. Landwirtschaftssteuer und Selbstbesteuerung	1179	1619	40	2838	–	2838	157
2. Sonstige Steuern	1390	5570	785	7745	653	8398	312
Summe (1 bis 2)	2569	7189	825	10583	653	11236	469
3. Anleihen und Sparkassen (Saldo)	54	336	58	448	26	474	24
Summe (1 bis 3)	2623	7525	883	11031	679	11710	493
Prozentualer Anteil der Erhebungen	28,9	13,5	9,2	14,8	15,5	14,8	11,4
II. *Rückerstattung*							
1. Verwaltungs- und Gerichtskosten	53	703	175	931	48	979	56
2. Kultur	228	3035	755	4018	206	4224	241
3. Wegewirtschaft	141	871	150	1162	68	1230	62
4. Altersversicherung	–	–	86	86	24	110	30
Summe (1 bis 4)	422	4069	1166	6197	346	6543	389
5. Finanzierung der Volkswirtschaft (Saldo)	90	1128	282	1500	–	1500	1650
Summe (1 bis 5)	512	5737	1448	7697	346	8043	2039
Bilanzsaldo (I–II)	+2111	+1788	–565	+3334	+333	+3667	–1546
6. Gewinn durch Preissenkungen							
a) bei Industrieerzeugnissen	445	2207	348	3000	181	3181	–
b) bei landwirtschaftlichen Produkten	111	552	87	750	–	750	–
Summe	556	2759	435	3750	181	3931	–
Gesamtbilanz	+1555	–971	–1000	–416	+152	–264	–1546

* Diese Berechnungen kann man nur als Orientierung betrachten

der Bedürfnisse der Landesverteidigung und anderer gesamtstaatlicher Bedürfnisse einzusetzen. Aus Tabelle 8 ist ersichtlich, daß mehr als 40% dieses Saldos, und zwar 1546 Millionen Rubel, nach unserem Plan für den Aufbau der Kolchose und Sowchose, das heißt für die Finanzierung der Prozesse der Vergesellschaftung im Dorf eingesetzt werden. Damit geht ohne Zweifel ein gewisses Umpumpen vom privaten Sektor auf den sozialistischen vor sich. Außerdem aber erfolgt damit eine Umverteilung des Nationaleinkommens zwischen den verschiedenen sozialen Gruppen des Dorfes. Die Unternehmergruppe führt an den Staatshaushalt im Verlaufe der fünf Jahre 2111 Millionen Rubel ab, die Mittelbauern einen Betrag von 1788 Millionen, doch dafür erhält die Dorfarmut mehr als eine halbe Milliarde Rubel aus diesen Mitteln. Dieses Ergebnis folgt aus dem Klassencharakter unserer direkten Besteuerung. Der prozentuale Anteil der Erhebungen vom Einkommen ist bei den höheren Einkommensgruppen dreimal größer als bei den unteren Einkommensgruppen. Mit steigendem Pro-Kopf-Niveau des Wohlstandes wird sich dieser Prozentsatz im bevorstehenden Jahrfünft merklich erhöhen. Doch darf man, wenn man den Einfluß dieses Zuwachses der Steuererhebungen ins Kalkül zieht, einen weiteren sehr wichtigen Umstand nicht vergessen: unsere Preispolitik, wie sie im Plan projektiert wurde.

Wie bekannt ist, gestalten sich die gegebenen Preisrelationen zwischen den industriellen und den landwirtschaftlichen Erzeugnissen im Vergleich zum Vorkriegsverhältnis nicht sehr günstig für das Dorf. Doch im Verlauf des Jahrfünfts kann sich die „Preisschere" vollständig schließen. Die Produktivität der industriellen Arbeit wächst bei uns wesentlich schneller als in der Landwirtschaft. Das macht es aber möglich, die Industriepreise während der fünf Jahre in einem stärkeren Maße zu senken als die landwirtschaftlichen. Tatsächlich sind die landwirtschaftlichen Preise im Wirtschaftsjahr 1928/29 sogar gegenüber 1927/28 etwas angestiegen (um 5,5%), und, obgleich sie bis zum Wirtschaftsjahr 1932/33 wieder um etwa 3% sinken werden, bleibt ihr Niveau dennoch um 2,4% über dem von 1927/28. Die industriellen Einzelhandelspreise werden dagegen im Verlaufe von fünf Jahren um fast 20% gesenkt werden. Im Ergebnis der genannten Preisverschiebungen wird das Dorf seine Produkte etwas teurer als früher verkaufen, die städtischen Erzeugnisse aber wesentlich billiger einkaufen. Den Gesamtvorteil, den das Dorf durch die Preisverschiebungen in Abhängigkeit vom Wachstum des Warenumschlages mit der Stadt erzielt, läßt sich aus den folgenden Daten nach der Ausgangsvariante ermitteln:

Gewinn des Dorfes (in Mill. Rubel)

Jahre	an landwirtschaftlichen Waren	an Industriewaren	Summe
1928/29	152	–	152
1929/30	162	143	305
1930/31	162	443	605
1931/32	155	919	1074
1932/33	119	1676	1795
in fünf Jahren	750	3181	3931

Das Dorf erhält somit insgesamt gesehen über die Preise mit Überschuß das zurück, was der Staat in Gestalt von Steuern und Krediten herauszieht. Doch für die einzelnen sozialen Gruppen gestaltet sich diese Bilanz außerordentlich unterschiedlich. Die Unternehmergruppe gibt auch nach Aufrechnung des Gewinns aus den Preisveränderungen aus ihrem Haushalt noch mehr als anderthalb Milliarden ab, während Dorfarmut und Mittelbauern, umgekehrt, ihre Ressourcen fast um zwei Milliarden erhöhen. Dieser Gewinn (an den Preisen) ist jedoch von besonderer Art. Er ist von keinerlei Verlusten im Staatshaushalt begleitet. Von diesem Gesichtspunkt her darf man ihn überhaupt nicht in die Bilanz der Abrechnungen zwischen dem Dorf und dem Fiskus einbeziehen, wenngleich bei der Ermittlung des Wohlstandes des Dorfes, der in der Summe der ihm zugänglichen Gebrauchsgüter gemessen wird, dieser Gewinn zweifelsohne erfaßt werden muß. Durch eine Senkung der Preise *nach Maßgabe* der Senkung *der Selbstkosten* verliert in der Tat niemand irgend etwas, doch alle gewinnen irgend etwas. Wenn man aber berücksichtigt, daß im gegeben Falle die Senkung der Industriepreise um einige Prozent hinter den sinkenden Selbstkosten zurückbleibt, dann bedeutet das, daß nicht nur die Arbeiter und Bauern, das heißt die einzelnen Verbraucher, aus dieser Operation einen bestimmten Gewinn erzielen, sondern auch die allgemeine Kasse der sozialistischen Akkumulation.

Etwas anders liegen die Dinge bei den Preisen für die bäuerliche Produktion. Hier haben wir es nicht mit einem Fallen, sondern sogar mit einem gewissen Ansteigen dieser Preise – zumindest noch in der Ausgangsvariante – zu tun. Man darf jedoch nicht vergessen, daß auch hier die Steigerung der Getreidepreise, die ab Herbst 1928 eingetreten sind, in hinreichendem Grade durch die planmäßige Aufgabenstellung zur ökonomischen Stimulierung einer erweiterten Reproduktion der Getreidekulturen begründet ist. Die früheren Preise haben diesen für uns äußerst notwendigen Prozeß unzureichend stimuliert. Wir haben keine *präzisen* Daten über die Produktionskosten der landwirtschaftlichen Erzeugnisse. Doch alle Daten, über die wir verfügen, zeugen mit Bestimmtheit davon, daß die früheren Preise nicht einmal die minimal notwendige Rentabilität der betreffenden Produktion garantierten. Indem wir die Getreidepreise erhöhen, vergelten wir in diesem Falle nur in bestimmtem Maße dem Dorf jene Entnahmen aus seiner Produktion, zu denen wir in den schwierigsten Jahren unserer wirtschaftlichen Entwicklung Zuflucht nehmen mußten.

Vom Gesichtspunkt der Notwendigkeit einer hinreichenden Stimulierung der Getreidewirtschaft ist eine andere Frage berechtigt. Ist für diesen Zweck jene Erhöhung der Getreidepreise, die bereits im Herbst 1928 eingetreten ist (+14%), ausreichend? Die beste Antwort auf diese Frage werden diese oder jene Erfolge der Getreidewirtschaft in den nächsten paar Jahren geben. Man darf jedoch nicht vergessen, daß, wenn wir nach der Ausgangsvariante die Getreidepreise *nominell* auf dem Stand von 114% gegenüber den Preisen des Wirtschaftsjahres 1927/28 stabilisieren, gleichzeitig aber im Zusammenhang mit der Senkung der Industriepreise und Steigerung der Kaufkraft des bäuerlichen Rubels um 15% eine *reale* Steigerung dieser Preise bis 1932/33 in Höhe von 131% gegenüber dem Stand von 1927/28 erreichen. Das ist aber doch schon ein recht fühlbarer Fortschritt in Richtung auf die notwendige Erhöhung der Rentabilität der Landwirtschaft, besonders wenn man dabei zugleich die vorgesehene Steigerung der Erträge berücksichtigt.

Im Ergebnis dieser Fortschritte, die mit dem Anwachsen der Produktivkräfte des Dorfes im Zusamenhang stehen, ist auch das obengenannte Wachstum des Wohlstandes der ländlichen Bevölkerung vorgesehen. Doch selbst unter der Voraussetzung eines solchen Wachstums bleiben die Möglichkeiten für die Heranziehung des Dorfes zur Beteiligung an der sozialistischen Akkumulation des Landes, wie bereits oben dargelegt wurde, durch die recht bescheidenen Daten im Vergleich zu anderen Quellen beschränkt.

In der Tat, wenn wir die wichtigsten Akkumulationsquellen für die Volkswirtschaft im vergesellschafteten Sektor summieren, dann erhalten wir das folgende Bild (siehe Tabelle 9).

In diese Tabelle beziehen wir auch die Amortisationsfonds ein, denn sie werden für die

Reproduktion der verschlissenen Teile der Grundfonds genutzt. Wenn man außerdem berücksichtigt, daß diese Fonds in ihrer Hauptmasse durchaus nicht die Betriebe und deren Ausrüstungen, die wegen Baufälligkeit und Unbrauchbarkeit ausgesondert werden, in ihrer früheren Form reproduzieren, sondern diese immer durch neue Konstruktionen *unter Berücksichtigung aller Errungenschaften des technischen Fortschritts* ersetzen, dann wird klar, daß sie in nicht geringerem Maße als andere Quellen der Rekonstruktion unserer technischen Basis dienen. Eben von dieser Wirkung des technischen Fortschritts ausgehend hatte Marx festgestellt, daß die Nutzung der Amortisationsfonds gewöhnlich nicht die einfache, sondern (wenn man das im gesellschaftlichen Maßstab betrachtet) eine erweiterte Reproduktion der gesellschaftlichen Güter gewährleistet.[5]. Doch selbst wenn man nur die Akkumulation im engeren Sinne des Wortes nimmt, das heißt ohne Amortisationen, so ergibt sich für den Zeitraum von fünf Jahren der überaus eindrucksvolle Betrag von 34 bis 39 Milliarden Rubel. Davon entfallen nicht weniger als 24 Milliarden Rubel auf die Gewinne und Renten, die der Sowjetstaat als Eigentümer aus den nationalisierten Betrieben, Wäldern und dem Boden erhält. Das ist die entscheidende Quelle der sozialistischen Akkumulation. Ihr Anteil erreichte bereits 55% am Gesamtbetrag im Wirtschaftsjahr 1927/28 und erhöht sich bis zum Ende des Fünfjahrplanes auf 73%.

An zweiter Stelle stehen die Mittel aus den Steuereinnahmen, die im Staatshaushalt auf der Ausgabenseite über die Bedürfnisse für die nichtproduktiven Zwecke hinausgehen und deshalb zur Finanzierung der Volkswirtschaft herangezogen werden können. Die Steuern entfallen jedoch, selbst wenn man ihre Umverteilung berücksichtigt, auf alle Gruppen der Bevölkerung, darunter auch auf das Proletariat. Allerdings wird die ganze Steuerbürde, die auf die Schultern des Proletariats fällt, von der Sowjetmacht reichlich mit Überschuß durch die Erhöhung der Arbeitslöhne aufgewogen. Als selbständige Quelle für die sozialistische Akkumulation können deshalb nur jene Steuern von Interesse sein, die uns aus den nichtproletarischen Teilen der städtischen und ländlichen Bevölkerung zufließen. Es fragt sich, wie hoch der Anteil ist, den dieser Teil der Bevölkerung als gezwungener Deponent für unseren sozialistischen Aufbau beisteuert.

Wenn man von der Gesamtsumme der Steuererhebungen für die sozialistische Akkumulation ausgeht, die im Fünfjahr-Zeitraum eine Höhe von fünf bis sechs Milliarden Rubel erreicht, und unterstellt, daß diese von den verschiedenen Bevölkerungsgruppen zu den gleichen Proportionen aufgebracht wird, wie das im letzten Abrechnungsjahr, im Wirtschaftsjahr 1927/28, der Fall war, dann erhält man in etwa das folgende Resultat: Auf die städtische Bourgeoisie und die kulakische Gruppe des Dorfes würden etwa 640 Millionen Rubel entfallen, auf die übrige nichtproletarische Bevölkerung der Stadt und des Dorfes kämen bis 2640 Millionen Rubel, während alles übrige auf das Proletariat und den Staat selbst entfallen würde. Mit anderen Worten: Der Anteil des privaten, nichtproletarischen Sektors am sozialistischen Aufbau erreicht nicht einmal 10% vom Gesamtbetrag des Planes. Allerdings gehen in diesen Betrag auch noch die Mittel aus solchen Quellen wie Anleihen und die Emissionen ein. Doch, erstens, wird auch bei der Aufteilung dieser Summen ohne Zweifel das Proletariat den ersten Platz einnehmen und nicht die Bourgeoisie, und, zweitens, gehören Erhebungen dieser Art nicht zu den unent-

[5] „Diese Reproduktion auf erweiterter Stufenleiter", schränkt Marx allerdings ein, „entspringt nicht aus Akkumulation – Verwandlung von Mehrwert in Kapital –, sondern aus Rückverwandlung des Werts, welcher sich abgezweigt, in Geldform losgelöst hat vom Körper des fixen Kapitals, in neues, entweder zuschüssiges oder doch wirksameres, fixes Kapital derselben Art." (Das Kapital, Zweiter Band, in: MEW, Bd. 24, Berlin 1963, S. 172).

Tabelle 9. Hauptquellen der sozialistischen Akkumulation in der UdSSR* (in Mill. Rubel-Tscherwonez des jeweiligen Jahres)

Akkumulationsquellen	1927/28	Ausgangsvariante	
		1928/29	1929/30
1	2	3	4
A. *Gewinn und Rente*			
1. Industrie	948	1610	2051
2. Transport- und Nachrichtenwesen	270	413	503
3. Kommunalwirtschaft	215	228	235
4. Handel und Genossenschaften	254	348	454
5. Krediteinrichtungen	220	263	292
6. Landwirtschaft	4	8	19
7. Forstwirtschaftliches Einkommen	210	237	267
8. Sonstige Renteneinkünfte	87	97	108
Summe (A)	2208	3204	3929
B. *Sonstige Quellen*			
1. Steuereinnahmen	694	976	1055
2. Staatliche und örtliche Anleihen (Saldo)	419	527	470
3. Anteilige Akkumulation der Genossenschaften	187	252	274
4. Emission (für den privaten Sektor)	365	170	165
5. Abführungen der Versicherungsanstalten	111	120	136
Summe (B)	1776	2045	2100
Summe der Akkumulation (A+B)	3984	5249	6029
C. Amortisationen	1139	1252	1380
insgesamt (A+B+C)	5123	6501	7409

* In den Gewinnen der staatlichen Industrie sind die Kraftwerke berücksichtigt und ist eine Korrektur schaftliche Einkommen ist unter Abzug der Einsatzkosten in der Forstwirtschaft genommen. In den sonstiges berücksichtigt.

geltlichen, sondern die Einnahmen aus Anleihen erbringen außerdem noch ein normales Einkommen. Wenn die Bourgeoisie unsere Anleihen kaufen wird, dann natürlich nur nach der Maßgabe, inwieweit sie diese für vorteilhaft ansieht.

Wenn wir uns von der Akkumulation den Investitionen zuwenden, dann erhalten wir die folgende Verteilung innerhalb des vergesellschafteten Sektors (siehe Tabelle 10).

In den angeführten Betrag gehen nicht jene Aufwendungen ein, die in Form von Krediten für die Finanzierung des individuellen Sektors der bäuerlichen Wirtschaft, für die vertragliche Bindung der Aussaaten und ähnliches bestimmt sind, es gehen dagegen alle Aufwendungen für Neubauten sowie für Generalreparaturen und für die Rekonstruktionen der in Betrieb befindlichen staatlichen und genossenschaftlichen Betriebe ein. Bei den Umlauffonds wird nur der Zuwachs an Warenwerten – mit Ausnahme des Zuwachses am Kassenbestand und ähnlicher Papierwerte – berücksichtigt. Stellt man den Gesamtbetrag der Investitionen der obengenannten Summe der Akkumulationen gegenüber, dann sieht man, daß das vorgesehene Programm des sozialistischen Aufbaus

					Insgesamt in 5 Jahren	
			Struktur in % zum Ergebnis			
1930/31	1931/32	1932/33	1927/28	1932/33	Ausgangsvariante	Optimale Variante
5	6	7	8	9	10	11
2466	2892	3259	23,7	37,2	12278	13581
588	748	897	6,8	10,3	3149	3587
276	352	413	5,4	4,7	1504	1658
519	663	773	6,4	8,8	2757	2968
341	361	418	5,5	4,8	1675	1940
34	43	68	0,1	0,8	172	189
308	343	383	5,3	4,4	1538	1699
120	130	141	2,2	1,6	596	643
4652	5532	6352	55,4	72,6	23669	26265
1045	1049	1151	17,4	13,2	5276	5544
504	637	667	10,5	7,6	2805	3500
273	292	301	4,7	3,4	1392	2167
157	155	95	9,2	1,1	742	1034
151	167	184	2,8	2,1	758	800
2130	2300	2398	44,6	27,4	10973	13045
6782	7832	8750	100,0	100,0	34642	39310
1543	1729	1977	28,6	22,6	7881	8341
8325	9561	10727	128,6	122,6	42523	47651

in Höhe von 10% für die örtliche (nicht geplante) Industrie vorgenommen worden; das forstwirt-
sonstigen Renteneinkünften sind Zahlungen für Bodenschätze, Pacht, Konzessionsbetriebe und

vollständig durch reale Ressourcen gesichert ist. Außerdem verfügen wir noch über einige Reserven, die in erster Linie über die Genossenschaften für die Kreditfinanzierung der individuellen Landwirtschaft und für andere Zwecke eingesetzt werden sollen.

Unter den günstigeren Bedingungen der optimalen Variante erhöhen sich sowohl die Summe der Akkumulationen als auch das Gesamtprogramm der Investitionen entsprechend mindestens um 15 bis 20 %, doch die Deckung der Investitionen durch innere Ressourcen ohne Heranziehung eines bestimmten Betrages an ausländischen Krediten würde sich bedeutend schwieriger gestalten.

Wir wollen jedoch nicht näher auf die Probleme der Finanzierung im allgemeinen und des Haushaltsgleichgewichtes im besonderen eingehen, weil das ein besonderes, völlig selbständiges und sehr umfassendes Thema darstellt.

Von wesentlichem Interesse ist die Frage nach dem Anteil der sozialistischen Akkumulation am Gesamtbetrag der Akkumulationen des Landes sowie nach den Verhältnissen zwischen Akkumulation und Nationaleinkommen im Querschnitt der Sektoren. Für diese

Tabelle 10. Investitionsprogramm für den vergesellschafteten Sektor der Volkswirtschaft (in Mill. Rubel-Tscherwonez des jeweiligen Jahres)

Wirtschaftszweige	1927/28	Ausgangsvariante	
		1928/29	1929/30
1	2	3	4
A. *Grundfonds* *			
1. Industrie	1326	1678	2077
2. Elektrifizierung	274	314	397
3. Landwirtschaft	199	309	514
4. Beregnung	37	40	60
5. Forstwirtschaft	11	20	30
Summe (3 bis 5)	247	369	604
6. Transportwesen			
a) Eisenbahntransport	713	818	1006
b) Häfen und Wasserwege	24	35	47
c) Seetransport	32	32	39
d) Flußtransport	35	56	65
e) schienenloser und sonstiger Transport	78	135	168
Summe (6)	882	1076	1325
7. Nachrichtenwesen	35	55	56
8. Kommunalwirtschaft	180	204	231
9. Wohnungsbau	473	523	689
10. Handel und Genossenschaften	176	260	337
Summe (A)	3593	4479	5716
B. *Umlauffonds*	992	949	1149
insgesamt (A + *B*)	4585	5428	6865
das gleiche in % zu 1927/28	100,0	118,4	149,7

* Die Investitionen für den Wohnungsbau in der Industrie und im Transportwesen sind aus den entangegeben; die Investitionen für den Fonds an Schulen, Krankenhäusern und sonstigen Kultur-

Gegenüberstellung benutzten wir die Daten über die Entwicklung des Nationaleinkommens und der Vermögensfonds des Landes in *unveränderten* Preisen. Die Grundfonds der UdSSR kommen nach einer orientierenden Berechnung, die noch einer weiteren Präzisierung unterliegt, in den folgenden Zahlen zum Ausdruck (siehe Tabelle 11).

Wie wir sehen, steigt der Anteil des sozialistischen Sektors an den Grundfonds im Verlaufe der fünf Jahre von der Hälfte auf zwei Drittel des gesamten Bestandes. In absoluten Zahlen erreicht die Akkumulation der Grundfonds im sozialistischen Sektor während des Jahrfünfts einen Umfang, der zwischen 40 und 51 Milliarden Rubel (Zuwachs um 108 bis 138 Prozent) liegt, während sie im privaten Sektor knapp sechs bis sieben Milliarden (Zuwachs um 19 bis 20 Prozent) erreichen wird. Doch zur Akkumulation an Grundfonds muß man noch den Zuwachs der Material- und Warenfonds (Umlauffonds) hin-

1930/31	1931/32	1932/33	Struktur in % zum Ergebnis 1927/28	Struktur in % zum Ergebnis 1932/33	insgesamt in 5 Jahren Ausgangsvariante	insgesamt in 5 Jahren Optimale Variante
5	6	7	8	9	10	11
2370	2662	2915	36,9	33,1	11702	13280
489	560	630	7,6	7,2	2390	2920
689	876	1000	5,5	11,4	3388	3959
85	100	115	1,0	1,3	400	450
37	43	48	0,3	0,5	178	195
811	1019	1163	6,8	13,2	3966	4604
1147	1341	1522	19,8	17,3	5834	6540
65	92	123	0,7	1,4	362	447
44	51	57	0,9	0,6	223	275
74	76	76	1,0	0,9	347	372
209	265	321	2,2	3,7	1098	1196
1539	1825	2099	24,6	23,9	7864	8830
56	57	54	1,0	0,6	278	307
283	338	429	5,0	4,9	1485	2233
808	938	1053	13,2	12,0	4011	4511
385	407	451	4,9	5,1	1840	2170
6741	7806	8794	100,0	100,0	33536	38855
1327	1518	1659	27,6	18,9	6602	8384
8068	9324	10453	127,6	118,9	40138	47239
176,0	203,4	228,0	–	–	–	–

sprechenden Zweigen ausgegliedert und in der Gesamtsumme mit dem städtischen Wohnungsbau bauten wurden besonders erfaßt (siehe Tabelle 11).

zurechnen. Im Ergebnis erhalten wir dann auch fast vollständig den Gesamtbetrag des Nationalvermögens der UdSSR und seine Entwicklung im bevorstehenden Jahrfünft (siehe Tabelle 12).

Der Gesamtbestand der Grund- und Umlauffonds erhöht sich im Verlaufe von fünf Jahren dem physischen Umfang nach von 82 Milliarden auf 140 Milliarden Rubel, das heißt um 57,7 Milliarden oder um 70 Prozent, nach der optimalen Variante sogar noch stärker: um 74 Milliarden oder 90 Prozent. Das Ausmaß der Vergesellschaftung auf diesem Gebiet ist schon daraus ersichtlich, daß der Anteil des privaten Sektors an der Volkswirtschaft in den fünf Jahren von 47 auf 30% absinkt. Das Nationaleinkommen beträgt im Verhältnis zum vorhandenen Vermögen des Landes etwa 30%. Von größtem Interesse ist es jedoch, wenn man den durchschnittlichen Jahreszuwachs des National-

Tabelle 11. Grundfonds der Volkswirtschaft der UdSSR zum Jahresende (in Mill. Rubel zu den unveränderten Preisen des Wirtschaftsjahres 1925/26)

Wirtschaftszweige und Sektoren	absoluter Umfang (in Mill. Rubel)		
	1927/28	1932/33	
		Ausgangsvariante	Optimale Variante
1	2	3	4
Zweige			
1. Industrie	10824	29319	34424
2. Landwirtschaft	28741	38101	38887
3. Kommunalwirtschaft	2274	3654	4715
4. Transport- und Nachrichtenwesen	11939	20698	22613
5. Handel und Lagerwirtschaft	701	2933	3517
Summe (1–5)	54479	94705	104156
6. Wohnungsfonds (städtisch)	11971	14365	15251
7. Schulfonds	1974	4136	4944
8. Medizinischer Fonds	1074	2047	2231
9. Sonstige staatliche Fonds	656	1185	1197
insgesamt (1–9)	70154	116438	127779
Sektoren			
A. Staatlicher	35786	71143	81211
B. Genossenschaftlicher	1198	5745	6778
Summe (A + B)	36984	76888	87989
C. Privater	33170	39550	39790
insgesamt (A + B + C)	70154	116438	127779

reichtums, das heißt die Akkumulation, dem jährlichen Umfang des Nationaleinkommens gegenüberstellt, das die Grundlage der Akkumulation bildet. In dieser Beziehung erhalten wir folgende Kennziffern (in Preisen des Wirtschaftsjahres 1927/28).

Sektoren	im Durchschnitt der 5 Jahre in Milliarden Rubel (Ausgangsvariante)		
	Nationaleinkommen	Akkumulation	%
1. Staatlicher Sektor	18,0	8,0	44,4
2. Genossenschaftlicher Sektor	5,6	2,0	35,7
Summe	23,6	10,0	42,4
3. Privater Sektor	12,5	1,5	12,0
insgesamt	36,1	11,5	31,9

Der Plan sieht somit vor, daß im Durchschnitt für die ganze Union jährlich etwa 32% des Nationaleinkommens für die Akkumulation verwendet werden. Für die Zwecke der Konsumtion werden folglich bis zu 68% eingesetzt. Man muß sagen, daß das eine außerordentlich hohe Akkumulationsrate im Vergleich mit kapitalistischen Ländern darstellt.

Struktur (in % zum Ergebnis)			Zuwachs in 5 Jahren			
1927/28	1932/33		Ausgangsvariante		Optimale Variante	
	Ausgangs-variante	Optimale Variante	absolut	in %	absolut	in %
5	6	7	8	9	10	11
15,4	25,2	26,9	18495	170,9	23600	218;0
41,0	32,7	30,4	9360	32,6	10146	35,3
3,3	3,1	3,7	1380	60,7	2441	107,3
17,0	17,8	17,7	8759	73,4	10674	89,4
1,0	2,5	2,8	2232	318,4	2816	401,7
77,7	81,3	81,5	40226	73,8	49677	91,2
17,1	12,3	11,9	2394	20,0	3280	27,4
2,8	3,6	3,9	2162	109,6	2970	150,5
1,5	1,8	1,7	973	90,6	1157	107,7
0,9	1,0	1,0	529	80,6	541	82,5
100,0	100,0	100,0	46284	66,0	57625	82,1
51,0	61,1	63,6	35357	98,8	45425	126,9
1,7	4,9	5,3	4547	379,5	5581	465,8
52,7	66,0	68,9	39904	107,9	51006	137,9
47,3	34,0	31,1	6380	19,2	6619	20,0
100,0	100,0	100,0	46284	66,0	57625	82,1

Nur die Vereinigten Staaten und Deutschland kamen in ihren besten Jahren etwas näher an diese Rate heran. Besonders charakteristisch aber ist die hohe Rate der Akkumulation im sozialistischen Sektor (etwa 42% im Jahr). Natürlich, ein so hohes Tempo ist nur deshalb möglich, weil hier nicht nur die innere Akkumulation auf der Grundlage der Gewinne des sozialistischen Sektors berücksichtigt wurde, sondern auch alle jene Beiträge, die aus der Umverteilung des Nationaleinkommens aus anderen Sektoren, das heißt über die Steuern, Anleihen und dergleichen für die Akkumulation dieses Sektors eingesetzt wurden. Auf alle Fälle aber ist dieses Tempo das charakteristischste Kennzeichen für jene Veränderungen in Richtung auf die Vergesellschaftung der Volkswirtschaft, die durch unseren Perspektivplan gewährleistet werden. Man muß jedoch vermerken, daß sich das oben angeführte Akkumulationstempo durch das Spiel mit den Preisindizes bei der Umrechnung auf unveränderliche Preise uns etwas überhöht darstellt. Wenn man die Verwendung des Nationaleinkommens für Konsumtion und Akkumulation in der Tscherwonez-Valuta des jeweiligen Jahres ohne jegliche Korrekturen der Indizes zum Ausdruck bringt, dann erhält man das folgende Bild (siehe Tabelle 13).

Nach der Ausgangsvariante übersteigt hier die Akkumulationsrate im Durchschnitt der fünf Jahre nicht die Größe von 26%, und nur in der optimalen Variante erhöht sie sich auf 31%. Außerordentlich kennzeichnend ist jedoch das schnelle Wachstum dieser Rate nach beiden Varianten im Verlaufe des gesamten Jahrfünfts. Das zeugt natürlich

Tabelle 12. Nationalreichtum der UdSSR (in Milliarden Rubel-Tscherwonez zu den unveränderten Preisen des Wirtschaftsjahres 1927/28)

Sektoren	Gesamtfonds			Struktur			Zuwachs in 5 Jahren			
	1927/28	1932/33		1927/28	1932/33		Ausgangsvariante		Optimale Variante	
		Ausgangs-variante	Optimale Variante		Ausgangs-variante	Optimale Variante	absolut	in %	absolut	in %
1	2	3	4	5	6	7	8	9	10	11
A. *Nationalvermögen zum Ende des Jahres*										
1. Staatlicher Sektor	40,5	80,5	90,8	49,3	57,6	58,2	40,0	98,8	50,3	124,2
2. Genossenschaftlicher Sektor	3,5	13,7	18,2	4,2	9,8	11,7	10,2	291,4	14,7	420,0
Summe	44,0	94,2	109,0	53,5	67,4	69,9	50,2	114,1	65,0	147,7
Privater Sektor	38,2	45,5	46,9	46,5	32,6	30,1	7,3	19,1	8,7	22,8
insgesamt	82,2	139,7	155,9	100,0	100,0	100,0	57,5	70,0	73,7	89,7
B. *Nationaleinkommen*										
1. Staatlicher Sektor	10,6	23,3	26,7	42,8	52,0	53,2	12,7	119,8	16,1	151,9
2. Genossenschaftlicher Sektor	2,4	8,1	9,0	9,8	18,1	17,9	5,7	237,5	6,6	275,0
Summe	13,0	31,4	35,7	52,6	70,1	71,1	18,4	141,5	22,7	174,6
3. Privater Sektor	11,7	13,4	14,5	47,4	29,9	28,9	1,7	14,5	2,8	23,9
insgesamt	24,7	44,8	50,2	100,0	100,0	100,0	20,1	81,4	25,5	103,2
das gleiche in % zum Nationalvermögen	30,0	32,1	32,2	–	–	–	–	–	–	–

Tabelle 13. Konsumtion und Akkumulation des Nationaleinkommens (in Milliarden Rubel in Preisen der entsprechenden Jahre)

Varianten des Planes und Jahre	National-einkommen	Konsumtionsfonds		Brutto-investitionen	Amortisa-tionen	Akkumulation in Grund- und Umlauffonds		Zuwachs der Grundfonds	
		absolut	in % zu Spalte 2			absolut	in % zu Spalte 2	absolut	in % zu Spalte 2
1	2	3	4	5	6	7	8	9	10
1927/28	24,7	20,0	81,1	7,99	3,33	4,66	18,9	3,72	15,1
Ausgangsvariante:									
1928/29	27,5	21,3	77,4	9,70	3,48	6,22	22,6	4,64	16,9
1929/30	30,5	22,8	74,9	11,37	3,70	7,67	25,1	5,84	19,1
1930/31	33,5	24,5	73,0	13,04	4,00	9,04	27,0	6,87	20,5
1931/32	36,9	26,7	72,4	14,58	4,38	10,20	27,6	7,68	20,8
1932/33	40,6	29,6	73,0	15,76	4,81	10,95	27,0	8,54	21,0
in 5 Jahren	169,0	124,9	73,9	64,45	20,37	44,08	26,1	33,57	19,9
Optimale Variante:									
1928/29	27,5	21,3	77,4	9,70	3,48	6,22	22,6	4,64	16,9
1929/30	30,9	22,2	71,8	12,41	3,70	8,71	28,2	6,47	20,9
1930/31	34,8	23,6	67,9	15,22	4,04	11,18	32,1	8,23	23,6
1931/32	38,7	25,8	66,8	17,34	4,49	12,85	33,2	9,39	24,3
1932/33	43,3	28,8	66,4	19,55	5,01	14,54	33,6	10,96	25,3
in 5 Jahren	175,2	121,7	69,5	74,22	20,72	53,50	30,5	39,69	22,7

von einer Angespanntheit des Planes, die unbestreitbar ist. Doch in einem bestimmten Maße kann man diese Steigerung auch als eine direkte Folge aus dem schnellen Wachstum des vergesellschafteten Sektors der Wirtschaft ansehen. Im Maße der Vergesellschaftung gelangt ein immer größerer Teil des Mehrproduktes des Landes in den Bereich der planmäßigen Umverteilung. Das findet auch seinen Niederschlag in der Erhöhung des Ausmaßes der Haushaltsoperationen, gemessen am prozentualen Anteil vom gesamten Nationaleinkommen, als auch im Wachstum des Finanzplanes insgesamt. Bei einem solchen allgemeinen Wachstum ist es uns möglich, selbst wenn wir eine bedeutende Erhöhung des Konsumtionsfonds zulassen, gleichzeitig nicht nur den absoluten Umfang, sondern auch den *Anteil* der Akkumulation zu steigern.

Nach der angeführten Tabelle könnte es auf den ersten Blick scheinen, daß das gesteigerte Wachstum des Anteils der Akkumulation in der optimalen Variante um den Preis einer *Senkung* des Verbrauchs der Bevölkerung erzielt würde. Das ist jedoch nicht richtig. Nach der optimalen Variante sinken die Erzeugnispreise schneller als in der Ausgangsvariante. Wenn man daher den Konsumtionsfonds für 1932/33 in den Preisen des Wirtschaftsjahres 1927/28 zum Ausdruck bringt, erhält man nach der Ausgangsvariante entsprechend dem Einzelhandelspreisindex einen Betrag in Höhe von 35,5 Milliarden, nach der optimalen Variante dagegen 37 Milliarden Rubel, das heißt einen bedeutend höheren Betrag. Diese Zahlen gewährleisten eine Steigerung des Pro-Kopf-Zuwachses der Konsumtion im Fünfjahrzeitraum nach der Ausgangsvariante um 58% und nach der optimalen Variante um 66%. Natürlich wird nicht der gesamte Konsumtionsfonds auf den Kauf von Waren verwendet, doch die angeführten Kennzahlen illustrieren in hinreichendem Grade, daß der Umfang der Akkumulationen, der in der optimalen Variante des Plans vorgesehen ist, nicht mit einer realen Senkung des Niveaus des persönlichen Verbrauchs der werktätigen Massen verbunden sein muß.

4.3. Probleme des Marktes

Das Problem des Marktgleichgewichtes reduziert sich unter den Bedingungen der Planwirtschaft letzten Endes auf die Projektierung solcher Preise für die Realisierung der im Plan vorgesehenen Warenmasse an Erzeugnissen, die gewährleisten, daß die Nachfrage des breiten Marktes vollständig durch das mögliche Angebot gedeckt wird. Doch die Nachfrage des breiten Marktes wird ihrerseits durch das vorgesehene Wachstumstempo des Arbeitslohnes, durch die Steigerung der Erträge der bäuerlichen Wirtschaft und durch eine ganze Reihe weiterer Festlegungen des Planes beeinflußt, die auf der einen Seite den wachsenden Wohlstand der werktätigen Massen begründen, auf der anderen Seite aber die Höhe der Erhebungen von den individuellen Einkünften in Gestalt der Steuern, Anleihen, Spareinlagen usw. bedingen. Alle diese Elemente, die letzten Endes das Verhältnis von Nachfrage und Angebot bestimmen, unterliegen der planmäßigen Regulierung. Wenn wir also zu diesem oder jenem Zeitpunkt eine Absatzkrise oder einen Warenhunger erleiden, darf man das daher nicht als eine von außen kommende objektive Notwendigkeit betrachten, sondern man muß es als das Ergebnis einer ungenügenden Beherrschung der Planung werten.

Natürlich erlangen in einem Lande der Diktatur des Proletariats dessen Verbraucherinteressen eine unvergleichlich größere Bedeutung als in den Ländern der Diktatur der Bourgeoisie. Deshalb kann es sein, daß die – sagen wir – beständige Tendenz zur äußerst möglichen Erhöhung des Arbeitslohnes im Sowjetland öfter als unter anderen Bedingungen zu einer Überschätzung der beabsichtigten Möglichkeiten gerade in jener Richtung führt, aus der unausweichlich die Gefahr eines Warenhungers droht. Umgekehrt ist in den Ländern des Kapitalismus das Gespenst der relativen Überproduktion und der Absatzkrise eine ständige Bedrohung. Während aber in den kapitalistischen Ländern diese Krisen anarchisch anwachsen, kann die Anarchie des Marktes unter unseren Bedingungen rechtzeitig durch planmäßige Voraussicht in diese oder jene Richtung gelenkt werden. Es ist verständlich, daß auch unter unseren Bedingungen diese Aufgabe in den *ersten* Etappen unserer Entwicklung mehr objektive Schwierigkeiten in sich birgt, als man das für die nachfolgenden Zeiträume erwarten kann. Das gewaltige Bauprogramm, das wir im Interesse einer schnellstmöglichen Industrialisierung des Landes projektieren, ruft eine bedeutende zusätzliche Nachfrage der Bauarbeiter nach Gegenständen des Massenbedarfs hervor, doch es gewährleistet durchaus nicht die gleichzeitige Produktion dieser Gegenstände in ausreichender Menge für die Befriedigung des genannten zusätzlichen Bedarfs. Wenn wir den Weg gehen könnten, ein höheres Tempo bei der Produktion von Konsumgütern als bei den Produktionsmitteln einzuschlagen, dann wäre unsere Aufgabe wesentlich einfacher zu lösen. Doch eine solche „Einfachheit" wäre nach dem Sprichwort schlechter als Diebstahl. Sie würde uns zum gegenwärtigen Zeitpunkt das Marktgleichgewicht innerhalb des Landes erleichtern, doch zugleich das Gewicht unseres sowjetischen Systems im entscheidenden Moment auf der Waagschale des internationalen Gleichgewichtes senken.

Die richtige Lösung des Problems des Marktgleichgewichtes unter unseren Bedingungen liegt auf einem anderen Wege. Wenn wir die Produktion und das Angebot von Waren nicht im gewünschten Tempo erhöhen können, dann müssen wir in entsprechendem Maße das Wachstum der zahlungsfähigen Nachfrage verlangsamen. Wenn wir dem Bauwesen zusätzliche Arbeitskräfte zuführen, dann müssen wir uns mit einem geringeren Wachstumstempo der Löhne zufrieden geben, als das bei anderen Kombinationen möglich wäre. Dennoch können wir aber für diese Kader wie für das ganze Proletariat insgesamt *wachsende* Konsumtionsraten gewährleisten. Konkret führt das zur Projektierung eines steigenden Akkumulationstempos in der Bilanz der Produktion und Verteilung des Nationaleinkommens, während in der Bilanz von Nachfrage und Angebot an Waren auf dem breiten Markt solche Preise, Löhne, Steuern und sonstige Erhebungen festgelegt werden müssen, daß die reale zahlungsfähige Nachfrage das mögliche Angbot nicht übersteigen wird. *Theoretisch* ist das eine durchaus lösbare Aufgabe. Doch die gewaltige Schwierigkeit ihrer Lösung besteht darin, daß man bei der *praktischen* Realisierung aller vorgesehenen Projektierungen nicht über die Grenzen des Planes hinausgeht.

Die Hauptmethode zur Kontrolle jeden Planes vom Standpunkt der Anforderungen des Marktgleichgewichtes ist die Aufstellung einer provisorischen Bilanz für Nachfrage und Angebot. Diese Aufgabe ist derart kompliziert und theoretisch so wenig ausgearbeitet, daß eine ganze Reihe von Ämtern zu ihrer Lösung unterschiedliche Verfahren anwendet und deshalb zu völlig verschiedenen Schlußfolgerungen gelangt. Eben deshalb wurde bei der Zentralverwaltung für Statistik ein spezieller Expertenrat für die Erforschung von Bilanzen von Nachfrage und Angebot geschaffen.

Da wir nicht die Möglichkeit haben, dieses Problem hier in all seinen Details zu behandeln, möchten wir nur auf die hauptsächlichen Schlußfolgerungen eingehen, vor allem wollen wir hier jenes System von Indizes anführen, das die im Plan vorgesehene Preispolitik zum Ausdruck bringt (siehe Tabelle 14).

Die landwirtschaftlichen Herstellerpreise sind nach beiden Varianten im Gesamtergebnis ziemlich stabil. Doch in bezug auf die einzelnen Kulturen werden in Abhängigkeit von den zu erwartenden Veränderungen in den Produktionskosten bestimmte Veränderungen vorgesehen. So werden zum Beispiel bei Stabilität der Preise für Getreidekul-

Tabelle 14. Preisindizes (1913 = 100)

Kennziffern	1927/28	1932/33		Veränderungen in % zu 1927/28	
		Ausgangs-variante	Optimale Variante	Ausgangs-variante	Optimale Variante
1	2	3	4	5	6
1. Index der Großhandelspreise der Zentralverwaltung für Statistik					
a) für landwirtschaftliche Waren	156	158	150	+ 1,0	− 4,0
b) für Industriewaren	187	151	144	−19,0	−23,0
Total	177	154	147	−13,0	−17,0
2. Index der Einzelhandelspreise der Zentralverwaltung für Statistik (allgemeiner Handel)					
a) für landwirtschaftliche Waren	209	183	166	−12,3	−20,6
b) für Industriewaren	205	165	158	−19,6	−22,9
Total	207	172	161	−16,9	−22,0
3. Haushaltsindex (nach gewogenen Preisen)					
a) für landwirtschaftliche Waren	217,0	194,0	182,0	−10,5	−16,0
b) für Industriewaren	217,5	178,0	172,0	−18,0	−21,0
Allgemeiner unvollständiger Index (33 Waren)	217,3	188,0	178,0	−13,3	−18,0
Total für 40 Waren	205,0	185,0	176,0	−10,0	−14,0
4. Bauindex (unter Berücksichtigung der Rationalisierung)	247	158	145	−36,0	−41,3

turen auf dem Stand des Wirtschaftsjahres 1928/29 die Preise für die technischen Kulturen (Lein und Baumwolle) um einige Prozente gesenkt, während die Preise für Produkte der Viehwirtschaft um ein paar Prozent angehoben werden usw. Im Einzelhandel projektieren wir dagegen schon eine merkliche Senkung der landwirtschaftlichen Preise (um 12 bis 20%) im Hinblick auf die Rationalisierung der Warenbewegung im Handelsnetz und, hauptsächlich, angesichts der Verdrängung des Privathändlers mit seinem erhöhten Handelsaufschlag aus dem Warenumschlag.

Die Industriepreise sinken bei einer Senkung der Selbstkosten um 30 bis 35% im Großhandel nur um 20 bis 23%. Das erklärt sich einerseits aus den Bedürfnissen der Akkumulation und andererseits aus den Erfordernissen der Bilanz für Nachfrage und Angebot. Bei einer stärkeren Senkung dieser Preise würde das vom Plan vorgesehene Wachstum der zahlungsfähigen Nachfrage keine hinreichende Deckung finden. Im Einzelhandel sehen wir Preissenkungen in der gleichen Größenordnung wie beim Großhandel war.

Der Haushaltsindex für Arbeiter (total für 40 Waren) sinkt infolge des Einflusses der kommunalen Leistungen nur um 10 bis 14%. Der bäuerliche Index (allgemeiner unvollständiger Index für 33 Waren), in dem die kommunalen Dienstleistungen keinerlei Rolle spielen, sinkt stärker, nämlich um 13 bis 18%. Von besonderem Interesse aber ist die Projektierung des Preisindexes für das Bauwesen. Unter Berücksichtigung der möglichen Rationalisierung auf diesem Gebiet sieht der Plan im Durchschnitt für alle Formen des Bauwesens, einschließlich der Generalreparaturen, eine Senkung um 36 bis 41% vor. Speziell für den Industriebau, wo der heutige Index wesentlich über dem durchschnittlichen liegt, ist dementsprechend auch eine stärkere Senkung (um 40 bis 47%) vorgesehen. Im Ergebnis dieser Senkung gleicht sich der Bauindex, der über allen anderen lag, dem Niveau der anderen Indizes an und erreicht eine durchaus annehmbare Höhe. Zugleich erzielen wir aber eine gewaltige Einsparung im Investitionsaufwand für die Bauprojekte. Umgekehrt aber würde eine Untererfüllung des Planes zur Senkung der Bauindizes zu einer äußerst ernsten Bedrohung für den gesamten Plan des Bauwesens werden. Neben den Preisen ist eines der wichtigsten Elemente für die Aufstellung der Bilanz von Nachfrage und Angebot die Projektierung der Verbrauchsstruktur der Werktätigen. Diese Projektierung basiert auf einer Analyse der tatsächlichen Haushalte von Arbeitern und Angestellten und deren struktureller Veränderungen unter dem Einfluß des anwachsenden Wohlstandes auf der einen Seite und der Preisveränderungen auf der anderen. In ihren allgemeinsten Ergebnissen sind die Resultate dieser Arbeit in Tabelle 15 dargestellt.

Wie wir sehen, verändert der vorgesehene Zuwachs an Arbeitslohn die Struktur der proletarischen Haushalte recht erheblich. Der Anteil der Ausgaben für kommunale Dienstleistungen, kulturelle Bedürfnisse und sonstige kleine Ausgaben steigt merklich an. Die Geldersparnisse, von denen – nebenbei vermerkt – ein bedeutender Teil in staatlichen Anleihen angelegt wird, nehmen ebenfalls merklich zu. Dafür aber sinkt der *Anteil* der Warenkäufe etwas ab. Dem absoluten Umfang nach wächst der Pro-Kopf-Verbrauch an Waren natürlich, und zwar sehr bedeutend. In der angeführten Tabelle wird das nicht in hinreichendem Maße sichtbar, weil die Käufe zu den herabgesetzten Preisen ausgewiesen werden. Wenn man aber den Pro-Kopf-Verbrauch an Industriewaren auf die unveränderten Preise des Wirtschaftsjahres 1927/28 umrechnet, dann erhält man die folgenden Kennzahlen:

Jährlicher Pro-Kopf-Verbrauch

Verbrauch	1927/28	1932/33 Ausgangsvariante	Optimale Variante
1. An Industriewaren:			
in Rubel	161	235	246
in %	100	146	153
2. An landwirtschaftlichen Waren:			
in Rubel	128	197	218
in %	100	154	170

Nach Durchführung entsprechender Berechnungen für die landwirtschaftliche Bevölkerung und auch für die nichtproletarischen Gruppen der städtischen Bevölkerung,

Tabelle 15. Struktur des Haushaltes des städtischen Proletariats in Tscherwonez-Valuta (in den Preisen der entsprechenden Jahre)

Haushaltspositionen	Gesamtergebnisse (in Mill. Rubel)			pro Kopf in Rubel			Struktur in % zum Ergebnis		
	1927/28	1932/33		1927/28	1932/33		1927/28	1932/33	
		Ausgangs-Variante	Optimale Variante		Ausgangs-variante	Optimale Variante		Ausgangs-variante	Optimale Variante
1	2	3	4	5	6	7	8	9	10
A. Einkommen	6691	11823	12843	373,8	512,6	530,5	100,0	100,0	100,0
B. Ausgaben									
1. Kauf landwirtschaftlicher Produkte	2891	4847	5009	161,2	210,1	206,9	43,2	41,0	39,0
2. Kauf von Industriewaren	2288	3724	4174	127,8	161,5	172,4	34,2	31,5	32,5
3. Wohnung und kommunale Dienstleistungen	582	1100	1220	32,6	47,7	50,4	8,7	9,3	9,5
4. Kulturelle, Bildungs- und gesellschaftspolitische Ausgaben	355	922	1053	19,9	40,0	43,5	5,3	7,8	8,2
5. Steuern	20	45	52	1,1	2,0	2,1	0,3	0,4	0,4
6. Sonstige Ausgaben	236	520	565	13,3	22,5	23,3	3,5	4,4	4,4
Summe der Ausgaben	6372	11158	12073	355,9	483,8	498,6	95,2	94,4	94,0
7. Geldersparnisse	334	600	773	18,7	26,0	32,0	5,0	5,1	6,0
insgesamt (1 bis 7)	6706	11758	12846	374,6	509,8	530,6	100,2	99,5	100,0
Bilanzdifferenz	−15	+65	−3	−0,8	+2,8	−0,1	−0,2	+0,5	–
Bilanz	6691	11823	12843	373,8	512,6	530,5	100,0	100,0	100,0
dto. in %	100	177	192	100	137	142	–	–	–

wobei für die letzteren wegen des Fehlens vollständiger Haushalte die Beschränkung auf eine sehr näherungsweise Rechnung erforderlich war, erhielten wir die Möglichkeit, die Gesamtsumme der zahlungsfähigen Nachfrage der Bevölkerung zu bestimmen. Die Nachfrage des organisierten Marktes ist ebenso wie das gesamte Warenangebot bereits in fertiger Form in den entsprechenden Plänen der Zweige enthalten. Die Gesamtbilanz der Nachfrage und des Angebotes aber zeigte sich in folgenden Zahlen (siehe Tabelle 16).

Wie das auch zu erwarten war, wird der Bedarf des Marktes an Industriewaren bei dem gewaltigen Umfang der Industrieproduktion, wie er im Plan vorgesehen ist, im allgemeinen vollständig durch das mögliche Angebot gedeckt werden. Dabei wachsen die Warenvorräte in den Zirkulationskanälen um 164% und übertreffen damit den Zuwachs der Nachfrage auf dem allgemeinen Markt (+71%) um ein bedeutendes. Die Nachfrage der Bevölkerung nach Produktionsmitteln wächst schneller als die nach Konsumgütern. Das ist natürlich durch die Bedürfnisse der Bauernschaft bedingt, die bei wachsendem Wohlstand vor allem danach strebt, den wirtschaftlichen Bedarf vollständiger zu befriedigen.

Wenn man die Gesamtsumme der durch den Plan ermittelten Bedürfnisse errechnet und diese dem Umfang des Angebotes gegenüberstellt, dann ergibt sich eine gewisse Bilanzdifferenz. In ihren größten Beträgen geht diese Differenz über 1 bis 2% nicht hinaus. Bei jenem Grad von Genauigkeit, den wir gegenwärtig bei der Projektierung von Bilanzen erreichen können, überschreitet diese Differenz nicht die wahrscheinliche Fehlergrenze. Dennoch ist es aber außerordentlich kennzeichnend, daß diese Differenz in den ersten Jahren des Fünfjahrplanes mit einem Minuszeichen versehen ist, was auf einen Mangel an Waren hinweist, während sich zum Ende des Fünfjahrplanes das Vorzeichen ändert, was sogar schon von einem gewissen Überschuß spricht. Man muß hervorheben, daß das Ziel der Aufstellung von vorläufigen Bilanzen durchaus nicht darin besteht, das reale Ausmaß eines Defizits oder eines Überschusses an Waren aufzudecken. Wenn ein solches Defizit oder ein Überschuß in der Bilanz in seinen Ausmaßen über die wahrscheinliche Fehlergrenze der Berechnung hinausgehen würde, dann müßte man die Voraussetzungen ändern, auf denen sie aufgebaut ist, das heißt den Umfang der Produktion und die Preisindizes oder die Höhe der projektierten Löhne, Steuern, Anleihen usw., und zwar so lange, bis das erforderliche Marktgleichgewicht hergestellt wäre. Das bedeutet, daß das Ziel der Bilanz darin besteht, die Richtigkeit eben dieser Voraussetzungen oder – anders gesprochen – die *Bedingungen* des gesuchten Marktgleichgewichtes zu überprüfen. In der Bilanz selbst ist die Kennziffer dafür, ob sie angespannt ist oder einen glatten Verlauf angesichts der Bedrohung durch einen Warenhunger anzeigt, die Größe der angehäuften Warenvorräte in den Zirkulationskanälen sowie die Wachstumsrelationen zwischen Nachfrage und Angebot.

Über die Akkumulation der Vorräte wurde bereits gesprochen. Bei den Produktionsfonds werden sie sich im Ergebnis der vorgesehenen Rationalisierung der Versorgung relativ verringern, dafür aber in den Zirkulationskanälen stark ansteigen. Was aber die dynamischen Kennziffern für das Wachstum von Nachfrage und Angebot anbelangt, so gestalten sie sich in unserem Plan recht günstig. So wächst die gesamte Nachfrage des allgemeinen Marktes im Verlaufe der fünf Jahre – nach der Ausgangsvariante – um 58% und das Angebot um 77%, während nach der optimalen Variante die Nachfrage um 71% und das Angebot um 84% ansteigen. Hier werden folglich bestimmte Reserven für eine zusätzliche Anhäufung von Warenvorräten in den Zirkulationskanälen aufgedeckt, die über den zweiwöchigen Fonds hinausgehen, um den sie bereits in der Zeile „Vorräte in den Kanälen des Warenumschlages" erhöht worden sind. Das Angebot an einzelnen Industriewaren auf dem allgemeinen Markt – unter Berücksichtigung des

Tabelle 16. Bilanz der Nachfrage und des Angebotes an Industriewaren (in Mill. Rubel-Tscherwonez)

Bilanzpositionen	1927/28	Vorläufige Bilanzen (Plan)						1932/33 in % zu 1927/28	
		Ausgangsvariánte				1932/33			
		1928/29	1929/30	1930/31	1931/32	Ausgangs-variante	Optimale Variante	Ausgangs-variante	Optimale Variante
1	2	3	4	5	6	7	8	9	10
A. Angebot									
1. Warenvorräte zu Beginn des Jahres									
a) bei den Produzenten	1250	1350	1450	1600	1750	1950	2100	156	168
b) in den Kanälen des Warenumschlags	1630	1982	2342	2743	3174	3825	4302	235	264
Summe der Vorräte	2880	3332	3792	4343	4924	5775	6402	201	222
2. Warenproduktion									
a) der Großindustrie (mit Akzise)	11292	12955	14720	16404	18265	20139	22546	178	200
b) der Kleinindustrie	2360	2631	2819	3038	3246	3520	3477	149	147
Summe	13652	15586	17539	19442	21511	23659	26023	173	191
3. Sonstiges Angebot	477	429	580	780	940	1200	1255	252	263
Summe (1 bis 3)	17009	19347	21911	24565	27375	30634	33680	180	198
4. Handels- und Transportaufschlag	3446	3640	4053	4498	4959	5515	5937	160	172
insgesamt (1 bis 4)	20455	22987	25964	29063	32334	36149	39617	177	194
B. Nachfrage									
1. Des organisierten Marktes:									
a) nach Produktionsmitteln	6905	8296	9314	10314	11170	12114	13234	175	192
b) nach Komsumgütern	1010	1100	1200	1290	1410	1520	1617	150	160
Summe	7915	9396	10514	11604	12580	13634	14851	172	188

2. Des allgemeinen Marktes (der Bevölkerung):									
a) nach Produktionsmitteln	2230	2493	2806	3135	3520	4055	4400	182	197
b) nach Konsumgütern	6380	6631	7404	8087	8796	9551	10307	150	162
Summe	8610	9124	10210	11222	12316	13606	14707	158	171
3. Sonstige Nachfrage	406	544	678	787	884	1004	1172	247	289
4. Warenvorräte zum Jahresende:									
a) bei den Produzenten	1350	1450	1600	1750	1950	2150	2300	159	170
b) in den Kanälen des Warenumschlags	2309	2683	3137	3625	4376	5200	5940	225	257
Summe	3659	4133	4737	5375	6326	7350	8240	201	225
insgesamt (1 bis 4)	20590	23197	26139	28988	32106	35594	38970	173	189
Bilanzdifferenz	−135	−210	−175	+75	+228	+555	+647	–	–
Bilanz	20455	22987	25694	29063	32334	36149	39617	177	194

Anmerkung: Beim Angebot sind die Vorräte und die Warenproduktion in Großhandelsabgabepreisen gerechnet; bei der Nachfrage des allgemeinen und des organisierten Marktes in Verbraucherpreisen, die Vorräte bei den Produzenten in Großhandels- und Abgabepreisen und in den Kanälen des Warenumschlags zu den Selbstkostenpreisen jedes Gliedes.

Saldo und nach Abzug des Bedarfs des organisierten Marktes – wächst im Verlaufe der fünf Jahre in folgendem Umfang (siehe Tabelle 17). Wie wir sehen, sinkt das Angebot an Wodka nach beiden Plan-Varianten merklich. Diese Planinitiative auf der Linie des Kampfes gegen den Alkoholismus wird sich jedoch nur in dem Falle als fruchtbar erweisen, wenn sie von den ersten Schritten an hinreichend energisch Unterstützung durch unsere gesamte organisierte Öffentlichkeit erhält, um einen nicht weniger bedeutenden

Tabelle 17. Angebot einzelner Industriewaren auf dem allgemeinen Markt

Waren	Maßeinheit	Pro-Kopf-Sätze pro Jahr				
		Absolute Größen			1932/33 in % zu 1927/28	
		1927/28	1932/33			
			Ausgangs-variante	Optimale Variante	Ausgangs-variante	Optimale Variante
1	2	3	4	5	6	7
1. Wodka	Flasche	5,7	4,5	3,5	79	61
2. Salz	kg	11,9	13,3	13,3	112	112
3. Machorka	kg	0,56	0,60	0,68	107	121
4. Kattun	m	15,2	20,4	21,3	134	140
5. Papirosy	Stück	302	435	436	144	144
6. Streichhölzer	Schachtel	29,9	38,6	47,3	129	158
7. Petroleum	kg	6,2	9,4	10,6	152	171
8. Galoschen	Paar	0,22	0,31	0,39	141	177
9. Streuzucker	kg	7,7	11,9	13,9	155	181
10. Schuhe	Paar	0,40	0,65	0,74	164	186
11. Tuche und Wollstoffe	m	0,48	0,84	1,17	175	244
12. Sonnenblumenöl	kg	1,73	3,77	4,33	218	250
13. Tee	kg	0,17	0,45	0,592	272	359
14. Landwirtschaftliche Maschinen	Rubel	0,94	3,50	4,07	372	432
15. Mineraldünger	Kopeken	4,1	112,3	130,0	2739	3171
Summe in unveränderten Preisen	Rubel	28,9	43,5	48,3	151	167

Fortschritt an der Front der Selbstbrennerei zu erzielen. Wir schränken die Produktion von staatlichem Sprit nicht dazu ein, um den Boden für ein Aufblühen des Selbstgebrannten zu bereiten. Unserer Öffentlichkeit steht ein sehr schweres Examen in diesem Kampf bevor, das in der Tat zeigen muß, daß wir bereits auf einem hinreichend hohen Kulturniveau stehen, um mit einem solchen gesellschaftlichen Elend wie dem Alkoholismus fertigzuwerden.

Von den anderen Industrieerzeugnissen erfahren den geringsten Angebotszuwachs solche Produkte wie Salz, deren Bedarf am leichtesten zu sättigen ist. Wesentlich stärker steigt das Angebot für solche Produkte wie Zucker, Schuhe, Tuche und pflanzliche Öle, bei denen der Bedarf bei weitem noch nicht gesättigt ist. Ein besonders hohes Wachstum aber sichert der Plan bei Landmaschinen (einschließlich Traktoren) und Mineraldüngern im Zusammenhang mit dem vorgesehenen Programm für die Entwicklung der Landwirtschaft.

Befriedigt ein solches Angebot die mögliche Nachfrage nach jedem dieser Produkte im einzelnen? Es ist nicht leicht darauf eine genaue und begründete Antwort zu geben. Nur in einigen Einzelfällen wird diese Aufgabe etwas erleichtert. Berücksichtigt man nämlich den zusätzlichen Bedarf an Brennstoff in Zusammenhang mit der steigenden Anzahl von Traktoren, dann kann man bereits heute sagen, daß die im Plan vorgesehene Herstellung von Petroleum für den allgemeinen Markt nicht ausreichen wird und daher gesteigert werden muß.

In anderen Fällen ist es sehr viel schwieriger, ohne Aufstellung von speziellen Bilanzen von Nachfrage und Angebot für jede Ware im einzelnen zu solchen Schlußfolgerungen zu gelangen.

Wir verfügen nicht über aufgeschlüsselte Bilanzen für einzelne Waren.

Es ist möglich, daß auch bei einem allgemein günstigen Stand in bezug auf die Warenmasse insgesamt dennoch ein gewisses Defizit bei dieser oder jener einzelnen Warengruppe entstehen kann. Dann muß man natürlich die notwendigen Korrekturen in dem Plan für die Produktion solcher Waren vornehmen. Im allgemeinen aber kann man bereits heute mit Überzeugung sagen, daß alle möglichen Fehlrechnungen dieser Art das Gesamtbild nicht ändern können.

In unseren Projektierungen sind ausreichende Reserven und im Planungssystem genügend Hebel vorhanden, um die notwendigen einzelnen Korrekturen anzubringen, wenn sie erforderlich werden, und letzten Endes das für uns notwendige Marktgleichgewicht herzustellen, ohne die Gesamtkonturen des Planes zu verändern.

5. *Planvorhaben für das Wirtschaftsjahr 1929/30*[1]

Die Kontrollziffern für das Wirtschaftsjahr 1929/30 werden zum ersten Mal auf der Grundlage eines bestätigten Perspektivplanes für die Volkswirtschaft projektiert. Dieses Jahr ist bereits das zweite Jahr unserer Fünfjahrplanperiode. Unter diesem Gesichtspunkt sind die Kontrollziffern für 1929/30 von besonderem Interesse. Damit werden zum erstenmal die Ergebnisse aus der Erfüllung unseres Perspektivplanes im ersten Jahr der Fünfjahrplanperiode zusammengefaßt und die wichtigsten Eckpunkte und Aufgaben des Planes für das zweite Jahr bestätigt. In diesen Kontrollziffern müssen wir eine erste detailliert konkretisierte Überprüfung der Generallinie unserer Wirtschaftspolitik, die ihre Widerspiegelung im Fünfjahrplan gefunden hat, vorlegen.

Im Zuge der Selbstkritik sollten wir vor allem alle Lehren aus den wirtschaftlichen Erfahrungen im Wirtschaftsjahr 1928/29 nutzen und, indem wir diese konkret bei den notwendigen Präzisierungen und Korrekturen zu den perspektivischen Orientierungen für das zweite Jahr des Fünfjahrplanes berücksichtigen, auf diese Weise damit bereits eine völlig überprüfte und abgeschlossene Planungsgrundlage für das Wirtschaftsjahr 1929/30 erhalten.

Welche wirtschaftlichen Erfahrungen hat uns das erste Jahr des Fünfjahrplanes gebracht?

5.1. Lehren aus dem Wirtschaftsjahr 1928/29

Bereits die vorläufigen Berechnungen, die sich auf die Daten der Konjunkturstatistik für die ersten 10 bis 11 Monate dieses Jahres stützen, ermöglichen es uns, mit hinreichender

[1] Zusammengefaßter Bericht an den VI. Unionskongreß der Mitarbeiter der Planung, in: Planovoe chozjajstvo, Jahrgang 1929, Nr. 9.

Genauigkeit den Gesamtumfang und die Struktur des wirtschaftlichen Wachstums der Sowjetunion im Wirtschaftsjahr 1928/29 zu kennzeichnen.

Nach der allgemeinen Kennziffer, dem Wachstum des *Nationaleinkommens* des Landes insgesamt in seinem physischen Ausdruck, können wir die Erfüllung unseres Planes im ersten Jahr des Fünfjahrplanes zu 100% – ohne merkliche Unter- oder Überschreitung der ursprünglichen Annahmen – konstatieren. Doch bezüglich einzelner Wirtschaftszweige gibt es schon wesentliche Abweichungen von den Planfestlegungen. Wenn man von den unveränderlichen Preisen zur Marktbewertung der Nettoproduktion des Landes übergeht, dann erweisen sich diese Abweichungen als noch bedeutender. Summarisch lassen sie sich durch die folgenden Daten charakterisieren.

Zu unveränderten Preisen überstieg das Nationaleinkommen im Wirtschaftsjahr 1928/29 den Plan insgesamt um 159 Mill. Rubel oder 0,6%. In den Grenzen jener Genauigkeit, die bei Berechnungen dieser Art erreicht werden kann, läßt sich eine solche Abweichung überhaupt ignorieren. Nach der Marktbewertung aber erreichte die Übererfüllung des Plans bereits den enormen Betrag von fast 2 Milliarden Rubel oder 8%, was folglich vollständig aus Verschiebungen der Preise zu erklären ist, die in weitaus höherem Maße vonstatten gegangen sind, als im Plan vorgesehen war.

Nach dem physischen Umfang der Produktion wurde der Plan der Industrie und des Transportwesens merklich übererfüllt, dafür wurde er in der Landwirtschaft nicht ganz erreicht.

In der Industrie wurde die größte Übererfüllung gegenüber dem Plan in der vergesellschafteten Großindustrie erzielt. Für den Teil, der geplant wird, betrug der Zuwachs 24% anstelle der vorgesehenen 21,4%. Insgesamt erhöhte sich die Produktion der gesamten erfaßten Industrie nach Berechnungen der Zentralverwaltung für Statistik um 21% statt der vorgesehenen 18,4%, wenn man aber die Kleinindustrie und das industrielle Handwerk einbezieht, deren Produktion um 4,3% anstelle erwarteter 6,7% zunahm, dann beträgt der gesamte Zuwachs der Industrieproduktion 16,8% anstelle der im Plan vorgesehenen 15,6%. Es muß jedoch bemerkt werden, daß wir im privaten Sektor eine direkte Verminderung der Produktion (um 8,9%) zu verzeichnen haben. Die gesamte Übererfüllung des Planes entfällt somit allgemein auf den vergesellschafteten Sektor (+22,9%), und dabei besonders auf die geplante Großindustrie (24%). Auf dem wichtigsten und entscheidenden Gebiet waren wir stärker, als wir im Plan unterstellt haben.

Auf dem Gebiet der Landwirtschaft können wir ein völlig analoges Bild feststellen. Die Ernte des Jahres 1928 erwies sich, wie sich das im Verlauf der Erfassung schon abzeichnete, als geringer gegenüber unseren Schätzungen, die wir im vergangenen Jahr auf der Grundlage der Getreide-Futterbilanz der Zentralverwaltung für Statistik vorgenommen hatten. Das aber wirkte sich in sehr merklicher Weise auch auf den Zuwachs der Viehwirtschaft aus. Im individuellen Sektor haben wir – nach einer Berechnung der Zentralverwaltung für Statistik zum Frühjahr 1929 – sogar einen absoluten Rückgang des Viehbestandes anstelle eines im Plan angenommenen Zuwachses in Höhe von 2,4%. Dafür übertrafen aber im vergesellschafteten Sektor der Landwirtschaft die tatsächlichen Ergebnisse den Plan bei allen Hauptkennziffern. So vergrößerte sich z. B. die Anbaufläche der Staatsgüter (Sowchosen) bis zum Frühjahr 1929 um 27,5% anstelle von geplanten 7,1%, die Anbaufläche der Kollektivwirtschaften (Kolchosen) um 207,1% statt um 94,1%, der vergesellschaftete Sektor erhöhte seinen Anteil an der Getreideernte 1929 innerhalb eines Jahres von 2,6 auf 5,6% der Bruttoernte anstelle der im Plan vorgesehenen 4,9% usw.

Wenn wir alle Daten dieses Jahres analysieren, dann kommen wir unausweichlich zu der folgenden, für uns außerordentlich wichtigen Schlußfolgerung.

Wir wissen, daß die Generallinie unserer Wirtschaftspolitik auf die schnellstmögliche Vergesellschaftung der Volkswirtschaft der UdSSR gerichtet ist und daß die entscheidende Grundlage auf diesem Wege die Industrialisierung des Landes und die radikale Rekonstruktion seiner energetischen Basis bilden. Doch bis in die letzte Zeit hinein fanden sich Skeptiker, die behaupteten, daß wir uns auf diesem Wege Ziele stellen, die offenbar unseren Kräften nicht entsprechen würden. Doch die Erfahrungen aus dem ersten Jahr unseres Fünfjahrplanes widerlegen diese Auffassungen gründlich. Kennzeichnend ist in dieser Beziehung nicht nur, daß der Plan im *allgemeinen erfüllt wird*, sondern auch, in welchen Richtungen er am *leichtesten* erfüllt wird. Während sich unsere Planvorstellungen in bezug auf den *privaten Sektor* weder in der Industrie noch in der Landwirtschaft zu 100% in der Realität erfüllten, werden sie im *vergesellschafteten Sektor* sogar mit einem Überschuß *verwirklicht*. Natürlich wurde dieses gegenüber dem Plan beschleunigte Wachstum des vergesellschafteten Sektors nicht zufällig von einer nicht vollständigen Erfüllung der Pläne im privatwirtschaftlichen Sektor begleitet. Der letztere blieb eben darum in seinem Wachstum hinter dem vorgesehenen Tempo zurück oder sank sogar ab, weil die individuelle Wirtschaft von der gesellschaftlichen aufgesogen wurde. Die individuellen Handwerker wurden von den Handwerksgenossenschaften absorbiert, die kleinbäuerliche Wirtschaft von den Kollektivwirtschaften. Umgekehrt wuchs der vergesellschaftete Sektor aber durch die relative und absolute Verminderung des privaten Sektors schneller als im vorgesehenen Tempo. Auf unseren Plan wirkte sich somit vor allem die Tatsache aus, daß wir offensichtlich unsere Möglichkeiten auf dem Gebiet der Sozialisierung der Produktion unterschätzten.

Zugleich ist die Übererfüllung unserer Pläne auf dem Gebiet des Wachstums unserer vergesellschafteten Groß*industrie* bei einem Zurückbleiben auf dem Gebiet der weniger vergesellschafteten Zweige der Landwirtschaft ebenfalls äußerst kennzeichnend. Das bestätigt erneut, daß der von uns eingeschlagene Kurs auf die Industrialisierung des Landes in hohem Grade richtig und fruchtbar ist. Offenbar ist unser Programm der Industrialisierung – entgegen der unter unseren Skeptikern und rechten Kleingläubigen verbreiteten Meinung – nicht nur nicht übertrieben, sondern sogar eher zu vorsichtig angelegt und muß in Richtung auf eine weitere *Verstärkung* korrigiert werden.

Das sind die Lehren unserer wirtschaftlichen Erfahrungen, die sich aus der Analyse der *Produktion* des Nationaleinkommens im Wirtschaftsjahre 1928/29 ergeben. Wenn wir uns der *Verteilung* des Nationaleinkommens zuwenden, dann sollten wir vor allem die folgenden Fakten konstatieren.

Ausgehend von der Notwendigkeit, einen möglichst schnellen Aufschwung der Landwirtschaft nicht nur in ihrem vergesellschafteten, sondern auch im individuellen Sektor zu erreichen, verwirklichten Partei und Regierung im Wirtschaftsplan des abgelaufenen Jahres eine ganze Reihe von Maßnahmen, um einen solchen Aufschwung zu stimulieren. Dazu gehören: die Erhöhung der Getreideaufkaufpreise, Erleichterungen bei der Landwirtschaftssteuer für die mittelbäuerlichen Schichten des Dorfes, die Gewährung bedeutender Vergünstigungen für die Erfüllung eines bestimmten „Agrominimums" bei Maßnahmen, zu denen das Dorf im Zuge der Vertragsabschlüsse zwangsläufig verpflichtet worden war, die Prämiierung der armen und mittelbäuerlichen Massen des Dorfes für die Erweiterung der Anbauflächen durch die völlige Befreiung des gesamten Zuwachses der Anbaufläche von der Landwirtschaftssteuer usw. Andrerseits, da wir mit den Getreidepreisen die Kaufkraft des Dorfes anhoben, konnten wir nicht *gleichzeitig* die Preise für industrielle Güter des Massenbedarfs senken. Eine solche Senkung ist, allgemein gesprochen, eine der Grundforderungen unserer Preispolitik, doch unter den gegenwärtigen Bedingungen würde sie sich angesichts der Marktbilanz als undurchführbar erweisen.

Das war unter den gegebenen Bedingungen ein völlig notwendiges Planungsmanöver. Damit die Landwirtschaft nicht zum Hemmnis des allgemeinen wirtschaftlichen Aufschwunges werde, mußte man ihr einen etwas größeren Anteil vom Nationaleinkommen zuteilen als das früher getan wurde.

Das konnte jedoch nicht ohne Auswirkungen auf das Wachstumstempo des Lohnes der Stadtbevölkerung bleiben. Im Ergebnis des Anwachsens der landwirtschaftlichen Preise bei Stabilität der industriellen Preise mußte sich das Wachstum des realen Arbeitslohnes für die Arbeiter und Angestellten verlangsamen. Es lag somit schon in der Absicht dieses Manövers, daß im Prozeß der Umverteilung des Nationaleinkommens das Dorf zu Lasten der Stadt etwas begünstigt werden sollte, um das schwächste Glied in der wirtschaftlichen Kette – die Landwirtschaft – zu stärken. Im Prozeß der praktischen Ausführung des genannten Manövers sind wir jedoch in dieser Beziehung weiter gegangen, als die festgelegten Limite vorgaben.

Dank der allgemeinen Begrenztheit der Marktproduktion und der starken Differenz zwischen den staatlichen Aufkaufpreisen und denen des privaten Marktes erhöhte das Dorf den Index der Aufkaufpreise für seine Produktion statt der geplanten 5,5% um ganze 17,2%. Das reale Lohnniveau der Industriearbeiter aber stieg im Zusammenhang mit dem entsprechenden Ansteigen des Haushaltsindex (um 5,6% an Stelle von 2,8%) insgesamt nur um 3,4%, während im Plan eine Erhöhung um 5,2% vorgesehen war. Es gibt keinerlei Zweifel daran, daß der größere Teil dieser Verluste des Proletariats am Arbeitslohn – und man muß diese mit Hunderten von Millionen Rubel bewerten – sich in den Taschen der kulakischen Spitze des Dorfes wiederfand, die die oben genannte Differenz aus der Marktkonjunktur am erfolgreichsten nutzte.

An diesem Abschnitt der Planungsfront, an dem wir noch den Widerstand der Marktanarchie überwinden müssen, werden wir wahrscheinlich noch mehr als einen Mißerfolg erleiden. Doch Mißerfolge dieser Art sind angesichts des Reichtums an Planungsantrieben, über die wir verfügen, durchaus wieder gutzumachen. Wenn zeitweilig der eine Hebel versagt, dann können wir zu seiner Unterstützung andere in Bewegung setzen. Wenn sich im Wirtschaftsjahr 1928/29 dem Proletariat feindliche soziale Gruppen unter Ausnutzung einer für sie günstigen Konjunktur aus dem Nationaleinkommen mehr angeeignet haben, als das sein sollte, dann läßt sich unter den Bedingungen der Diktatur des Proletariats dieser Einbruch leicht schon im folgenden Wirtschaftsjahr 1929/30 beheben. In den Kontrollziffern für dieses Wirtschaftsjahr wird auch völlig bestimmt eine solche Aufgabe gestellt. Der Zuwachs des Reallohnes der Arbeiter und Angestellten soll in einem gegenüber dem vergangenen Jahr wesentlich erhöhten Tempo vollständig gewährleistet werden. Die überschüssige Akkumulation der Kulaken kann und muß für die Beschleunigung unseres wirtschaftlichen Wachstumstempos im allgemeinen genutzt werden, im besonderen aber für das Wachstum des vergesellschafteten Sektors.

Unter den anderen Mißerfolgen der Planung im vergangenen Jahre würden wir an die erste Stelle die Nichterfüllung des Planes zur Senkung der Selbstkosten bei der industriellen Produktion setzen. An Stelle der vorgesehenen 7% werden wir hier offensichtlich nicht mehr als 4,5 bis 5% erreichen. Das bedeutet einen Verlust an Akkumulation in der Industrie von nicht weniger als 200 Mill. Rubel. Dieser große Mißerfolg ist durchaus nicht das Ergebnis einer Fehlrechnung oder einer unrealen Aufgabenstellung. Daß die Aufgabe völlig real war, davon zeugen die Erfahrungen aus dem zweiten Halbjahr, in dem eine Selbstkostensenkung erzielt wurde, die die geplante Größe von 7% deutlich übertrifft. Die Ursache des genannten Mißerfolges liegt darin, daß die Selbstkosten im ersten Halbjahr nur um 2,3% gesenkt wurden. Anders gesagt: Ein ganzes Halbjahr verlief unter dem Zeichen des „Selbstlaufes" ohne hinreichend organisierte Anstrengungen, ohne den notwendigen gesellschaftlichen Aufschwung und ohne Begeisterung für eine Belebung an diesem Abschnitt des wirtschaftlichen Aufbaus.

Um so kennzeichnender sind die Erfolge, die zum Ende des Jahres erreicht werden konnten, als die Arbeiter aktiv im Rahmen des sozialistischen Wettbewerbes an der Rationalisierung der Produktion und Senkung der Selbstkosten teilnahmen. Diese Erfolge und das Niveau der Selbstkosten, das zu Ende des Jahres erreicht wurde, gaben uns das Recht, die Aufgaben auf diesem Gebiet für das kommende Jahr nicht nur nicht herabzusetzen, sondern sie sogar zu erhöhen.

Auf dem Gebiet der Arbeitsproduktivität bewegten wir uns im Wirtschaftsjahr 1928/29 im allgemeinen auf der Höhe der Planauflagen. Auf dem Gebiet der Investitionen (einschließlich der zusätzlichen überplanmäßigen Bewilligungen, die nach der Aufschlüsselung der Kontrollziffern erfolgten) übertreffen wir wahrscheinlich sogar den ursprünglichen Plan. Der Staatshaushalt wird – nach den vorläufigen vorliegenden Berechnungen – mit einem Einnahmenüberschuß in Höhe von ungefähr 200 Mill. abschließen.

Doch diese überaus günstigen Kennziffern darf man natürlich durchaus nicht so auslegen, als ob der Plan für das Wirtschaftsjahr 1928/29 keinerlei Anspannungen enthalten hätte. Nein, alle Erfahrungen aus seiner Erfüllung zeugen davon, daß der vorjährige Plan – insgesamt genommen – hinreichend angespannt war. Es genügt, an die überstandenen Schwierigkeiten an der Lebensmittelfront zu erinnern, an die Engpässe an der Baufront, an die Transportschwierigkeiten, an die Knappheit unseres Importprogramms, an die Angespanntheit unseres Kreditsystems usw. *Doch alle diese Schwierigkeiten hinderten uns nicht daran, ungeachtet ihrer stark übertriebenen Hervorhebung von seiten der Pessimisten, im allgemeinen das vorgesehene Programm des sozialistischen Aufbaus vollständig zu erfüllen und gerade an den für uns wichtigsten Abschnitten der Industrialisierung und der Sozialisierung unseres Landes zu überbieten.*

5.2. Vorhaben für 1929/30

Ausgehend von den Erfahrungen aus dem ersten Jahr des Fünfjahrplanes und unter Berücksichtigung der reichen, noch nicht erschlossenen Reserven, die im sozialistischen Wettbewerb und in der ununterbrochenen Arbeitswoche verborgen sind, halten wir es für völlig real, in den Direktiven für das Wirtschaftsjahr 1929/30 eine weitere Erhöhung des Tempos der Industrialisierung und der Sozialisierung unserer Wirtschaft im Vergleich zu dem nach der optimalen Variante des Fünfjahrplanes projektierten Entwicklungstempo vorzusehen.

Das wird ohne Zweifel auch durch jenes Manöver auf dem Gebiet der Umverteilung des Nationaleinkommens gefördert werden, das die Ergebnisse auf diesem Gebiet im vergangenen Jahr, die für uns nicht ganz günstig waren, ausgleichen soll. Sowohl das verstärkte Programm der Anleihen in der Stadt und im Dorf als auch die anteilige Akkumulation der Genossenschaften und eine ganze Reihe von Neueinführungen auf dem Gebiet der industriellen Besteuerung sollten uns – bei richtigem klassenmäßigen Herangehen an ihre Realisierung – bedeutende zusätzliche Ressourcen für das obengenannte Ziel erbringen.

Schließlich wirkt in diese Richtung auch die objektive Tatsache, daß durch die reale Zusammensetzung des Nationaleinkommens selbst, das heißt, des Nettoprodukts des Wirtschaftsjahres 1929/30, eine Erhöhung des Anteils der gesellschaftlichen Akkumulation zu Lasten der nichtproduktiven Konsumtion vorbestimmt wird.

In der Bilanz der nichtproduktiven Konsumtion hat die Produktion der Landwirtschaft in unserem Lande eine gewaltige, um nicht zu sagen, die entscheidende Bedeutung. Für das kommende Jahr sehen wir eine bedeutende Erweiterung dieser Produktion vor. Die Früchte aus dieser Erweiterung werden jedoch erst in die Konsumtionsbilanz des Wirtschaftsjahres 1930/31 eingehen, während sich die Konsumtion im Wirtschaftsjahr 1929/30 auf die Ernte des Jahres 1929, so wie diese war, stützen muß. Diese Ernte ist aber etwas geringer ausgefallen, als wir nach dem Fünfjahrplan erwartet hatten. So haben wir zum Beispiel anstelle eines Zuwachses des Getreideertrages in Höhe von 10% im Vergleich zum Jahre 1928 nur einen Zuwachs in Höhe von 2,8% erreicht, das heißt um 7% weniger als der Plan vorsah, während die Produktion der Viehwirtschaft – aller Wahrscheinlichkeit nach – fast um 10% unter dem geplanten Niveau liegen wird. Bereits diese beiden Positionen bedeuten eine erhebliche Reduzierung des realen Konsumtionsfonds des Landes. Unterdessen ist aber der zu erwartende Gesamtbetrag des Nationaleinkommens für das Wirtschaftsjahr 1929/30 durchaus nicht geringer, als im Fünfjahrplan vorgesehen war. Das bedeutet, daß darin der Anteil der Werte, die ihrer eigenen Zweckbestimmung nach nur für die produktive Verwendung und Akkumulation eingesetzt werden können, höher ist, als der Fünfjahrplan vorsah.

Daraus geht hervor, daß ein höheres Wachstumstempo der Produktion und der Investitionen, als im Fünfjahrplan für dieses Jahr vorgesehen war, tatsächlich realisierbar ist. Doch diese Zielstellung hat auch eine Kehrseite. Eine hohe Akkumulationsrate setzt hohe Ergebnisse auf dem Gebiet der Arbeitsproduktivitätssteigerung, der Senkung der Selbstkosten und der Verbesserung der Qualität der Produktion voraus. Neben der technischen Basis stellen aber solche Ergebnisse erhöhte Anforderungen auch an die lebendige Arbeitskraft, die aufgerufen ist, solche Errungenschaften zu verwirklichen. Nur eine sehr hohe Aktivität der Werktätigen kann hohe Produktionsergebnisse hervorbringen. Dafür muß aber auch hier in hinreichendem Maße die energetische Basis für die erforderliche Aktivität gewährleistet sein, das heißt ein entsprechender Lebensmittelfonds und allgemeiner Konsumtionsfonds der Arbeiterklasse. Kurz gesagt, eine hohe Akkumulationsrate erfordert unter unseren sowjetischen Bedingungen auch eine hohe Konsumtionsrate der werktätigen Massen.

Den Lebensmittelproblemen muß deshalb im bevorstehenden Jahr eine sehr konzentrierte Aufmerksamkeit zuteil werden. Je weniger die Lebensmittelversorgung des Landes aus vorhandenen Ressourcen über den normalen Selbstlauf des Marktes gewährleistet ist, um so stärkere Anstrengungen müssen unternommen werden, um mit Hilfe der operativen Planung, der Konzentration und Organisiertheit eine angemessene Rationalisierung auf diesem Gebiet zu erreichen.

Bei fehlenden Überschüssen in dieser oder jener Versorgungsart müssen wir die Güter vor allem dorthin lenken, wo sie am notwendigsten sind und wo sie den größtmöglichen Effekt bei ihrer Nutzung zeitigen werden. Wenn zum Beispiel die Industriearbeiter in den Städten und die Arbeitskader des sozialistischen Sektors im Dorf die größten Aktivitäten nach dem Plan entwickeln müssen, dann muß auch für diese die möglichst vollständige und kontinuierliche Versorgung mit allem Notwendigen gewährleistet werden.

Das erfordert ein differenziertes klassenmäßiges Herangehen an die Probleme der Versorgung und eine bedeutende Ausweitung des Bereiches einer normierten Versorgung. Das setzt auf der anderen Seite eine Vertiefung und Verschärfung der Klassenwidersprüche um das Problem der Verteilung und Umverteilung des Nationaleinkommens voraus. Darin kündigen sich uns unsere Schwierigkeiten im Prozeß der Realisierung des Volkswirtschaftsplanes für das Wirtschaftsjahr 1929/30 an. Doch vor diesen können wir nirgendwohin ausweichen; wir können und müssen sie überwinden.

5.3. Das Wachstumstempo

Das quantitative Wachstum der Volkswirtschaft der UdSSR, wie es von uns in den Kontrollziffern für das Wirtschaftsjahr 1929/30 projektiert wurde, kann durch folgende Kennziffern zum Ausdruck gebracht werden.

Die geplante Industrie – das führende Glied unserer vergesellschafteten Wirtschaft – erhält die Aufgabe, ihre Produktion im Wirtschaftsjahr 1929/30 um 32,3% zu erhöhen, während im Fünfjahrplan ein Wachstum in Höhe von nur 21,5% vorgesehen war. Der Eisenbahntransport vergrößert sein Ergebnis um 23% an Stelle von 14%, der Industriebau wächst um 92% statt der vorgesehenen 52%, der vermittelnde Handelsumschlag steigt in unveränderten Preisen um 34,6% anstelle von 25% nach dem Fünfjahrplan.[2]

Nur die landwirtschaftliche Produktion aus der Ernte von 1929 bleibt hinter diesem Wachstumstempo zurück.

Wenn man ausgehend von der Nettoproduktion des Wirtschaftsjahres 1927/28, errechnet nach dem Fünfjahrplan, und vom umfangmäßigen Wachstumstempo aller Wirtschaftszweige, das gesamte quantitative Wachstum der Produktion für die ersten beiden Jahre des Fünfjahrplanes bestimmen will, dann erhält man die folgende Gegenüberstellung (siehe Tabelle 1).

Die angeführte Berechnung ist äußerst bedingt, doch als Index für den physischen Umfang der nationalen Produktion hinreichend aussagekräftig. Die Produktion der Volkswirtschaft des Landes wuchs insgesamt im ersten Jahr des Fünfjahrplanes um 12,3%, das zweite Jahr aber verspricht, einen noch grandioseren Zuwachs in Höhe von 21% gegenüber den im Fünfjahrplan vorgesehenen 16% zu erbringen. Und das ungeachtet dessen, daß wir in der Landwirtschaft im ersten Jahr ein Manko von ungefähr 165 Mill. und im zweiten sogar in Höhe von 700 Mill. Rubel gegenüber dem Fünfjahrplan haben.

Natürlich, wenn wir die vorgesehene Senkung der Preise im Wirtschaftsjahr 1929/30 berücksichtigen, dann wird der Zuwachs des Nationaleinkomens in diesem Jahr wesentlich geringer sein. Im allgemeinen stellt sich die Dynamik des Nationaleinkommens für die vorangegangenen Jahre – nach einer Berechnung, die in der Staatlichen Plankommission durchgeführt wurde – in den folgenden Daten dar (in den Preisen der entsprechenden Jahre):

Jahre	Nationaleinkommen insgesamt (in Millionen Rubel)	Nationaleinkommen pro Kopf (in Rubel)	jährlicher Zuwachs (%) insgesamt	jährlicher Zuwachs (%) pro Kopf
1925/26	21230	147	–	–
1926/27	22945	155	8,0	5,4
1927/28	25351	168	10,5	8,4
1928/29	29897	193	17,9	14,9
1929/30	33845	214	13,2	10,9

Die Werte aus dieser Berechnung sind leider mit den Daten des Fünfjahrplanes wegen einer ganzen Reihe von Präzisierungen in der Bewertung und Erfassung der Produktion nicht vergleichbar. Doch die Entwicklung der angeführten Reihe ist sehr interessant. Wir haben hier ohne Zweifel eine stark ansteigende Reihe. Wenn man aber eine gewisse

[2] Unter Berücksichtigung der fallenden Preise wird eine Steigerung dieses Umschlages um 26% gegenüber den im Fünfjahrplan vorgesehenen 20% erwartet.

Tabelle 1. Der physische Produktionsumfang der Volkswirtschaft (in unveränderten Preisen des Jahres 1927/28)

Wirtschaftszweige	Absolute Ergebnisse (in Mill. Rubel)					Jährlicher Zuwachs (in %)			
	1927/28	1928/29		1929/30		1928/29		1929/30	
		nach dem Fünfjahrplan	erwartete Erfüllung	nach dem Fünfjahrplan	nach den Kontrollziffern	nach dem Fünfjahrplan	erwartete Erfüllung	nach dem Fünfjahrplan	nach den Kontrollziffern
1	2	3	4	5	6	7	8	9	10
1. Industrie									
a) dem Zensus unterliegende	5214	6172	6313	7469	8308	18,4	21,1	21,0	31,6
b) Kleinindustrie	1235	1318	1288	1429	1396	6,4	4,3	8,4	8,4
Summe	6449	7490	7601	8898	9704	16,2	17,9	18,8	27,7
c) Akzise	1360	1612	1609	1870	2108	18,5	18,3	16,0	31,0
Summe mit Akzise	7809	9102	9210	10768	11812	16,6	18,0	18,3	28,2
2. Landwirtschaft									
a) Ackerbau	9466	9797	9636	10600	9896	3,5	1,8	8,4	2,7
b) Forstwirtschaft	1459	1634	1630	1823	1819	12,0	11,7	11,6	11,6
c) Fischwirtschaft und Jagd	360	383	383	436	436	6,3	6,3	13,9	13,9
Summe	11285	11814	11649	12859	12151	4,7	3,2	8,9	4,3
3. Bauwesen									
a) nichtländliches Bauwesen	1068	1463	1442	2224	2760	37,0	35,0	52,0	91,6
b) ländliches Bauwesen	520	498	535	502	531	−4,3	2,8	0,8	−0,8
Summe	1588	1961	1977	2726	3291	23,5	24,5	39,0	66,6
4. Transportwesen									
a) Eisenbahntransport	1061	1162	1278	1299	1505	9,5	20,5	11,8	17,8
b) Sonstiger Transport	82	90	92	100	99	9,2	12,5	11,0	7,4
Summe	1143	1252	1370	1399	1604	9,5	19,9	11,7	17,1
5. Nachrichtenwesen	118	130	130	142	163	9,8	9,8	9,0	25,2
6. Handel	2738	3313	3395	4141	4570	21,0	24,0	25,0	34,6
insgesamt	24681	27572	27731	32035	33591	11,7	12,3	16,2	21,2

Erhöhung der Preise im Wirtschaftsjahr 1928/29 berücksichtigt, die das überhöhte Wachstum des Einkommens in diesem Jahr und die *sichtliche* Senkung dieses Wachstums im nachfolgenden Jahr erklärt, dann ist das reale Ansteigen dieser Reihe noch ausgeprägter als nach dem nominellen Ausdruck. Es ist offensichtlich, daß sich die Potenzen der sowjetischen Wirtschaft erst noch entfalten werden.

Es ist interessant festzustellen, daß wir bei einigen Kennziffern – zum Beispiel beim Güterumschlag der Eisenbahnen und bei dem Gesamtbetrag des Einnahmehaushaltes – bereits das Wachstumstempo des Fünfjahrplanes um ein ganzes Jahr übertroffen haben.

Wir sehen jedoch, daß die Macht der Anarchie sich an der Front der Landwirtschaft noch schmerzhaft fühlbar macht. Nur durch die Anstrengungen über eine Reihe von Jahren können wir hier die Richtung der jahrhundertealten Vergangenheit verändern. Doch der glänzende Vormarsch des sozialistischen Sektors in der Landwirtschaft spricht deutlich davon, daß der Umschwung auch hier nicht weit hinter den Bergen liegt.

Wenn man den Plan als ein innerlich verbundenes Ganzes ansieht, bei dem ein überaus schnelles Voranschreiten an einem Abschnitt bei einem erheblichen Zurückbleiben an anderen Abschnitten nicht nur die Ganzheit der Planvorstellungen gefährdet, sondern auch die realen Möglichkeiten für seine Verwirklichung, dann dürfen wir natürlich unser Zurückbleiben auf dem Gebiet der Landwirtschaft weder ignorieren noch unterschätzen. Die meteorologischen Bedingungen und ähnliche objektive Faktoren, die außerhab unserer planmäßigen Einwirkung liegen, vermögen unsere Aufgaben wohl zu erschweren, aber sie können ihnen auch zu Hilfe kommen. Dann würde sich die Erfüllung unseres Fünfjahrplanes außerordentlich erleichtern. Doch wenn man nicht auf solche Zufälle bauen will, dann ist man offensichtlich gezwungen, wegen des Zurückbleibens auf dem Gebiet des Ackerbaus gerade an diesem Abschnitt der wirtschaftlichen Front unseres Aufbaus eine besonders sorgsame Wachsamkeit zu entwickeln und die besondere Angespanntheit der hier tätigen Arbeitskollektive zu unterstützen.

Bereits im Plan für das Wirtschaftsjahr 1929/30 ist vorgesehen, sehr bedeutende Aufgaben auf dem Gebiet der Landwirtschaft zu verwirklichen. *Die Erweiterung der Aussaatflächen bei Getreide um 8% und die allgemeine Erhöhung der Getreideernte im Jahre 1930 um 16,6% bei einer bedeutenden Ausdehnung des vergesellschafteten Sektors und der Vertragsabschlüsse über Getreide vom Halm, sowie auch entscheidende Fortschritte beim Aufschwung des Baumwollanbaues und anderer Rohstoffkulturen bereits im Planjahr erfordern von uns sehr große Anstrengungen.*

5.4. Qualitative Kennziffern

Das oben vorgesehene quantitative Wachstumstempo erfordert zumindest ebensolche Errungenschaften auch auf dem Gebiet der qualitativen Kennziffern. Die Planungsaufgaben auf diesem Gebiet sind auf drei Grundlinien gerichtet:

1. auf die Steigerung der allgemeinen Arbeitsproduktivität,
2. auf die Senkung der Selbstkosten der Produktion und
3. auf die Verbesserung der Qualität der Produktion.

Auf dem Gebiet der Steigerung der Arbeitsproduktivität rechnen wir damit, daß durch die im Plan vorgesehene technische Rekonstruktion und Rationalisierung der Arbeit in der geplanten Industrie das allgemeine Produktionsniveau absolut um mindestens 23% steigt. Eine weitere Präzisierung der Berechnungen wird es uns wahrscheinlich ermöglichen, die Steigerungsrate auf 25% zu erhöhen. Im Vergleich zu den Ergebnissen des vorangegangenen Jahres in Höhe von 16% ist diese Aufgabenstellung sehr hoch, doch auch der Umfang der Investitionsaufwendungen in der Industrie übersteigt im Wirtschaftsjahr 1929/30 den Aufwand des abgelaufenen Jahres fast um das Doppelte. Die technische Umrüstung der Arbeit ist aber die Hauptressource für die Steigerung ihrer Produktivität. Es genügt zu sagen, daß wir im Wirtschaftsjahr 1929/30 allein für die Elektrifizierung den Umfang der Investitionen von 369 Mill. im Vorjahr auf 608 Mill. Rubel, das heißt, um 65% erhöhen, wobei die Erzeugung der Elektroenergie um 34,5% steigen und die installierte Leistung sich um 37,4% erhöhen wird. Dabei erhöhen sich die Grundfonds der Industrie (in unveränderten Preisen) – sogar *ohne Kraftwerke* – im Verlaufe des Jahres um 33,5%, während der Zuwachs der Arbeitskräfte nur 6,6% betragen wird. Damit wächst die *Fondsausstattung* jedes Arbeiters mindestens um die gleichen 25%, die wir von ihm auf dem Gebiet der Steigerung der Arbeitsproduktivität erwarten.

Im Zusammenhang mit diesem großen Sprung in der Steigerungsrate der Arbeitsproduktivität von 16 auf 25% erhöhen wir entsprechend auch die Aufgaben auf dem Gebiet der Senkung von Selbstkosten. Diese sollen nach unserer Aufgabenstellung für 1929/30 um 11% gesenkt werden. Das ist eine schwierige, aber dennoch lösbare Aufgabe. Ausgehend von Berechnungen des Obersten Volkswirtschaftsrates, die eine Senkung von 9,5% begründen und unter Berücksichtigung einiger Korrekturen, die aus Aufgabenstellungen der Staatlichen Plankommission hervorgehen, können wir die folgende summarische Berechnung über die Senkung der Selbstkosten vorlegen (siehe Tabelle 2).

Die Übersicht zeigt in einer Weise, wie es anders nicht besser möglich wäre, auf welchen Linien die größten Fortschritte bei der Rationalisierung der Industrie vorgesehen sind. Die bedeutendsten Effekte versprechen uns die Senkungen der Einsatznormen für die benötigten Arbeitskräfte und Materialien in der Produktion (–8,3%). Was den Effekt aus der Senkung der Preise für Brennstoff und Material anbelangt, so wird er durch die vorgesehene Steigerung des Lohnniveaus der Arbeiter, die dieses Rate übertrifft, aufgehoben. Die Senkung der Amortisation und der sonstigen betrieblichen und trustspezifischen Gemeinkosten je Erzeugniseinheit stellen ebenfalls eine recht fühlbare Größe dar (2,6%). Doch das ist das natürliche Ergebnis der erheblichen Produktionssteigerung, da diese Aufwandsarten nur in geringem Maße vom Produktionsumfang abhängen.

Genaugenommen wird die *Rationalisierung* der Produktion in dieser Übersicht nur durch drei Koeffizienten mit hinreichender Vollständigkeit gekennzeichnet: durch die Senkung der Norm für die erforderlichen Arbeitskräfte um 20%, der Normen für Brennstoffe um 12% und der Verbrauchsnorm für Rohstoffe und Material um 5%. Über die Faktoren, die die Effektivität der Ausnutzung der Arbeit steigern, haben wir bereits gesprochen. Die Erhöhung der Ausnutzungskoeffizienten für Brennstoffe ist ebenfalls in hinreichendem Grade durch das gewaltige Programm der Elektrifizierung und durch die Aufwendungen für die Erneuerung der sonstigen Kraftanlagen gesichert. Man muß jedoch hinzufügen, daß die hier entwickelte Aufgabe eine besondere Aufmerksamkeit nicht einmal so sehr im Interesse der Selbstkostensenkung verdient, wo ihre Rolle nicht groß ist, als vielmehr unter dem Aspekt der allgemeinen Brennstoffbilanz des Landes. An diese Bilanz werden im Wirtschaftsjahr 1929/30 derart gestiegene Anforderungen gestellt, daß man sie nur in befriedigender Weise ausgleichen kann, wenn die projektierten Normen für die Rationalisierung des Brennstoffeinsatzes eingehalten werden. Was aber die vorgesehene Einsparung bei den Normen für die Rohstoff- und Materialversorgung in Höhe von 5% betrifft, so kann man – wenn diese auch nicht sehr hoch sind – deren Bedeutung angesichts des enormen spezifischen Anteils dieser Position an der Bruttoproduktion für unsere gesamte – ebenfalls außerordentlich angespannte – Rohstoffbilanz kaum überschätzen.

All diese Aufgaben müssen erfüllt werden, weil nur unter dieser Voraussetzung das

Tabelle 2. Übersicht über die Aufgaben zur Senkung der Produktionsselbstkosten in der geplanten Industrie für das Wirtschaftsjahr 1929/30 (in %)

Selbstkostenelemente	Struktur im Jahre 1928/29	Senkung nach Elementen durch		Senkung insgesamt durch			Selbstkosten nach Senkung	Struktur im Jahre 1929/30
		Normen	Preise	Normen	Preise	insgesamt		
1	2	3	4	5	6	7	8	9
1. Rohstoffe und Material								
a) Landwirtschaft	16,6	2,0	1,0	0,33	0,16	0,49	16,11	18,1
b) Industrie	25,2	7,0	6,0	1,76	1,41	3,17	22,03	24,8
Summe	41,8	5,0	3,96	2,09	1,57	3,66	38,14	42,9
2. Brennstoffe und Energie	4,6	12,0	4,0	0,55	0,16	0,71	3,89	4,4
3. Löhne mit Aufschlägen	31,2	20,0	−9,0	6,24	−2,16	4,08	27,12	30,5
4. Steuern und Abgaben	5,0	–	–	–	–	–	5,0	5,6
5. Amortisation	5,0	15,0	–	0,75	–	0,75	4,25	4,8
6. Sonstige Gemeinkosten	4,1	17,0	–	0,70	–	0,70	3,40	3,8
Betriebliche Selbstkosten	91,7	11,3	−0,53	10,33	−0,43	9,90	81,80	92,0
7. Aufwendungen der Trusts								
a) Ausgleichsabgaben	3,4	–	–	–	–	–	3,40	3,8
b) Sonstige	4,9	23,0	–	1,13	–	1,13	3,77	4,2
Summe	8,3	13,6	–	1,13	–	1,13	7,17	8,0
Kommerzielle Selbstkosten	100,0	11,46	−0,49	11,46	−0,43	11,03	88,97	100,0

vorgesehene Aufbauprogramm und alle quantitativen Leistungen in bezug auf das projektierte Wachstumstempo der Volkswirtschaft völlig real sind.

Schließlich einige Worte über die Verbesserung der Qualität der Produktion. Wir stellen diese Aufgabe schon nicht zum ersten Mal. Doch da die Qualität der Produktion nicht genau berechnet werden kann, bleibt diese Aufgabe größtenteils unausgeführt. Bei einem Druck auf die Senkung der Selbstkosten aber beobachten wir oft sogar eine merkliche Verschlechterung der Qualität bei den hergestellten Erzeugnissen. Doch wir können eine so offensichtliche Umgehung der Plandirektiven nicht zulassen. Um ihre kapitalistischen Konkurrenten einzuholen und zu überholen, muß die sowjetische Industrie ihre Produktion nicht nur verbilligen, sondern auch verbessern. Wir kann man das aber erreichen?

Wir halten es für möglich und notwendig, in dieser Beziehung zwei Wege zu beschreiten. Beim Abschluß der Kollektivverträge sollte von seiten der Wirtschaftsfunktionäre die allgemeine Forderung erhoben werden, den Ausschuß im Wirtschaftsjahr 1929/30 mindestens um 10% gegenüber der bestehenden Norm zu senken. Wenn aber dazu noch in die Verträge genau festgelegte Bedingungen für die Bestimmung des Ausschusses[3] aufgenommen werden, dann steht die Sache auf einem durchaus festen Fundament. Die Praxis des sozialistischen Wettbewerbs und der sozialistischen Zusammenarbeit, die sich auf ein solches Fundament stützt, gewährleistet uns eine weitere Beschleunigung der qualitativen Leistungen an dieser Front.

Der zweite Weg besteht in der Erhöhung des allgemeinen Qualitätsniveaus der Produktion durch Überprüfung des Programms für das Erzeugnissortiment in jedem Trust. Die Aufgabe läuft darauf hinaus, daß aus jeweils dem gleichen Material mehr Erzeugnisse höchster Qualität hergestellt werden. Bei einem Mangel an Rohstoffressourcen verdient dieser Weg besondere Aufmerksamkeit. Zum Beispiel mangelt es uns an Baumwolle für die vorhandenen Textilbetriebe bei dem gegebenen Sortiment ihrer Erzeugnisse. Wenn wir aber auf eine höhere durchschnittliche Garnnummer orientieren würden, die Webstühle so umstellen, daß durch die eingeschränkte Herstellung von gröberen und billigeren Stoffen, zum Beispiel Nessel und gewöhnliche Kattune, der Anteil der teueren Kattune von Nansouk, Batist, Markisette und dergleichen erhöht wird, dann würden wir aus der gleichen Menge Baumwolle eine größere Masse an Werten erzeugen. Allerdings müssen wir dafür auch eine größere Menge von Arbeit verausgaben, weil ein Erzeugnissortiment von höherer Qualität auch die allgemeine Arbeitsintensität erhöht. Doch diese Steigerung der Arbeitsintensität der Erzeugnisse ist uns äußerst wünschenswert, besonders in der Textilindustrie, wo es eine Überzahl an Arbeitskräften gibt. Aber auch in anderen Zweigen könnten wir auf diesem Wege zusätzliche Arbeitskräfte beschäftigen und damit die noch vorhandene Reservearmee an Arbeitern verringern.

5.5. Arbeit und Kultur

Die Erfüllung der hohen qualitativen Kennziffern erfordert die organisierten Anstrengungen aller Werktätigen. Daher ist eines der zentralsten Probleme des Planes die Gewährleistung der notwendigen Aktivität und Organisiertheit der durch den Plan mobilisierten Arbeitskräfte.

Die Stärke der Armee der Lohnarbeiter belief sich in der UdSSR in der Mitte des Wirtschaftsjahres 1928/29 insgesamt auf 12150000 Arbeitskräfte, aber in einem Jahr werden wir bereits 13264000 brauchen. Das stellt einen Zuwachs um 1114000 Arbeitskräfte oder

[3] Das heißt anders gesagt, Standardqualitäten der Erzeugnisse, die nicht in den Ausschuß gehen.

von 9,2% dar, während nach der optimalen Variante des Fünfjahrplanes ein Zuwachs in Höhe von 7,5% vorgesehen war. Das durchschnittliche Niveau des Arbeitslohns – für alle Kategorien – soll sich nominell um 7,9% erhöhen, darunter für Industriearbeiter um 9%.

Bei einer 25%igen Steigerung der Arbeitsproduktivität stellt sich ein solcher Zuschlag zum Arbeitslohn als ziemlich bescheiden dar. Wenn man jedoch in Rechnung stellt, daß noch eine Senkung des Haushaltsindexes um 4% projektiert ist, dann muß man die allgemeine Erhöhung des realen Arbeitslohnes mindestens mit einer Steigerungsrate von 13,5% ansetzen. Doch das ist nur der individuelle Arbeitslohn. Aber währenddessen erhält die Arbeiterklasse unter unseren sowjetischen Bedingungen neben dem individuellen Arbeitslohn ziemlich große Beträge in Form der kollektiven Befriedigung ihrer Bedürfnisse über die Sozialversicherung, den Fonds zur Verbesserung der Lebensbedingungen der Arbeiter (FUBR) und anderen Positionen. Im Wirtschaftsjahr 1929/30 insbesondere erhalten die Industriearbeiter allein durch die Erhöhung des Fonds zur Verbesserung der Lebensbedingungen der Arbeiter aus der Gewinnabführung 100 Mill. Rubel mehr als im Vorjahr. Dadurch entsteht ein weiterer Zuschlag zum Lohnfonds in Höhe von ungefähr 3%. Insgesamt werden wir für den individuellen und kollektiven Lohnfonds zusammengenommen zweifellos einen Zuwachs erreichen, der über 13,5% liegt.

Angesichts der ungünstigen Lebensmittelbilanz wäre es unvorsichtig, den Reallohn noch stärker zu erhöhen im bevorstehenden Jahr. Wir verfügen bis heute leider noch nicht über eine verhältnismäßig zuverlässige Bilanz für Brotgetreide. Die vorläufigen Berechnungen, die wir von der Zentralverwaltung für Statistik erhielten, garantieren uns eine Stabilität der Brotversorgung ungefähr auf dem Niveau des vergangenen Jahres. Auch die Bilanz der Fleischversorgung ist für das kommende Jahr eingeschränkt. Bei den anderen Nahrungsressourcen – mit Ausnahme von Fisch, Pflanzenöl und Kartoffeln – haben wir ebenfalls keine Aussichten auf die Verwirklichung des wünschenswerten Aufschwungs. Bei Zucker droht uns eine bedeutende Untererfüllung des Planes. Im allgemeinen aber, im Rahmen der gesamten Lebensmittelbilanz für die städtische Bevölkerung, werden wir wahrscheinlich die Versorgung um 5% gegenüber dem zweiten Halbjahr des Wirtschaftsjahres 1928/29 erhöhen. Ein solches Programm entspricht noch nicht unseren Produktionsaufgaben. Wir müssen daher entschiedene Maßnahmen treffen, um es ausdehnen zu können.

Unter diesen Maßnahmen verweisen wir auf das große Programm zur vertraglichen Bindung bei Fleischvieh, das uns durch Verlängerung der Mastdauer und Versorgung mit Futtermittelkonzentraten eine zusätzliche Fleischproduktion in Höhe von mindestens 150000 t sichern soll. Daneben ist eine Reihe von Maßnahmen vorgesehen, die im bevorstehenden Jahr den Export defizitärer Lebensmittel aus dem Lande einschränken und ihren Import erhöhen sollen. Es ist vollkommen möglich und notwendig, in bedeutendem Maße Fleischvieh und Reis aus den Ländern des Ostens einzuführen und Rohzucker, Hering und eine ganze Reihe anderer Produkte zu importieren. Wie begrenzt unsere Ressourcen für den Export auch sein mögen, die erforderlichen Kombinationen für die genannten Importe können jedoch gefunden werden. Man muß sie suchen.

Daneben muß das Programm zur Versorgung der städtischen Bevölkerung im allgemeinen und der Arbeiterzentren im besonderen für das kommende Jahr so durchdacht werden, daß kein Risiko für das Entstehen irgendwelcher Stockungen und Unregelmäßigkeiten verbleibt. Die zahlungsfähige Nachfrage der Arbeiter wächst im Zusammenhang mit der vorgesehenen Steigerung des Arbeitslohnes im bevorstehenden Jahr bedeutend stärker als bei anderen Bevölkerungsgruppen. Unter Berücksichtigung dessen muß das Programm für die normierte Versorgung von einer differenzierten Grundlage ausgehen.

Unter dieser Bedingung können wir auf der Grundlage der in der Staatlichen Plankommission erarbeiteten Lebensmittelbilanzen behaupten, daß für die Arbeiterbevölkerung nicht nur die Stabilität, sondern auch eine hinreichende Verbesserung in der Lebensmittelversorgung gewährleistet werden kann.

Wenn man eine Lebensmittelstruktur, die nach den Versorgungsbedingungen des Wirtschaftsjahres 1927/28 völlig normal war, als Basis nimmt, hatte die Jahres-pro-Kopf-Ration eines Arbeiters einen Wert von 134,66 Rubel. 1928/29 blieb diese Ration nach den gleichen Preisen auf etwa dem gleichen Niveau (133,98 Rubel), wobei sich die Versorgung mit Brot um 9,5% verschlechterte, was aber durch andere Produkte kompensiert wurde. Im Wirtschaftsjahr 1929/30 kann diese Ration auf 139,35 Rubel (zu Preisen des Wirtschaftsjahres 1927/28) angehoben werden, das heißt um 4% gegenüber der durchschnittlichen Jahresnorm des vergangenen Jahres und um etwa 10% im Vergleich zum zweiten Halbjahr des gleichen Jahres.

Das ist nicht viel, dennoch aber völlig ausreichend, um eine erweiterte Reproduktion der Arbeitskraft zu ermöglichen und die notwendige energetische Basis für eine weitere Entfaltung der aktiven schöpferischen Tätigkeit der Arbeiterklasse zu bilden.

Auf dem Gebiet der Versorgung mit den sonstigen Gegenständen des Massenbedarfs – außer Lebensmitteln – sind unsere Möglichkeiten unvergleichlich größer. Von diesem Gesichtspunkt her ist der vorgesehene Zuwachs an Reallohn vollständig gesichert.

Die gewaltige Erhöhung des Bauprogramms im Wirtschaftsjahr 1929/30 von 4262 Mill. Rubel, wie im Fünfjahrplan vorgesehen, auf 5409 Mill. Rubel, das heißt um 27%, sowie die allgemeine Beschleunigung des Tempos, in dem sich die Arbeiten in der Industrie und im Transportwesen entfalten, erfordert von uns eine entsprechende Erweiterung der Kader an Arbeitskräften im allgemeinen und von qualifizierten Arbeitskräften im besonderen.

Das erleichtert uns die Aufgabe im Kampf gegen die Arbeitslosigkeit erheblich. Entgegen den Voraussagen der Pessimisten, daß uns eine wachsende Arbeitslosigkeit drohen würde, kann man bereits im Wirtschaftsjahr 1928/29 einen bestimmten Umschwung in dieser Beziehung feststellen, für das Wirtschaftsjahr 1929/30 aber sehen wir einer Senkung der städtischen Reservearmee von Arbeitslosen um ganze 10% vor. Gleichzeitig aber wachsen unsere Schwierigkeiten bei der Komplettierung der neuen Kader durch qualifizierte Arbeitskräfte. Sie auf dem Arbeitskräftemarkt zu finden, wird immer schwieriger. Hierfür bedarf es großer organisatorischer Anstrengungen und Mittel.

Ein bis ins einzelne gehendes Programm von Maßnahmen auf diesem Gebiet, das von der Umschulung Arbeitsloser über die Ausbildung neuer Kader bis zur Erweiterung des Bestandes an Fachschulen und Technischen Hochschulen reicht, ist in einem Material der Sektion Arbeit und Kultur vorgelegt worden. Hier sollten wir nur auf eine Frage eingehen, für die noch keine abschließende Lösung gefunden worden ist.

Wir müssen den vorhandenen Bedarf an qualifizierten Kadern nicht nur von der quantitativen Seite her, sondern auch von seiten ihrer Qualität her decken. Insbesondere müssen wir für jene Kader, die für Leitungsfunktionen vorgesehen sind, die beste soziale Auswahl aus den Reihen des Proletariats sichern. Zu diesem Zweck wurde von uns bereits in den Fünfjahrplan die Idee eines speziellen Klassen-Stipendienfonds eingebracht, den wir „Arbeiterfonds für die soziale Erziehung" genannt haben. Seine Bestimmung ist es, den heute lernenden Kindern von Arbeitern in allen mittleren allgemeinbildenden und Berufsschulen den Unterhalt zu gewährleisten, um den enormen vorzeitigen Abgang der Arbeiterjugend von diesen Schulen auf ein Minimum zu reduzieren, da es der fehlende Unterhalt ist, der sie nötigt, die Schule früher zu verlassen, um in die Fabrik zu gehen oder anderweitige Arbeit zu suchen.

Wir hatten empfohlen, diesen Fonds nach dem Vorbild des bereits bestehenden medizinischen Klassenfonds durch zusätzliche Abführungen vom Arbeitslohn der Arbeiter und Angestellten an die Organe der Sozialversicherung zu bilden. Diese Erweiterung der Funktionen der Sozialversicherungen durch die Übernahme von Aufgaben bei der gesellschaftlichen Erziehung des Proletariats ist nach unserer Ansicht durchaus zeitgemäß. Die bedeutenden Erfolge, die wir bei der Vergesellschaftung auf allen Abschnitten unserer wirtschaftlichen Front erzielten, kann nicht ohne Einfluß auf unser System der Verteilung der Güter im allgemeinen und auf das System der Arbeitsentlohnung im besonderen bleiben. Auf dem Gebiet des Arbeitslohnes haben wir schon längst den Weg seiner teilweisen Vergesellschaftung beschritten. Bereits jetzt beträgt der kollektivierte Teil der Arbeitslohnes, den die Arbeiterklasse in Gestalt der Sozialversicherung, des Fonds zur Verbesserung der Lebensbedingungen der Arbeiter und in anderen Formen erhält, mindestens 12–15% des individuellen Arbeitslohnes. Doch das ist nur der Anfang.

Die Tendenz zur Vergesellschaftung des Arbeitslohnes muß unausweichlich eine weitere Entwicklung erfahren. Nach dem Arbeiter-Medizinfonds ist schon ein Arbeiterfonds für die gesellschaftliche Erziehung vorgesehen, und danach wird zweifellos das Bedürfnis nach analogen Arbeiterfonds für die gesellschaftliche Ernährung entstehen. Mit der Zeit aber könnte sich der individuelle Teil des Arbeitslohnes in einen speziellen zusätzlichen Fonds zur Prämiierung für eine erhöhte Qualität der individuellen Arbeit verwandeln.

Natürlich ist das vorerst nur Zukunft, doch auch in der Gegenwart ruft die Notwendigkeit zur Schaffung eines speziellen Arbeiterfonds für die gesellschaftliche Erziehung bei niemandem einen Zweifel hervor. Streitfragen bilden nur dessen Umfang und die Formen seiner Organisation. So wurde der Gedanke geäußert, daß man ihn aus einer zusätzlichen Gewinnabführung bilden könnte. Doch das dürfte kaum ein rationeller Weg sein. Der Bedarf nach einer rationellen Erziehung der Arbeiterjugend besteht in allen Zweigen der Arbeit und Produktion, nicht aber nur in den Einrichtungen mit wirtschaftlicher Rechnungsführung, und dazu noch in denen, die Gewinn bringen. Unsere Preispolitik gewährleistet vorerst noch nicht die Rentabilität des Bergbaus, der Metallurgie und vieler anderer Zweige, doch die Kinder der Bergarbeiter und der Metallurgen, die in den Schulen unterrichtet werden, bedürfen nicht weniger als andere unserer Hilfe. Die Erziehung der Kinder der Arbeiter geht in den allgemeinen Reproduktionswert der Arbeitskraft ein und muß folglich auch durch das notwendige Produkt und nicht durch das Mehrprodukt der Arbeiter gedeckt werden. Der projektierte Fonds muß also in der gleichen Weise gebildet werden wie auch andere Formen des Arbeitslohnes, das heißt durch seine Einbeziehung in die Kalkulation der Selbstkosten, nicht aber durch Abführungen vom Gewinn.

Bezüglich der Größe des vorgesehenen Fonds hielten wir es für möglich, daß man sich im ersten Jahr auf eine Abführung in Höhe von einem Prozent des Lohns in allen Betrieben – in staatlichen und privaten –, die nach der wirtschaftlichen Rechnungsführung arbeiten, beschränkt, was für die geplante Industrie einen Betrag von etwa 30 Mill. Rubel ausmacht; für alle Zweige der Arbeit, ausgenommen die aus dem Staatshaushalt finanzierten Einrichtungen, würde dieser Betrag bis auf 80 Mill. Rubel ansteigen. In den folgenden Jahren müßte man diesen Prozentsatz der Abführungen natürlich stufenweise erhöhen und den Kreis der Versicherten erweitern, indem man die entsprechenden Aufwendungen in die allgemeine Rate der geplanten Steigerung des Arbeitslohnes einbezieht.

Auf dem Gebiet des Wohnungsbaues sehen wir für 1929/30 eine Reihe von Maßnahmen vor, die auf eine Senkung der Baukosten um mindestens 13,7% gerichtet sind, und wir erhöhen die Gesamtsumme der Aufwendungen auf diesem Gebiet von 562 Mill. Rubel im Wirtschaftsjahr 1928/29 auf 819 Mill. Rubel, das heißt um 45,6%; innerhalb des vergesellschafteten Sektors beträgt die Steigerungsrate sogar 56,2%. Einen solchen Sprung hatten wir auf diesem Gebiet in der ganzen bisher abgelaufenen Periode des sowjetischen Bauwesens noch nicht. Dennoch aber ermöglicht uns das nur, die Pro-Kopf-Wohnfläche von 5,8 auf 5,9 m^2 im vergesellschafteten Sektor zu erhöhen, das heißt kaum um 1,7%.

5.6. Bilanzprobleme

Der zentrale Teil unseres Planes ist das Investitionsprogramm. Ihm ist ein besonderer Abschnitt der Kontrollziffern gewidmet. Bei der Bilanzierung des Planes ist aber vor allem zu klären, in welchem Maße dieses Programm durch reale Ressourcen gesichert ist und welche Verteilung des Nationaleinkommens sich aus unserem Akkumulationsprogramm ergibt.

Natürlich sind auf diesem Gebiet nur sehr näherungsweise Orientierungsberechnungen möglich. Dennoch können wir ohne diese nicht auskommen. Es sei deshalb vor allem die folgende Tabelle angeführt (siehe Tabelle 3).

Wie wir sehen, wächst das Nationaleinkommen nach der Marktbewertung der einzelnen Jahre im Wirtschaftsjahr 1929/30, grob gesagt, um 4 Milliarden und seinem Umfang nach um 6 Milliarden Rubel. Von besonderem Interesse ist jedoch die Tatsache, daß dieser ganze Zuwachs vollständig auf den vergesellschafteten Sektor entfällt, denn die Einnahmen des privaten Sektors verringern sich sogar um 750 Mill. Rubel. Diese letztgenannte Verminderung erklärt sich vor allem durch den Vergesellschaftungsprozeß der individuellen Produktion eines bedeutenden Teils der Bauern, Handwerker und Heimarbeiter im genossenschaftlichen Sektor. Nicht ohne Grund erzielte dieser Sektor innerhalb eines Jahres einen Rekordzuwachs in Höhe von 34,3%, was eine zusätzliche Produktion im Umfang von 150 Mill. Rubel bedeutet. In dieser Zahl ist wahrscheinlich auch jene $^3/_4$ Milliarde enthalten, die der private Sektor verloren hat. Andererseits wurde diese Tatsache natürlich auch durch die Ernte des Jahres 1929 beeinflußt. Wie bekannt, brachte die diesjährige Aussaat im individuellen Sektor insgesamt nur einen Zuwachs in Höhe von 1%, und der Viehbestand hat sich sogar etwas vermindert. Die nicht besonders gute Ernte in einer ganzen Reihe von Bezirken auf der einen Seite und die Vergenossenschaftlichung einer bedeutenden Masse von Werktätigen auf der anderen erklären in hinreichendem Grade die genannte Tatsache.

Man kann dem nur noch eines hinzufügen, nämlich, daß sich in nicht allzu ferner Zukunft dieser Prozeß des Aufgehens des privaten Sektors in den vergesellschafteten zweifellos noch beschleunigen wird. Die Verteilung des Nationaleinkommens auf die einzelnen Bevölkerungsgruppen zeigt, daß nicht nur die Bourgeoisie, sondern auch recht breite Schichten der nicht in der Feldwirtschaft beschäftigten Bevölkerung eine – wenn auch langsame – so doch äußerst konsequente absolute Senkung ihrer Einkommen erfahren. Das erklärt sich aus der absoluten Verminderung ihrer Anzahl. Die Bauernschaft – einschließlich der kooperativen Bauern – nimmt diese absolute Senkung bisher noch nicht wahr. Wenn man aber berücksichtigt, daß bereits 1930 nach unseren Planberechnungen der gesamte Bevölkerungszuwachs des Dorfes 1,1 Mill. Personen betragen wird, dafür aber die Bevölkerung in den Kollektivwirtschaften um 2,2 Mill. Personen anwachsen soll, dann bedeutet das, daß wir auch hier eine absolute Senkung der Anzahl der individuellen Wirtschaften und danach auch deren Einkommen erhalten werden.

Im Lichte dieser Tatsachen können wir uns nunmehr schon den Maßstäben für die mögliche Akkumulation zuwenden. In unserer Tabelle sind nur die Gewinnbeträge und die Einnahmen aus Renten des staatlichen Sektors angeführt. Doch der Staat verfügt noch über eine ganze Reihe anderer Methoden, um Ressourcen für die produktive Akkumulation anzusammeln. Diesem Ziel können sowohl Steuern als auch Anleihen wie auch die anteilige Akkumulation der Genossenschaften und viele andere Formen dienen. Unter Berücksichtigung aller dieser Quellen erreicht der Gesamtbetrag der Ressourcen, die von unserem Finanzplan erfaßt wird, die Höhe von 17,2 Milliarden Rubel. Davon sollen für die Verwaltung und Verteidigung insgesamt 1712 Mill. Rubel, für die Kulturbauten 3772 Mill. Rubel und für die Finanzierung der Volkswirtschaft 11724 Mill. Rubel verwendet werden. Gegenüber dem Fünfjahrplan war die letztgenannte Zahl um den Betrag von 2800 Mill. Rubel zu niedrig. Wenn man aus dem genannten Finanzierungsprogramm die Aufwendungen für die Amortisationen und den operativen Einsatz herausnimmt und nur jene Summen berücksichtigt, die für die Akkumulation der Produktionsfonds im vergesellschafteten Sektor eingesetzt werden sollen, dann erhalten wir für das Wirtschaftsjahr 1929/30 einen Betrag von 8884 Mill. Rubel. Im Wirtschaftsjahr 1928/29 betrug diese Summe nur 4327 Mill. Rubel.

Dieser Sprung hinsichtlich der Akkumulation erwies sich natürlich nur deshalb als möglich, da auch das Nationaleinkommen im vergesellschafteten Sektor einen nicht geringeren Sprung macht. Tatsächlich beträgt dieser Zuwachs nach unserer Tabelle 4695 Mill. Rubel, während sich der Akkumulationsbetrag auf 4557 Mill. Rubel erhöht. Wir setzen somit fast den gesamten Zuwachs des Nationaleinkommens im vergesellschafteten Sektor für die Zwecke der sozialistischen Akkumulation ein. Das zeugt von einer bestimmten Angespanntheit des Planes. Doch man darf diese nicht übertreiben.

Es muß daran erinnert werden, daß der *reale* Zuwachs des Nationaleinkommens im Wirtschaftsjahr 1929/30 nicht 4 Milliarden, sondern 6 Milliarden Rubel beträgt. Dank dem Spiel der Preise erhöht sich der reale Wert des Rubels im Nationaleinkommen des Wirtschaftsjahres 1929/30 im Vergleich zum Nationaleinkommen des vorangegangenen Jahres auf 1,13 Rubel. Obwohl der Konsumtionsfonds für 1929/30 keinen *sichtbaren* Zuwachs ausweist, wird seine reale Größe dennoch bedeutend höher als im vorangegangenen Wirtschaftsjahr sein.

Wenn man sich dem Wachstumstempo des Nationaleinkommens für die einzelnen sozialen Gruppen zuwendet, dann ist es wichtig, die folgenden charakteristischen Umstände festzuhalten. Im Wirtschaftsjahr 1928/29 vergrößerte die Arbeiterklasse ihr Einkommen nur um 15,5%, die Bauernschaft aber dank der gestiegenen Preise um 17,2%. Das bevorstehende Jahr wird diese Relation erheblich verändern. Die Bauernschaft erzielt einen Zuwachs von nur 7,6%, während die Arbeiter zur gleichen Zeit eine Einkommenserhöhung von 16,7% erhalten.

Doch bei der Bewertung dieser Tatsachen darf man wiederum die Preisverschiebungen nicht vergessen. In Wirklichkeit hatte der bedeutende Einkommenszuwachs des Dorfes im Wirtschaftsjahr 1928/29 in Höhe von 2,3 Milliarden Rubel zu seinem größeren Teil nur nominelle Bedeutung. Er erklärt sich aus der Umbewertung seiner *ganzen* Produktion zu erhöhten Preisen. Doch von realer Bedeutung waren für das Dorf nur die Preiserhöhungen, die den Warenteil seiner Produktion betrafen. Für diesen Teil trat aber folgendes ein. Insgesamt hat das Dorf an der Preiserhöhung der landwirtschaftlichen Produktion – nach Berechnungen der Staatlichen Plankommission – 459 Mill. Rubel gewonnen, darunter durch überplanmäßige Aufschläge 329 Mill. Rubel. Gleichzeitig hat es aber durch Erhöhungen der Industriepreise, die über den Plan hinausgingen, und durch Rückkäufe von Getreide in der Stadt 214 Mill. Rubel verloren. Sein reiner Gewinn beträgt somit nicht mehr als 245 Mill. Rubel.

Die in unserem Finanzplan vorgesehenen Maßnahmen für Kreditoperationen und andere Abschöpfungen aus den Einkünften des Dorfes sehen eine Erhöhung um 398 Mill. Rubel ge-

Tabelle 3. Bilanz der Produktion und Verteilung des Nationaleinkommens (in Preisen des jeweiligen Jahres)

Soziale Sektoren und Klassen	Absoluter Umfang (in Mill. Rubel-Tscherwonez) 1927/28	1928/29	1929/30	Struktur (in % zur Summe) 1927/28	1928/29	1929/30	Zuwachs pro Jahr (in %) 1928/29	1929/30
1	2	3	4	5	6	7	8	9
A. Einnahmen (nach Sektoren)								
1. Staatlicher Sektor	10633	12620	16167	41,9	42,2	47,8	18,7	28,1
2. Genossenschaftlicher Sektor	2515	3357	4505	9,9	11,2	13,3	33,5	34,2
Summe	13148	15977	20672	51,8	53,4	61,1	21,5	29,4
3. Privater Sektor	12203	13920	13173	48,2	46,6	38,9	14,1	–5,4
Summe	25351	29897	33845	100,0	100,0	100,0	18,0	13,2
B. Ausgaben (nach Klassen)								
1. Arbeiter	560	632	734	2,2	2,1	2,2	12,9	16,1
a) Landarbeiter								
b) Industriearbeiter und sonstige	8684	10045	11731	34,3	33,6	34,6	15,7	16,8
Summe	9244	10677	12465	36,5	35,7	36,8	15,5	16,7
2. Ackerbauern	13264	15545	16726	52,3	52,0	49,4	17,2	7,6
3. Handwerker und sonstige werktätige Bevölkerung	1799	1745	1656	7,1	5,8	4,9	–3,0	–5,1
4. Städtische Bourgeoisie	568	515	467	2,2	1,7	1,4	–9,4	–9,3
5. Sonstige Gruppen	504	527	549	2,0	1,8	1,6	4,5	4,2
Summe der Bruttoeinkünfte der Bevölkerung (1–5)	25379	29009	31863	100,1	97,0	94,1	14,3	9,8

Darunter Doppelzählung	2238	2436	3291	8,8	8,2	9,7	8,9	35,1
Summe ohne Doppelzählung netto	23141	26573	28572	91,3	88,8	84,4	14,8	7,5
Akkumulation des vergesellschafteten Sektors	2210	3324	5273	8,7	11,2	15,6	50,4	58,6
Bilanz	25351	29897	33845	100,0	100,0	100,0	18,0	13,2
dto. in Preisen des Jahres 1926/27	25070	28133	34218	–	–	–	15,8	21,6

genüber dem vergangenen Jahr vor. Sie übersteigen auf diese Weise in hinreichendem Maße die wahrscheinliche Akkumulation von freien Ressourcen des Dorfes.

In finanzieller Beziehung ist das Aufbauprogramm für das Wirtschaftsjahr 1929/30 – obwohl es angespannt ist – völlig gewährleistet. Der Haushalt, der mit einem Gesamtbetrag in Höhe von 10,4 Milliarden Rubel veranschlagt wurde, zweigt für diese Zwecke etwa 3,81 Milliarden Rubel ab, die örtlichen Haushalte sollen noch über eine weitere Milliarde Rubel dazugeben, während die restlichen Mittel aus den eigenen Ressourcen des vergesellschafteten Sektors und herangezogenen Mitteln aus der Bevölkerung gedeckt werden. Insbesondere ist durch Emissionsquellen im Kreditplan ein Betrag von etwa 380 Milliarden Rubel vorgesehen.

In materieller Beziehung ist das vorgesehene Produktions- und Investitionsprogramm, wie das durch die Gesamtheit der von uns ausgearbeiteten speziellen Bilanzen bestätigt wird, ebenfalls erfüllbar. Sowohl die Brennstoffbilanz als auch die Baustoffbilanz korrespondieren im allgemeinen vollauf mit dem vorgesehenen Plan. Die Metallbilanz erfordert noch eine gewisse Unterstützung durch Importe, doch diese Unterstützung ist durchaus realisierbar.

Von den anderen Bilanzen verdient die Bilanz, die Nachfrage und Angebot auf dem Markt zum Ausdruck bringt, besondere Aufmerksamkeit (siehe Tabelle 4). Diese Bilanz erwies sich angesichts der vorgesehenen Preisverschiebungen ebenfalls als recht angespannt. Es handelt sich darum, daß wir es – ausgehend von den Aufgabenstellungen des Fünfjahrplanes – für möglich fanden, auf dem Gebiet der Preise die folgenden Aufgaben zu stellen. Die Abgabepreise des Obersten Volkswirtschaftsrates sollen im Durchschnitt um 4% gesenkt werden, darunter in der Gruppe „B“ um 2%. Bei den Einzelhandelspreisen im städtischen Handel sollten wir eine Senkung um 2,7% erreichen. Der Haushaltsindex könnte unter diesen Bedingungen eine Senkung bis zu 4% ergeben (siehe Tabelle 5). Die Nachfrage des breiten Marktes wächst auf Grund dieser Orientierungen um 9,9%, während das Angebot – ohne zusätzliche Maßnahmen – ein Wachstum in Höhe von insgesamt 7,1% ergeben würde. Doch unter Berücksichtigung des vorgesehenen Verkaufs von Zucker und anderen Waren zu erhöhten Preisen auf dem nichtnormierten Markt sowie der zusätzlichen Besteuerung von Gegenständen des Luxus und des Komforts erhöht sich das mögliche Angebot um 10,7% und deckt somit im allgemeinen die Nachfrage.

Tabelle 5. Preisindizes nach veränderlichen Anteilen der Sektoren (1913 = 100)

Bezeichnung der Indizes	1927/28	1928/29		1929/30		in % zum vorangegangenen Jahr Zuwachs (+) und Verlust (−)			
						1928/29		1929/30	
		nach dem Fünfjahrplan	Istwerte	nach dem Fünfjahrplan	nach den Kontrollziffern	Plan	Erfüllung	nach dem Fünfjahrplan	nach den Kontrollziffern
1	2	3	4	5	6	7	8	9	10
1. Der Abgabepreis der staatlichen Industrie									
a) in der Gruppe „A"	169,0	164,0	166,6	154,0	156,6	−3,0	−1,4	−6,1	−6,2
b) in der Gruppe „B"	198,5	198,5	199,8	192,9	195,8	0,0	+0,7	−2,8	−2,0
Total	185,3	183,3	229,0	175,6	177,4	−1,1	−0,3	−4,2	−4,0
2. Großhandelsindex der Union									
a) Industrie	187,7	185,7	187,4	177,4	179,9	−1,1	−0,2	−4,5	−4,0
b) Landwirtschaft	156,7	166,3	170,3	166,3	169,6	+6,1	+8,7	0,0	−0,4
Total	178,4	180,3	182,3	175,2	177,0	+1,1	+2,2	−2,8	−2,9
3. Allgemeiner Einzelhandelspreisindex									
a) Industriewaren	198,0	198,0	203,0	190,0	195,5	0,0	+2,5	−4,0	−3,7
b) Landwirtschaftliche Güter	194,0	194,0	223,0	189,0	219,0	0,0	+14,9	−2,8	− 1,8
Total	197,0	197,0	210,0	190,0	203,7	0,0	+ 6,6	−3,5	− 2,7
4. Aufkaufpreise für landwirtschaftliche Produkte									
a) Getreide	134,6	156,6	190,4	155,4	180,6	+16,3	+41,5	−0,8	− 5,1
b) technische Kultur	139,8	144,6	146,0	144,6	146,2	+ 3,4	+ 4,4	0,0	+ 0,1
c) Viehwirtschaft	181,8	183,4	197,6	183,0	198,7	+ 0,9	+ 8,7	−0,2	+ 0,6
Total	156,4	165,0	183,3	164,2	178,8	+ 5,5	+17,2	−0,5	− 2,5

5. Haushaltsindex									
a) Industrie	202,6	202,6	201,6	196,5	191,5	0,0	– 0,5	–3,0	– 5,0
b) Landwirtschaft	210,3	210,3	228,2	204,4	218,4	0,0	+ 8,5	–2,8	– 4,3
Total (33 Waren)	207,0	207,0	217,1	201,0	207,1	0,0	+ 4,9	–2,9	– 4,6
Total (39 Waren)	198,7	204,3	209,8	199,2	201,4	+ 2,8	+ 5,6	–2,5	– 4,0
6. Bauwesen	247,0	222,0	229,0	200,0	200,0	–10,1	– 7,3	–9,9	–12,7

Tabelle 4. Bilanz der Realisierung von Industriewaren

Bilanzposition	in Mill. Rubel-Tscherwonez			in % zum vorangegangenen Jahr	
	1927/28	1928/29	1929/30	1928/29	1929/30
1	2	3	4	5	6
A. *Angebot*					
1. Warenvorräte zu Beginn des Jahres					
a) bei den Produzenten	1250	1350	1386	108,0	102,7
b) in den Handelskanälen	1630	1990	2581	122,1	129,6
Summe der Vorräte	2880	3340	3967	116,0	118,8
2. Warenproduktion					
a) der Großindustrie (mit Akzise)	10961	13314	17054	121,5	128,1
b) der Kleinindustrie	2360	2535	2750	107,4	108,5
Summe	13321	15849	19804	119,0	125,0
3. Sonstiges Angebot	552	583	704	105,6	120,8
Insgesamt (1–3)	16753	19772	24475	118,0	123,8
4. Handels- und Transportaufschlag	3229	3858	4748	119,5	123,1
Gesamtbetrag (1–4)	19982	23630	29223	118,3	123,7
B. *Nachfrage*					
1. Des organisierten Marktes					
a) nach Produktionsmitteln	6609	8142	11565	123,2	142,0
b) nach Konsumgütern	811	950	1105	117,1	116,3
Summe	7420	9092	12670	122,5	139,4
2. Des breiten Marktes (Bevölkerung)					
a) nach Produktionsmitteln	2267	2510	2878	110,7	114,7
b) nach Konsumgütern	6511	7070	7655	108,6	108,3
Summe	8778	9580	10533	109,1	109,9
3. Sonstige Nachfrage	406	544	708	134,0	130,1
4. Warenvorräte zum Jahresende					
a) bei den Produzenten	1350	1386	1513	102,7	109,2
b) in den Handelskanälen	2239	2904	3594	129,7	123,8
Summe	3589	4290	5107	119,5	119,0
Gesamtbetrag (1–4)	20193	23506	29018	116,4	123,5
Bilanzdifferenz	– 211	+ 124	+ 205	–	–
Bilanz	19982	23630	29223	118,3	123,7
Angebot auf dem breiten Markt in Verbraucherpreisen	8567	9702	10736	113,2	110,7

Tabelle 6. Prozesse der Vergesellschaftung nach den Kontrollziffern für das Wirtschaftsjahr 1929/30 (in Mill. Rubel-Tscherwonez)

Kennziffern	Jahre	insgesamt (absolute Werte)	darunter in den Sektoren (in %) staatlicher	genossen-schaftlicher	vergesell-schaftete insgesamt	privater
1	2	3	4	5	6	7
1. Lohnarbeit (in Mill. Werktätige)	1928/29	12151	72,8	10,6	83,4	16,6
	1929/30	13264	74,0	11,0	85,0	15,0
2. Bruttoproduktion:						
a) der Industrie	1928/29	21402	70,7	14,1	84,8	15,2
	1929/30	26117	72,9	15,3	88,2	11,8
b) der Landwirtschaft	1928/29	21183	0,9	0,8	1,7	98,3
	1929/30	20393	1,2	2,5	3,7	96,3
3. Warenproduktion:						
a) der Industrie	1928/29	18505	66,4	16,2	82,6	17,4
	1929/30	22505	68,9	17,6	86,5	13,5
b) der Landwirtschaft	1928/29	3628	3,2	1,6	4,8	95,2
	1929/30	3739	3,4	5,5	8,9	91,1
4. Handels- und Vermittlungsumschlag	1928/29	49716	30,1	63,3	93,4	6,6
	1929/30	62632	30,0	66,7	96,7	3,3
5. Grundfonds zum Ende des Jahres (in unveränderten Preisen des Jahres 1926/27)	1928/29	74670	52,0	2,2	54,2	45,8
	1929/30	85318	55,7	3,2	58,9	41,1
6. Umlauffonds zum Ende des Jahres	1928/29	16764	37,0	17,1	54,1	45,9
	1929/30	18731	37,3	20,9	58,2	41,8
7. Investitionen im Jahr	1928/29	8527	55,2	10,0	65,2	34,8
	1929/30	12975	63,7	12,2	75,9	24,1

Im Ergebnis der Erfüllung des Planes sollen sich in der Volkswirtschaft der UdSSR im Wirtschaftsjahr 1929/30 folgende soziale Veränderungen vollziehen (siehe Tabellle 6).

Die Lohnarbeit im privaten Sektor hatte schon im vorangegangenen Jahr nur noch einen Anteil von nicht mehr als 16,6% (Landarbeiter in bäuerlichen Wirtschaften, Hirten und dergleichen). Im Wirtschaftsjahr 1929/30 fällt ihr Anteil auf 15%. Der Anteil des privaten Sektors an der Industrieproduktion sinkt im Verlaufe des Jahres von 15,2 auf 11,8%, darunter in der dem Zensus unterliegenden Industrie von 0,9 auf 0,7%. Der mit Dampfkraft betriebene Transport ist bereits seit langem zu 100% vergesellschaftet. Im Handelsumsatz fällt der private Anteil am Einzelhandel von 18,6 auf 10,7%, am Warenumschlag insgesamt von 6,6 auf 3,3%. Der private Anteil an den Grundfonds des Landes sinkt im Verlaufe des Jahres von 45,8 auf 41,1%, an den Investitionen von 34,8 auf 24%. Und selbst in der Landwirtschaft, wo vorerst noch die privatwirtschaftliche Anarchie überwiegt, schreiten wir in kolossalem Tempo zur Vergesellschaftung. Es genügt, darauf zu verweisen, daß sich die Anbaufläche der Staatsgüter 1930 statt um 25%, wie es der Fünfjahrplan vorsah, um 108% erweitern wird, die Fläche der Kollektivwirtschaften wächst anstelle der vorgesehenen 82% um 182% usw. Freilich, den Effekt aus diesem Zuwachs werden wir erst im Jahre 1931 verspüren. Vorläufig beträgt der Anteil des vergesellschafteten Sektors an der landwirtschaftlichen Bruttoproduktion erst etwa 3,7% und an der Warenproduktion 8,9%. Doch bereits nach einem Jahr werden wir auf diesem Gebiet 2- bis 3mal höhere Ergebnisse zu verzeichnen haben.

Damit verspricht uns im allgemeinen auch das Wirtschaftsjahr 1929/30, wie auch die vorangegangenen Jahre, im Vergleich zum Fünfjahrplan – bei merklichem Zurückbleiben des Entwicklungstempos der individuellen Wirtschaft im Dorf – eine gewaltige Steigerung im Tempo der industriellen Entwicklung und der Vergesellschaftung der Wirtschaft.

Die bürgerliche Kritik hat bereits festgestellt, daß die Erfüllung unseres Fünfjahrplanes, selbst wenn sie mit größeren Abschlägen von den ursprünglichen Zielstellungen verbunden sein sollte, als die ernsteste Niederlage des kapitalistischen Wirtschaftssystems betrachtet werden müßte. Beim Eintritt in das zweite Jahr des Fünfjahrplanes können wir mit Befriedigung feststellen, daß wir uns sogar schneller auf dem vorgezeichneten Weg bewegen, als wir angenommen hatten, sosehr das auch die „Planungsvoraussichten" unserer Gegner umwerfen mag.

Sachregister

Personenregister

Druckfehlerberichtigung

Seite	23, Zeile 19 und 21:	statt „kcal" lies „cal"
„	25, „ 9:	statt „kcal" lies „cal"
„	116:	Spaltennr. 7 und 9 mit *
„	136, Zeile 14:	statt „der" lies „die";
		statt „dem" lies „den"
„	307, „ 5:	statt „Dem" lies „Den"
„	369, 5. Zeile v. u.:	statt „Zensurindustrie" lies „Zensusindustrie"
„	409, Zeile 7:	statt „kann" lies „können"

6213/1 Strumilin, Ökonomische Schriften

FSC
www.fsc.org
MIX
Papier | Fördert
gute Waldnutzung
FSC® C083411

Kolibri 360 GmbH
Ferdinand-Jühlke-Straße 7
99095 Erfurt, Deutschland
produktsicherheit@kolibri360.de